北庭学系列丛书

吉木萨尔县北庭学研究院

昌吉州文博院（博物馆、北庭研究院）

唐代北庭文書整理與研究

劉子凡 著

上冊

中西書局

圖書在版編目（CIP）數據

唐代北庭文書整理與研究 / 劉子凡著. — 上海:
中西書局, 2023
ISBN 978 - 7 - 5475 - 2237 - 0

Ⅰ.①唐… Ⅱ.①劉… Ⅲ.①文書檔案—檔案整理—
吉木薩爾縣—唐代 Ⅳ.①G279.274.54

中國國家版本館CIP數據核字（2024）第066956號

唐代北庭文書整理與研究

劉子凡 著

責任編輯	伍珺涵	
裝幀設計	梁業禮	
責任印製	朱人傑	
出版發行	上海世紀出版集團	
	中西書局 (www.zxpress.com.cn)	
地　　址	上海市閔行區號景路159弄B座（郵政編碼：201101）	
印　　刷	常熟市人民印刷有限公司	
開　　本	787毫米×1092毫米　1/16	
印　　張	48.75	
字　　數	868 000	
版　　次	2024年7月第1版　2024年7月第1次印刷	
書　　號	ISBN 978 - 7 - 5475 - 2237 - 0/G・774	
定　　價	458.00元（全二冊）	

本書如有質量問題，請與承印廠聯繫。電話：0512-52601369

國家社會科學基金青年項目

"唐代北庭文書整理與研究"（編號：17CZS011）

成果

國家社會科學基金重點項目

"中國國家博物館藏敦煌吐魯番文獻整理與研究"（編號：21AZD126）

階段性成果

序　言

孟憲實

　　凡是能够提供史學證明的都可稱爲史料，通過對史料的研究得出史學認識，這叫作史學著作。通常，史料在前，史著在後，通過史料的研究才能形成新史學，這是一般性的認識。事實上，歷史研究一旦開動，史料與史學就形成齊頭并進、相互推動的狀態。如果不是對史料産生新的認識，史學的新意便無從説起。史料的新認識，可以再具體化爲新史料的發現和舊有史料的新認識，這都可以叫作史料開發。新的史學成就，甚至往往必須同時是史料新開發的結果。忽然生發出這層想法，是觀察子凡史學研究的一個體會。

　　子凡的第一部著作是《瀚海天山——唐代伊、西、庭三州軍政體制研究》，研究唐代西部三個邊州，即伊州、西州和庭州的制度演進歷史。研究這個主題，不僅需要傳世史料的支持，更需要出土文獻的支持，開發這些史料不僅成爲研究伊、西、庭三州的基礎工作，也是研究三州的歷史本身。子凡的第二部著作是《萬里向安西——出土文獻與唐代西北經略研究》，研究唐代經營西域的各個方面，包括軍事、經濟、制度和文化等，而所有論題的依據，都離不開出土文獻，開發史料依然是全書的伴隨工作。全面系統地清理傳世文獻和出土文獻，在前代學人研究的基礎上，開發史料新意，總結史學議題，是子凡這些年研究工作的基本內容，成績顯著，十分可喜。論著已經表達了史學的新認識，事實上相關史料，尤其是出土文獻，在經歷了這番開發之後，也呈現出全新的面貌，構成未來學界研究的新基礎。

　　最能證明這一看法的是子凡新著《唐代北庭文書整理與研究》（以下簡稱"《北庭文書》"）。唐代西域研究，出土文獻作出的貢獻明顯高於傳世文獻，没有出土文獻的使用，相關的研究成果就會大打折扣。原因很簡單，傳世文獻關於邊疆的記載分量不足，如二十四史系列，雖有"四夷傳"和相關歷史人物的記述，但中央的内容占比更高、内容更豐富，邊疆歷史衹是簡單勾畫而已。近代以來，西域出土大量中古時期文書，其中唐朝文書分量最大。文書是當時行政或制度運行的現場記録，文書書寫不是爲了流傳後世，因此原始性更強，史料價值更高。子凡接觸西域出土文書很早，參與了多個文書整理的團隊，吐魯番文書、敦煌文書、和田文書等，都經手無數，熟悉并且熱愛。如今，《北庭文書》的出版，正是他多年努力的碩果。

"北庭文書"這個概念的使用，并非始於子凡。但把北庭有關的文書集合整理出來，這是子凡的發明，在文書集群的概括和研究上，具有更上一層樓的意義。敦煌和西域出土文獻，"以地名學"是基本傳統，如敦煌學（敦煌文書、敦煌文獻等）、吐魯番學（吐魯番文書），研究資料皆以出土文書爲主，而地名皆采今名，不用古稱。吐魯番古代或稱高昌，或稱西州，但衹稱吐魯番文書，不稱高昌文書或西州文書。和田古稱于闐，榮新江先生把這裏出土的唐代文書彙集整理出版，稱《和田出土唐代于闐漢語文書》，書名中古今地名合用，是爲了表達清晰的層次關係。和田出土的屬於唐代的文書，有漢文和于闐文之分，簡單概括爲"于闐文書"，顯然會造成不必要的混淆。如果把和田出土的所有語種文書概括起來，大約還是"和田文書"最少分歧。日本大谷光瑞主導下的日本西域探查，在吐魯番等地多有挖掘，所得文書命名爲"大谷文書"并出版。另外，黄文弼先生在新疆各地搜集到的古文書，一直没有統一命名，如今榮新江、朱玉麒主編的《黄文弼所獲西域文書》，大約可以簡約稱作"黄文弼文書"，因爲這些文書出土地點豐富，任何具體地名都無法概括，衹有"西域"這個更大的地理概念才能給予框定。可見，隨著文書類史料研究的深入，文書命名也不再單一，這是文書整理發展的證明。

子凡的《北庭文書》，不是從出土地視角出發進行命名的，也不是根據發現、搜集者命名的，而是在充分研究之後的學術命名。《北庭文書》的命名方式，不僅推進了出土文書的整理，而且本身就是重要的學術成果。唐代北庭，地望在今新疆維吾爾自治區昌吉回族自治州吉木薩爾縣。北庭文書，并非出土於吉木薩爾縣，若稱“吉木薩爾文書”是不合適的，所以“北庭文書”的稱謂是一種學術創新。北庭是唐代天山北部的軍政單位，全稱爲北庭都護府。在唐代，北庭最初稱庭州，與西州同時出現，背景就是貞觀十四年（640）唐朝平定高昌。隨著經營西域的深入，唐朝設置北庭都護府，加强天山北部的軍事力量。最終，北庭成爲伊州、西州、庭州的上級單位，是西域北部的政治軍事中心。然而，北庭所在的天山北部，却不如吐魯番盆地更有利於紙文書的保存，内容與北庭相關的紙文書，幾乎都出自北庭以外的地方。孫繼民先生研究過一組英藏敦煌文獻，内容與北庭有關，命名爲“瀚海軍文書”。子凡認爲，從地域和制度的角度歸納，瀚海軍不如北庭更有概括力度，稱“北庭文書”更合適。這説明，學術性地歸納出土文獻，確實是學術研究深入之後的思考，子凡的創新也有傳承。通過對出土文書的研究，發現系統北庭文書的存在，加之頗具規模，《北庭文書》因而得以成立。

《北庭文書》分作兩個部分，一爲“北庭文書”，一爲“北庭相關文書”。前者是北庭各個機構的上行下行文書，也包括北庭所屬成員撰寫的公私文書。後者則是其他機構撰寫，但涉及北庭的内容的文書，包括涉及北庭的出土典籍和佛經等。在充分研究的基礎上，對既有的文書進行新的分類和命名，不僅是學術新成果，也有助於推進學術進步。以吐魯番文書爲例，原有文書以墓葬爲單位分別編號，這有利於回溯到入葬和考古的狀態，如果進一步按照歷史主題如高昌文書、西州文書進行編年或分類排列的話，一定能够給學界提供新的信息和歷史研究的綫索。《北庭文書》一書給文書研究帶來的啓發衆多，令人不能不如此想象。

子凡是中央民族大學的優秀畢業生，2004年到中國人民大學讀研究生，研讀吐魯番文書最晚從這個時期已經開始。此後，北大、人大的所有出土文書讀書班他都沒有缺席，并逐漸成爲中堅力量。子凡給人突出的印象是，不拒絕任何學術課題，能够迅速進入研究狀態，短時間内一定拿出令人信服的研究成果。優異的學術稟賦、穩重的氣質和扎實的功夫，加之良好的學術環境，二十年成就一代學人，這祇有在優秀的學人群體中是正常現象吧。

我與子凡相識也有二十年的光景了。很多讀書班，我們都是共同的參與人。從出土文書的一個字到傳世文獻的一段話，從閱讀一篇剛寫成的論文到端詳最新的出版著作，子凡的每一次學術進步，我都有幸成爲見證者。子凡《北庭文書》新成，囑我爲序，我理解這是有意義的學術紀念，於是欣然而從。

是爲序。

2024 年 4 月 23 日

上册目録

前　言 i

文　書　編

凡　例 001

一、北庭文書 001

唐貞觀二十二年（648）庭州人米巡職辭爲請給公驗事 003

唐開元二年（714）十月後三娘牒稿爲索還寄留焉耆龍司馬處物不得事 003

唐開元四年（716）李慈藝告身 004

唐開元五年（717）後西州獻之牒稿爲被懸點入軍事 007

唐開元五年（717）後西州獻之書札（一） 008

唐開元五年（717）後西州獻之書札（二） 009

唐開元十五—十八年間（727—730）敕瀚海軍經略大使下馬軍行客石抱玉牒 009

唐開元十五—十八年間（727—730）牒 010

唐開元十五—十八年間（727—730）某人立功第壹等公驗抄件 011

唐開元年間瀚海軍狀爲附表申王孝方等賞緋魚袋事 011

唐開元年間牒爲車坊闕官事 013

唐開元十六年（728）五月仇庭牒（存目） 014

唐開元十六年（728）九月主帥馬思恩牒爲請郭門鑰匙事 014

唐開元十六年（728）北庭節度使申尚書省年終勾徵帳稿一 015

唐開元十六年（728）北庭節度使申尚書省年終勾徵帳稿二 015

唐開元十六年（728）北庭節度使申尚書省年終勾徵帳稿三 017

唐北庭金滿縣上孔目司牒爲開元十六年（728）稅錢事 017

唐開元中期瀚海軍使軍令 018

唐俱六守捉狀爲上當守捉押隊官名籍事 019

唐某堡守捉狀爲上當守捉押隊官名籍事 …………………………… 020

唐都司牒陰副使銜爲別奏史帝瞭被解退事 ………………………… 021

唐日新致十三郎書 ……………………………………………………… 021

唐輪臺守捉典傅師表致三郎書 ………………………………………… 022

殘書信 …………………………………………………………………… 023

唐某人致都督公書稿 …………………………………………………… 023

唐思泰辭爲乞推問賜練綿被典吏隱没事 …………………………… 024

唐寶應元年（762）五月節度使銜牓西州文 ………………………… 024

唐庭州西海縣橫管狀爲七德寺僧妄理人事 ………………………… 025

唐上元元年（760）周思温等納瀚海軍瞭放緤布抄 ……………… 026

唐寶應元年（762）周思恩納瀚海等軍預放緤布抄 ……………… 026

唐寶應元年（762）周思恩納瀚海等軍預放緤布抄 ……………… 027

唐開元七年至十年（719—722）北庭長行坊馬畜患死案卷 …… 027

　唐開元七年（719）三月北庭長行坊案爲長行群馬一匹患死事 ……… 028

　唐開元七年（719）三月廿八日酸棗戍使劉善上北庭長行坊狀爲馬一匹

　　患死事 ……………………………………………………………… 029

　唐開元七年（719）四月北庭長行坊案爲馬兩匹患死帳次准式事 …… 030

　唐開元七年（719）八月長行坊押官上南北長行使狀爲馬料事 ……… 032

　附：鄧懷義等人書記 ………………………………………………… 032

　唐開元八年（720）三月北庭都護府案爲西州長行坊馬一匹致死事 ……… 033

　唐開元八年（720）四月北庭長行坊典楊節牒爲勘報蓋嘉順馬事 ……… 035

　唐開元八年（720）（？）五月北庭史張奉牒爲首領馬在北庭事 ……… 036

　唐開元九年（721）（？）四月北庭長行坊殘判文 ………………… 036

　唐開元九年（721）六月北庭長行坊案爲馬料事 ………………… 037

　唐開元九年（721）專當官攝縣丞李仙牒 ………………………… 038

　唐開元九年（721）北庭都護府牒倉曹爲准式給長行坊函馬及長行馬秋

　　季料事 ……………………………………………………………… 039

　唐開元九年（721）牒爲長行坊典楊節七月糧支給事 …………… 040

　唐開元九年（721）七、八月北庭案爲待長行坊減料到填還欠練事 …… 041

　唐開元九年（721）十一月北庭案爲長行坊馬兩匹給料事 ……… 044

　唐開元九年（721）十一月九日北庭案爲牒交河縣給長行坊馬三匹糧草事 …… 045

唐開元九年（721）十一月九日北庭長行坊案殘案 046

唐開元九年（721）十一月北庭都護府長行馬文書 047

唐開元九年（721）十一月北庭都護府兵曹案爲節度使馬事 047

唐開元九年（721）十一月北庭兵曹案爲長行馬事 049

唐開元九年（721）北庭長行坊狀爲營田典孟業馬事 050

唐開元九年（721）十二月北庭長行坊案爲西州馬患事 050

唐開元十年（722）二、三月北庭長行坊牒案爲西州牧馬所長行驢一頭

　　患死事 051

唐開元十年（722）三月北庭長行坊案爲西州長行馬患死官領肉錢及皮事 054

唐開元十年（722）三月北庭長行坊案爲出賣事 056

唐開元十年（722）三月北庭長行坊案爲西州使馬停料及長行馬、函馬夏

　　季料支給事 056

唐開元十年（722）三月末北庭長行坊案爲待減料物到支送及送使馬料事 058

唐開元十、十一年（722、723）伊、西、北庭等州府申支度營田使相關文書 060

唐開元十年（722）伊吾軍上支度營田使留後司牒爲烽鋪營田不濟事 060

唐開元十年（722）殘狀 061

唐開元十一年（723）狀上北庭都護所屬諸守捉剔田頃畝牒 062

唐伊吾軍典張瓊牒爲申報剔田斛斗數事 063

唐開元某年伊吾軍典王元琮牒爲申報當軍諸烽鋪剔田畝數事 064

唐檢勘伊吾軍剔田頃畝數文書 065

唐北庭都護支度營田使文書 066

唐典康元殘牒 066

唐伊吾軍牒爲申報諸烽鋪剔田所得斛斗數事 067

唐伊吾軍上西庭支度使牒爲申報應納北庭糧米事 068

唐伊吾軍諸烽鋪收貯糧食斛斗數文書一 069

唐伊吾軍諸烽鋪收貯糧食斛斗數文書二 069

唐納職守捉使屯種文書 070

唐伊吾軍諸烽鋪營種豆床文書 071

唐伊吾軍殘牒 071

唐西州都督府上支度營田使牒爲具報當州諸鎮戍營田頃畝數事 072

唐西州都督府所屬鎮戍營田頃畝文書 073

唐北庭諸烽勵田畝數文書 ……………………………………………… 073

唐支度營田使下管内軍州牒 …………………………………………… 074

唐上支度營田使殘牒 …………………………………………………… 074

唐支度營田使殘文書 …………………………………………………… 074

唐殘牒 …………………………………………………………………… 075

唐典杜金殘牒 …………………………………………………………… 075

唐殘判 …………………………………………………………………… 076

唐勵田殘文書 …………………………………………………………… 076

唐殘文書 ………………………………………………………………… 077

唐殘文書 ………………………………………………………………… 077

唐殘營田名籍 …………………………………………………………… 077

唐開元年間伊州伊吾軍屯田文書 ……………………………………… 078

唐開元十五年（727）北庭瀚海軍印歷 …………………………………… 079

唐開元十五年（727）九月（？）瀚海軍勘印歷（甲）……………………… 079

唐開元十五年（727）十月（？）瀚海軍勘印歷（乙）……………………… 082

殘印歷 …………………………………………………………………… 084

唐開元十五年（727）十二月瀚海軍兵曹司印歷 ……………………… 084

唐開元某年某月瀚海軍請印歷 ………………………………………… 087

唐開元十八、十九年（730、731）北庭領錢物抄相關文書 ……………… 091

唐開元十八年（730）府某牒爲請付夏季糧利錢事 …………………… 091

唐開元十八年（730）高成等糶夏季糧取錢抄二件 …………………… 091

唐府史張舉夏季糧請回付張光抄 ……………………………………… 092

唐樊詮、魏仟神領料錢抄二件 ………………………………………… 092

唐羊晉、李宗取領練抄二件 …………………………………………… 093

唐開元十八年（730）某人冬季糧請付府史張光輔抄 ………………… 093

唐開元十九年（731）張嘉順領錢抄 …………………………………… 094

唐開元十九年（731）張順抄 …………………………………………… 094

唐開元十九年（731）周積領練抄 ……………………………………… 094

唐開元十九年（731）進馬坊狀爲取練預付供進馬麩價事 …………… 095

唐開元十九年（731）康福等領料抄 …………………………………… 095

唐蔣玄其等領錢練抄 099

唐開元十九年（731）張唯領物抄 100

唐開元十九年（731）□六鎮將康神慶抄 101

唐丘忱等領充料錢物帳 101

唐樊詮領陰嗣瓛十一月料錢抄 102

唐吕義領玖、拾兩月客使停料抄 102

唐付藥直等抄 102

唐隴右節度孔目官卜感請分付料錢狀 103

唐開元二十年（732）李欽領練抄 104

唐羅常住等領料抄 104

唐樊詮領陰瓛并傔正月料錢抄 105

唐付王思順大練抄 105

唐梁虚等領錢抄 105

唐領付氾崇等正月料錢抄 106

唐□楷等領付錢物帳 106

唐閻庭抄 107

唐□慶抄 107

唐曹護替納公廨錢抄 108

二、北庭相關文書 109

唐龍朔二、三年（662、663）西州都督府案卷爲安稽哥邏禄部落事 111

粟特語唐龍朔三年（663）金滿都督府致西州都督府書 117

唐乾封二年至總章二年（667—669）傳馬坊牒案卷 118

唐永隆元年（680）軍團牒爲記注所屬衛士征鎮樣人及勛官讖符諸色事 119

唐尚書省牒爲懷岌等西討大軍給果毅、傔人事 125

唐開除見在應役名籍 126

唐欠田簿 127

唐垂拱二年（686）前西州高昌縣前庭府某團（？）諸色人等名籍 128

唐垂拱二年（686）西州前庭府某團諸色人等名籍 129

唐張義海等征鎮及諸色人等名籍（七） 130

唐垂拱元年（685）康尾義羅施等請過所案卷 130

武周牒爲安西大都護府牒問文悒送酸棗戍事 134

武周文悒辯辭爲持牒向酸棗戍事 134

武周天山府下張父團帖爲新兵造幕事一 135

唐殘文書 136

唐神龍元年（705）六月後西州前庭府牒上州勾所爲當府官馬破除、見在事 137

唐神龍元年（705）交河縣申西州兵曹爲長行官馬致死金娑事 138

唐神龍元年（705）柳谷鎮狀上西州都督府爲西州長行回馬壹匹致死事 140

唐神龍元年（705）董德德辯辭爲馬一匹致死事 141

唐神龍元年（705）典魏及牒爲馬一匹致死事 142

唐西州諸曹發文事目歷 143

唐西州都督府牒爲便錢酬北庭軍事事 143

唐景龍三年（709）後西州勾所勾糧帳 144

唐景龍三年（710）十二月至景龍四年（710）正月西州高昌縣處分田畝案卷 149

唐天寶十載（751）後交河郡文書事目歷 154

唐開元七年（719）洪奕家書 155

唐館驛文書事目 156

唐開元十三年（725）西州等兵賜文書 157

唐開元二十年（732）薛十五娘買婢市券 157

唐開元二十一年（733）西州都督府案卷爲勘給過所事 158

唐開元二十三年（735）西州都督府案卷 164

唐開元二十九年（741）張懷欽等告身 164

唐開元戶部格 165

唐天寶二年（743）坊正康小奴牒某縣爲訪得瀚海軍等處逃兵事 166

唐某狀爲捉得逃兵欲赴北庭事 167

唐某狀爲捉得逃兵欲赴北庭事 167

瀚海軍逃兵文書 168

唐天寶二年（743）交河郡市估案 169

唐天寶十載（751）交河郡客使文卷 169

唐天寶年間地志 172

唐天寶年間敦煌郡典王隱爲應遣上使及諸郡文牒事目事牒 173

唐西州天山縣申西州户曹狀爲張无瑒請往北庭請兄禄事 174

唐大曆三年（768）曹忠敏牒爲請免差充子弟事 175

唐安十三欠小麥價錢抄 175

唐西州官府殘帳 176

唐西州領錢歷 177

某人致師兄書狀 177

唐契約 178

唐家書 179

唐天寶十三—十四載（754—755）交河郡長行坊支貯馬料文卷 179

　（一）唐天寶十四載（755）交河郡某館具上載帖馬食䐗歷上郡長行坊狀 180

　（四）唐天寶十三載（754）磑石館具七至閏十一月帖馬食歷上郡長行坊狀 189

　（五）唐天寶十三載（754）磑石館具迎封大夫馬食䐗歷上郡長行坊狀 200

　（九）唐天寶十三載（754）長行坊申勘十至閏十一月支牛驢馬料帳歷 202

　（一○）唐天寶十三載（754）交河郡長行坊具一至九月䐗料破用帳請處
　　　　分牒 213

　（一二）唐天寶十四載（755）交河郡長行坊申上載在槽減料斛斗數請處
　　　　分牒 220

　（一三）唐天寶十四載（755）郡倉申上載正月以後郡坊所請食料數牒 221

　（一四）唐天寶十四載（755）雜事司申勘會上載郡坊在槽馬減料數牒 222

　（一五）唐天寶十四載（755）某館申十三載三至十二月侵食當館馬料帳
　　　　歷狀 225

　（一六）唐天寶十四載（755）某館申十三載七至十二月郡坊帖馬食䐗歷牒 237

　（一七）唐天寶十四載（755）某館申十三載四至六月郡坊帖馬食䐗歷狀 246

　（二一）唐天寶十四載（755）郡坊申十三載九至十二月諸館支貯馬料帳 252

　（二二）唐天寶十四載（755）申神泉等館支供封大夫帖馬食䐗歷請處分牒 255

附：判集、典籍、詩鈔、佛經等 256

　唐河西節度使（？）楊休明判集 256

　前北庭節度蓋嘉運判副使符言事 259

　西州都督府圖經 260

敦煌名族志 ……………………………………………………………………… 261

唐詩叢鈔·奉憶北庭楊侍御留後 ………………………………………………… 264

《金光明最勝王經》卷五題記 …………………………………………………… 265

《金光明最勝王經》卷五題記 …………………………………………………… 266

《神會語録》題記 ………………………………………………………………… 267

參考文獻 ……………………………………………………………………………… 268

研　究　編

第一章　北庭文書所見軍政建制 …………………………………………………… 285

第一節　北庭軍鎮體系的發展——敦煌 S.11453、S.11459 瀚海軍文書再探討 …… 285

第二節　北庭輪臺縣的建制 …………………………………………………………… 294

第三節　北庭西海縣的設立 …………………………………………………………… 305

第二章　北庭文書所見西域經營 …………………………………………………… 316

第一節　安史之亂前夕的安西與北庭——《唐天寶十三、十四載交河郡長行坊

支貯馬料文卷》考釋 ……………………………………………………… 316

第二節　邊疆官員的關係網絡——藤井有鄰館藏 4 件北庭書狀考釋 …………… 330

第三節　唐代的軍令——國圖 BD9330 文書與國博 38 號文書綴合研究 ………… 337

第三章　北庭與邊疆觀念 …………………………………………………………… 350

第一節　重塑"瀚海"——唐代瀚海軍的設立與古代"瀚海"内涵的轉變 ……… 350

第二節　唐代的"交河"與"西州"意象 …………………………………………… 363

參考文獻 ……………………………………………………………………………… 375

附　　録

圖版及出土地索引 …………………………………………………………………… 387

後　記 ………………………………………………………………………………… 405

前言　唐代北庭文書概述

　　近代以來，我國甘肅敦煌及新疆地區出土了大量 5 世紀至 11 世紀的紙質文獻，一般按其出土地點稱之爲敦煌文書、吐魯番文書等。這些文書的發現，極大地推動了相關領域的文史研究，敦煌吐魯番學也成爲延續百餘年而依然保持活力的國際顯學。就目前所見，除了爲人熟知的敦煌、吐魯番以外，新疆塔里木盆地內的和田、喀什、阿克蘇、庫爾勒等地區都或多或少出土有漢唐時期的文書。然而作爲唐代經營西域的重要核心的北庭，其所在的天山北麓地區尚未見有唐代紙質文獻出土。這或許與氣候環境有關，這一地區受大西洋暖濕氣流影響，降水量較大，非常不利於紙質文獻的保存。幸運的是，在敦煌、吐魯番等地出土的文書中見有爲數不少的與北庭相關的文書，爲研究唐代北庭的軍政體制提供了重要的資料，這對於深入認識唐代的西域經營、絲路交通、文化傳播等具有重要的意義。

　　此前藤枝晃、孫繼民等先生陸續對部分北庭文書進行了整理研究，然而迄今尚缺乏對北庭文書的完整梳理。[1] 近年來北庭研究日趨得到各界的重視，2016 年，北庭學研究院在北庭故城遺址所在的吉木薩爾縣揭牌成立。同樣是自 2016 年起，中國社會科學院考古研究所聯合新疆文物考古研究所、吉木薩爾縣文化與旅游局（吉木薩爾縣文物局）、北庭學研究院，開展北庭故城遺址的大規模考古工作。無論從歷史研究、考古研究和應用研究上來説，都需要對目前已知的北庭文獻進行較爲全面的梳理。本書即從西北各地出土文書中彙集整理與北庭相關的文獻，確定"北庭文書"的概念，并就前人未曾涉及的北庭歷史問題進行一些補充論證，希望能進一步推動北庭研究乃至唐代西域史、絲綢之路的研究。

---

〔1〕［日］藤枝晃：《長行馬》，《墨美》第 60 號，1956 年，第 2 頁；［日］藤枝晃：《藤井有鄰館所藏の北庭文書》，《書道月報》第 13 號，1957 年；孫繼民：《唐代瀚海軍文書研究》，蘭州：甘肅文化出版社，2002 年。

第一節　何謂"北庭文書"

北庭文書的概念，最早是藤枝晃先生在整理日本京都藤井有鄰館藏文書時提出的。這批文書應是來自李盛鐸（1858—1935）舊藏，原題"敦煌石室唐人秘笈六十五種"，抗戰末期入藏藤井有鄰館。藤枝晃於 20 世紀 40 年代末得見這批文書原件，并注意到其中有不少與唐代北庭相關。[1] 1956 年，《墨美》雜志刊發《長行馬文書特集》，藤枝晃爲其撰寫《長行馬》一文，文中首次用到"北庭文書"。他在文中介紹藤井有鄰館藏文書時寫道：

> 雖然從標題來説，寫有敦煌，照例無疑有石室發現之文書，然而其中三分之二左右，并非與敦煌有關，而是與自此西北八百公里、設置於庭州的唐北庭都護府相關的官文書，是與所謂敦煌文書不同的文書。而且這些北庭文書中的半數，爲"長行馬"關係文書。
>
> ……
>
> 據前述，有鄰館所藏一組文書中除了能看出敦煌出土的之外，與北庭相關者約有四十件。書寫於黄色乃至褐色紙張，大概是從較長的文書，斷爲多是二〇至三〇厘米的斷片。可以判定這一組文書爲北庭都護府關係文書，因爲有印記，包括輪臺縣、金滿縣、瀚海軍、輪臺守捉、俱六守捉等管下各機關的公文書，也有西州各機關發往北庭都護府的文書。其中也見有若干日期，都是唐玄宗開元年間，最早的是七年（719）三月，最晚的是十七年（729），長行馬文書則是至十年（722）。這些可以一并稱之爲"北庭文書"。[2]

藤枝晃明確提出，所謂"北庭文書"是指北庭都護府及相關各機構受付的公文書。他在文中也提到了"北庭文書""西州文書""敦煌文書"，分別指北庭、西州、沙州等官府的公文書，是按照文書行用的地方機構來劃分的。當然這樣的

---

〔1〕〔日〕藤枝晃：《"長行馬"文書》，《東洋史研究》第 10 卷第 3 號，1948 年，第 213—217 頁。

〔2〕〔日〕藤枝晃：《長行馬》，第 2 頁。

分類會有所重疊，例如長行馬文書中有不少是西州發往北庭的公文，之後歸檔入北庭長行坊的案卷，這樣就既可以算作"北庭文書"，也可以歸爲"西州文書"。即便如此，相對於常見的所謂"敦煌文書""吐魯番文書"等以出土地來稱呼的方法，前述歸類方法可以更直觀地體現文書的實際行用地域。不過藤枝晃當時僅是就有鄰館藏北庭文書立論，雖然提到了羅振玉、中村不折所藏的同組文書，但主要關注的還是可能經手自李盛鐸的流散品。隨著此後敦煌文書的不斷刊布以及吐魯番文書的陸續出土，還見有很多不同來源的北庭文書。故而今日所説北庭文書的概念，應當包括目前所見唐代出土文書中全部與北庭相關的文書，而不需要局限於以有鄰館藏文書爲主的這部分。

2002 年，孫繼民先生出版《唐代瀚海軍文書研究》，[1] 在北庭文書之外又提出了"瀚海軍文書"的概念。瀚海軍爲唐朝在北庭設立的軍鎮，自長安二年（702）設立後就成爲鎮守北庭、控扼天山北麓的軍事力量。孫繼民指出："如果從廣義上講，瀚海軍長官——瀚海軍使例由北庭長官——北庭都護府都護或北庭節度使兼領，瀚海軍處於北庭都護府或北庭節度的統轄之下，隸屬關係上是北庭都護府或北庭節度使的下屬單位之一，瀚海軍駐扎在北庭境内，地域關係上瀚海軍防區是北庭政區或軍區的一部分，那麼説瀚海軍文書與北庭文書是被包含關係與包含關係，瀚海軍文書是北庭文書的一部分，或稱爲北庭文書也未嘗不可。但是若從文書撰擬主體的角度看，瀚海軍文書與北庭文書畢竟不是等同關係，至少在使用印章方面有區別，因此北庭文書與瀚海軍文書的嚴格區別主要應以使用印章來判別，即北庭文書是指使用或應使用'北庭都護府之印'的文書，瀚海軍文書是指使用或應使用'瀚海軍之印'的文書。"[2] 以用印來區分北庭文書與瀚海軍文書無疑是一個非常重要的標準，可以清晰地判斷出文書發文機構的不同。不過這裏所説的"北庭"祇能是特指作爲行政機構的北庭都護府，如果將"北庭"的概念理解爲地域的北庭或者北庭節度使的話，廣義的北庭文書實際上是包括瀚海軍文書的。

孫繼民也指出，爲了研究瀚海軍的需要，其所研究的文書自然不能祇是嚴

---

〔1〕　孫繼民：《唐代瀚海軍文書研究》，蘭州：甘肅文化出版社，2002 年。

〔2〕　孫繼民：《唐代瀚海軍文書研究》，第 2 頁。

格限定的狹義的瀚海軍文書，而是具有更寬泛的内涵。他提出了瀚海軍文書的三重含義：第一，瀚海軍軍司撰擬的文書，即瀚海軍軍使衙署（包括軍使及其職能部門）撰擬并鈐以"瀚海軍之印"的文書；第二，瀚海軍下屬各級編制單位及其個人撰擬的文書；第三，非瀚海軍機構與人員撰擬但與瀚海軍人、事、物有關的公私文書。考慮到上文提到的瀚海軍與北庭的關係，可以把這一類所謂瀚海軍文書都納入本書探討的北庭文書範圍之内。

　　結合藤枝晃、孫繼民等先生的整理和定義來看，此類以文書行用地域或行用機構來劃分的方法，實際上有其範圍的模糊性，但却又有很明顯的優點，就是可以爲具體的機構研究或地域研究提供較爲集中的資料基礎。相比於根據出土地點或收藏機構來進行的文書整理分類，這種按行用地域或行用機構的分類可以稱爲研究導向型的分類，即根據具體研究方向來彙集整理文書。孫繼民的《唐代瀚海軍文書研究》就是這一思路的典型著作，爲了更好地進行瀚海軍研究，需要盡可能多地囊括相關文書。不過該書主要還是以研究爲主，没有進行文書的彙録。本書對於北庭文書的整理研究也是遵循這一思路，以北庭研究爲導向，最大限度囊括與北庭相關的文書，從而進行新的整理研究。

　　當然還要對本課題涉及的"北庭"作一時空上的限定。唐朝北庭之地原爲西突厥可汗浮圖城，貞觀十四年（640），唐朝在此設立庭州，州治金滿縣，在今新疆維吾爾自治區吉木薩爾縣北庭故城遺址。大致在龍朔年間，庭州設金山都護府，垂拱年間罷廢。長安二年（702）又改庭州爲北庭都護府，庭州即改稱北庭。瀚海軍也在此後不久設於北庭。先天年間，又設伊西北庭節度使，治北庭都護府，同時節制伊州、西州的軍事力量。貞元六年（790），吐蕃攻陷北庭，唐朝才最終失去了對北庭的統轄。從時代上來説，所謂唐代北庭文書包括自貞觀十四年唐朝設立庭州至貞元六年庭州失陷這一時間段内的文書。需要説明的是，貞元六年後，北庭之地主要是被回鶻控制，敦煌吐魯番出土文獻中也有不少涉及這一時期的北庭，如法藏敦煌 P. 3071v 摩尼教贊美詩中就出現了別失八里（Besh Baliq，即北庭）的宗教首領拂多誕（Wispuhr）。[1] 雖然回鶻統治北庭的

---

〔1〕　J. Hamilton，*Manuscrits ouïgours du IXe–Xe siècle de Touen-Houang* Ⅰ，Paris, 1986, pp. 57–58.

時段與中晚唐有所重合，但此時唐朝勢力已經退出西域，本書僅收録敦煌所出《神會語録》中有"唐貞元八年"年號的題記，其他便不再收録。

　　唐代在北庭先後設有三個縣——金滿縣、蒲類縣（今奇台縣唐朝墩遺址）和輪臺縣（今烏魯木齊市烏拉泊古城）。寶應元年（762）以後又見有西海縣，不過西海縣或許是蒲類縣改名而來，尚且存疑。[1] 北庭都護府所屬諸縣範圍，主要是在今烏魯木齊以東的天山北麓一帶。此外，天山以北的羈縻府州大致也都在北庭都護府的管轄之下。據《新唐書·地理志》記載，這些羈縻府州主要是設置在西突厥五咄陸部落以及葛邏禄、處月等部，[2] 這些部落大致活躍在金山（今阿爾泰山）以西至天山北麓一帶。這些羈縻府州實際上也有一些相關文書存世，如中國國家博物館藏《唐開元五年（717）後西州獻之牒稿爲被懸點入軍事》文書，其中就涉及設於西突厥胡禄屋部的鹽泊都督府。[3] 因爲這些羈縻府州在北庭都護府治下，大致也可以將這些涉及羈縻府州的文書歸入北庭文書。州縣機構之外，北庭一帶還有軍事機構，早期的鎮、戍主要是由庭州及後來的北庭都護府統領，而在開元年間北庭節度使設立之後，北庭建立起隸屬於節度使的以軍鎮、守捉爲主的體系。這些設立於北庭都護府統轄地域內的軍鎮、守捉的相關文書，包括前述瀚海軍之文書，也都在北庭文書的範圍內。還需要提及的是，北庭節度使及支度使、營田使實際上統領了伊、西、庭三州，也就是説，三州的軍事及財政事務都需要上報節度使等使職，包括吐魯番出土文書中所見唐開元十、十一年（722、723）伊、西、北庭等州府申支度營田使相關文書等。這些上行文書因爲都是申於駐扎北庭的使職，我們也將其歸入北庭文書的範圍。至於節度使時代伊州、西州各自的官文書，因吐魯番地區出土唐代西州文書數量過於龐大，難以盡數，如不直接關涉北庭便不再收録。

　　綜上所述，本書所謂"唐代北庭文書"是指自貞觀十四年（640）至貞元六年（790），涉及設置於北庭地域內都護府、州縣、軍鎮、守捉、鎮戍以及各種使

〔1〕劉子凡：《北庭西海縣新考》，《新疆大學學報》2020年第1期，第81—87頁。

〔2〕《新唐書》卷三三下，北京：中華書局，1975年，第1130—1132頁。

〔3〕楊文和主編：《中國歷史博物館藏法書大觀》第11卷《晉唐寫經·晉唐文書》，東京：柳原書店、上海：上海教育出版社，1999年，第235、176—177頁。

職的上下行文書，也包括上述機構人員所撰擬的官私文書。這是唐代北庭文書相對嚴格的概念。此外，爲了北庭研究的需要，本書也搜録非上述機構及人員撰擬但内容與北庭相關的文書，暫且稱之爲"北庭相關文書"。以上兩類雖然分別整理，但都在本書的整理研究範圍之内。

第二節 北庭文書整理與研究的意義

北庭文書是廣義上的敦煌吐魯番文書的一部分。目前所見的敦煌吐魯番文書整理，大多是以收藏機構爲中心進行。自敦煌文書現世以後，外國探險隊紛至踏來，携走了大量敦煌西域文獻，加上私人藏家的倒賣，致使這些文書分散收藏於世界各地。最初的整理研究工作自然要根據收藏機構來逐一進行，包括《英藏敦煌文獻（漢文佛經以外部分）》《法藏敦煌西域文獻》《俄藏敦煌文獻》《國家圖書館藏敦煌遺書》《大谷文書集成》等，[1] 其他如日本杏雨書屋、寧樂美術館、美國普林斯頓大學等處所藏敦煌吐魯番文獻也都已刊布。近來王振芬、榮新江先生主編《旅順博物館藏新疆出土漢文文獻》出版，[2] 至此，國内外大宗收藏敦煌吐魯番文書的機構都已部分或全部刊布了收藏品。對於吐魯番地區最新考古出土的文獻，目前也已整理刊布，包括唐長孺主編《吐魯番出土文書》，榮新江、李肖、孟憲實主編《新獲吐魯番出土文獻》，等等。[3] 此外，榮新江、史睿主編的《吐魯番出土文獻散録》則是以出土地爲綫索，重新彙集整理除大宗收藏機構之外散見於各收藏地的吐魯番出土文獻。[4]

---

〔1〕 中國社會科學院歷史研究所、中國敦煌吐魯番學會敦煌古文獻編輯委員會、英國國家圖書館、倫敦大學亞非學院編：《英藏敦煌文獻（漢文佛經以外部分）》1—15 冊，成都：四川人民出版社，1990—2009 年；上海古籍出版社、法國國家圖書館編：《法藏敦煌西域文獻》1—34 冊，上海：上海古籍出版社，1995—2005 年；〔俄〕孟列夫（Л. Н. Меньшиков）、錢伯城主編：《俄藏敦煌文獻》，上海：上海古籍出版社、莫斯科：俄羅斯科學出版社東方文學部，1992—2001 年；中國國家圖書館編：《國家圖書館藏敦煌遺書》1—146 冊，北京：北京圖書館出版社，2005—2010 年；〔日〕小田義久主編：《大谷文書集成》壹—肆，京都：法藏館，1984—2010 年。

〔2〕 王振芬、榮新江主編：《旅順博物館藏新疆出土漢文文獻》1—35 冊，北京：中華書局，2020 年。

〔3〕 唐長孺主編：《吐魯番出土文書》（圖文本）壹—肆，北京：文物出版社，1992—1996 年；榮新江、李肖、孟憲實主編：《新獲吐魯番出土文獻》，北京：中華書局，2009 年。

〔4〕 榮新江、史睿主編：《吐魯番出土文獻散録》，北京：中華書局，2021 年。

　　這種按收藏地或出土地整理的方式，自然有其必要性。但是同一機構的文書來源可能并不相同，也存在同一組文書收藏在不同機構的情況。而同一出土地的文書中，也可能雜有來自其他地域的文書。這就給研究帶來了一些困難。不少學者都進行了一些分門別類的文書彙集整理工作，如周一良先生主編的《敦煌文獻分類録校叢刊》共 12 種，以及王永興《敦煌經濟文書導論》、劉俊文《敦煌吐魯番唐代法制文書考釋》，等等。[1] 而以文書的行用地域爲中心來進行文書的彙集整理，則又是另外一種重要的思路。廣義上的敦煌吐魯番文書包括了不同時代、不同來源的文書，僅就唐代而言，就涉及伊州、西州、北庭、沙州等地的相關文書。我們可以將這些文書最初製作及行用的地點稱爲文書的來源地。突破按收藏地和出土地整理文書的格局，根據文書來源地進行文書的搜集整理，對於相關地區的研究無疑具有更爲突出的價值。

　　學界已經熟知敦煌吐魯番文獻中有數量衆多的北庭文書，包括長行馬文書、瀚海軍相關文書、北庭都護府功狀等，有不少整理研究的成果。藤枝晃《"長行馬"文書》《長行馬》刊布了其中與長行馬相關的文書。陳國燦《東訪吐魯番文書紀要（一）》、施萍婷《日本公私收藏敦煌遺書叙録（二）》先後有對有鄰館文書的調查介紹，但并未及進行文書內容的詳細整理。另有與有鄰館長行馬文書相關的文書殘片散見於日本書道博物館等處，李錦繡《唐開元中北庭長行坊文書考釋（上）》對這批北庭長行馬文書進行了整理録文，[2] 陳國燦《〈俄藏敦煌文獻〉中吐魯番出土的唐代文書》又介紹了幾件俄藏文書中的長行馬文書。[3] 關於長行馬文書的相關研究还有孔祥星《唐代新疆地區的交通組織長行坊》、荒川正晴《北庭都護府の輪臺縣と長行坊》等。[4] 除了長行馬文書

---

〔1〕　王永興：《敦煌經濟文書導論》，臺北：新文豐出版公司，1994 年；劉俊文：《敦煌吐魯番唐代法制文書考釋》，北京：中華書局，1989 年。

〔2〕　李錦繡：《唐開元中北庭長行坊文書考釋（上）》，《吐魯番學研究》2004 年第 2 期，第 13—32 頁。

〔3〕　陳國燦：《〈俄藏敦煌文獻〉中叶魯番出土的唐代文書》，《敦煌吐魯番研究》第 8 卷，北京：中華書局，2005 年，第 105—114 頁。

〔4〕　孔祥星：《唐代新疆地區的交通組織長行坊——新疆出土唐代文書研究》，《中國歷史博物館館刊》1981 年第 3 期，第 29—38 頁；［日］荒川正晴《北庭都護府の輪臺縣と長行坊——アスターナ五〇六号墓出土、長行坊關係文書の檢討を中心として》，《小田義久博士還曆記念東洋史論集》，小田義久先生還曆紀念事業會，1995 年。

以外，有鄰館的其他北庭文書也有一些研究成果，如沙知《跋唐開元十六年庭州金滿縣牒》等。[1] 瀚海軍文書也是廣義上的北庭文書的一部分。孫繼民《唐代瀚海軍文書研究》研究了英藏 S. 11453、S. 11459 文書，羅振玉舊藏文書，有鄰館 39 號文書，以及兩件吐魯番出土文書，指明其爲瀚海軍文書，并對相關內容進行了考釋。另外，程喜霖、陳習剛《吐魯番唐代軍事文書研究·文書篇》收錄了與軍事相關的北庭文書。[2] 但這些整理研究成果相對分散，迄今并未見有對全部北庭文書的彙集整理，沒有展現北庭文書的全貌。尤其是北庭文書散見於各個研究機構，相關介紹和研究文章之內容也相對分散，未有對北庭文書的概觀性認識。因此，對北庭文書的全面整理也是一項很有意義的工作。

第三節　北庭文書的大致面貌

經過檢索目力所及的敦煌吐魯番文獻，大致調查所得唐代北庭文書爲 117 件，如果算上北庭相關文書的話，數量可以達到 200 餘件，比此前預期的數量要多出不少。這些文書基本都可以判定并非北庭當地出土，而是來自敦煌、吐魯番等地的出土文獻，是通過一些機緣被陸續携至沙州、西州等地并得以保存。總體來看，這些文書體現出很強的集中性，除了少數散見的《唐開元四年（716）李慈藝告身》《唐開元五年（717）後西州獻之牒稿爲被懸點入軍事》文書外，大致可以歸結出四組相關的文書，包括"唐開元七年至十年北庭長行坊馬畜患死案卷""唐開元十、十一年伊、西、北庭等州府申支度營田使相關文書""唐開元十五年北庭瀚海軍印歷"以及"唐開元十八、十九年北庭領錢物抄相關文書"。與這四組稍有不同，還有一部分有鄰館藏長行馬文書以外的北庭文書，雖然其內容并無直接關聯，但來源大致相同，且都是涉及開元十五、十六年前後與北庭都護府及軍鎮、守捉相關的文書。

---

〔1〕 沙知：《跋唐開元十六年庭州金滿縣牒》，《敦煌吐魯番學研究論文集》，上海：漢語大詞典出版社，1990 年，第 187—195 頁。

〔2〕 程喜霖、陳習剛：《吐魯番唐代軍事文書研究·文書篇》上、下，烏魯木齊：新疆人民出版社，2013 年。

一、唐開元七年至十年北庭長行坊案卷

這是一組與北庭長行坊相關的案卷，涉及北庭長行坊、西州牧馬所、北庭都護府等的往還文書，內容可分爲兩類，一是處理長行馬等患死的文書，二是長行坊給料及減料的文書。藤枝晃最先公布了有鄰館藏的這部分北庭長行馬文書，前文已述及。此後，榮新江先生對這組文書進行了更全面的匯總，指出案卷包括英藏 S. 8777A-E、S. 11450、S. 11451、S. 11458，俄藏和北京圖書館（今中國國家圖書館）、日本京都有鄰館、日本東京書道博物館所藏，以及羅振玉舊藏等。[1] 李錦繡先生進一步搜集了這批北庭長行坊文書，并對其進行了很好的分類、定名、錄文，基本展現了這組文書的面貌。[2] 據其整理成果，這組文書是按類區分後粘連成案卷，紙張數至少達到了"三百四十一"，是相當長的案卷。本書文書編對這部分文書的整理，主要是在李錦繡的基礎上進行了一些校對和個別文書排列的調整。

關於這組文書的出土地尚有爭議。陳國燦指出："從以上列目及其內容考察，有鄰館的何氏藏文書中屬敦煌所出者，衹在二十件左右，餘下約四十件則是唐北庭發往西州或西州發往北庭的牒狀，它們的出土地點雖已難一一具體考定，然出自新疆吐魯番一帶是可以肯定的。"[3] 這裏主要説的就是有鄰館藏長行馬文書。然而榮新江指出，有鄰館藏長行馬文書從字體、內容和署名上判斷，與英、俄所藏斯坦因和奧登堡自敦煌藏經洞所獲經帙上揭出的文書是同組文書，可以推測也是來自敦煌石室。同時他提出了一條關鍵的證據，參照英藏文書的例證，裱糊經帙的文書大多會按照經帙大小進行切割，文書上下往往會被切割掉一行或半行文字，有鄰館藏長行馬文書也具有這樣的特徵。[4] 他又明確提出："我們還是把這些看作沙州人從北庭帶到敦煌的文書更爲合適，而不看作吐魯番文書。"[5] 本書研究編第一章中也略有討論，從幾件唐代書狀的寫本形態

〔1〕 榮新江：《英國圖書館藏敦煌漢文非佛教文獻殘卷目録（S. 6981—S. 13624）》，臺北：新文豐出版公司，1994 年，第 35 頁。

〔2〕 李錦繡：《唐開元中北庭長行坊文書考釋（上）》，第 13—32 頁。

〔3〕 陳國燦：《東訪吐魯番文書紀要（一）》，《魏晉南北朝隋唐史資料》第 12 期，武漢：武漢大學出版社，1993 年，第 45 頁。

〔4〕 榮新江：《海外敦煌吐魯番文獻知見録》，南昌：江西人民出版社，1999 年，第 197 頁。

〔5〕 榮新江：《日本散藏吐魯番出土文獻知見録》，《浙江大學學報》2016 年第 4 期。

看，應當都是揭取自敦煌經帙。這裏還是傾向於認爲此北庭長行坊案卷及其他有鄰館北庭文書都應是出自敦煌。

二、唐開元十、十一年伊、西、北庭等州府申支度營田使相關文書

這組文書出土自吐魯番阿斯塔那 226 號墓，内容爲伊州、西州、北庭都護府申報所屬守捉、鎮戍營田及烽鋪嘰田等事宜，收文機構爲支度營田使。這組文書中的《唐北庭都護支度營田使文書》見有"□副大使銀青光禄大夫檢校北庭都護□□營田等使上柱國楊楚客"。[1] 中間所缺兩字應爲"支度"。程喜霖先生指出，按慣例，北庭都護多兼節度使和支度營田使，故此處"副大使"上疑缺"節度"二字，"營田等使"前應缺"支度"二字，由此可補闕爲"（節度）副大使銀青光禄大夫檢校北庭都護（支度）營田等使上柱國楊楚客"。[2] 也就是説，此時楊楚客同時兼任了北庭節度副大使、北庭都護、支度營田使，伊、西、庭這些營田文書自然都是申上楊楚客。此外，《唐開元十年伊吾軍上支度營田使留後司牒爲烽鋪營田不濟事》文書中又見有"支度營田使留後司"，應是北庭支度營田使的辦事機構。大致這批營田文書都是此機構保存之相關案卷，過期作廢之後流轉至西州，被製作成了墓主人的葬具。可惜 226 號墓并未出土墓志，墓主人身份未知，也無從知曉其人與北庭有何聯繫。

三、唐開元十五年北庭瀚海軍印歷

英藏敦煌 S. 11453、S. 11459 文書揭自 2 個經帙，共計 11 件，見有"瀚海軍之印"。榮新江全面介紹了這組文書，并定名爲《唐瀚海軍典抄牒狀文事目歷》。[3] 孫繼民又將其分爲 5 組，分別定名爲《唐開元十六年（728）正月瀚海軍殘牒尾》（S. 11459H）、《唐開元十五年（727）十二月瀚海軍兵曹司印歷》（S. 11459G、S. 11459E、S. 11459D）、《唐開元十五年九月（？）瀚海軍勘印歷（甲）》（S. 11453H、S. 11453I）、《唐開元十五年九月（？）瀚海軍勘印歷（乙）》

---

〔1〕 唐長孺主編：《吐魯番出土文書》（圖文本）肆，北京：文物出版社，1996 年，第 96 頁。
〔2〕 程喜霖：《漢唐烽堠制度研究》，西安：三秦出版社，1990 年，第 279—280 頁。
〔3〕 榮新江：《英國圖書館藏敦煌漢文非佛教文獻殘卷目録（S. 6981—13624）》，第 210—214 頁。

（S. 11459C、S. 11459F）、《唐開元某年某月瀚海軍請印歷》（S. 11453J、S. 11453L、S. 11453K）。[1] 大致這批文書皆爲開元十五、十六年前後與瀚海軍相關的牒文事目。其與北庭長行馬文書時代相仿，又都是揭取自經帙，或許都是由在北庭任職的沙州人携回。本書對這組文書的整理，主要是利用了孫繼民的成果，并根據圖片進行了一些校對。

四、唐開元十八、十九年北庭領錢物抄相關文書

這批文書出土自吐魯番阿斯塔那 506 號墓，即著名的張無價墓，在《吐魯番出土文書》中的整理編號爲"（三）"至"（三四）"。其内容都是涉及開元十八、十九年前後領取錢物的抄，且其中的人名交互出現，應爲同一組文書抑或檔案。劉安志先生指出，該組文書中多次出現的陰嗣瓛即有鄰館 12 號文書中的"檢校北庭都護借紫金魚袋陰"及有鄰館 39 號文書中的"副使陰"。[2] 則該組文書中的"使陰嗣瓛"，官職當爲北庭節度副使、檢校北庭都護。陰嗣瓛出現在 6 件文書中，皆是由其傔人樊令詮代領錢物，與其一同出現的還有"使安神願"，則此人似亦是北庭的節度副使或相關使職。此外，這組文書中還出現了"支度典""營田副使傔"領料的記録，如前所述，支度營田使亦應是在北庭。同時，文書中也見有耶勒、俱六等北庭地名。綜合這些信息來看，這組領錢物抄應當是北庭文書。

以上重點介紹了四組北庭文書，其他散見文書情況可參見文書編的北庭文書部分。至於北庭相關文書，因爲是祇要關涉北庭的機構、事務及人員都予以收録，故内容相對分散，涉及官文書、地志、名族志、佛經題跋、告身、格式、契約、私人書狀等，此處不再一一列舉。

第四節　篇章結構與内容説明

本書分爲上、下兩册，上册分爲文書編、研究編，并附圖版及出土地索引，下册爲圖版編。

---

[1]　孫繼民：《敦煌吐魯番所出唐代軍事文書初探》，北京：中國社會科學出版社，2000 年，第 242 頁。
[2]　劉安志：《唐朝西域邊防研究》，武漢大學博士學位論文，1999 年。

文書編可分爲兩部分，即"北庭文書"與"北庭相關文書"，其分類方法前文已述及，大致"北庭文書"部分僅收錄北庭相關機構與人員直接撰擬或受付的文書，"北庭相關文書"則範圍較廣。每一類別分別按時間排序，每件文書都給出定名、解題、參考文獻、錄文。由於很多文書此前研究引用較多，參考文獻中僅列入首次刊布該文書或對定名、綴合等整理工作有重要價值的論著。另外根據古籍整理的習慣，本書以繁體字撰寫，以便盡可能地展示文書錄文原貌。

研究編彙集針對唐代北庭文書進行的一些研究工作成果，主要側重北庭軍政體制及史地的研究。這些成果有的是對文書的定名、拼接及基本内容的考釋，有的是借用北庭文書對相關制度和觀念的考察，大多是圍繞北庭文書或北庭研究的核心問題展開。具體來説，文書研究分爲三章：第一章爲"北庭文書所見軍政建制"，主要考察北庭的軍事機構演變及屬縣設置中的疑難問題；第二章爲"北庭文書所見西域經營"，主要探討唐代經營西域的一些側面，包括節度使兼跨兩鎮的運作方式以及西域官員間的關係網絡等；第三章爲"北庭與邊疆觀念"，利用北庭文書及相關文獻探討"瀚海""西州"等與北庭相關的邊疆概念。

本書的出版，得到新疆維吾爾自治區吉木薩爾縣北庭學研究院、新疆維吾爾自治區博物館、吐魯番市文物局、中國國家博物館、中國國家圖書館、中國社會科學院古代史研究所、上海古籍出版社、上海辭書出版社等機構的大力支持，謹記於此。

文書編

凡　　例

一　本編所收爲唐代北庭文書及北庭相關文書。北庭文書是指涉及設置於北
　　庭地域内都護府、州縣、軍鎮、守捉、鎮戍以及各種使職的上下行文
　　書，也包括上述機構人員所撰擬的官私文書。北庭相關文書指非上述機
　　構及人員撰擬，但内容與其相關的文書。此外，亦收録少數出土文獻中
　　涉及北庭的典籍、佛經等。

二　本編録文大體保持原件格式，不連寫，每行加行號，以與原件行數對
　　照，版面不能容納時，轉行續寫，頂格與前一行左側對齊。

三　本編所收文獻的編號，主要以各收藏單位的現編號爲準，同時括注其他
　　舊編號等，多依所在單位名稱或其縮寫來稱呼。r表示文書正面，v爲背
　　面。直接綴合的文書用"＋"號，非直接綴合用頓號"、"。

四　本編所收文書，按北庭文書、北庭相關文書分類；每個類別中，單件文
　　書排列在前，成組文書集中排列在後。大體按書寫年代爲序，部分無年
　　代的文書，與有紀年文書相關者，隨有紀年文書排列，無年代附後。

五　每件文書，均據其内容，參考前人成果，予以擬題；對文書與北庭的關
　　聯及寫本特徵等作出解題説明，列於標題、編號之後。

六　文書斷裂，不能綴合，但據書法、紙質及内容判斷爲同一組文書者，在
　　同一標題下，每片分標"（一）""（二）""（三）"……；文書有年代或年代可
　　推知者，排列盡可能以年代先後爲序；無法推知紀年者，一般依編號原
　　始順序排列，則此處"（一）""（二）""（三）"……標號并不表明先後次序。

七　文書中異體、俗體、別體字，除人、地、度量衡名外，釋文基本用現在
　　通行繁體字；同音假借字照録，旁括注本字，武周新字改爲正字；其古
　　寫簡體字與今簡寫相同者照録；原文筆誤及筆畫增減，徑行改正。

八　文書有缺文時，依缺文位置標明"（前缺）""（中缺）""（後缺）"；中有原未
　　寫文字處，標作"（中空）"，文末空白標作"（餘白）"；截引部分文書内容

　　　　者，標明"（前略）""（中略）""（後略）"。

九　缺字用"□"表示。不知字數的缺文，上缺用"⎕⎕⎕⎕⎕"、中缺用"⎕⎕⎕⎕"、下缺用"⎕⎕⎕⎕"表示。騎縫綫用"-------"表示，正面騎縫押署或朱印直接書於騎縫綫上，背面騎縫押署或朱印注於騎縫綫後。

一〇　原文字形不全，但據殘筆確知爲某字者，補全後在外加"□"，如"[頁]"；無法擬補者作爲缺字。字迹模糊無法辨識者亦用"□"表示。原文點去或抹去的廢字不録，出注提示。

一一　所有文書大體依件格式照録，除原以空格表示標點者外，均加標點。文書中原寫於行外的補字，釋文一般徑補入行内。

一二　本編所用文書編號如下：

　　　BD：　中國國家圖書館藏敦煌吐魯番文獻

　　　Ch：　德藏吐魯番漢文文獻

　　　LM：　旅順博物館藏吐魯番文獻

　　　Or：　英國圖書館藏吐魯番文獻

　　　Ot：　日本龍谷大學圖書館藏大谷探險隊所獲吐魯番文獻

　　　P：　法國國立圖書館藏敦煌文獻

　　　S：　英國圖書館藏敦煌漢文文獻

　　　SH：　日本東京都台東區書道博物館藏吐魯番文獻

　　　Дx：　俄羅斯東方文獻研究所藏敦煌吐魯番文獻

　　　TAM：　吐魯番阿斯塔那墓地出土文獻

　　　TBM：　吐魯番巴達木墓地出土文獻

　　　TZJI：　2006 年徵集吐魯番出土文獻

　　　敦煌博物館：　敦煌市博物館藏敦煌文獻

　　　日本德富蘇峰紀念館（照片）：日本德富蘇峰紀念館舊藏敦煌文獻照片

　　　日本石井光雄舊藏：日本石井光雄舊藏敦煌文獻

　　　有鄰館：日本京都藤井有鄰館藏敦煌吐魯番文獻

　　　羽：日本杏雨書屋藏吐魯番文獻

　　　中國國家博物館：中國國家博物館藏吐魯番文獻

文書編

—

一

北庭文書

唐貞觀二十二年（648）庭州人米巡職辭爲請給公驗事

73TAM221: 5

　　從内容看，本件文書爲米巡職向庭州申請公驗的辭，第8—12行應爲庭州官員懷信的判文。此爲目前所見時代最早的唐代庭州文書。

　　參：程喜霖1983，51—52頁；凍國棟1988b，127—128頁；程喜霖1990，306—307頁；凍國棟1990，160頁；礪波護1993，204頁；姜伯勤1994，187—188頁；《吐魯番文書》叁，306頁；吳震1999，257頁；程喜霖2000，308—309頁；劉玉峰2000，161—162頁；陳國燦2002b，34頁；孟彦弘2008，133—134頁；榮新江2013，66—67頁；榮新江2017，76頁；梁振濤2020，127—128頁。

1　　貞觀廿二□□□□□庭州人米巡職辭：
2　　　米巡職年叁拾　　　　奴哥多弥施年拾伍
3　　　婢婆匐年拾貳　　　　駝壹頭黄鐵勤敦捌歲
4　　　羊拾伍口。
5　　州司：巡職今將上件奴婢駝等，望於西
6　　州市易。恐所在烽塞，不練來由。請乞
7　　公驗。請裁，謹辭。
8　　　　　　巡職庭州根民，任往
9　　　　　　西州市易，所在烽
10　　　　　塞勘放。懷信白。
11　　　　　　　　廿一日

唐開元二年（714）十月後三娘牒稿爲索還寄留焉耆龍司馬處物不得事

有鄰館28

　　存6行。鈐有"德化李氏凡將閣珍藏"印，係李盛鐸收藏印，以下簡稱"李氏收藏印"。

參：饒宗頤 1954，5 頁；《目録初稿》，87 頁；陳國燦 1993b，43 頁；施萍婷 1994，95 頁；陳國燦、劉安志 2005，598 頁。

（前缺）

1　　▨三娘前件物，去開元二年十一月内寄留焉耆

2　　龍司馬。昨從安西來，行至焉耆，從龍司馬索

3　　本物，乃云并賣却，爲楊堆填納倉物。但三

4　　娘所寄之物衆，款稱并委知曹司勘問

5　　司馬。司馬款亦不諱。上下阿黨，不爲追徵，

6　　▨三娘孤單，又無兄弟兒子

（後缺）

唐開元四年（716）李慈藝告身

日本德富蘇峰紀念館（照片）

原文書目前不知所在，僅見有日本德富蘇峰紀念館所藏照片。該組照片共 4 張，尺寸分別爲 9.5 厘米 ×13.5 厘米、9.7 厘米 ×14.3 厘米、9.7 厘米 ×8.7 厘米、9.7 厘米 ×13.9 厘米，照片上所見文字共 33 行，然而小田義久指出在照片三、四之間似還缺少 1 張照片。陳國燦根據唐代告身格式推補了 10 行内容，則該文書實際應有 43 行。就照片所見，文書第 1—5、18、27、37—39、43 行處有排印的"尚書司勛告身之印"，可知此爲告身原件。該文書係日本大谷探險隊於 1912 年前後在吐魯番阿斯塔那－哈拉和卓古墓群發掘所得，後由橘瑞超携至日本并拍攝照片。德富蘇峰紀念館所藏照片背面寫有："明治四十五年（1912）六月十六日，於築地本願寺攝影焉。是橘瑞超師西域發掘物中之最尤之一也。"該告身記録了北庭瀚海軍開元三年（715）前後參與的戰陣及授勛人員名單，是研究開元初年北庭史事及瀚海軍兵源的重要文獻。

參：橘瑞超 1912，附圖；羅福葆 1924，5845 頁；王國維 1923，877—882 頁；菊池英夫 1962，65—66 頁；《真迹釋録》4，283—284 頁；姜伯勤 1994，243 頁；小田義久 2000a，135 頁；小田義久 2000b，6—8、25 頁；孫繼民 2002b，139—145 頁；陳國燦 2002b，

218—219 頁；陳國燦 2003a，41—42 頁；小田義久 2003，27—36 頁；小田義久 2004，166—167 頁；陳國燦、劉安志 2005，593 頁；馬志立 2005，109 頁；李方 2011，4—5 頁；程喜霖、陳習剛 2013，409—411 頁；劉子凡 2016，230—231 頁。

1　瀚海軍破河西陣、白澗陣、土山陣、雙胡丘陣、伍里堠陣、東胡袄陣等總
　　陸陣，

2　准開元三年三月廿二日敕，并於憑洛城与賊鬥戰，前後總叙陸陣，比

3　類府城及論臺等功人叙勛則令遞減，望各酬勛拾轉。

4　　　　白丁西州李慈藝 _{高昌縣}

5　　　　　　右可上護軍

6　黃門：涇州梁大欽等壹拾肆人，慶州李遠

7　託等伍拾漆人，絳州張忠等捌人，鄜州楊元

8　暕壹人，延州王守琳等壹拾貳人，瓜州郭无

9　惑壹人，坊州王阿婢等壹拾陸人，晉州郭

10　敏子壹人，蒲州程崇憲等壹伯叄拾伍人，

11　北庭府任慈福等壹拾肆人，隴州強懷貞

12　等玖人，甘州王懷義等叄人，岐州霍玄慶

13　等壹伯伍拾人，寧州王思智等壹拾玖人，西州

14　石定君等壹拾壹人，虢州蔡大悦等貳人，

15　幽州陳思香等貳人，總肆伯捌拾伍人。并戰

16　若風馳，捷如河決，宜加朝獎，俾峻戎班。

17　可依前件，主者施行。

18　　　　　　開元四年正月六日

19　　　　　兵部尚書兼紫微令上柱國梁國公臣姚崇宣

20　　　　　銀青光禄大夫行紫微侍郎上柱國臣蘇頲奉

21　　　　　　　朝散大夫行紫微舍人上柱國王邱行

22　〔黃門監兼吏部尚書同紫微黃門平章事漁陽縣伯臣盧懷慎〕

23　〔正議大夫黃門侍郎上柱國　臣張廷珪〕

24　〔某某大夫給事中　　　　　臣魏奉古〕等言

25　制書如右，請奉

26　制，付外施行，謹言。

27　　　　　　　　　開元四年二月廿五日

28　　　　　制可

29　　　　　　〔二月廿　日　時都事某某受〕

30　　　　　　〔左司郎中　付吏部〕

31　〔尚書左相　闕〕

32　〔尚書右相　闕〕

33　〔吏部尚書　兼〕

34　〔太中大夫守吏部侍郎盧從願〕

35　〔太中大夫守吏部侍郎李朝隱〕

36　〔正議大夫尚書左丞上柱國安陽縣男源乾曜〕

37　告上護軍李慈藝，

38　奉被

39　制書如右，符到奉行。

40　　　　　　元

41　　　珸　　　張禎

42　　　　　　馬岳

43　　　開元四年二月廿八日下

唐開元五年（717）後西州獻之牒稿爲被懸點入軍事

中國國家博物館 37

　　共 3 片綴合而成。尺寸爲 28 厘米 ×41 厘米，行書，存 15 行。羅惇㬊（號復堪）舊藏，裱入唐人真迹第一卷中，題“出鄯善縣”。文書中提到的鹽泊都督府，爲唐朝在天山北麓的西突厥胡禄屋部設立的羈縻都督府，隸屬於北庭都護府（見《新唐書》卷四三下《地理志》下）。“定遠道行軍大總管、可汗”即阿史那獻，《唐會要》卷七八《諸使中·節度使》載其先天元年（712）曾任“伊西節度兼瀚海軍使”，又《文苑英華》卷四一七《授阿史那獻特進制》載其開元二年（714）任“招慰十姓兼四鎮經略大使、定遠道行軍大總管、北庭大都護、瀚海軍使、節度巴（已）西諸蕃國、左驍衛大將軍、攝鴻臚卿、上柱國、興昔可汗”。雖然文書所在之開元五年（717），阿史那獻可能已不再兼任北庭大都護，但仍爲定遠道行軍大總管，且似直接管轄鹽泊都督府，與北庭軍政有密切關係。

　　參：《法書大觀》11，176—177、235 頁；榮新江 2001，336 頁；陳國燦 2002b，223 頁；劉安志 2002，210—225 頁；劉安志 2011，177—205 頁；程喜霖、陳習剛 2013，651—653 頁，圖三六；程喜霖 2013b，226—245 頁；劉安志 2014，134—135 頁；榮新江、史睿 2021，449—451 頁。

（前缺）

1　　牒獻之去開元五年十一月，奉定遠道

2　　行軍大總管、可汗﹇牒﹈，西州追獻之，擬

3　　表疏﹇參﹈軍。其﹇月﹈廿三日州司判，牒下縣

4　　發遣。至十二月到定遠軍，即蒙可汗試

5　　﹇可﹈，判補鹽泊都督府表﹇疏參軍﹈，并録此

6　　奏訖。獻之比在部落檢校，今承西州牒﹇節﹈

7　　點，遂被懸點入﹇軍﹈。□□准簡格文，不許懸

8　　名取人。獻之□□，[1] 身不﹇在州﹈，

9　　即不在取限，今見此﹇被點﹈。府史令狐慎行貫隸西

---

[1]　“身”字前原有“檢校□落”四字，塗抹刪去。

10 州，其人懸點入軍，即經采訪使陳牒，准簡格□，
11 不合懸名取人，其時使牒西州，准格放免軍訖。又
12 楊奉璿亦貫西州，□□□□已西，簡點之時不在，既
13 □公使，准格免軍。今蒙□落參軍，准　敕令四月
14 □□奏，尤須待　敕至。忽被懸點入軍，於理□
15 □□點行人就衙□□□□諸□□□□□，准格

（後缺）

唐開元五年（717）後西州獻之書札（一）

中國國家博物館 49

2 殘片，目前相連，然而其内容并不相連。尺寸爲 22 厘米 ×11.5 厘米，行書，各存 4 行。羅惇㬊舊藏，與上件文書一同裱入唐人真迹第一卷中，題“出鄯善縣”。從内容判斷，與上件文書《唐開元五年（717）後西州獻之牒稿爲被懸點入軍事》有關聯。

參：《法書大觀》11，193—194、239—240 頁；榮新江、史睿 2021，451—452 頁。

（一）

（前缺）

1 ［　　］□［　　］
2 ［　　］□珍重，狀［　　］
3 ［　　］不暇修狀，恕□［　　］
4 三□［　　］

（後缺）

（二）

（前缺）

1 ［　　］□［　　］

2　　━━━━━願各曹法

3　　━━━━━□爲總管

　　（後缺）

唐開元五年（717）後西州獻之書札（二）

中國國家博物館 50

　　尺寸爲 16 厘米 ×10.3 厘米，行書，存 4 行。羅惇㬊舊藏，與上件文書一同裱入唐人真迹第一卷中，題"出鄯善縣"。從内容判斷，似與前述文書《唐開元五年（717）後西州獻之牒稿爲被懸點入軍事》有關聯。

　　參：《法書大觀》11，194、240 頁；榮新江、史睿 2021，452—453 頁。

　　（前缺）

1　　━━━━━□辵跬步，遂阻款━━━━━

2　　━━━━━方寸，夏首初熱，□━━━━━

3　　━━━━━副使公、夫人勤□━━━━━

4　　━━━━━□□□□□━━━━━

　　（後缺）

唐開元十五—十八年間（727—730）敕瀚海軍經略大使下馬軍行客石抱玉牒

有鄰館 12

　　存 5 行。此文書是瀚海軍經略大使所下牒文，當爲北庭文書無疑。劉安志考證其時間在開元十五年至十八年間（727—730）。中村裕一認爲此件文書是用於日後論功行賞的公驗。

參：饒宗頤 1954，6 頁；藤枝晃 1957，12 頁；中村裕一 1991，440—457 頁；陳國燦 1993a，33 頁；陳國燦 1993b，42 頁；施萍婷 1994，93 頁；劉安志 2001，64 頁；孫繼民 2002b，109—111 頁；陳國燦、劉安志 2005，596 頁；劉安志 2010，178—179 頁；劉安志 2011，349—351 頁；程喜霖、陳習剛 2013，413—414 頁；劉安志 2014，182—183 頁；吕博 2015，454—456 頁；劉子凡 2016，296 頁。

1　　敕瀚海軍經略大使　牒石抱玉

2　　　馬軍行客石抱玉，年卅四_{寧州　羅川縣}

3　　　　斬賊首二　獲馬一疋_{留敦，五歲}　鞍轡一具

4　　　　弓一張　槍一張　刀一口　箭十三隻　排一面

5　　　　鎖子甲一領_{已上物并檢納足。}

　　（後缺）

唐開元十五—十八年間（727—730）牒

有鄰館 12v

　　存 2 行。檢校北庭都護陰某，應即陰嗣瓌。"大使延王" 應爲为開元十五年（727）遥領安西大都護兼四鎮節度大使的延王李洄。劉安志考證其時間在開元十五年至十八年間（727—730）。

　　參：陳國燦 1993b，42 頁；施萍婷 1994，93 頁；劉安志 2001，64 頁；孫繼民 2002b，46 頁；陳國燦、劉安志 2005，596 頁；劉安志 2011，349—351 頁；程喜霖、陳習剛 2013，414 頁；劉子凡 2016，296 頁。

1　　牒檢校北庭都護借紫金魚袋陰

2　　　大使延王在内

唐開元十五—十八年間（727—730）某人立功第壹等公驗抄件

有鄰館 32

　　存 3 行；後貼附 1 紙，倒書 2 行，爲另一文書尾部。内容與有鄰館 12 號文書有關，劉安志考證其時間在開元十五年至十八年間（727—730）。中村裕一認爲此件文書是用於日後論功行賞的公驗。

　　參：藤枝晃 1957，1、22 頁；《目録初稿》，356 頁；中村裕一 1991，440—451 頁；陳國燦 1993a，33 頁；陳國燦 1993b，43 頁；施萍婷 1994，96 頁；劉安志 2001，64 頁；孫繼民 2002b，109—111 頁；陳國燦、劉安志 2005，599 頁；劉安志 2010，178—179 頁；劉安志 2011，349—351 頁；程喜霖、陳習剛 2013，415 頁；劉安志 2014，182—183 頁；吕博 2015，454—456 頁。

（前缺）

1　　斬賊首一　　獲馬一疋 瓜父，七歲　　鞍一具

2　　弓一張　排一面　槍一張　箭十隻 已上并納足。

3　　　右使注殊功第壹等，賞緋魚袋。

（後缺）

倒書

1　　　朝議郎行主簿判尉藺思□

2　　　宣議郎令吕延嗣

唐開元年間瀚海軍狀爲附表申王孝方等賞緋魚袋事

中國國家博物館 43 + BD9337（甲）

　　尺寸分别爲 27.3 厘米 ×20.5 厘米、27.5 厘米 ×2 厘米。前者爲羅振玉舊藏，後者與另 2 件文書裱糊在同一卷上。榮新江、史睿將 2 件文書直接綴合，綴合後存 11 行。孫繼

民提出 BD9337（甲）與有鄰館 12、32 號文書内容相關，時間亦應在開元中期。

　　參：許國霖 1937，176 葉；羅振玉 1939，395—396 頁；池田温 1979，379—380 頁；任士英 1990，290 頁；《法書大觀》11，183、237 頁；孫繼民 2001，15—20 頁；孫繼民 2002b，29—38、48—49 頁；陳國燦 2002b，285—286 頁；《國圖敦煌》105，275 頁、條記目錄 56 頁；李方 2008，259—260 頁；史睿 2012，244—246 頁；程喜霖、陳習剛 2013，1115—1116 頁；劉子凡 2016，222—224 頁；榮新江、史睿 2021，482—483 頁。

　　（前缺）

1　北庭都護府功曹府、流外肆品、雲騎尉、營田第一等、賞緋魚袋王孝
　　方□□

2　　　　經考十　西州　高昌縣　順義鄉　順義里　身爲户

3　北庭都護府倉曹府、流外肆品、上柱國、賞緋魚袋康處忠，年卌一

4　　　　西州　交河縣　安樂鄉　高泉里　身爲户

5　北庭都護府録事史、流外伍品、騎都尉、營田第一等、賞緋魚袋曹懷巗，
　　年卌□

6　　　　西州　高昌縣　崇化鄉　净泰里　身爲户

7　北庭都護府户曹史、流外五品、武騎尉、營田第一等、賞緋魚袋張虔禮，
　　年卌八

8　　　　西州　柳中縣　承禮鄉　依賢里　父進爲户

9　右威衛翊府翊衛、賞緋魚袋康思睿，年廿三　西州　交河縣　安樂鄉　高泉圍
　　　　　　　　　　　　　　　　　　　　　　父忠爲户

10　　　　右孝方等破賊立功，并蒙賞緋魚袋，前通頭□，

11　　　　遂漏不申。今表次，望依此狀申上。

　　（後缺）

唐開元年間牒爲車坊闕官事

BD9337（乙、丙）

　　此件文書第 7—8 行間鈐有"瀚海軍之印"，可知爲北庭瀚海軍文書。國家圖書館原編號爲 BD9342、BD9347，綴合於 BD9337 之後，BD9342、BD9347 遂爲空號。爲研究便利，暫叙述爲 BD9337（乙、丙）。孫繼民指出乙、丙殘紙與甲并非同一件文書，但可能同卷；同時，乙、丙也不能直接綴合，中間有缺行。"典仇庭"見於《唐開元十六年（728）五月仇庭牒》《唐開元十五年（727）北庭瀚海軍印歷》。"張懷欽"則見於《唐開元二十九年（741）張懷欽等告身》。因仇庭在幾件文書中的身份都是"典"，故暫依仇庭在其他文書中出現的時間，推測此件文書有可能也在開元中期。

　　參：孫繼民 2002b，29—38、48—49 頁；《國圖敦煌》105，276 頁、條記目録 56 頁。

　　（前缺）

1　　　　　　　團頭路嘉會

2　　　　　　　主帥孫嘉猷

3　　　　　　　主帥陳文瑒

4　　　　　　　主帥王思訓

5　　　　　　　主帥馮處忠

6　　　　付判，節示。

7　　　　廿二日

　　（中缺）

8　依檢，衛□今月十三日差使，其官見□□□□□

9　闕。典仇庭檢。賓敬。

10　　　　　車坊闕官，檢校斯要，衆

11　　　　　狀連請，是仗所能。張懷

12　　　　　欽先已專知，夙明次第，

13　　　　　執案諮聽處分訖，各

14　　　　牒所由。諮，賓敬白。

15　　　　　　　　　　廿三日

16　　　　依判，諮，玄奮示。

17　　　　　□□□□□

（後缺）

唐開元十六年（728）五月仇庭牒（存目）

有鄰館 34

此件文書僅見於饒宗頤的簡目，未見録文。20 世紀 90 年代初，陳國燦、施萍婷等先生訪問有鄰館時已不見此件。"仇庭" 見於《唐開元年間牒爲車坊闕官事》（BD9337）。孫繼民推測此件爲瀚海軍文書。

參：饒宗頤 1954，6 頁；陳國燦 1993b，44 頁（未見）；施萍婷 1994，96 頁（缺號）；孫繼民 2002b，37 頁。

（缺文）

唐開元十六年（728）九月主帥馬思恩牒爲請郭門鑰匙事

有鄰館 23

存 6 行。有李氏收藏印。"大城" 見大谷 2831 號文書。有鄰館藏開元年間同組文書皆與北庭有關，故推測此件亦爲北庭文書。

參：饒宗頤 1954，6 頁；池田温 1979，64 頁；陳國燦 1993b，43 頁；施萍婷 1994，94—95 頁；程喜霖、陳習剛 2013，19 頁。

1　　大城中郭門

2　　　鑰匙一

3　　　　　右前件鑰匙，今爲鑷破，在坊須□

4　　　　　修理。請上件鑰匙修鑷，請裁□□。

5　　　牒件狀如前，謹牒。

6　　　　　　　開元十六年九月　　日主帥馬思 恩 牒

唐開元十六年（728）北庭節度使申尚書省年終勾徵帳稿一

中國國家博物館 36

　　尺寸爲 27.8 厘米 ×11.2 厘米，行書，存 4 行。池田溫題爲"唐開元十六年年末庭州輪臺縣錢帛計會稿"，與有鄰館所藏另外 2 件文書歸爲一組，推測接續順序爲：國博 36 ＋ 有鄰館 37 ＋ 有鄰館 7。王永興題爲"開元十六年北庭節度使申尚書省年終勾徵帳稿"。高昌故城出土，羅振玉舊藏。

　　參：羅振玉 1939，416 頁；池田溫 1979，355 頁；李錦繡 1995，124—125 頁；《法書大觀》11，175、234—235 頁；陳國燦 2002b，250 頁；王永興 2010，430—434 頁；程喜霖、陳習剛 2013，354—357 頁；王永興 2014a，84—85 頁；榮新江、史睿 2021，482 頁。

（前缺）

1　　合大練從十六年七月一日已後，至十二月卅日已前，軍府□□□□□

2　　料并執衣、白直課，及諸色貸便，及馬價、紙價、絁練□□□□□

3　　及六月卅日已前破用回殘錢等，總計當錢肆伯柒拾叁

4　　□□□□□□□□□

（後缺）

唐開元十六年（728）北庭節度使申尚書省年終勾徵帳稿二

有鄰館 37

　　存 12 行。本件與有鄰館 7 號文書及羅振玉《貞松堂藏西陲秘籍叢殘》41 葉背所載文書

殘片爲同類文書。

　　參：《目録初稿》，248—249 頁；池田温 1979，365 頁；陳國燦 1993b，44 頁；施萍婷 1994，96 頁；王永興 1994，321—326 頁；李錦繡 1995，124—125 頁；陳國燦 2002b，250 頁；荒川正晴 2004，42—43 頁；陳國燦、劉安志 2005，599 頁；王永興 2010，430—434 頁；荒川正晴 2010，523—525 頁；程喜霖、陳習剛 2013，354—357 頁；王永興 2014a，84—85 頁。

（前缺）

1　　輪臺縣_{秋冬兩季}白直、執衣，季別玖仟叁伯陸拾文。[1]

2　　[2]計壹拾捌貫柒伯貳拾文。

3　　軍使八人料，每月貳仟貳伯文，從七月八月九月田

4　　月十一月十二月，每月二千貳伯文，計一十三貫二百文。[3]

5　　一十一疋絁，絁別肆伯捌拾文，五千二百八十文。

6　　捌疋絁

7　　　　　六疋納馬價直。　　五疋納紙價直。

8　　一百六十疋大練，　_{疋別肆伯文}　　計六十四貫。

9　　[4]叁拾三疋納馬價。[5]壹拾肆疋，請得納突厥馬及甲價。

10　　貳拾疋，小練換得。　拾疋[6]納紙價。　捌拾叁疋納□□□□□

11　　四百卅二疋小練，　_{疋別三百廿文}[7]　計百卅八貫五百□□□□□

12　　一百五十疋□□□□□兩□□□□□□。[8]

（後缺）

―――――――――

〔1〕句末原有 "秋冬兩□" 等字，塗抹删去。

〔2〕句首原有 "末" 字，塗抹删去。

〔3〕此行後原有一行文字 "疋絁，疋別准肆伯捌拾計"，塗抹删去。

〔4〕句首原有 "馬價練" 三字，塗抹删去。

〔5〕"價" 字後原有 "大練" 二字，塗抹删去。

〔6〕"疋" 字後原有 "大練" 二字，塗抹删去。

〔7〕"文" 字後原有 "九十一貫" 四字，塗抹删去。

〔8〕句末原有 "計卅貫五百六十文" 等字，塗抹删去。

唐開元十六年（728）北庭節度使申尚書省年終勾徵帳稿三

有鄰館 7

存 4 行。本件與有鄰館 37 號及羅振玉《貞松堂藏西陲秘籍叢殘》41 葉背所載文書殘片爲同類文書。

參：《目録初稿》，248—249 頁；池田温 1979，355 頁；凍國棟 1988b，125 頁；姜伯勤 1989a，55 頁；陳國燦 1993b，42 頁；施萍婷 1994，92 頁；王永興 1994，322 頁；李錦繡 1995，124—125 頁；陳國燦 2002b，250 頁；陳國燦、劉安志 2005，596 頁；王永興 2010，430—434 頁；程喜霖、陳習剛 2013，354—357 頁；王永興 2014a，84—85 頁。

（前缺）

1　　　陸疋納馬價　　伍疋紙價

2　　壹伯陸拾大練_{疋別肆伯文}　　計陸拾肆貫

3　　　叁拾叁疋馬價　　壹拾肆疋，請得突厥納馬及甲價

4　　　貳拾疋小練換得　　拾疋□紙價　　捌拾叁疋納進馬價

（後缺）

唐北庭金滿縣上孔目司牒爲開元十六年（728）稅錢事

有鄰館 15

存 5 行。第 2、3 行鈐有"金滿縣之印"，有李氏收藏印。金滿縣爲北庭都護府的附郭縣，此件文書反映了開元時期北庭的稅收與居民構成情況。

參：饒宗頤 1954，6 頁；藤枝晃 1957，1、33 頁；池田温 1979，354 頁；趙和平 1982，53 頁；王永興 1987，521—522 頁；姜伯勤 1989b，278 頁；沙知 1990，187—195 頁；中村裕一 1991，451—457 頁；施萍婷 1994，93 頁；凍國棟 1996，129—130 頁；荒川正晴 1997，193—194 頁；陳國燦、劉安志 2005，597 頁；李錦繡 2011，26 頁；許序雅 2014，4—5 頁；劉子凡 2016，352 頁；魯西奇 2019，162 頁；梁振濤 2020，136 頁；劉子凡 2021a，83 頁。

1　金滿縣　　　　牒上孔目司

2　　　開十六年稅錢支開十七年用

3　合當縣管百姓、行客、興胡總壹仟柒伯陸拾人，應見稅錢，總計當

4　貳伯伍拾玖仟陸伯伍拾文。

5　　　　　　　　　捌拾伍仟陸伯伍拾文百姓稅

（後缺）

唐開元中期瀚海軍使軍令

BD9330 + 中國國家博物館 38

尺寸分別爲 27.5 厘米 ×18.5 厘米、28.3 厘米 ×19.6 厘米，榮新江、史睿將 2 件文書直接綴合，綴合後存 15 行，行書。後者爲羅振玉舊藏。孫繼民根據 "衙前健兒" "帖傔" 等用語指出，後一件當爲瀚海軍文書，則綴合後的文書亦與北庭瀚海軍有關。

參：許國霖 1937，葉 177a；羅振玉 1939，413 頁；池田溫 1979，380 頁；程喜霖 1982，39 頁；程喜霖 1988，69—70 頁；劉俊文 1989，295—297 頁；程喜霖 1991a，405—406 頁；《法書大觀》11，178、235—236 頁；張國剛 2001，246 頁；孫繼民 2002a，12—15 頁；孫繼民 2002b，51—57 頁；陳國燦 2002b，284 頁；鄭顯文 2007，313—314 頁；趙貞 2007，280 頁；《國圖敦煌》105，268 頁、條記目錄 53 頁；榮新江 2009，9—10 頁、封2 圖版；鄭顯文 2012，359—360 頁；陳靈海 2013，192—208 頁；程喜霖、陳習剛 2013，417—418、1194 頁；王永興 2014a，198、234 頁；榮新江、史睿 2021，548—549 頁。

（前缺）

1　竟不來，遂使軍州佇望消息。於今後

2　仰放火之處，約述（束）逗留，放火後續狀

3　遞報，勿稽事意，致失權宜。輒違

4　晷刻，守捉官副追決卅；所由知烽

5　健兒決六十棒。

6　　□　法令滋彰，盜賊多矣。隄防不設，奸

7　　　　忒厥興。欲存紀綱，須加捉搦。仰虞

8　　　　候与守捉官相知捉搦，務令禁斷。

9　　　　各仰明分地界，不得相推，必置嚴

10　　　科，無一輕恕。

11　　一　衙前健兒，爰及帖傔，若居兩院，

12　　　　窄狹不容，如令散居，便有過生。

13　　　　其健兒并於南營安置，帖傔勒入兩

14　　　　廂，仍勒健兒分番上下，其翻

15　　次、人數，仰所由具狀錄申。

　　　　（後缺）

唐俱六守捉狀爲上當守捉押隊官名籍事

有鄰館 40

　　存 7 行，有李氏收藏印。俱六守捉爲北庭的重要軍事機構。文書中的"王文暕"又見於有鄰館 43 號文書，年代爲開元七年（719），故本件年代大致相當。

　　參：藤枝晃 1956，10 頁；菊池英夫 1964，45 頁；中村裕一 1991，184—185、452—453 頁；陳國燦 1993b，44 頁；施萍婷 1994，97 頁；孫繼民 2002b，133—134 頁；陳國燦、劉安志 2005，600 頁；程喜霖、陳習剛 2013，727—728 頁；李錦繡 2016，43—46 頁；劉子凡 2019，626—627 頁。

1　俱六守捉　　　狀上

2　　當守捉行客、百姓有品押隊官總壹拾壹人

3　　押隊官、行客、左驍衛下別將、上柱國王元裕

4　　押隊官、行客、陪戎校尉、前守洮州美相戍主員外置同正員、上柱國
　　王文暕

5　　押隊官、行客、仁勇副尉、前守疊州露歸鎮副員外同正員、上柱國高
　　文幹

6　　押隊官、百姓、昭武校尉、前行西州赤亭鎮將員外置同正員、上柱國
　　楊守節

7　　押隊官、百姓、陪戎校尉、前安西劍末戍主員外置同正員成懷遠

（後缺）

唐某堡守捉狀爲上當守捉押隊官名籍事

有鄰館 13

存 7 行；背面貼附 1 紙，有佛經 5 行。此件與有鄰館 40 號文書内容相關，應同爲北庭文書。第 1 行第 1 字一般認作"石"字，菊池英夫提出應爲張堡守捉的"張"字，暫且存疑。

參：饒宗頤 1954，6 頁；《目録初稿》，351 頁；菊池英夫 1964，46 頁；陳國燦 1993b，42 頁；施萍婷 1994，93 頁；孫繼民 2002b，125—127、133—134 頁；陳國燦、劉安志 2005，596 頁；程喜霖、陳習剛 2013，729—730 頁；李錦繡 2016，43—46 頁；劉子凡 2019，626—627 頁。

1　　□堡守捉　　　　　　　□

2　　合當守捉無名押隊押官總叁□

3　　　二　人　押　馬　軍

4　　　飛騎尉衛思礼　上柱國馬郭什

5　　　一　人　押　步　軍

6　　　延州金明府隊副王洪静

7　　　□堡押隊官具姓名如前，謹牒。

（後缺）

唐都司牒陰副使銜爲別奏史帝賒被解退事

有鄰館 39

存 10 行，草書，第 2、3 行有朱印 1 方，印文不清。有李氏藏印。孫繼民指出"都司"應指北庭瀚海軍的軍司。劉安志提出"陰副使"或爲檢校北庭都護的陰嗣瓌，因延王李泂遙領瀚海軍經略大使，故而兼任副使。可知此件爲北庭文書。

參：《目錄初稿》，337 頁；菊池英夫 1964，50—51 頁；陳國燦 1993b，44 頁；孫繼民 2002b，58—73 頁；劉安志 2003，205—208 頁；陳國燦、劉安志 2005，599 頁；劉進寶 2010，166 頁；劉安志 2011，164—167 頁；程喜霖、陳習剛 2013，416 頁；劉安志 2010，179—180 頁。

1　都司　　　牒陰副使銜
2　　副使陰前別奏上柱國史帝賒
3　牒得上件人牒稱：先是副使別奏，近被曹司□
4　□未出身人，遂被解退。帝賒見有上柱國勳
5　即合與格文相當，請乞商量處分。依檢案
6　内者，今月四日得總管程元珪別奏姜元慶等
7　連狀訴稱：准格式　敕，合充別奏，請商量
8　處分者。曹判：姜慶等身帶勳官，先充別奏，據□
9　解退，後補健兒，矜其訴詞，改補爲傔，謹詳□
10　例，別奏不取勳官，恭稱　敕文□□□
　　（後缺）

唐日新致十三郎書

有鄰館 1

存 6 行。第 1 行下有朱印 3 方，"合肥孔氏珍藏"（以下簡稱"孔氏收藏印"）、"何彥昇家

藏唐人秘笈"（以下簡稱"何氏收藏印"）、"德化李氏凡將閣珍藏"。陳國燦據"今自發交河"句認爲此件出自吐魯番。不過根據書儀格式，此件第 1 行明顯被裁去"暮冬"，或與同館所藏北庭長行馬文書類似，都揭取自敦煌經卷（參榮新江 1999a）。推測其亦與北庭相關。

參：饒宗頤 1954，5 頁；《西域出土文書》，30 頁；陳國燦 1993b，42 頁；施萍婷 1994，91 頁；劉子凡 2022b，51—53 頁。

1　　□□凝寒，惟

2　　　十三郎所履安泰，日新卑守有

3　　　限，未及言展，但增馳積。爲家

4　　　中有疹患，非分痾頓，孤鎮無醫

5　　　人治療。今自發交河，違隔漸遠，

6　　　深眷望，人便次時賜音耗，因花

　　（後缺）

唐輪臺守捉典傅師表致三郎書

有鄰館 2

　　存 5 行。第 1 行下有孔氏、何氏、李氏收藏印。書信中出現了"輪臺守捉"，爲北庭所轄之軍事機構。

　　參：饒宗頤 1954，5 頁；菊池英夫 1964，46 頁；陳國燦 1993b，42 頁；施萍婷 1994，91 頁；孫繼民 2002b，129 頁；陳國燦、劉安志 2005，595 頁；劉子凡 2021b，15 頁；劉子凡 2022b，53 頁。

1　　孟冬已寒，伏惟

2　　　三郎尊體動止萬福。師表驅役丁，

3　　　未由拜奉，伏增戰灼，無任下情，謹因

4　　　兒呂該使往，謹奉狀不宣，謹狀。

5　　　　　　　　　十月五日　輪臺守捉典傅師表

殘書信

有鄰館 3

　　存 4 行。第 2、3 行間有孔氏收藏印。有鄰館所藏幾件書信，或皆與北庭有關。

　　參：陳國燦 1993b，42 頁；施萍婷 1994，91 頁；陳國燦、劉安志 2005，595 頁；劉子凡 2022b，53—54 頁。

　　（前缺）

1　　闊覲累旬，馳仰彌積，時候共繫，未審知□

2　　願納貞吉，想起公事，甚以艱辛，更屬

3　　使臨，深當疲倦，□私趨職，參謁莫□

4　　盡暮之闊，□□無盡，任爲身事，恒□

　　（後缺）

唐某人致都督公書稿

有鄰館 9

　　存 7 行。有孔氏、李氏、何氏收藏印。有鄰館所藏幾件書信，或皆與北庭有關。

　　參：饒宗頤 1954，5 頁；《西域出土文書》，31 頁；陳國燦 1993b，42 頁；施萍婷 1994，92 頁；陳國燦、劉安志 2005，596 頁；劉子凡 2022b，54—55 頁。

1　　季秋漸冷，惟

2　　都督公動止珍勝，某邊務粗推，

3　　各以主事，禮謁未由，但懷翹係。[1]

---

〔1〕句末原有 “因” 字，圈去。

4 　　⁽¹⁾郎君等并⁽²⁾展驍雄⁽³⁾，俱立功效，⁽⁴⁾

5 　　⁽⁵⁾今且賞緋魚袋，以答勛勞。所

6 　　　狀希不爲慮，中因陀充使，先謹

7 　　　奉狀不宣，謹狀。

唐思泰辭爲乞推問賜練綿被典吏隱没事

有鄰館 5

存 4 行。有孔氏、何氏收藏印。有鄰館所藏多見北庭文書，推測此件或與北庭有關。

參：《目録初稿》，145 頁；陳國燦 1993b，42 頁；施萍婷 1994，91—92 頁；陳國燦、劉安志 2005，595 頁；荒川正晴 2010，522 頁。

（前缺）

1 　　□□□□□□□□□

2 　　三疋，遂被前二典請練二疋，綿二屯，將入既用，迄今兩

3 　　推不与。思泰昨復請賜，只得練一疋、綿一屯。思泰兵

4 　　日在外，役賜被此人隱没將用，請乞推問。兵兒粗有

5 　　濟，謹辭。

唐寶應元年（762）五月節度使徇牓西州文

73TAM509: 8/26(a)

本件無紀年，止稱"建午月"。肅宗上元二年（761）九月去年號，但稱"元年"，以建子

〔1〕 句首原有 "賢" 字，圈去。
〔2〕 "并" 字後原有 "申" 字，圈去。
〔3〕 "雄" 字後原有 "勇" 字，圈去。
〔4〕 "效" 字後原有字，圈去。
〔5〕 句首原有 "勞見序" 三字，圈去。

月（十一月）爲歲首，月皆以所建爲數。次年（762）建巳月甲子（四月十五日），改元寶應，恢復舊月數。則此文書中的建午月自當是指肅宗無年號的二年五月，此時西州應當還未接到改元寶應的詔書。"御史中丞楊志烈"時任北庭節度使，御史中丞爲其憲銜，"使衙"亦應指北庭節度使衙。可知此件爲北庭節度使衙下西州之牓文。

參：唐長孺 1980，6—8 頁；安家瑤 1982，258 頁；張弓 1986，181 頁；姜伯勤 1987，336—337 頁；吳震 1989a，95—104 頁；《吐魯番文書》肆，328 頁；榮新江 1999b，134 頁；王永平 2000，39 頁；陳國燦 2002b，323 頁；趙曉芳 2010，74—75 頁；金瀅坤 2011，74 頁；雷聞 2013，68—70 頁；王旭送 2013，8—9 頁；程喜霖、陳習剛 2013，358—359 頁；劉子凡 2016，69—70 頁；劉子凡 2020，82—83 頁。

1　　使衙　　　　　　　牓西州

2　　　諸寺觀應割附充百姓等

3　　　　右件人等久在寺觀驅馳，矜其勤勞日久，遂与僧道

4　　　　商度，并放從良，充此百姓。割隸之日，一房盡來，不能有媿

5　　　　於僧徒。更乃無厭至甚，近日假託，妄有追呼。若信此流，

6　　　　擾亂頗甚。今日以後，更有此色者，當便決然。仍仰所由

7　　　　分明曉喻，無使踵前。牓西州及西海縣。

8　　以　前　件　狀　如　前

9　　　　　　　建　午　月　四　日

10　使　御　史　中　丞　楊　志　烈

唐庭州西海縣橫管狀爲七德寺僧妄理人事

73TAM510: 03

本件與上件《唐寶應元年（762）五月節度使衙牓西州文》內容相關。

參：吳震 1989a，95—104 頁；《吐魯番文書》肆，344 頁；劉子凡 2016，70—71 頁。

1　　西海縣橫管　　　狀上

2　　　　本縣百[姓故竹伯]良妻竹慈心_{妄理人西州七德寺僧惠寬、法允}

（後缺）

唐上元元年（760）周思温等納瀚海軍賒放絁布抄

Ot. 5801

　　尺寸爲 29.7 厘米 ×19.4 厘米，存 3 行。朱書。此件爲納物的抄，與瀚海軍直接相關。

　　參：周藤吉之 1960，239—240 頁；池田温 1979，442 頁；孫繼民 2002b，163—164 頁；陳國燦 2002b，329 頁；《大谷》叁，199 頁，圖 41；陳國燦、劉安志 2005，371 頁；程喜霖、陳習剛 2013，427—428 頁；周鼎 2020，112—113 頁。

（前缺）

1　　周思温等叁户共納瀚海

2　　軍賒放絁布_{次細，羅}壹疋。上元元

3　　年十月六日，典劉羅。

（餘白）

唐寶應元年（762）周思恩納瀚海等軍預放絁布抄

Ot. 5832

　　尺寸爲 29.3 厘米 ×7.3 厘米，存 3 行。與 Ot. 5833 前後粘連。

　　參：小笠原宣秀、西村元佑 1960，163 頁；池田温 1979，443 頁；陳明光 1998，205 頁；孫繼民 2002b，163—164 頁；陳國燦 2002b，324—325 頁；《大谷》叁，205—206 頁，圖 33；陳國燦、劉安志 2005，375 頁；程喜霖、陳習剛 2013，429 頁；周鼎 2020，112—113 頁。

（前缺）

1　　周思恩納寶應元年瀚海等軍預放緤

2　　布壹段。其年八月十四日里正蘇孝臣抄。

唐寶應元年（762）周思恩納瀚海等軍預放緤布抄

Ot. 5833

　　尺寸爲 29.3 厘米 ×17.3 厘米，存 3 行。與 Ot. 5832 前後粘連。

　　參：小笠原宣秀、西村元佑 1960，163 頁；周藤吉之 1960，239 頁；池田温 1979，443 頁；孫繼民 2002b，163—164 頁；陳國燦 2002b，324—325 頁；《大谷》叁，206 頁，圖 33；陳國燦、劉安志 2005，375 頁；程喜霖、陳習剛 2013，430 頁；周鼎 2020，112—113 頁。

1　　周祝子納瀚海軍預放緤布

2　　壹段。寶應元年八月廿九日

3　　￣￣￣￣□抄。

　　（餘白）

唐開元七年至十年（719—722）北庭長行坊馬畜患死案卷

　　這是一組與北庭長行坊相關的案卷，涉及北庭長行坊、西州牧馬所、北庭都護府等的往還文書。其發文機構或收文機構大多與北庭直接相關，故將此組文書列於北庭文書。

唐開元七年（719）三月北庭長行坊案爲長行群馬一匹患死事

有鄰館 19-1、有鄰館 19-2、有鄰館 43

　　有鄰館 19-1、43 尺寸分別爲 27.8 厘米×20.5 厘米、27.7 厘米×26.7 厘米，各鈐有"德化李氏凡將閣珍藏"印 1 方。有鄰館 19-2 文書未見於各種目録，僅藤枝晃在《長行馬》中補録了釋文，内容與有鄰館 19-1 相關，故附於其後。

　　參：藤枝晃 1948，74 頁；饒宗頤 1954，98 頁；藤枝晃 1956，13、22—23 頁；《目録初稿》，372 頁；陳國燦 1993b、43—44 頁；施萍婷 1994，97 頁；孔祥星 1981，31—32 頁；郭平梁 1986，142 頁；孫曉林 1990，183—184、188—189 頁；《西域出土文書》，25 頁；李錦繡 2004，15 頁；陳國燦、劉安志 2005，597、600 頁。

（一）有鄰館 19-1

---（卅）

1　　医行群　　　　　　　　　　狀上

2　　　　長行馬一疋番白敦　一赤敦　一留敦　一赤敦　一留敦　一瓜敦　一
　　　總敦

3　　　　　右上件等馬先爲西州送使，來往瘦弱，例患療疥。

4　　　　　療灌不損，漸加困重，因即致死。既是官馬，不敢默。謹

5　　牒件狀如前，謹牒。

6　　　　　　　　開元七年三月　日群頭趙元爽牒

7　　　　　　　　　　押官戍主王文睞

8　　**付所由檢**

（二）有鄰館 19-2

1　　長行坊　　　　　　　　　　狀上

2　　　長行馬一疋者（番？）白敦　一赤敦　一留敦　一赤敦　一留敦　一瓜敦
　一總敦

3　　　右奉判付所由檢上件馬等，并因患致死

4　　　有實，亦無他故，驗官印分明，謹錄狀上。

5　　牒件狀如前，謹牒。

6　　　　　　開元七年四月　日押官健兒李仁感

7　　　　　　　　　　專當官縣丞李仙

8　付司□□□□

（三）有鄰館43

（前缺）

1　　　漸加瘦弱及疥療，因患致死，不是非理損死，皮肉

2　　　分明。當日下三狀，大使總作一狀將來，遂即一狀破

3　　　死者。依檢上件馬，毛色齒歲与帳案同，皮肉

--（廿八）

4　　　并到。又檢只有一狀，無三狀，請乞處分。

5　　　長行馬漆㖡。押官王暕狀稱，送使回，因病

6　　　致死，驗印及毛色齒歲雖同，一狀破馬漆㖡，

7　　　事恐疏失。牒王暕，依承前例，須下三狀。仙。

8　悉。嵩。

唐開元七年（719）三月廿八日酸棗戍使劉善上北庭長行坊狀爲馬一匹患死事

有鄰館42

　　尺寸爲27.5厘米×30.8厘米，鈐有李氏藏印。

　　參：藤枝晃1948，74頁；饒宗頤1954，98頁；藤枝晃1956，33頁；孔祥星1981，30—31頁；陳國燦1993b、44頁；李錦繡2004，16頁；陳國燦、劉安志2005，600頁；趙晶2018，33—34頁。

---（廿□）

1　　酸棗戍　　　狀上

2　　　北庭長行馬一疋留敦　　　　　　　　　　　牒（朱筆）

3　　　　右三月廿七日得馬子李貞崱辭稱：今月內送西州司馬裴至

4　　　　西州却回，到交河，馬先患療，遂即因乏，不能前進。貞崱經縣陳

5　　　　牒，蒙判驗馬既瘦，將息漸行。行去交河北卅里，漸困不行。貞崱

6　　　　遂向酸棗戍取草踏，經宿餧飼，一步一前，行至酸棗南三里，遂

7　　　　倒地不能起。至經一日夜看守，遂即致死。既是官馬，請乞檢驗。

8　　　　恐至北庭，不練馬死所由，請裁者。既稱官戍堺致死，不是

9　　　　輒輕。思忠往須親檢，將人衆驗，不有他故，具報者。又其日得檢□

10　　　丘永崇、王賓子等狀，依檢前件馬，去戍南三里死，驗患療瘦弱，

11　　　致死有實，無他故者。驗馬既無他故，患療瘦弱死有實，任

12　　　馬子李崱自皮剝收領皮，肉出買（賣）輸納，不得破損頭皮。仍

13　　　具錄狀上長行坊者。謹錄狀上。

14　　件　狀　如　前，　謹　牒。

15　　　　　　　　　　開元七年三月廿八日戍使劉善□□□

唐開元七年（719）四月北庭長行坊案爲馬兩匹患死帳次准式事

有鄰館 16、有鄰館 11

　　尺寸分別爲 27.5 厘米 ×15.7 厘米、27.9 厘米 ×20.8 厘米。有鄰館 11 有何、孔、李氏藏印，有鄰館 16 尾有李氏藏印。

參：藤枝晃 1948，75—76 頁；饒宗頤 1954，98 頁；藤枝晃 1956，28—29 頁；《目録初稿》，273 頁；孔祥星 1981，34—35 頁；陳國燦 1993b，42—43 頁；施萍婷 1994，92—94 頁；章瑩 1995，68 頁；李錦繡 2004，16—17 頁；陳國燦、劉安志 2005，596、597 頁；荒川正晴 2010，301 頁。

（一）有鄰館 16

1 　長行馬兩匹 —駞敦十三 —留敦八 牒（朱筆）

2 　　右得酸棗戍狀稱，上件馬送使西州却回，行至戍南，

3 　　因患疥療及瘦弱致死，驗無他故，具狀上北庭者。

4 　　依檢上件馬毛色齒歲与帳案同，皮兩張到，

5 　　肉錢不到，請處分。

　　（後缺）

（二）有鄰館 11

　　（前缺）

--（二十八）

1 　　　　　　開元七年四月九日

2 　　　　　　　　典

3 　專當官仙

4 　　　　　　　典楊遠

5 　　　　三月廿九日受，四月九日行判。

6 　　　　錄事悉檢無稽失

7 　　　　功曹攝錄事參軍鸎　勾訖

8 　案爲長行馬兩疋患死帳次准式事

--（二十九）

唐開元七年（**719**）八月長行坊押官上南北長行使狀爲馬料事

有鄰館 41

尺寸爲 22.2 厘米 ×27.4 厘米。本件文書曾二次使用，首、尾見有鄧懷義等人的書記。

參：藤枝晃 1948，74—75 頁；藤枝晃 1956，34 頁；陳國燦 1993b，44 頁；李錦繡 2004，25 頁；陳國燦、劉安志 2005，600 頁。

（前缺）

1　　　　右件狀上

2　　南北長行使，馬料斷乞付

3　　　　給，謹録。

4　　牒　件　狀　如　前，　謹　牒。

5　　　　　　開元七年八月　日典

6　　　　　　　　押官都督

（後缺）

附：鄧懷義等人書記

有鄰館 41

尺寸爲 22.2 厘米 ×27.4 厘米。寫於官文書草稿之首、尾及背面。

參：藤枝晃 1956，34 頁；陳國燦、劉安志 2005，600 頁。

（一）有鄰館 **41r**

（前缺）

1　　鄧懷義，十二日書神字。張石□□

2　　　　□□□日錯。索□□，□□

3　　　　▭限。王英德，廿四日饼。□□▭

（中空）

4　　□□□，　十二日書□□▭▭▭十八日書肯。梁□□▭

（後缺）

（二）有鄰館 41v

（前缺）

1　　　　▭都字。□□，□□日前。□□▭

2　　　　▭□。岳□奴，□一日杭。竇小安，廿四日□▭

（中空）

3　　　▭隊□五，　十二日書高字。索兒兒，十八日書昔字。

4　　　　十□日誰。氾什德，廿一日投。索忠神，

5　　□□□，　六日□▭▭▭□□□□□。□□□

（後缺）

唐開元八年（720）三月北庭都護府案爲西州長行坊馬一匹致死事

有鄰館 18、有鄰館 17、有鄰館 20

　　尺寸分別爲 26.4 厘米 ×14.6 厘米、26.6 厘米 ×14.9 厘米、26.4 厘米 ×14.7 厘米。有鄰館 18 鈐有“西州都督府之印”朱印 1 方，有鄰館 18、17 各有李氏藏印。

　　參：藤枝晃 1956，14、17、26 頁；饒宗頤 1954，98 頁；《西域出土文書》，21、32 頁；陳國燦 1993b，43 頁；施萍婷 1994，94 頁；李錦繡 2004，17—18 頁；陳國燦、劉安志 2005，597 頁；趙晶 2018，35 頁；管俊瑋 2022，151—152 頁。

（一）有鄰館 18

（前缺）

1 　　　　　　　　功曹攝録事參軍　□

2 　　□□□道牒出印訖，史李藝。鸞。

3 　　　□西州爲死馬皮肉錢先已送訖事。

---（五十四）

4 　　　□州長行坊　　　　　牒北庭都護府

5 　　　西州長行馬壹疋，總敦七歲——

（後缺）

（二）有鄰館 17

（前缺）

1 　分明，肉錢并皮，分付

2 　馬子馬小醜取領，附將□

3 　輸納，仍牒所由，任檢

4 　勘處分。餘壹狀依□。

5 　諮，飛鸞白。

6 　　□□□□□□□

（後缺）

（三）有鄰館 20

（前缺）

1 　　□□□□□□□

2 　　　開元八年三月十九日

3 　　　　　　　府

4 　□曹判兵曹鸞

5 　　　　　　　史謝舉

6 　　　　　　　　三月十九日受，即日行判。

7 　　　　　　　　録事　　　　　檢無稽失。

8 　　　　　　　　功曹攝録事參軍自判。

9 　　五道出印訖，史李藝。驚。

10 　☒西州爲西州長行馬壹疋致死事

--（□□）

11 　　　　　　□□□□□□□

（後缺）

唐開元八年（720）四月北庭長行坊典楊節牒爲勘報蓋嘉順馬事

有鄰館 26

　　尺寸爲 25.6 厘米 ×14.7 厘米。鈐有"西州都督府之印"朱印 1 方。蓋嘉順又見於 2004TAM396: 14(1)《唐開元七年四月某日鎮人蓋嘉順辭爲郝伏憙負錢事》文書。

　　參：饒宗頤 1954，98 頁；藤枝晃 1956，24 頁；《西域出土文書》，22 頁；陳國燦 1993b，43 頁；李錦繡 2004，18 頁；陳國燦、劉安志 2005，598 頁；劉子凡 2016，219 頁；趙晶 2018，34 頁。

（前缺）

1 　□解趁文牒將來，如其不爲寄留，請牒北庭□

2 　□馬坊推問，即知虛實者。馬子蓋嘉順使□

3 　□馬壹疋，准狀推問，稱寄北庭，既無文牒，未□

4 　□信，牒北庭都護府勘報，其馬仍請附來☒。

5 　☒至准狀，謹牒。

6 　　　　　　開元八年四月廿五日典楊☒

7　　　　　　　　■■■□□□□□■

（後缺）

唐開元八年（720）（？）五月北庭史張奉牒爲首領馬在北庭事

有鄰館 21

尺寸爲 26.5 厘米 ×14.4 厘米。

參：《西域出土文書》，33 頁；孔祥星 1981，30 頁；王冀青 1986，63 頁；孫曉林 1990，173 頁；陳國燦 1993b，43 頁；李錦繡 2004，18—19 頁；陳國燦、劉安志 2005，597—598 頁；荒川正晴 2010，278—279 頁。

（前缺）

1　　　□檢案内去四月廿三日得前件首領辭稱：上件馬

2　　　於此失却，閻洪達家人逃走，西州捉來云，漢道

3　　　是長行馬，請對，當漢不伏，其日牒西州勘問□

4　　　檢，至今不報者。今得上件首領牒，其馬有使乘來，

5　　　見在北庭馬坊，請乞勘問，事須處分。

6　　牒件檢如前，謹牒。

7　　　　　　　　五月　日史張奉牒

8　　　　　　■■■□□□□□□■

（後缺）

唐開元九年（721）（？）四月北庭長行坊殘判文

有鄰館 10

尺寸爲 28 厘米 ×15.7 厘米。鈐有“北庭都護府之印”1 方。

參：饒宗頤 1954，98 頁；藤枝晃 1956，27 頁；陳國燦 1993b，42 頁；李錦繡 2004，25 頁；陳國燦、劉安志 2005，596 頁；劉子凡 2016，290—291 頁；王慶衛 2021，59 頁。

（前缺）

1　　　付判，嵩示。

2　　　　　　廿一日

3　　　四月廿一日録事悉受，

4　　　功曹攝録事參軍鷙付。

--（廿五）

5　　　　　依前，仙白。

6　　　　　　　廿一日

唐開元九年（721）六月北庭長行坊案爲馬料事

SH. 128

尺寸爲28.2厘米×27.5厘米。第8、9行間鈐有"北庭都護府印"1方。包曉悦定名"唐開元九年（721）六月典鄧承嗣牒爲給使馬料事"。判案者"悉嵩"又見於有鄰館 10、43 號文書，開元九年的時間也與有鄰館藏北庭長行馬文書時間相近，可推知此件亦是北庭長行坊案卷中的一部分。

參：中村不折 1927，25—26 頁；金祖同 1940，5—6 頁，圖 6；藤枝晃 1948，72、77 頁；李錦繡 1995，116 頁；陳國燦 2002b，227 頁；李錦繡 2004，25—26 頁；《中村集成》中，279 頁；陳國燦、劉安志 2005，487 頁；包曉悦 2015，105 頁；王慶衛 2021，59 頁；榮新江、史睿 2021，453—454 頁。

（前缺）

1　　　右件使馬前蒙支給廿石，見食盡，請乞□

2　　　給，謹録狀上。

3　牒件狀如前，謹牒。

4　　　　開元九年六月　日典鄧承嗣

5　　　　　　　押官曹都督

6　　付司，悉嵩示。

7　　　　　十日

8　　　六月十日録事 悉 受，

9　　　攝録事參軍 有孚 付。

（後缺）

唐開元九年（721）專當官攝縣丞李仙牒

中國國家博物館 18

　　尺寸爲28.3厘米×27.8厘米，行書，存8行。第7、8行間鈐有"北庭都護府印"1方。羅振玉舊藏，與有鄰館、英國圖書館、俄羅斯東方研究所等處所藏開元九年長行馬文書屬於同組。李錦繡定名《開元九年六月北庭長行坊殘判文》。

　　參：羅振玉1939，407—408頁；藤枝晃1948，76頁；孔祥星1981，34頁；《法書大觀》11，141—142、226—227頁；陳國燦2002b，227—228頁；李錦繡2004，26頁；王慶衛2021，59頁。

（前缺）

1　　　□□□□ □ □□□

2　未有處分，謹以牒舉，謹牒。

3　　　　開元九年六月　日典楊節

4　　　　　專當官攝縣丞李仙

5　　付司，悉嵩示。

6　　　　　十二日

7　　　　　六月十二日録事　□，

8　　　　　攝録事參軍 有孚　付。

9　　　依前，仙白。

10　　　　　　　　　　□　　　　

（後缺）

唐開元九年（721）北庭都護府牒倉曹爲准式給長行坊函馬及長行馬秋季料事

中國國家博物館 21 ＋ 中國國家博物館 19

　　存 2 殘片，尺寸分別爲 27.7 厘米 ×30.1 厘米、27.9 厘米 ×27.2 厘米，各存 10 行和 12 行。中國國家博物館 21 號文書第 6—7 行間有貼附殘片。李錦繡認爲 2 片殘片可直接綴合。羅振玉舊藏，與有鄰館、英國圖書館、俄羅斯東方研究所等處所藏開元九年長行馬文書屬於同組。

　　參：羅振玉 1939，409—412 頁；藤枝晃 1948，76—77 頁；孫曉林 1990，196—197 頁；李錦繡 1995，1010 頁；《法書大觀》11，143—144、147—148、227—228 頁；陳國燦 2002b，227—228 頁；李錦繡 2004，26—27 頁；榮新江、史睿 2021，455—456 頁。

（前缺）

1　　　　　伍定，故城函馬伍定

2　　　右各得所由狀稱，上件馬夏季料

3　　　已蒙支給訖，其秋季料有處分狀

4　　　者。依檢，上件馬秋季料未支有實。

5　　長行馬壹伯壹拾定

6　　　右得專當官李仙等牒稱，上件馬夏

7　　　季料已蒙支給訖，其秋季料未有處

8　　　　　分，牒舉者。依檢，上件馬秋季料未[支]

9　　　　　有實。函馬及長行馬等總一百廿[疋]。

10　　秋季料牒倉曹准式。仙。悉。

11　　　　　　　　　　三日

12　　　　　依判，爽示。

13　　　　　　　　　　三日

14　　　倉曹：

15　　牒件狀如前，今以狀牒。牒至准狀，謹牒。

16　　　　　　　開元九年七月三日

17　　　　　　　　　　典

18　　專當官仙

19　　　　　　　　　典楊節

20　　　　　　七月三日受，其月三日行朱。

21　　　　　　錄事　悉檢無稽失。

22　　　　　　錄事參軍　勾[訖]。

　　（後缺）

唐開元九年（721）牒爲長行坊典楊節七月糧支給事

中國國家博物館 22 + 中國國家博物館 20

　　存 2 殘片，尺寸分爲 28.4 厘米 ×11.2 厘米、28.2 厘米 ×27.9 厘米，各存 3 行和 9 行。第 6、7 行間有 "北庭都護府印" 1 方。中國國家博物館 22 號文書第 2 行上貼有紙片，上寫 "□函馬"。李錦繡認爲 2 片殘片可直接綴合。羅振玉舊藏，與有鄰館、英國圖書館、俄羅斯東方研究所等處所藏開元九年長行馬文書屬於同組。

　　參：羅振玉 1939，412、415—416 頁；藤枝晃 1948，77 頁；李錦繡 1995，912 頁；《法

書大觀》11，145—146、149、228—229 頁；陳國燦 2002b，228—229 頁；李錦繡 2004，27—28 頁；榮新江、史睿 2021，457—458。

（前缺）

1　[牒]思節六月粮已蒙支給訖，其七月粮請[處][　　]

2　[　　]分，謹牒。

3　開元九年七月[　　]

4　付司，爽示。

5　五日

6　七月五日録事　□

7　録事參軍有孚　[付]

8　檢案仙[白]

9　六日

10　牒，檢案連如前，謹牒。

11　七月　日典 闞定

12　長行典楊節七月粮取減數

13　[　　]□□□□[　　]

（後缺）

唐開元九年（721）七、八月北庭案爲待長行坊減料到填還欠練事

S. 8877B、S. 8877D、S. 8877C、S. 8877E、S. 8877A

尺寸分别爲 14.5 厘米 ×27.5 厘米、15 厘米 ×27.5 厘米、15 厘米 ×27.5 厘米、15.3 厘米 ×27.5 厘米、14.8 厘米 ×27.5 厘米。鈐有“北庭都護府印”。榮新江定名爲“開元九

年長行坊牒爲馬料馬價事并判"。《英藏》定名爲"開元九年長行坊爲馬料馬價事牒"，整理時編號爲 A—E。李錦繡根據内容重新排列順序爲 B、D、C、E、A。IDP 網站刊布該組圖片時，又依據李錦繡整理順序重新編排 A—E。爲便於討論，這裏仍按《英藏》編號。此外，李錦繡又將 D、C 兩片直接綴合，細審圖版，C 片第 1 行似有朱印痕迹，與 D 無法直接銜接，此處暫不綴合。

參：《英藏》12，216 頁；榮新江 1994，117—118 頁；李錦繡 2004，28—29 頁。

（一）S. 8877B

（前缺）

1　牒得倉曹楊虔敏等牒稱，上件練先便將市

2　馬等用，頻牒催納，得報請待夏季減馬

3　料填送。今見季終，未有處分，牒舉者。便物

4　要還，合及時，既許減料填酬，此亦久合□□□□□

5　狀牒府，請□分付者。牒至准狀，謹牒。

（二）S. 8877D

（前缺）

1　　　　　　　　　錄事□□□□□

2　　　　　　　錄事參軍　　勾訖。

3　牒案爲待秋季已後減料到填納事。

---（一百七十七，仙）

4　長行坊

（後缺）

（三）S. 8877C

（前缺）

1　府槽減料大練叁疋。 已上計五十疋。

2　　右依檢案内去開元八年四月内市

3　　　朝陽馬六疋，充長行府槽，計負馬價

4　　　伍拾疋，當爲無物，未付，待减到酬還者。又檢

5　　　得軍司牒索薩朝陽馬價伍拾疋，合□

6　　　小作卒者。今减料見到□，當上件减□

（後缺）

（四）S. 8877E

（前缺）

1　　　　　　　　八月一日録事　　使。

2　　　　　　　録事參軍　　　　有孚□□□□

3　　**檢案，仙白。**

4　　　　　　　　　　　　　**一日**

---（一百八十一，仙）

5　　牒，檢案連如前，僅牒。

（後缺）

（五）S. 8877A

（前缺）

1　　　　　　　　　　　典

2　　專當官

3　　　　　　　　　　　　　典楊節

4　　　八月一日受，其月二日行判。

5　　　録事

6　　　録事參軍　　　　　勾□。

（後缺）

唐開元九年（721）十一月北庭案爲長行坊馬兩匹給料事

S. 11451、S. 11450B

　　尺寸分別爲 15 厘米 ×28 厘米、17.2 厘米 ×27.7 厘米。S. 11451、S. 11450 文書爲多件貼附疊壓，從 IDP 及《英藏》公布的圖片看，文書尚未揭取，此處用"上層""下層"標示。下層祇能通過文書背面看到隱約文字。

　　參：《英藏》13，274—275 頁；榮新江 1994，208—209 頁；李錦繡 2004，29—30 頁。

（一）S. 11451 下層上部

　　（前缺）

1　　□□□□交縣符狀事□□□□

2　　□，發遣却回，仍□□□□

3　　牒長行坊給馬兩□□□□

4　　疋，踏□粮料，□□□□□

5　　牒所由。相。**陽**。**爽**。**楚**。

　　（後缺）

（二）S. 11450B 上層 + S. 11451 上層（倒書）

　　（前缺）

1　　　　　　□□□□□□□□□

2　　　　　　　　府

3　　兵曹參軍　翰

4　　　　　　　　史汜通

5　　　　　十一月八日受□□□□

6　　　　　録□□□□

7　　　□□□□□軍　　　勾訖。

8　　　　　□□□□□牒長行坊爲

9　　　　　□□□□□倉曹爲給坊

唐開元九年（721）十一月九日北庭案爲牒交河縣給長行坊馬三匹糧草事

S. 11450A、S. 8515

　　尺寸分別爲 24 厘米 ×27.7 厘米、21 厘米 ×27.5 厘米。S. 11451、S. 11450 文書爲多件貼附疊壓，從 IDP 公布的圖片看，拍照時尚未揭取，此處用"上層""下層"標示。S. 11450A 上層爲貼附在文書右上部的殘文書，僅能看到隱約文字；S. 11450A 下層可通過文書正面看到，但有疊壓，需要結合背面所見筆痕補齊。李錦繡認爲 S. 11451 下層下部、S. 11450A 下層、S. 8515 可以綴合。實際上 IDP 刊布的 S. 11451B 圖片，其右側與 S. 11451 下層下部完全重合，應是同一件文書殘片揭取爲兩層。從 S. 11451B 左側殘存文字看，該殘片應與 S. 11450B 疊壓綴合，而不應綴合於此處。

　　參：《英藏》12，144 頁；《英藏》13，274—275 頁；榮新江 1994，94、208 頁；李錦繡 2004，30 頁。

（一）S. 11450A 下層 + S. 8515

　　（前缺）

1　　牒，檢案連如前，謹牒。

2　　　　　　　　十一月　日史氾通牒

3　　　　　　　　以狀牒交河縣，仍牒

4　　　　　　　　長行坊通馱頭給

5　　　　　　　　馬叁疋粮料草蹂，

6　　　　　　　　各關牒所由，准狀。□

7　　　　　　　　□。相白。

8　　　　　　　　　　九日

9　　　　　依判，諮，守陽示。

10　　　　　　　　　九日

11　　　　依判，諮，爽示。

12　　　　　　　　九日

13　　　　　依判，楚客示。

14　　　　　　　　九日

（二）S. 11450A 上層

（前缺）

1　兵曹參[　　　]

2　　　　[　　　]

3　　　　　録[　　　]

4　　　　録事參軍　　勾訖

5　牒交河縣爲李□乘馬□[　　　]

6　牒□□□爲□□[　　　]

唐開元九年（721）十一月九日北庭長行坊案殘案

S. 11451 下層下部 + S. 11450B 下層

尺寸爲 15 厘米 ×28 厘米、17.2 厘米 ×27.7 厘米。S. 11451、S. 11450 文書爲多件貼附疊壓，從 IDP 公布的圖片看，目前尚未揭取，此處用"上層""下層"標示。下層祇能通過文書背面看到隱約文字。李錦繡認爲 2 件文書可以綴合。

參：《英藏》13，274—275 頁；榮新江 1994，208—209 頁；李錦繡 2004，30—31 頁。

1　　　　　十一月九日録事，使。

2　　　　録事參軍　有。

3　　　　連，相白。

4　　　　　　　九日

5　[　　　]楚牒[　　　]

6　會未了□狀牒大使楚[　　　]

唐開元九年（721）十一月北庭都護府長行馬文書

S. 5714

此件李錦繡未著録。第 6 行的"楚客"，與 S. 11458C 中北庭節度使楊楚客的簽署字體相同，可知此"楚客"即楊楚客，該件文書爲北庭都護府相關案卷，且内容應與前件北庭都護府開元九年十一月案卷相關。

參：《英藏》9，95 頁。

（前缺）

1 ☐☐☐☐☐☐☐☐敕至此去十月☐☐☐

2 ☐☐☐蒙給逸☐叁疋發☐，比爲推問未了☐☐

3 ☐☐☐☐却去，☐☐還間月，請改給謹☐☐☐☐

4 ☐☐☐☐請處分，謹牒。

5 　　　　　　開元九年十一月　日參軍王沙☐☐☐

6 　　　付司，楚客☐☐☐

7 　　　　　　九日

8 ☐☐☐☐狀牒長行坊准狀。☐☐☐

9 　　　　　十一月九日録事　　☐☐☐

10 ☐☐☐☐☐☐☐☐☐

唐開元九年（721）十一月北庭都護府兵曹案爲節度使馬事

Дx. 1253C-1、Дx. 1253B + Дx. 1253C-2 + Дx. 1253C-3

這組俄藏北庭長行馬文書從圖片看是較爲破損的殘片，接續情況并不完全清楚。Дx. 1253C 編號下有 3 件殘片，陳國燦將 Дx. 1253C-2、3 與 Дx. 1253B、Дx. 1253Ev 連綴，定名"唐開元九年（721）十一月十二日牒爲給裝主管官馬疋事"，同時將 Дx. 1253C-1 定名爲“唐開元九年前後被節度使牒爲追送某人事”。李錦繡則是將 Дx. 1253C-1、2、3 與 Дx. 1253B 全部連綴，定爲一組文案，暫從之。

　　參：《俄藏》6，249 頁；李錦繡 2004，19 頁；陳國燦 2005，106—109 頁；劉子凡 2016，228—290 頁。

（一）Дx. 1253C-1

　　（前缺）

1　　　□□□□□□□

2　　牒被節度使牒，令□□□□□□報者

3　　准狀帖虞候追送，得狀稱：先向俱六

4　　□□者，甄禄身在俱六□□□

　　（後缺）

（二）Дx. 1253B + Дx. 1253C-2 + Дx. 1253C-3

　　（前缺）

1　　　□□□□□□□

2　　處分，件狀如前。又檢梁元□□□

3　　言給馬，史楊福。

4　牒 件 檢 如 前，謹 □□□

5　　　　　十一月□□□史氾藝牒

6　　　　裴主假節度使□

7　　　　令，遣給馬發遣梁

8　　　　元貞等貳人，孔目司□

9　　　　追，不言給馬發遣，

　　（中缺）

10　　　依前犖給，理宜案□。

11　　　相。陽。爽。

唐開元九年（721）十一月北庭兵曹案爲長行馬事

Дх. 1253Ev、Дх. 1253D

陳國燦將 Дх. 1253D 接續在 Дх. 1253E 之後。李錦繡則是將 Дх. 1253D 接續在 Дх. 1253Ev 後。從官文書中常見的唐代四等官判案的格式看，Дх. 1253D 中的"依判，爽示"，應接續判官與通判官的判案，李錦繡的復原似更合理，今從之。

參：《俄藏》6，250 頁；李錦繡 2004，19—20 頁；陳國燦 2005，106—109 頁。

（一）Дx. 1253Ev

（前缺）

1　　牒檢案連如前，謹牒

2　　　　　　十一月□□□史氾通牒

3　　　　　　付長行坊憑□

4　　　　　　馬。相白。

5　　　　　　　　　十二日

（後缺）

（二）Дx. 1253D

（前缺）

1　　　　　　　十四日

2　　　　　依判，爽示。

3　　　　　　　十四日

4　　　　開元九年十一月十四日

5　　兵曹參軍翰

（後缺）

唐開元九年（721）北庭長行坊狀爲營田典孟業馬事

Дх. 1253E

　　陳國燦在 Дх. 1253E 後接續 Дх. 1253D，暫存疑。

　　參：《俄藏》6，250 頁；李錦繡 2004，20 頁；陳國燦 2005，106—109 頁；程喜霖、陳
習剛 2013，973—974 頁。

1　　長行坊　　狀上
2　　　　營田典孟業
3　　　　　_____仙奉大使排子，給□件典馬壹疋，馬□_____
4　　　　已給訖，今將排子呈驗，謹□。
5　　牒　件　狀　如　前，謹　牒。
6　　　　　　　　　開元□_____

唐開元九年（721）十二月北庭長行坊案爲西州馬患事

有鄰館 45、有鄰館 44-1

　　尺寸分別爲 27.8 厘米 ×27.4 厘米、28.0 厘米 ×28.8 厘米，各鈐有李氏藏印。有鄰館
44 號文書後半部分爲貼附的另一件文書，非本組案卷內容，應編號爲有鄰館 44-2 并另作
整理。

　　參：饒宗頤 1954，98 頁；藤枝晃 1956，30—31 頁；郭平梁 1986，142—143 頁；孫
曉林 1990，214—215 頁；陳國燦 1993b，44 頁；李錦繡 2004，20—21 頁；陳國燦、劉安
志 2005，600 頁。

（一）有鄰館 45

　　（前缺）

1　　　長行坊　　　　　　　狀上

2　　　　西州長行馬壹疋瓜驃草

3　　　　　右件馬，使乘至此，患瘺起止不得，蒙都護判

4　　　　　付押官□□檢推，依檢馬患瘺起止不得

5　　　　　有實，既是官馬，請乞處分。謹狀。

6　　牒　件　狀　如　前，謹　牒。

7　　　　　　　　　　　開元九年十二月　日槽頭□□

8　　　　　　　　　　　　　押官韋思敬

9　　　　　　付醫人急療

（後缺）

（二）有鄰館 44-1

1　　西州牧馬所　　　狀上

2　　　使馬壹疋瓜驃草

3　　　　右件使馬，卒患冷要，起止不得。既是官馬，

4　　　　請乞處分。

5　　牒　件　狀　如　前，謹　牒。

6　　　　　　　　　　　　年十二月　日牧馬兵王佐□

（後缺）

唐開元十年（722）二、三月北庭長行坊牒案爲西州牧馬所長行驢一頭患死事

有鄰館 24、有鄰館 27 + 有鄰館 29、有鄰館 44-2、有鄰館 22、有鄰館 14

　　尺寸分別爲 28 厘米 ×13.5 厘米、27.8 厘米 ×23 厘米、15.5 厘米 ×3.4 厘米、28 厘米 ×？（不明）、27.6 厘米 ×18 厘米、27.8 厘米 ×24.5 厘米。有鄰館 22 號文書鈐有李氏藏印，有

鄰館 14 號文書鈐有李、孔、何氏收藏印。有鄰館 24 號文書爲西州牧馬所二月二十九日狀，27 號文書爲三月一日、二日等狀，都涉及同一頭驢的患病致死等事。李錦繡將 24、27 號文書直接綴合，然而中間未知是否有二月三十日狀，此處祇能判定爲同一案卷而暫不綴合。29 號文書可綴合於 27 號文書第 10—11 行下半。有鄰館 44-2 爲 44 號文書後半部分貼附文書。

參：藤枝晃 1948，75 頁；饒宗頤 1954，98 頁；藤枝晃 1956，16、18、19、20 頁；孔祥星 1981，31 頁；郭平梁 1986，143 頁；《西域出土文書》，23、26 頁；陳國燦 1993b，43—44 頁；李錦繡 2004，21—23 頁；陳國燦、劉安志 2005，597—600 頁；趙晶 2018，40—41 頁。

（一）有鄰館 24

（前缺）

1　　　　　録事參軍有　勾訖

2　禣長行坊并西州牧馬爲准狀事。

--（四十，沙）

3　　□□□牧馬所　　　　狀上

4　　使李恪下驢壹頭，白堂，父，八歲。

5　　　右件驢，使乘至此，患毛燋腸窳，少食水草。既是官驢，請處分。開元十年二月廿

6　　　九日驢子李貞仙牒。　好加療灌。廿九日，楚。

（二）有鄰館 27 + 有鄰館 29

1　□□□牧馬所　　　狀上

2　　使李恪下驢壹頭，白堂，父，八歲。　　右件驢，使乘此，患毛燋腸窳，少食水草，前蒙

3　　判好加療灌者。百方療灌不損，漸加困重。既是官驢，請處分。開元十年

4　　三月一日驢子李貞仙牒。　依前加療灌。一日，楚。

5　　□□□壹頭，白堂，父，八歲。　　右件驢，使乘至此，患毛燋腹窳，少

食水草。前蒙

6　　　　□灌，又加患痔化，日百方療灌不損，今見致死。既是官驢，不敢私□

7　　　　乞處分，謹狀。開元十年三月　日驢子李貞仙牒。　付□□

8　　　檢并皮、筋、腦自報□□□。

9　楚客示。　　　　二日。

10　　　　驢壹頭，白堂，父，八歲。依檢上件驢患死有實，亦無他故。驗官印

分明。開元十年三月　日虞候□，被問依實，謹狀。

(三) 有鄰館 44-2

（前缺）

1　牒，檢案連如前，謹牒。

2　　　　　　三月　日史氾通牒

3　　　　　帖坊出賣，具價狀上。

4　　　　　禮白。

5　　　　　　　　二日

(四) 有鄰館 22

（前缺）

1　　　　　　　　　府

2　法曹判兵曹禮

3　　　　　　　　史氾通

4　　　開元十年三月二日受，四日行判。

5　　　録事　　檢無稽失，

6　　　録事參軍有　勾訖。

7　牒西州長行坊爲西州驢死事

（五）有鄰館 14

1　　西州牧馬所　　　狀上

2　　　　長行驢壹頭，白堂，父。

3　　　　　右件死驢，除皮出賣，得錢貳伯文，筋貳

4　　　　　兩。謹狀上

5　　嘅件　狀　如　前，謹　牒。

6　　　　　　　　開元十年三月　日典王璁牒

7　　　　　　　　　　驢子李貞仙

8　　　　　　檢，禮白。

9　　　　　　　　　　　　四日

唐開元十年（722）三月北庭長行坊案爲西州長行馬患死官領肉錢及皮事

有鄰館 38、有鄰館 50

　　尺寸分別爲27.9厘米×23.1厘米、28厘米×35.1厘米。有鄰館38號文書鈐有李氏、孔氏藏印。李錦繡將2件文書直接綴合，但中間似仍有缺行。

　　參：藤枝晃1948，75頁；饒宗頤1954，98頁；藤枝晃1956，21、32頁；孔祥星1981，35頁；郭平梁1986，142頁；孫曉林1990，189—190頁；《西域出土文書》，24、27頁；陳國燦1993b，44頁；李錦繡2004，23—24頁；陳國燦、劉安志，599—601頁；趙晶2018，35頁。

（一）有鄰館 38

1　　西州牧馬所　　　狀上

2　　　西州長行死馬皮壹張，肉錢肆伯文。

3　　　　右件死馬，除皮出賣，得錢數如前，謹□。

4　牒　件　狀　如　前，　謹　牒。

5　　　　　　　　　開元十年三月　日典王怯瑒牒

6　　　　　　　　　　　檢校官覺，使。

7　　　　　檢，禮白。

8　　　　　　　　　　廿日

（二）有鄰館 50

（前缺）

1　　□亦無他故，官印分明，并筋皮返者。都護又判截

2　　蹄耳訖者。准狀勒所由出賣，得錢數如前。

3　牒　件　狀　如　前，　謹　牒。

--（□□）

4　　　　　　　　三月　日史氾通牒

5　　　　　　西州長行馬因患致死，其

6　　　　　　問符同，牒西長行坊准式，

7　　　　　　其肉錢及皮付所由官領附。

8　　　　　諮，游禮白。

9　　　　　　　　　廿日

10　　　依判，諮，守陽示。

11　　　　　　　廿日

12　　　依判，諮，仁孝示。

13　　　　　　　廿日

14　　　依判，諮，爽示。

15   廿日

16   □□□□

（後缺）

唐開元十年（722）三月北庭長行坊案爲出賣事

有鄰館 25

尺寸爲 27.8 厘米 ×13.3 厘米，鈐有李氏藏印。

參：饒宗頤 1954，98 頁；藤枝晃 1956，15 頁；陳國燦 1993b，43 頁；李錦繡 2004，24 頁；陳國燦、劉安志 2005，598 頁。

（前缺）

1   檢案，禮白。

2   廿日

3   牒，檢案連如前，謹牒。

4   三月　日史氾通牒

5   帖坊出賣。禮白。

6   廿日

唐開元十年（722）三月北庭長行坊案爲西州使馬停料及長行馬、函馬夏季料支給事

S. 11458A + S. 11458F、S. 11458G + S. 11458D + S. 11458B

尺寸分別爲 20.9 厘米 ×27.7 厘米、2.9 厘米 ×14.8 厘米、2.8 厘米 ×14.5 厘米、21.2 厘米 ×27.7 厘米、20.5 厘米 ×27.7 厘米。第 13、14 行間有"北庭都護府印"1 方。《英藏》

將此組文書定名爲"開元十年沙州長行坊馬料案"，不過文書中所見押署的"陽""爽""楚"常見於北庭長行馬文書，爲北庭的和守陽、楊楚客等官員，故此件應爲北庭文書。李錦繡認爲 S. 11458 編號下的 A、F、G、D、B 殘片可以綴合。細審圖版，F、G 似不能直接綴合，故分爲 2 組。

　　參:《英藏》13，287—290 頁；榮新江 1994，213—214 頁；李錦繡 2004，31—32 頁。

（一）S. 11458A + S. 11458F

　　（前缺）

1　　　　□□□西州使馬請停料牒倉□□□□□

2　　　□□□陽。本。爽。楚。

---（三百卅四，□）

3　　長行坊

4　　　長行馬壹佰壹拾疋

　　（後缺）

（二）S. 11458G + S. 11458D + S. 11458B

　　（前缺）

1　　　　□□□□□□□

2　　　當館函馬□□□□□□

3　　　　右件馬料，春季已蒙支給訖，其夏季料未□□□□□

4　　　　處分，謹録狀上。

5　　牒　件　狀　如　前，謹　牒。

6　　　　　　　開元十年三月　日典郭提伽牒

7　　　　　付司□□□□

8　　　　　　　　十七日

9　　　　　三月十七日録事，使

10　　　　録事參軍　有　　　　　□□□□

11　　檢

12　　依檢上件馬夏季料未支有實，典楊節檢。節。

13　　　　　檢案，禮白。

14　　　　　　　　　　　　　十七日

‐‐（三百卅☐☐☐）

15　　牒，檢案連如前，謹牒。

　　（後缺）

唐開元十年（722）三月末北庭長行坊案爲待減料物到支送及送使馬料事

S. 11458C + S. 11458H、S. 11458E、S. 11458O + S. 11458M

　　尺寸爲 21.2 厘米 ×27.7 厘米、2.7 厘米 ×15 厘米、14.2 厘米 ×27.5 厘米。《英藏》將此組文書定名爲"開元十年沙州長行坊馬料案"，不過文書中所見"大使楊楚客"常見於北庭長行馬文書（押署"楚"字），爲北庭官員，故此件應爲北庭文書。李錦繡認爲 S. 11458 編號下的 C、H、E 殘片可以綴合爲文案一，O、M 殘片可以綴合爲文案二。就内容看，E 與 C + H 似不能直接綴合，但應屬於同一案卷。

　　參：《英藏》13，287—290 頁；榮新江 1994，213—214 頁；李錦繡 2004，32 頁；劉子凡 2016，291—292 頁。

（一）S. 11458C + S. 11458H

　　（前缺）

1　　☐☐☐本☐☐☐稽留☐☐☐☐☐

2　　☐☐☐牒至准狀，謹牒。

3　　　　　　　開元十年三☐☐☐

4　　　　　　　　倉☐☐

5　司馬兼副使麻 廉，都護兼副使游 本，都護□□□□

6　　廿八日，楚。　　　　　　　三月廿八日録事　　　□□□□

7　大使楊 楚客　　　　　　　　　録事參軍 有　　□□□□

8　　　檢

9　依檢開九冬季減料物并用市馬訖，其開十春季減料見□□□□

10　納充和粜，在坊更無加物。典楊節檢。節。

11　　　　　　　　檢案，禮白。
--（三□□□□）
　　（後缺）

（二）S. 11458E

　　（前缺）

1　　□□□□行

2　　　　　　典楊節
--（三百四十，沖）

3　　　　　三月廿八日受，其月廿九日行判。

4　　　　　録事，使，

5　　　　　録事參軍　　　勾訖。

6　案爲待減料物到支送事
--（三百四十一，沖）

（三）S. 11458O + S. 11458M

　　（前缺）

1　　□□□□西州送使馬子康宜慈辭

2　　　□□□廉宜慈——

3 ⬚⬚⬚⬚□在路先蒙館戍給粮⬚⬚⬚⬚

4 ⬚⬚⬚⬚請處分，謹辭。

唐開元十、十一年（722、723）伊、西、北庭等州府申支度營田使相關文書

　　吐魯番阿斯塔那226號墓出土有1組伊、西等州上支度營田使文書，内容涉及申報烽鋪營田等事宜。據72TAM226: 58號文書，此時由北庭都護楊楚客檢校支度營田使，故而這組涉及支度營田使的文書都與北庭有關，應是北庭支度營田使留後司保存的案卷。但這批文書已被剪裁製作成紙鞋等喪葬用品，無法直接連綴，僅能依據時間大致排列。

唐開元十年（722）伊吾軍上支度營田使留後司牒爲烽鋪營田不濟事

72TAM226: 53 + 54

　　本件鈐有"伊吾軍之印"。背面有殘印痕。

　　參：池田温1979，350頁；王炳華1983，114頁；程喜霖1985，74頁；程喜霖1990，277—278頁；馬國榮1990，114頁；王炳華1993，279—280頁；王永興1994，56頁；《吐魯番文書》肆，90頁；孫繼民2002b，157—158頁；陳國燦2002b，231頁；吳大旬2005，71頁；王希隆2012，8—9頁；程喜霖、陳習剛2013，948—949頁；劉子凡2016，303—304頁；王玉平2021，52—53頁。

1 ⬚⬚⬚⬚狀稱□□⬚⬚⬚⬚

2 ⬚⬚⬚⬚□屬警固，復奉使牒，烽鋪子不許

3 ⬚⬚⬚⬚功，各漸斸種前件畝數如前者。然烽鋪

4　　　　　　　　□少差失，罪即及身，上下怕懼，專憂

5　　　　　　　　數少，又近烽地水不多，不

6　　　　　　　　隱没壟畝，求受重

7　　　　　　　　無田水。縱有者，去烽卅廿

8　□□上，每烽烽子只有三人，兩人又屬警固，近烽不敢

9　不營，里數既遥，營種不濟，狀上者。曹判：近烽者，即

10　勒營種，去地遠者，不可施功。當牒上支度使訖。至

11　開十閏五月廿四日，被支度營田使留後司五月十八□

12　牒稱：伊吾軍牒報　　　　　　　烽多無田水。縱

13　有者，　　　　　　　薄惡不任□稱人力不

14　　　　　　　言不可固，即非

15　　　　　　　□□

唐開元十年（**722**）殘狀

72TAM226: 74

　　本件由 2 件剪成鞋底形狀的殘片上下連綴。其中的"楊大"疑爲北庭節度副大使、北庭都護楊楚客。

　　參：《吐魯番文書》肆，91 頁；劉安志 2010，169—170 頁；劉安志 2014，171—172 頁；劉子凡 2016，292—293 頁。

（前缺）

1　右奉　　　送前

2　宅上一□□送楊大□

3　州訖，謹以狀上。

4　　　　　開元十年□

唐開元十一年（723）狀上北庭都護所屬諸守捉酅田頃畝牒

72TAM226: 83/1 + 83/2 + 83/3

　　本件由 3 件剪成腰帶形狀的殘片組成。《吐魯番文書》推測此件時間爲開元十一年
（723）。本件有殘印，印文不可辨識。

　　參：王永興 1984，57、85 頁；《吐魯番文書》肆，92 頁；陳國燦 2002b，237 頁；薛宗
正 2010，471 頁；王旭送 2011，19—20 頁；程喜霖、陳習剛 2013，725—727 頁；劉子凡
2016，292—293 頁。

（前缺）

1　　　　　　　□□□白粟　叁拾伍□□□□

2　　　　　　　□□□俱六守捉并床□□□

3　　　　　　　□□□神山守捉并麦□□□

4　　　　　　　□□□憑洛守捉并□□□

5　　　　　　　□□□前件酅田□□□□狀

6　　　　　　　□□□頃畝到日□□□□上

7　　　　　　　□□□

8　　　　　　　□□□一年七　月□□□□牒

9　　　　　　　□□□郎行倉曹參軍□□□

10　　　　　　　□□□州和政府折衝都□□□

11　　　　　　　□□□□府崇信府折□□□

12　　　　　□□□北庭副都兼□使賜紫金□□□

13　　　　　□□□□光禄大夫檢校北庭都護兼經略□□□

14　　　　　　　　　□□□　八月□□□

（後缺）

唐伊吾軍典張瓊牒爲申報厲田斛斗數事

72TAM226: 66(a)、67、68、71(a)

　　本件原是拆自同一紙靴的 4 片，《吐魯番文書》據内容、書法及騎縫背面押字，擬爲 1 件。（一）背縫及（三）蓋有殘印，疑爲 "伊吾軍之印"。

　　參：《吐魯番文書》肆，93 頁；程喜霖、陳習剛 2013，961—962 頁。

（一）72TAM226: 66(a)

　　（前缺）

--（三百一十九）

1　　得子貳拾玖碩玖㪷伍勝肆合

2　　　　　　□□□陸　合　豌□□□□

　　（後缺）

（二）72TAM226: 67

　　（前缺）

1　　叁碩玖㪷貳勝伍合豌□□□□

2　　陸碩玖㪷陸□□□□

3　　柒□□□□

　　（後缺）

（三）72TAM226: 68

　　（前缺）

1　　　　□□□捌拾陸碩壹㪷肆勝肆合

2　　　　　　　　壹　拾□□□

　　（後缺）

（四）72TAM226: 71(a)

（前缺）

1 　　　　　□九日

2 　　　　□日典 張瓊牒

3 　　　　□

4 　　　　　九日

--（三□廿）

（後缺）

唐開元某年伊吾軍典王元琮牒爲申報當軍諸烽鋪斸田畝數事

72TAM226: 64(a) + 69(a)

　　參：程喜霖 1985，73 頁；程喜霖 1990，275 頁；馬國榮 1990，113—114 頁；李錦繡 1995，690 頁；《吐魯番文書》肆，94—95 頁；陳國燦 2002b，235 頁；吳大旬 2005，72 頁；劉安志 2011，212 頁；王旭送 2011，21 頁；程喜霖、陳習剛 2013，950—951 頁。

--（三百□）

1 　　　□□ 狀上

2 　合當軍諸烽鋪今年斸田總壹頃□

3 　　　　陸　　拾□

4 　玖　拾　伍　畞□

5 　　陸　拾　畞□

6 　　速獨、高頭等兩□

7 　　阿查勒種粟壹□

8 　泥熟烽種豆壹□

9 　叁　拾　伍　☐☐☐

10 　　速獨烽種豆陸畝_{共下團}☐☐☐

11 　　故亭烽種床陸畝_{畝別下}☐☐☐

12 　　青山烽種豆伍畝_{畝別下子}☐☐☐

13 　貳　拾　肆　畝　見☐☐☐

14 　　聖塠烽捌畝　花泉烽陸歐☐☐☐

15 　　　　右被責當軍諸☐☐☐

16 　　　　上聽裁。

17 　牒　件　狀　如　前，　謹　☐。

---（三百卅☐　愍）

18 　　　　　　　　　　開☐☐☐☐日典王元琼牒

（後缺）

唐檢勘伊吾軍屬田頃畝數文書

72TAM226: 57

　　參：《吐魯番文書》肆，95 頁；吳大旬 2005，73 頁；程喜霖、陳習剛 2013，960 頁。

（前缺）

1 　使通☐☐☐☐☐軍使上柱國賈☐☐☐

2 　　　　　☐☐☐日典張瓊☐☐☐

3 　檢，住。

4 依檢與前報數同，典張瓊檢。

5 　　　　伊吾軍屬田數勘与☐☐☐

6 　　　　通同記。諮，休如白。

7　　　　　　　　　　　　　　六日

8　　　　　　　□□□　□□□

（後缺）

唐北庭都護支度營田使文書

72TAM226: 58

　　參：程喜霖 1985，74—75 頁；程喜霖 1990，279 頁；榮新江 1990，90—91 頁；王永興 1994，57 頁；《吐魯番文書》肆，96 頁；陳國燦 2002b，234 頁；劉安志 2010，169—170 頁；程喜霖、陳習剛 2013，945—946 頁；劉安志 2014，171—172 頁；孫繼民 2016，161—162 頁；劉子凡 2016，293 頁；孟憲實 2017b，263 頁。

　　（前缺）

1　　　　　副使游擊□□□

2　　　　朝請大夫檢校北庭副都護兼□□□

3　　　　中散大夫□□□□□□□上柱國周□□□

4　　□□□□副大使銀青光禄大夫檢校北庭都護□□營田等使上柱國　楊楚客

5　　□□□如。

6　□固軍未報。典康元。又檢神狀主帥王□□通。典康元。

7　　　　　神□冶其所種田軍報，不

8　　　　　涉欺隱，□□□□

（後缺）

唐典康元殘牒

72TAM226: 59

　　本件背面有朱印，印文模糊。

參：《吐魯番文書》肆，97 頁。

（前缺）

1　　　　　　國賈承□

2　　　　　　康元　受

（後缺）

唐伊吾軍牒爲申報諸烽鋪隰田所得斛斗數事

72TAM226: 84、86/1、86/2、86/3、86/4

本件由 5 件剪裁成腰帶形狀的殘片組成，鈐有"伊吾軍之印"。

參：程喜霖 1988，68 頁；《吐魯番文書》肆，97—98 頁；程喜霖、陳習剛 2013，953—954 頁。

（一）72TAM226: 84

（前缺）

1　　楔堆烽粟　　　

2　　乙耳烽床肆畝 禾得子叁碩叁斛叁　　　

3　　　　　　肆碩 陸勝　　　

（後缺）

（二）72TAM226: 86/1

（前缺）

1　　　　　畝 禾得子　　　

2　　　　　禾得子叁碩　　　

（後缺）

（三）72TAM226: 86/2

（前缺）

1　　烏谷鋪豌⬚⬚⬚⬚⬚

2　　⬚骨咄禄鋪豌⬚豆⬚伍⬚⬚⬚⬚

（後缺）

（四）72TAM226: 86/3

（前缺）

1　　右檢案內上件屬田，各得所由狀，并禾訖，具斛斗數如前。又

（後缺）

（五）72TAM226: 86/4

（前缺）

1　　⬚⬚⬚⬚⬚⬚⬚⬚⬚⬚⬚⬚

2　　⬚⬚⬚同檢禾得前件烽屬田斛斗⬚⬚⬚⬚⬚⬚

（後缺）

唐伊吾軍上西庭支度使牒爲申報應納北庭糧米事

72TAM226: 5(a)

本件鈐有"伊吾軍之印" 2 方。

參：王炳華 1983，114 頁；張弓 1986，88—89 頁；馬國榮 1990，117 頁；王炳華 1993，279—280 頁；王永興 1994，72 頁；《吐魯番文書》肆，98 頁；陳國燦 2002b，235 頁；吳大旬 2005，72 頁；薛宗正 2010，470 頁；盧向前 2012，324 頁；王希隆 2012，8 頁；程喜霖、陳習剛 2013，947 頁；王玉平 2021，52 頁。

1　　敕伊吾軍　　　　　牒上西庭支度使

2　　　合軍州應納北庭粮米肆阡碩：　叁阡捌伯伍拾叁碩捌蚪叁勝伍合，軍州前後檢納得。
　　　　　　　　　　　　　　　　　　　肆拾叁碩壹蚪陸勝伍合，前後欠不納。

3　　　　　壹伯玖拾柒碩納伊州倉訖。叁阡陸伯肆拾陸碩捌蚪叁勝伍合納軍倉訖。

（後缺）

唐伊吾軍諸烽鋪收貯糧食斛斗數文書一

72TAM226: 85/1 + 85/2 + 85/3

　　本件由 3 件剪裁成腰帶形狀的殘片組成，鈐有"伊吾軍之印"。

　　參：程喜霖 1985，75 頁；程喜霖 1990，280 頁；《吐魯番文書》肆，98 頁；陳國燦
2002b，235—236 頁；吳大旬 2005，73 頁；程喜霖、陳習剛 2013，955 頁。

（前缺）

1　　　　　　　　　　　　　　　　□□□□□壹合，貯在諸烽，見在。

2　　　　□□□□□合豆，伊地具烽。　捌碩壹蚪玖勝肆合□□□□

3　　　　　　　　　　　□□□□鋪。　玖碩柒蚪玖勝壹□□□□

4　　叁碩玖蚪貳勝伍合豆，波色多烽。　壹碩貳蚪陸勝肆合床，故亭烽。

5　　　　　　　　　　　　□□□陸勝床，明烽。□□□□

（後缺）

唐伊吾軍諸烽鋪收貯糧食斛斗數文書二

72TAM226: 56/1、56/2、56/3

　　本件原是拆自同一紙靴的 3 片，《吐魯番文書》擬爲 1 件。

　　參：《吐魯番文書》肆，99 頁；吳大旬 2005，73—74 頁；程喜霖、陳習剛 2013，956—
957 頁。

（一）**72TAM226: 56/1**

　　　（前缺）

1　　伊□□□□□□

　　　（後缺）

（二）**72TAM226: 56/2**

　　　（前缺）

1　　□□□□□□□玖合豆貯□□□□

2　　　　□□□□貯在故亭烽□□□

3　　　　　□□□收附　　□□□□

　　　（後缺）

（三）**72TAM226: 56/3**

　　　（前缺）

1　　□□□□□訖，各牒所由□□□□

2　　　　　□□□□假誰敢□□□

3　　　　　□□□□

4　　　　　　□□□□牒

　　　（後缺）

唐納職守捉使屯種文書

72TAM226: 87/1 + 87/2

　　　本件由 2 件剪裁成腰帶形狀的殘片組成。

　　　參：《吐魯番文書》肆，99 頁。

　　　（前缺）

1　　□□□□納職守□使牒稱：□鋪□□□□

2 　　　☐☐☐—十一☐☐☐☐☐屯種☐☐☐☐☐

3 　　　　☐☐☐|—☐☐☐

　（後缺）

唐伊吾軍諸烽鋪營種豆床文書

72TAM226: 55

本件蓋有"☐☐軍之印"。

參：《吐魯番文書》肆，100 頁。

（前缺）

1 　　　　　☐☐☐☐　　附

2 　　　　☐☐☐伊地具烽。

3 　　☐☐☐☐合豆，柳頭烽。

4 　　☐☐☐貳勝床，明烽。

　（後缺）

唐伊吾軍殘牒

72TAM226: 88

本件爲剪裁爲腰帶形狀的殘片，鈐有"伊吾軍之印"。

參：《吐魯番文書》肆，100 頁；程喜霖、陳習剛 2013，963 頁。

（前缺）

1 　　　☐☐☐牒☐責當軍☐☐☐☐

　（後缺）

唐西州都督府上支度營田使牒爲具報當州諸鎮戍營田頃畝數事

72TAM226: 51

參：韓國磐 1984，206—207 頁；唐長孺 1990，82—83 頁；馬國榮 1990，112—113 頁；李錦繡 1995，690—691 頁；《吐魯番文書》肆，101 頁；盧向前 2001，257 頁；陳國燦 2002b，234 頁；陳國燦 2004，102 頁；薛宗正 2010，471 頁；劉安志 2011，210—211 頁；王希隆 2012，7 頁；程喜霖、陳習剛 2013，941—942 頁；劉子凡 2016，304—305 頁；陳國燦 2016，16 頁；孟憲實 2017b，264 頁。

1　西州都督府　　　　　　牒上　敕[　　　　]
2　合當州諸鎮戍營田，總壹拾□頃陸拾[　　　]
3　　赤亭鎮兵肆拾貳人，營□□頃；　　　維磨戍[　　　]
4　　柳谷鎮兵肆拾人，□□□肆頃；　　　酸棗戍[　　]
5　　白水鎮兵叁拾[　　　]營田陸頃；　　　曷畔戍兵[　　]
6　　銀山戍兵[　　　]營田柒拾伍[　　]
7　　　右被□度營田使牒，當州鎮戍□田頃畝[　　]
8　　戍兵[　　]及營田頃畝[　　]
9　　方亭戍[　　]谷戍　狼井[　　]
10　　右[　　]
11　牒，被牒稱[　　]
12　格令斷[　　]
13　者[　　]
14　存[　　]
　　（後缺）

唐西州都督府所屬鎮戍營田頃畝文書

72TAM226: 52

參：《吐魯番文書》肆，102 頁；程喜霖、陳習剛 2013，943 頁。

（前缺）

1　　〔　　〕柳谷鎮[肆]〔　　〕

2　□□畝　　銀山[戍]捌拾〔　　〕

3　　〔　　〕[具]頃[畝]如〔　　〕

4　□□戍　礌石戍　[苦]水〔　　〕

5　　〔　　〕可營

（後缺）

唐北庭諸烽斸田畝數文書

72TAM226: 65

參：《吐魯番文書》肆，102 頁；王旭送 2011，20—21 頁；程喜霖、陳習剛 2013，944 頁。

（前缺）

1　　野〔　　〕

2　耶勒守捉界耶勒[烽]〔　　〕

3　　乾坑烽床，伍畝〔　　〕

4　　　白粟叁畝 共刈得貳〔　　〕

5　　椌林烽床，伍畝 共〔　　〕

6　　　白粟貳[畝] 共〔　　〕

（後缺）

唐支度營田使下管內軍州牒

72TAM226: 60

參：《吐魯番文書》肆，103 頁；劉安志 2011，213 頁；程喜霖、陳習剛 2013，967 頁；
孟憲實 2017b，265—266 頁。

1　　支度營田使
2　　　管內軍州
3　　牒准　　　旨，諸軍州所須☐☐☐☐
4　　支度使處分，　☐☐☐☐
　　（後缺）

唐上支度營田使殘牒

72TAM226: 77/1 + 77/2

參：《吐魯番文書》肆，103 頁；程喜霖、陳習剛 2013，968 頁。

（前缺）
1　　☐☐☐守
2　　☐☐☐頻牒不到☐☐☐
3　　☐☐☐狀牒上支☐☐☐
　　（後缺）

唐支度營田使殘文書

72TAM226: 89

參：《吐魯番文書》肆，103 頁；程喜霖、陳習剛 2013，969 頁。

1　　支度營田使　[＿＿＿]

2　　　　□[＿＿＿]

（後缺）

唐殘牒

72TAM226: 76

本件鈐有朱印 1 方，印文不清。

參:《吐魯番文書》肆，104 頁。

（前缺）

1　　[＿＿＿]判□在[＿＿＿]

2　　[＿＿＿]□者

3　　[＿＿＿]三月五日府[索][＿＿＿]

4　　　[＿＿＿][行參軍][＿＿＿]

（後缺）

唐典杜金殘牒

72TAM226: 48(a)

參:《吐魯番文書》肆，104 頁。

（前缺）

---（三百二）

1　　牒檢有事至，謹牒。

2　　　　二月　日　典杜金牒

3　　　　連，憙白。

4　　　　　　　　十三日

--（二百三支）

唐殘判

72TAM226: 49

參：《吐魯番文書》肆，105 頁。

（前缺）

1　連，憙白。

2　　　　　　廿二日

（後缺）

唐斸田殘文書

72TAM226: 90

參：《吐魯番文書》肆，105 頁；程喜霖、陳習剛 2013，980 頁。

（前缺）

1　☐☐☐報典康☐☐☐☐

2　☐☐☐斸田☐☐☐

3　☐☐☐州去☐☐☐

4　☐☐☐☐☐☐

（後缺）

唐殘文書

72TAM226: 91/1 + 91/2

　　參：《吐魯番文書》肆，105 頁。

（前缺）

1　　　□□□一月廿四□□□
2　　　□□□月十日□□□
3　　□□□叁伯叁拾玖□□□
（後缺）

唐殘文書

72TAM226: 61

　　參：《吐魯番文書》肆，105 頁；程喜霖、陳習剛 2013，981 頁。

（前缺）

1　　　□□□屯爲一
2　　　□□□追歷送
3　　□□□□會如檢□
4　　□□□□□科附□□□
（後缺）

唐殘營田名籍

72TAM226: 78/1 + 78/2

　　參：《吐魯番文書》肆，106 頁；程喜霖、陳習剛 2013，970 頁。

（一）72TAM226: 78/1

（前缺）

1 ⬜⬜種豆⬜⬜

2 ⬜⬜楊石生⬜⬜

（後缺）

（二）72TAM226: 78/2

（前缺）

1 ⬜⬜張智成

2 ⬜⬜李義惲

3 ⬜⬜兒楊石生

4 ⬜⬜檢校健兒⬜⬜

（後缺）

唐開元年間伊州伊吾軍屯田文書

黃文弼文書 H33、H34

　　鈐有朱印"伊吾軍之印"。本件爲黃文弼所獲吐魯番文書，内容與吐魯番阿斯塔那226號墓出土的一組屯田文書内容相關，皆涉及申報諸烽屯田事宜，故暫附於此組文書之列。

　　參：黃文弼1954，41—42頁，圖34—35；池田温1979，351頁；程喜霖1990，274頁；黃文弼1994，64—65頁，圖34—35；李錦繡1995，127頁；《法書大觀》11，181、236—237頁；劉安志2011，196頁；程喜霖、陳習剛2013，78、468、958—959頁，圖67；程喜霖2013b，385頁；王永興2014a，169—170頁；王永興2014b，63—64頁；劉子凡2016，243—245頁；榮新江、朱玉麒2023，308—309頁。

（一）H33

（前缺）

1 ⬜⬜□ 遠 □ 界

2 _____五十畝種豆 一十二畝_____檢校健兒焦思順

3 _____三畝種豆 廿畝種麦 檢校健兒成公洪福

4 _____用 □ 水 澆 溉

5 _____ 軍 界

6 _____□畝 苜蓿烽地伍畝_{近屯}

7 _____都羅兩烽 共 伍 畝

8 _____烽鋪近屯即侵屯

（後缺）

--（一百卅八□）

（二）H34

（前缺）

1 朝請大夫使持節伊州諸軍事守伊州刺史兼伊吾軍使_____

2 _____月 廿 四_____

（後缺）

唐開元十五年（727）北庭瀚海軍印歷

唐開元十五年（727）九月（？）瀚海軍勘印歷（甲）

S. 11453H、S. 11453I

尺寸分別爲 40.5 厘米 ×27.6 厘米、41 厘米 ×27.8 厘米。

參：榮新江 1994，210 頁；《英藏》13，278—279 頁；孫繼民 2000，215—217 頁；孫繼民 2002b，10—28 頁；雷聞 2010，108 頁；程喜霖、陳習剛 2013，1101—1104 頁；劉子

凡 2016，300 頁；劉子凡 2021c，78 頁；管俊瑋 2022，149 頁。

（一）S. 11453H

（前缺）

1　　　　　　　　[____]牒中軍爲同前事。

2　　牒前軍爲同前事。牒右一軍爲同前事。

3　　牒左一軍爲同前事。

---（一百六十五道）背鈐"瀚海軍之印"

4　　　右貳拾壹道。典馬仁，官樂瓊。勘印貳拾

5　　　壹道。瓊

6　　同日：牒北庭府爲南營等行回馬請十月料事。

7　　　右壹道。典馬仁，官樂瓊。勘印壹道。瓊

8　　帖虞候爲充押官西州糶麵事。

9　　牒北庭府爲南營老小馬不全料事。

10　　　右貳道。典范童，官樂瓊。勘印貳道。瓊

11　四日：牒市爲供西道馬藥事。

12　　牒南營爲患馬肆疋換事。

13　　牒解默兩疋馬同前事。

14　　牒俱六守捉爲馬兩疋付領訖申事。

15　　牒解默爲楊行德請馬一疋事。

16　　牒尹泰爲馬壹疋患死事。

17　　牒別案爲同前事。牒胄曹爲同前事。

18　　牒解默、武福等爲傔人曹郎君馬一疋付領訖事。

19　　　右壹拾道。典馬仁，官樂瓊。勘印壹拾道。[____]

20　牒南營爲計會校輪臺馬料事。

（後缺）

（二）S. 11453I

（前缺）

1　六日：牒北庭府爲遠探馬料事。

2　一牒府爲從二都護馬料事。

---（一百六十二道）背鈐"瀚海軍之印"

3　牒解默爲停飼五十三疋馬事。

4　牒北庭府爲支子虞候張欣等馬料事。

5　　　　右肆道。典馬仁，官樂瓊。勘印肆道。瓊

6　六日：牒張玄貞乘騎馬一疋死納肉錢訖事。

7　牒西北道爲尹壽京北磧官馬死事。

8　牒別案爲張玄真馬等死事。

9　牒胄曹爲張玄真等馬死納皮筋訖事。

10　牒馮元超馬死納皮筋事。

11　牒東道爲醫人史伏力依舊例所由收領事。

12　牒南營左軍爲史伏力同前事。

13　牒西北道爲收領楊奕事。

14　　　　右捌道。典馬仁，官樂瓊。勘印捌道。瓊

15　八日：牒北庭府爲改支耶勒團結馬玖疋料事。

16　牒河西市馬使爲馬群在東西守捉牧放事。

17　　　　右貳道。典曹丘，官樂瓊。勘印貳道。瓊

18　　　　＿＿＿＿□馬 死納錢 不到事。

（後缺）

唐開元十五年（727）十月（？）瀚海軍勘印歷（乙）

S. 11459C、S. 11459F

S. 11459C 尺寸爲 40.3 厘米 ×28 厘米。有朱筆、墨筆點迹。

參：榮新江 1994，215 頁；《英藏》13，292—294 頁；孫繼民 2000，221—222、224—225 頁；孫繼民 2002b，10—28 頁；程喜霖、陳習剛 2013，1105—1108 頁；劉子凡 2016，299—300 頁；劉子凡 2021b，16 頁；劉子凡 2021c，79 頁。

（一）S. 11459C

（前缺）

1　　□□□□□□

2　　牒衙前爲老馬赤駮患損事。牒趙顔爲□駮十六日□。

3　　牒西北道爲張秀力□疋馬肉錢不到事。

4　　牒輪臺守捉爲侯山等死馬肉錢不到事。

5　　牒虞候爲王貞、田信等各欠死馬肉錢事。

6　　牒輪臺守捉爲彭琮等欠肉錢事。

7　　牒耶勒爲不支冀隱替馬事。牒沙鉢爲高場同前事。

8　　牒北庭府爲年支十六年牛馬料事。一牒爲輪臺行營牛□□□□

9　　　　右壹拾肆道。典范童，官樂瓊

10　　十日：牒北庭府爲正月馬料事。

--（二百卅四道）背鈐"瀚海軍之印"

11　　一牒爲俱六馬兩疋十一月不食料事。

12　　一牒府爲長運等牛來年二月料事。

13　　　　右叁道。典馬仁，官樂瓊。勘印叁道。瓊

14　　十七日：牒虞候爲□衛□已後蹔事。牒孔目司爲同前事。

15　　　　牒解默、牒神山守捉、牒輪臺守捉、牒俱六守捉、

16　　牒俱六行營、牒耶勒守捉、牒沙鉢守捉、牒西北道守□□□□

17　　牒東道守捉行營、牒蕃館、牒作坊、牒瓦窑、牒□□

　　（後缺）

（二）S. 11459F

　　（前缺）

1　　并爲造秋冬車牛帳事。牒子將宋節、牒趙□□□□□

2　　牒康彥并爲西界屯車般倉收入團事。牒倉曹爲推使事。

3　　　　右貳拾柒道。典范童，官樂瓊。勘印貳拾

4　　　　柒道。瓊

5　　廿一日：牒左一軍爲收西北道車牛事。牒西北道爲同前事。

6　　牒車坊爲康命与馬梁交割事。牒耶勒爲不給羊事。

7　　牒安家生爲造秋冬馬帳事。牒左一等六軍爲同前□□□□

8　　牒徇前爲同前事。牒和副使徇爲同前事。

9　　牒陰副使徇爲同前事。牒沙鉢守捉，牒西北道守□□□□

　　--（二百三十五道）

10　　牒耶勒守捉，牒俱六守捉，牒輪臺守捉，

11　　牒解默爲七群，牒東道守捉，牒神山守捉，

12　　牒南營并爲同前事。牒郭爽爲患損馬赤駮事。

13　　牒趙顏群爲俱柏群患損馬赤駮肉收事。

14　　牒輪臺守捉爲張堡健兒張滈等馬死皮筋□。

15　　牒市爲供西北道馬藥事。牒南營爲虞候逸馬帖□□□□

16　　　　右貳拾叁道。典范童，官樂。勘同，贇。勘印貳拾

17　　　　叁道。瓊

　　（後缺）

殘印歷

S. 11459H

尺寸爲 17.3 厘米 ×28.1 厘米。

參：榮新江 1994，215 頁；《英藏》13，295 頁；孫繼民 2000，226 頁；孫繼民 2002b，10 頁；程喜霖、陳習剛 2013，1114 頁。

（前缺）

1	五日
2	正月五日典張贇□□□□□
3	孔目官　瓊　□□□□□
4	連，瓊。
5	六日□□□□

（中空）

--（二百□八道）

唐開元十五年（727）十二月瀚海軍兵曹司印歷

S. 11459G、S. 11459E、S. 11459D

尺寸分別爲 24.2 厘米 ×28.1 厘米、40.6 厘米 ×28.1 厘米、40.5 厘米 ×28.2 厘米。S. 11459G 第 2、3 行間鈐有朱印"瀚海軍之印"；第 2 行"中軍"，第 3 行"車坊"，第 4 行"西門""冑曹"，第 5 行"東道"旁，有墨筆點迹。S. 11459E 第 8、9 行間鈐有朱印"瀚海軍之印"。

參：榮新江 1994，215 頁；《英藏》13，293—295 頁；孫繼民 2000，222—225 頁；孫繼民 2002b，10—28 頁；程喜霖、陳習剛 2013，1109—1113 頁；劉子凡 2021c，78 頁；管俊瑋 2022，153 頁。

（一）S. 11459G

--（二百卅八道）

1　兵曹司開元十五年十二月印歷。　<small>典杜言，　官梁元</small>

2　五日：牒中軍爲收李景廉訖上事。

3　　牒車坊爲收扶車兵王玄方事。

4　　牒西門爲收高漢子事。牒胄曹爲磨甲兵事。

5　　牒東道守捉爲置候子事。

6　　　右伍道。同。典杜言，官樂瓊

7　　七日：牒倉曹爲傅大斌身死事。

8　　牒右一軍爲同前事。牒六軍爲斫年支材木事。

9　　牒虞候爲同前事。牒車坊爲收患損兵睦奉礼事。

10　　牒作坊爲收患損匠龐珪事。牒左一、左二軍爲收患損兵囲。

（後缺）

（二）S. 11459E

（前缺）

1　　牒東道行營爲同前事。牒車坊爲收扶車兵范曄事。

2　　　右壹拾壹道。典杜言，官樂瓊

3　　牒木坊爲斫年支材木事。牒呂阿賓爲同前事。

4　　牒胄曹爲同前事。牒醫馬坊爲收餒馬兵陳永欽事。

5　　　右肆道。典杜言，官樂瓊

6　　牒東道守捉爲給翟敬賓等手力事。

--（二百卅九道）背鈐"瀚海軍之印"

7　　牒右二軍爲給張珪手力事。

8　　牒右一軍爲給武福別奏、傔等手力事。

9　　　右叄道。典杜言，官樂瓊

10　　九日：轉牒六軍爲收送赤水軍馬兵張奴子等領訖上事。

11　　　牒北庭府爲輪臺界採得白鷹壹聰事。

12　　　牒輪臺爲採得白鷹准例給賞事。

13　　　牒右二軍爲差沙鉢屯兵董元忠替事。

14　　　牒沙鉢屯爲收王思莊等貳人事。

15　　　牒虞候爲發遣王思莊等貳人赴屯事。

16　　　牒左外虞候關礼爲車坊小作兵胡週事。

17　　　牒東道行營爲小作兵胡週事。

18　　　牒□□爲王鳳□□□□事。

　　（後缺）

（三）S. 11459D

　　（前缺）

1　　　　右壹道。典杜言，官樂瓊。勘印□□□

2　　十九日

3　　　牒右一軍爲患損兵郭格事。

4　　　牒解默爲放羊兵張楚珪等事。

5　　　牒左二軍爲患損兵雷洪欽事。

6　　　牒中軍爲長行馬子王忽梁事。

7　　　牒輪臺守捉爲准前事。

8　　　牒虞候爲准前事。

--（二百冊二道）背鈐"瀚海軍之印"

9　　　牒衙前爲陌刀手鄭思侃事。

10　　　牒南營爲健兒呂祥事。

11　　　牒程茂英爲請勛公驗事。

12　　　牒四鎮節度使爲追席匠事。

13　　牒押官卞楚爲同前事。

14　　　　右壹拾壹道。典杜言，官樂瓊。勘印壹拾

15　　　　壹道。瓊

16　　牒中軍、右二、左二、中軍并爲差斫鞍匠事。

17　　牒六軍爲收庫子事。牒倉曹爲同前事。

18　　牒北庭府爲同前事。牒胄曹爲斫鞍匠事。

19　　牒虞候爲徵張思檢點事。

20　　牒□□□□□□□□□

　　（後缺）

唐開元某年某月瀚海軍請印歷

S. 11453J、S. 11453L、S. 11453K

　　尺寸分別爲 40 厘米×27.5 厘米、40.5 厘米×27.7 厘米、40 厘米×27.5 厘米。本件行間勾記多爲朱筆。

　　參：榮新江 1994，210 頁；《英藏》13，280—281 頁；孫繼民 2000，217—221 頁；孫繼民 2002b，10—28 頁；程喜霖、陳習剛 2013，1117—1122 頁；劉子凡 2016，299 頁；方誠峰 2018，126—127 頁；劉子凡 2021c，79 頁。

（一）S. 11453J

　　（前缺）

1　　十二日判收附訖。典馬仁，價，瓊。

--（道）背鈐"瀚海軍之印"

2　　陰都護狀爲東道烽堠數事。　　淳于雅

3　　十五日判牒所由訖。典淳于雅，價，瓊。

4　　左一等六軍連狀爲種軍田人姓名事。　趙羨

5　　其月十二日牒六軍訖。典趙羨，價，瓊。

6　　兵曹牒倉曹爲死健兒肯仙停粮事。　趙羨

7　　其月十一日牒倉及府訖。典趙羨，價，瓊。

8　　　一牒別案爲田海兒手力事。　杜言

9　　　十二日判牒軍訖。典杜言，價，瓊。

10　　　一牒倉曹爲肯仙壽賜事。　張藏

11　　　十五日判記訖。典張藏，價，瓊。

12　　　一牒倉曹爲兵高易飅死事。　張藏

13　　　十五日判記訖。典張藏，價，瓊。

14　　　一牒倉曹爲擘軍事。　趙羨

15　　　其月十一日牒八軍訖。典趙羨，價，瓊。

16　　　一牒倉曹爲副使已下俸食事。　薛元

17　　　其月十二日牒上尚書省比部訖。典薛元，價，瓊。

18　　　一牒倉曹爲田海兒爲請初年賜事。　薛元

19　　　其月廿三日判訖。典薛元，價，瓊。

　　（後缺）

（二）S. 11453L

　　（前缺）

1　　　□懷貞牒爲□□□□□

2　　　十五日判記訖。典張藏，價，瓊。

---（二百廿二道）背鈐"瀚海軍之印"

3　長運車坊狀爲請判官事。　　趙羨

4　其月廿一日判補訖。典趙羨，價。

5　南營狀爲健兒姜崇礼死事。　　仇庭

6　十四日判各牒所由訖。典仇庭，價，瓊。

7　董仵朗狀爲覆賊縱馬付所由訖請公驗事。　　馬仁

8　十二日判牒東道守捉勘訖。典馬仁，價，瓊。

9　都濟狀爲灌馬油蘇等用盡事。　　馬仁

10　十二日判記。典馬仁，價，瓊。

11　　一狀爲請蘇油等事。　　馬仁

12　　十二日判牒市供訖。典馬仁，價，瓊。

13　醫坊狀爲兵强元進等患損事。　　杜言

14　其日判牒所典收領。典席崇，價，瓊。

15　咄玉屯狀爲兵權德行患請替事。　　杜言

16　　十四日判牒軍訖。典席崇，價，瓊。

17　西北道狀爲送狼一頭事。　　張慎

18　　十二日判牒府訖。典張慎，價，瓊。

19　衙前狀爲差仵龍光替姜礼事。　　仇庭

20　十一日判各牒所由訖。典仇庭，贊，瓊。

21　　　　　　□□□□□□

　（後缺）

（三）S. 11453K

　（前缺）

1　　一右軍狀爲從都□□□□□□

2 十二日判訖。典馬仁，價，瓊。

3 陰都護銜狀爲馬踏歷事。 馬仁

4 十二日判牒府訖。典馬仁，價，瓊。

5 作坊狀爲造子將旗八口料用雜物事。 張慎

6 十三日判牒倉曹訖。典張慎，價，瓊。

7 虞候狀爲檢王貞群死馬一疋事。 馬仁

8 十二日判牒虞候徵皮并肉錢訖。典馬仁，價，瓊。

9 　　　右陸拾壹道請印。發日典張價，瓊。

10 十二日

11 銜前狀爲收領患損健兒張漢子等事。 仇庭

12 十二日判訖。典仇庭，價，瓊。

13 虞候狀定曹屯仁充虞候判官事。 趙羨

14 其月其日各牒所由訖。典趙羨，價，瓊。

15 五軍團狀爲領得府史康通蒲枕五十拔事。 薛元

16 其月十三日判記訖。典薛元，價，瓊。

17 參軍魏暉狀爲請紙墨事。

18 其日判給訖。典薛元，價，瓊。

---（道）背鈐"瀚海軍之印"

19 薛恪牒爲請入軍事。 杜言

20 其日判牒輪臺訖。典□□，價，瓊。

　（後缺）

唐開元十八、十九年（730、731）北庭領錢物抄相關文書

吐魯番阿斯塔那 506 號墓出土有一組開元十八年至二十年（730—732）前後的支出帳歷及抄，皆是拆自紙棺，應爲來源相同的一組文書。文書中多見有檢校北庭都護、副使陰嗣瓌，同時出現了支度使、營田使等北庭的使職，亦見耶勒、俱六等北庭地名，可以推知這組文書應爲北庭帳歷及抄。

唐開元十八年（730）府某牒爲請付夏季糧利錢事

73TAM506: 4/1

《吐魯番文書》肆將本件文書中的"氾通舉""奉舉"皆標爲人名，然根據文書中提到的"利錢"判斷，這裏的"舉"應是動詞，指舉貸。而"氾通"亦見於日本京都藤井有鄰館藏、英藏、俄藏的一組北庭長行馬文書。

參：《吐魯番文書》肆，396 頁。

1　　夏季粮九石_{數內叁碩捌斗付氾通舉}――――
2　　　右十八年夏季粮未請，奉舉見欠張光輔利錢，其
3　　　粮季終日請便付――――
　　（中缺）
4　　　　　　　　開元十八年三月　　日府――――

唐開元十八年（730）高成等糴夏季糧取錢抄二件

73TAM506: 4/2

參：《吐魯番文書》肆，397 頁。

1　　今年夏季粮捌碩捌卧，要須錢

2　　納利，今糶与張⬚兇，得⬚錢玖伯文。

3　　開元十八年三月⬚十五⬚⬚⬚□帖

4　　高成十八年夏季粮玖⬚碩，⬚要須錢用

5　　⬚納利⬚⬚⬚⬚⬚⬚張光輔，取錢柒伯伍

6　　⬚捨文。開元十八年⬚三月十五⬚日⬚高成抄。

唐府史張舉夏季糧請回付張光抄

73TAM506: 4/3

　　本件中的"張光"，應即前件文書中的"張光輔"。
　　參：《吐魯番文書》肆，397 頁。

1　　府史張舉夏季粮⬚⬚⬚⬚

2　　請回付張光，待給日⬚⬚⬚⬚

3　　付來。十七日。

唐樊詮、魏仵神領料錢抄二件

73TAM506: 4/4

　　本件中的"陰嗣瓖"，劉安志推測即英藏 S. 11453 北庭瀚海軍文書中的"陰都護""陰副使"，亦即有鄰館 12 號文書中的"檢校北庭都護借紫金魚袋陰"。
　　參：《吐魯番文書》肆，398 頁；黃樓 2008，252、263 頁；程喜霖、陳習剛 2013，213 頁；劉安志 2001，65 頁。

1　九月十九日，陰嗣瓘料錢壹伯肆拾文，樊詮領。

2　同日，領羅忠料錢壹拾陸文，樊詮領——

3　隴右健兒王庭珪壹人，捌日程料，計

4　捌拾文。九月廿一日付魏仵神領。

唐羊晉、李宗取領練抄二件

73TAM506: 4/5

　參：《吐魯番文書》肆，398 頁。

1　羊晉取張光大練 ☐☐☐

2　碩納麦，其練請 ☐☐☐

3　粟。十月十三日羊晉 ☐☐☐

4　十月十三日李宗領練肆拾疋☐ ☐☐☐

唐開元十八年（730）某人冬季糧請付府史張光輔抄

73TAM506: 4/6

　參：《吐魯番文書》肆，399 頁。

1　☐☐冬季粮捌碩捌斗，請

2　准[判]分付府史張光輔。開元

3　十八年十月廿九日 ☐☐☐

4　　——

唐開元十九年（731）張嘉順領錢抄

73TAM506: 4/7

　　參：《吐魯番文書》肆，399 頁。

1　張嘉順於張光處領得先負錢￣￣￣￣

2　得錢捌伯文。開元十九年五月十六日￣￣￣￣

唐開元十九年（731）張順抄

73TAM506: 4/8

　　參：《吐魯番文書》肆，400 頁。

1　張順於張光邊￣￣￣￣

2　元十九年五月廿八日￣￣￣￣

唐開元十九年（731）周積領練抄

73TAM506: 4/9

　　參：《吐魯番文書》肆，400 頁。

1　周積於張￣￣付大練壹拾疋。開元

2　十九年六月一日周□□——

唐開元十九年（731）進馬坊狀爲取練預付供進馬麩價事

73TAM506: 4/10

參：《吐魯番文書》肆，401 頁；黃樓 2015，208 頁；王旭送 2018，88—89 頁。

1　　進馬坊　　　狀上

2　　　供進馬□價大練叁拾疋楊憲領

3　　　　右□□令於諸步磑功料麩貯納，待趙内侍

4　　　　□□馬者。其馬今見欲到，其麩并不送價直。

5　　　　囷不預付，即恐臨時闕飼。請處分。謹狀。

6　　牒 件 狀 如 前，謹 牒

7　　　　　　　　　開元十九年六月　日虞候鎮副楊禮憲牒

8　　　　　　□虞候府家

9　　　　　取卅疋練，分付

10　　　　諸磑家，即收麩

11　　　　納。業。　十二日

唐開元十九年（731）康福等領料抄

73TAM506: 4/11

文書中出現的"陰嗣瓌""陰瓌"，應爲檢校北庭都護。第 57 行"耶勒"應即北庭的耶勒守捉。

參：《吐魯番文書》肆，402—408 頁；黃樓 2008，251—256、261—266 頁。

（前缺）

1　　預付抄□□□□□□

2 伊吾軍子□權戡等□壹拾捌人，十五日料

3 錢壹阡叁伯伍拾文。九月二日康福領八月料。

4 營田副使傔亓思夌加勛賜壹疋。梁悉憚領。

5 功曹司造褡子，錦綢伍拾肆尺，直准錢貳阡

6 貳伯文。九月四日付主安莫。安莫。

7 支度使典陸人，九月料錢壹阡漆伯肆拾

8 文。開十九年九月八日趙處領。

9 麴庭訓領得錢陸伯叁拾文，充九月已後

10 料。九月十二日麴訓領。

11 大練叁疋充中館玖月客使停料。

12 九月十五日呂義領——

13 大練拾疋充中館□□玖月停料。九月

14 十六日呂義領。

15 樊令詮領陰嗣瓌料錢□□□□十七日樊詮領。

16 樊令詮□□□□□□□□□□□

17 同日更領羅忠錢壹伯文。樊詮□□□

18 大練拾疋充中館客使十九年玖□停料，

19 疋估叁伯文。九月十七日呂義領——

20 使西州市馬官天山縣尉留虎、典壹人、獸醫壹人、

21 押官壹人，伍日程料，領得錢貳伯伍拾文。開元

22 十九年九月十九日典趙寶領。

23 呂璿傔貳人、仵馬富、麴星星、趙如真、王義

24 寶等各捌日程料，共計陸伯肆拾文。

25 九月十九日付。璿領。

26　伊吾軍市馬使權戡等壹拾捌人九月料，

27　且領大練玖疋。九月十九日，康福領。

28　九月廿一日樊令詮請陰瓌傔一人料錢貳伯玖拾文。

29　樊詮領——

30　隴右市馬使傔叁人，各捌日程料，

31　共計貳伯肆拾疋。九月廿一日付魏件□領。

32　九月廿一日安通領八月料錢陸伯捌

33　拾文。九月廿一日，通領。

34　杜泰八日程料，并典，共貳伯肆拾

35　文。九□□五日泰。

36　□□□□嘉琰、翟滔輝、康元庄等叁人捌日程料。

37　□月廿五日翟滔領，計叁伯貳拾文。滔——

38　九月廿五日，麴使、張判官并典、傔等料錢，領大練

39　貳疋。闞二朗領——

40　折衝衛神福傔貳人，權太虛等

41　肆人各捌日程料，計陸伯肆拾文。

42　九月廿七日付將泰虛領——

43　折衝朱耶彥傔壹人，麴琰傔壹人，

44　衛神子壹人，各捌日程料，計陸伯肆拾

45　□□月廿七日付將泰虛領——

46　梁既□神易并傔貳人，各捌日程料，

47　□叁伯貳拾文。九月廿七日付傔人

48　　　　□易領。

49　丁錢□□料捌拾文，同日付

50　　　☐☐陸☐☐

51　大練壹疋□陸疋☐☐

52　十月二日□易領便☐☐

53　十月三日☐☐趙處各取大練貳

54　疋，充十一月料。

55　伊吾軍子將權戠等一十五人（十二人白身三人品官）各八日程料，計

56　錢壹阡肆伯肆拾文。十月三日康福領。

57　耶勒供進馬蘇壹斟，（勝別卅八文估。）計肆伯捌拾

58　　十月四日盧琛領。

59　駱意并典、傔、押官等肆人□

60　州程料。十月四日駱意領。

61　安神願領十一月料錢叁伯文。願

62　石處默并傔各捌日程，共計錢壹

63　伯文。十月四日付向麟領。

64　折楊仙等料計大□□☐☐

65　日付向麟領。

66　大練貳疋十月十日付支度典張

67　藏充月料。付王庭領——

68　大練兩疋□月十日付館家充

69　楊□等□料付向輔麟領。

70　　　☐☐貳丈伍尺

71　　　　☐☐價十月

72　　　　　□□□□□□

（後缺）

唐蔣玄其等領錢練抄

73TAM506: 4/12

本件原連接成卷，中有缺損。《吐魯番文書》依月日排比，推定在開元十九年 (731)。
參：《吐魯番文書》肆，409—411 頁；黃樓 2008，251—252、257、264—265 頁。

（前缺）

1　　□□□□□□□□□□

2　　大練貳伯叁拾伍疋貳丈肆

3　　尺充藥直。十月十二日行人藥

4　　主蔣其玄領。　　　　玄

5　　　　見人王無感

6　　大練兩疋，十月十九日付充十月客

7　　料。付向輔麟領。

8　　安神願領十月料大練壹疋。願。

9　　樊令詮領陰瓌料錢叁伯柒拾。詮領。

10　　大練伍疋充客使停料。十月

11　　廿六日付向輔麟領。

12　　大練壹疋十一月一日付安願充十月

13　　料。付傔安神相領。

14　　大練壹疋十一月分付向輔，充楊喬

15　詮料，餘充別使料。十一月五日

16　付向輔麟領。

17　大練伍疋充客使料。十一月十二

18　日向麟領。

19　安神願領十一月料大練叁

20　疋。願。

21　大練叁疋充大漠（幕）叁頂，張賞十二月

22　二日付踏實力。Ω。

23　安神願領拾貳月料錢

24　叁伯文。其月九日付傔邵

25　芬領。

26　陰瓌十二月料錢肆伯貳拾文，并傔。十二月

27　廿日樊詮領——

28　安願料錢叁伯文，付□□疋，付家生送，十二月

29　廿日付。

唐開元十九年（731）張唯領物抄

73TAM506: 4/13

參：《吐魯番文書》肆，411 頁。

1　張承曜十九年賻大□□□□□

2　月十三日付身張唯領。

唐開元十九年（731）□六鎮將康神慶抄

73TAM506: 4/14

第4行的"六鎮"，《吐魯番文書》推測爲北庭之俱六鎮，當無誤。

參：《吐魯番文書》肆，412頁；程喜霖、陳習剛2013，686頁。

（前缺）

1 　　□□□□拾疋淮□床壹伯伍□

2 　□限今月廿五日□□，如違限不還，

3 　一依官法生利。開元十九年十一月廿一□□

4 　六鎮將康神慶抄。

唐丘忱等領充料錢物帳

73TAM506: 4/15

本件無紀年，《吐魯番文書》推定在開元十九年（731）。

參：《吐魯番文書》肆，412頁；黄樓2008，255頁。

1 　支度典氾崇、丘忱、李超、趙處等肆人

2 　料，計錢壹阡壹伯陸拾文，充十二月

3 　料。十二月十三日丘忱領——

4 　□□兩件，計一千五百六十六文，准

5 　□□□□小練陸疋，捌疋，同前月日付。

唐樊詮領陰嗣瓌十一月料錢抄

73TAM506: 4/16

參：《吐魯番文書》肆，413 頁；黃樓 2008，252、257 頁。

1　　使陰嗣瓌十一月料肆伯陸文，十二月十三

2　　□傔樊詮領——

唐吕義領玖、拾兩月客使停料抄

73TAM506: 4/17

參：《吐魯番文書》肆，413 頁；黃樓 2008，265 頁。

1　　大練陸疋充玖月、拾月客使停

2　　料。十二月廿六日吕義領——

唐付藥直等抄

73TAM506: 4/18

本件無紀年，《吐魯番文書》依月日排比，推定爲開元二十年（732）。
參：《吐魯番文書》肆，414 頁。

1　　大練貳疋，正月十二日付□□□□

2　　充藥直。

3　元平至請付來月□□□□

4　疋，更不勞帖惡□□□□

5　十一月卅日□□□□

6　　　張三郎

7　梁虛十二月□□□□□

8　正月十八日□□□□□

唐隴右節度孔目官卜感請分付料錢狀

73TAM506: 4/19

　　本件原與上件紙粘連。

　　參：《吐魯番文書》肆，415 頁。

1　隴右節度孔目官卜感并典□□□□□

2　　健兒權俊之、權處訥、孫□□□□

3　　衛臣子大練貳疋，分付□□□□

4　　　右件人料□□□□張少

5　　　府勾當分付來，深切

6　　　要也。　卜感狀上。

7　　張少府公　侍夫□□□□

8　　　計會了[1]

---

[1]　此行前原有一行 "董素便張光錢陸阡叁伯素"，塗抹刪去。

唐開元二十年（732）李欽領練抄

73TAM506: 4/20

本件原與上件粘連。

參：《吐魯番文書》肆，415 頁；黄樓 2015，209 頁。

1　　李欽於正庫領得趙内侍感文案

2　　貸直大練叁疋。開元廿年正月廿一日

3　　□□□□□□

（後缺）

唐羅常住等領料抄

73TAM506: 4/21

參：《吐魯番文書》肆，416 頁；黄樓 2008，257、265 頁。

1　　羅常住領料練肆疋。常住。

2　　計會了[1]

3　　曾立於張劼邊領大練伍疋，充李本作直。

4　　正月廿四日曾立領。

5　　客使玖月已後停料大練柒疋。

6　　正月廿四日吕義領。

---

〔1〕　此行前原有一行 "董素領大練貳拾疋。正月廿三"，此行後原有一行 "日董素記"，均塗抹删去。

7　　使安神願領正月料□□□足

8　　□□□廿四日□□□

　　（後缺）

唐樊詮領陰瓌并傔正月料錢抄

73TAM506: 4/22

　　參:《吐魯番文書》肆，417 頁；黃樓 2008，257 頁。

1　　陰瓌并傔壹人共正月料當

2　　錢肆伯陸文。正月廿六日付樊詮

3　　領——

唐付王思順大練抄

73TAM506: 4/23

　　參:《吐魯番文書》肆，417 頁。

1　　狼黃大練壹疋，付主王思順。正月廿七日

唐梁虛等領錢抄

73TAM506: 4/24

　　參:《吐魯番文書》肆，418 頁。

（前缺）

1　　計會☐☐☐☐☐ [1]

2　　　計☐ ☐☐☐☐ [2]

3　　梁虛☐☐☐☐☐☐☐☐七百五十文

唐領付氾崇等正月料錢抄

73TAM506: 4/25

參：《吐魯番文書》肆，418 頁；黃樓 2008，255—256 頁。

1　　正月料　氾崇　趙處 ☐☐☐☐

2　　馬諫　丘忱　李超 已上六人 ☐☐☐☐

3　　右計料錢貳阡 ☐☐☐☐

（後缺）

唐☐楷等領付錢物帳

73TAM506: 4/26

參：《吐魯番文書》肆，419 頁。

1　　☐楷於張光處領☐☐料錢貳 ☐☐☐☐

---

〔1〕 此行前原有一行"素便☐☐☐☐叁阡貳伯"，塗抹刪去。

〔2〕 此行前原有一行"年正月☐☐☐☐典董素帖"，塗抹刪去。此行後原有一行"又領大練☐☐☐☐准前年月素記"，塗抹刪去。

2　　　　□□□□□□□□□

3　　換闐羅眼羅贈綾□疋，縵□⁽¹⁾

4　　貳疋。二月十五日付男長上□領。火。

唐閻庭抄

73TAM506: 4/27

　　參：《吐魯番文書》肆，419 頁。

1　　趙小相二月卅日[領]□□□□□□

2　　年二月卅日閻庭抄。

唐□慶抄

73TAM506: 4/28

　　參：《吐魯番文書》肆，420 頁。

1　　□□□□□慶於張光□□□□□

2　　□□□□[月]廿□□付□□□□

---

〔1〕　此行前原有一行"二月十四日[康守]□領大練捌疋□□□"，塗抹刪去。

唐曹護替納公廨錢抄

73TAM506: 4/29

參：《吐魯番文書》肆，420 頁。

1 ☐☐☐☐言納公廨本錢柒阡☐☐☐☐
2 ☐☐☐千七百文曹護替納☐☐☐☐

北庭相關文書

唐龍朔二、三年（662、663）西州都督府案卷爲安稽哥邏禄部落事

2006TZJI：114、112、113、115、104、105、106、120 + 121、136 + 117、098、094、160 + 122 + 123 + 099 + 097、147 + 142、095 + 102、124 + 091 + 103、125、093 + 096、092

　　《新獲》整理者指出，本組文書拆自紙鞋，屬同一案卷，相關文書殘片可以歸爲 5 組。具體拼合分組及尺寸，可參見《新獲》，此處從略。此件爲西州都督府與燕然都護府等機構商議處理破散的哥邏禄部落事宜之案卷，其中哥邏禄部落的落脚地大致就在庭州所轄之金滿州都督府附近，故而文書中多見有涉及金滿州的事務。又，第 12 行見有"牒庭州及安西"。可見此事與庭州及其附近之羈縻府州密切相關。

　　參：榮新江 2007b，13—44 頁；《新獲》，309—325 頁；荒川正晴 2011，48—53 頁；劉子凡 2016，148—154 頁。

（一）2006TZJI：114、112、113、115、104、105、106

　　（前缺）

1　　　　　　　　□□□□

2　　□□狀如前□□□□□□□牒。

3　　　　　□□田月　十五日

4　　　　　　　　府白逢湍

5　　□□參軍德

6　　　　　　　　□□　　□□

7　　　　　　　□□□日□

8　　　　　　　□□□□

9　　　　　　□□□□珎□□

10　　□□□十張

11　□□□□析處半達官□□□□□并譯牒泥熟□□

12　　　　□□□又　牒庭州及安西□□□□□分事

--（珎）

13　　　　□□□□□□

14　□然都護府□□□□□□□部落壹阡帳

15　　　　□□□督府□□□□□□□□稱：今年三月

16　　　　□□□府□□□□□□月十八日牒稱：

17　　　　　　　　□□□稱：前件□□

18　　　　　　　□□部落等，□□□

19　　　　　　　□□□於□□□

20　　　　□□□望請發□□□□□元年十一月□

21　　　　□□□宜令燕□□□□□發遣還大漠□。

22　　　□□□差柳中縣丞□□□□充使往金滿州發

23　遣。　　今得客師狀稱：□□□滿州，得哥邏禄咄俟斤

24　烏騎支狀，　上件部□□□□　敕令還大漠都督府，

25　敕未到，　百姓逐水，□□□□多麦田。其羊馬逢

26　　　□□□□蓄足，□□□□山入磧，百姓小弱

27　　　□□□無食□□□□申奏，聽

28　　　□□□住田□□□□□賊破散，騎施

29　　　　　　　□□□表奏，請發遣

30　　　　　　　□□□敕到州日，即差

31　　　　　　□□□狀，見種少多麦

32　　　　　　□□□□猶未有□□□□

　　（後缺）

（二）2006TZJI: 120 + 121、136 + 117

（前缺）

1　　□□□□□

2　　□恐其侵漁，不許□

3　　囚，遂便上表，申其本

4　　　　　□　　綸言，放

5　　　　　□奉

6　　　　　□已種麦

7　　　　□收，收訖，無

8　　　　□□□□

（中缺兩行）

9　　□首領發遣，使至□

10　更遷延，所差官典□

11　諮定，定訖牒知，仍關功、

12　倉、騎三司，准式仍牒

13　金滿州□□相知，速即

14　發遣，□

15　然都護□

16　　□日

17　　　□

18　　□差員□　　　--------------------

19　　□本縣□

20　　□　六□

（後缺）

（三）2006TZJI：098、094、160 + 122 + 123 + 099 + 097、147 + 142、
095 + 102

（前缺）

1　　　　　　　□□□哥邏禄步失達□□□□

（中間接續不明）

2　　　　　　□□□府得□□□□□

3　　　　　□□□都尚書省□□□□

4　　　　□□□州刺史沙陁□□□□

5　　　□□□□破，從金山散□□□□

6　　　□□□□既奉　　敕□□□□

7　　　□□□百姓望請發遣□□□□□□□處。奉元□□□

8　　□□□□日　　敕，宜令燕□□□□□□□州相知，發□□□□

9　　　□□□□□，即差柳中□丞□客師充□□□□

10　　　　□□□客師狀稱：至金滿州，□□□□

11　　　　□□□狀，上件部落奉

12　敕令還大□□□府，　　敕未到，百姓□□□□

13　水，各種少多□□□羊馬逢雪未有草□□□

14　足，瘦弱不得度山入磧，百姓小弱累重，□□□□

---（□）背鈐"西州都督府之印"

15　□種，百姓望請申奏，聽　　敕處分，去住甘州。

16　□邏禄部落被賊破散，騎施□差西行，□□□□

17　　　□□□首領百姓當遂表奏請發遣□□□□□

18　　　　　　□□□敕□□□□

19　　□□□□

20　□□□□

21　猶未有□□□

22　領，此已牒金□□□

23　者，金滿州□□□

24　差使，牒□□□

25　同彼所，准　　敕勒□□□□□□□□其□□□

26　須要待此使，然始付便還州。牒至，請准

27　敕發遣，此府道路通日，當即差使安稽署。

28　　　□□□督府哥邏禄步失達官部落□□帳被□

29　　　□□□帖金滿之州權待□□□□以金滿□

---（□）背钤"西州都督府之印"

30　　　　□□□自西行，恐其侵漁，不許□人，遂便□□□

31　　　　□□□申其本情，爰降　綸言，放還部□

32　□日奉　　　　　　　敕發遣，□□已種麦田，麦田不

33　收，收訖，無容□□□

34　□凶醜既摧，□□□

35　發遣，使至，無□□□

36　□慈訓往□□□

37　　□□□

38　　　　　　　　　□□□

39　　　　　　　　　　□□□

40　　□□□判户曹琛

41　　　　　　　　　史□慈達□□□

（下有一行餘白）

42　西州都督□□□□□□□燕然都護府牒壹爲領大漠都督府□□□

43　　部落□□□□

44　　　　　　　　□□□□上件牒向金滿發遣，其□□□□

45　　　　　　　　□□□□□狀報其部落去年爲□□□□

46　　　　　　　□□□□并悉向金山，其□□見無□領之處，謹□□□□

47　　　　　　□□□□請裁，謹牒。

48　　　　　　　　龍朔三年□□□□□□□典康義□□□□

49　　　　　　　　　　付□□□□

（後缺）

（四）2006TZJI: 124 + 091 + 103

（前缺）

1　　　　　　　□□□□步失達官部落□□□□

2　　　　　　　□□□□稱：前件部落□□□□□

3　　　　　　□□□□百姓今見何在，今欲□□□□

4　　　　□□□□所願不者，謹審，但前件部□□□□

5　　　　□□□□後打投此部落居住，去年□□□□

6　　　　□□□□種麦田，收麦之後，首領六人□□□□

7　　　　□□□□移向金山，唯有五十帳去，此□□□□

8　　　　□□□□使人到來，首領并已入京去住，□□□□

9　　　　□□□□須待首領□將，牒□□□□

10　　　　　□□□□牒。

11　　　　　　　□□□□三年正月□□□□

（後缺）

（五）2006TZJI: 125、093 + 096

（前缺）

1　　　　　　龍朔三▢▢▢▢

2　　　　　　　　　　▢▢▢▢

3　　　　▢▢▢判戶曹琛

4　　　　　　　　史▢慈▢▢▢

5　　　　　十月六日受，即日行▢▢▢

6　　　　録事　　　　檢▢▢▢

7　　　　功曹判録事　彦賓▢▢▢

8　　▢▢▢都督府爲收領大漠哥邏禄步▢▢▢

9　　　▢▢▢使人相知發遣大漠都▢▢▢

10　　　▢▢▢▢慈訓差充使往▢▢▢

11　　　　▢▢▢阡帳還燕然三▢▢▢▢

（後缺）

（六）2006TZJI: 092

（前缺）

1　▢▢▢入京至▢▢▢

2　▢▢▢京時▢▢▢

3　▢▢▢聽處▢▢▢

（後缺）

粟特語唐龍朔三年（663）金滿都督府致西州都督府書

2004TBM107: 3–2

本件文書鈐有"金滿都督府之印"。《新獲》整理者根據文書内容及時間，推測與《唐龍朔二、三年西州都督府案卷爲安稽哥邏禄部落事》爲同組文書，應爲唐朝處理哥邏禄部落破散問題時金滿州都督府致西州都督府的書信。

　　參：榮新江 2007b，13—44 頁；Yutaka Yoshida 2007，45—54 頁；《新獲》，57—59 頁。

轉寫：

1　　[　　　　　　　　　](.)[　](. yštrt) nyst z'y-h δwr
2　　[　　　　　　　]rt šw'y L' w'c't δ'r'ym xr'r'wγ
3　　[　　　　　　](w) 'kw s'ycyw s'r pr'yšt δ'r'ym pštrw
4　　['YK'?　　　　　](r)ynt 'sky s'r ''ys'nt cw w'xš βyr'ymn
5　　['kw 'šm'xw?](s)'r 'zt' wn'ymk'n BLANK
　　　　　　one line left blank
6　　[BLANK]　　rwnkšwγ '(δ)[ry srδ ''z?　　　　　　　]

譯文：

　　此處皆無〔……〕。其地遥遠，吾等不得使〔之？〕離去。哥邏禄〔百姓……〕吾等已遣〔……〕往西州。其後〔當？……〕……其人衆上來（至此），吾等若得消息，將與〔汝？〕相知。〔於時〕龍朔三〔年〕〔……〕

唐乾封二年至總章二年（667—669）傳馬坊牒案卷

P. 3714v

　　全卷尺寸爲 27.7 厘米 × 552.5 厘米，存 156 行。第 130 行見有"送庭州帛練使杜雄"，或與第 1 行所見"送帛練使司馬杜雄"爲同一人。

　　參：盧向前 1982，660—686 頁；《真迹釋録》4，417、427 頁；荒川正晴 1992，35 頁；《法藏》27，51、58 頁；荒川正晴 2010，184—196 頁；李錦繡 2019，31 頁。

1　　傳驢卅六頭，去七月廿一日給送帛練使司馬杜雄充使往伊州
2　　□三頭在伊州坊，程未滿。

（中略）

130　□傳馬驢八十一頭疋，去七月廿五日送庭州帛練使杜雄_{廿七疋馬，五十三頭驢}

（後略）

唐永隆元年（680）軍團牒爲記注所屬衛士征鎮樣人及勳官識符諸色事

73TAM191: 119(a)、120(a)、121(a)、122(a)、123(a)、124(a)、111(a)、110(a)、105(a)、108(a)、109(a)、101(a)、125(a)、17(a)

　　本件在各府兵名下標注了征鎮、樣人等信息，其中（三）第 4 行康祐住名下標有"庭州鎮"，（八）第 6 行蘇某名下亦標有"庭州鎮"，表明西州府兵曾赴庭州征鎮。

　　參：孫繼民 1990a，85—90 頁；吳麗娛 1990，672—692 頁；《吐魯番文書》叁，279—284 頁；姜伯勤 1994，49—50 頁；陳國燦 2002b，112 頁；程喜霖 2013a，214—217 頁；程喜霖、陳習剛 2013，573—581 頁；劉子凡 2013，130 頁；劉子凡 2016，184—186 頁。

（一）73TAM191: 119(a)

（前缺）

1　　　　　　　　　　　　安西鎮。樣人張弟弟

2　　　　　　　　　　　　樣人翟隆貞

3　　　　　　上護軍，識符見到。

4　　　　　年卅五_{上輕車，識符見到。}

5　王勝藏年卅一

6　劉尸舉年廿六

7　白歡進年卅一_{送波斯王，樣人康文義。
進上輕車，識符到府。}

8　趙力相年卅五_{送波斯王，樣人康曇住。}

9　　解養生年卅五 _{安西鎮，樣人白祐海。養生}
_{上輕車，識符到。}

---（□）

（後缺）

（二）73TAM191: 120(a)

（前缺）

1　　康悳隆年卅八

2　　竹海相年卅一

3　　白祐海年卅三 _{上輕車，識符到。}

4　　康妙達年卅四 _{輕車都尉，□□□}
_{在州授囚。}

5　　張尾苟年卅一

（後缺）

（三）73TAM191: 121(a)

（前缺）

1　　向住海年卅一 _{□州授囚。}

2　　馮石師年卅四 _{孝假。}

3　　翟腰子年卅三

4　　康祐住年卅三 _{庭州鎮。樣人康妙達，授囚。}

5　　翟阿達年卅八 _{孝假。}

6　　左隆貞卅 _{捉道。樣人杜悳住。}

（後缺）

（四）73TAM191: 122(a)

（前缺）

1　　　　　　　　　　　　　　　　　　　　　□□

2　　　　　　　　　　　　　　　　　　　　　囗杜隆儁

3　　　　　　　　　　　　　　　囗樣人馮海達，在州授囚。

4　　　　　　　　　　囗往安西鎮。樣人高小仁。

5　囗囗子年卅二捉道。樣人趙知奴。

6　囗士洛年卅三在州授囚。

7　囗憧仁年卅五侍丁殘疾。

8　張歡海年卅四囗

9　淳于囗

　　（後缺）

（五）73TAM191: 123(a)

　　（前缺）

1　囗囗子年卅三七月內安西鎮。樣人樊孝文，在州授囗。

2　左苟仁年卅五

3　令狐亥達卅一調露二年七月囗囗西鎮。樣人囗

4　高海仁年卅九

5　杜隆儁卅二

6　張白奴年卅七

　　（後缺）

（六）73TAM191: 124(a)

　　（前缺）

1　田海亥年卅

2　康守緒年廿五安西鎮。樣人囗囗

3　氾慈貞◻◻◻◻

（後缺）

（七）73TAM191: 111(a)

（前缺）

1　左相海年卅九_{柱國，籤符到府。}

（後缺）

（八）73TAM191: 110(a)

（前缺）

1　◻◻◻年卅一_{孝假。}

2　范寅貞年◻◻◻◻

3　趙禿◻◻◻◻◻

4　王隆◻◻◻◻

5　趙◻◻◻◻◻◻

6　蘇◻◻◻◻二_{庭州鎮。樣人張善駬。}

7　◻俾頭年廿九_{送波斯◻。樣人氾塭◻。}

8　李◻◻◻

9　左◻◻◻◻

10　　　　　◻樣人趙◻◻

（後缺）

（九）73TAM191: 105(a)、108(a)

（前缺）

1　嚴憧相年◻◻　◻◻◻

2　　陳□□□□

3　　張□□□□

4　　范定隆年□□□□

5　　張申軍年卅二　□□□□

6　　□□□年□□□□

（後缺）

（一○）73TAM191: 109(a)

（前缺）

1　　□□□□□卅二

2　　□□□年卅一　送波斯王。樣人張□。

3　　□□□年卅　在州授囚。

4　　　□□□卅三

（後缺）

（一一）73TAM191: 101(a)

（前缺）

1　　□□樣人范隆貞

2　　□□到。在州授囚。

（後缺）

（一二）73TAM191: 125(a)

（前缺）

1　　□□嚴憧相

（後缺）

（一三）73TAM191: 17(a)

（前缺）

1　樣人、勛官籤符等諸色，具注如前，謹牒。

2　　　　　　　永隆元年十月　日隊副孫貞

3　　　　　　　　　　隊正田

4　　　　　　　　　　旅帥趙文遠

5　　　　　　　　　　校尉司空令達

6　　　　　　　　　　旅帥王則團隊王文則

7　　　　　　　　　　隊正氾文感

8　　　　　　　　　　隊副衛海珎

9　　　　　　　　　　隊正韓真住

10　　　　　　　　　校尉麴丘團隊正高醜奴

11　　　　　　　　　旅帥裴通達

12　　　　　　　　　隊副白相

13　　　　　付司，伏生示。

14　　　　　　　廿五日

15　　　　十月廿五日録事張文表受，

16　　　　司馬　　　仲　　　付兵。

17　　　　檢案，□□示。

18　　　　　　廿五日

唐尚書省牒爲懷岌等西討大軍給果毅、傔人事

Or. 8212/0521（Ma264）Ast. III. 4. 093

　　尺寸爲 23.2 厘米 ×39.2 厘米。孫繼民指出，文書中的征討之事發生在永隆二年（681）到永淳二年（683）太子哲（即後來的中宗李顯）監國之時，而此時西域最大的戰役就是永淳元年（682）征討阿史那車簿。第 5 行提到"伊、庭、西等州兵"。

　　參：Maspero 1953，95 頁；姜伯勤 1986，128—129 頁；孫繼民 1990a，85—90 頁；姜伯勤 1994，38—41 頁；李方 1994，46—47 頁；陳國燦 1995，274—276 頁；孫繼民 2000，265—276 頁；孫繼民 2002b，65—68 頁；陳國燦 2002b，118 頁；沙知、吳芳思 2005 上，56 頁、彩圖 1；榮新江 2007a，825 頁；程喜霖、陳習剛 2013，525—527 頁；劉子凡 2016，196—197 頁。

（前缺）

1　　　　　　　□久經□
2　　　　　　　□ 罡 今奉 敕在大軍前 先□
3　 所 領蕃漢兵等，各須强人統領，隨入賊要籍、傔人，
4　 若 發京多折衝、果毅、傔及譯語等，恐煩傳驛，總不
5　 □事交廢闕。其人等既多在已西，伊、庭、西等州兵
6　 合逐懷岌先去。今將前件人等便行，於理極省，
7　 □於軍機，復濟急要。特望　　殿下恩慈，隨
8　 懷岌將行，各遣權檢校果〔毅〕事，分配統領并傔入賊。
9　 □恩脫允懷岌所請，其人等應合得行賜，傔等一
10　 □并請准波斯軍別　　敕，檢校果毅并傔、譯，
11　 於所在處便給發遣，其應合得官者，事了
12　 懷 岌自領入朝，准　　敕赴選。但以軍機事
13　 □緘默。
14　 □尚書省商量處分者。曹司商量：懷岌既

15　　□討擊，事資果毅、傔人，據其陳請，誠亦

16　　□□，其人等既多在己西，實省傳驛，發遣此

17　　□有一二，計亦勞費不多，望依所請，實爲允

18　　□。曾任五品官者，請從發處給傔一人，餘傔及六品、七

19　　品，軍中准例給傔。其行賜請別頭准金

20　　□行例處分。

21　　商量，狀如前，謹牒。

　　（後缺）

唐開除見在應役名籍

64TAM35: 41-3(b)

　　本件無紀年，整理者指出，文書左側有倒書唐永淳二年（683）田未歡領器仗抄，抄文中"翟歡相"亦見於背面永淳二年翟歡相死牛事牒文，故本件時間亦應相當。第 2、3 行見有"替人庭州"，第 5 行見有"客居庭州"。

　　參：張澤咸 1986，481—482 頁；《吐魯番文書》叁，491—492 頁；陳國燦 2002b，120 頁。

　　（前缺）

1　　曹文行　　左豊洛　　篝海德_{客居}　　張緒德_{逃走}　　令狐石智

2　　曹胡醜　　楊苟犖　　王文仔_{替人庭州}　　龍願洛　　馮辛達_{客居焉耆}

3　　楊奴子　　扣圈德_{替人庭州}　　李歡海_{逃走}　　李禿子　　黄咥仁

4　　支住洛　　篝新□_{客居焉耆}　　李多願_{逃走}　　趙仁□_{磧内上}　　曹買奴

5　　高阿歡_{逃走}　　康多德　　伍守歡_{客居庭州}

6　　十二人

7　　曹文行　左豐洛　令狐石智　曹胡醜　楊苟鞏

8　　龍願洛　楊奴子　李禿子　黄咘仁　支住洛

9　　曹買奴　康多德　一十二人見在

10　王文子

11　康海隆子　趙慈祐　張父明　郝海隆

12　翟歡相

　　（後缺）

唐欠田簿

67TAM376: 01(b)

　　本件同墓出土有開耀二年（682）文書，時間大致相近。第 4 行見有"庭州佐史"，應爲在庭州任職的西州人。

　　參：宋家鈺 1988，124 頁；楊繼平 1991，313—314 頁；《吐魯番文書》叁，293 頁；陳國燦 2002b，114—115 頁；吳樹國 2007，47 頁。

1　　六等

2　　賈行通卅二_{衛士}　戶内欠常田四畝　部田六畝

3　　弟孝通十八_中　欠常田四畝　部田六畝

4　　令狐高貞廿三_{庭州佐史}　戶内欠常田三畝　部田三畝

5　　安妙何卅五_{衛士}　戶内欠常田二畝　部田六畝

6　　白神寶廿一_{白丁}　戶内欠常田四畝　部田六畝

7　　□□□廿一_{白丁}　□内欠常田二畝　部田二畝

　　（後缺）

唐垂拱二年（686）前西州高昌縣前庭府某團（？）諸色人等名籍

73TAM501: 109/7(a)

據文欣的研究，此件爲西州前庭府衛士的名籍，時間在垂拱二年（686）以前。第 3—6 行記録了 12 位赴庭州征鎮之人，第 9—10 行則記録了 1 位替人庭州鎮之人。

參：黄惠賢 1983，396—438 頁；《吐魯番文書》叁，385 頁；文欣 2010，166—200 頁；薛宗正 2010，171 頁；劉子凡 2016，211—212 頁。

（前缺）

1　　賈致奴　張令洛　張勝君　史歡達　張弥達

2　　竹父師　康善生　竹寶達　趙之舊　竹善德

3　一十二人　　　庭　　州　　鎮

4　　董海緒　康塤子　孫住勝　王相才　李力相

5　　郭未德　衛君静　康辰君　王默婢　張奚默

6　　匡德隆　辛瓶仁

---（□）

7　一　人　先　任　焉　耆　佐　史　不　還

8　　白孤易奴

9　□　□　先　替　人　庭　州　鎮

10　　□□富

11　□　人　疏　勒　□

（後缺）

唐垂拱二年（686）西州前庭府某團諸色人等名籍

73TAM501: 109/6(a)

　　據文欣的研究，此件爲西州前庭府衛士的名籍，時間在垂拱二年（686）。第 18 行記錄了 1 位赴庭州征鎮之人。

　　參：黄惠賢 1983，396—438；《吐魯番文書》叁，386—387 頁；劉安志 1997，129 頁；陳國燦 2002b，124 頁；陳國燦 2003b，192 頁；陳國燦 2007，148 頁；薛宗正 2010，170頁；文欣 2010，166—200 頁。

　　（前缺）

1　　　　　　　□□□　　注

2　　□人金山道行未還：左君定　何善智　氾和定

3　　　馮住住　翟武通　張海歡

4　　四人救援龜茲未還：左運達　宋令智　張定□

5　　　康隆歡

6　　三人八百人數行未還：何父師　麴孝實　趙□□

7　　一十三人逃走　郭子生　白居住　李住隆　康惡□□□

8　　　張智運　張奚默　馬法住　康石仁　支惠義　　□□□

9　　　翟豐海　侯弥達

10　一十二人疏勒道行未還：令狐安定　劉守懷　賈□□□

11　　　張文才　馬君子　吳寶申　杜安德　白歡達　辛静□

12　　　麴德通　田君褚　趙仕峻

13　　二人安西鎮：□□塙　張神力

14　　□人孝假：竹石住　王默婢　石伯隆　王遠達

15　　□人昆丘道行：史德義　康善生　支隆德　翟胡胡

16　　　目君住　張君君　趙富海　王石德

17 五人狼子城行：白胡仁　張尾住　蘇真信　郭定君　康祐歡

18 一人庭州鎮，今年正月一日□□□勘當：康憧海

19 一人金牙道行未還：曹□□

20 一人待：白卑子　一人大角手：沮渠足住

21 二人虞候：魏辰歡　尉屯爽

22 一人疏勒道□□□□□□

（後缺）

唐張義海等征鎮及諸色人等名籍（七）

73TAM501: 109/8−7

據文欣的研究，此件爲西州前庭府衛士的名籍。因爲其内容與上件垂拱年間名籍有關，時間或也在此前後。第 3 行記録了 1 人曾在庭州任職。

參：《吐魯番文書》叁，389 頁；薛宗正 2010，171 頁；文欣 2010，177 頁。

（前缺）

1 　氾□德　□□□

2 　趙禿子

3 　一人先任庭州□□□

（後缺）

唐垂拱元年（685）康尾義羅施等請過所案卷

64TAM29: 17(a)、95(a)、108(a)、107、24＋25

本件（四）第 1—3 行有庭州百姓康阿了、韓小兒，可見庭州百姓爲西域胡商作保之情形。

參：程喜霖 1991b，239—250 頁；《吐魯番文書》叄，346—350 頁；李方 1994，49—50 頁；程喜霖 1995，100—101 頁；荒川正晴 1997，175—184 頁；陸慶夫 1997，111—112 頁；吳震 1999，257—258 頁；劉玉峰 2000，163 頁；陳國燦 2002b，122 頁；荒川正晴 2010，349—360 頁；王樾 2013，150—152 頁；許序雅 2014，3 頁；榮新江 2017，77—79 頁。

（一）64TAM29: 17(a)，95(a)

（前缺）

1　　　🔲拱元年四月　日

2　　　　　譯翟那你潘

3　　　　連，亨白。

4　　　　　　十九日

5　　　🔲義羅施年卅

6　　🔲□鉢年六十

7　　🔲🔲延年卅

8　　🔲色多年卅五

9　　🔲□被問所請過所，有何來文，

10　　仰答者！謹審：但羅施等并從西

11　　來，欲向東興易，爲在西無人遮得，更

12　　不請公文，請乞責保，被問依實，謹

13　　□。亨。

14　　　　　　🔲月　　日

（二）64TAM29: 108(a)

（前缺）

1　　　　　四月　日游擊將軍🔲

2　　　　　　　　　連，亨白。

3　　　　　　　　　　　　　　　十九日

4　　　　　　□□□興生胡紇槎年五十五

--（亨）

5　　　　　　□□□篤潘年卅五

6　　　　□□□□達年卅六

7　　　　□□□□延年六十

8　　　　　□□□被問所請過所，有何公文？

9　　　　　□□□審，但篤潘等并從西

10　　　　　□□□漢官府，所以更不請

11　　　　　　□□□等，并請責保，被

　　　（後缺）

（三）64TAM29: 107

　　　（前缺）

1　你那潘等辯：被問得上件人等辭，請將

2　家口入京，其人等不是壓良、詃誘、寒盜

3　等色以不？仰答者！謹審：但那你等保

4　知不是壓良等色，若後不依今

5　款，求受依法罪，被問依實，謹□。

6　亨。　　　　　垂拱元年四月　日

7　　　　　　　連，亨白。

8　　　　　　　　　　十九日

（四）64TAM29: 24 + 25

　　　（前缺）

1　保人庭、伊百姓康阿了□□□

2　保人伊州百姓史保年卅□□□□

3　保人庭州百姓韓小興年卅□□□□

4　保人焉耆人曹不那遮年□□□□

5　保人高昌縣史康師年卅五□□□□

6　　康尾義羅施年卅　作人曹伏磨□□□□

7　　　婢可婢支　驢三頭　馬一疋　□□□□□

8　　吐火羅拂延年卅　奴突蜜□□□□□

9　　奴割邏吉　驢三頭　　□□□□

10　吐火羅磨色多　　□□□□□

11　　奴莫賀咄　　□□□□

12　　婢頡　婢□□□□

13　　駝二頭　驢五頭　　□□□□

14　何胡數刺　作人曹延那□□□□

15　　　驢三頭——

16　　康紇槎　男射鼻　男浮你了

17　　　作人曹野那　作人安莫延　康□□□□

18　　婢桃葉　驢一十二頭——

19　阿了辨：被問得上件人等牒稱，請□□□□

20　家口入京，其人等不是壓良、□□□□

21　冒名、假代等色以不者？謹審：但了□□□□

22　不是壓良、假代等色，若後不□

23　求受依法罪，被問依實，謹□。

24　　　　　　　垂拱元年四月　日

25　　　　　　　　連，亨白。

武周牒爲安西大都護府牒問文悷送酸棗戌事

73TAM518: 3/3-18(a) + 3/3-19(a)

　　本件"正""月""日"等字用武周新字。結合下件文書來看，應是文悷曾持牒向酸棗戌，但是其間出了差錯，故而安西大都護府就此事與伊州、西州及北庭都護府有往還的官文書。第 7 行提到"伊、庭"，即伊州與北庭都護府。

　　參：《吐魯番文書》叁，452 頁。

1　　　　　　　　　　　　　正月五日録事□□□□□

2　　　　　　　　　　　　　主簿□□□□□

3　　　　　　　　　　　檢案，連。□□。

4　　　　　　　　　　　　　　　五日

5　　牒檢案連如前□□□□□

6　　　安西大都□□□□□

7　　　牒得伊、庭□□□□□

8　　　右檢案□□□□□

9　　　時天山府□□□□□□

10　　文悷送酸棗戌□□□□□

11　　牒件檢如前，謹牒。

12　　　　正月五□□□□

13　　　　問□□□□

武周文悷辯辭爲持牒向酸棗戌事

73TAM518: 3/3-4(a) + 3/3-2(a) + 3/3-10(a) + 3/3-3(a)

　　本件中"人""月""日"字等用武周新字，與前件内容相關，似爲同一案卷。第 2 行提到安西大都護府牒北庭都護府。

參:《吐魯番文書》叁,453 頁;孫繼民 2002b,89 頁。

（前缺）

1 　　　　□□□□ 文悁

2 □西大都護府牒北庭都□□□□

3 　　　□□□□□□□□□□□□

4 文悁辯被問十二月十三日戌時□□□□

5 前件持牒向酸棗,至彼分付何人□□□□

6 何領抄,并仰具答者！謹審□□□□

7 二月十三日戌時 領得 □□□□十四日

8 □時到戌,分付□□□□典王□□□□

9 □□勘見□□□□

（後缺）

武周天山府下張父團帖爲新兵造幕事一

73TAM509: 19/2

本件鈐有"右玉鈐衛天山府之印"。第 2 行有"瀚海軍牒",孫繼民指出此即作爲北庭鎮軍的瀚海軍,劉子凡提出此或是作爲行軍的瀚海軍。此處謹録此件以備研究。

參:唐長孺 1990,98 頁;孫繼民 1990b,137 頁;《吐魯番文書》肆,252 頁;気賀沢保規 1999,333 頁;孫繼民 2002b,85—86 頁;陳國燦 2002b,143 頁;程喜霖、陳習剛 2013,110 頁;劉子凡 2016,226—227 頁;蒲宣伊、孟憲實 2017,35 頁;達鋄 2019,85 頁。

（前缺）

1 　　當團新兵 壹 伯壹拾貳人,合造幕壹拾壹□□□□□□□

2　　校尉張父團主者，被州帖稱：被瀚海軍牒，准

3　　□□西州諸府，兵幕回日却内（納）。帖至，准人據

4　　□□□造，先申大數，不得遲晚。□□□□

5　　　　　□□□下三團速造，限來□□□

6　　　　　　　□□□□□□□

（後缺）

唐殘文書

72TAM157: 9/3、9/2

本件見有"西庭瀚"，應與北庭瀚海軍有關，但因殘破過甚，祇能暫且存疑。
參：《吐魯番文書》叁，551 頁；孫繼民 2002b，82 頁。

（一）72TAM157: 9/3

（前缺）

1　　朝散大夫□□□

（後缺）

（二）72TAM157: 9/2

（前缺）

1　　　　　　　司□□

2　　　　□□長史西庭瀚□□

（後缺）

唐神龍元年（705）六月後西州前庭府牒上州勾所爲當府官馬破除、見在事

2006TAM607: 2-4

　　《新獲》整理者指出，文書中提到的最晚時間爲神龍元年（705）六月卅日，故此牒當在神龍元年六月後。此件雖爲西州前庭府上州牒文，但其中第 7 行提到前庭府有三匹官馬"長安四年六月給論臺聲援兵隨北庭討擊軍不回"，"論臺"即輪臺，涉及北庭輪臺縣的戰略地位及長安四年（704）與北庭相關的戰事，故附於此。

　　參：丁俊 2008，128—129、133—138 頁；《新獲》，32—37 頁；孟憲實 2016，1—2 頁；蒲宣伊、孟憲實 2017，29—30 頁；孟憲實 2017a，66 頁；黄樓 2019，60 頁；劉子凡 2021b，14 頁。

1　　前庭府　　　　牒上州勾所

2　　合　當　府　元　置　官　馬　總　捌　拾　疋

a　　　會前後帳右

3　　卅疋，前後諸軍借將及没賊不回，合官酬替。

b　　　牒兵曹，檢准符，欠五十五疋，合准帳替，府通

4　　　　卅疋，久視元年三月給果毅陰嗣業乘往名岸趁賊，没落不回。

c　　欠卅疋，□。

5　　　　五疋，久視元年三月給果毅張興乘往名岸趁賊，没落不回。

6　　　　一疋，長安三年八月被符迎使往東磧致死，官未酬替。

7　　　　三疋，長安四年六月給論臺聲援兵隨北庭討擊軍不回。

8　　　　一疋，神龍元年六月給當府折衝馬神禄趁賊致死，申州未報。

9　　卅　　　　疋　　　　見　　　　　　在

10　　徐善恭馬瓜敦　　朱和義馬瓜敦　　竹苟奴馬赤敦

11　　王定感馬瓜敦　　張𣳆達馬□忩敦　　李圈德馬白忩敦

12　　　竹緒子馬㟪敦　　許思齊馬赤父　　張尾住馬赤敦

13　　　康洛胡馬留敦　　李阿鼠騧敦　　王玄藝馬赤敦

14　　　闞嘉慶馬赤敦　　牛洛子馬㟪草　　令狐定德馬留敦

--（遠）背鈐"左玉鈐衛前庭府之印"

15　　　周文護馬驃敦　　郭石鼠馬留父　　和懷恪馬㟪敦

16　　　匡德師馬紫敦　　史行義馬瓜敦　　孟感通馬㟪敦

17　　　白苟輩馬㟪敦　　康禪師馬留敦　　氾和敏馬瓜敦

18　　　李懷禮馬瓜敦　　匡德祀馬留敦　　賈祀隆馬赤敦

19　　　麴和駿馬赤父　　曹君住馬㟪父　　董玄獲騧敦

20　　　曹伏奴馬烏雛敦　　史赤女馬騧敦　　江安洛馬留敦

21　　　馬定之馬雛敦　　王才達騧驃敦　　康德□馬留敦

22　　　孫寅住馬留敦　　張小石馬烏敦　　曹通子馬瓜敦

23　　　傅安師馬烏敦

24　　合從長安五年正月一日至神龍元年六月卅日已前，在槽死官馬總二疋。

　　　　　　　　　　　　會同，憑□。

25　　　江安洛馬留駮敦　　神龍元年四月十九日死

　　　　　　　　　　　　會同，衛俞。

26　　董玄獲馬赤敦　　神龍元年六月十三日死

　　（後缺）

唐神龍元年（705）交河縣申西州兵曹爲長行官馬致死金娑事

Ast. III. 4. 095(1) / Ma301

　　尺寸爲 28.7 厘米 ×140 厘米。第 1 行及第 5、6 行間各鈐有"交河縣之印"；第 5、6 行間，第 8、第 9 行間，及第 12、13 行間，各鈐有"西州都督府之印"。此件與《唐神龍元年天山縣申西州兵曹爲長行馬在路致死事》文書粘連，涉及官馬送使往北庭的事宜。

　　參：Maspero 1953，136—140 頁；仁井田陞 1955，55—56 頁；内藤乾吉 1960，74 頁；菊池英夫 1964，37—38 頁；孔祥星 1981，38 頁；盧向前 1982，680 頁；王冀青 1985，47 頁；王冀青 1986，60 頁；張廣達 1988，140 頁；孫曉林 1990，187—188 頁；中村裕一 1991，929—931 頁；陳國燦 1995，245—247 頁；陳國燦 2002b，172 頁；沙知、吴芳思 2005 上，114 頁；榮新江 2007a，830—831 頁；陳國燦 2007，141 頁；田振洪 2010，404—405 頁；盧向前 2012，218 頁；夏國强 2015，361 頁。

（前缺）

1　　　　　　　　任將狀上鎮，任爲公驗者。馬既不在鎮死，録石舍狀牒縣，任爲

2　　　　　　　　公驗者。丞判：長行官馬，送使北庭，回至金娑，便稱致死，

3　　　　　　　　懸信鎮牒，未可依從，以狀録申聽裁者。謹依狀申。

4　　令　在州。　　　　　　　丞　元楷

5　兵曹：件狀如前，謹録依申請裁，謹上。

6　　　　　　　　　　神龍元年二月廿九日尉　使

7　元是不病之馬，送使豈得稱

8　殂？只應馬子奔馳，所以得兹 ------------------------------

9　　　　　　　　　　録事張德行

10　死損。下縣追馬子，并勒陪馬

11　還。曇。

12　　　　　　　　　　佐王智感

13　　　　　　　　史　使

14　　　　　三月九日録事　□　受，

15　　　　　參軍攝録事參軍　旦　付。

16　　　　　連，曇白。

17　　　　　　　　　十三日

唐神龍元年（705）柳谷鎮狀上西州都督府爲西州長行回馬壹匹致死事

Ast. III. 4. 094/ Ma302

　　尺寸爲 28.3 厘米 ×133.5 厘米。第 13—15 行間鈐有"西州都督府之印"，第 2 行有朱筆勾迹及"同牒"標注。此件粘連於《唐神龍元年西州都督府兵曹處分死馬案卷》，涉及官馬送使往北庭的事宜。

　　參：Maspero 1953，140—143 頁；仁井田陞 1955，55—56 頁；小笠原宣秀、西村元佑 1960，166 頁；菊池英夫 1964，56 頁；孔祥星 1981，31—38 頁；王冀青 1985，45—52 頁；王冀青 1986，62 頁；張廣達 1988，140 頁；鄭炳林 1989，78 頁；孫曉林 1990，185—186 頁；中村裕一 1991，928—929 頁；陳國燦 1995，249—251 頁；陳國燦 2002b，172 頁；沙知、吳芳思 2005 上，117 頁；榮新江 2007a，831 頁。

1　　柳谷鎮　　　　　　　狀上州

2　　　　西州長行回馬壹疋 _{赤驃敦拾歲}

3　　　　右檢案內得馬子高懷辭稱：先從西州得前件馬，送

4　　　　使往至北庭，今月廿八日却回，至柳谷鎮停，經三日飼

5　　　　餧，漸發向酸棗。其馬至鎮南五里，忽即急黃致死，

6　　　　既是長行，請乞檢驗者。右奉判，馬既致死，宜差典孫

7　　　　俊、高慶等就檢其馬，不有他故以不？狀言者。其上件馬，

8　　　　行至鎮南五里急黃致死有實，亦無他故者。其馬致死，檢

9　　　　既無他故，仍勒馬子自剥皮肉收掌，仍具録申州。今以狀上聽裁。

10　牒　件　狀　如　前　件　牒。

11　依檢皮壹張到。典。　　　　　神龍元年三月一日典孫懷俊　牒

12　張□　　　　　　　　　　　　　攝兵曹參軍張才義

13　**皮雖檢**　　　　　　　付司，温示。

14 到，肉價不來，牒所由　　　　　　四日

15 徵還。㙋。

16 　　　　　　　三月九日録事義　受，

17 　　　　　　　參軍攝録事參軍思　付。

18 　　　　　連，㙋白。------------------------

19 　　　　　　　　　　十三日

唐神龍元年（705）董德德辯辭爲馬一匹致死事

Ast. III. 4. 088/ Ma306

尺寸爲 13.5 厘米 ×39 厘米。同墓出土有一組神龍元年（705）西州長行坊文書，故推測此件文書的時間也在神龍元年。文書中見有"至北庭"。

參：Maspero 1953，145—146 頁；孫曉林 1990，182、205 頁；陳國燦 1995，267—268 頁；沙知、吳芳思 2005 上，125 頁；榮新江 2007a，832 頁。

（前缺）

1 ▢▢▢董德德，年廿六——▢▢▢

2 ▢▢▢㤵草死　一疋駱敦瘦脇▢▢▢

3 ▢▢▢□因二人上破▢▢▢

4 ▢▢▢月廿一日送張嘉義▢▢▢

5 ▢▢▢　得死及脊破損▢▢▢

6 ▢▢▢□被差送張嘉義▢▢▢

7 ▢▢▢駄烏豆一石五斗，麦▢▢▢

8 ▢▢▢上駄烏豆一石，被袋▢▢▢

9 ▢▢▢一斗半重，爲此駄□▢▢▢

10　　☐☐☐☐々至北庭，馬死脊破☐☐☐☐

11　　☐☐☐☐嘉義已案牒將去☐☐☐☐

12　　☐☐☐☐後。被問依實，謹辯。☐☐☐☐

13　　☐☐☐元年四月　日　　☐☐☐☐

唐神龍元年（705）典魏及牒爲馬一匹致死事

Ast. III. 4. 086/ Ma305

　　尺寸爲 13.5 厘米 ×40 厘米。同墓出土有一組神龍元年（705）西州長行坊文書，故推測此件文書的時間也在神龍元年。文書中見有"北庭""都護"等。

　　參：Maspero 1953，145 頁；孔祥星 1981，32 頁；孫曉林 1990，182 頁；陳國燦 1995，269—270 頁；王冀青 1995，46 頁；沙知、吳芳思 2005 上，124 頁。

　　（前缺）

1　　☐☐☐☐草死　一疋駱敦脇上方☐☐☐☐

2　　☐☐☐已上破并瘦　　　　☐☐☐☐

3　　☐☐☐田一日送張嘉義往北庭☐☐☐☐

4　　☐☐☐☐破，依問馬子董德德☐☐☐☐

5　　☐☐☐張嘉義往北庭，其駱馬☐☐☐☐

6　　☐☐☐☐斗，麦飯三斗，愆草☐☐☐☐

7　　☐☐☐☐被袋一，更馱醬，胡☐☐☐☐

8　　☐☐☐☐爲此馱極重，馬死☐☐☐☐☐

9　　☐☐☐☐馬死及脊破，即都護☐☐☐☐

10　　☐☐☐☐即罷役將去，不番☐☐☐☐

11　　☐☐☐☐者，謹連辯狀如前☐☐☐☐

12 　□□□□過聽裁。　　　　　□□□□

13 　□□□□　前，謹　牒。　　　□□□□

14 　□□□□元年四月　典魏及□□□□□

唐西州諸曹發文事目歷

73TAM518: 3/3-2(b)

　　本件爲事目歷，據《吐魯番文書》推測，時代當在神龍二年（706）或稍後。本件由 20
餘件大小碎片組成，篇幅較長，且内容爲逐條列舉受付公文事目，各條目前後并無直接聯
繫，故此處僅截取與北庭相關的 3/3-2(b) 殘片的内容。其中第 39 行載有派遣康節赴北庭
訴馬料之公文事目。

　　參：王永興 1994，353—363 頁；《吐魯番文書》叁，459 頁；陳國燦 2002b，178 頁。

（前略）

39 　□□□□勒康節赴北庭訴馬料事＋四日張駕

40 　□□□□州招撫討擊使牒爲官馬一疋差人於永安等追馬送事＋四日付曹議

41 　□□□□爲槍甲具勘數申事＋五日付曹行

42 　□□□□□守難等負公廨錢便計會處分訖申事＋五日付張駕

（後略）

唐西州都督府牒爲便錢酬北庭軍事事

72TAM188: 85

　　本件鈐有"西州都督府之印"。同墓所出關於馬匹的一組文書的時間爲神龍三年（707），
該件時間應大略相同。第 4 行提到"北庭大賊"，應是指從北庭方向來的敵人。

　　參：姜伯勤 1989a，53 頁；姜伯勤 1994，114—115 頁；《吐魯番文書》肆，41 頁；陳國燦 1997，110 頁；陳國燦 2002a，432 頁；陳國燦 2002b，182 頁；魏長洪、李曉琴 2003，83 頁；李并成 2003，79 頁；李宗俊 2010，134 頁；王旭送 2018，91 頁；蒲宣伊、孟憲實 2017，31 頁；張坤 2019，240 頁。

1　　□□□□　牒別項爲便錢酬羅阿□□□□

2　　□錢陸阡文——

3　　□頭得兵曹參軍程晉等牒稱：□□□□

4　　□北庭大賊下逐大海路，差索君才□□□□

5　　□遂取突騎施首領多亥烏□□□□

　　（後缺）

唐景龍三年（709）後西州勾所勾糧帳

2006TAM607: 2-5v + 2-4v + 2-3v + 2-2v + 4bv

　　《新獲》整理者指出，文書紀年大多在神龍、景龍年間，最晚者爲景龍三年（709），則本件時間在景龍三年後。這是一件關於勾徵物及其徵收狀況的帳目，被勾徵者大多應爲西州的各級地方機構，不過在第 52 行見有"支度勾徵北庭"，第 79 行又見有"論臺運欠"，可知勾徵範圍也包括北庭都護府和輪臺縣。另外，丁俊指出，作爲勾徵者之一的"支度使"，隸屬於北庭都護府。故而此件雖然是西州官府文書，但也體現了北庭機構參與勾徵的情況。

　　參：丁俊 2008，129—133、141—143 頁；《新獲》，38—51 頁；程喜霖、陳習剛 2013，990—994 頁。

　　（前略）

8　　一十九石五斗六升，支度、覆囚使重徵，被牒放免。

9　　　　　　　　二石米　六石六斗四升粟

10　　　　　　五斗青䴵　一十石四斗二升青稞

11　　　二石米，妄加給還兵，景二年春季，徵蘇仁。

12　　　一十五石七斗四升，方亭戍主翟壽重徵。

13　　　　　五斗青稞䴵，神龍三年秋季重徵。

14　　　　一十石三斗二升青稞　一十石景二年春季重徵
　　　　　　　　　　　　　　　三斗二升二年秋季重

15　　　　四石九斗二升粟　四石五斗七升景元冬季重
　　　　　　　　　　　　　三斗五升景二秋季重

16　　　一石七斗，蓯蓉戍主馬藝重徵。

17　　　　一石六斗粟　一斗青稞

18　　　一斗二升粟，州倉景二年秋季剩給兵驢料。

　（中空兩行）

19　一千六十六石四斗二升九合納訖。

20　　　　八百五十一石二斗三升六合粟

21　　　一十一石二升小麥　一百卌七石八升八合青稞

22　　　　　　　　　廿四石二斗三升米

23　　　五石九斗三升麨　一石六斗七合麵

24　　　一升八合酒　廿五石三斗青稞䴵

　（中空三行）

----

25 厶　九百廿八石六斗六升四合，景龍二年冬季附納。

26　　一十九石八斗改　納　外　縣

27　　　　　　一十五石粟　四石二斗四升小麥

28　　　　　一斗六升青稞　四斗米

29　　　　九石七斗粟，王素納柳中縣。

30　　　　四石二斗四升小麥，楊行納柳中縣。

31　　　　四斗米，何禿子數内，蘇才君准前納。

32　　　　五石三斗粟，王什住禄納天山縣。

33　　　　一斗六升青稞，張大駕納交河縣。

34　　九百八石八斗六升四合 納 州 倉。

35　　　　　　　　五石九斗三升麨　一石一斗三升米

36　　　　　　　　八百一十三石七升粟　三升麵

37　　　　　　　　八十八石六斗八升六合青稞　一升八合酒

38　　　　五石九斗三升麨，州司勾徵，高昌前庭兵丁貸粮，麴暕

　　等納。

39　　　　六斗粟，准前勾徵，州槽魏及納。

40　　　　二石粟，准前勾徵，前倉曹安恪、王爽代納。

41　　　　一石四升粟，神龍元年支度勾徵，趙信納。

42　　　　六升八合，准前勾徵，高昌縣供客　二升米三升麵
　　　　　　　　　　　　　　　　　　　　　　　　一升八合酒

43　　　　一十二石三斗七升六合青稞，神龍二年春季

44　　　　　　　支度使勾徵，州槽典劉德納。

45　　　　九石四斗三升粟，准前勾徵，劉德、麴暕等代納。

46　　　　一斗一升米，准前勾徵，高昌縣典張通納。

47　　　　二斗粟，神龍三年春季支度勾徵，張瑊納。

48　　　　六十二石六斗四升青稞，神龍元年已後巡察

49　　　　　　　使勾徵，陰達等折納粟六十五石二斗五升。

50　　　　二斗粟，准前勾徵，州槽典張感納。

51　　　　一石米，准前勾徵，何禿子等納。

52　　　　九斗六升，神□□年夏季支度勾徵北庭

53　　　　　　　　　五斗六升青稞　四斗粟

54 　　　　　　□敬

55 　　　　　　　　□神龍二年巡察使勾徵，王

56 　　　　　　　□

57 一斗青稞，神龍三年冬季支度勾徵，皇甫敬納。

58 一斗八升，景龍二年春季支度勾徵，皇甫敬納。

59 　　　　八升青稞　一斗粟

60 八斗粟，同前□季支度勾徵，崔基納。

61 六石三斗青稞□□勾徵，高昌縣典□□

62 　　　稞廿石數內納。

63 　　七百九十八石三斗粟，景龍二年秋

64 　　　季支度使勾徵，州槽神龍元年冬季

65 　　　減料納。

66 ㄙ 七十五石八斗三合，景龍三年春季帳附納。

67 　　　五石八斗一升四合小麦　廿二石六斗六升米

68 　　　一十六石六斗五升一合青稞　一十三石四斗一合粟

69 　　　一十五石七斗青稞踏　一石五斗七升七合麵

70 四石五斗五升，神龍三年春季支度使勾徵，

71 　　　典蘇仁。　二石五斗小麦，氾積折納粟。

72 　　　七斗三升米，杜虔折納粟一石三斗六升六合六勺。

73 　　　一石三斗二升米，周通折納粟二石二斗。

74 四石一斗八升，神龍元年已後巡察使勾徵。

75 　　　七斗八升青稞，徵典劉德。

76 　　　二石九斗青稞，百姓便種子，徵馬㶹。

77 　　　五斗米，便粮人何禿子等。

78　　五石二斗，神龍三年夏季支度勾徵。

79　　　二石六斗小麦，論臺運欠，徵杜□。

80　　　二石六斗米，中館妄破，蘇仁折納

81　　　　粟四石三斗三升三合三勺。

82　　八石五斗五升，州槽巡察使勾徵。

83　　　五斗五升青稞，徵王素。

84　　　八石粟　三石氾智　二石王素
　　　　　　　三石竹應

85　　一石六斗麦䐁，徵押馳高伏奴。

86　　二石二斗五升，景龍二年夏季支度勾徵。

87　　　三升六合大麦，州槽妄破，曹行折

88　　　　納青稞。

89　　　二石二斗一升四合，給陰達中館供

90　　　　客不招，徵蘇仁。

91　　　一石五斗米，折納粟二石五斗。

92　　　七斗一升四合小麦折納粟。　斗一
　　　　　　　　　　　　　　　　　斗

93　　卌九石六斗九升七合，覆囚使王瑜勾徵。

94　　　三斗三升妄破，徵倉史辛林。

95　　　一斗青稞　一斗六升粟　七升米

96　　　一十五石□斗八升粟□□□□□納神

97　　　　龍三年□季□□□□□□□

98　　　一石粟景龍二□□□□□徵蘇仁

99　　　一十七石五斗一升□□□□等供

100　　　客　妄　破□□□

101　　　一十五石九斗□□□□□住等

102　　　三斗二升□□□□□一升曹

103　　　　　　　　　　本折□□□□□□六升六合

104　　　　　　　　　　　　六勺

105　　　　　　　　　　二斗八升□□□□□劉安

（後略）

唐景龍三年（710）[1] 十二月至景龍四年（710）正月西州高昌縣處分田畝案卷

75TAM239: 9/2(a) + 9/3 + 9/4(a) + 9/18 + 9/5 + 9/6 + 9/7(a) + 9/8(a) + 9/9(a) + 9/10(a) + 9/11(a) + 9/12(a) + 9/13 + 9/14(a) + 9/16 + 9/17(a) + 9/19(a) + 9/15(b)

　　本件蓋有"高昌縣之印"數方。本件爲西州高昌縣處分田畝的案卷，粘連有多件文書。其中有 2 組文書與北庭有關，第 22—26、45—51、113—152 行爲涉及處分大女竹某的文書，大致該大女向北庭逐糧，其户内口分常田被授給董毳頭。此外，第 27—44、60—81、160—177 行爲涉及處分阿白所訴户内田畝分配的文書，其中提到北庭府史匡君感與阿白錢一千文云云。因爲文書較長，此處僅録相關部分。

　　參：張澤咸 1986，40 頁；宋家鈺 1988，214、219 頁；王永興 1991，51—53 頁；李錦繡 1995，497—498 頁；《吐魯番文書》叁，555—566 頁；盧向前 2001，173 頁；孫繼民 2002b，89 頁；陳國燦 2002b，186—187 頁；張國剛 2005，92—94 頁；張國剛 2009，120 頁；趙璐璐 2017，59—60 頁；趙曉芳 2018，160—161 頁；趙曉芳、郭振 2020，95—96 頁；肖龍祥 2020，45—65 頁。

　　（前略）

--（□）

22　　景龍三年十二月　　日寧昌鄉董毳頭辭

---

[1]　景龍三年十二月時，已到公元 710 年，故此處括注 "（710）"。

23　　　太平鄉大女竹𣪺連死退常田一段二畝城東廿里^{東白永豐　西張未}^{南韓陶　　北渠}

24　縣司：毛頭去年蒙給上件地充分，文案

25　分明，不得□□□□□□□□憑推逐，請乞

26　　　　　　　　　　　□□　示

27　景□三年十二月　日寧昌鄉人嚴令子妻白辭

28　　夫堂弟住君

29　縣司：阿白夫共上件堂弟同籍，各自別居。一

30　戶總有四丁，三房別坐。籍下見授常田十

31　畝已上。除夫堂兄和德爲是衛士，取四畝分

32　外，餘殘各合均收。乃被前件夫堂弟，見

33　阿白夫并小郎等二人逃走不在，獨取四畝，

34　唯与阿白二畝，充二丁分。每年被徵阿白

35　兩丁分租庸，極理辛苦，請乞處分，謹辭。

36　　　　　　　　　虔□示

37　　　　　　　　　　　廿一日

--- (□)

38　安樂坊

39　　嚴住君

40　　　右奉判付坊追住君過對者。依追到，今

41　　　將隨送，謹以狀言。

42　□　□　狀　如　前，謹　牒。

43　　　　　　　檢，虔□示

44　　　　　　　　廿二日

45　　右件□□□□

46　　　董毛頭充分有實□□□□

47　牒件檢如前，謹牒。

48　　　　　景龍三年十二月　日佐趙　信□

49　　付司，虔□示。

50　　　　　　廿三日

51　　　　　田二月廿三日録事□□□□

（中略）

---（□）

60　　　□□□畝王渠　一段二畝杜渠□□□□

61　　　　□□□渠　　　　田兄令子分　　□□□

62　　一段一畝王渠　　　　一段一畝匡渠

63　　　右同前上件地住君分

64　　三易部田總廿三畝　伯老一丁，每易授六畝。令子、住君　二丁，每易各授二畝。

65　牒辯被問得堂兄妻阿白辭稱云籍下田地

66　訴有□得者。縣判准狀問者。謹審。但住君

67　據見種田地段畝數如前。三家同籍別財，其

68　地先來各自充分訖，不敢編并授田。去八月

69　內北庭府史匡君感與堂兄妻阿白錢一千文，

70　充匡感弟迦呂□價，見付人康伏生、匡君政母

71　□□知。被問依實謹牒。

72　　　　　　景龍三年十二月　日嚴□□牒

73　　　□□□廿三畝，常田六畝，和德□□□佃□畝，住

74　君佃種。更有二畝，弟令子佃種。其逃人迦呂元

75　术給授田地。三易部田，人各每年佃食二畝。被問

76　依，謹辯。

77　　　　　景龍三年十二月　日

78　　　　　付司，虔□示

79　　　　　　　　　　廿五日

80　　　　十二月廿五日録事趙　守

81　　　　　□判主簿　　□

（中略）

113　　□□□□分常田二畝

114　右上件大女先已向北庭逐粮在外，死活不知。昨

115　被前里正左仁德逐追阿弥分地入收授出給。比來

116　阿弥所有戶內□錢，恒是本里代出。其戶內更兩

117　人，戶見未絕，地未出，望乞處分。

118　大女張和妻□分常田二畝半 在臨川城

119　　　　　□龍四年正月　日　□

120　　　　　　　丞　李晏

121　　　勘，晏示。　十一日

-- （晏）

122　大女竹莚□□□□□城東廿里 東白永豐　西張未仁　南韓蒲桃　北渠

123　　　　　　　□□□蒙給上件地充

124　　　　　　　□准□。

125　　　　　□□廿一日行判

126　　　　　□□檢無稽失

127　　　　丞判主簿自判

128　下寧昌等鄉爲追張□□□

129　追董毳頭爲給口分地事

130　牒行案爲□高屈富地事

131　　　□□張大敏　嚴□行

132　右得上件□等辭狀，競理田地□

133　頻追責問不到，無憑推勘。下追

134　　　　□

135　牒件檢如前，謹牒。

136　　　　　正月　日　佐趙信牒

137　　　　　肆狀依注。諮，晏示

---（晏）

138　　　　　　廿一日

139　　　　□，□示

140　　　　　　廿一日

---（晏）

141　　董毳頭□案

142　牒件狀如前，牒至准狀。□□

143　寧昌等鄉主者件狀如前，符到奉□。

144　　　　　　景龍四年正月廿一日

145　景龍□□□□

146　縣司□□□□

147　窮□□□□

148　　　　　　　景□□□□

149　　　文案分明，不得牒身，未牒無憑□□□□

150　　　檢案給牒者。依檢案內上件地，囚□□□□

151　　　年十二月內，令注給董毳頭充分有□□□□

152　　　給案有憑，理宜重牒。晏

　　（中略）

160　夫堂弟住君

161　右得嚴令子妻白辭稱夫共上件堂弟

162　同籍，各自別居。一户總有四丁，三房別□□

163　下見授常田十畝已上。除夫堂兄和□□

164　是衛士，取田四畝分外，餘殘各合均□□□

165　前件夫堂弟見阿白夫并小郎等二□

166　　　□□□四畝惟与阿白二畝充二丁分，每

167　　　　　　　　□□□庸，極理辛苦，請

168　處分者。判□□□追住君過對。得坊正

169　白君才狀送，問得款：王渠二畝，杜渠二畝，樊

170　渠二畝半，充伯及堂兄一丁、一老丁分。樊渠二畝

171　充兄令子分。一弟新丁，未授地。王渠一畝，匡渠

172　一畝，充住君分。三易部田總廿三畝，伯老一丁每易

173　六畝，令子、住君二丁每易各授二畝。其地據□

174　種收如前。三家同籍別財，其地先來各□

175　均分訖，不敢編并授田。去八月内北庭府史□□

--（晏）

176　感与堂兄□□□錢一千文，充堂弟迥□□□□

177　□見付□□□□匡君政母等具□□□□

（後缺）

唐天寶十載（751）後交河郡文書事目歷

73TAM193: 15(a)

本件時間在天寶十載（751）之後。第 9 行有"具錄牒上節度使"，即應指北庭節度使。

參：王永興 1994，380 頁；《吐魯番文書》肆，241 頁；李方 2002，517 頁；陳國燦

2002b，303 頁；吳麗娛 2010，108 頁。

（前缺）

1　　八日

2　　　天山縣申□□□□□□

3　　　高昌縣申爲丞嚴奉景□□□□□

4　　九日

5　　　天山軍牒爲倉曹康慎微天十考事，付

6　　　兵李惟貴狀爲患請□莫茱萸等藥。

7　　六日兵袁昌運牒爲患請藥□□□□□□

8　　　虞候狀爲典麴承訓今月七日發□□□□□

9　　　其月十一日判典麴承訓虞候狀報患損發遣訖，具録牒上節度使。

10　　録事宋威德牒爲差往武威請諸官料錢事。

11　　□□□□差府使白忠訖，依前勒行，仍牒宋威德知。

（後缺）

唐開元七年（719）洪奕家書

2004TAM396: 14 背面

　　本件書於唐開元七年（719）四月某日鎮人蓋嘉順辭之背面。據內容可知，洪奕此時正在西州征鎮，開元七年接到命令準備改赴北庭征役，書寫家書時尚未離開西州。

　　參：韓香 2007，101—116 頁；《新獲》，16 頁；朱玉麒 2010，189—190 頁；劉安志 2010，162 頁；程喜霖、陳習剛 2013，569 頁；劉安志 2014，163 頁；夏國強 2018，109 頁；董永強 2019，173 頁。

1　　啓：違徑二哉（載），思暮（慕）無寧，比不奉

2　　海（誨），夙夜皇（惶）悚，惟增戀結。仲春頓熱，

3　　不審　婆婆耶孃體内，起君（居）勝常，

4　　伏願侵（寢）善（膳）安和，伏惟萬福。洪奕發

5　　家已來，至於西州，經今二哉（載），隨身衣

6　　勿（物），并得充身用足，亦不乏少。右（又）開

7　　元七年被節度使簡充行，限五月一日發向北庭征役，兒

8　　今葉（業）薄，種果無因。少少向西，無日歸

9　　回之日，洪奕今身役苦，終不辭，唯愁老彼。

10　今者關河兩礙，夙夜思惟，根（恨）不自死。

11　關河兩礙，制不由身，即日不宣。

唐館驛文書事目

72TAM230: 95(b)

　　本件由 72TAM230: 54(b) + 95(b) + 55(b)、53(b) 組成，《吐魯番文書》推測時間在開元九年（721）之後。因本件爲事目歷，此處僅截取與北庭相關的 72TAM230: 95(b) 部分。

　　參：《吐魯番文書》肆，83—84 頁；陳國燦 2002b，230 頁。

（前略）

8　　　同日交河縣牒使劉皆實、田崇敬等

9　　　馬料事

10　　廿四日北庭府牒爲長行馬踏料准狀事。

11　　　同日交河縣牒使王弟家人羅雞馬料事。

（後略）

唐開元十三年（725）西州等兵賜文書

Ot. 4938a、Ot. 4938b

　　尺寸分別爲 29.5 厘米 ×12.5 厘米、20 厘米 ×11 厘米，分別存 1 行、6 行。本件文書連寫“西州狀”“伊州狀”，且伊州狀上之機構爲“敕持節磧”云云，推測收文者爲磧西節度使，此時伊、西、庭三州或由磧西節度使統轄。文書涉及北庭瀚海軍開元十三年（725）兵賜，故列於北庭相關文書。

　　參：小笠原宣秀、西村元佑 1960，162 頁；池田溫 1979，353 頁；王永興 1994，405—406 頁；李錦繡 1995，1249—1250 頁；孫繼民 2002b，162—163 頁；陳國燦 2002b，243 頁；《大谷》叁，第 71 頁，圖 8；程喜霖、陳習剛 2013，412—413 頁。

a

　　（前缺）

1　　　　　　☐☐☐開元十三年六月廿☐☐☐☐☐☐

　　（餘白）

b

　　（前缺）

1　西州狀☐☐☐☐

2　☐庫☐北庭瀚海軍開十三年六月☐☐☐

3　六万八千屯疋軍兵賜　八☐☐☐

4　伊州狀　　敕持節磧☐☐☐

5　　☐☐☐☐☐　☐☐☐

　　（後缺）

唐開元二十年（732）薛十五娘買婢市券

73TAM509: 8/4-3(a)

　　本件爲唐益謙請過所案卷中所附抄件，第 9 行保人中見有“保人瀚海軍別奏上柱國陳希演”。

　　參：程喜霖 1986a，67—68 頁；凍國棟 1988a，37 頁；凍國棟 1990，142—143 頁；《吐
魯番文書》肆，266—267 頁；陳守忠 1996，101—112 頁；程喜霖 2000，288—289 頁；劉
玉峰 2002，71 頁；陳國燦 2002b，258 頁；榮新江 2017，83 頁；劉文鎖 2018，21 頁。

--（元）

1　　開元貳拾年捌月　日，得田元瑜牒稱，今將胡婢緑珠年拾叄歲，

2　　於西州市出賣与女婦薛十五娘，得大練肆拾疋。今保見集，

3　　謹連元券如前，請改給買人市券者。准狀勘責狀同，問

4　　口承賤不虛。又責得保人陳希演等伍人款，保上件人婢不

5　　是寒良、詃誘等色，如後虛妄，主、保當罪。勘責既同，依給

6　　買人市券。　　　　　　　練主

7　　用州印　　　　　　　婢主田元瑜

8　　　　　　　　　　　胡婢緑珠年十三

9　　　　　　　　　保人瀚海軍別奏上柱國陳希演年卌三

10　　　　　　　　　保人行客趙九思年卌八

11　　　　　　　　　保人行客許文簡年卌二

12　　　　　　　　　保人王義溫年廿五

13　　　同元　　　　保人行客張義貞年卌六

14　　　　　　　　　　　史

15　　丞上柱國玄亮　　　　　券

16　　　　　　　　　　　史康登

唐開元二十一年（733）西州都督府案卷爲勘給過所事

73TAM509: 8/14(a)、8/21(a)、8/15(a)

　　本件爲西州都督府勘給過所的案卷，內容較長，此處僅節錄與北庭有關的勘給王奉

仙、蔣化明、興胡史計思等過所的部分。其中王奉仙、蔣化明都是自西州去往北庭方向，在酸棗戍被捉獲。王奉仙是追逐負錢人張思忠至此，故而沒有過所。而蔣化明則是被括客落籍北庭金滿縣，赴伊州納和糴後返回，但過所被盜。而興胡史計思自"白水道"來，應是經過北庭所屬的輪臺縣到達西州。

　　參：王仲犖 1975，40—42 頁；池田溫 1979，366—368 頁；王永興 1985，71—72 頁；郭平梁 1986，136—145 頁；程喜霖 1986b，48—59 頁；吳震 1989b，370—388 頁；吳震 1990，299—326 頁；王永興 1991，55—57 頁；荒川正晴 1992，41—47 頁；王永興 1994，364—366、426—427 頁；《吐魯番文書》肆，288—296 頁；程喜霖 2000，62—71 頁；陳國燦 2002b，260—261 頁；乜小紅 2007，165 頁；荒川正晴 2010，408—420、481—485 頁；盧向前 2012，125—126 頁；程喜霖、陳習剛 2013，997—1002 頁；顧成瑞 2016，48 頁；劉安志 2018，69 頁。

（一）73TAM509: 8/14(a)

69　岸頭府界都游弈所　　　狀上州

70　　安西給過所放還京人王奉仙

71　　　　右件人無向北庭行文，至酸棗戍捉獲，今隨狀送。

72　　無行文人蔣化明。

73　　　　右件人至酸棗戍捉獲，勘無過所，今隨狀送。仍差游弈

74　　　　主帥馬靜通領上。

75　牒　件　狀　如　前，謹　牒。

76　　　　　　開元廿一年正月廿七日典何承仙牒

77　　　　　　　宣節校尉前右果毅要籍攝左果毅都尉劉敬元

78　　　付功曹推問過。

79　　　斯示。

80　　　　　　廿八日

81　牒奉都督判命如前，謹牒。

82　　　正月　日典康龍仁牒

83　　　問，九思白。

84　　　　　　　　　廿八日

---（元）

85　　　　王奉仙年冊，仙

86　奉仙辯：被問，身是何色？從何處得來至酸棗

87　戌？仰答者。謹審：但奉仙貫京兆府華源縣，去

88　年三月內共馱主徐忠驅馱送安西兵賜至安西

89　輸納，却回至西州，判得過所。行至赤亭，爲身患，

90　復見負物主張思忠負奉仙錢三千文，隨後却

91　趁來，至酸棗趁不及，遂被戌家捉來。所有

92　行文見在，請檢即知，奉仙亦不是諸軍鎮逃

93　走等色。如後推問不同，求受重罪。被問依實，謹辯。

94　典康仁依口抄并讀示訖。**思**。開元廿一年正月　日

95　　　　　連，九思白。

96　　　　　　　廿九日

（二）73TAM509: 8/21(a)

1　所將走去傔人桑思利，經都督下牒，不敢道將過□□云都

2　都督處分。傔人桑思利領化明將向北庭。行至酸棗戌，勘無過所，并被

3　勒留，見今虞候先有文案，請檢即知虛實。被問依實，謹辯。**思**。

4　　　　　　　開元廿一年正月　日

5　　　　　蔣化明年廿六

6　化明辯：被問先是何州縣人？得共郭林驅驢？仰答。但化明

7　先是京兆府雲陽縣嵯峨鄉人，從涼府与敦元暕驅馱至北庭。括

8　客，乃即附戶爲金滿縣百姓。爲飢貧，与郭林驅驢伊州納和糴。

9　正月卅七日，到西州主人曹才本家停。十八日欲發，遂即權奴子盜化明

10　過所將走。傔人桑思利經都督下牒，判付虞候勘當得實，責

11　保放出，法曹司見有文案，請檢即知虛實。被問依實，謹辯。**思**。

12　　　　　　　　　　　　　　開元廿一年正月　日

13　　　　　　　　　　　付法曹檢，九思白。

14　　　　　　　　　　　　　　　廿九日

---（元）

15　功曹　　　付法曹司檢。典曹仁。功曹參軍宋九思。

16　　郭林驅驢人蔣化明　傔人桑思利

17　　　　右請檢上件人等，去何月日被虞候推問？入司復

18　　　　緣何事？作何處分？速報。依檢案內上件蔣

19　　　　化明，得虞候狀，其人北庭子將郭琳作人，先

20　　　　使往伊州納和糴。稱在路驢疫死損，所納

21　　　　得練并用盡。北庭傔人桑思利於此追捉，

22　　　　到此捉得。案內今月廿一日，判付桑思利

23　　　　領蔣化明往北庭有實。

24　牒　件　檢　如　前，謹　牒。

25　　　　　　　　開元廿一年正月　日府宗寅牒

26　　　　　　　　　參軍攝法曹程光琦

27　　　　　　　　具錄狀過，九思白。

28　　　　　　　　　　　　　廿九日

---（元）

29　安西給過所放還京人王奉仙

30　　　右得岸頭府界都游弈所狀稱上件人無向北庭行文，至

31　　　酸棗戍捉獲，今隨狀送者。依問王奉仙得款：貫京兆府華

32　　　源縣，去年三月內，共行綱李承胤下馱主徐忠驅驢，送兵賜

33　　　至安西輸納了。卻回至西州，判得過所，行至赤亭爲患，

34　復承負物主張思忠負奉仙錢三千文，隨後却趁來至

35　酸棗，趁不及，遂被戍家捉來。所有行文見在，請檢即知

36　者。依檢：王奉仙并驢一頭，去年八月廿九日，安西大都護府

37　給放還京已來過所有實。其年十一月十日到西州，都督

38　押過，向東，十四日，赤亭鎮勘過。檢上件人無却回赴北庭來

39　行文者。又問王仙得款：去年十一月十日，經都督批得過

40　所，十四日至赤亭鎮官勘過，爲卒患不能前進，承有債

41　主張思忠過向州來，即隨張忠驢馱到州，趁張忠不及，至

42　酸棗戍，即被捉來。所有不陳却來行文，兵夫不解，伏聽

43　處分。亦不是諸軍鎮逃走及影名、假代等色。如後推問，

44　稱不是徐忠作人，求受重罪者。又款：到赤亭染患，在赤

45　亭車坊內將息，經十五日至廿九日，即隨鄉家任元祥却

--（元）

46　到蒲昌，在任祥傔人姓王不得名家停止。經五十日餘。今年

47　正月廿一日，從蒲昌却來趁張忠，廿五日至酸棗，趁不及

48　　　　　　　　□州，所有不陳患由及却來文，

49　　　　　　　□從西行到安昌城死訖者

50　　　　　　　□無過所，今

（三）73TAM509: 8/15(a)

--（元）

1　　　　□□□□圊有憑，

2　　　准狀告知，任連本過所，別

3　　　自陳請，其無行文蔣化明

4　　　壹人，推逐來由，稱是北庭

5　　　　　金滿縣户，責得保識，又非

6　　　　　逃避之色。牒知任還北庭。

7　　　　　諮，元璟白。

8　　　　　　　　　五日

9　**依判，諮，齊晏示。**

10　　　　　　　　　**五日**

11　**依判，諮，崇示。**

12　　　　　　　　　**五日**

13　**依判，斛斯示。**------------------------- 背鈐朱印一方

14　　　　　　　　**五日**

15　蔣化明

16　牒件狀如前，牒至准狀，故牒。

17　　　　　開元廿一年二月五日

18　　　　　　　府謝忠

19　户曹參軍元

20　　　　　　　史

21　　　　　正月廿九日受。二月五日行判。

22　　　　　録事元虔　檢無稽失，

23　　　　　功曹攝録事參軍　思　勾訖。

24　牒蔣化明爲往北庭給行牒事。

--（元）

（後略）

唐開元二十三年（735）西州都督府案卷

LM20-1411-01r + LM20-1411-02r

此件爲涉及西州都督府勾徵事宜的案卷文書之一，第 5 行提到"焉耆、北庭"。

參：郭富純、王振芬 2007，140—141 頁；土肥義和 2013，3—5 頁；片山章雄、王振芬、張銘心 2013，11 頁；《旅博文書》，116、122 頁；劉子凡 2022a，141—163 頁。

（前缺）

1　　　□□□□□□□□

2　前舊例應是□□□□

3　以有此交加懸□□□□□□　佐楊思禮

4　不定下高昌、交□、□山三縣

5　□州西館戍至焉耆、北庭　史張瓊之

6　　□□□幾所舊例若爲

7　　　　□□參軍

（後缺）

唐開元二十九年（741）張懷欽等告身

P. 2547

該編號下有多件殘片，其中可以確定有 3 件爲同一告身，鈐有"尚書司勳告身之印"。（二）中見有"前瀚海軍經略使"。張懷欽見於《唐開元年間牒爲車坊闕官事》（BD9337）。

參：《真迹釋録》4，284—285 頁；《法藏》15，278 頁。

（一）

（前缺）

1　　　右可騎□□□□□

2　門下：敦煌郡張懷欽等壹□

3　貳拾柒人，西河郡王禪觀等

4　貳伯壹拾人，京兆府田思崇

5　□壹伯陸拾叄人，總伍伯人□

（後缺）

（二）

（前缺）

1　██████前瀚海軍經略使█████

2　██████元廿九年正月廿八日□█████

（後缺）

（三）

（前缺）

1　██████右吉安府校尉█████

2　██████叐熟時向團下████

3　██████雍雍英俊列之□█████

（後缺）

唐開元户部格

S. 1344

全卷尺寸爲 28 厘米 ×122 厘米。其中垂拱元年（685）八月廿八日敕，提及"貫屬西、庭、伊等州府"商胡的貿易往來規定。

參：唐長孺 1964，29—30 頁；劉俊文 1989，276—294 頁；《真迹釋録》2，571 頁；《英藏》2，269 頁；程喜霖 1995，102 頁；胡留元 1996，313—314 頁；石見清裕 1997，54 頁；荒川正晴 1997，173—174 頁；劉玉峰 1999，18 頁；黎虎 2000，81 頁；劉安志 2000，119

頁；尚衍斌 2001a，20—21 頁；尚衍斌 2001b，39 頁；荒川正晴 2005，102—103 頁；王斐弘 2006，108 頁；李方 2007，12 頁；陳習剛 2007，169 頁；李瑞哲 2009，168 頁；孟憲實 2010，15—17 頁；沈琛 2020，59 頁；劉子凡 2021a，75—83 頁。

（前略）

27　　敕：諸蕃商胡，若有馳逐，任於內地興易，不得入蕃，仍令

28　　邊州關津鎮戍，嚴加捉搦。其貫屬西、庭、伊等州府者，

29　　驗有公文，聽於本貫已東來往。

30　　　　　　　　　　垂拱元年八月廿八日

（後略）

唐天寶二年（743）坊正康小奴牒某縣爲訪得瀚海軍等處逃兵事

Ot. 2377

尺寸爲 16.6 厘米 ×11.3 厘米，存 10 行。

參：內藤乾吉 1960，97—98 頁；小笠原宣秀、西村元佑 1960，156 頁；《大谷》壹，90—91 頁，圖 95；王永興 1994，347—352 頁；劉安志 1997，119 頁；陳國燦 2002b，290 頁；戴建國 2003，78 頁；陳國燦、劉安志 2005，81 頁；劉安志 2011，227—234 頁。

（前缺）

1　　　□□□瀚海軍逃兵劉德才。安西逃兵任順兒。焉耆□□□

2　　　　右被牒令訪上件人，今訪得隨□□□

3　　　　請處分。

4　　　牒件狀如前，謹牒。

5　　　　　天寶二年七月　日　坊正　康小奴牒

6　　　　　　　　　坊正　匡孝通

7　　　　　　　　　　　　　坊正　劉逸多

8　　　　　　　　　　捕賊官　□趙□□

9　　□□□仍付司，申郡

10　　□處分。元憲□□□

（後缺）

唐某狀爲捉得逃兵欲赴北庭事

Ot. 3002

尺寸爲 23 厘米 ×16.5 厘米，存 5 行。

參：小笠原宣秀、西村元佑 1960，156 頁；《大谷》貳，1 頁，圖 57；王永興 1994，347—352 頁；劉安志 1997，120 頁；陳國燦 2002b，290 頁；戴建國 2003，78 頁；陳國燦、劉安志 2005，124 頁；劉安志 2011，227—234 頁。

（前缺）

1　　狀上□□□

2　　　　□□□□——

3　　右□奉帖令訪捉者。□日□□□

4　　承縣司捉得，今欲赴北庭。請□□□

5　　牒件狀如前，謹牒。

（後缺）

唐某狀爲捉得逃兵欲赴北庭事

Ot. 3379

尺寸爲 24 厘米 ×12 厘米，存 5 行。

參：小笠原宣秀、西村元佑 1960，156 頁；《大谷》貳，87 頁，圖 58；王永興 1994，347—352 頁；劉安志 1997，119 頁；陳國燦 2002b，290 頁；戴建國 2003，78 頁；陳國燦、劉安志 2005，169 頁；劉安志 2011，227—234 頁。

（前缺）

1　　瀚海軍健兒劉德才　安西逃兵任順兒　焉耆逃兵梁日新

2　　　右得坊正康小奴狀稱，被牒令訪上件人送令訪得

3　　　□□請處分者。攝令判□□□□□□處分者。見

4　　　　　　　　　　　　　□□□□捉得令

5　　　　　　　　　　　　　□□□□□

（後缺）

瀚海軍逃兵文書

Ot. 1410

尺寸爲 16.6 厘米 ×11.3 厘米，淡墨行書，存 9 行。與 Ot. 2377、Ot. 3379 相關。

參：小笠原宣秀、西村元佑 1960，156 頁；《大谷》壹，55 頁，圖 95；王永興 1994，347—352 頁；劉安志 1997，118 頁；陳國燦 2002b，290 頁；陳國燦、劉安志 2005，43 頁；劉安志 2011，227—234 頁。

1　　檢案連如前□□□□□

2　　　　六月□□□□

3　　　瀚海軍逃□□□□

4　　　遞夫關司□□□□

5　　　　□□□□□

唐天寶二年（743）交河郡市估案

Ot. 3072

　　尺寸爲 28.5 厘米 ×6.5 厘米，存 3 行。第 3 行提到"北庭麵"。

　　參：仁井田陞 1960，211 頁；韓國磐 1967，53 頁；池田温 1979，447 頁；《大谷》貳，16 頁，圖 14；陳國燦 2002b，291 頁；陳國燦、劉安志 2005，134 頁；錢伯泉 2017，68 頁。

　　（前缺）

1　　米麵行

2　　　白麵壹斗　上直錢叁拾捌文　次叁拾柒文　下叁拾陸文

3　　　北庭麵壹斗　上直錢叁拾伍文□□□□□

　　（後缺）

唐天寶十載（751）交河郡客使文卷

2006TZJI: 051 + 029、039、032 + 057 + 061 + 020 + 050 + 060 + 043 + 047、004 + 066 + 018 + 038 + 030 + 064 + 072 + 012

　　本組文書係由 23 件殘片組成，可綴合爲 6 組互相連屬的殘片，具體拼合分組及尺寸，可參見《新獲》，此處略。其中第（四）、（五）、（六）組文書多見有使者去往北庭的記錄。

　　參：畢波 2007a，15—31 頁；畢波 2007b，55—80 頁；《新獲》，334—339 頁。

（四）2006TZJI: 051 + 029、039

　　（前缺）

1　　　　　　　　　　　　　□□□□□□五人内三人

2　　發向西，餘四人未行□□□□□□向西。

　　　　　　奉化

3　　寧遠國王男屋磨并□□□□□□□六日西到，至十七日發向西。

4　奏事使果毅劉元景一人，八月▢▢▢▢▢▢發向東。

5　四鎮行官別將押寧遠國▢▢▢▢

6　日光并家人乘▢▢▢▢

7　會四鎮交計伊西庭▢▢▢

8　八月十一日東到，至十四日發▢▢▢

9　迎兵官折衝于琪八月十▢▢▢

10　使中郎王俊一人，八月四▢▢▢

11　使押天威健兒官別將宋武達一人▢▢▢▢

12　　▢▢▢▢玉一人乘馬四疋，八月十五日到，至廿四▢▢▢

13　　　　　　　　▢▢▢▢▢▢▢▢▢▢

（後缺）

（五）2006TZJI: 032 + 057 + 061 + 020 + 050 + 060 + 043 + 047

（前缺）

1　　　　　　▢▢▢▢二▢卅五又

2　　　　　▢▢▢游擊將〔軍〕左監門衛率康清潤一人，八月廿二日東到，

3　　　　　　　　　　　八月廿七日發西。

4　北庭行官果毅曹休珪一人，八月廿一日北到，至廿四日發向北庭。

5　　　▢▢▢判官▢▢▢▢▢▢▢▢▢▢從西到，至廿一日發向東。

6　　　　　　　　▢▢▢▢庭并行官等四人，

7　　　　　　　　▢▢▢發向東。

8　　　　　　　▢▢▢嶠一人，八月廿四日發向東。

9　　　　　　▢▢▢四人，八月十九日北到，八月廿八日發西。

10　　　　　▢▢▢八月廿四日東到，九月一日發向西。

11　　　　　　　　　　□□□慶元等兩人，八月廿四日北到，

12　　　　　　　　　　□□田四日發北庭。

13　　　　　　　　　　□□并行官發北庭。

14　内侍索□□□□□□□□□□等四人乘馬七疋，九月一日

15　西到，至□□□□□□□東。

16　彭興一人，八月廿二日發西。

17　押寧遠國弟一般俱路仙官□□周□□將獨孤璡一人，九月

18　三日東到，至八日發向□□

19　　　　□□輔阿山并傔等□□□□□□□□□□□□西。

20　　　□□□　計簿使一千□□□□

21　將軍樊擇友并傔二人，九月十一日西到，至□□□發東。

22　使伊吾縣丞劉庭瓛并典一人，九月十一日東到，

23　　　至廿三日發向西。

24　使果毅劉元景一人，九月十一□□□□□□

（後缺）

（六）2006TZJI: 004 + 066 + 018 + 038 + 030 + 064 + 072 + 012

（前缺）

1　　　　　　　□□□將軍宋□□□□

2　　　□□疋、驢三頭，九月廿日東到，□□

3　押突騎施生官果毅欒貴一人，乘帖馬八疋□□

4　使荷恩寺大德僧那提并弟子張慈□□

5　　　　已上九月廿日從東到，至□□

6　使果毅安北山并傔四人，九月十七日□□

7　安西長史王奇光并傔一人，□□

8　　內侍大夫駱玄表并判官等□□□□□

9　　使行官果毅□□思一人□□□□□

10　　押領內將官果毅□□□□□□□

11　　押生回使果毅楊□□□□□

12　　伊吾縣丞劉庭瓌并典□□□□□□

13　　使果毅駱千喬一人，九月□□□□□□□□□□□至卅日發西。

14　　使索通侍御下□一人□□□□□□□□□□□五日東到，

　　送弓弩甲仗回使　　魏仲規、趙□□□□差使

15　　內侍王下判官　　□□判官□□□□□□□□□廿八日發向東。

16　　行官果毅董昇廿人，九月廿七日從北到，至十月二日發北庭。

17　　押軍資甲仗官內侍大夫王獻朝并將官、行官等四人，九月

18　　廿九日從西到，至十月一日發向東。

19　　四鎮侍御史索通并典等十人，九月□□□□從東到，

20　　至卅日發向西。

21　　使內侍判官索□□□□□□□□□十月一日

22　　從北庭到，□□□□□

　　（後缺）

唐天寶年間地志

敦煌市博物館 76

　　全卷尺寸爲 31 厘米 ×301.9 厘米，存 160 行。其中載有北庭都護府及其屬縣的情況。
　　參：《真迹釋録》1，57 頁；王仲犖 1993，8 頁；《甘藏》6，224 頁；施謝捷 2003，161 頁。

（前略）

15 下，北庭。京六千二百，都六千八百，貢陰牙、束霍角。本二千四百廿。金滿，中，二，三百五十。

輪臺，中，三，二百五十。蒲類。下，二，三百五十▢

（後略）

唐天寶年間敦煌郡典王隱爲應遣上使及諸郡文牒事目事牒

S. 2703v

存15行。本件記録9道敦煌郡發出牒文的事目，其中第1道即爲上北庭都護府的牒文。

參：《真迹釋録》4，475頁；《英藏》4，202頁；榮新江1999b，133頁；雷聞2006，393頁；盧向前2012，299頁；榮新江2013，69—70頁；方誠峰2018，119頁；葉煒2020，21頁。

1　　合郡廿三日應遣上使文解總玖道

2　　　一上北庭都護府爲勘修功德使取宮觀齋醮料事

3　　　一牒交河郡爲同前事　　一牒伊吾郡爲同前[事]

4　　　一牒上中書門下爲勘修功德使　墨敕并驛家事

5　　　一上御史臺爲同前事　　一上節度使中丞衙爲同[前事]

6　　　二上監河西磧西使宇文判官爲烏山等四戍函馬[事]

7　　　　一爲巡官何寧祇迎孫興事

8　　　一上節度使中丞衙爲送供進野馬皮事

9　　　　右各責得所由狀，具上使事

10　　　目如前。

11　　牒件檢如前，謹牒。

12　　　　　　十二月　日，典王隱牒

13　當郡應上使及諸郡文牒共玖道，附

14　長行坊取領如牒，常樂館檢領遞過

15　訖報□□□□

（後略）

唐西州天山縣申西州户曹狀爲張无瑒請往北庭請兄禄事

73TAM509: 8/5(a)

　　本件鈐有"天山縣之印"4 處。張無瑒爲阿斯塔那 506 號墓墓主人張無價之弟，《吐魯番文書》推測本件當在天寶、大曆間。張無價曾任北庭乾坑戍主，張無瑒要赴北庭爲其請禄，故而向西州申請過所。

　　參：朱雷 1980，26—27 頁；孫繼民 1988，84—85 頁；《吐魯番文書》肆，334 頁；朱雷 2000，221 頁；盧向前 2001，232—233 頁；孫繼民 2002b，137—138 頁；林曉潔 2008，81 頁；董永强 2010，158 頁；程喜霖、陳習剛 2013，717—718 頁；趙曉芳、郭振 2020，92—93 頁。

1　天山縣　　　　　　爲申張无瑒請往北庭請兄禄具上事

2　　　　前安西流外張无瑒　奴胡子羊廿五　馬壹疋駮草肆歲　驢貳頭并青黄父各陸歲

3　　　　右得上件流外張无瑒牒稱：兄无價任北庭乾坑戍主，被吕將軍

4　　　　奏充四鎮要籍驅使，其禄及地子合於本任請授。今四鎮封牒到，欲

5　　　　將前件人畜往北庭請禄，恐所在不練行由，請處分者。責問上者，得

6　　　　里正張仁彦、保頭高義感等狀稱：前件人所將奴畜，并是當家家生奴畜，亦

7　　　　不是詃誘、影他等色。如後有人糺告，稱是詃誘等色，義感等連保，各求

8　　　　　　受重罪者。具狀録申州户曹聽裁者。今以狀申。

9　　　令，停務　　　　　　　　　　　　　丞，使

唐大曆三年（768）曹忠敏牒爲請免差充子弟事

64TAM37: 23

　　本件第 4 行 3 個 "得" 字及第 5、7 行爲雜寫，與牒文内容無關。大曆三年（768）有北
庭而無庭州，故而第 7 行 "牒庭 州"，并非實際行用之文書内容。僅録此存照。

　　參：張澤咸 1986，433—434 頁；《吐魯番文書》肆，347 頁；陳國燦 2002b，331 頁；
盛會蓮 2007，145 頁；趙貞 2016，167—168 頁；張重洲 2017，39 頁。

1　　　　　　　手無四指　　　　

2　　牒忠敏身是殘疾，復年老，今被鄉司不委，差充子弟，

3　　渠水總，經今一年已上，寸步不得東西，

4　　貧下交不支濟，伏望商量處分，謹牒。　得得得

5　　得得貧貧　　　貧　是大曆狀謹謹

6　　　　　　　大曆三年正月　　　日百姓曹忠敏牒

7　　牒庭 州

唐安十三欠小麥價錢抄

Дх. 11413v

　　尺寸爲 8 厘米 ×29.2 厘米，存 4 行。正面爲《唐律疏議》卷一五《厩庫律》抄本。文書
中提到 "輪臺車"，應是與輪臺縣的交通轉運相關。

　　參：《俄藏》15，212 頁；陳國燦 2005，109—110 頁；陳國燦 2010，183—184 頁；劉

子凡 2021b，15 頁。

1　　宇文天約妻安十三負王敬全小麦價錢二千

2　　二百文，待發輪臺車到日

3　　　　　　檢案，宴示。

4　　　　　　　　十五日

唐西州官府殘帳

Ch. 1046v

尺寸爲 17.1 厘米 ×22.6 厘米，存 9 行。第 3 行有"三人北庭"云云，應是與北庭的事務有關。

參：榮新江 1998，316 頁；Nishiwaki 2001，77 頁；榮新江 2007a，87 頁；榮新江、史睿 2021，543—544 頁。

（前缺）

1　　　四□□□

2　　　一十一人　判□□□

3　　　三　人　北　庭□□□

4　四百卅人　見在州遄□□□

5　共一百七十二張面　□□□

6　　　　　八十六□□□□

7　　　　　八十□□□

8　　一百五十九張面□□□

9　　一十三張□□□

10　段長支一張□□□

11　　宜禄　　□□□□□□

（後缺）

唐西州領錢歷

Ch. 2404

尺寸爲 22.2 厘米 ×17.5 厘米，存 8 行。第 4 行提到"北庭張僧政"。

參：榮新江 1996a，83 頁；榮新江 1998，318 頁；Nishiwaki 2001，74 頁；榮新江 2007a，197 頁；榮新江、史睿 2021，544 頁。

（前缺）

1　　□□□□九月十五日夜麵直錢玖阡文^{內肆阡文前作}_{後作五阡文張}□□□□

2　　□□□壹阡文，共計拾阡文，充送州司設料，典張□。

3　　□□□錢，九月十五日長史入州，分付典孫秀。

4　　□□□□錢貳阡文，買布送北庭張僧政。

5　　□□□領錢壹拾阡文，送州充設料，典張□。

6　　□□□□阡文，翟嘉之領。

7　　□□□壹拾伍阡文，分付孫秀。

8　　□□□□□共孫秀同付□□□□

（後缺）

某人致師兄書狀

Ot. 1046

尺寸爲 27.8 厘米 ×14.7 厘米，存 9 行。第 5 行提到"將北庭看鞍馬"之事。

參：《大谷》壹，10 頁，圖 115；陳國燦、劉安志 2005，7 頁。

1　師兄□□□□

2　見潘賢者云：善願□□□□□放比日逃□□□□

3　近此捉得，然一兩日不見，亦應捉不得。此□□□□

4　罪過，又承不要明琭專輒諮量，比日□□□□

5　覓一東屯小兒，將北庭看鞍馬，隨時□□□□

6　賢者□□師兄与善願將所已不覓令□□□□

7　行不及，請覓如□□□□□娘必不令失所如□□□□

8　師兄自西□土都專如与□願曰早令來擬覓

9　脚乘更不得住，願□之情。謹宣。

唐契約

Ot. 8060

尺寸爲 7 厘米 ×9.8 厘米，存 5 行。第 1 行提到北庭樊某，似爲出貸人。
參：《大谷》叁，223 頁，圖 26；陳國燦、劉安志 2005，437 頁。

1　□□□□□於北庭樊□□□□

2　□□□□利本利□□□□

3　□□□恐人無信□□□□

4　□□□年　五十□□□

5　□□□年廿五□□□□

（餘白）

唐家書

Or. 8212/894(1) Ast. III. 4. 075a + Or. 8212/547（Ma291）Ast. III. 4. 078a

 前件尺寸爲 9.6 厘米 ×7.5 厘米，後件尺寸未知，背面有上下貫通的墨條。第 1 片馬伯樂未收，陳國燦將 2 片綴合。第 5 行"論臺"，指輪臺縣。

 參：陳國燦 1995，281 頁；沙知、吳芳思 2005 上，86 頁；沙知、吳芳思 2005 下，10 頁；劉子凡 2021b，14—15 頁。

（前缺）

1　　　☐☐☐☐

2　　　☐番　阿哥磨女體内☐☐☐

3　　　☐便往陰山☐☐☐州計☐☐☐

4　　　☐唯定吉所買口及衣物，并在後同使人處留，未來昭悉

5　　　☐今許論臺已來計會，寅兄使去西州，自拜　尊等。自從

（後缺）

唐天寶十三—十四載（754—755）交河郡長行坊支貯馬料文卷

 本組文書出土自阿斯塔那 506 號墓，即張無價墓，拆自陪葬的紙棺。經《吐魯番文書》整理者拼合，共整理出 22 件牒狀，其中又有 2 組與北庭有關。一是攝北庭節度使封常清及其判官岑參等人往來館驛的記録，涉及的文書包括（一）（四）（五）（一五）（一六）（一七）（二一）（二二）。二是鈐有"輪臺縣之印"的文書，涉及（九）（一〇）（一二），孔祥星提出（九）可能是輪臺縣長行坊的文書，然而這組文書顯然仍是交河郡長行坊涉及馬料的案卷，何以鈐蓋隸屬於北庭的輪臺縣的官印尚需進一步研究，此處暫且歸入"北庭相關文書"以備考。

（一）唐天寶十四載（755）交河郡某館具上載帖馬食䜩歷上郡長行坊狀

73TAM506: 4/32-1

　　本件背面騎縫編號爲廿二至卅五，文書末尾鈐有"交河郡都督府之印"。此文書中多次出現封大夫（即封常清）途經交河郡的記載，皆爲去往北庭或自北庭來，前後出行的還有岑判官（即岑參）、符判官等，皆爲節度使僚佐。關於封常清等人的具體行程，王素、朱雷、王玉平等先生皆有研究，可參看相關論述。此外，第20行"程中丞"來往乘瀚海軍馬，應即前任北庭節度使程千里。第198行亦提到"安西送北庭新市馬"。

　　參：孫曉林1990，210—214、220—221頁；王素1992，185—198頁；王永興1994，200—202頁；陳國燦1995，95—96頁；《吐魯番文書》肆，421—436頁；熊飛1997，43—44頁；朱雷1997，100—108頁；朱雷2000，259—271頁；陳國燦2002b，309—310頁；殷承弘2004，46頁；王素2011，296—311頁；程喜霖、陳習剛2013，918—921頁；王玉平2021，98—108頁；管俊瑋2021，121—122頁。

　　（前略）

5　　　￣￣￣

6　　　￣￣￣十三載正月一日已後至十二月卅日以前，郡坊帖馬侵食䜩料麦粟總貳伯

7　壹拾貳碩柒㪷貳勝。

8　　　　　　　壹伯伍拾碩壹㪷玖勝青麦

9　　　　　　陸　拾　碩　床　粟

10　　￣￣￣貳碩柒㪷貳勝便縣倉物供，郡坊合還未填。并青麦

11　　￣￣￣□伯肆拾碩長行坊支交河縣給。

12　　　　捌　拾　碩　青　麦

13　　　　伍拾伍粟　壹拾碩床

14　　　貳拾碩四月於永安倉請，壹拾碩青麦，壹拾碩床

15　　　貳拾□九月於交河倉請并青麦

16　　　貳拾碩十月於交河倉請并青麦

17　　　叁拾碩十一月於交河倉□□青麦

18　　　伍拾碩閏十一月於交河倉請并粟

19　青麦貳拾碩

20　　右件麦正月程中丞過，來往乘瀚海軍馬兼本郡帖馬，共食

21　　麦伍拾碩貳斗。内叁拾碩去載四月判量給請訖，餘貳拾□

---（廿三彦）

22　　至秋還未給。

23　二月廿四郡坊帖馬陸疋□□□□□□食麦粟叁斗。付健兒郭□□。

24　　廿五日，帖馬陸疋，食麦粟叁斗。付健兒郭知運。

25　　廿六日，帖馬陸疋，食麦粟叁斗。付健兒郭知運。

26　　廿七日，帖馬陸疋，食麦粟叁斗。付健兒郭知運。

27　　廿八日，迎元判官帖馬叁疋，食麦粟壹斗伍勝。付健兒郭知運。

28　　廿九日，回帖馬叁疋，食麦粟壹斗伍勝。付健郭知運。

29　二月廿八日，新市長行馬壹拾柒疋，食麦捌斗伍勝。付馬子車光孫。

30　三月三日，新市長行馬貳拾叁疋，食麦陸斗玖勝。付行官毛彥珪。

31　長行驢壹拾叁頭，送中丞菓子，十二月廿四日過，正月十三日回，來往食

　　麦捌斗。

32　　付驢子車光孫。

33　長行驢陸頭，三月十八日送酒菓，四月九日回，來往食麦叁斗陸勝。付

34　　驢子閻駕奴、李庭倩、郝賓。

35　郡坊迎宣慰苻判官帖馬陸疋，四月十一日，食麦叁斗。付馬子常子昂。

36　　十二日，迎苻判官馬叁疋，食麦壹斗伍勝。付馬子常子昂。

37　　十三日，迎苻判官馬兩疋，食麦壹斗貳勝。付馬子常子昂。

---（廿四彦）

38 　　同日帖馬□疋，使乘，食麦粟陸斗。付馬子常子昂。

39 郡坊迎　　封大夫馬肆拾捌疋，四月廿四日食麦粟貳碩肆斗。付槽

40 　　　頭張瓛。　□□□□乘。

41 　　同日，細馬伍□□□□□伍斗。付槽頭張瓛。判官楊千乘。

42 　　同日，天山軍□□□□大夫征馬叁拾疋，食粟麦□□伍勝。付槽頭常

　　□郎。

43 　　　　押官□大賓。

44 　　廿五日，郡坊細馬伍疋，食粟麦伍斗。付獸醫曹馳鳥。

45 　　同日，征馬叁拾疋，食麦粟玖斗。付槽頭常大郎、押□□大賓。

46 　　廿六日，細馬伍疋，食麦粟伍斗。付獸醫曹馳鳥。

47 　　同日，征馬叁拾疋，食麦粟玖斗。付槽頭常大郎、押官尚大賓。

48 　　廿七日，細馬伍疋，食麦粟伍斗。付獸醫曹馳鳥。

49 　　同日，征馬叁拾疋，食麦粟玖斗。付槽頭常大郎、押官尚大賓。

50 　　廿八日，細馬伍疋，食麦粟伍斗。付押官尚□賓。

51 　　同日，征馬叁拾疋，食麦粟壹碩伍斗。付槽頭常大郎、押官尚大賓。

52 　　同日，征馬叁拾疋，食麦粟壹碩伍斗。付槽頭常大郎、押官尚大賓。

53 　　同日，郡坊石舍回細馬伍疋，并石舍送　大夫帖馬伍拾伍疋，食麦

54 　　　粟貳碩伍斗。付馬子張什件。

---（廿五彥）

55 　　同日，大夫過驒北庭征馬伍疋，食麦踏伍斗。判官楊千乘。

56 廿九日，郡坊送趙都護帖馬壹拾肆疋，食麦踏壹碩肆斗。付馬子張什件。

57 同日，米長史、姚司馬、□判官等騰北庭馬八疋，食麦捌斗。付董法雲。

58 卅日，送趙都護馬拾肆疋，食麦柒斗。付張什件。

59 郡坊帖馬陸疋，迎岑判官，八月廿四日食麦肆斗伍勝。付馬子張仕件。

60 郡坊迎　　封大夫□馬肆拾疋，八月廿七日食麦貳碩。付馬子茲秀□、押

官楊俊卿。

61　　　廿八日，郡坊帖馬□拾疋，食麦貳碩。付健兒兹秀元、押官楊俊卿。

62　　　廿九日，郡坊□肆拾疋，食麦貳碩。付健兒兹秀元、押官楊俊卿。

63　　　九月一日，郡坊馬肆拾疋，內貳拾陸疋食全料送旌節，壹拾肆疋食半

64　　　料，共食麦叁碩叁卧。付健兒□秀元、押官楊俊卿。

65　　　同日，酸棗送旌□□□□□□疋食壹碩叁卧。付健兒□□□官楊卿。

66　　　二日，郡坊馬肆□□□□□□貳碩。付健兒兹秀元、押官楊俊。

67　　　三日，郡坊帖馬□□疋及騰酸棗帖馬拾伍疋，共食麦□□□卧。付健兒

68　　　　　兹秀元、□官楊俊卿。

69　　　同日，酸棗館送　大夫馬叁拾柒疋，食麦壹碩捌卧。付健兒兹秀元、

70　　　　　押官楊□卿。

---（廿六彦）

71　　　四日，酸棗迎□□官帖馬柒疋，食麦肆卧伍勝。付馬子秦仙。

72　　　同日，郡坊帖□貳拾伍疋，食麦壹碩貳卧伍勝。付健兒兹秀元、押官
楊卿。

73　　　五日，郡□□　大夫回馬肆拾疋，食麦貳碩。付健兒陳景陽、押官楊卿、

74　　　　　雍□□。

75　　　六日，郡坊送　大夫馬肆拾疋，停一日，食麦貳碩。付健兒陳景陽、
押官雍彦之。

76　　　郡坊帖馬伍疋，從九月七日至十六日日食麦貳卧伍勝。付馬子梁庭賓。

77　　　郡坊送楊□侍帖馬壹拾疋，十五日食麦伍卧。付馬子梁賓。

78　　　十六日，□□□拾叁疋，共食青麦捌卧。付馬子梁庭賓。

79　　　十七日，□□□拾叁疋，共食麦捌卧。付馬子梁庭賓。

80　　　　　　□□□壹拾叁疋，共食麦捌卧。付馬子梁庭賓。

81　　　□九□□□壹拾叁疋，共食麦壹碩叁卧。　押官楊俊卿。

82　廿日，酸棗□□回帖馬拾疋，食麦陸□□馬子王獻玉。

83　廿一日，石舍□□回帖馬貳拾玖疋，食麦□碩肆。付健兒鍾光俊。

84　廿二日，帖□□疋，食麦叁斗伍勝。付馬子□□賓。

85　廿三日，帖馬□疋，食麦叁斗伍勝。付□□梁庭賓。

86　廿四日，□□□疋，食麦叁斗伍勝。付馬子梁賓。

87　廿五日，□□□疋，食麦叁斗伍勝。付馬子□

---（廿七彦）

88　　　　　□柒疋，食麦叁斗伍勝。付馬子梁庭賓。

89　廿□□□疋，食麦叁斗伍勝。付馬子梁庭賓。

90　廿八日，帖馬柒疋，食麦叁斗伍勝。付馬子梁庭賓。

91　廿九日，帖馬柒疋，食麦叁斗伍勝。付馬子梁庭賓。

92　卅日，帖馬柒疋，食麦叁斗伍勝。付馬子梁庭賓。

93　十月一日，帖馬柒疋，食麦叁斗伍勝。付馬子梁庭賓。

94　二日，帖馬柒疋，食麦叁斗伍勝。付馬子梁庭賓。

95　三日，帖馬柒疋，食麦叁斗伍勝。付馬子梁庭賓。

96　四日，送　梁太守細馬四疋，食麦肆斗。付健兒尚官什五。

97　五日，細馬兩疋，食麦貳斗。付健兒皇甫璠。

98　六日，細馬肆疋，食麦肆斗。付健兒張庭俊。

99　七日，細馬肆疋，食麦肆斗。付健兒張庭俊。

100　八日，石舍、酸棗、柳谷三館細馬陸疋，食麦陸斗。付健兒尚官什五、

101　　　張庭俊。

102　九日，細馬陸疋，食麦陸斗。付所由准前。

103　十日，細馬陸疋，食麦陸斗。付所由准前。

---（廿八彦）

104　十一日，細馬陸疋，食麦陸斗。所由准前。

105　十二日，細馬陸疋，食麦囵斗。所由准前。

106　十三日，送藥太守細馬兩疋，食麦貳斗。所由准前。

107　十五日，石舍回細馬兩疋，食麦貳斗。付所由准前。

108　郡坊迎李大夫細馬兩疋，十月十八日食麦貳斗。付健兒吕承祖。

109　十九日，細馬兩疋，食麦貳斗。付健兒吕承祖。

110　廿日，細馬兩疋，食麦貳斗。付吕□祖。

111　廿一日，酸棗送大夫細馬壹疋，食麦壹斗。付吕承祖。

112　廿二日，細馬兩疋，食麦貳斗。付吕承祖。

113　廿五日，帖馬玖疋，迎焦大夫，食麦肆斗伍勝。付健兒范老子。

114　廿六日，帖馬柒疋，食麦叄斗伍勝。付吕承祖。

115　廿七日，帖馬柒疋，食麦叄斗伍勝。付囶承祖。

116　廿八日，帖馬柒疋，食麦叄囩伍勝。付吕承祖。

117　廿九日，帖馬柒疋，食麦柒斗。付吕承祖。

118　十一月一日，帖馬柒疋，食麦柒斗。付吕承祖。

119　二日，帖馬柒疋，便迎　封大夫，食麦柒斗。付吕承祖。

---（廿九彥）

120　三日，帖馬柒疋，准前食麦柒斗。付吕承祖。

121　四日，帖馬柒疋，准前食麦柒斗。付吕承祖。

122　五日，帖馬柒疋，准前食麦柒斗。付吕承祖。

123　六日，帖馬柒疋，准前食麦柒斗。付吕承祖。

124　七日，帖馬柒疋，准前食麦柒斗。付吕承祖。

125　八日，郡坊帖馬柒疋，准前食麦柒斗。付吕承祖。

126　九日，郡坊帖馬柒疋，准前食麦柒斗。付吕承祖。

127　十日，帖馬柒疋柒，准前食麦柒斗。付吕承祖。

128　十一日，帖馬柒疋，准前食麦柒斗。付吕承祖。

129 　十二日，帖馬柒疋，准前食麦柒斗。付健兒呂承祖。

130 　十三日，帖馬囷疋，准前□□柒斗。付呂承祖。

131 　十四日，郡坊後迎　封大夫粗細馬伍拾貳疋，食麦貳碩□□□□

132 　　頭魏秀琳。

133 　十五日，帖馬貳拾玖疋，食麥貳碩玖斗。付魏秀琳。

134 　同日，帖馬貳拾伍疋，食麦貳碩伍斗。付魏琳。

135 　十六日，帖馬貳拾玖疋，食麦貳碩玖斗。付魏秀琳。

136 　十七日，帖馬貳拾玖疋，食麦貳斗玖斗。付魏秀琳。

---（卅彥）

137 　同日，帖馬貳拾壹疋，食麦貳碩壹斗。付魏秀琳。

138 　同日，帖馬貳拾伍疋，食麦貳碩伍斗。付魏琳。

139 　十八日，帖馬陸疋，食麦陸斗。付魏秀琳。

140 　焉耆軍新市馬壹伯疋，准節度轉牒，食全料。十一月十五日給

141 　　青麥壹拾碩。付押官旡敬希。　總管張子奇。

142 　北庭送　封大夫征馬貳拾疋，送至柳谷回。十一月十八日，食青麦貳碩。

143 　　付健兒高珗。

144 　同日，北庭長行馬壹拾貳疋，准前至柳谷回。食麦壹碩貳斗。

145 　　付馬子楊崇光。

146 　天山軍征馬壹伯貳拾疋，十一月七日食青麦柒碩貳斗。付

147 　　押官高如珪。

148 　郡坊官驢陸頭，金娑嶺馱帳幕。從十一月八日至十二日日食麦壹

149 　　斗捌勝，計捌日。付虞候朱詮。

150 △　天山軍倉曹康慎微乘馬壹疋、驢伍頭，准長行牒：乘私，官

151 　　供踏。驢馬給貳斗伍勝麦。

---（卅一彥）

152　□置軍長行馬壹伯疋，九月廿二日過，准節度轉牒，供半料。給青麦
　　　伍碩。付

153　　　總管折衝張子奇。前狀漏申。

154　郡坊迎　太守馬肆疋，十一□▢▢▢

155　　　十八日，帖馬肆疋，食麦肆㪷。付健兒牛雲。

156　　　十九日，帖馬玖疋，食麦玖㪷。付健兒牛雲。

157　　　廿日，帖馬玖疋，食麦玖㪷。□□兒牛雲。

158　　　廿一日，帖馬柒疋，食麦柒㪷。付健兒牛雲。

159　　　廿二日，帖馬柒疋，食麦柒㪷。付健兒牛雲。

160　　　廿三日，帖馬柒疋，食麦柒㪷。付健兒牛雲。

161　　　廿四日，帖馬柒疋，食麦柒㪷。付健兒牛雲。

162　　　廿五日，帖馬柒疋，食麦柒□。付健兒牛雲。

163　　　廿六日，帖馬壹拾叁疋，内六疋食半料，七疋食全料。共計壹碩陸
　　　㪷。付健兒牛雲。

164　　　廿七日，帖馬捌疋，食麦捌㪷。付健兒牛雲。

165　　　廿八日，帖馬壹拾叁疋，食麦壹碩叁㪷。付健兒牛□。

---（卅二彦）

166　閏十一月廿七日，郡坊帖柳谷迎李判官馬壹拾疋，食床麦柒㪷。付蔣□□。

167　　　廿八日，迎李判官郡坊帖馬伍疋，共食䊀叁㪷伍勝，床麦各半。付
　　　□▢▢▢

168　　　廿九日，迎李判官郡坊帖馬伍疋，共食䊀叁㪷伍勝，床麦各半。付
　　　▢▢

169　┤二月　□，郡坊迎　大夫帖馬貳拾柒疋，食麦粟共壹碩捌㪷玖勝。付健
　　　兒牛雲。

170　　　二日，郡坊帖馬貳拾柒疋，食䊀壹碩捌㪷玖勝，麦粟各半。付健兒牛雲。

171 三日，郡坊帖馬貳拾柒疋，食䊏壹碩捌㪷玖勝，□□各半。付健兒牛雲。

172 四日，郡坊帖馬貳拾柒疋，食䊏壹碩捌㪷玖勝，麦粟各半。付健兒牛雲。

173 五日，食圍壹碩捌㪷玖勝，麦粟各半。付健兒牛雲。

174 六日，郡坊帖馬貳拾柒疋，食䊏壹碩捌㪷玖勝，麦粟各半。付健兒牛雲。

175 七日，郡坊帖馬貳拾柒疋，食䊏壹碩捌㪷玖勝，麦粟各半。付健兒牛雲。

176 八日，郡坊帖馬貳拾柒疋，食䊏壹碩捌㪷玖勝，麦粟各半。付健兒牛雲。

177 九日，帖馬貳拾柒疋，食粟壹碩捌㪷玖勝。付健兒牛雲。

178 十日，帖馬壹拾疋，食粟壹碩捌㪷。付健兒馬恩兒。

179 十一日，帖馬壹拾疋，食床粟柒㪷。付健兒馬恩兒。

180 十二日，帖馬貳拾伍疋，食床粟壹碩柒㪷伍勝。付健兒牛雲。

181 十三日，帖馬貳拾伍疋，食床粟壹碩柒㪷伍勝。付健牛雲。

---（卅三彦）

182 十四日，帖馬貳拾伍疋，食床粟壹碩柒㪷伍勝。付健兒牛雲。

183 十五日，郡坊帖馬貳拾伍疋，食床粟壹碩柒㪷伍勝。付健兒牛雲。

184 十六日，郡坊帖馬貳拾叁疋，食床粟壹碩陸㪷壹勝。付健兒牛雲。

185 十七日，郡坊帖馬貳拾叁疋，食床粟壹碩陸㪷壹勝。付健兒牛雲。

186 十八日，郡坊帖馬貳拾叁疋，食床粟壹碩陸㪷壹勝。付健兒牛雲。

187 十九日，郡坊帖馬貳拾叁疋，食床粟壹碩陸㪷壹勝。付健兒牛雲。

188 廿日，郡坊帖馬貳拾叁疋，食床粟壹碩陸㪷壹勝。付健兒牛雲。

189 廿一日，郡坊帖馬貳拾叁疋，食床粟壹碩陸㪷壹勝。付健兒牛雲。

190 廿二日，郡坊帖馬貳拾叁疋，食床粟壹碩陸㪷壹勝。□□□牛雲。

191 廿三日，郡坊帖馬貳拾叁疋，食床粟壹碩陸㪷壹勝。付健兒牛雲。

192 同日，酸棗□送 大夫帖馬肆拾疋，經宿騰過，兩料，食捌碩。□□兒薛□。

193 廿二日，王庭惲下□鎮新市長行馬貳拾疋，食床麦壹碩肆□□□

194　　　　　　　　　□□□□馬貳拾疋，食床麦壹碩肆斗。付押官王庭憚。

195　　廿四日，郡□□□　大夫回馬伍拾叄疋，食麦□□□□

---（卅四彦）

196　　廿五日，魏琳下送　大夫漢戌回馬叄拾捌疋，食床粟共貳碩陸斗陸勝。

197　　　　　　　　　付健兒魏琳。

198　　十二月十八日，安西送北庭新市馬貳拾柒疋，食床麦貳碩柒斗。付押官
　　折衝劉

199　　　　　　　　奉仙。

200　　右被責當館帖馬食蹭歷上者，具通如前。請處分。

201　　牒　件　狀　如　前，謹　牒

202　　　　　　　　　天寶十四載正月　日捉館官攝鎮副上柱國張□□□

203　　付判，覃示。

204　　　　十二日

205　　　　　　　正月十二日攝錄事嚴　仙泰　□

206　　　　　　　功曹攝錄事參軍　旺　　　□

207　　　　　　　連，彦□白。

208　　　　　　　　　廿五日

（四）唐天寶十三載（754）礓石館具七至閏十一月帖馬食歷上郡長行坊狀

73TAM506: 4/32-4

　　本件背面騎縫編號爲卌四至五十三，正面末尾鈐有"交河郡都督府之印"。此文書載有節度使封常清八月、十一月途經交河郡的行程。第19、106、107行中的"武判官"疑即岑

參《白雪歌送武判官歸京》之武判官。第 65—66 行中的"段判官"疑即段秀實。

參：王冀青 1986，60—61 頁；孫曉林 1990，205—207 頁；王素 1992，185—198 頁；《吐魯番文書》肆，447—458 頁；熊飛 1997，47 頁；朱雷 1997，100—108 頁；朱雷 2000，259—271 頁；陳國燦 2002b，305 頁；荒川正晴 2010，254—256 頁；王素 2011，296—311 頁；程喜霖、陳習剛 2013，901—905 頁；王玉平 2021，98—108 頁。

--（冊四彥）

1　　礌石館　　　　　　狀上

2　　當館從七月三日已後至閏十一月廿二日以前，郡坊帖馬迎送使來往，便食

3　　青麦總麦粟壹伯玖拾碩柒斗伍勝。　青麦一百八十石二斗五升，粟十石五斗。

4　　　七月三日，郡坊帖天山館馬四疋送牛判官等到，便騰過，食麦四斗。付馬子張延福。

5　　　同日，郡坊帖馬九疋，食青麦六斗五升。付馬子常豕口。

6　　　同日，郡坊帖天山館馬三疋，送劉大夫下行官到，食麦三斗。付馬子惠明。

7　　　同日，郡坊帖馬六疋，食麦四斗二升。付馬子呂祖。

8　　　四日，郡坊帖馬四疋，送談判官到，食麦四斗。付馬子惠初兒。

9　　　同日，郡坊帖馬九疋，食青麦六斗三升。付馬子常秀期。

10　　　同日，郡坊帖馬六疋，食麦四斗二升。付馬子呂祖。

11　　　同日，郡坊帖馬十六疋，從銀山送劉大夫到，內六疋全料，共食麦一石一斗。付趙瓘丁光。

12　　　五日，郡坊帖馬九疋，食青麦六斗三升。付馬子常秀期。

13　　　同日，郡坊帖馬十三疋，送劉大夫，內九疋騰過。食麦一石一斗。付常秀期。

14　　　同日，郡坊帖馬十六疋，過劉大夫，食麦八斗。付健兒丁光。

15　　　同日，郡坊帖馬六疋，食麦四斗二升。付馬子呂祖。

16　　　六日，郡坊帖馬卅疋，送劉大夫等般次回，食麦一石五斗。付馬子常期。

17　　　　同領馬子孟初兒、健兒張庭俊、押官雍芝。

18　　　七日，郡坊馬六疋，呂祖下；又張俊下帖馬五疋全料；呂祖下七斗，共
　　　食麦九斗四升。付呂祖。

19　　　同日，郡坊帖馬天山館三疋，送武判官便騰過，食麦三斗。付天山馬子
　　　李羅漢。

20　　　八日，郡坊帖馬六疋，食麦四斗二升。付馬子呂承祖。

21　　　同日，郡坊馬十四疋送趙都護家口，從銀山到，便騰向天山，食麦一
　　　石四斗。付張延福。

---（冊五）

22　　　同日，郡坊帖天山館馬十疋，送使韋芬等首領到并騰過，食麦一石。付
　　　馬子閻駕奴。

23　　　九日，郡坊帖磧石館馬六疋，⬜青麦四斗二升。付馬子呂承祖。

24　　　同日，馬都督乘郡坊帖馬十疋，便騰過，食麦一石。付馬子李。

25　　　同日，北庭計會使樊光乘郡坊帖馬兩疋，便騰過一疋，共食麦一斗五升。

26　　　十日，郡坊帖磧石館馬六疋，食麦四斗二升。付馬子呂承祖。

27　　　十一日，郡坊帖磧石館馬六疋，食麦四斗二升。付馬子呂承祖。

28　　　十二日，郡坊帖磧石館馬六疋，食麦四斗二升。付馬子呂承祖。

29　　　同日，從西收郡坊送使回馬十六疋，食麦八斗。付健兒上官什伍。

30　　　十三日，郡坊帖磧石館馬五疋，食麦三斗五升。付馬子呂祖。

31　　　十四日，郡坊帖磧石館馬五疋，史將軍乘，食麦五斗。付馬子呂承祖。

32　　　同日，史將軍乘銀山館郡坊帖馬兩疋，食麦一斗。付馬子呂承祖。

33　　　十五日，郡坊帖磧石館馬五疋，食麦三斗五升。付馬子呂承祖。

34　　　十六日，郡坊帖馬五疋，食麦三斗五升。付馬子呂祖。

35　　　十七日，郡坊馬五疋，送馬太守等回，食麦三斗五升。付馬子呂祖。

36　　　十八日，郡坊帖馬共十二疋，食麦八斗四升。付馬子呂承祖。

37　　同日，郡坊細馬四疋，帖銀山迎趙光烈，食麦四斗。付馬子楊景秘。

38　　十九日，郡坊帖馬六疋，又李忠子下收回馬六疋，乏弱停，共食麦八斗
　　四升。付吕祖、李忠子。

39　　廿日，郡坊帖八疋，食麦五斗六升。付馬子吕承祖。

40　　廿一日，郡坊帖銀山馬十疋，送趙光烈到，便回向天山館，并食全料，麦
　　一石。付趙璀。

41　　同日，郡坊帖馬八疋，食麦五斗六升。付馬子吕承祖。

42　　廿二日，郡坊帖馬四疋，食麦二斗八升。付馬子吕承祖。

43　　廿三日，郡坊帖馬四疋，食麦二斗八升。付馬子吕承祖。

44　　同日，郡坊帖銀山馬十三疋及先送使收回等，共食麦六斗五升。付馬
　　子丁光。

--（冊六）

45　　廿四日，郡坊帖馬五疋，食麦三斗五升。付馬子吕承祖。

46　　同日，郡坊押官雍芝下帖天山館馬一疋，送崔夐到，便騰過，食麦一
　　斗。付李羅漢。

47　　廿五日，郡坊帖馬五疋，食麦三斗□升。付馬子吕承祖。

48　　廿六日，郡坊帖馬八疋，内□□□□□到過王判官，共食麦五斗六升。付
　　吕祖、丁光。

49　　廿七日，郡坊帖馬八疋□□□□□帖馬五疋，吕祖下帖馬共食麦五斗六
　　升。付吕祖。

50　　廿八日，郡坊帖馬八疋□□□斗六升。付馬子吕祖、健兒丁光。

51　　廿九日，郡坊帖馬八疋，食麦五斗六升。付馬子吕承租、健兒丁光。

52　　同日，郡坊帖天山館馬四疋送使掌書記王伯倫到，内一疋騰向銀山，食
　　麦二斗五升。付李羅漢。

53　　卅日，郡坊帖馬八疋，内三疋送使王伯倫到，便留礴石充帖館馬，共食

麦五斗六升。付吕祖。

54　八月一日，郡坊馬八疋，食麦五斗六升。付馬子吕承租。

55　　二日，郡坊帖馬八疋，食麦九斗六升。付馬子吕承租。

56　　三日，郡坊帖馬八疋，食麦五斗六升。付馬子吕承租。

57　　四日，郡坊馬八疋，食麦五斗六升。付馬子吕承租。

58　　五日，郡坊帖馬八疋，食麦五斗六升。付馬子吕承租。

59　　六日，郡坊帖馬八疋，食麦五斗六升。付馬子吕承租。

60　　七日，郡坊帖馬八疋，食麦五斗六升。付馬子吕承租。

61　　八日，郡坊帖馬八疋，食麦五斗六升。付馬子吕承租。

62　　同日，郡坊帖天山館馬六疋，送趙光烈，食麦三斗。付馬子趙璀。

63　　同日，郡坊帖天山館馬三疋，送劉判官到，內兩疋騰過，食麦二斗五
升。付馬子趙璀。

64　　九日，郡坊帖馬八疋，食麦五斗六升。付馬子吕承租、趙璀。

65　　同日，郡坊帖天山館馬七疋，送段判官到，便覆送史方向天山，食麦七
斗。付上官什伍。

66　　同日，郡坊帖銀山馬八疋，史方到，覆送段判官向銀山，食麦八斗。付
馬子趙璀。

---（冊七）

67　　十日，郡坊馬兩疋送張自詮到，便騰過，食麦六升。付馬子梁仙。

68　　同日，郡坊帖馬六疋，食麦三斗。付健兒丁光。

69　　十一日，帖馬六疋，食麦六斗。付健兒丁光。

70　　同日，帖銀山馬五疋，送韋大夫到，食麦二斗五升。付馬子楊景秘。

71　　十二日，帖馬七疋，內一疋細馬全料，共食麦四斗。付健兒丁光。

72　　同日，帖銀山馬六疋，送陳重暉等到，內一疋騰過，食麦四斗。付銀山
馬子譚常祐、健兒丁光。

73　十三日，郡坊馬十五疋，并先送向銀山，今收回，內三疋充帖館，共食麦七斗五升。付趙璀。

74　十四日，郡坊帖馬三疋，食麦一斗八升。付健兒丁光。

75　十五日，郡坊帖馬三疋，食麦一斗八升。付健兒丁光。

76　十六日，郡坊帖馬三疋，食麦一斗八升。付健兒丁光。

77　同日，郡坊帖馬兩疋，天山館送使封大夫女婿楊郎到，食麦一斗。付天山馬子趙賓。

78　十七日，郡坊帖天山馬三疋，送米昇幹判官王進朝到，食麦一斗五升。付天山館王興。

79　十九日，郡坊帖馬銀山五疋收回，食麦二斗五升。付馬子楊景秘。

80　廿一日，郡坊馬十四[疋]，□□□□□□□帖銀山、礔石迎黎大夫，食麦□□□[兒]□□□□

81　廿二日，郡坊馬十[四]□□□□□[馬]送黎大夫到，便騰到天山，食麦一石。付楊景秘。

82　廿三日，郡坊帖[銀]□□□□迎楊大夫，食麦五斗。付馬子楊景秘。

83　同日，郡坊帖馬□□[內]兩疋細全料，銀山、礔石迎楊大夫，食麦六斗八升。[付]健兒丁光。

84　廿四日，郡坊帖[馬]十疋，內兩疋細全料，共食麦六斗八升。付健兒丁光。

85　廿五日，郡坊帖[馬]十疋，食麦六斗八升。付健兒丁光。

86　同日，郡坊馬□[疋]，帖銀山迎封大夫，食麦一石五斗。付健兒張俊。

87　同日，郡坊卅一疋馬帖礔石迎封大夫，食麦兩石五斗六升。付趙璀、呂祖。

88　廿六日，帖馬卅二[疋]，食麦兩石五斗六升。付馬子趙璀、呂祖。

89　廿七日，帖馬卅二[疋]，食麦兩石五斗六升。付馬子趙璀、呂祖。

---（冊八）

90　　同日，郡坊馬五疋卅疋銀山送使張自詮到，食麦二斗五升。趙璀領。

91　　廿八日，帖馬卅七疋，内五疋送張自詮到，趙璀留帖，共食麦兩石九斗
六升。付趙璀。

92　　同日，郡坊帖馬銀山廿二疋送旌節使到，并全料，食麦一石七斗六升。
付楊秘。

93　　廿九日，帖□□□疋，食麦兩石八斗。付馬子趙璀。

94　　同日，郡坊帖馬銀山四疋，送李中郎到，食麦二斗。付馬子陳瑶□。

95　　卅日，帖馬卅五疋，當日便送封大夫向天山，食麦兩石八斗。付馬子
趙璀。

96　　同日，郡坊帖銀山馬六疋，送内使王進朝到，食麦四斗八升。付趙璀。

97　　同日，郡坊帖馬五十疋，從銀山送封大夫到，食麦四石。付健兒張俊。

98　　同日，郡坊帖銀山館馬五十疋，食麦七斗五升。付楊景秘。

99　九月一日，郡坊帖馬□五疋迎李大夫，食麦一石二斗。付趙璀。

100　　二日，郡坊帖銀山馬五疋，送談判官到，便騰過，食麦五斗。付馬子
楊秘。

101　　同日□□□□山館馬十疋，送李大夫到，内騰五疋過，共食□□□五
升。付楊秘。

102　　□□□□銀山馬□五疋，送談判官、李大夫，便向天山，食麦□□□□
趙璀。

103　　□□□□馬十五疋，食麦七斗五升。付馬子趙璀。

104　　四日，郡坊□馬十四疋，食麦一石二升。付馬子趙璀。

105　　五日，郡坊□馬十四疋，食麦一石二斗二升。付馬趙璀。

106　　六日，郡坊帖馬十六疋，内兩疋劉惣管乘迎武判官，食麦一石二斗二
升。付馬子趙璀。

107　　同日，郡坊迎武判官四疋，食麦三斗二升。付健兒□□。

108 　七日，郡坊帖馬十四疋，食麦一石二斗二升。付馬□□瓘。

109 　同日，郡坊帖馬□疋，食麦四斗。付馬子□□。

110 　八日，郡坊馬十三疋，食麦一石四升。付馬子趙瓘。

111 　九日，郡□帖馬十三疋，食麦一石四升。付馬子趙瓘。

112 　十日，郡□□馬十三疋，食麦一石四升。付馬子趙瓘。

113 　同□□□□□□□□□官馬兩疋，食麦一斗六升。付健兒張俊。

114 　十一日，郡□□馬八疋，食麦六斗□□。付趙瓘。

--（冊九）

115 　十二日，郡坊帖馬七疋，食麦五斗六升。付槽頭楊光。

116 　同日，郡坊帖馬十疋，食麦八斗。付健兒丁光。

117 　十三日，郡坊帖馬十二疋，食麦九斗六升。付健兒丁光。

118 　十四日，郡坊帖馬十八疋，食麦一石四斗。付健兒丁光。

119 　十五日，郡坊帖馬十六疋，食麦一石二斗八升。付健兒丁光。

120 　十六日，郡坊帖馬十七疋，食麦一石三斗六升。付健兒丁光。

121 　十七日，郡坊帖馬十五疋，食麦一石二斗。付健兒丁光。

122 　同日，迎梁將軍馬十疋，食麦八斗。付健兒丁光。

123 　十八日，郡坊帖馬卅疋，食麦兩石四斗。付健兒丁光。

124 　十九日，郡坊帖馬八疋，食麦六斗四升。付健兒丁光。

125 　同日，郡坊帖馬九疋，食麦五斗四升。付押官張興。

126 　廿日，郡坊帖馬十二疋，食麦六斗。付押官張興。

127 　廿一日，郡坊帖馬七疋，食麦三斗五升。付押官靳莊子。

128 　廿二日，郡坊帖馬七疋，食麦三斗五升。付押官靳莊子。

129 　廿三日，郡坊帖馬十疋，食麦五斗。付押官靳莊子。

130 　廿四日，郡坊帖馬八疋，食麦四斗。付押官靳莊子。

131 　廿五日，郡坊帖馬五疋，食麦二斗五升。付押官靳莊子。

132　廿六日，郡坊帖馬八疋，食麦四斗。付押官靳莊子。

133　十一月七日，郡坊帖馬十疋，食麦八斗。付馬子趙璀。

134　八日，郡坊帖馬十疋，食麦八斗。付馬子趙璀。

135　九日，郡坊帖馬五疋，食麦四斗。付馬子趙璀。

136　十日，郡坊帖馬五疋，食麦四斗。付馬子趙璀。

137　十一日，郡坊帖馬五疋，食麦四斗。付馬子趙璀。

138　十二日，郡坊帖馬五疋，食麦五斗六升。付趙璀。

139　十三日，郡坊帖馬六疋，食麦四斗八升。付馬子趙璀。

--（五十）

140　十四日，郡坊帖馬六疋，食青麦四斗八升。付馬子趙璀。

141　十五日，郡坊帖馬卅二疋，食麦兩石一斗。付健兒鍾光俊。

142　十六日，郡坊帖馬廿四疋，食麦兩石五斗。付健兒鍾光俊。

143　十七日，郡坊帖馬八疋，食麦八斗。付健兒鍾光俊。

144　同日，郡坊帖馬十五疋，食麦一石五斗。付馬子秦抱仙。

145　同日，郡坊帖馬卅五疋，送大夫到；本館帖馬廿疋，其日宿；共食麦五石。付槽頭秦抱仙。

146　十八日，郡坊送大夫簡退回馬廿二疋，食麦一石一斗。付健兒程彥琛。

147　十九日，郡坊帖馬廿疋，食麦兩石。付健兒趙慶。

148　廿日，郡坊帖馬廿疋，食麦兩石。付健兒趙慶。

149　同日，送大夫回馬卅二疋，食麦三石。付健兒張俊。

150　廿一日，郡坊帖馬廿疋，食麦一石六斗。付健兒鍾光俊。

151　同日，郡坊帖銀山回馬六疋，食麦三斗。付健兒趙璀。

152　廿二日，郡坊帖馬十八疋，食麦一石四斗四升。付健兒鍾光俊。

153　廿三日，郡坊帖馬十八疋，食麦一口四斗四升。付健兒鍾光俊。

154　廿四日，郡坊帖馬十八疋，食麦一石四斗四升。付健兒鍾光俊。

155　廿五日，郡坊帖馬十八疋，食麦一石四斗四升。付健兒鍾光俊。

156　廿六日，郡坊帖馬十八疋，食麦一石四斗四升。付健兒鍾光俊。

157　廿七日，郡坊帖馬十八疋，食麦七斗四升、粟七斗。付健兒鍾光俊。

158　廿八日，郡坊帖馬十八疋，食麦一石八斗。付健兒鍾光俊。

159　廿九日，郡坊帖馬十八疋，食粟麦一石八斗。付健兒鍾光俊。

160　卅日，郡坊帖馬廿四疋，食粟麦兩石四斗。付健兒鍾光俊。

161　閏十一月一日，郡坊帖馬廿四疋，食麦粟兩石四斗。付健兒鍾光俊。

162　二日，郡坊帖馬廿四疋，食麦粟兩石四斗。付健兒鍾光俊。

--（五十一）

163　同日，郡坊迎孫常侍馬廿三疋，共食青麦一石二斗五升。付健兒程彦
　　琛、吕祖彦。

164　三日，帖馬廿四疋，共食粟麦兩石四斗。付健兒鍾光俊。

165　四日，帖馬廿四疋，共食粟麦兩石四斗。付健兒鍾光俊。

166　五日，帖馬廿四疋，共食粟麦兩石四斗。付健兒鍾光俊。

167　六日，帖馬廿四疋，共食粟麦兩石四斗。付健兒鍾光俊。

168　七日，郡坊迎孫常侍回馬八疋，食青麦八斗。付健兒鍾光俊、吕承租。

169　同日，帖馬廿四疋，食粟麦兩石四斗。付健兒鍾光俊。

170　八日，帖馬廿四疋，共食麦兩石四斗。付健兒鍾光俊。

171　九日，帖馬廿七疋，共食麦兩石七斗。付健兒鍾光俊。

172　十日，帖馬廿五疋，共食麦兩石伍斗。付健兒鍾光俊。

173　十一日，帖馬廿四疋，共食麦兩石四斗。付健兒鍾光俊。

174　十二日，帖馬廿四疋，共食麦兩石四斗。付健兒鍾光俊。

175　十三日，帖馬廿四疋，共食麦□石四斗。□健兒鍾光俊。

176　十四日，帖馬廿四疋，共食麦兩石四斗。付健兒鍾光俊。

177　十五日，帖馬廿四疋，共食麦兩石四斗。付健兒鍾光俊。

178　十六日，帖馬廿四疋，共食麦兩石四斗。付健兒鍾光俊。

179　十七日，帖馬廿四疋，共食麦兩石四斗。付健兒鍾光俊。

180　十八日，帖馬廿一疋，共食麦兩石一斗。付健兒鍾光俊。

181　十九日，帖馬廿一疋，共食麦兩石一斗。付健兒鍾光俊。

182　廿日，帖馬廿一疋，共食麦兩石一斗。付健兒鍾光俊。

183　廿一日，帖馬廿一疋，共食麦兩石一斗。付健兒鍾光俊。

184　廿二日，帖馬柒疋，共食麦七斗。付健兒鍾光俊。

185　　　右通當館從七月一日已後至閏十一月廿二日以前，郡

186　　　坊迎送帖馬來往，便食前件斛㪷，合郡坊填還。

--（五十二）

187　　　令獻等逐急舉便隨時供訖。今見被諸頭債主

188　　　牽撮，無物填還。具食歷如前，伏望商量處分。

189　牒　件　狀　如　前，謹　牒。

190　　　　　　　天寶十三載十二月　日錯子史希俊　牒

191　　　　　　　　　　　　捉館官許獻芝

192　　　　　　　　　　　　捉館官鎮將張令獻

193　付判，辛示。

194　廿三日

195　　　十二月廿三日攝録事嚴　仙泰　受，

196　　　攝録事參軍折衝都尉范　　付。

197　　　連，彥莊白。

--（五十三）

198　　　　　　　田□□

（五）唐天寶十三載（754）礌石館具迎封大夫馬食﨟歷上郡長行坊狀

73TAM506: 4/32-5

本件背面騎縫編號爲五十三至五十五，正面末尾鈐有"交河郡都督府之印"。此文書載有封常清十二月經交河郡的行程。

參：王素 1992，185—198 頁；《吐魯番文書》肆，458—461 頁；朱雷 1997，100—108 頁；朱雷 2000，259—271 頁；陳國燦 2002b，305 頁；王素 2011，296—311 頁；程喜霖、陳習剛 2013，906 頁；王玉平 2021，98—108 頁。

---（五十三）

1　礌石館　　　　　狀上

2　合郡坊帖館迎封大夫馬從十二月一日至十九日食﨟歷

3　十二月一日，迎封大夫郡坊帖銀山、礌石馬共卌九疋，食青麦叁碩肆斗叁勝。付健兒鍾

4　　　　光俊、陳懷金、坊官果毅楊俊卿。

5　二日，郡坊帖馬廿二疋，共食麦壹碩伍斗肆勝。﨟子史希俊付健兒鍾光俊、

6　　　　坊官果毅楊俊卿。

7　三日，郡坊帖馬廿二疋，共食青麦壹碩伍斗肆勝。﨟子史俊付健兒鍾光俊、坊官楊俊卿。

8　四日，郡坊帖馬廿二疋，共食青麦壹碩伍斗肆勝。﨟子史俊付健兒鍾光俊、坊官楊俊卿。

9　五日，郡坊馬廿二疋，共食青麦壹碩伍斗肆勝。﨟子史俊付健兒鍾光俊、坊官楊俊卿。

10　六日，郡帖馬廿二疋，共食青麦壹碩伍斗肆勝。﨟子史俊付健兒鍾光俊、坊官楊俊卿。

11　七日，郡坊帖馬廿二疋，共食青麦壹碩伍斗肆勝。喏子史俊付健兒鍾光
　　俊、坊官楊卿。

12　八日，郡坊馬廿二疋，共食青麦壹碩伍斗肆勝。喏子史俊付健兒鍾光俊、
　　坊官楊卿。

13　九日，郡坊馬廿三疋，共食青麦壹碩陸斗壹勝。喏子史俊付健兒鍾光俊、
　　坊官楊卿。

14　十日，郡坊帖馬廿三疋，食青麦壹碩陸斗壹勝。喏子史俊付健兒鍾光俊、
　　坊官楊卿。

15　十一日，郡坊馬廿三疋，共食青麦壹碩陸斗壹勝。喏子史俊付健兒鍾俊、
　　坊官楊卿。

16　十二日，郡坊帖馬廿三疋，食青麦壹碩陸斗壹勝。喏子史俊付健兒鍾俊、
　　坊官楊卿。

17　十三日，郡坊帖馬廿三疋，食青麦壹碩陸斗壹□□□□□□□□健兒鍾俊、
　　坊官楊卿。

--（五十四）

18　十四日，郡坊帖馬廿三疋，食青麦壹碩陸斗壹勝。喏子史俊付健兒鍾光
　　俊、坊官楊卿。

19　十五日，郡坊馬廿三疋，共食青麦壹碩陸斗壹勝。喏子史俊付健兒鍾光
　　俊、坊官楊卿。

20　十六日，郡坊馬廿三疋，共食青麦壹碩陸斗壹勝。喏子史俊付健兒鍾俊、
　　坊官楊卿。

21　十七日，郡坊帖馬卅六疋，共食青麦肆碩玖斗貳勝。喏子史俊付健兒鍾
　　俊、坊官楊卿。

22　十八日，郡坊帖馬廿五疋，食青麦壹碩柒斗伍勝。喏子史俊付健兒鍾俊、
　　坊官楊卿。

23　十九日，郡坊馬五十疋，共食青麦叁碩肆斗。踏子史俊付健兒鍾俊、坊
　　官楊卿。

24　　　　　右郡坊帖馬迎封大夫，從□二月一日至十九□計侵食當館

25　　　　　東西料青麦卅七石一斗六升。具食歷如前，在館見闕

26　　　　　踏料，望請支填處分。

27　牒　件　狀　如　前，　謹　牒。

28　　　　　　　　天寶十三載十二月廿五日踏子史希俊牒

29　　　　　　　　　　　　捉館官許獻芝

30　　　　　　　　　　　　捉館官前鎮將張令獻

31　　五日，覆

32　　　　　　　　　　正月五日攝録事嚴　仙泰

33　　　　　　　　　　攝録事參軍折衝都尉　范

34　　　　　　　　連，彥莊白。

　--（五十五）

35　天山縣　　　　　牒上郡長行坊　　　　廿五日

（九）唐天寶十三載（754）長行坊申勘十至閏十一月支牛驢馬料帳歷

73TAM506: 4/32-9

　　本件背面騎縫編號爲七十三至八十三，正面接縫處上部蓋有"輪臺縣之印"，有 11 處。疑與輪臺縣有關，謹録備考。

　　參：孔祥星 1981，30 頁；《吐魯番文書》肆，467—479 頁；陳國燦 2002b，306 頁。

---（七十三）

1　長行坊

2　合當坊從今載十月一日已後，至其載閏十一月廿九日以前，據案支牛驢馬
　　　　同。

3　料總壹阡肆伯伍拾陸碩漆斗漆勝并青麦。
　　　　　　　　會踖歷同，仙。

4　　　　　　貳伯伍拾玖碩伍斗伍勝十月小料
　　　　　　准前同，仙。

5　　　　　　肆伯漆拾壹碩肆斗十一月大料
　　　　　　准前同，仙。

6　　　　　　漆伯貳拾伍碩捌斗貳勝閏十一月小料
　　同，仙。

7　漆伯漆拾貳碩捌斗貳勝在槽頭疋食訖

8　　　　　□□□□勝十月小在槽牛驢□□□
　　　　會日歷同，仙

9　十月一日，兩槽馬一百疋，疋食伍勝；牛四頭，各四升；驢卅八頭，各二
　　升。都計伍碩玖

10　　　　　斗貳勝。

11　　二日，兩槽馬九十一疋，各食五升；牛四頭，各四升；驢卅五頭，各
　　二升。都計
　　　　　　同。

12　　　　　伍碩四斗壹勝。

13　　三日，兩槽馬九十七疋，各食五升；牛四頭，各四升；驢卅八頭，各
　　二升。都
　　　　　　同。

14   計伍碩捌斗壹勝。

15   四日，兩槽馬八十□□□五升；牛四頭，各四升；驢卅□頭各二升。都
      同。

16   計伍碩貳斗叁勝。

---（七十四仙）

17   五日，兩槽馬一百二疋，各五升；牛四頭，各四升；驢卅九頭，各二升。
      同

18   計陸碩貳斗肆勝。

19   六日，兩槽馬一百五十疋，各五升；牛四頭，各四升；驢一十五頭，
      同

20   各二升。計漆碩玖斗陸勝。

21   七日，兩槽馬一百五十六疋，各五升；牛五頭，各□升；驢一十二
      同

22   頭，各二升。計捌碩貳勝。

23   八日，兩槽馬一百六十八疋，各五升；牛五頭，各□□□□□十□
24   計捌碩肆斗伍勝。

25   □□□馬一百五十疋，各五升；牛五頭，各四升；驢四頭，各
      同

26   □□□柒碩柒斗捌勝。

27   □□□槽馬一百五十疋，各五升；牛五頭，各四升；驢廿□
      同

28   頭，各二升。計捌碩肆斗。

29   十二日，兩槽馬一百五十疋，各五升；牛五頭，各四升；驢廿五
      同

30   頭，各二升。計捌碩貳斗。

31　　十三日，兩槽馬一百五十疋，各五升；牛五頭，各四升；驢廿三頭，

---（七十五仙）

　　　　　同

32　　　　各二升。計捌碩壹尉陸勝。

33　　十四日，兩槽馬一百五十疋，各五升；牛五頭，各四升；驢一十

　　　　　　同

34　　　　四頭，各二升。計柒碩玖尉捌勝。

35　　十五日，兩槽馬一百五十疋，各五升；驢一十四頭，各二升；□

36　　　　五頭，各四升。計柒碩玖尉捌勝。

37　　十六日，兩槽馬一百五十疋，各五升；驢一十四頭，各二升；牛

　　　　　同

38　　　　五頭，各四升。計柒碩玖尉捌勝。

39　　十七日，兩槽馬一百五十疋，各五升；驢九頭，各二升；牛九

　　　　　同

40　　　　頭，各四升。計捌碩肆勝。

41　　十八日，兩槽馬一百五十疋，各五升；驢八頭，各二升；牛六頭，

　　　　　同

42　　　　各四升。□柒碩玖尉。

43　　□九日，□□□□□□□□□□□□升；驢九頭，各二升；牛六

　　　　　同

44　　　　頭，各四升。計柒碩玖尉貳勝。

45　　廿日，兩槽馬一百五十疋，各五升；驢九頭，各二升；牛五頭，各四升。

　　　　　同

46　　　　計柒碩捌尉捌勝。

47　　廿一日，兩槽馬一百廿二疋，各五升；驢卅五頭，各二升；牛五頭，

```
                          同
48            各四升。計柒碩。

-------------------------------------------------------（七十六仙）
49    廿二日，兩槽馬一百廿疋，各五升；驢卅五頭，各二升；牛一十頭，各
                          同
50            四升。計陸碩壹㪷。

51    廿三日，兩槽馬一百廿疋，各五升；驢卅五頭，各二升；牛一十頭，
                          同
52            各四升。計陸碩壹㪷。

53    廿四日，兩槽馬一百廿疋，各五升；驢卅五頭，各二升；牛一十
                          同
54            頭，各四升。計陸碩壹㪷。

55    廿五日，兩槽馬壹伯壹疋，共食四石；驢卌頭，各二升；牛
                          同
56            十頭，各四升。計伍碩貳㪷。

57    廿六日，兩槽馬一百一疋，共食四石；驢卌二頭，各二升；
58            牛一十二頭，各四升。計伍碩叄㪷貳勝。
59                        ▢▢▢▢六頭，各二升；牛▢
60            ▢▢頭，各四升。計伍▢▢▢▢▢

61    廿八日，兩槽馬九十五疋，共食四石；驢卌三▢▢▢▢
                          同
62            牛一十二頭，各四升。計伍碩叄㪷肆勝。

63    廿九日，兩槽馬九十六疋，共食四石；驢卌三頭，▢▢▢▢
                          同
64            一十二頭，各四升。計伍碩叄㪷肆勝。
```

---（七十七仙）

　　會歷同，仙

65　壹伯捌拾叁碩陸斗壹勝十一月大，在槽頭定□⬚⬚

66　十一月一日，兩槽馬九十七疋，共食四石；驢卌三頭，各⬚⬚

　　　　　　　　同

67　　　　十二頭，各四升，計伍碩三斗肆勝。

68　二日，兩槽馬一百二疋，共食四石；驢卌五頭，各二升；牛一⊞

　　　　　　　　同

69　　　　二頭，各四升，計伍碩肆斗。

70　三日，兩槽馬九十⬚⬚

71　　　　　　　　⬚⬚捌勝。

72　五日，兩槽馬一百一十九疋，共食四石；驢卌五頭，各二升；

　　　　　　　　同

73　　　　牛一十二頭，各四升。計伍碩壹斗捌勝。

74　六日，兩槽馬八十疋，共食四石；驢卌五頭，各二升；牛一十二

　　　　　　　　同

75　　　　頭，各四升，計伍碩壹斗捌勝。

76　七日，兩槽馬八十八疋，共食四石；驢卌三頭，各二升；牛一十

77　　　　　　　　同

　　　　二頭，各四升，計伍碩壹斗肆勝。

78　八日，兩槽馬八十⬚⬚食四石；驢卌四頭，各二升；牛一十二

---（七十八仙）

　　　　　　　　同

79　　　　頭，各四升，計伍碩三□□□。

80　九日，兩槽馬二百一十七疋，共食七石六斗；驢卌六頭，各二升；

同

81　　　　牛一十二頭，各四升，計玖碩。

82　　十日，兩槽馬二百一十八疋，共食六石；驢卌六頭，各二升；牛一十

同

83　　　　二頭，各四升，計柒碩肆斗。

84　　十一日，兩槽□□□一十七疋，共食六石；驢卌六頭，各二升；牛

85　　　　一十二頭□□□□□□□斗。

86　　十二日，兩槽馬二百一十五疋，□□□□□卌三頭，各二升；

同

87　　　　牛一十二頭，各四升，計柒碩叄斗肆勝。

88　　十三日，兩槽馬六十四疋，共食兩石伍斗陸勝；驢卌三頭，各

同

89　　　　二升；牛一十二頭，各四升，計叄碩玖斗。

90　　十四日，兩槽馬六十四疋，共食兩石五斗六升；驢卌三頭，各二

同

91　　　　升；牛一十二頭，各四升，計叄碩玖斗。

92　　十五日，兩槽馬六□四疋，共食兩□□斗六升；驢卌三頭，各二

同

93　　　　升；牛一十二頭，各四升，計叄碩玖斗。

--（七十九仙）

94　　十六日，兩槽馬六十五疋，共食兩石六斗；驢卅三頭，各二升；牛

同

95　　　　一十二頭，各四升。計叄碩柒斗肆勝。

96　　十七日，兩槽馬六十疋，共食兩石四斗；驢卅三頭，各二升；牛

同

97　　　　一十二頭，各四升。計叁碩伍阧肆勝。

98　十八日，兩槽馬六十二疋，共食兩石五斗；驢卅三頭，各二升；牛

　　　　　　　　　　　　　同

99　　　　一十二頭，各四升。計叁碩柒阧叁勝。

100　　　　　　　　￣￣￣￣￣共食兩石六斗；驢卅三頭，各二升；

101　　牛一十二頭，各四升。計叁碩柒阧肆勝。

102　卅一日，□槽馬九十六□￣￣￣

103　　　升；牛一十二頭，￣￣￣

104　卅二日，兩槽馬一百卅六疋，共食七□□□；驢卅三頭，各二

　　　　　　　　　　　　同

105　　　　丑；牛一十二頭，各四升。計捌碩肆阧肆勝。

106　廿三日，兩槽馬二百一十七疋，各□□；驢卌四頭，各二升；牛一十

　　　　　　　　　　　　同

107　　　　二頭，各四升。計壹拾貳碩貳阧壹勝。

108　廿四日，兩槽馬二百一十七疋，各□□；驢卌四頭，各二升；牛一十

--（八十仙）

　　　　　　　　　　　　同

109　　　　二頭，各四升。計壹拾貳碩貳阧壹勝。

110　廿五日，兩槽馬二百四疋，各五升；驢卌四頭，各二升；牛一

　　　　　　　　　　　　同

111　　　　十二頭，各四升。計壹拾壹碩伍阧陸勝。

112　廿六日，兩槽馬一百□□□各五升；驢卌四頭，￣￣￣

　　　　　　　　　　　　同

113　　　　十二頭，各四升。計柒碩肆阧陸勝。

114　廿七日，兩槽馬一百廿疋，各五升；驢卌四頭，各二升；牛一十二

　　　　　　　　　　同

115　　　　　園，□□升。計柒碩叁斗陸勝。

116　　廿八日，兩槽馬八十五疋，各五升；驢卅四頭，各二升；牛一十二

　　　　　　　　　　同

117　　　　頭，各四升。計伍碩陸斗壹勝。

118　　廿九日，兩槽馬八十二疋，各五升；驢卅六□，各二升；牛一十

119　　　　　　□頭，各四升。計伍碩伍斗。

120　　卅日，兩槽馬七十一疋，各五升；驢卅六頭，各二升；牛一十二頭，

　　　　　　　　　　同

121　　　　各四升。計肆碩玖斗伍勝。

　　　會歷同，仙

122　叁伯捌拾柒碩貳斗柒勝，閏十一月小，在槽頭疋食訖。

123　　閏十一月一日，兩槽馬七十五疋，各五升；驢卅六頭，各二升；牛

　一十二頭，各

　　　　　　　　　　同

124　　　　四升。計伍碩壹斗伍勝。

---（八十一仙）

125　　二日，兩槽馬七十五疋，各五升；驢卅六頭，各二升；牛一十二

　　　　　　　　　　同

126　　　　頭，各四升。計伍碩□□□勝。

127　　三日，兩槽馬七十六疋，各五升；驢卅五頭，各二升；牛一十

　　　　　　　　　　同

128　　　　二頭，各四升。計伍碩壹斗捌勝。

129　　四日，兩槽馬八十八疋，各七升；驢卅五頭，各二升；牛一十二頭，

　　　　　　　　　　同

130　　　图四升。計柒碩伍斗肆勝。

131　　五日，兩槽馬一百八十六疋，各七升；驢卅五頭，各二升；牛□
　　　　　　　同

132　　　　十二頭，各□升。計壹拾肆碩肆斗。

133　六日，兩槽馬　　　　疋，图七升；驢卅五頭，各二升；牛

134　　　一十二頭，各□升。計壹拾叁碩捌斗肆勝。

135　七日，兩槽馬一百五十四疋，各七升；驢卅五頭，各　　
　　　　　　　同

136　　　十二頭，各四升。□壹拾貳碩壹斗陸勝。

137　八日，兩槽馬一百　　各七升；驢卅五頭，各二升；牛一十二頭，

138　　　各四升。計　　碩玖斗捌勝。

--（八十二）

139　十日，兩槽馬一　　

140　　　十二頭，各四□。計壹拾肆碩叁勝。

141　十一日，兩槽馬一百六十四疋，各七升；驢卅四頭，各二升；牛
　　　　　　　同

142　　　一十二頭，各四升。計壹拾貳碩捌斗肆□。

143　十二日，兩槽馬一百九十二疋，各七升；驢卅四頭，各二升；牛一
　　　　　　　同

144　　　十二頭，各四□。計壹拾肆碩捌斗。

145　十三日，兩槽□□九十一疋，各七升；驢八十五頭，各二升；

146　　　牛一十二頭，各四升。計壹拾伍碩伍斗伍勝。

147　十四月，兩槽馬一百七十九疋，各七升；驢八十　　
　　　　　　　同

148　　牛一十二頭，各四升。計壹拾肆碩柒斗

149　十五日，兩槽馬一百九十一疋，各七升；驢六□五頭，各二升；牛
　　　　　同

150　　　　一十二頭，各四升。計壹拾伍碩壹斗伍勝。

151　十六日，兩槽馬一百九十八疋，各七升；驢六十五頭，各□升；牛一
152　　　　十二頭，各四升。計壹拾伍碩陸斗肆勝。

153　十七日，兩槽馬二百六疋，各七升；驢六十五頭，各□□；牛一十

154　十八日，兩槽馬一百六十九疋，各七升；驢六十五頭，各二升；牛一
　　　　　同

155　　　　十二頭，各四升。計壹拾叁碩陸斗壹勝。

156　十九日，兩槽馬二百三疋，各七升；驢六十五頭，各□□□
　　　　　同

157　　　　十二頭，各四升。計壹拾伍碩玖斗玖勝。

158　廿日，兩槽馬二百六疋，各七升；驢六十五□□□□
159　　　　頭，各四□□□□□□□□□貳斗。

160　廿一日，兩槽馬二百四疋，各七升；驢六十五頭，各二升；牛一十二
　　　　　同

161　　　　頭，各四升。計壹拾肆碩捌斗。

162　廿二日，兩槽馬二百廿六疋，各七升；驢六十五頭，各二升；牛一十
　　　　　同

163　　　　二頭，各四升。計壹拾柒碩陸斗。

164　廿三日，兩槽馬二百廿四疋，各七升；驢六十□□□□升；牛一
　　　　　同

165　　　　十二頭，各四升。計壹拾柒碩肆斗陸勝。

166　廿四日，兩槽馬二百廿五疋，各七升；驢六十四頭，各二升；牛一十
　　　　　同

167　　　　二頭，各四升。計壹拾柒碩伍斗壹勝。

（一〇）唐天寶十三載（754）交河郡長行坊具一至九月踏料破用帳請處分牒

73TAM506: 4/32−10

本件背面騎縫編號爲八十七至九十四，正面接縫處上部蓋有"輪臺縣之印"。疑與輪臺縣有關，謹錄備考。

參：李錦繡 1995，192 頁；《吐魯番文書》肆，480—488 頁；陳國燦 2002b，306—307 頁。

```
1          右件斛㪷得踏子楊□□□

2          據歷勘會有上件斛㪷，具□□□□

3    牒 件 狀 如 前，謹 牒。

4              天寶十四載正月
```

--（八十七）

```
5    長行坊

             會在槽實食歷都收斛㪷數同。

6    合當坊從正月一日已後，至九月卅日以前，都支□□總貳阡柒

7    伯捌拾伍碩肆㪷捌勝。

8          貳□□□□□□□□□㪷肆勝□□□

9          陸伯□□□

10       同

          貳伯伍拾貳□□□□

11       壹伯貳□□□

12       壹伯貳□□□

          同

13    叁伯陸拾壹碩□□□

14       壹□□□
```

15　　　　　　壹□捌拾碩□□□□

　　　　　同

16　　　　叁伯伍拾柒碩貳㪷捌勝□□□□

17　　　　　壹伯柒拾捌碩陸□□□

18　　　　　壹伯柒拾捌碩□□□

--（八十八）

　　　　　同

19　　　　叁伯壹

　　　　　同

20　　　貳伯肆拾柒碩□□□□

　　　　　同

21　　　貳伯伍拾玖碩伍㪷伍□□□□

　　　　　同

22　　　貳伯陸拾捌碩伍㪷青麥

　會食歷同

23　壹阡伍伯伍拾伍碩陸㪷叁勝從正月一日至九月卅日□□□

24　　　　壹阡壹伯壹拾貳碩貳㪷□□□□

25　　　　肆伯肆拾叁碩叁㪷肆勝□□□

　　　　　同

26　　　壹伯肆拾柒碩捌㪷肆勝正□□□□

27　　　　柒拾叁碩玖㪷貳勝青□

28　　　　柒拾叁碩玖㪷貳勝□□□□

　　　　　同

29　　　貳伯陸拾玖碩捌㪷捌勝二月□□□

30　　　　壹伯叁拾肆碩玖㪷肆□□□□

31　　　　　壹伯叁拾肆碩玖㪷肆☐☐☐

　　　　同

32　　　貳伯肆拾肆碩壹㪷陸勝三月☐☐☐

33　　　　壹伯貳拾貳碩捌勝☐☐☐

--（八十九）

34　　　　　壹伯貳拾貳碩捌勝粟

　　　　同

35　　　貳伯貳拾肆碩捌㪷四月料☐☐☐

36　　　　壹伯壹拾貳碩肆㪷☐☐☐

37　　　　壹伯壹拾貳碩肆㪷粟

　　　　同

38　　　　壹伯肆拾玖碩玖㪷青麦五月☐☐☐

　　　　同

39　　　玖拾柒碩玖㪷肆勝青麦六月☐☐☐

　　　　同

40　　　壹伯叁拾肆碩叁㪷玖勝青麦☐☐☐

　　　　同

41　　　壹伯伍拾壹碩陸㪷叁勝青麦　見在

　　　　同

42　　　壹伯叁拾伍碩玖勝青麦☐☐☐

　　　　☐☐☐減料數同

43　壹阡貳伯貳拾玖碩捌㪷陸勝正月一日至九月卅日食外減☐☐☐

44　　　　壹阡壹拾肆碩貳㪷伍勝囗麦

45　　　　壹伯壹拾伍碩陸㪷粟

　　　　同

46 　　壹伯肆碩柒尉陸勝正月減

47 　　　　伍拾貳碩叄尉捌勝青麦

48 　　　　伍拾貳碩叄尉捌勝粟

　　　同

49 　　玖拾壹碩叄尉貳勝二月減

--（九十）

50 　　　　肆拾伍碩陸尉陸勝青麦

51 　　　　肆拾伍碩陸尉陸勝　粟

　　　同

52 　　壹伯壹拾叄碩壹尉貳勝三月減

53 　　　　伍□□碩伍尉陸勝青麦

54 　　　□□□□□□□　□　□□

　　　同

55 　壹伯□□□□□□□四月減

56 　　　　　□□□青麦陸拾壹碩粟

57 　　　　□□□柒尉青麦五月減

58 　　　□□□拾貳碩陸勝青麦六月減

59 　　　　　□□□月減

60 　　□□□碩玖尉貳勝青麦八月減

　　　同

61 　　壹伯叄拾叄碩肆尉壹勝青麦九月減

　　　同

62 □伯捌拾捌碩肆尉柒勝柒合伍勺給諸館破除

63 　　　　柒伯柒拾貳碩捌尉柒勝柒合伍勺青麦

64 　　　　貳伯壹拾伍碩陸尉粟

---（九十一仙）

會案同所由款帖同，仙

65　壹伯叁拾陸碩貳斗給柳谷館_{壹伯壹拾碩貳斗青麦、貳拾陸碩粟}

已上會案還天十一載帖馬食，仙

66　_____碩伍斗青麦　貳拾叁碩伍斗粟，天十三載正月六日給

准前天十一載帖馬及借征馬便食，仙

67　貳拾伍碩柒斗青麦　同載正月七日給

已上會案天十二以前食，仙

68　肆拾陸碩青麦_____貳碩伍斗粟，同載二月九

日給

69　會_____食，仙

壹拾_____麦，同載三月廿八日給

_____

70　_____碩柒斗給石舍館_{陸拾貳碩捌斗伍勝青麦，}_{陸拾貳碩捌斗伍勝粟}

已上會案天十二已前食，仙

71　□拾柒碩柒斗伍勝青麦麥　叁拾柒碩柒斗伍勝粟，天十三載二月

九日給

已上會天十三載食，仙

72　貳拾伍碩青麦　貳拾伍碩粟，同載三月廿八日給

會案同

73　肆拾捌碩貳斗給柳中館_{肆拾肆碩陸斗叁勝青麦，叁碩伍斗柒勝粟}

會案天十二食仙

74　貳拾貳碩青麦，天十二載十一月十二日給

已上會案天十三載食，仙

75　　　　　貳拾貳碩陸㪷叁勝青麦　叁碩伍㪷柒勝粟，天十三載四月廿四
日給

　　　　　　　會案天十一載食，仙

76　　　　肆拾壹碩陸㪷青麦，天十三載二月七日給羅護館

　　　　　　　會案天十三載食同，仙

77　　　壹拾壹碩捌㪷伍勝青麦，天十三載三月廿四日給達□□

　　　　　　　　會案同，仙

78　　貳拾陸碩貳㪷叁勝給交河縣槽　壹拾叁碩壹㪷壹勝伍合□□
　　　　　　　　　　　　　　　　　壹拾叁碩壹㪷壹勝伍合粟
　　　　　　　　　　己上會案天十三載食同，仙

79　　　　捌碩伍勝青麦　捌㪷伍勝粟，天十三載三月廿四日給

--（九十二仙）

　　　　　　　會案天十三載食同，仙

80　　　　壹拾貳碩貳㪷陸勝伍合青麦　壹拾貳碩貳㪷陸勝伍合粟，同載四
月廿一日給

　　　　　　　會案同仙

81　　　貳伯壹碩壹㪷玖勝給蒲昌縣槽　壹伯貳拾柒碩伍㪷捌勝青麦
　　　　　　　　　　　　　　　　　柒拾叁碩陸㪷壹勝粟
　　　　　　　　　　　己上會案天十三載食，仙

82　　　　肆拾貳碩叁勝青麦　叁拾碩壹㪷貳勝粟，天十三載四月十九日給
　　　　　　　　　　　　己上會案天十二食，仙

83　　　　肆拾叁碩肆㪷玖勝青麦　肆拾叁碩肆㪷玖勝粟，同載四月廿
四日給

　　　　　　　　會案天十叁食仙

84　　　　肆拾貳碩陸勝青麦，同載五月十一日給

　　　　　　同

85　　　伍拾貳碩肆㪷伍勝給草堆館　貳拾陸碩貳㪷貳勝伍合青麦貳
　　　　　　　　　　　　　　　　拾陸碩貳㪷貳勝伍合粟

己上會案天十二食，仙

86　　　　玖碩壹卧貳勝伍合青麦　玖碩壹卧貳勝伍合粟，天十三載四月

廿四日給

己上會案天十叁食，仙

87　　　　壹拾柒碩壹卧青麦　壹拾柒碩壹卧粟，同載五月一日給

會元支同，仙

88　　　貳拾碩肆卧陸勝爲正月二月歷日未到，准小月支，後歷日到，并大月，

計兩日料。今載

89　　　二月十三日牒送倉曹司充和籴訖。壹拾貳碩貳卧叁勝青麦　壹拾貳碩

貳卧叁勝粟

90　　　　　捌拾肆卧貳勝正月一日料，麦粟各半。壹拾貳碩肆勝二月一

日料，麦粟各半

會案天十三載食，仙

91　　　貳拾肆碩玖卧玖勝柒合伍勺青麦，天十三載四月十九日給天山館

會案天十二載食，仙

92　　　貳拾玖碩肆卧青麦，天十三載四月十九日給礌石館

同

93　　　捌拾叁碩肆卧青麦給赤亭館。

會案天十三食，仙

94　　　　　　碩玖卧貳勝，天十三載五月廿二日給

--（九十三仙）

會案　　　食，仙

95　　　伍拾肆碩伍　　　二載十一月十五口給

會案天十二已前食，□

96　　□拾肆碩青麦天十三　　　　　給銀山館

會案天十一載食，仙

97　　　柒拾陸碩叁斗青麦，天十三載六月□□□

會案天十二食，仙

98　　　陸拾柒碩青麦填柳中倉郡坊帖□□□

准前，仙

99　　　壹拾玖碩伍斗青麦填諸館死馬迴殘，天十三□□□

會給用外見在數同

100　　□□□肆拾壹碩叁斗□□□

101　　　　　　□□□斛斗□□□

102　　希俊狀，具破除、見在數如前，請處分。

103　牒件狀如前，　謹牒

104　　　　　　　天寶十三載十二月　日典王仙鷹牒

---（九十四）

（一二）唐天寶十四載（755）交河郡長行坊申上載在槽減料斛斗數請處分牒

73TAM506: 4/32-12

　　本件背面騎縫編號爲九十五至九十六，正面接縫處上部蓋有"輪臺縣之印"。疑與輪臺縣有關，謹録備考。

　　參：《吐魯番文書》肆，490—491 頁；陳國燦 2002b，310 頁。

---（九十五仙）

1　郡長行坊

2　合從十三載正月一日已後，至十二月卅日以前，見在減料壹阡捌拾碩叁斗

柒勝伍勺

3　　　　　　　　　　玖伯伍拾貳碩玖勝陸合伍勺□□□□□□

4　　　　　　　　　壹伯貳拾捌碩陸□□□□□

5　　　貳伯玖拾捌碩玖斗捌勝在郡倉□

6　　　　　貳伯肆拾壹碩叁斗柒□□□□□

7　　　　伍拾柒碩陸□□□□□

8　　　壹伯壹拾碩粟在郡□□□□□□□□庫□□□□

9　　　陸伯柒拾壹碩叁斗玖勝床麦在□□□□□

10　　　伍伯壹拾捌碩捌□□□□□

11　　　壹伯伍拾貳碩伍斗伍勺床□爲正月支數不定□□□□

12　　　　正月料在郡倉未請合折充

13　　　　壹伯叁拾肆碩壹斗貳勝陸合伍勺青麦

14　　　壹拾捌碩叁斗柒勝肆合床

15　　　右通當坊在槽減料斛斗色目數，并所貯□□□□□

16　　　件如前。謹録狀上請處分。

17　　□　□　□　如　前，　謹　牒。

--（九十六仙）

18　　　　　　　天寶十四載正月　日鄪子楊希□□

19　　　　　　　　　知鄪官前戍主竹仁□

（一三）唐天寶十四載（755）郡倉申上載正月以後郡坊所請食料數牒

73TAM506: 4/32-13

本件背面騎縫編號爲九十七，鈐有"輪臺縣之印"。疑與輪臺縣有關，謹録備考。

參：《吐魯番文書》肆，492 頁；陳國燦 2002b，312—313 頁。

---（九十七）

1　[郡]倉

2　[合]郡坊從天十□[載正月]□後至天十四載正[＿＿＿]

3　請食料[總壹]□□伯捌拾伍碩[貳][＿＿＿]

4　　　　　　　　捌伯陸拾貳碩[＿＿＿]

5　　　　　　　　叁伯貳拾叁[＿＿＿]

6　　　　　右通當倉天十三載正月已後[＿＿＿]

7　　　　　[＿＿＿]以前未請食料[＿＿＿]

8　　　[＿＿＿]　如　前　[＿＿＿]

9　　　　　　天寶十四[載][＿＿＿＿＿＿]日史尉[＿＿＿]

10　　　　　　　　　　　　　[倉]督嚴孝忠　陰守賀

11　　　　　　　　　　參軍攝倉督鞏宏

（一四）唐天寶十四載（755）雜事司申勘會上載郡坊在槽馬減料數牒

73TAM506: 4/32-14

本件背面騎縫編號爲九十八至一百一，3 處鈐有"輪臺縣之印"。疑與輪臺縣有關，謹錄備考。

參：《吐魯番文書》肆，493—497 頁；陳國燦 2002b，310—311 頁。

---（九十八）

1　雜事司

2　合從天寶十三載正月一日已後至十二月卅日以前，郡坊在槽馬

3　除食外，計圖減料床、麦、粟總貳阡陸拾捌碩捌卧叁

4　勝捌合。

5　　　　　　　　　壹阡柒伯貳拾肆碩玖卧柒勝合青麦

6　　　　　　　　貳 伯 壹 拾 伍 碩 陸 卧 粟

7　　　　　　　壹 伯 貳 拾 碩 貳 卧 柒 勝 肆 合 床

8　壹阡貳伯□□□□□□卧 肆 勝 九 月 卅 日 以 前 減

9　　　　　　□□□拾 肆 碩 貳 卧 伍 勝 青 □

10　　　　　　□□□柒 合 伍 勺 得 坊 狀 破 供 諸 館 帖 馬

---（九十九仙）

11　　　　　　柒伯柒拾貳碩捌卧柒勝柒合伍勺青麦

12　　　　　貳 伯 壹 拾 伍 碩 陸 卧 粟

13　□□□貳拾玖碩貳卧陸勝麦、粟，給天十三載帖馬料。

14　　　　　壹伯陸拾叁碩捌卧壹勝伍合青麦

15　　　　　□ 拾 伍 碩 肆 卧 伍 合 粟

16　□□□卧壹勝柒合伍勺麦、粟，給天十二載以

17　□□□

18　　　　　陸伯玖碩陸勝貳合伍勺青麦

19　　　□□伍拾碩壹卧伍勝伍合　粟

20　□□□床、麦、粟見在一白一十石粟在長行坊庫貯　二白九十八石九斗八升青麦在郡倉
　　　　　　　　　　　　　　　別賑貯　六百七十一石三斗九升五勺青麦在郡倉，得倉狀同。

21　□□□伍拾貳碩玖勝陸合伍勺青麦

22　壹伯貳拾捌碩貳卧柒勝肆合床

23　□貳伯肆拾壹碩叁卧柒勝青麦，九月卅日以前減

24　□阡捌伯叁拾玖碩伍勺床、麦，十月一日已後至十二月卅日以前，咸

--（一百仙）

25　　　　　　　　　　　　　　　　　□□伍勺青麦

26　　　　　　　　　　　　　□□捌碩貳㪷柒勝肆合床

27　　　　　　　　　　　　□□在槽減料斛㪷奉判勘上

28　　　　　　　　　　　　□□見在數如前其

29　　　　　　　　　　　□□當載帖館馬料今□

30　　　　　　　　　□□柒伯伍拾玖碩貳㪷壹勝囷合伍勺

31　　　　　　　　□還天十二載以前諸館帖馬料，餘會同，

32　　　　　　　　具回殘，見在數如前，請處分。

33　　□　件　狀　如　前，謹　牒。

34　　　　　　　　　　天寶十四載正月　日典麹承訓牒

35　　　　　　　　　　　　　雜事官前別將嚴仙泰

36　以前所破數定記

37　餘有壹阡捌拾碩

--（一百一）

38　見在，仰責東西諸

39　館帖馬從九月廿一日

40　後食數過付判。

41　覃示，十六□

42　　　　　　　　正月十六日攝録事□□□

43　　　　　　　功曹攝録事參軍□□□

44　　　　　　　　連□□□

（一五）唐天寶十四載（755）某館申十三載三至十二月侵食當館馬料帳歷狀

73TAM506: 4/32−15

本件背面騎縫編號爲一百二至一百一十四。此文書載有節度使封常清及其僚屬途經交河郡的行程。

參：孫曉林 1990，211 頁；王素 1992，185—198 頁；《吐魯番文書》肆，498—512 頁；熊飛 1997，43—44 頁；朱雷 1997，100—108 頁；朱雷 2000，259—271 頁；陳國燦 2002b，311 頁；荒川正晴 2010，256 頁；王素 2011，296—311 頁；程喜霖、陳習剛 2013，907—909 頁；王玉平 2021，98—108 頁。

---（一百二彥）

1　　□□□　　　　　狀上

2　　□□館從天十三載三月已後至十二月卅日已前，郡坊帖馬及北

3　　□□馬并焉耆新市馬等，共侵食當館青麦、床總壹伯伍拾捌碩壹㪷叁勝

4　　　　　　　壹 伯 壹 拾 捌 碩 柒 㪷 伍 勝 青麦

5　　　　　　　叁　　拾 □ □ 叁 㪷 捌 勝 床

6　　　　　　　　　　　坊 牒 交 河 縣 給

7　　　　　　　　　　　　　碩

8　　　床 粟　　　　　　　　　碩

9　　　　　壹 拾 碩　　　　　　□青 麦

10　　　　壹 拾 碩 同 □ 日 □

11　　　　貳 拾 碩 九 月 於 交

12　　　　貳 拾 □ □ 月

13　　　　　　　　蕭青麦

14　　　　伍 拾 碩閏十一月於交河倉請 粟

15　　　壹　拾　捌　碩　壹　斗　叁　勝　便　縣　倉　物合坊填還

16　　　　　　右囯斛斗郡坊等帖馬共食、計欠數，請支給。

---（一百三）

17　　□□□□大夫帖馬卌四疋，食青麦壹碩柒勝伍合，床壹碩柒勝伍合。付槽頭
　　張□、□官楊千乘。

18　　□□□□郡坊帖馬卌四疋，食青麦壹碩柒勝伍合，床壹碩柒勝伍合。付槽頭
　　張瓛、判官楊□□

19　　　同日，郡坊帖馬卌四疋，食青麦伍斗，床伍斗。付槽頭張瓛、判官楊
　　千乘。

20　　　廿七日，郡坊帖馬卌四疋，食青麦壹碩壹斗，床壹碩壹斗。付槽頭張
　　瓛、判官楊千乘。

21　　　同日，郡坊帖馬卌四疋，食青麦壹碩壹斗，床壹碩壹囲。付槽頭張
　　瓛、判官楊千乘。

22　　　廿八日，郡坊帖馬卌四疋，食青麦壹碩壹斗，床壹碩壹斗。付槽頭張
　　瓛、判官楊千乘。

23　　　同日，郡坊帖馬七疋，向金娑領頭迎　大夫，食青麦貳斗伍勝，床貳
　　斗伍勝。付槽頭張瓛、判官楊千乘。

24　　　廿五日，郡坊迎　大夫馱角馱驢伍頭，食青麦柒勝伍合，床柒勝伍
　　合。付槽頭閻駕奴、判官楊千乘。

25　　　廿七日，郡坊馱角馱驢伍頭，食青麦叁勝柒合伍勺，床叁勝柒合伍
　　勺。付槽頭閻駕奴、判官楊千乘。

26　　　廿八日，郡坊馱角馱驢伍頭，食青麦叁勝柒合伍勺，床叁勝柒合伍勺。
　　付槽頭閻駕奴、判官楊千乘。

27　　　三月十日，郡坊帖馬四疋，送元判官，兩日停，共食床肆斗。付健
　　兒郭運。

28　　十九日，郡坊帖馬六疋，迎元判官，停兩日，共食牀陸㪷。付張什伍、押官楊峻卿。

29　　廿日，郡坊從北庭新市馬廿三疋，共食牀伍㪷。付押馬毛彥珪。

30　　四月廿八日，瀚海軍征馬伍拾貳疋，送　大夫至館，兼騰過向柳谷，來往共食青麦叄碩陸㪷伍勝。

31　　牀兩碩壹㪷伍勝。付槽頭楊明太、押官喬待貢、總管白庭養。

32　　六月十五日，郡坊帖馬伍疋，爲祇候　大夫，共食青麦貳㪷伍勝。付帖馬健兒范老子。

33　　十六日，郡坊帖馬伍疋，共食青麦貳㪷伍勝。付健兒范老子。

34　　十七日，郡坊帖馬伍疋，共食青麦貳㪷伍勝。付健兒范老子。

35　　十八日，郡坊帖馬伍疋，共食青麦貳㪷伍勝。付健兒范老子。

--（一百四）

36　　十九日，郡坊帖馬伍疋，共食青麦貳㪷伍□。□□兒范老子。

37　　廿日，郡坊帖馬伍疋，共食青麦貳㪷伍□。付健兒范老子。

38　　廿一日，帖馬伍疋，共食青麦貳㪷□勝。付健兒范老子。

39　　廿二日，帖馬伍疋，共食青麦貳□□□。付健兒范老子。

40　　廿三日，帖馬伍疋，共□□□□□□勝。付健兒范老子。

41　　廿四日，帖□伍□，□食青麦□□□□□健兒范老子。

42　　廿五日，帖馬伍疋，□食青麦貳㪷伍勝。付健兒范□□。

43　　廿六日，帖馬伍疋，共食青麦貳㪷伍勝。付健兒范老□。

44　　廿七日，帖馬伍疋，共食青麦貳㪷伍勝。付健兒范老子。

45　　廿八日，帖馬伍疋，共食青麦貳㪷伍勝。付健兒范老子。

46　　廿九日，帖馬伍疋，共食青麦貳㪷伍勝。付健兒范老子。

47　　卅日，帖馬伍疋，共食青麦貳㪷伍勝。付健兒范老子。

48　　七月一日，同前，郡坊帖馬伍疋，共食青麦貳㪷伍勝。付健兒范老子。

| 49 | 二日，帖馬伍疋，共食青麦貳虭伍勝。付健兒范老子。 |

50　三日，帖馬伍疋，共食青麦貳虭伍勝。付健兒范老子。

51　四日，帖馬伍疋，共食青麦貳虭伍勝。付健兒范老子。

52　五日，帖馬伍疋，共食青麦貳虭伍勝。付健兒范老子。

53　六日，帖馬伍疋，共食青麦貳虭伍勝。付健兒范老子。

54　七日，帖馬伍疋，共食青麦貳虭伍勝。付健兒范老子。

--（一百五）

55　八日，帖馬伍疋，共食青麦貳虭伍勝。付健兒范老子。

56　□日，帖馬伍疋，送使，共食青麦叁虭伍勝。付健兒范老子。

57　□日，帖馬伍疋，共食青麦貳虭伍勝。付健兒范老子。

58　十一日，帖馬伍疋，共食青麦貳虭伍勝。付健兒范老子。

59　□二日，帖馬伍疋，送元判官，共食青麦伍虭。付健兒范老子。

60　　　　　　伍疋，共食青麦貳虭伍勝。付健兒范□□。

61　　　　　　　　共食青麦肆

62　　　　　　　青麦貳虭伍勝。付健兒范老子。

63　　　　　　　內兩疋送使趙期，共食青麦叁虭伍勝。付健兒范
老子。

64　廿日，帖馬伍疋，共食青麦貳虭伍勝。□□兒范老子。

65　廿一日，　　　　　食青　　　　　　　子。

66　廿二日，帖馬伍疋，　　　　　　　　　老子。

67　廿三日，帖馬伍疋，內三疋送趙都□　　　青麦肆虭。付□□□□子。

68　廿四日，帖馬伍疋，共食青麦貳虭伍勝。付健□□老子。

69　廿五日，帖馬伍疋，共食青麦貳虭伍勝。付健兒□老子。

70　廿六日，帖馬伍疋，共食青麦貳虭伍勝。付健兒

--（一百六）

71　　廿七日，帖馬伍疋，共食青麦貳㪷伍勝。付健兒范□□

72　　廿八日，帖馬伍疋，共食青麦貳㪷伍勝。□健□□□□

73　　廿九日，帖馬伍疋，共食青麦貳㪷伍勝。□□□

74　八月一日，同前，郡坊帖馬伍疋，共食青麦貳㪷伍勝。□□□

75　　二日，帖馬伍疋，共食青□□□

76　　三日，帖馬伍疋，共食青□□□

77　　四日，帖馬伍疋，共食□□□

78　　五日，帖馬伍疋，共食青□□□

79　　六日，帖馬伍疋，内兩疋送趙都護，共□□□

80　　七日，帖馬伍□，共食青麦貳㪷伍勝。付□□□

81　　　　　　　　　　　　□□□貳㪷伍勝。付□□□

82　　九日，帖馬□□□

83　　十日，帖馬伍疋，共食青□□□

84　　十一日，帖馬伍疋，共食青麦□□□

85　　十二日，帖馬伍疋，共食青麦□□□

86　　十三日，帖馬伍疋，共□青麦□□□

87　　十四日，帖馬伍疋，共食□□□

88　　十五日，帖馬伍疋，共食□□□□□□□□健兒范老子。

89　　十六日，帖馬伍疋，共食青麦□□□□□付健兒范老子。

90　　十七日，帖馬□□□□□□□□□健兒范老子。

91　　十八日，帖馬伍疋，共食□□□□□□付健兒范老子。

---（一百七）

92　　十九日，帖馬伍疋，共食青麦貳㪷伍□。付健兒□□□

93　　廿日，帖馬伍疋，共食青麦貳㪷伍□□□

94　　廿一日，帖馬伍疋，共食青麦貳□□□

95　　廿二日，帖馬伍疋，共食青□□□

96　　廿三日，帖馬伍疋，共食青□□□

97　　廿四日，帖馬伍疋，共食青麦□□□

98　　廿五日，帖馬伍疋，共食青□貳斗伍勝。□健兒范□□。

99　　廿六日，帖馬□疋，共食青麦貳斗伍勝。付健兒范老□。

100　　廿七日，帖馬伍疋，共食青麦貳斗伍勝。付健兒范老子。

101　　廿八日，帖馬伍疋，共食青麦貳斗伍勝。付健兒范老子。

102　　廿九日，帖馬伍疋，共食青麦貳斗伍勝。付健兒范老子。

103　　九月一日，同前，郡坊帖馬伍疋，共食青麦貳斗伍勝。付健兒范老子。

104　　二日，帖馬伍疋，共食青麦貳斗伍勝。付健兒范老子。

105　　三日，帖馬伍疋，共食青麦貳斗伍勝。付健兒范老子。

106　　四日，帖馬伍疋，共食青麦貳斗伍勝。付健兒范老子。

107　　五日，帖馬伍疋，共食青麦貳斗伍勝。付健兒范老子。

108　　六日，帖馬伍疋，共食青麦貳斗伍勝。付健兒范老子。

109　　七日，帖馬伍疋，共食青麦貳斗伍勝。付健兒范老子。

110　　八日，帖馬伍疋，共食青麦貳斗伍勝。付健兒范老子。

111　　九日，帖馬伍疋，共食青麦貳斗伍勝。付健兒范老子。

112　　十日，帖馬伍疋，共食青麦貳斗伍勝。付健兒范老子。

--（一百八）

113　　十一日，帖馬伍疋，共食青麦貳斗伍勝。付健兒范老子。

114　　十二日，帖馬伍疋，共食青麦貳斗伍勝。付健兒范老□。

115　　十三日，帖馬伍疋，共食青麦貳斗伍勝。付健□□□

116　　十四日，帖馬伍疋，共食青麦貳斗伍勝。付健兒范老子。

117　　十五日，帖馬伍疋，共食青麦貳□伍勝。付健兒范老子。

118　　十六日，帖馬□□，共食青麦貳斗□勝。付健兒范老子。

119　十七日，帖馬伍疋，共食青麦貳㪷伍勝。付健兒范老子。

120　十八日，帖馬伍疋，共食青麦貳㪷伍勝。付健兒范老子。

121　□九日，帖馬伍疋，共食青麦貳㪷伍勝。付健兒范□□。

122　　　　　　　　　　　　　　　健兒范老□。

123　　　　　　　　　　　　　　　兒范老□。

124　　　　　　　共食青麦貳㪷伍□□□□范老子。

125　　　　　　　共食青麦貳㪷伍勝。付健兒范老子。

126　田四日，帖馬伍□，□使，共食青麦伍㪷。付健兒范老子。

127　廿五日，帖馬伍疋，共食青麦貳㪷伍勝。付健兒范老子。

128　廿六日，帖馬伍疋，共□□麦貳㪷伍勝。付健兒范老子。

129　□七日，帖馬□□，共食青麦貳㪷伍勝。付健兒范老子。

130　□八日，帖馬伍□，共食青麦貳㪷伍勝。付健兒范老子。

131　田九日，帖馬伍疋，共食青麦貳㪷伍勝。付健兒范老子。

132　卅日，帖馬伍疋，共食青麦貳㪷伍勝。付健兒范老子。

133　十月一日，同前，郡坊帖馬伍疋，共食青麦叁㪷伍勝，爲送使。付健兒范老子。

134　二日，帖馬伍疋，共食青麦貳㪷伍勝。付健兒范老子。

---（一百九）

135　三日，帖馬伍疋，共食青麦貳㪷伍勝。付健兒范老子。

136　□□□八日，郡坊帖元□□馬壹疋，食青麦伍勝。付帖馬健兒鍾俊。

137　九日，帖馬□疋，食青麦壹㪷。付健兒鍾俊。

138　十日，帖馬壹疋，食青麦壹㪷。付健兒鍾俊。

139　十　□，帖馬壹疋，食青麦壹㪷。付健兒鍾俊。

140　十二日，帖馬□疋，共食青麦叁㪷。付健兒鍾俊。

141　十三日，帖□□疋，共食青麦叁㪷。付健兒鍾俊。

142　十四日，帖馬叁疋，共食青麦叁斗。付健兒鍾俊。

143　十五日，帖馬叁疋，共食青麦叁斗。付健兒鍾俊。

144　□□日，郡坊帖□壹疋，食青麦壹斗。付健兒鍾俊。

145　十七□□馬壹疋，食青麦壹斗。付健兒鍾俊。

146　_____帖馬壹疋，食青麦壹斗。付健兒鍾俊。

147　□□日，帖馬壹疋，食青麦壹斗。付健兒鍾俊。

148　廿四日，帖馬壹疋，食青麦壹斗。付健兒鍾俊。

149　廿五日，帖馬壹疋，食青麦壹斗。付健兒鍾俊。

150　同日，□□帖馬捌疋，送大使娘子，共食麦踏捌斗。付健兒程彥琛。

151　_____疋，共食麦踏捌斗。付健兒程彥琛。

152　_____馬捌疋，共食麦踏捌斗。付健兒程彥琛。

153　_____坊帖岑判官馬柒疋，共食青麦叁斗伍勝。付健兒陳金。

154　_____柒疋，共食青麦叁斗伍勝。付健兒陳金。

155　_____馬柒疋，共食青麦叁斗伍勝。付健兒陳金。

---（一百一十）

156　_____馬柒疋，共食青麦叁斗伍勝。付健兒陳金。

157　_____柒疋，□□青麦叁斗伍勝。付健兒□金。

158　_____馬柒疋，共食青麦叁斗伍勝。付健兒陳金。

159　_____馬柒疋，共食青麦叁斗伍勝。付健兒陳金。

160　_____馬柒疋，共食青麦叁斗伍勝。付□□陳金。

161　_____柒疋，共食青麦叁斗伍勝。付健兒陳金。

162　_____馬柒疋，共食青麦叁斗伍勝。付健兒陳金。

163　_____馬柒疋，共食青麦叁斗伍勝。付健兒陳金。

164　_____柒疋，共食青麦叁斗伍勝。付健兒陳金。

165　_____疋，共食青麦叁斗伍勝。付健兒陳金。

166 ＿＿＿柒疋，共食青麦叁㪷伍勝。付健兒陳金。

167 ＿＿＿柒疋，共食青麦叁㪷伍勝。付健兒陳金。

168 ＿＿＿共食青麦叁㪷伍勝。付健兒陳金。

169 ＿＿＿市馬壹伯疋，共食青麦伍碩。付領馬健兒王思莊、押官張子奇。

170 ＿＿＿市馬，奉　大夫牒，令每到館，須供草䔲，不得有虧。

171 ＿＿＿郡坊帖楊大夫馬捌疋，共食青麦肆㪷。付帖馬健兒范老子。

172 ＿＿＿馬捌疋，共食青麦肆㪷。付帖馬健兒范老子。

173 ＿＿＿馬捌疋，送使，共食青麦捌㪷。付健兒范老子。

174 ＿＿＿疋，共食青麦肆㪷。付健兒范老子。

175 ＿＿＿捌疋，共食青麦肆㪷。付健兒范老子。

176 ＿＿＿郡坊送楊常侍馬拾疋，共食青麦陸㪷伍勝。付健兒鍾俊。

177 ＿＿＿下帖馬柒疋，共食青麦叁㪷伍勝。付健兒鍾俊。

---（一百一十一）

178 □日郡坊帖李大夫細馬壹疋，食青麦壹㪷。付槽頭王獻玉。

179 ＿＿＿帖馬壹疋，食青麦＿＿＿＿＿＿獻玉。

180 ＿＿＿壹疋，食青麦壹㪷。付槽頭王獻玉。

181 ＿＿＿壹疋，食青麦壹㪷。付槽頭王獻玉。

182 ＿＿＿郡坊帖馬玖疋，共青麦玖㪷。付帖馬健兒范老子。

183 ＿＿＿帖馬玖疋，共食青麦玖㪷。付健兒范老子。

184 ＿＿＿麦玖㪷。付健兒范老□。

185 □□月一日，同前，□馬玖疋，共□□麦玖㪷。付健兒范□□。

186 二日，帖馬玖疋，共食青麦玖㪷。付健兒范老□。

187 三日，帖馬玖疋，共食青麦玖㪷。付健兒范老子。

188 四日，帖馬玖疋，共食青麦□㪷。付健兒范老子。

189　　五日，帖馬玖疋，共食青麦玖㪷。付健兒范老子。

190　　六日，帖馬玖疋，共食青麦玖㪷。付健兒范老子。

191　　七日，帖馬玖疋，共食青麦玖㪷。付健兒范老子。

192　　八日，帖馬玖疋，共食青麦玖㪷。付健兒范老子。

193　　九日，帖馬玖疋，共食青麦玖㪷。付健兒范老子。

194　　十日，帖馬玖疋，共食青麦玖㪷。付健兒范老子。

195　　十一日，帖馬玖疋，共食青麦玖㪷。付健兒范老子。

196　　十二日，帖馬玖疋，共食青麦玖㪷。付健兒范老子。

197　　十三日，帖馬玖疋，共食青麦玖㪷。付健兒范老子。

---（一百一十二）

198　　十四日，帖馬玖疋，共食青麦玖㪷。付健兒范老子。

199　　十五日，帖馬玖疋，共食青麦玖㪷。付健兒范老子。

200　　十六日，帖馬玖疋，共食青麦玖㪷。付健兒范老子。

201　　同月十四日，郡坊帖馬拾疋，共食青麦壹碩。付健兒范老子。

202　　十五日，帖馬貳拾伍疋，共食青麦兩碩伍㪷。付健兒范老子。

203　　十六日，帖馬貳拾伍疋，共食青麦兩碩伍㪷。付健兒范老子。

204　　同月十四日，北庭征馬貳拾陸疋，共食青麦兩碩。付健兒韓僧。

205　　十六日，北庭征馬肆拾陸疋，共食青□肆碩陸㪷。付健兒韓僧。

206　　同月十二日，郡坊馱帳設驢陸頭至館，共食青麦壹㪷捌勝。付驢子令
狐仙子。

207　　十三日，郡坊驢陸頭，共食青麦壹㪷捌勝。付驢子令狐仙子。

208　　十四日，郡坊驢陸頭，共食青麦壹㪷捌勝。付驢子令狐仙子。

209　　十五日，郡坊驢陸頭，共食青麦壹㪷捌勝。付驢子令狐仙子。

210　　同月廿七日，郡坊帖　太守馬陸疋，共食青麦陸㪷。付健兒范老子。

211　　廿八日，帖馬陸疋，共食青麦陸㪷。付健兒范老□。

212　閏十一月廿八日，郡坊帖李判官馬伍疋，共食床、麦伍卧，各半。付健兒楊元琰。

213　廿九日，帖馬伍疋，共食床、麦伍卧，各半。付健兒楊元琰。

214　十二月一日，同前，帖馬伍疋，共食床、麦伍卧，各半。付健兒楊元琰。

215　二日，帖馬伍疋，共食床、麦伍卧，各半。付健兒楊元琰。

216　三日，帖馬伍疋，共食床、麦伍卧，各半。付健兒楊元琰。

217　四日，帖馬伍疋，共食床、麦伍卧，各半。付健兒楊元琰。

218　五日，帖馬伍□，□□床、麦伍卧，各半。付健兒楊元琰。

219　六日，帖馬玖疋，□□□麦陸卧叁勝，各半。付健兒張延祚。

--（一百一十三）

220　七日，帖馬拾疋，共□床、麦柒卧，各半。付健兒張延祚。

221　八日，帖馬拾疋，共食□床柒卧，各半。付健兒張延祚。

222　九日，帖馬拾疋，共食床、麦柒卧，各半。付健兒張延祚。

223　十日，帖馬拾疋，共食床、麦柒卧，各半。付健兒張延祚。

224　十一日，帖馬拾疋，共食床、麦柒卧，各半。付健兒張延祚。

225　十二日，帖馬拾疋，共食床、麦柒卧，各半。付健兒張延祚。

226　十二月十二日，郡坊帖　大夫馬貳拾捌疋，共食床、麦壹碩玖卧陸勝。付健兒魏琳。

227　十三日，帖馬貳拾捌疋，共食床、麦壹碩玖卧陸勝，各半。付健兒魏琳。

228　十四日，帖馬貳拾捌疋，共食床、麦壹碩玖卧陸勝，各半。付健兒魏琳。

229　十五日，帖馬貳拾捌疋，共食床、麦壹碩玖卧陸勝，各半。付健兒魏琳。

230　十六日，帖馬貳拾捌疋，共食床、麦壹碩玖卧陸勝，各半。付健兒魏琳。

231　十七日，帖馬貳拾捌疋，共食床、麦壹碩玖卧陸勝，各半。付健兒魏琳。

232　十八日，帖馬貳拾捌疋，共食床、麦壹碩玖卧陸勝，各半。付健兒魏琳。

233　十九日，帖馬貳拾捌疋，共食床、麦壹碩玖卧陸勝，各半。付健兒魏琳。

234　　廿日，帖馬貳拾捌疋，共食床、麦壹碩玖𣁟陸勝，各半。付健兒魏琳。

235　　廿一日，帖馬貳拾捌疋，共食床、麦壹碩玖𣁟陸勝，各半。付健兒魏琳。

236　　廿二日，帖馬貳拾捌疋，共食床、麦壹碩陸𣁟陸勝，各半。付健兒魏琳。

237　　廿三日，帖馬肆拾壹疋，共食床、麦兩碩捌𣁟柒勝，各半。付健兒魏琳。

238　　廿四日，帖馬肆拾疋，共食床、麦兩碩捌𣁟，各半。付健兒魏琳。

239　　其月十九日，帖柳谷馬貳拾捌疋，送旌節到，共食床、麦壹碩玖𣁟陸勝。付健兒魏琳。

240　　廿三日，從柳谷來帖馬陸拾疋，送　大夫至，共食床、麦叁碩。付健兒薛大郎。

241　　十二月一日，郡坊帖　大夫馬貳拾叁疋，共食床、麦壹碩陸𣁟壹勝。付健兒魏琳。

242　　二日，帖馬拾叁疋，共□＿＿＿＿＿＿＿＿＿＿𣁟壹勝。付健兒魏琳。

--（一百一十四）

243　　三日，帖馬貳拾叁疋，共食床、麦壹碩陸𣁟壹勝。付健兒魏琳。

244　　四日，帖馬貳拾叁疋，共食床、麦壹碩陸𣁟壹勝。付健兒魏琳。

245　　五日，帖馬貳拾叁疋，共食床、麦壹碩陸𣁟壹勝。付健兒魏琳。

246　　六日，帖馬貳拾叁疋，共食床、麦壹碩陸𣁟壹勝。付健兒魏琳。

247　　七日，帖馬貳拾□□，□食床、麦壹碩陸𣁟壹勝。付健兒魏琳。

248　　　　　　　　＿＿＿＿食床、麦壹碩陸𣁟壹勝。付健兒魏□。

249　　　　　　　　＿＿＿＿碩陸𣁟壹勝。付健兒魏□。

250　　□一日帖□＿＿＿

251　　十二日帖馬拾捌疋，共食床、麦壹碩貳𣁟□＿＿＿

252　　　　右通從天十三載三月已後至十二月□＿＿＿

253　　　　征馬等共侵食前件館斛𣁟，具月日件□＿＿＿

254　牒　件　狀　如　前，謹　牒。

255　　　　　天寶十四載正月　　日躡▢▢▢▢

256　　十八日▢▢▢▢

（一六）唐天寶十四載（755）某館申十三載七至十二月郡坊帖馬食䊺歷牒

73TAM506: 4/32－16

　　本件背面騎縫編號爲一百一十六至一百廿六，正面末尾鈐有"交河郡都督府之印"。此文書載有節度使封常清及其僚屬途經交河郡的行程。

　　參：孫曉林 1990，193—194、214 頁；王素 1992，185—198 頁；李錦繡 1995，192 頁；《吐魯番文書》肆，513—525 頁；朱雷 1997，100—108 頁；朱雷 2000，259—271 頁；陳國燦 2002b，312 頁；薛宗正 2008，121—122 頁；王素 2011，296—311 頁；程喜霖、陳習剛 2013，913—917 頁；王玉平 2021，98—108 頁。

1　　▢▢坊帖馬從天十三載七▢▢▢▢

2　　　　五十石郡牒支▢▢▢▢

3　　　　一百卅八石三斗寢（侵）食▢▢▢▢

4　　七月一日郡坊▢▢七疋食青麦三斗▢▢▢▢▢▢超。

5　　　　同日，趙都護家▢乘郡坊馬▢▢▢▢▢▢▢付健兒張庭俊。

6　　　　二日，郡坊帖馬七疋▢▢▢▢▢▢▢▢付押官党超。

7　　　　同日，郡坊馬▢疋，▢▢▢▢▢▢▢麦三斗五升。付健兒張庭俊。

8　　　　三日，郡坊▢▢▢▢▢▢▢▢▢党超。

9　　　　同日，郡坊▢▢六▢，迎趙▢護家▢▢▢▢

10　　　四日，郡坊帖馬七疋，▢麦三斗五升。付▢▢▢超。

11　　　同日，郡坊帖馬八疋，迎趙都護家▢，食青麦四斗。付健▢▢▢▢

12 　同日，李大夫乘郡坊帖馬□十二疋，食青麦六斗。付馬子楊景秘。

13 　同日，諜判官乘馬四疋，食青□□□

14 　五日，帖馬七疋，食青麦三斗五升。付押官□□□

15 　同日，劉常侍乘郡坊帖馬十三疋，食青□□□

16 　同日，郡坊帖馬十疋，帖□□□

17 　六日，郡坊帖馬七疋，食青麦三斗五升。付子□□□

　　　--（一百一十六）

18 　七日，郡坊帖□□□□□內七疋送使米俊向西，全料；一十八疋在
槽，食半料，共食□

19 　一石六斗。付馬子趙璀。

20 　八日，郡坊帖馬一十八疋，共食青麦九斗。付馬趙璀。

21 　九日，郡坊馬十一疋，送馬太守到，共食麦一石一斗。付馬子李思忠。

22 　十日，郡坊帖馬廿八疋，共食麦一石四斗。付馬子趙璀。

23 　十一日，郡坊馬十捌疋，食麦九斗。付馬子趙璀。

24 　十二日，郡坊帖馬五疋，食麦二斗五升。付馬子趙璀。

25 　十三日，郡坊馬五疋，食麦二斗五升。付馬子趙璀。

26 　十四日，郡坊馬十七疋，食麦八斗五升。付馬子趙璀。

27 　十五日，郡坊馬十七疋，食麦八斗五升。付馬子趙璀。

28 　十六日，郡坊馬十四疋，食麦七斗。付馬子趙璀。

29 　同日，郡坊帖馬七疋，食麦三斗五升。付馬子趙璀。

30 　十七日，郡坊馬五疋，食麦二斗五升。付馬子趙璀。

31 　十八日，郡坊馬五疋，食麦二斗五升。付馬子趙璀。

32 　十九日，郡坊馬五疋，食麦二斗五升。內四疋送王判向□□□

33 　共食青麦四斗五升。付馬子趙璀。

　　　--（一百一十七）

34　　同日，王將軍乘郡坊馬四疋□□□付馬子趙璀。

（中缺）

35　　　　□□□疋，送　封大夫旌節到，食麦粟六石□□□

36　　　　□□□大夫馬卅疋到，在槽，食麦粟一石五斗。付健兒趙璀。

37　　　　□□□大夫甘泉却回馬十三疋，食粟麦六斗。付健兒上官什仵。

38　　　　　□□□五疋，食青麦一石二斗五升。付押□□□

39　　　　　□五疋，食麦二斗五升。付馬子楊景秘。

40　　同日，郡坊送回馬十四疋，食青麦九斗二升。付押宜党超。

41　　廿三日，郡坊馬五疋，食麦二斗五升。付馬子楊景秘。

42　　廿四日，郡坊馬五疋，食麦二斗五升。付馬子楊景秘。

43　　廿五日，郡坊帖馬五疋，食青麦二斗五升。付馬子楊景秘。

44　　廿六日，郡坊帖馬五疋，食麦二斗五升。付馬子楊景秘。

45　　廿七日，郡坊馬五疋，食麦二斗五升。付馬子楊景秘。

46　　廿八日，郡坊帖馬六疋，食麦三斗。付馬子楊景秘。

47　　廿九日，郡坊馬六疋，食麦三斗。付馬子楊景秘。

48　　同日，崔判官乘郡坊馬五疋，食麦二斗五升。付丁光。

49　　卅日，郡坊帖馬十疋，食麦五斗。付馬子楊景秘。

--（一百一十八）

50　八月一日，郡坊馬十疋，內兩疋細，食全料；八疋半料；共食青麦六斗。
　　付馬子楊景秘。

51　　二日，郡坊帖馬十疋，內兩疋細，食全料；八疋半料；共食青麦六
　　斗。付楊景秘。

52　　三日，郡坊帖馬十疋，內兩疋細，食全料；八疋半料；共食麦六斗。
　　付楊秘。

53　　四日，郡坊馬十疋，內兩疋細，食全料；八疋半料；共食青麦六斗。

付楊秘。

54　　　五日，郡坊帖馬十疋，内兩疋全料；八□□料；共食麦六斗。付楊秘。

55　　　六日，郡坊馬十疋，内兩疋全料；八疋半料；共食麦六斗。付馬子楊景秘。

56　　　七日，郡坊帖馬十疋，内兩疋全料；八疋半料；共食麦六斗。付馬子楊□。

57　　　八日，郡坊帖馬十疋，内兩送趙都護向西，食全料；□□□槽，半料；共□

58　　　　麦八斗。付馬子楊景秘。

59　　　九日，郡坊帖馬十疋，内兩疋食全料；八疋半料；共食麦六斗。付楊秘。

60　　　同日，劉判官乘郡坊帖馬一疋，食麦五斗。付馬子楊景秘。

61　　　同日，郡坊馬送段判官，馬七疋，食麦三斗五升。付馬子呂祖。

62　　　十日，張大使乘郡坊馬兩疋，食麦一斗。付馬子呂祖。

63　　　同日，郡坊帖馬五疋，内三疋送段判官，食全料；兩疋在槽，食□□，

64　　　　共食青麦四斗。付馬□楊景秘。

65　　　十一日，郡坊馬五疋，食麦□斗五升。付馬子楊景秘。

66　　　十二日，郡坊馬五疋，食青麦二斗五升。付馬子楊景秘。

--（一百一十九）

67　　　同日，郡坊帖馬九疋，内五疋陳將軍乘向東，食全料；四疋半料，

68　　　　馬子呂祖。

69　　　十三日，郡坊帖馬五疋，食青麦二斗五升。付馬子楊景秘。

70　　　十四日，郡坊帖馬五疋，食麦二斗五升。付馬子楊景秘。

71	十五日，郡坊馬五疋，食麦二斗五升。付馬子楊景秘。
72	十六日，郡坊帖馬五疋，食麦二斗五升。付馬子楊景□。
73	十七日，郡坊帖馬五疋，食麦二斗五升。付馬子楊景□。
74	十八日，郡坊帖馬四疋，食麦二斗。付馬子楊景秘。
75	廿一日，郡坊帖馬七疋，黎大夫乘向東，麦食七斗。付馬子楊秘。
76	廿二日，郡坊帖馬十疋，迎楊大夫，食麦五斗。付馬子楊景□。
77	廿三日，郡坊帖馬十疋，迎楊大夫，食麦五斗。付馬子楊秘。
78	廿四日，郡坊帖馬十二疋，迎楊大夫，食青麦九斗六升。付馬子楊□。
79	同日，郡坊帖馬十疋，食麦八斗。付健兒丁光。
80	廿五日，郡坊帖馬廿二疋，食麦一石七斗六升。付馬子楊秘。
81	同日，郡坊迎封大夫，馬卌三疋，食麦三石四斗四升。付健兒張庭□。
82	廿六日，郡坊帖馬五十疋，食麦五石。付健兒張庭俊。
83	田七日，郡坊帖馬五十疋，食麦五石。付健兒張庭俊。

-- (一百廿)

84	廿八日，郡坊帖馬五十疋，食青麦五石。付健兒張庭俊。
85	廿九日，郡坊帖馬五十疋，食青麦五石。付健兒張庭俊。
86	九月一日，郡坊馬十五疋，食青麦一石二斗。付馬子楊秘。
87	二日，郡坊馬十五疋，食青麦一石二斗。付馬子楊秘。
88	三日，郡坊馬十五疋，食青麦一石二斗。付馬子楊秘。
89	四日，郡坊馬十五疋，食青麦一石二斗。付馬子楊秘。
90	五日，郡坊馬十一疋，食青麦八斗八升。付馬子楊秘。
91	六□，□坊馬一十疋，食青麦八斗八升。付馬子楊秘。
92	七月，郡坊十疋，食青麦一石二斗。付馬子楊秘。
93	八日，郡坊馬十一疋，食青麦八斗八升。付健兒司徒愕。
94	九日，郡坊馬一十一疋，食青麦八斗八升。付健兒司徒愕。

95　十日，郡坊馬一十一疋，食青麦□斗八升。付健兒司徒愕。

96　十一日，郡坊馬一十一疋，食青麦八斗八升。付健兒司徒愕。

97　十二日，郡坊馬七疋，食青麦□□五升。付健兒司徒愕。

98　□三日，郡坊馬十一疋，食青麦八斗八升。付健兒司徒愕。

99　□四日，郡坊馬一十一疋，食青麦八斗八升。付健兒司徒愕。

100　□五日，郡坊馬十五疋，食青□一石二斗。付健兒司徒愕。

101　十六日，郡坊馬十五疋，食青□一石二斗。付健兒司徒愕。

102　十七日，郡坊馬十五疋，食青麦一石二斗。付健兒司徒愕。

103　十八日，郡坊馬七疋，食青麦五斗六升。付健兒司徒愕。

104　同日，郡坊馬四疋，迎梁將軍，食青麦三斗二升。付健兒司徒愕。

105　十九日，郡坊馬五疋，食青麦四斗。付健兒司徒愕。

-- （一百廿一）

106　廿日，郡坊馬八疋，食青麦六斗四升。付健兒司徒愕。

107　廿一日，郡坊馬十四疋，食青麦一石一斗。付健兒司徒愕。

108　廿二日，郡坊馬十三疋，食青麦一石四升。付健兒司徒愕。

109　廿三日，郡坊馬十三疋，食青□□□

110　　　　　　　　　　　□□□石四升。付健兒司徒愕。

111　　　　　　　　　　　　□□□付健兒司徒愕。

112　　　　□□□疋，食青麦六斗。付健兒陳懷金。

113　九日，帖馬六疋，食麦六斗。付健兒陳懷金。

114　十日，帖馬六疋，食青麦六斗。付健兒陳懷金。

115　十一日，帖馬六疋，食青麦六斗。付健兒陳懷金。

116　十二日，帖馬六疋，食青麦六斗。付健兒陳懷金。

117　十三日，帖馬六疋，食青麦六斗。付健兒陳懷金。

118　十四日，帖馬六疋，食青麦六斗。付健兒陳懷金。

119　十五日，帖馬卅四疋，食青麦三石四斗。付健兒陳懷金。

120　同日，平待迎乘磑石郡坊馬七疋，食青麦三斗五升。付健兒陳懷金。

121　十六日，帖馬廿八疋，食青麦兩石八斗。付健兒陳懷金。

122　同日，帖馬六疋，封大郎子，食青麦六斗。付健兒陳懷金。

--（一百廿二）

123　十七日，帖馬廿八疋，食青麦兩石八斗。付健兒陳懷金。

124　同日，旌節乘帖馬十七疋，食青麦八斗五升。付健兒陳懷金。

125　同日，鍾俊從磑石將郡坊帖馬一十八疋，食青麦一石八斗。付鍾俊。

126　十八日，帖馬卅六疋，食青麦四石六斗。付健兒陳金。

127　同日，　封大夫乘帖馬卅二疋，食青麦兩石。付健兒鍾俊。

128　同日，郡坊帖馬卅五疋，送　封大夫到呂光回，食麦三石二斗五升。付健兒鍾光俊。

129　十九日，帖馬八十八疋，食青麦四石八斗。付健兒鍾光俊。

130　同日，郡坊馬十五疋，送封大夫回，食青麦七斗五升。付健兒陳金。

131　□□，帖馬廿疋，内五疋孫判官乘向磑石，食全料；十五疋在槽，食半料；共食青麦一石二斗五

132　　　　　　　　　　□□□

133　　　　　　　　　□送王輸判官向西，七疋焦大夫乘向磑石，并食全料□□

134　　　　　　　　　□麦一石六斗五升。付健兒陳懷金。

135　　　　　　　□□磑石，帖馬六疋，食青麦三斗。付健兒陳懷金。

136　廿二日，郡坊帖馬廿疋，食青麦一石。付健兒陳懷金。

137　廿三日，郡坊帖馬廿疋，内一十疋李判官乘向呂光，食全料；十疋在槽食半料；共

138　　　食青麦一石五斗。付健兒陳懷金。

139　　廿四日，郡坊帖馬廿疋，食青麦一石。付健兒陳金。

140　　廿五日，郡□帖馬廿疋，食青麦一石。付健兒陳金。

141　　廿六日，郡坊帖馬廿疋，食青麦兩石。付健兒陳金。

---（一百廿三）

142　　廿七日，郡坊帖馬廿疋，食青麦兩石。付健兒陳金。

143　　廿八日，郡坊馬廿疋，食青麦兩石。付健兒陳金。

144　　廿九日，郡坊馬廿疋，食青麦兩石。付健兒陳金。

145　　同日，趙都護乘磑石郡坊帖馬六疋，食青麦三斗。付健兒陳金。

146　　同日，史將軍乘磑石郡坊帖馬七疋，食青麦三斗五升。付健兒陳□。

147　　卅日，郡坊帖馬廿疋，食青麦兩石。付健兒陳金。

148　　閏十一月一日，郡坊帖馬廿四疋，内九疋送孫大夫第一般向磑石，食半料；一十五疋□□□□

149　　　　食青麦一石九斗五升。付健兒陳金。　　總管楊俊卿。

150　　二日，郡坊帖馬廿四疋，食青麦兩石四斗。付健兒陳金、總管楊□□。

151　　三日，郡坊帖馬廿四疋，食青麦兩石四斗。付健兒陳金、總管楊俊□。

152　　四日，郡坊帖馬卅二疋，内一十四疋送孫常侍第二般向磑石，食半料；廿八疋在槽□

153　　　　全料，食青麦三石五斗。付健兒陳金、總管□俊卿。

154　　五日，郡坊帖馬卅二疋，食青麦四石二斗。付健兒陳金。

155　　六日，郡坊帖馬卅二疋，食青麦四石二斗。付健兒陳金。

156　　七日，郡坊帖馬廿疋，食青麦兩石。付健兒陳金。

157　　同日，郡坊帖馬十疋，送周特進到銀山停，食青麦一石。付健兒陳金。

158　　八日，郡坊帖馬廿疋，食青麦兩石。付健兒陳金。

159　同日，郡坊帖馬十疋，送周特進到銀山停，食青麦一石。付健兒陳金。

160　九日，郡坊帖馬廿二疋，食青麦兩石二斗。付健兒陳金。

---（一百廿四）

161　同日，郡坊帖馬十疋，送周特進到停，食青麦一石，便送第四般向

東。付健兒陳金。

162　十日，郡坊帖馬廿二疋，食青麦兩石二斗。□□兒陳金。

163　十一日，郡坊帖馬廿二疋，內十二疋送第五般向□□□□

164　　健兒陳金。

165　十二日，郡坊帖馬廿二疋，食青麦兩石貳斚。付健兒陳金。

166　同日，黎大夫第一般乘磑石郡坊帖馬七疋，食青麦三斗五升。付健兒

陳金。

167　十三日，郡坊帖馬廿二疋，食青麦兩石二斗。付健兒陳金。

168　同日，第二般骨禄子乘磑石郡坊帖馬七疋，食青麦三斗五升。付健兒

陳□。

169　十四日，郡坊馬廿二疋，食青麦兩石二斗。付健兒陳金。

170　十五日，郡坊馬廿二疋，食青麦兩石二斗。付健兒陳金。

171　十六日，郡坊馬廿二疋，食青麦兩石二斗。付健兒陳金。

172　同日，王大夫乘磑石郡坊馬九疋，食青麦四斗五升。付健兒陳金。

173　同日，田判官乘磑石郡坊帖馬八疋，食青麦四斗。付健兒陳金。

174　十七日，郡坊馬廿二疋，食青麦兩石二斗。付健兒陳金。

175　十八日，郡坊帖馬廿二疋，食青麦兩石二斗。付健兒陳金。

176　同日，黎大夫乘磑石郡坊帖馬十五疋，食青麦七斗五升。付健兒陳金。

177　十九日，郡坊帖馬十七疋，食青麦　石七斗。付健兒陳金。

178　廿日，郡坊馬十七疋，食青麦一石七斗。付健兒陳金。

---（一百廿五）

179　　廿一日，郡坊帖馬十七疋，食青麦一石七斗。付健兒陳金。

180　　廿二日，郡坊帖馬一疋，食青麦一斗。付張什伜。

181　　廿三日，郡坊馬一疋，食青麦一斗。付張什伜。

182　　廿四日，郡坊馬一疋，食青麦一斗。付張什伜。

183　　廿五日，郡坊馬一疋，食青麦一斗。付張什伜。

184　　廿六日，郡坊馬一疋，食青麦一斗。付張什伜。

185　　廿七日，郡坊馬一疋，食青麦一斗。付張什伜。

186　　廿八日，郡坊馬一疋，食青麦一斗。付張什伜。

187　　□九日，郡坊馬一疋，食青麦一斗。付張什伜。

188　　　　　　郡 坊 帖 馬 食 踏 如 前。

189　　　　　　　　天 寶 十 四 載 正 月　　日 踏 子□□志牒

190　　　　　　　　　　　　捉 館 官 闞 紹 業

191　　十八日

192　　　　　　　　　　正 月 十 八 日 攝 録 事 嚴　仙 泰　受，

193　　　　　　　　　　功 曹 攝 録 事 參 軍　　旺　　付。

194　　　　　　　　　　連，彦 莊 白。

195　　　　　　　　　　　　　　　　廿 五 日

--（一百廿六彦）

（一七）唐天寶十四載（755）某館申十三載四至六月郡坊帖馬食踏歷狀

73TAM506: 4/32-17

本件背面騎縫編號爲一百廿六至一百卅一，正面末尾鈐有"交河郡都督府之印"。此文書載有節度使封常清及其僚屬途經交河郡的行程。

參：孫曉林 1990，220 頁；王素 1992，185—198 頁；王永興 1994，201 頁；《吐魯番文書》肆，526—533 頁；朱雷 1997，100—108 頁；朱雷 2000，259—271 頁；陳國燦 2002b，311—312 頁；荒川正晴 2010，256—257 頁；王素 2011，296—311 頁；程喜霖、陳習剛 2013，910—912 頁；王玉平 2021，98—108 頁。

---（一百廿六）

1　　　　　　□□□ 狀上

2　　　　□□□囤馬從天十三載四月一日至六月卅日，帖館石乘來往共囷□□□

3　捌斛。

4　　　　　卌石四月十四日郡牒支給　廿石粟。　廿石青麦。

5　　　　　一十七石八斗青麦。郡支外寢（侵）食私供未給。

6　　　四月十二日，郡坊上官什仵下細馬兩疋，帖磧石過黎大夫，食粟麦二斗。付天山坊健兒趙慶。

7　　　十三日，郡坊帖天山館一十四疋，送黎大夫到。内八疋騰向銀山，食粟麦一石一斗五升。付馬子張什仵。

8　　　十四日，郡坊帖天山館上官下馬四疋，送符判官到，便騰向銀山，食麦粟四斗。付天山館子李羅漢。

9　　　十五日，郡坊帖上官下馬兩疋，送□大夫銀山回到，食粟麦二斗。付趙嘉慶。

10　　　　　　　　□□□囚夫娘子到，便騰向銀山，食麦粟一石三斗。付馬子陳陽。

11　　　　　　　　□□□□神龍。

12　　　□□郡□馬七疋，内四疋送黎大夫，三疋送符判官等，銀山回，食麦粟三斗五升。付健兒兹元。

13　　　廿三日，郡坊馬十疋，送　封大夫娘子銀山回，食麦粟一石。付馬子陳陽、趙璀。

14　　廿四日，郡坊帖銀山館馬十三疋，迎趙都護，食麦粟八斗。付健兒上官什伴。

15　　廿五日，郡坊上官下割留馬三疋，帖碢石迎趙都護，食麦粟一斗五升。付天山坊健兒趙嘉慶。

16　　同日，郡坊帖天山館馬三疋，送目中郎到，便騰過，食麦三斗。付健兒封璋。

17　　廿六日，郡坊帖馬三疋，迎趙都護，食麦粟一斗五升。付趙嘉慶。

18　　同日，郡坊帖天山館馬四疋，送使郎德金到，便騰向銀山，食麦粟四斗。付馬子常秀期。

---（一百廿七）

19　　同日，郡坊帖碢石馬六疋，送使程有孚等向銀山，食麦粟六斗。付馬子常秀期。

20　　同日，郡坊帖天山館馬八疋，送程有孚等到，食麦粟四斗。付馬子常秀期。

21　　同日，郡坊帖天山館馬九疋，送王選等到，内騰七疋向銀山。共食麦粟八斗。付梁賓。

22　　同日，郡坊帖銀山馬一十三疋，送趙都護到，便向天山，食麦粟一石二斗。付健兒上官什伴。

23　　廿八日，郡坊馬一十一疋，帖天山館送羅中郎到，便騰過，食麦粟一石一斗。付馬子秦仙。

24　　同日，郡坊寄留之馬三疋，食麦粟一斗五升。付馬子秦仙。

25　　廿九日，郡坊帖銀山馬廿疋，過　封大夫，并全食麦粟兩石。付健兒郭運、陳金。

26　　同日，使田榮乘郡坊馬五疋到，食麦粟五斗。付健兒郭運。

27　　　卅日，郡坊帖礒石馬廿疋過　　封大夫，食麦粟兩石。付健兒郭運。

28　　　同日，郡坊帖天山館馬五疋，送王思道獨馱到，食麦粟五斗。付健兒
郭運。

29　　　同日，郡坊帖銀山馬廿七疋，過　　封大夫，食麦粟兩石七斗。付健兒
党奉起、張瓅等。

30　五月一日，郡坊馬十三疋，帖館過旌節使，食麦粟一石三斗。付健兒
党起。

31　　　　　　□帖馬卅三疋，過　　封大夫，食麦粟三石三斗。付馬子張
庭俊。

32　　　　　　　　　　　　　　　　　　□二石。付健兒上官什仵。

33　　　三日，郡坊馬六疋，送田判官到，食麦粟三斗。付馬子楊景彼。

34　　　四日，郡坊馬卌六疋，送　封大夫回，并全食麦粟四石六斗。付健兒
張庭俊。

-- (一百廿八)

35　　　同日，征馬廿二疋，送　封大夫回，食麦粟一石一斗。付押官尚大賓。

36　　　同日，劉總管郡坊馬兩疋，送　封大夫回到，食麦粟二斗。付秦仙。

37　　　同日，郡坊帖馬四疋，過　田判官回，食麦粟四斗。付馬子楊景彼。

38　　　同日，送　封大夫回之馬六疋，食麦粟六斗。付馬子閻價奴。

39　　　同日，帖馬五疋，送王判到，□麦粟二斗□升。付馬子王阿興。

40　　　五日，帖馬六疋，送陳將軍到，便過，食麦粟六斗。付馬子王阿興。

41　　　六日，帖馬七疋，送梁將軍下傔奏到，便騰過，食麦粟七斗。付張
昌琦。

42　　　七日，郡坊馬七疋，食麦粟三斗五升。付馬子梁賓。

43　　　同日，郡坊馬三疋，送陳判官到，便騰過，食麦粟三斗。付張什仵。

44　　　八日，郡坊馬七疋，食麦粟三斗五升。付馬子梁賓。

45　　　□□郡坊馬六疋，送使王義琒、劉判官等到，便騰過，食麦粟六斗。
付王□□□□

46　　　九日，郡坊馬兩疋，食麦粟二斗。付馬子王樓兒。

47　　　同日，郡坊馬三疋，送使郭子幹到，便騰過，食麦粟三斗。付馬子王
樓□。

48　　　十日，郡坊馬兩疋，食麦粟二斗。付馬子王樓兒。

49　　　同日，郡坊馬八疋，送吳侈、劉判官等到，便騰過，食粟麦八斗。付
王樓兒。

50　　　同日，郡坊帖礌石馬廿疋，過　楊大夫，食麦粟兩石。付張庭俊。

51　　　十一日，郡坊馬廿疋，食麦粟一石。付張庭俊。

52　　　同日，郡坊馬十疋，送高判官等到，食粟麦一石。付張庭俊。

---（一百廿九）

53　　　同日，帖馬六疋，送使董子等，食麦粟六斗。付張庭俊。

54　　　十二日，帖馬廿疋，送楊大夫向銀山，全料，食麦粟兩石。付張庭俊。

55　　　同日，郡坊馬十五疋，送楊大夫到，食麦粟一石。付健兒党起。

56　　　同日，郡坊馬廿五疋，先送般次向銀山回，食麦粟一石二斗五升。付
健兒陳金。

57　　　十三日，郡坊馬廿六疋，送楊大夫回到，食麦粟一石三斗。付健兒張俊。

58　　　十四日，郡坊先帖銀山馬十三疋，過楊□□□□

59　　六月四日，郡坊細馬兩疋，過趙烈到，內一疋騰向銀山，食麦粟二斗。
□□

60　　　六日，郡坊細馬一疋，送使趙烈回，食麦粟一斗。付張什件。

61　　　十二日，郡坊細馬兩疋，帖銀山、礌石迎使，食麦粟二斗。付健兒党
奉起。

62　　　十三日，郡坊細馬一疋，党起下帖馬割留，帖礌石過使，食麦粟一

斗。付天山坊馬子□□□

63　十四日，郡坊馬一疋，帖館食麦粟一斗。付天山坊馬子王嘉琛。

64　十五日，郡坊馬一疋，帖館食麦粟一斗。付天山坊馬子王嘉琛。

65　十六日，郡坊帖馬一疋，食麦粟一斗。付天山坊馬子王嘉琛。

66　十七日，郡坊帖馬一疋，食麦粟一斗。付天山坊馬子王嘉琛。

67　十八日，郡坊帖馬一疋，食麦粟一斗。付天山坊馬子王嘉琛。

68　十九日，郡坊馬三疋，內兩疋送韋大夫到，便騰向銀山，食麦粟三

斗。付天山館，押□□□

69　廿日，郡坊馬一疋，食麦粟一斗。付馬子王嘉琛。

70　同日，郡坊馬五疋，送使向銀山，今便收回，食麦粟五斗。付馬子常

秀□。

---（一百卅）

71　同日，郡坊帖天山館馬兩疋，送孫判官到，便騰向銀山，食麦粟二

斗。付馬子張什□。

72　廿一日，郡坊馬兩疋，內一疋細，全料，食粟麦一斗五升。付馬子張

什仵。

73　廿二日，郡坊帖馬兩疋，食麦粟一斗五升。付馬子張什仵。

74　廿四日，郡坊帖馬兩疋，食麦粟一斗五升。付馬子張什仵。

75　同日，郡坊帖天山館馬一疋，送李錢到，食麦粟五升。付馬子張什仵。

76　廿五日，郡坊帖馬十二疋，內五疋帖銀山五升料，帖礌石馬七疋七升生，共食麦粟

七斗四升。付馬□張什仵、丁光。

77　廿六日，郡坊馬七疋，食麦粟四斗九升。付馬子呂祖。

78　廿六日，郡坊馬七疋，食麦粟四斗九升。付馬子呂祖。

79　同日，郡坊細馬一疋，迎元判官，食麦粟一斗。付押官楊□□。

80　　　廿八日，郡坊馬七疋，食粟麦四斗九升。付馬子吕祖。

81　　　廿九日，郡坊馬七疋，食麦粟四斗九升。付馬子吕祖。

82　　　　　　▢▢馬七疋，内一疋帖銀山送元判官到，并全食麦粟七斗。
　　付馬子吕祖。

83　　　　　　▢坊馬八疋，帖天山館送趙光烈家口到，食粟麦八斗。付健
　　兒張庭俊。

84　　▢▢ ▢ ▢ 坊 食 曆 歷 如 前，謹 牒。

85　　　　　　　天寶十四載正月　日曆子申屠冲子　牒

86　　　　　　　　　　捉館官闕紹業

87　　　　十八日

　　--（一百卅一）

88　　　　　　　　正月十八日攝録事嚴　仙泰　受，

89　　　　　　　　　▢▢參軍　旺　　付。

90　　　　　　　　　　　▢，▢莊白。

91　　　　　　　　　　　　　　　廿五日

（二一）唐天寶十四載（755）郡坊申十三載九至十二月諸館支貯馬料帳

73TAM506: 4/32-20

　　本件背面騎縫編號爲二百二至二百四。此文書載有節度使封常清及其僚屬途經交河郡的行程。

　　參：王素 1992，185—198 頁；《吐魯番文書》肆，543—546 頁；朱雷 1997，100—108 頁；朱雷 2000，259—271 頁；陳國燦 2002b，314 頁；殷承弘 2004，45—46 頁；王素 2011，296—311 頁；王玉平 2021，98—108 頁。

---（一百二彥）

1　合郡坊馬從天十三載九月□日已後，至其載十二月卅日以前，東西三路迎

2　送使命，食諸館麦粟總柒伯捌拾柒碩玖㪷貳勝貳合。

3　　　　　　　　□伯玖拾捌碩貳㪷柒勝柒合青麦

4　　　　　　　□ 拾 伍 碩 捌 㪷 捌 勝 粟

5　　　　　壹 伯 叁 碩 柒 㪷 陸 勝 伍 合 床

6　陸伯壹拾捌碩陸㪷叁勝得前典王仙鷹款稱：先各得

7　兩槽及諸館狀，□預支貯供飼帖馬者，依會元預支案斛㪷，先

8　已支訖，今更不□□付。

9　　　　　　　□伯陸拾叁碩肆㪷陸勝伍合青麦

10　　　　　　□ 拾 壹 碩 肆 □ □

11　　　　　　□ 佰 叁 碩 □ 㪷 陸 勝 □

12　　　　　□拾碩九月七日得坊官劉惠振等狀稱緣大夫欲過□□

13　　　　□交河等諸館請支踏料者。其月十三日判：牒交河縣并倉

14　　　　曹司，預令支給。支料於十月破訖。

15　　　　　　□ □ 碩 床 給 交 河 館

---（一百三彥）

16　　　　　　貳 拾 碩 青 麦 給 柳 谷 館

17　壹伯伍拾碩九月廿三日得西北兩路巡官天山縣人李大簡

18　狀稱：恐大夫朝夕過，請每館預支帖馬料叁拾碩者。其月

19　廿五日判：牒天山、交河兩縣預令支給。准前十一月破訖。

20　　　　　　叁 拾 碩 給 交 河 館。

21　　　　　壹 拾 壹 碩 伍 㪷 叁 勝 伍 合 青 麦

22　　　　　壹 拾 捌 碩 肆 㪷 陸 勝 伍 合 床。

23　　　　　叁 拾 碩 給 柳 谷 館。

24　　　　　　壹 拾 伍 碩 冑 麦

25　　　　　　壹 拾 伍 碩 粟

26　　　　　　叁 拾 碩 給 □ 舍 館。

27　　　　　　壹 拾 伍 碩 青 麦

28　　　　　　壹 拾 伍 碩 床

29　　　　　　叁 拾 碩 青 麦 給 天 山 縣 倉。

30　　　　　　叁 拾 碩 青 麦 給 磟 石 館。

31　陸拾柒碩捌剢叁勝，給諸館十二月支料案破訖。

32　　　　　柒碩柒剢貳勝床給交河館。

---（一百四彥）

33　　　　　　壹 拾 柒 碩 肆 □ 給 柳 谷 館。

34　　　　　　壹 拾 壹 碩 □ 剢 青 麦

35　　　　　　伍 碩 柒 剢　　粟

36　　　　　　畢 拾 貳 碩 柒 剢 壹 勝 給 石 舍 館。

37　　　　　　壹 拾 碩 捌 剢 玖 勝 青 麦

38　　　　　　叁 拾 壹 碩 捌 剢 貳 勝 床

39　陸拾碩捌剢，閏十一月三日得坊官劉惠振等狀稱：請隨

40　　　　　　□□□其月四日判：牒倉曹□□

41　　　　　　□□其物貯在縣倉未付□□□

42　　　　　　□□拾碩捌剢支□□□

43　　　　□ 佰 壹 拾 碩 壹 □□

44　　　　　□諸館判各牒所由給付，并□□

45　馬支東□□□拾碩捌剢去載十一月三日□□

46　給閏十一月支料案□□供飼帖馬□□

47　　　　　　壹佰 □□

48　　　　　□□□

49　　　　　　　□□□　壹　碩　□□□

50　　　柒　　　　　　　　碩□□□

51　　肆拾柒　碩　肆　斗　□□□

（二二）唐天寶十四載（755）申神泉等館支供封大夫帖馬食踏歷請處分牒

73TAM506: 4/32-21

　　本件背面騎縫編號爲二百五十二至二百五十三。此文書載有節度使封常清及其僚屬途經交河郡的行程。

　　參：王素 1992，185—198 頁；王永興 1994，204 頁；李錦繡 1995，192 頁；《吐魯番文書》肆，547—548 頁；朱雷 1997，100—108 頁；朱雷 2000，259—271 頁；陳國燦 2002b，312 頁；王素 2011，296—311 頁；王玉平 2021，98—108 頁。

1　　　陸 碩 陸 斗 肆 勝 □ 泉 館 □□□

2　　　柒 碩 □ 斗 捌 勝 羅 護 館 □□□

3　　　貳 拾 陸 碩 玖 斗 伍 勝 赤 亭 館 □□□

4　　　壹 拾 陸 碩 陸 斗 肆 勝 達 匪 館 □□□

5　　　右得郡坊帖馬健兒趙璀等狀□□□□

6　　　大夫帖馬食踏歷并連米帖具數如前，□□□

7　　　坊過大夫帖馬，先令每館食前件料□□□

8　　　朱帖与食歷同，具檢如前，請處分。

9　牒 件 檢 如 前，謹 牒。

--（二百五十二）

10　　　　　正月　　日典康　□□□

11　　　　　神泉等四館連朱帖□□□

12　　　　　坊帖馬料麦粟共伍□□□

13　　　　　玖斗。勘責食數同，□□□□

14　　　　　諮。榮□。

15　　　　　　　　　□□□

16　　　　　依　判　□□□

17　壹道出牒槽□。游。

--（二百五十三）

18　牒　檢　有　事　至，謹　牒。

19　　　　　　　　　十二月　　日典竹奉□□□□

附：判集、典籍、詩鈔、佛經等

唐河西節度使（？）楊休明判集

P. 2942

　　尺寸爲 27.8 厘米 ×419.8 厘米，存 228 行。此件所載判文，大多與廣德二年（764）凉州失陷後的河西軍政有關。關於判集作者，尚有較大争議，此處暫取劉子凡 2016 中的觀點，認爲最後 3 件判文《伊西庭留後周逸構突厥煞使主兼矯詔河已西副元帥》《差鄭支使往四鎮索救援河西兵馬一万人》《周逸與逆賊僕固懷恩書》爲楊休明所作，記録了河西節度使楊志烈赴北庭徵兵途中遇害等事。此件内容直接反映了安史之亂後河西與北庭、安西的軍政關係及西北局勢。

　　參：池田温 1979，493—497 頁；唐長孺 1980，440—442 頁；安家瑶 1982，254—261

頁；史葦湘 1983，126 頁；馬德 1984，63—66 頁；《真迹釋録》2，630—632 頁；王小甫 1990，60 頁；《法藏》20，185 頁；金瀅坤 2011，73—79 頁；程喜霖、陳習剛 2013，1134—1137 頁；李宗俊 2014，54—64 頁；劉子凡 2016，331—337 頁；陳曉偉 2016，60—61 頁；劉子凡 2017，124—126 頁；楊寶玉 2018，20—32 頁；宋平 2018，94 頁。

（前略）

190　　　　伊西庭留後周逸構突厥煞使主兼矯　詔河已西副元帥

191　禍福無門，惟人所召，奸回不軌，在法攸書。副帥巡内徵兵，

192　行至長泉遇害。軍將親觀事迹，近到沙州具陳。建謨出

193　自中權，縱逼方憑外寇，逐兔者犬，可矜愚於小戎，指蹤者

194　人，宜責智於大匠。覽三軍之狀，已辨淄澠，聽兩道之詞，了

195　分曲直。館中毀玉，曾未訊於守持，衙内攫金，何遽受於

196　旌節。承偽便行文牒，憑虛莫畏幽明，侮法無懼三千，搏

197　風妄期九萬。　尚書忠義，寮屬欽崇，生前人無間言，殁

198　後狀稱矯　詔，假手志誣，爲　國披心，恨不顯誅。豈惟名

199　行湮沉，實謂奏陳紕謬。將士見而憤激，蕃虜聞而涕流。咸

200　謂煞　國之忠良，更興謗讟，屏　王之耳目，使不聰明。伏尋

201　表草之言，却似首陳之狀，上書自然不實，下策何煩漫行，此

202　乃欲蓋彌彰，將益反損，既知指的，方敢奏聞。又偽立遺書，躬

203　親筆削，恣行貪猥，莫顧章程。況隨使資財，盡知優贍，

204　供軍玉帛，衆委豐饒，人雖非命薨亡，物合却歸府庫。今者

205　馬承官印，貨被私收，雜畜全留，家僮半放。語親殊非骨屬，

206　論義正是血讎，更何因依，獨擅封植。且煞人求餉，尚召初征，

207　害使貪榮，能無後患？離心速寇，當即非賒，奪魄喪名，期

208　於不遠。事復彰露，迹甚倡狂，匪直紊乱二庭，亦恐動搖四海。

209 察其情狀，法所難容，宜絶小慈，用崇大計。彼道軍將，早挹忠

210 貞，數州具寮，素高節操，前車既覆，已莫辨於薰蕕，後轍

211 須移，可早分於玉石。事上固能剿絶，臨下豈憚鉏埋，請從曲

212 突之謀，勿誤焦頭之禍。周逸非道，遠近盡知，理合聞天，義

213 難厘務。既要留後，任擇賢良，所貴當才，便請知事。某乙

214 謬司觀察，忝迹行軍，欲寬泉下之魚，有慚弦上之矢，公道

----

215 無隱，敢此直書。各牒所由，准狀勘報。當日停務，勿遣東西。仍

216 録奏聞，伏待　進止。

217 　　差鄭支使往四鎮索救援河西兵馬一万人

218 勠力勤王，古今所重，帥義殄寇，春秋則書，盖生人之令謨，寔

219 臣子之守節，況河湟尚阻，亭障猶虞。元帥一昨親巡，本期

220 兩道徵點，豈謂中途遇害，遂令孤館自裁，痛憤轅門，悲感

221 　　　　　□問水濱之人，雜虜未平，須徵塞上之馬，

222 　　　　　□俗令，必惟行周，獨坐忠信，臨邊謨無不

223 　　　　　□日以遄征，四鎮驍雄，佇排風而驟進。彼此

224 　　　　　□及時，勉哉是行，以副斯請，差河

225 　　　□□贊善，專往計會，徵發訖先報。各牒所由，准狀

226 □□表録奏。　　　　周逸与逆賊僕固懷恩書

227 推亡固存，商書所重，去順效逆，春秋則誅。周逸猖狂，素懷

228 悖乱。　輦轂之下□□□□□

（後缺）

前北庭節度蓋嘉運判副使苻言事

P. 3885

　　全卷尺寸爲 28 厘米 × 191.5 厘米。本件判文抄録於唐詩集之後，應爲時任北庭節度使的蓋嘉運就處分副使苻言之事而寫的判文。文中所載苻言救援天山之戰事，或與開元二十二年（734）後突騎施抄掠西州相關，事見《敕天山軍使張待賓書》（《張九齡集校注》卷一二，北京：中華書局，2008 年，第 673 頁）。

　　參：姜伯勤 1994，124—125 頁；《法藏》29，89 頁。

1　　　前北庭節度盖嘉運判副使苻言事

2　苻言副使，簡自　帝心，郎將雄斑（班），濯水都尉，

3　朱目朝獻，幸會行官。署自背流，用爲

4　棚脚，隱善揚惡，慢説是非，侍寵嬌

5　盈，慮恐疏怠。先緣惆惜，嚙齒吞聲，

6　久而承寬，便加嬌舉。差向耶勒，專輙

7　輪臺，救援天山，便過西府。冬中嚴冷，

8　時囑（屬）凝寒，帶雪披霜，人馬倦宿，忝爲

9　主將，如何自安？頻追不從，莫惻尊見。總

10　管高陳，口陳經略，手畫山川。家貫高

11　昌，諳知道引。直途不往，曲路而行，進取

12　失疑，軍師不克。探見天山兵馬，一隊只

13　有十人，望塵脱紫袍，却走影山翻著。精

14　神恰如驚鹿，瞻視不異狂獐。非但挫我

15　軍威，抑亦鄰蕃笑具。已此曹野，此卒驍幸。

16　教鼠懸梯，爲蛇畫足，此若不科，何懲

17　後息。

西州都督府圖經

P. 2009

　　尺寸爲 27.1 厘米 ×98 厘米，存 56 行。此件載有西州通往伊州、庭州、焉耆的 11 條道路，其中花谷道、移摩道、薩捍道、突波道、烏骨道、他地道都是通往庭州，白水澗道則是通往庭州附近的處月諸部。

　　參：《真迹釋録》1，54—55 頁；《法藏》1，76—77 頁。

1	道十一達
2	赤亭道
3	右道出蒲□□□□
4	磧滷雜沙□□□□
5	新開道
6	右道出蒲□□□□
7	觀十六年□□□□
8	有泉井□□□□□
9	之阨，今見阻賊不通。
10	花谷道
11	右道出蒲昌縣界，西合柳中，向庭州七百卅里，
12	豐水草，通人馬。
13	移摩道
14	右道出蒲昌縣界移摩谷，西北合柳谷，向庭
15	州七百冊里，足水草，通人馬車牛。
16	薩捍道
17	右道出蒲昌縣界薩捍谷，西北合柳谷，向庭
18	州七百卅里，足水草，通人馬車牛。

19　　　突波道

20　　　　　右道出蒲昌縣界突波谷，西北合柳谷，向庭州

21　　　　　七百卅里，足水草，通人馬車牛。

22　　　大海道

23　　　　　右道出柳中縣界，東南向沙州一千三百六十

24　　　　　里，常流沙，人行迷誤，有泉井鹹苦，無草，行

25　　　　　旅負水擔粮，履踐沙石，往來困弊。

26　　　烏骨道

27　　　　　右道出高昌縣界北烏骨山，向庭州四百里，

28　　　　　足水草，峻嶮石粗，唯通人徑，馬行多損。

29　　　他地道

30　　　　　右道出交河縣界，至西北向柳谷，通庭州四

31　　　　　百五十里，足水草，唯通人馬。

32　　　白水澗道

33　　　　　右道出交河縣界，西北向處月己西諸蕃，

34　　　　　足水草，通車馬。

35　　　銀山道

36　　　　　右道出天山縣界，西南向焉耆國七百里，多

37　　　　　沙磧滷。唯近烽足水草，通車馬行。

　　（後略）

敦煌名族志

P. 2625

　　全卷尺寸爲 26.4 厘米 ×165 厘米，存 94 行。此件陰氏家族部分記載，陰嗣監曾任"正

議大夫、北庭副大都護、瀚海軍使、兼營田支度等使、上柱國”（第 31—32 行），陰嗣宗曾任“昭武校尉、庭州咸泉鎮將、上柱國”（第 46—47 行）。此外，與兩人同輩的陰嗣瓌，雖然在文書中僅記爲別將，但根據開元年間瀚海軍相關文書，此後很可能曾出任北庭都護。

　　參：《法藏》16，329 頁；鄭炳林、安毅 2007，1—14 頁。

（前略）

14　陰氏

15　隨（隋）唐已來尤爲望族。有陰稠者，立性清高，不

16　求榮禄，身九十八，板授鄧州刺史。長子仁幹，神

17　監明朗，氣量含弘，世号智囊，時稱理窟，唐

18　任昭武校尉、沙州子亭鎮將、上柱國。次子仁果，

19　志慕三軍，情敦八陣，遠除戎醜，拓定邊疆，唐

20　任游騎將軍、甘州甘峻府左果毅都尉、上柱國。

21　次子仁協，稟靈敦直，愛撫字人，兼五材，聘高九

22　德，纖仁徂義，令問斯彰，唐任正議大夫、使持節岷

23　州諸軍事行岷州刺史、上柱國、陽郡開國公。次子仁

24　希，性蘊九流，情含五典，作牧能理，素好兵鈴，據

25　德齊賢，清風峻遠，唐任〔云〕麾將軍、守左武衛

26　將軍、上柱國、燉煌郡開國公。幹長〔子〕嗣業，自天

27　聰明，博諺經史，訓諸方岳，愛好琴書，令問久彰，

28　清聲遠著，唐任正議大夫、使持節岷州諸軍

29　事行岷州刺史、上柱國、燉煌郡開國公。次子嗣監，

30　幼而岐嶷，植種天聽，作牧字人，明閑妙術，行

31　高智遠，預代師謀，唐見任正議大夫、北庭副

32　大都護、瀚海軍使、兼營田支度等使、上柱國。

33　果子嗣璋，素好琴歌，情含五韻，作牧能撫，擅預

34　兵鈐，唐任朝散大夫、使持節瓜州諸軍事、檢

35　校瓜州刺史、上柱國。　希長子琛，情自溫和，行

36　敦仁信，琴書養志，智遠幽邈，唐任昭武校尉行

37　瓜州雍歸鎮將、上柱國。希次子嗣瑗，素蘊忠貞，志

38　存仁孝，孫、吳秘術，上崇有聞，處代名超，元緒

39　逮之，見任昭武校尉、左金吾衛隴州源汧府左

40　果毅都尉、賞緋、上柱國、豆盧軍子總管。協超子

41　思諫，孝友能仁，行彰名譽，素好儒雅，志列能

42　仁，唐任昭武校尉、原州安善府左果毅都尉、

43　上柱國。次子思言，忠直敦信，仁孝文聞，行預聲

44　超，時材美差，唐任昭武校尉、秦州成紀府別將、

45　上柱國。果長子嗣宗，仁周宗黨，賢友忠貞，名譽

46　有聞，光粘永古，唐任昭武校尉、庭州咸泉鎮將、

47　上柱國。果次子元祥，立性賢和，性敦詩禮，能仁

48　亦物，處代名光，唐任昭武校尉、甘州三水鎮將、上

49　柱國。果子嗣玉，志敦經史，博覽天聽，奉國忠貞，

50　承家孝悌，唐見任刑（邢）州平鄉縣尉。幹子嗣瓛，志

51　氣驍雄情，素多謀略，超閑秘術，明達孫、吳，

52　唐任昭武校尉、岐州邵吉府別將、上柱國。業

53　子庭蘊，唐見任歧（岐）州望雲府別將、上柱國。

54　五代義居，承家孝悌，忠誠奉國，各受其班。陽

55　祖，鄉閭令望，州縣軌儀，年八十四，板授秦州

56　清水縣令、上柱國。祖子守忠，唐任壯武將軍

57　行西州岸頭府折衝兼充豆盧軍副使，又

58　改授忠武將軍行左領軍衛涼州麗水府折

59　衝都尉、攝本衛郎將、借魚袋，仍充墨離軍

60　副使、上柱國。以父老請侍，孝誠懇切，蒙涼州

61　都督郭元振判録奏：謀略克宣，勤勞久著，

62　當王涼之西面，處四鎮之東門，彈厭山川，控禦

63　緩急，寇不敢犯，塵不得飛。將士有投醪之歡，

64　吏人承狹纊之惠。防授既衆，功效實多，利潤倍

65　深，孳課尤剩，趙充國之爲將，省而成功，甘延

66　壽之居邊，惠而能利。長子修己，右衛勳二

67　府勳衛，材兼文武，蹈礼依仁，少習父風，鄉閭

68　挹以其幹略，節度使差專知本州軍兵馬。次

69　子修義，見任文州平府別將。

（後略）

唐詩叢鈔·奉憶北庭楊侍御留後

P. 3812

　　全卷尺寸爲 26 厘米 ×315.5 厘米。此件爲唐詩的叢鈔，其中見有與北庭相關之詩詞《奉憶北庭楊侍御留後》，作者爲殷濟。一般認爲此"楊侍御"爲唐朝最後一任北庭節度使楊襲古，然而與"留後"官職不符，或另有其人。

　　參：邵文實 1996，66—67 頁；徐俊 2000，386 頁；《法藏》28，142 頁。

（前略）

　奉憶北庭楊侍御留後

　　不幸同浮（俘）繫，常悲海雁孤。如何一朝事，流落在天隅？永夜多寂寞，

秋深獨鬱紆。欲知相憶甚，終日淚成珠。

　　（後略）

《金光明最勝王經》卷五題記

BD3339

　　全卷尺寸爲 26.3 厘米 ×950 厘米，此題記位於卷末。題記中羅列了參與長安三年
（703）長安西明寺義净譯場的僧人，其中就有“轉經沙門北庭龍興寺都維那法海”。

　　參：《國圖》45，413 頁。

　　（前略）

1　　　大周長安三年歲次癸卯十月己未朔四日壬戌玄藏法師義净

2　　　　奉制於長安西明寺新譯并綴文正字

3　　　　翻經沙門婆羅門三藏寶思惟證梵義

4　　　　翻經沙門婆羅門尸利末多讀梵文

5　　　　翻經沙門七寶臺上坐法寶證義

6　　　　翻經沙門荆州玉泉寺弘景證義

7　　　　翻經沙門大福光寺寺主法明證義

8　　　　翻經沙門崇光寺神英證義

9　　　　翻經沙門大興善寺伏禮證文

10　　　翻經沙門大福光寺上座波崙筆受

11　　　翻經沙門清禪寺寺主德感證義

12　　　翻經沙門大周西寺仁亮證義

13　　　翻經沙門大總持寺上坐大儀證義

14　　翻經沙門大周西寺寺主法藏證義

15　　翻經沙門佛授記寺都維那惠表筆受

16　　翻經沙門大福光都維那慈訓證義

17　　請翻經沙門天宮寺明曉

18　　轉經沙門北庭龍興寺都維那法海

19　　　　　弘遠勘定

《金光明最勝王經》卷五題記

羽 583

　　全卷尺寸爲 30 厘米 ×578.2 厘米，此題記位於卷末，同樣列有"轉經沙門北庭龍興寺法海"。

　　參：《敦煌秘笈》7，474 頁，目録冊 196—197 頁。

（前略）

1　　大周長安三年歲次癸卯十月己未朔四日壬戌玄奘法師義净奉

2　　　　　　　敕於長安西明寺新譯并綴文正字

3　　　　　翻經沙門婆羅門三藏寶思惟證梵義

4　　　　　翻經沙門婆羅門尸利末多讀梵文

5　　　　　翻經沙門七寶臺上坐法寶　　證義

6　　　　　翻經沙門荆州玉泉寺弘景　　證義

7　　　　　翻經沙門大福光寺寺主法明證義

8　　　　　翻經沙門崇光寺神英　　　　證義

9　　　　　翻經沙門大興善寺　伏禮　證文

10	翻經沙門大福光寺上座波崙筆受
11	翻經沙門清禪寺寺主德感　證義
12	翻經沙門大周西寺　仁亮　證義
13	翻經沙門大總持寺上坐大儀證義
14	翻經沙門大周西寺寺主法藏證義
15	翻經沙門佛授記寺都維那惠表筆受
16	翻經沙門大福先寺勝莊　　證義
17	翻經沙門大福先寺都維那慈訓證義
18	請翻經沙門天宮寺　　　明　曉
19	轉經沙門北庭龍興寺 法 海　受

《神會語録》題記

日本石井光雄舊藏

　　此件《社會語録》爲日本石井光雄積翠軒文庫所藏，據傳出自敦煌。可知在貞元八年（792），北庭依然在奉唐朝正朔，而且北庭尚有判官和張大夫。

　　參：石井光雄 1932，64—65 頁；池田温 1990，315 頁；榮新江 2013，70 頁；劉子凡 2016，358 頁。

　　唐貞元八年，歲在未〔申〕，沙門寶珍共判官趙秀琳，於北庭奉張大夫處分令勘訖。其年東十月廿日記。

參考文獻

安家瑤 1982.《唐永泰元年（765）—大曆元年（766）河西巡撫使判集（伯二九四二）研究》,《敦煌吐魯番文獻研究論集》, 北京：中華書局。

包曉悅 2015.《日本書道博物館藏吐魯番文獻目錄（上篇）》,《吐魯番學研究》2015 年第 2 期。

畢波 2007a.《怛邏斯之戰和天威健兒赴碎葉》,《歷史研究》2007 年第 2 期。

畢波 2007b.《吐魯番新出唐天寶十載交河郡客使文書研究》,《西域歷史語言研究所集刊》第 1 輯, 北京：科學出版社。

陳國燦 1993a.《唐麟德二年西域道行軍的救于闐之役——對吐魯番阿斯塔那四號墓部分文書的研究》,《魏晉南北朝隋唐史資料》第 12 期, 武漢：武漢大學出版社。

陳國燦 1993b.《東訪吐魯番文書紀要（一）》,《魏晉南北朝隋唐史資料》第 12 期, 武漢：武漢大學出版社。

陳國燦 1995.《斯坦因所獲吐魯番文書研究》, 武漢：武漢大學出版社。

陳國燦 1997.《美國普林斯頓所藏幾件吐魯番出土文書跋》,《魏晉南北朝隋唐史資料》第 15 輯, 武漢：武漢大學出版社。

陳國燦 2002a.《唐五代敦煌四出道路考》,《敦煌學史事新證》, 蘭州：甘肅教育出版社。

陳國燦 2002b.《吐魯番出土唐代文獻編年》, 臺北：新文豐出版公司。

陳國燦 2003a.《唐李慈藝告身及其補闕》,《西域研究》2003 年第 2 期。

陳國燦 2003b.《唐代行兵中的十馱馬制度——對吐魯番所出十馱馬文書的探討》,《魏晉南北朝隋唐史資料》第 20 輯, 武漢：武漢大學出版社。

陳國燦 2004.《唐西州蒲昌府防區內的鎮戍與館驛》,《魏晉南北朝隋唐史資料》第 17 輯, 武漢：武漢大學出版社。

陳國燦 2005.《〈俄藏敦煌文獻〉中吐魯番出土的唐代文書》,《敦煌吐魯番研究》第 8 卷, 北京：中華書局。

陳國燦、劉安志 2005.《吐魯番文書總目·日本收藏卷》, 武漢：武漢大學出版社。

陳國燦 2007.《唐西州在絲綢之路上的地位和作用》,《唐史論叢》第 9 輯, 西安：三秦出版社。

陳國燦 2016.《唐西州的四府五縣制——吐魯番地名研究之四》,《吐魯番學研究》2016 年第 2 期。

陳靈海 2013.《國家圖書館周字 51 號文書辨疑與唐格復原》,《法學研究》2013 年第 1 期。

陳明光 1998.《試說漢唐之際的納稅通知與完納憑證》,《中國古代社會研究：慶祝韓國磐先生八十華誕紀念論文集》,廈門：廈門大學出版社。

陳守忠 1996.《吐魯番阿斯塔那墓出土之唐代三件文書的研究》,《敦煌研究》1996 年第 4 期。

陳習剛 2007.《論武則天時期關津的職能及其興廢》,《中州學刊》2007 年第 5 期。

陳曉偉 2016.《胡廣〈記高昌碑〉與高昌麴氏、唐李元忠事迹叢考》,《文獻》2016 年第 6 期。

程喜霖 1982.《釋烽鋪》,《魏晉南北朝隋唐史資料》第 4 期,武漢：武漢大學歷史系魏晉南北朝隋唐史研究室。

程喜霖 1983.《唐代烽墈制度拾零》,《魏晉南北朝隋唐史資料》第 5 期,武漢：武漢大學歷史系魏晉南北朝隋唐史研究室。

程喜霖 1985.《從吐魯番出土文書中所見的唐代烽墈制度之三——唐代的烽鋪斸田》,《武漢大學學報》1985 年第 6 期。

程喜霖 1986a.《唐代公驗與過所案卷所見的經濟資料——部曲奴婢》,《中國經濟史研究》1986 年第 2 期。

程喜霖 1986b.《〈唐開元二十一年（733）西州都督府勘給過所案卷〉考釋——兼論請過所程式與勘驗過所（上）》,《魏晉南北朝隋唐史資料》第 4 期,武漢：武漢大學學報編輯部。

程喜霖 1988.《烽鋪考》,《鄭州大學學報》1988 年第 1 期。

程喜霖 1990.《漢唐烽墈制度研究》,西安：三秦出版社。

程喜霖 1991a.《漢唐烽墈制度研究》,臺北：聯經出版公司。

程喜霖 1991b.《〈唐垂拱元年（685）康尾義羅施等請過所案卷〉考釋》,《魏晉南北朝隋唐史資料》第 11 期,武漢：武漢大學出版社。

程喜霖 1995.《唐代過所與胡漢商人貿易》,《西域研究》1995 年第 1 期。

程喜霖 2000.《唐代過所研究》,北京：中華書局。

程喜霖 2013a.《樣人考論——以吐魯番唐代樣人文書爲中心》,《敦煌吐魯番研究》第 13 卷,上海：上海古籍出版社。

程喜霖 2013b.《吐魯番文書所見定遠道行軍與定遠軍》,程喜霖、陳習剛編《吐魯番唐代軍事文書研究·研究篇》,烏魯木齊：新疆人民出版社。

程喜霖、陳習剛 2013.《吐魯番唐代軍事文書研究·文書篇》,烏魯木齊：新疆人民出版社。

池田溫 1979.《中國古代籍帳研究》,東京：東京大學東洋文化研究所。

池田溫 1990.《中國古代寫本識語集録》,東京：東京大學東洋文化研究所。

達鋑 2019.《關於吐魯番所出〈武周天山府下張父團帖爲出軍合請飯米人事〉及其相關

文書的綴合問題》,《吐魯番學研究》2019 年第 2 期。

戴建國 2003.《唐〈捕亡令〉復原研究》,《李埏教授九十華誕紀念文集》,昆明：雲南大學出版社。

丁俊 2008.《從新出吐魯番文書看唐前期的勾徵》,《西域歷史語言研究所集刊》第 2 輯,北京：科學出版社。

董永强 2010.《唐代西州家庭中的胡奴婢》,《陝西師範大學學報》2010 年第 4 期。

董永强 2017.《敦煌吐魯番寫本所見唐人的藏鈎》,《唐史論叢》第 29 輯,西安：三秦出版社。

凍國棟 1988a.《唐代的"市券"與"私契"——敦煌、吐魯番文書札記之一》,《喀什師範學院學報》1988 年第 4 期。

凍國棟 1988b.《唐代民族貿易與管理雜考》,《魏晉南北朝隋唐史資料》第 9—10 期,武漢：武漢大學學報編輯部。

凍國棟 1990.《唐代的商品經濟與經營管理》,武漢：武漢大學出版社。

凍國棟 1996.《旅順博物館藏〈唐建中五年（784）《孔目司帖》〉管見》,《魏晉南北朝隋唐史資料》第 14 輯,武漢：武漢大學出版社。

方誠峰 2018.《敦煌吐魯番所出事目文書再探》,《中國史研究》2018 年第 2 期。

顧成瑞 2016.《唐代典吏考》,《齊魯學刊》2016 年第 1 期。

管俊瑋 2021.《俄藏 Дx02160Va 考釋——兼對唐代長行坊減料制度的一點補充》,《敦煌研究》2021 年第 2 期。

管俊瑋 2022.《從國圖藏 BD11178 等文書看唐代公文鈐印流程》,《文獻》2022 年第 1 期。

郭富純、王振芬 2007.《旅順博物館藏西域文書的研究》,瀋陽：萬卷出版社。

郭平梁 1986.《唐朝王奉仙被捉案文書考釋——唐代西域陸路交通運輸初探》,《中國史研究》1986 年第 1 期。

韓國磐 1967.《唐天寶時農民生活之一瞥——敦煌吐魯番資料閱讀札記之一》,《廈門大學學報》1967 年第 4 期。

韓國磐 1984.《北朝隋唐的均田制度》,上海：上海人民出版社。

韓香 2007.《吐魯番新出洪奕家書研究》,《西域文史》第 2 輯,北京：科學出版社。

胡留元 1996.《從幾件敦煌文書看唐代法律形式——格》,張晉藩主編《中國法律的傳統與現代化——'93 中國法律史國際研討會論文集》,北京：中國民主法制出版社。

荒川正晴 1992.《唐の對西域布帛輸送と客商の活動について》,《東洋學報》第 73 卷第 3、4 號。

荒川正晴 1997.《唐帝國とソグド人の交易活動》,《東洋史研究》第 56 卷第 3 號。

荒川正晴 2004.《唐代前半の胡漢商人と帛練の流通》,《唐代史研究》第 7 卷。

荒川正晴 2005.《唐代粟特商人與漢族商人》，榮新江、華瀾、張志清主編《粟特人在中國——歷史、考古、語言的新探索》，北京：中華書局。

荒川正晴 2010.《ユーラシアの交通・交易と唐帝國》，名古屋：名古屋大學出版會。

荒川正晴 2011.《唐代天山東部州府の典とソグド人》，森安孝夫主編《ソグドからウイグルへ——シルクロード東部の民族と文化の交流》，東京：汲古書院。

黄惠賢 1983.《從西州高昌縣征鎮名籍看垂拱年間西域政局之變化》，唐長孺主編《敦煌吐魯番文書初探》，武漢：武漢大學出版社。

黄樓 2008.《吐魯番所出唐代月料、程料、客使停料文書初探——以吐魯番阿斯塔那 506 號墓料錢文書爲中心》，《敦煌吐魯番研究》第 11 卷，北京：北京大學出版社。

黄樓 2015.《吐魯番出土文書所見唐代宦官諸使》，《魏晉南北朝隋唐史資料》第 32 輯，武漢：武漢大學出版社。

黄樓 2019.《唐代西州鸐鴿鎮文書研究》，《西域研究》2019 年第 1 期。

黄文弼 1954.《吐魯番考古記》，北京：中國科學院。

黄文弼 1994.《黄文弼著作集》2《トルフアン考古記》（土居淑子譯），東京：恒文社。

姜伯勤 1986.《吐魯番文書所見的"波斯軍"》，《中國史研究》1986 年第 1 期。

姜伯勤 1987.《唐五代敦煌寺户制度》，北京：中華書局。

姜伯勤 1989a.《吐魯番敦煌文書所見的突騎施》，《文物》1989 年第 11 期。

姜伯勤 1989b.《敦煌新疆文書所記的唐代"行客"》，國家文物局古文獻研究室編《出土文獻研究續集》，北京：文物出版社。

姜伯勤 1994.《敦煌吐魯番文書與絲綢之路》，北京：文物出版社。

金祖同 1940.《流沙遺珍》，秀水金氏 1940 年影印本（《敦煌叢刊初集》5，臺北：新文豐出版公司，1985 年影印）。

金瀅坤 2011.《敦煌本〈唐大曆元年河西節度觀察使判牒集〉研究》，《南京師大學報》2011 年第 9 期。

菊池英夫 1962.《節度使制確立以前における"軍"制度の展開（續編）》，《東洋學報》第 45 卷第 1 號。

菊池英夫 1964.《唐代邊防機關としての守捉・城・鎮等の成立過程について》，《東洋史學》第 27 號。

橘瑞超 1912.《新疆探險記》，東京：民友社。

孔祥星 1981.《唐代新疆地區的交通組織長行坊——新疆出土唐代文書研究》，《中國歷史博物館館刊》1981 年第 3 期。

雷聞 2006.《國家宫觀網路中的西州道教——唐代西州道教補説》，新疆吐魯番地區文物局編《吐魯番學研究：第二屆吐魯番學國際學術研討會論文集》，上海：上海辭書出版社。

雷聞 2010.《唐代帖文的形態與運作》,《中國史研究》2010 年第 3 期。

雷聞 2013.《牓文与唐代政令傳布》,《唐研究》第 19 卷,北京:北京大學出版社。

黎虎 2000.《唐代軍鎮關津的涉外事務管理職能》,《北方論壇》2000 年第 2 期。

李并成 2003.《盛唐時期河西走廊的區位特點與開發》,李孝聰主編《唐代地域結構與運作空間》,上海:上海辭書出版社。

李方 1994.《唐西州的譯語人》,《文物》1994 年第 2 期。

李方 2002.《从西州兼攝官看唐前期地方行政體制及其變化》,《中國社會歷史評論》第 4 卷,北京:商務印書館。

李方 2007.《試論唐朝的"中國"與"天下"》,《中國邊疆史地研究》2007 年第 2 期。

李方 2008.《唐西州官僚政治制度研究》,哈爾濱:黑龍江教育出版社。

李方 2011.《唐代西域告身研究》,《石河子大學學報》2011 年第 5 期。

李錦繡 1995.《唐代財政史稿》上卷,北京:北京大學出版社。

李錦繡 2004.《唐開元中北庭長行坊文書考釋（上）》,《吐魯番學研究》2004 年第 2 期。

李錦繡 2011.《新出唐代陽朔縣銀鋌考釋——兼論唐開元天寶年間的户稅制度》,《中國史研究》2011 年第 1 期。

李錦繡 2016.《唐代的翻書譯語直官:從史訶耽墓志談起》,《晉陽學刊》2016 年第 5 期。

李錦繡 2019.《從敦煌吐魯番文書看唐代絲綢之路上的劍南絲綢》,《敦煌學輯刊》2019 年第 3 期。

李瑞哲 2009.《試論胡商在絲綢之路上的活動以及中原王朝對待胡商的政策》,《敦煌學輯刊》2009 年第 2 期。

李宗俊 2010.《唐代河西通西域諸道及相關史事再考》,《中國歷史地理論叢》2010 年第 1 輯。

李宗俊 2014.《法藏敦煌文書 P. 2942 相關問題再考》,《敦煌研究》2014 年第 4 期。

礪波護 1993.《唐代の過所と公驗》,礪波護主編《中國中世の文物》,京都:京都大學人文科學研究所;此據礪波護著,韓昇、劉建英譯《隋唐佛教文化》,上海:上海古籍出版社,2004 年。

梁振濤 2020.《百姓與部落:唐代北庭地區的人群管理》,《文史》2020 年第 4 輯。

林曉潔 2008.《唐代西州官吏日常生活的時與空》,《西域研究》2008 年第 1 期。

劉安志 1997.《對吐魯番所出唐天寶間西北逃兵文書的探討》,《魏晉南北朝隋唐史資料》第 15 輯,武漢:武漢大學出版社。

劉安志 2000.《唐代西州的突厥人》,《魏晉南北朝隋唐史資料》第 17 輯,武漢:武漢大學出版社。

劉安志 2001.《唐代安西、北庭兩任都護考補——以出土文書爲中心》,《武漢大學學報》

2001 年第 1 期。

　　劉安志 2002.《跋吐魯番鄯善縣所出〈唐開元五年（717）後西州獻之牒稿爲被懸點入軍事〉》，《魏晉南北朝隋唐史資料》第 19 輯，武漢：武漢大學文科學報編輯部。

　　劉安志 2003.《敦煌吐魯番文書所見唐代"都司"考》，《魏晉南北朝隋唐史資料》第 20 輯，武漢：武漢大學文科學報編輯部。

　　劉安志 2007.《唐代西州天山軍的成立》，《西域文史》第 2 輯，北京：科學出版社。

　　劉安志 2010.《伊西與北庭——唐先天、開元年間西域邊防體制考論》，《魏晉南北朝隋唐史資料》第 26 輯，武漢：武漢大學文科學報編輯部。

　　劉安志 2011.《敦煌吐魯番文書與唐代西域史研究》，北京：商務印書館。

　　劉安志 2014.《新資料與中古文史論稿》，上海：上海古籍出版社。

　　劉安志 2018.《唐代解文初探——以敦煌吐魯番文書爲中心》，《西域研究》2018 年第 4 期。

　　劉進寶 2010.《唐代"隨身"考》，《歷史研究》2010 年第 4 期。

　　劉俊文 1989.《敦煌吐魯番唐代法制文書考釋》，北京：中華書局。

　　劉文鎖 2018.《新疆發現契約文書與中古西域的契約實踐》，《西部蒙古論壇》2018 年第 3 期。

　　劉玉峰 1999.《試論唐代民族貿易的管理》，《山東大學學報》1999 年第 2 期。

　　劉玉峰 2000.《試論唐代的公驗、過所制度與商品流通的管理》，《敦煌研究》2000 年第 3 期。

　　劉玉峰 2002.《論唐代市場管理》，《中國經濟史研究》2002 年第 2 期。

　　劉子凡 2013.《西州與北庭——以北庭的西州兵士和胥吏爲中心》，《西域文史》第 8 輯，北京：科學出版社。

　　劉子凡 2016.《瀚海天山——唐代伊、西、庭三州軍政體制研究》，上海：中西書局。

　　劉子凡 2017.《北庭的李元忠時代——胡廣記〈唐李元忠神道碑〉研究》，《文史》2017 年第 2 期。

　　劉子凡 2019.《唐前期兵制中的隊》，王振芬、榮新江主編《絲綢之路與新疆出土文獻：旅順博物館百年紀念國際學術研討會論文集》，北京：中華書局。

　　劉子凡 2021a.《何以商胡不入蕃？——從〈唐開元户部格殘卷〉看唐代的商胡貿易法令》，《中國邊疆史地研究》2021 年第 1 期。

　　劉子凡 2021b.《唐代輪臺建置考》，《西域研究》2021 年第 1 期。

　　劉子凡 2021c.《唐代北庭軍鎮體系的發展——敦煌 S. 11453、S. 11459 瀚海軍文書再探討》，《隋唐宋遼金元史論叢》第 11 輯，上海：上海古籍出版社。

　　劉子凡 2022a.《旅順博物館藏四神文書研究——兼釋〈唐開元二十三年西州都督府案卷〉》，《敦煌吐魯番研究》第 21 卷，上海：上海古籍出版社。

劉子凡 2022b.《日本京都藤井有鄰館藏四件北庭書狀研究》,《隋唐遼宋金元史論叢》第 12 輯,上海:上海古籍出版社。

盧向前 1982.《伯希和三七一四號背面傳馬坊文書研究》,《敦煌吐魯番文獻研究論集》,北京:中華書局。

盧向前 2001.《唐代西州土地關係述論》,上海:上海古籍出版社。

盧向前 2012.《唐代政治經濟史綜論》,北京:商務印書館。

魯西奇 2019.《王朝國家的社會控制及其地域差異——以唐代鄉里制度的實行爲中心》,《陝西師範大學學報》2019 年第 1 期。

陸慶夫 1997.《略論粟特人與龍家的關係》,《敦煌學輯刊》1997 年第 1 期。

羅福萇 1924.《沙州文録》附録,上虞羅氏甲子仲冬編印本;此據《羅雪堂先生全集》四編第十二冊。

羅振玉 1939.《貞松堂藏西陲秘笈叢殘》,上虞羅氏自印本;此據黃永武主編《敦煌叢刊初集》七《敦煌石室遺書百廿種》,臺北:新文豐出版公司。

呂博 2015.《唐代露布的兩期形態及其行政、禮儀運作——以〈太白陰經·露布篇〉爲中心》,《中國中古史集刊》,北京:商務印書館,2015 年。

馬德 1984.《關於 P. 2942 寫卷的幾個問題》,《西北師院學報·敦煌學研究專輯》1984 年10 月。

馬國榮 1990.《唐代西域的軍屯》,《新疆社會科學》1990 年第 2 期。

馬志立 2005.《唐前期勛官的授予流程及勛的累加》,《魏晉南北朝隋唐史資料》第 22 輯,武漢:武漢大學文科學報編輯部。

孟彥弘 2008.《唐代"副過所"及過所的"副白""録白案記"辨釋——兼論過所的意義》,《文史》2008 年第 4 輯;此據氏著《出土文獻與漢唐典制研究》,北京:北京大學出版社,2015 年。

孟憲實 2010.《民族管理與國家認同》,原載《張廣達先生八十華誕祝壽論文集》,臺北:新文豐出版公司;此據氏著《出土文獻與中古史研究》,北京:中華書局,2017 年。

孟憲實 2016.《略論折衝府的"承直馬"——以敦煌吐魯番出土文書爲中心》,《西域研究》2016 年第 3 期。

孟憲實 2017a.《略論唐朝魚符之制》,《敦煌吐魯番研究》第 17 卷,上海:上海古籍出版社。

孟憲實 2017b.《唐西州屯田體制及其變遷》,朱玉麒、孟憲實主編《探索西域文明——王炳華先生八十華誕祝壽論文集》,上海:中西書局。

内藤乾吉 1960.《西域發見の唐代官文書の研究》,《西域文化研究》第三《敦煌吐魯番社會經濟資料》(下),京都:法藏館。

乜小紅 2007.《試論唐代馬匹在絲路交通中的地位和作用》,《唐史論叢》第 9 輯,西安:三秦出版社。

片山章雄、王振芬、張銘心 2013.《旅順博物館所藏文書と大谷文書における形狀と綴合》,《内陸アジア出土 4 ～ 12 世紀の漢語・胡語文献の整理と研究(平成 23・24 年度分册)》。

蒲宣伊、孟憲實 2017.《從名岸戰役看唐西州府兵》,《西域研究》2019 年第 2 期。

気賀沢保規 1999.《府兵制の研究:府兵兵士とその社會》,京都:同朋舍。

錢伯泉 2017.《唐朝中期西州的市場經濟和絲路貿易》,《新疆大學學報》2017 年第 4 期。

饒宗頤 1954.《京都藤井氏有鄰館藏敦煌殘卷紀略》,《金匱論古綜合刊》第 1 期;此據《選堂集林・敦煌學》,香港:中華書局,2015 年。

仁井田陞 1955.《スタイン第三次中亞探險將來の中國文書とマスペロの研究》,《史學雜誌》第 64 卷第 6 號。

任士英 1990.《唐代流外官制研究(上)》,《唐史論叢》第 5 輯,西安:三秦出版社。

榮新江 1990.《〈唐刺史考〉補遺》,《文獻》1990 年第 2 期。

榮新江 1994.《英國圖書館藏敦煌漢文非佛教文獻殘卷目録(S. 6981—13624)》,臺北:新文豐出版公司。

榮新江 1998.《德國吐魯番收集品中的漢文典籍與文書》,《華學》3,北京:紫禁城出版社。

榮新江 1999a.《海外敦煌吐魯番文書知見録》,南昌:江西人民出版社。

榮新江 1999b.《唐代西州的道教》,《敦煌吐魯番學研究》第 4 卷,北京:北京大學出版社。

榮新江 2001.《書評:〈中國歷史博物館藏法書大觀〉第十一卷〈晉唐寫經・晉唐文書〉、第十二卷〈戰國秦漢唐宋元墨迹〉》,《敦煌吐魯番研究》第 5 卷,北京:北京大學出版社。

榮新江 2007a.《吐魯番文書總目・歐美收藏卷》,武漢:武漢大學出版社。

榮新江 2007b.《新出吐魯番文書所見唐龍朔年間哥邏禄部落破散問題》,《西域歷史語言研究所集刊》第 1 輯。

榮新江 2009.《唐寫本〈唐律〉〈唐禮〉及其他(增訂本)》,《文獻》2009 年第 4 期。

榮新江 2013.《7—10 世紀絲綢之路上的北庭》,陳春聲主編《海陸交通與世界文明》,北京:商務印書館。

榮新江 2017.《絲綢之路也是一條"寫本之路"》,《文史》2017 年第 2 輯。

榮新江、史睿 2021.《吐魯番出土文獻散録》,北京:中華書局。

榮新江、朱玉麒 2023.《黃文弼所獲西域文書》,上海:中西書局。

沙知 1990.《跋唐開元十六年庭州金滿縣牒》,中國敦煌吐魯番學會編《敦煌吐魯番學研究論文集》,上海:漢語大詞典出版社。

沙知、吳芳思 2005.《斯坦因第三次中亞考古所獲漢文文獻（非佛經部分）》，上海：上海辭書出版社。

尚衍斌 2001a.《唐代入華"興生胡"的社會權益評析》，《西域研究》2001 年第 1 期。

尚衍斌 2001b.《唐代"興胡"與元代"斡脱"名義考辨》，《新疆大學學報》2001 年第 2 期。

邵文實 1996.《唐人殷濟詩録考》，《甘肅社會科學》1996 年第 4 期。

沈琛 2020.《麝香之路：7—10 世紀吐蕃與中亞的商貿往來》，《中國藏學》2020 年第 1 期。

盛會蓮 2007.《論唐五代的三疾救恤》，《中國經濟史研究》2007 年第 3 期。

施萍婷 1994.《日本公私收藏敦煌遺書叙録（二）》，《敦煌研究》1994 年第 3 期。

施謝捷 2003.《〈敦煌石室地志殘卷考釋〉匡補（一）》，《南京師範大學文學院學報》2003 年第 2 期。

石見清裕 1997.《唐代外國貿易‧在留外國人をめぐる諸問題》，谷川道雄主編《魏晉南北朝隋唐時代史の基本問題》，東京：汲古書院；此據中華書局 2010 年譯本。

石井光雄 1932.《敦煌出土神會語録》，東京。

史睿 2012.《再論銓選中的功狀》，《中國古代法律文獻研究》第 6 輯，北京：社會科學文獻出版社。

史葦湘 1983.《河西節度使覆滅的前夕——敦煌遺書 P. 2942 號殘卷研究》，《敦煌研究》1983 年創刊號。

宋家鈺 1988.《唐朝户籍法與均田制研究》，鄭州：中州古籍出版社。

宋平 2018.《唐中後期節度觀察使的司法權及運作問題研究——以敦煌寫本〈河西節度觀察使判牒集〉爲起點的考察》，《敦煌研究》2018 年第 5 期。

孫繼民 1988.《唐西州張無價及其相關文書》，《魏晉南北朝隋唐史資料》第 9—10 期，武漢：武漢大學學報編輯部。

孫繼民 1990a.《吐魯番所出〈唐尚書省牒〉殘卷考釋》，《敦煌研究》1990 年第 1 期。

孫繼民 1990b.《吐魯番文書所見唐代府兵裝備》，唐長孺主編《敦煌吐魯番文書初探二編》，武漢：武漢大學出版社。

孫繼民 2000.《敦煌吐魯番所出唐代軍事文書初探》，北京：中國社會科學出版社。

孫繼民 2001.《羅振玉舊藏文書考之一》，《吐魯番學研究》2001 年第 1 期。

孫繼民 2002a.《羅振玉舊藏文書考之二》，《吐魯番學研究》2002 年第 1 期。

孫繼民 2002b.《唐代瀚海軍文書研究》，蘭州：甘肅文化出版社。

孫繼民 2016.《中古史研究匯纂》，天津：天津古籍出版社。

孫曉林 1990.《試探唐代前期西州長行坊制度》，《敦煌吐魯番文書初探二編》，武漢：武漢大學出版社。

唐長孺 1964.《敦煌所出唐代法律文書兩種跋》，《中華文史論叢》第 5 輯，北京：中華書局；此據《山居存稿三編》，北京：中華書局，2011 年。

唐長孺 1980.《敦煌吐魯番史料中有關伊、西、北庭節度使留後問題》，《中國史研究》1980 年第 3 期。

唐長孺 1990.《吐魯番文書中所見的西州府兵》，《敦煌吐魯番文書初探二編》，武漢：武漢大學出版社。

唐長孺 2011.《山居存稿三編》，北京：中華書局。

藤枝晃 1948.《"長行馬" 文書》，《東洋史研究》第 10 卷第 3 號。

藤枝晃 1956.《墨美》第 60 號《特集·長行馬文書》，京都：墨美社。

藤枝晃 1957.《藤井有鄰館所藏の北庭文書》，《書道全集》第 8 卷（中國 8·唐 II·月報 13），東京：平凡社。

田振洪 2010.《唐代法律有關侵害官畜的賠償規定》，《農業考古》2010 年第 1 期。

土肥義和 2013.《旅順博物館藏靈芝雲型唐代官府文書斷簡（1412-1、1411-2）について》，《内陸アジア出土 4 ～ 12 世紀の漢語·胡語文献の整理と研究（平成 23·24 年度分册）》。

王炳華 1983.《新疆農業考古概述》，《農業考古》1983 年第 1 期。

王炳華 1993.《絲綢之路考古研究》，烏魯木齊：新疆人民出版社。

王斐弘 2006.《敦煌寫本〈S. 1344 開元户部格殘卷〉探微》，《法學評論》2006 年第 5 期。

王國維 1923.《唐李慈藝受勛告身跋》，《觀堂集林》卷一七，烏程蔣氏密韻樓；此據中華書局 1959 年重刊本。

王冀青 1985.《唐交通通訊用馬的管理》，《敦煌學輯刊》1985 年第 2 期。

王冀青 1986.《唐前期西北地方用於交通的驛馬、傳馬和長行馬——敦煌、吐魯番發現的館驛文書考察之二》，《敦煌學輯刊》1986 年第 2 期。

王慶衛 2021.《敦煌寫本 P. 3816〈御注孝經贊并進表〉再考》，《國學學刊》2021 年第 3 期。

王素 1992.《吐魯番文書中有關岑參的一些資料》，《文書》第 36 輯，北京：中華書局。

王素 2011.《漢唐歷史與出土文獻》，北京：故宮出版社。

王希隆 2012.《唐代西域屯田述略》，《貴州大學學報》2012 年第 5 期。

王小甫 1990.《安史之亂後的西域形勢及唐軍的堅守》，《敦煌研究》1990 年第 4 期。

王旭送 2011.《論唐代西域烽鋪屯田》，《石河子大學學報》2011 年第 3 期。

王旭送 2018.《唐代西州市場管理的幾個問題》，《唐史論叢》第 26 輯，西安：三秦出版社。

王永平 2000.《論唐代的道教經濟活動》，《中國經濟史研究》2000 年第 2 期。

王永興 1985.《論唐代前期行政管理的較高效率與法制的關係》，《北京大學學報》1985 年第 3 期。

王永興 1987.《隋唐五代經濟史料彙編校注》第 1 輯（上、下），北京：中華書局。

王永興 1991.《唐勾檢制研究》，上海：上海古籍出版社。

王永興 1994.《唐代前期西北軍事研究》，北京：中國社會科學出版社。

王永興 2010.《唐代經營西北研究》，蘭州：蘭州大學出版社。

王永興 2014a.《敦煌吐魯番出土唐代軍事文書考釋》，蘭州：蘭州大學出版社。

王永興 2014b.《唐代土地制度研究——以敦煌吐魯番田制文書爲中心》，蘭州：蘭州大學出版社。

王玉平 2021.《天寶十三載封常清在交河郡的行程》，《中國歷史地理論叢》2021 年第 1 輯。

王樾 2013.《唐代西域與吐火羅》，《學術月刊》2013 年第 8 期。

王仲犖 1975.《試釋吐魯番出土的幾件有關過所的唐代文書》，《文物》1975 年第 7 期。

王仲犖 1993.《敦煌石室地志殘卷考釋》，上海：上海古籍出版社。

魏長洪、李曉琴 2003.《大海道史探》，《新疆大學學報》2003 年第 3 期。

文欣 2010.《吐魯番阿斯塔那 501 號墓所出軍事文書的整理——兼論府兵番代文書的運行及垂拱戰時的西州前庭府》，《敦煌吐魯番研究》第 10 卷，上海：上海古籍出版社。

文欣 2011.《府兵番代文書的運行及垂拱戰時的西州前庭府》，榮新江、李肖、孟憲實主編《秩序與生活：中古時期的吐魯番社會》，北京：中國人民大學出版社，2011 年。

吳大旬 2005.《從出土文書看唐代伊州的屯田管理》，《新疆師範大學學報》2005 年第 4 期。

吳麗娛 1990.《唐高宗永隆元年（西元六八〇年）府兵衛士簡點文書的研究》，《敦煌吐魯番學研究論文集》，上海：漢語大詞典出版社。

吳麗娛 2010.《從敦煌吐魯番文書看唐代地方機構行用的狀》，《中華文史論叢》2010 年第 2 期。

吳樹國 2007.《試論唐前期吐魯番地區户稅的幾個問題》，《西域研究》2007 年第 1 期。

吳震 1989a.《唐庭州西海縣之建制及相關問題》，《新疆社會科學》1989 年第 2 期。

吳震 1989b.《唐開元廿一年西州都督府處分行旅文案殘卷的復原與研究》，《文物研究》第 5 輯，合肥：黄山書社。

吳震 1990.《唐開元廿一年西州都督府處分行旅文案殘卷的復原與研究（續完）》，《文物研究》第 6 輯，合肥：黄山書社。

吳震 1999.《阿斯塔那—哈拉和卓古墓群考古資料中所見的胡人》，《敦煌吐魯番研究》第 4 卷，北京：北京大學出版社。

夏國强 2015.《〈經火山〉與"蒲昌館"》，《中華文史論叢》2015 年第 2 期。

夏國强 2018.《吐魯番出土家書用語與文化傳播》，《中國訓詁學報》第 3 輯，北京：商務印書館。

肖龍祥 2020.《吐魯番所出〈唐景龍三至四年西州高昌縣處分田畝案卷〉復原研究（下）》，《吐魯番學研究》2020 年第 2 期。

小笠原宣秀、西村元佑 1960.《唐代役制關係文書考》，《西域文化研究》第三《敦煌吐魯番社會經濟資料》（下），京都：法藏館。

小田義久 2000a.《德富蘇峰記念館藏 "李慈藝告身" の寫真について》，《龍谷大學論集》第 456 號。

小田義久 2000b：《唐代告身の一考察——大谷探檢隊將來李慈藝及び張懷寂の告身を中心として》，《東洋史苑》第 56 號。

小田義久 2003.《關於德富蘇峰紀念館藏 "李慈藝告身" 的照片》，乜小紅譯，《西域研究》2003 年第 2 期。

小田義久 2004.《唐代告身的一個考察——以大谷探險隊所獲李慈藝及張懷寂告身爲中心》，乜小紅譯，《魏晉南北朝隋唐史資料》第 21 輯，武漢：武漢大學文科學報編輯部。

熊飛 1997.《〈交河郡長行坊支貯馬料文卷〉與岑參行年小考》，《敦煌研究》1997 年第 3 期。

徐俊 2000.《敦煌詩集殘卷輯考》，北京：中華書局。

許國霖 1937.《敦煌石室寫經題記與敦煌雜録》（下），上海：商務印書館。

許序雅 2014.《從敦煌吐魯番文書看唐朝對來華九姓胡人的管理》，《西域研究》2014 年第 2 期。

薛宗正 2008.《北庭都護趙崇玭考》，《新疆社會科學》2008 年第 5 期。

薛宗正 2010.《北庭歷史文化研究——伊、西、庭三州及唐屬西突厥左厢部落》，上海：上海古籍出版社。

楊寶玉 2018.《唐代宗時期的河西與伊西北庭節度使——以 P. 2942 卷末所存三牒狀爲中心》，《敦煌學輯刊》2018 年第 3 期。

楊繼平 1991.《均田制新探——敦煌吐魯番出土文書研究》，廈門：廈門大學出版社。

葉煒 2020.《釋唐後期上行公文中的兼申現象》，《史學月刊》2020 年第 5 期。

殷承弘 2004.《封常清在西域——從出土文書看其後期的重要活動》，《新疆地方志》2004 年第 3 期。

章瑩 1995.《唐代于闐的 "烏駹"——以 tagh 麻扎出土有關文書的分析爲中心》，《西域研究》1995 年第 1 期。

張弓 1986.《唐代寺院奴婢階層略説》，《社會科學戰綫》1986 年第 3 期。

張廣達 1980.《唐滅高昌國後的西州形勢》，《西域文化》第 68 卷；此據《文書、典籍與西域歷史》，桂林：廣西師範大學出版社，2008 年。

張國剛 2001.《略論唐代藩鎮軍事制度的幾個問題》，段文傑、茂木雅博主編《敦煌學與中國史研究論集——紀念孫修身先生逝世一周年》，蘭州：甘肅人民出版社。

　　張國剛 2005.《唐代家庭形態的復合型特徵》，《歷史研究》2005 年第 4 期。

　　張國剛 2009.《唐代鄉村基層組織及其演變》，《北京大學學報》2009 年第 5 期。

　　張坤 2019.《哈密境内汉唐伊吾路研究》，《絲綢之路研究集刊》第 3 輯，北京：商務印書館。

　　張澤咸 1986.《唐五代賦役史草》，北京：中華書局。

　　張重洲 2017.《唐代西州粟特人貿易活動考索》，《敦煌學輯刊》2017 年第 4 期。

　　趙和平 1982.《唐代"兩稅"一詞探源》，《敦煌學輯刊》1982 年。

　　趙晶 2018.《論唐〈厩牧令〉有關死畜的處理之法——以長行馬文書爲證》，《敦煌學輯刊》2018 年第 1 期。

　　趙璐璐 2017.《縣司政務文書判署特點與唐前期縣級政務運行》，《國學學刊》2017 年第 2 期。

　　趙曉芳 2010.《論唐朝對西州佛教的管理》，《西域研究》2010 年第 4 期。

　　趙曉芳 2018.《從移民到鄉里——西元 7—8 世紀唐代西州基層社會研究》，蘭州：甘肅文化出版社。

　　趙曉芳、郭振 2020.《唐前期西州鄰保組織與基層社會研究——以吐魯番出土文書與磚志爲中心》，《敦煌學輯刊》2020 年第 2 期。

　　趙貞 2007.《唐尚書二十四格初探》，《中國古代法律文獻研究》第 3 輯，北京：中國政法大學出版社。

　　趙貞 2016.《唐代差科簿所見"不濟戶"略考》，《雲南社會科學》2016 年第 5 期。

　　鄭炳林 1989.《敦煌地理文書匯輯校注》，蘭州：甘肅教育出版社。

　　鄭炳林、安毅 2007.《敦煌寫本 P. 2625〈敦煌名族志〉殘卷撰寫時間和張氏族源考釋》，《敦煌學輯刊》2007 年第 1 期。

　　鄭顯文 2007.《律令時代中國的法律與社會》，北京：知識産權出版社。

　　鄭顯文 2012.《出土文獻與唐代法律史研究》，北京：中國社會科學出版社。

　　中村不折 1927.《禹域出土墨寶·書法源流》上、中、下，東京：西東書房。

　　中村裕一 1991.《唐代官文書研究》，京都：中文出版社。

　　周鼎 2020.《晚唐五代的商人、軍將與藩鎮回圖務》，《中國經濟史研究》2020 年第 3 期。

　　周藤吉之 1960.《唐代中期における户税の研究——"周氏一族文書"を中心として》，《西域文化研究》第三《敦煌吐魯番社會經濟資料》（下），京都：法藏館。

　　朱雷 1980.《敦煌石室所出〈唐某市時價簿口馬行時沽〉書後》，《魏晉南北朝隋唐史資料》第 2 期，武漢：武漢大學歷史系魏晉南北朝隋唐史研究室。

　　朱雷 1997.《吐魯番出土天寶年間馬料文卷中所見封常清之北庭行》，《魏晉南北朝隋唐史資料》第 2 期，武漢：武漢大學出版社。

朱雷 2000.《敦煌吐魯番文書論叢》，蘭州：甘肅文化出版社。

朱玉麒 2010.《中古時期吐魯番地區漢文文學的傳播與接受——以吐魯番出土文書爲中心》，《中國社會科學》2010 年第 6 期。

Yutaka Yoshida（吉田豐）2007. "Sogdian Fragments Discovered from the Graveyard of Badamu"，《西域歷史語言研究所集刊》第 1 輯。

Maspero 1953. *Les Documents Chinois de la troisième expédition de Sir Aurel Stein en Asie Centrale*, London.

Nishiwaki, Tsuneki 2001. *Chinesische Texte vermischten Inhalts aus der Berliner Turfansammlung*, Stuttgart: Franz Steiner Verlag.

《大谷》叁 = 小田義久主編《大谷文書集成》壹—肆，京都：法藏館，1984—2010 年。

《敦煌秘笈》7 =《敦煌秘笈影片册》7，大阪：杏雨書屋，2012 年。

《俄藏》= 俄羅斯科學院東方研究所聖彼得堡分所、俄羅斯科學出版社東方文學部、上海古籍出版社編《俄藏敦煌文獻》，上海：上海古籍出版社，1992—2001 年。

《法藏》= 上海古籍出版社、法國國家圖書館編《法藏敦煌西域文獻》，上海：上海古籍出版社，1995—2005 年。

《法書大觀》11 = 楊文和主編《中國歷史博物館藏法書大觀》第 11 卷《晉唐寫經·晉唐文書》，東京：柳原書店、上海：上海教育出版社，1999 年。

《甘藏》=《甘肅藏敦煌文獻精粹》，蘭州：甘肅人民出版社，1998 年。

《國圖敦煌》= 中國國家圖書館編《國家圖書館藏敦煌遺書》，北京：北京圖書館出版社，2008 年。

《旅博文書》= 王振芬、孟憲實、榮新江主編《旅順博物館藏新疆出土漢文文獻》，北京：中華書局，2021 年。

《吐魯番文書》壹 = 唐長孺主編《吐魯番出土文書》（圖文本）壹，北京：文物出版社，1992 年。

《吐魯番文書》貳 = 唐長孺主編《吐魯番出土文書》（圖文本）貳，北京：文物出版社，1994 年。

《吐魯番文書》叁 = 唐長孺主編《吐魯番出土文書》（圖文本）叁，北京：文物出版社，1996 年。

《吐魯番文書》肆 = 唐長孺主編《吐魯番出土文書》（圖文本）肆，北京：文物出版社，1996 年。

《西域出土文書》= ’92 日本書藝院展特別展觀有鄰館名品展紀念品《西域出土文書·勸善文·長行馬文書その他》，東京：日本書藝院。

《目錄初稿》= 東洋文庫敦煌文獻研究委員會（池田温、菊池英夫執筆）《スタイン敦煌文獻及び研究文獻に引用紹介せられたる西域出土漢文文獻分類目録初稿——非佛教文獻之部・古文書類（1）》，東京：東洋文庫内敦煌文獻研究委員會油印，1964 年。

《新獲》＝榮新江、李肖、孟憲實主編《新獲吐魯番出土文獻》，北京：中華書局，2008 年。

《英藏》＝中國社會科學院歷史研究所等編《英藏敦煌文獻（漢文佛經以外部分）》，成都：四川人民出版社，1990—1995 年。

《真迹釋録》＝唐耕耦、陸宏基編《敦煌社會經濟文獻真迹釋録》第 1 輯，北京：書目文獻出版社，1986；第 2—5 輯，北京：全國圖書館文獻縮微複製中心，1990 年。

《中村集成》＝磯部彰編《台東區立書道博物館所藏中村不折旧藏禹域墨書集成》（上、中、下），"東アジア善本叢刊" 第二集，東京：二玄社，2005 年。

研究編

第一章　北庭文書所見軍政建制

第一節　北庭軍鎮體系的發展——敦煌 S. 11453、S. 11459 瀚海軍文書再探討

　　唐代的邊疆軍事防禦體系曾發生顯著變化，唐初僅是在邊疆地區構建起以鎮、戍爲主的兵力有限的防禦體系，而在高宗、武后以後則逐漸形成以軍鎮、守捉爲主的具有較大規模的軍鎮體系，該體系至玄宗時代日趨完備。[1] 由於傳世史書的記載不够詳盡，我們很難深入瞭解軍鎮體系從建立到發展的一些具體細節。幸運的是，敦煌所出 S. 11453、S. 11459 瀚海軍文書等出土文獻中見有關於瀚海軍諸守捉的記載，《元和郡縣圖志》《新唐書·地理志》關於北庭的記載也相對完整，藉此便可以北庭爲視角來考察唐代軍鎮體系的一些特點。此前學者已經對這些文獻中出現的軍鎮、守捉的具體位置進行了詳細研究。[2] 不過關於北庭的軍鎮體系，仍然有一些關鍵問題需要討論，最值得關注的是，上述幾種傳世史料與出土文獻中所見諸鎮、守捉的名稱和數量并不完全對應，這實際上體現了不同時期北庭軍事防禦體系的差異。[3] 本節即擬結合傳世史料與出土文獻，考察北庭軍鎮體系的演變，以期進一步瞭解唐代前期軍事制度變化的實態。

一、敦煌 S. 11453、S. 11459 文書及史書中所見北庭軍鎮體系

　　英藏敦煌 S. 11453、S. 11459 文書揭自 2 個經帙，共計 11 件，見有"瀚海軍之印"。榮新江先生介紹了這組文書，并定名爲《唐瀚海軍典抄牒狀文事目歷》。[4] 孫繼民先生又將其分爲 5 組，分別定名爲《唐開元十六年（728）正月瀚海軍殘牒尾》（S. 11459H）、《唐開

[1]　[日]菊池英夫：《唐代邊防機關としての守捉・城・鎮等の成立過程について》，《東洋史學》第 27 號，1964 年，第 31—57 頁；孟憲實：《唐前期軍鎮研究》，北京大學博士學位論文，2001 年，第 58 頁。
[2]　相關研究主要有，孟凡人《北庭史地研究》，烏魯木齊：新疆人民出版社，1985 年，第 134—166 頁；陳戈《新疆古代交通路綫綜述》，《新疆文物》1990 年第 3 期；戴良佐《唐代庭州七守捉城略考》，《歷史在訴説——昌吉歷史遺址與文物》，烏魯木齊：新疆青少年出版社，1993 年，第 31—41 頁；薛宗正《絲綢之路北庭研究》，烏魯木齊：新疆人民出版社，2010 年，第 233—240 頁；李樹輝《絲綢之路"新北道"中段路綫及唐輪臺城考論》，《中國邊疆史地研究》2019 年第 3 期，第 52　64 頁。
[3]　孫繼民先生提出北庭瀚海軍戰鬥序列名稱是從守捉變爲鎮。孫繼民：《敦煌吐魯番所出唐代軍事文書初探》，北京：中國社會科學出版社，2000 年，第 259—260 頁。
[4]　榮新江：《英國圖書館藏敦煌漢文非佛教文獻殘卷目録（S. 6981—13624）》，臺北：新文豐出版公司，1994 年，第 210—214 頁。

元十五年十二月瀚海軍兵曹司印歷》（S. 11459G、S. 11459E、S. 11459D）、《唐開元十五年
九月？ 瀚海軍勘印歷（甲）》（S. 11453H、S. 11453I）、《唐開元十五年九月？ 瀚海軍勘印歷
（乙）》（S. 11459C、S. 11459F）、《唐開元某年某月瀚海軍請印歷》（S. 11453J、S. 11453L、
S. 11453K）。[1] 大致這批文書皆爲開元十五、十六年前後與瀚海軍相關的牒文事目。其中
多見有瀚海軍與諸守捉往還之文書事目，相關內容有：

S. 11459G

5　　牒東道守捉爲置候子事。

S. 11459E

1　　牒東道行營爲同前事。牒車坊爲收扶車兵范曄事。

6　　牒東道守捉爲給翟敬賓等手力事。

17　　牒東道行營爲小作兵胡遷事。

S. 11459D

6　　牒中軍爲長行馬子王忽梁事。

7　　牒輪臺守捉爲准前事。

S. 11459H

14　　牒俱六守捉爲馬兩疋付領記申事。

S. 11453I

7　　牒西北道爲尹壽京北磧官馬死事。

11　　牒東道爲醫人史伏力依舊例所由收領事。

13　　牒西北道爲收領楊奕事。

16　　牒河西市馬使爲馬群在東西守捉牧放事。

S. 11459C

3　　牒西北道爲張秀力□疋馬肉錢納官事。

4　　牒輪臺守捉爲侯山等死馬肉錢不到事。

6　　牒輪臺守捉爲彭琮等欠肉錢事。

7　　牒耶勒爲不支冀隱替馬事。牒沙鉢爲高場同前事。

8　　牒北庭府爲年支十六年牛馬料事。一牒爲輪臺行營牛□□□□□

11　　一牒俱六馬兩疋十一月不食料事。

14　　十七日：牒虞候爲□衛□已後暫事。牒孔目司爲同前事。

〔1〕　孫繼民：《敦煌吐魯番所出唐代軍事文書初探》，第242頁。

15　牒解默、牒神山守捉、牒輪臺守捉、牒俱六守捉、

16　牒俱六行營、牒耶勒守捉、牒沙鉢守捉、牒西北道守▢▢

17　牒東道守捉行營、牒蕃館、牒作坊、牒瓦窰、牒▢▢

S. 11459F

5　廿一日：牒左一軍爲收西北道車牛事。牒西北道爲同前事。

7　牒安家生爲造秋冬馬帳事。牒左一等六軍爲同前▢▢

8　牒銜前爲同前事。牒和副使銜爲同前事。

9　牒陰副使銜爲同前事。牒沙鉢守捉，牒西北道守▢▢

10　牒耶勒守捉，牒俱六守捉，牒輪臺守捉，

11　牒解默爲七群，牒東道守捉，牒神山守捉，

12　牒南營并未同前事。牒郭爽爲患損馬赤駮事。

14　牒輪臺守捉爲張堡健兒張滈等死馬皮筋▢。

15　牒市爲供西北道馬藥事。

S. 11453J

2　陰都護狀爲東道烽堠數事。　淳于雅

S. 11453L

7　董仵朗狀爲覆賊縱馬付所由記請公驗事。　馬仁

8　十二日判牒東道守捉勘記。典馬仁，價，瓊

17　西北道狀爲送狼一頭事。　張慎

上引文書中出現了沙鉢守捉、耶勒守捉、俱六守捉、輪臺守捉、西北道守捉、神山守捉、東道守捉共 7 個守捉，另有輪臺、俱六、東道 3 個行營。除了用守捉全稱外，也見有"耶勒""沙鉢"等，應即耶勒守捉、沙鉢守捉的省稱。尤其值得注意的是，S. 11459C 所載十七日瀚海軍爲同一件事下牒 6 個守捉、2 個行營，而在 S. 11459F 中，瀚海軍又爲造秋冬馬帳事同時下牒 7 個守捉。由此可以推測，開元十五、十六年間，瀚海軍統轄的守捉大致就是這 7 個。

不過這組文書中反映的瀚海軍守捉體系，與傳世史料的記載并不完全對應。《元和郡縣圖志》卷四〇《庭州》載：

清海軍，在州西七百里。舊名鎮城鎮，天寶中改名清海軍。
俱六鎮，在州西二百四十里。當碎葉路。

憑落鎮，在府西三百七十里。

神仙鎮，在府南五十里。當西州路。

沙鉢鎮，在府西五十里。當碎葉路。

蒲類鎮，在蒲類縣西。

郝遮鎮，在蒲類東北四十里。當回鶻路。

鹽泉鎮，在蒲類縣東北二百里。當回鶻路。

特羅堡子，在蒲類縣東北二百餘里。四面有磧，置堡子處周回約二十里，有好水草，即往回鶻之東路。[1]

如果算上清海軍的前身"鎮城鎮"，這裏一共記載了 8 個鎮和 1 處戍堡，而不見有"守捉"。又，《新唐書·地理志》"北庭大都護府"條下載有：

縣四。(有瀚海軍，本燭龍軍，長安二年置，三年更名，開元中蓋嘉運增築。西七百里有清海軍，本清海鎮，天寶中爲軍。南有神山鎮。自庭州西延城西六十里有沙鉢城守捉，又有馮洛守捉，又八十里有耶勒城守捉，又八十里有俱六城守捉，又百里至輪臺縣，又百五十里有張堡城守捉，又渡里移得建河，七十里有烏宰守捉，又渡白楊河，七十里有清鎮軍城，又渡葉葉河，七十里有葉河守捉，又渡黑水，七十里有黑水守捉，又七十里有東林守捉，又七十里有西林守捉。又經黃草泊、大漠、小磧，渡石漆河，踰車嶺，至弓月城。過思渾川、蟄失蜜城，渡伊麗河，一名帝帝河，至碎葉界。又西行千里至碎葉城，水皆北流入磧及入夷播海。)金滿，(下。)輪臺，(下。有静塞軍，大曆六年置。)後庭，(下。本蒲類，隸西州，後來屬，寶應元年更名。有蒲類、郝遮、鹹泉三鎮，特羅堡。)西海。(下。寶應元年置。)[2]

這裏詳細記載了庭州以西諸守捉的里程，是確定諸守捉位置的最重要的依據。《新唐書·兵制》載："瀚海、清海、静塞軍三，沙鉢等守捉十，曰北庭道。"[3]細數上引《新唐書·地理志》，也剛好對應此十守捉之數量。

除此之外，吐魯番出土《唐開元十一年狀上北庭都護所屬諸守捉屯田頃畝牒》中見有

---

[1] 《元和郡縣圖志》卷四〇，北京：中華書局，1983 年，第 1034 頁。

[2] 《新唐書》卷四〇，北京：中華書局，1975 年，第 1047 頁。

[3] 《新唐書》卷五〇，第 1328 頁。

"俱六守捉""憑落守捉"和"神山守捉"。[1]同墓出土的《唐北庭諸烽斸田畝數文書》中見有"耶勒守捉"。[2]日本京都藤井有鄰館藏 2 號文書中見有"輪臺守捉"，40 號文書中見有"俱六守捉"。

　　根據上述史料的記載，北庭的軍、鎮、守捉主要分布於天山北麓，是以北庭爲中心，於東、西、南三個方位布置。由於北庭以西防綫較長，又可以輪臺爲界將其分爲兩部分。這樣我們大致可以將北庭的防區分爲四個區域。一是北庭以西至輪臺，即北庭以西的北天山東段區域，包括沙鉢守捉（今吉木薩爾縣慶陽湖鄉雙河街上村北）、憑洛守捉（今吉木薩爾縣三台鎮馮洛村）、耶勒守捉（今阜康市紫泥泉鄉北莊子古城）、俱六守捉（今阜康市九運街鎮六運古城）、静塞軍（輪臺守捉，今烏魯木齊南郊烏拉泊古城）等，扼守碎葉路。二是輪臺以西，即北天山西段區域，包括張堡城守捉（今昌吉市昌吉古城）、烏宰守捉（今瑪納斯縣頭工鄉樓南古城）、清海軍（清海鎮，今瑪納斯河以西）、葉河守捉、黑水守捉、東林守捉、西林守捉，同樣是扼守碎葉路。三是北庭以南，有神山守捉（神山鎮），扼守通西州之路。四是北庭以東，有蒲類鎮（今奇台縣城附近）、郝遮鎮（今奇台東北北道橋古城）、鹹泉鎮、特羅堡等，扼守通往北方草原的回鶻路。[3]

　　以下列表表示 S. 11453、S. 11459 瀚海軍文書與《元和郡縣圖志》《新唐書·地理志》中所載北庭軍、鎮、守捉，以示對照。

表 1

	《元和郡縣圖志》	S. 11453/ S. 11459	《新唐書》	其他文書
北庭	瀚海軍	瀚海軍	瀚海軍	
北庭以西至輪臺	沙鉢鎮	沙鉢守捉	沙鉢城守捉	
	憑落鎮		馮洛守捉	憑洛守捉（72TAM226: 83）
		耶勒守捉	耶勒城守捉	耶勒守捉（72TAM226: 65）
	俱六鎮	俱六守捉	俱六城守捉	俱六守捉（72TAM226: 83、有鄰館 40）
		輪臺守捉	静塞軍	輪臺守捉（有鄰館 2）

---

〔1〕　唐長孺主編：《吐魯番出土文書》（圖文本）肆，北京：文物出版社，1996 年，第 92 頁。

〔2〕　唐長孺主編：《吐魯番出土文書》（圖文本）肆，第 102 頁。

〔3〕　關於諸守捉的今地，或尚有爭議，此處暫且使用學界的一般説法。

續表

	《元和郡縣圖志》	S. 11453/ S. 11459	《新唐書》	其他文書
輪臺以西	清海軍 （鎮城鎮）	西北道守捉	張堡城守捉	張（石?）堡守捉（有鄰館 13）
			烏宰守捉	
			清海軍（清海鎮）	
			葉河守捉	
			黑水守捉	
			東林守捉	
			西林守捉	
北庭以東	蒲類鎮	東道守捉	蒲類鎮	
	郝遮鎮		郝遮鎮	
	鹽泉鎮		鹹泉鎮	
	特羅堡子		特羅堡	
北庭以南	神仙鎮	神山守捉	神山鎮	神山守捉（72TAM226: 83）

　　從上表可以清楚地看到各種史料中記載的軍、鎮、守捉的對應關係。其中一些鎮或守捉的名字稍有差異，如"憑落鎮""馮洛守捉""憑洛守捉"，顯然是同一處地點。"馮"與"憑"字形相近，或是在抄寫過程中產生訛誤。"神仙鎮"與"神山鎮""神山守捉"也是如此，或是"山"字訛爲"仙"。

　　表中所見各種史料的記載有兩處關鍵的不同。一是"鎮"與"守捉"的稱呼。在《元和郡縣圖志》中記載的諸軍事機構除了清海軍外，皆稱爲某某鎮，而在 S. 11453、S. 11459 文書及《新唐書·地理志》中，北庭以西的諸軍事機構都稱爲守捉。至於北庭以東、以南的軍事機構，《元和郡縣圖志》《新唐書》都稱爲鎮，S. 11453、S. 11459 中則有守捉。二是數量不對應，尤其是《新唐書·地理志》所載輪臺以西的諸守捉不見於其他史料。三是 S. 11453、S. 11459 文書中出現了西北道守捉和東道守捉，亦不見載於《元和郡縣圖志》與《新唐書·地理志》。這些史料記載的差異，需要從北庭軍鎮體系發展的角度來理解。

二、從鎮到守捉：北庭軍鎮體系的建立

　　關於北庭的"鎮"與"守捉"的問題，孫繼民先生提出 S. 11453、S. 11459 瀚海軍文書中的諸守捉之名，是開元十五年前後瀚海軍戰鬥序列名稱的反映，《元和郡縣圖志》則可能

是此後情況的反映。[1] 這對於認識各種史料之間的關係無疑是個重要的提示，但這一結論需要再討論。孫繼民的一個重要證據是吐魯番出土《唐開元十九年□六鎮將康神慶抄》[2]，認爲其中的"□六鎮將"代表著當時俱六守捉已轉爲俱六鎮。不過敦煌出土《唐天寶七載（748）敦煌郡給某人殘過所》中見有"懸泉勘過，守捉官鎮將靳崇信"[3]，説明守捉官可以由鎮將擔任，出現鎮將并不能説明該軍事機構一定是鎮。因此，説俱六守捉變爲俱六鎮的依據并不可靠。

據菊池英夫先生研究，鎮、戍是北魏以降既有的一種邊疆防禦機構，而守捉很可能起源於行軍，其作爲固定的邊疆軍事機構也是與行軍的鎮軍化有關。[4] 從行軍到鎮軍是唐前期軍事體制的一大變革，唐初的對外戰爭主要是以臨時集結的行軍爲主，在邊疆祇保留有限的防禦力量，而隨著吐蕃崛起等邊疆形勢的變化，唐朝開始在邊疆長期大規模駐軍，逐漸轉變爲以鎮軍爲主。可以説，守捉的大量設置是軍鎮體系建立的重要特徵，傳統的以都護府或都督府統領鎮、戍爲主的有限防禦模式，被以節度使統領軍鎮、守捉爲主的大規模駐軍模式替代。

最能反映這一現象的是吐魯番阿斯塔那 226 號墓出土的一組與營田相關的文書，大致是開元十年、十一年前後瀚海軍、伊吾軍、西州都督府上北庭支度營田使的牒文。如前所述，這組文書中出現了瀚海軍所屬的"俱六守捉""憑落守捉""神山守捉"和"耶勒守捉"。此外還見有伊吾軍所屬的"納職守捉"。而西州都督府所屬則是"赤亭鎮""柳谷鎮""白水鎮""銀山戍"，[5] 其時西州尚未置軍，仍然是都督府治下的鎮、戍體系。而置軍的北庭、伊州則是以軍鎮、守捉爲主。這裏的"鎮"與"守捉"名稱的區別，顯然就代表了軍鎮體系建立前後的不同。而當軍鎮設立之後，該地原有的鎮、戍也必然會有一些升爲守捉。如上述文書中的西州"赤亭鎮"在《新唐書·地理志》中已被稱爲"赤亭守捉"，這應當就代表了開元十五年西州設立天山軍以後的情形。[6]

對於北庭來説，至少有沙鉢、憑落、俱六、神山這 4 個軍事機構有"鎮"與"守捉"的稱謂變化，這樣一種情況正反映了瀚海軍設立後從鎮到守捉的過渡。而《元和郡縣圖志》中整齊劃一的諸鎮，應當代表了庭州時代以鎮、戍爲主的防禦體系的情況。《通典》卷一九一

〔1〕 孫繼民：《敦煌吐魯番所出唐代軍事文書初探》，第 259 頁。

〔2〕 唐長孺主編：《吐魯番出土文書》（圖文本）肆，第 412 頁。

〔3〕 見敦煌文物研究所考古組《莫高窟發現的唐代絲織物及其它》，《文物》1972 年第 12 期，第 58 頁。

〔4〕 ［日］菊池英夫：《唐代邊防機關としての守捉·城·鎮等の成立過程について》，第 31—57 頁。

〔5〕 唐長孺主編：《吐魯番出土文書》（圖文本）肆，第 101 頁。

〔6〕 關於天山軍設立的時間，見劉安志《唐代西州天山軍的成立》，朱玉麒主編《西域文史》第 2 輯，北京：科學出版社，2007 年，第 89—99 頁。

《邊防典·西戎》中所謂"以其地爲庭州，并置蒲類縣。每歲調內地更發千人鎮遏焉"[1]，即與此相關。不過并不是所有的鎮都會轉化爲守捉，北庭以東的蒲類鎮、郝遮鎮、鹽泉鎮，在《新唐書·地理志》中就依然以鎮爲名。這應當代表了北庭優先增强了北庭以西的軍事力量，也提示我們在軍鎮、守捉系統建立之後，有些原有的鎮也會繼續保留并發揮作用。無論如何，從《元和郡縣圖志》的"鎮"到 S. 11453、S. 11459 文書及《新唐書·地理志》中的"守捉"，體現的是北庭軍鎮體系的建立。

三、北庭軍鎮體系的加强與拓展

在辨明《元和郡縣圖志》所載爲早期的庭州鎮防體系之後，還需要解決 S. 11453、S. 11459 瀚海軍文書與《新唐書·地理志》關於諸守捉記載的差異問題。兩種文獻在北庭至輪臺段的記載基本相同，祇是瀚海軍文書中少了憑落守捉，不過根據前引吐魯番出土的營田相關文書來看，至少在開元十一年，北庭就已經設有憑落守捉。兩者最大的不同在於北庭以東及輪臺以西兩段的守捉設置，S. 11453、S. 11459 瀚海軍文書中不見北庭以東的諸鎮以及輪臺以西的諸守捉，却多出了其他文獻所未見的東道守捉與西北道守捉。

關於輪臺以西的諸守捉問題，孫繼民先生認爲《新唐書·地理志》記載的軍事單位不止瀚海軍，還包括清海軍、静塞軍，輪臺以西諸守捉肯定不在瀚海軍的防區之內。[2] 不過《元和郡縣圖志》和《新唐書·地理志》明確記載，清海軍原名鎮城鎮或清海鎮，在天寶年間才設立。至於輪臺的静塞軍，《舊唐書·代宗本紀》載大曆六年（771）九月"戊申，於輪臺置静塞軍"[3]。所以在 S. 11453、S. 11459 瀚海軍文書所在的開元十五、十六年前後，還没有設立清海軍與静塞軍，北庭祇有瀚海軍一軍。那麼這組瀚海軍文書中没有出現輪臺以西的守捉，祇能解釋爲當時如烏宰、葉河、黑水等西面的守捉尚未設立。根據前文探討的軍鎮與守捉的關係來看，輪臺以西諸守捉很可能是隨著天寶年間清海軍的設立才一并設置的。

另一方面，從清海軍的前身爲鎮城鎮或清海鎮來看，在輪臺以西諸守捉設立以前，這一地區設有鎮。同樣，在北庭以東也是蒲類、郝遮、鹹泉三鎮的設置。可以説根據 S. 11453、S. 11459 瀚海軍文書，開元十五、十六年前後也就是北庭瀚海軍設立的早期，主要是在北庭至輪臺一綫設立了大量的守捉，而東、西兩側則是以級別相對較低的鎮爲主。至此也可以提出一個推論，S. 11453、S. 11459 瀚海軍文書中所見的兩個具有泛稱性質

---

〔1〕《通典》卷一九一，北京：中華書局，1988 年，第 5205—5206 頁。

〔2〕孫繼民：《敦煌吐魯番所出唐代軍事文書初探》，第 259 頁。

〔3〕《舊唐書》卷一一，北京：中華書局，1975 年，第 298 頁。

的守捉——東道守捉和西北道守捉，極有可能就是分別統御北庭以東及輪臺以西諸鎮的軍事機構。從前引 S. 11453、S. 11459 文書的内容來看，瀚海軍與西北道守捉、東道守捉往來牒狀十分頻繁，其數量遠遠超過與俱六、輪臺等各守捉之間的牒文，其内容涉及兵士、官馬、車牛等各種事宜，足見西北道守捉與東道守捉在瀚海軍的軍鎮體系中占據重要的位置。這或許正是與這兩個守捉分別負責北庭東、西兩端較大範圍的防禦有關。

綜上所述，《元和郡縣圖志》代表了早期庭州鎮戍體系的情況，S. 11453、S. 11459 文書反映了開元中期即北庭軍鎮體系建立初期的情況，而《新唐書·地理志》則記載了天寶以後北庭軍鎮體系的面貌。三種材料對比來看，北庭軍鎮體系發展大致可以分爲兩個階段。

第一階段即北庭軍鎮體系建立之初，重點加強了北庭至輪臺的軍事力量，在這一區域設立了大量的守捉。然後由東道守捉和西北道守捉分別負責北庭以東及輪臺以西的軍事防禦。值得注意的是，S. 11453、S. 11459 文書中還出現了俱六行營、輪臺行營和東道守捉行營。孫繼民先生認爲這 3 個行營是各守捉各自派出兵士組成的。[1] 無論如何，行營的出現説明這 3 個守捉的軍事力量在北庭諸守捉中是比較強的。從有鄰館藏 40 號文書來看，俱六守捉總兵額可能達到了 550 人，相當於府兵制中的 2—3 個團，確實是一個軍力很強的守捉。[2] 俱六守捉和輪臺守捉所在的位置（即今烏魯木齊至阜康一帶），剛好是碎葉路的一個重要路口，若是自碎葉路西來，經輪臺守捉可以沿白水澗道抵達西州，[3] 經俱六守捉可以通往北庭。北庭在軍鎮體系建立之初，優先加強北庭至輪臺的力量，尤其是提升輪臺與俱六的軍力，顯然也是與控制碎葉路這條至關重要的軍事及貿易路綫有關。

第二階段爲天寶以後，在維繫北庭至輪臺的核心區域以外，在輪臺以西設立了清海軍及烏宰、葉河、黑水、東林、西林等諸守捉，大大拓展了北庭在北天山西段的軍事力量。這一舉措大致也與天寶年間唐朝在西域不斷取得戰果同步。按，天寶三載，安西節度使夫蒙靈察擊斬突騎施莫賀達干，其後唐朝册突騎施骨咄禄爲十姓可汗；天寶六載，安西副都護、四鎮都知兵馬使高仙芝攻破小勃律，擒其王及吐蕃公主；天寶九載，安西節度使高仙芝攻破朅師、討平石國，擒石國王及突騎施可汗。唐朝在這一時期對突騎施取得了決定性的勝利，同時在一定程度上限制了吐蕃在蔥嶺一帶的滲透。北庭軍鎮體系的向西推進，顯然是對這一系列軍事行動的配合。

總之，通過傳世史書與出土文獻的對比分析，還是可以大致勾勒出北庭軍鎮體系從建

〔1〕 孫繼民：《敦煌吐魯番所出唐代軍事文書初探》，第 250—254 頁。
〔2〕 劉子凡：《唐前期兵制中的隊》，王振芬、榮新江主編《絲綢之路與新疆出土文獻：旅順博物館百年紀念國際學術研討會論文集》，北京：中華書局，2019 年。
〔3〕 白水澗道見於敦煌 P. 2009《西州圖經》，録文可參考唐耕耦、陸宏基編《敦煌社會經濟文獻真迹釋録》第 1 輯，北京：書目文獻出版社，1986 年，第 55 頁。

立到拓展的大致脉絡。相對於史書中的平面化的記載，這種視角可以更加立體地審視北庭軍鎮體系的特點。同時，北庭軍鎮體系的發展過程，又是唐前期邊疆防禦體系發展的一個重要的實例，體現了從都護府統領鎮、戍到節度使統領軍鎮、守捉的轉變過程中的一些重要細節，如軍鎮、守捉設立的階段性以及守捉與鎮的統屬關係等，都是進行軍鎮研究值得重視的方向。

第二節　北庭輪臺縣的建制

唐朝的西域開邊之策曾取得了很大的成就，不僅成功地將其疆域擴展到天山北麓，也保障了絲綢之路碎葉道的繁榮。實際上，唐朝在西域的經略經歷了一個漸進的過程，其在天山東部的統治中心北庭，就經過了庭州—北庭都護府—北庭節度使的軍政體制發展。[1]而作爲碎葉道重要交通節點的輪臺，是唐朝在天山北麓經營的又一個重點。唐朝對輪臺的經略是從以羈縻爲主轉到軍鎮化時代的直接管理，這在其西域經營史上具有非常典型的意義。輪臺因爲其地理位置的重要性而一直是學界研究的熱點，不過相關成果大多集中在討論唐代輪臺縣的具體所在。關於唐代輪臺的軍政建制的發展過程以及輪臺縣、輪臺守捉的軍政職能，此前似少見探討。本節即擬結合傳世史料與出土文獻，梳理唐代輪臺的建制發展變遷歷程，以期窺測唐代西域經營的發展大勢。

一、唐代輪臺的地理位置

唐代輪臺縣隸屬於北庭都護府，雖然使用了漢代輪臺之名，但顯然與位於天山以南的漢輪臺故址并不在一處。關於唐代輪臺縣的地理位置，《元和郡縣圖志》載輪臺在庭州以西 “四十二里” [2]，當是 “四百二十里” 之訛。《新唐書·地理志》則詳細記載了天山北麓諸守捉的道里，輪臺至庭州的里程合計爲三百二十里。[3]耶律楚材《西游録》載別石把（即唐代北庭）“城西二百里有輪臺縣”[4]。《長春真人西游記》則載 “其西三百餘里有縣云輪臺”[5]。諸書記載里程并不統一。清代史地學者大多據史料認爲唐代輪臺在阜康、迪化（今烏魯木齊）、昌吉之間。20 世紀 70 年代以來，學者們對輪臺的具體所在進行了大量研究，先後有

---

〔1〕　參見劉子凡《瀚海天山——唐代伊、西、庭三州軍政體制研究》，上海：中西書局，2016 年。

〔2〕　《元和郡縣圖志》卷四〇，第 1034 頁。

〔3〕　《新唐書》卷四〇，第 1047 頁。

〔4〕　耶律楚材著，向達校注：《西游録》，北京：中華書局，2000 年，第 2 頁。

〔5〕　李志常撰，王國維等校注：《長春真人西游記注》卷上，臺北：廣文書局，1972 年，第 49 頁。

烏魯木齊市以北的米泉（今米東區）[1]、烏魯木齊市以南的烏拉泊古城[2]、昌吉市區内的昌吉古城[3]、阜康市北的阜北古城[4]等諸説。可惜目前尚未見有十分明確的考古發掘證據證明其所在，基於對新疆古代城址的調查和研究，多數學者還是認爲輪臺縣應是烏拉泊古城，這裏也暫從此説。無論如何，輪臺縣一定是在今烏魯木齊周邊不太遠的範圍内。需要指出的是，王永興先生曾根據岑參詩中對“輪臺”的描述，提出天寶十三、十四載（754、755）以後北庭都護府治所從金滿縣遷到了輪臺縣。[5]不過，薛天緯先生指出唐代詩文中出現的“輪臺”，很多情況下祇是漢代典故，代指西北邊地或北庭都護府轄區，而非特指輪臺縣，也就是説不能據詩文判斷北庭都護府曾遷至輪臺縣。[6]目前學界大多認同薛説。

唐代輪臺縣所處的地域是天山交通的一處十字路口。由衆多山脉組成的天山山系横亘在歐亞大陸腹心，必然形成地理的阻隔，古代交通路綫實際上都是沿著山間廊道和南北山麓行進。從整個内陸歐亞的大格局來看，天山東部無疑處在一個非常重要的位置，正當北方草原進入西域的重要通道，也是自中原進入西域的重要門户。唐朝自西向東進入西域後，首先就是在天山東部建立伊、西、庭三州。而從天山北麓的小環境看，唐代輪臺之地又明顯是一個兵家必争之地。《新唐書·地理志》載：

> 自庭州西延城西六十里有沙鉢城守捉，又有馮洛守捉，又八十里有耶勒城守捉，又八十里有俱六城守捉，又百里至輪臺縣，又百五十里有張堡城守捉……渡伊麗河，

〔1〕王友德：《岑參詩中的輪臺及其它》，《文史哲》1978年第5期，第78—80頁；譚其驤主編：《中國歷史地圖集》第5册，北京：中國地圖出版社，1982年，第63—64頁；《辭源》，北京：商務印書館，1988年，第3028頁；《辭海》，上海：上海辭書出版社，2000年，第3808頁。

〔2〕林必成：《唐代“輪臺”初探》，《新疆大學學報》1979年第4期，第39—50頁；劉維鈞：《輪臺和烏魯木齊》，《新疆大學學報》1980年第4期，第73—74頁；陳戈：《唐輪臺在哪裏》，《新疆大學學報》1981年第3期，第91—99頁；錢伯泉：《輪臺的地理位置與烏魯木齊淵源考》，《新疆社會科學》1982年第1期，第50—58頁；蘇北海：《岑參〈輪臺歌〉的幾個考證》，《人文雜志》1984年第1期，第82—84頁；孟凡人：《北庭史地研究》，第96—112頁；徐百成：《讀詩試考唐輪臺地望》，《新疆經濟報》1992年3月21日副刊；新疆維吾爾自治區文物局編：《新疆維吾爾自治區第三次全國文物普查成果集成·新疆古城遺址》下册，北京：科學出版社，2011年，第327—328頁。

〔3〕薛宗正：《唐輪臺名實核正》，《新疆社會科學》1983年第4期，第136—146頁；薛宗正：《唐輪臺縣故址即今昌吉古城再考》，《昌吉學院學報》2011年第4期，第1—11頁。

〔4〕李樹輝：《絲綢之路“新北道”中段路綫及唐輪臺城考論》，第52—64頁。李樹輝先生論文中關於先行研究的搜集十分全面，對本節撰寫多有啓發。

〔5〕王永興：《論唐代前期北庭節度》，氏著《唐代前期西北軍事研究》，北京：中國社會科學出版社，1994年，第98—101頁。

〔6〕薛天緯：《岑參詩與唐輪臺》，《文學遺産》2005年第5期，第38—46頁。

一名帝帝河，至碎葉界。[1]

可見，輪臺縣正位於自北庭通達碎葉的"碎葉路"上，自輪臺向東可以沿天山北麓到達北庭。自輪臺向東南入山則可以通達西州，即敦煌所出 P. 2009《西州圖經》中記載的"白水澗道"。從唐朝經略北庭以西的過程看，掌控輪臺對於天山北麓的經略具有非常重要的意義。

二、羈縻府州的建立：從瑤池都督府到金滿州都督府

唐朝進入西域之前，天山北麓地區主要是在西突厥及其別部處月、處密等的控制之下。[2]一般認爲處月部在今烏魯木齊附近，即後來的輪臺縣所在之地，而史料中常與處月部一同出現的處密部可能在今瑪納斯一帶。[3]敦煌 P. 2009《西州圖經》載有：

白水澗道。右道出交河縣界，西北向處月已西諸蕃，足水草，通車馬。[4]

這條白水澗道，即自今吐魯番市經白楊溝到烏魯木齊市的道路。[5]實際上唐朝在貞觀十四年（640）占據天山北麓的可汗浮圖城并設立庭州之時，没有立即在處月部之地設立輪臺縣。貞觀十六年魏王李泰主持編成的《括地志·序略》中提到：

至貞觀十四年克高昌，又置西州都護府及庭州并六縣。[6]

這大致反映了庭州初置時的情形。根據相關史料可以確定西州建立伊始就設有五縣，則庭州最初祇設有一縣，很可能就是州治所在的金滿縣。唐朝最初能够統轄的就是庭州附近很小的範圍。處月部以及散落在天山之間的西突厥五弩失畢部落、天山以北的歌邏禄等部，還在西突厥葉護阿史那賀魯的控制之下。[7]處月既是西突厥威脅西、庭二州的前

〔1〕《新唐書》卷四〇，第 1047 頁。

〔2〕《新唐書》卷二一八，第 6153 頁。

〔3〕［日］松田壽男著，陳俊謀譯：《古代天山歷史地理學研究》，北京：中央民族學院出版社，1997 年，第 398—401 頁。此外，岑仲勉先生認爲處月部在鞏乃斯河流域至天山之北，處密部在塔城東南，但這一觀點并没有被普遍接受，見岑仲勉《處月處密所在地考》，氏著《西突厥史料補闕及考證》，北京：中華書局，1958 年，第 194—201 頁。

〔4〕《法藏敦煌西域文獻》1，上海：上海古籍出版社，1995 年，第 77 頁。

〔5〕王炳華：《唐西州白水鎮初考》，《新疆社會科學》1988 年第 3 期，第 102—108 頁。

〔6〕李泰等著，賀次君輯校：《括地志輯校》，北京：中華書局，1980 年，第 5 頁。

〔7〕《舊唐書》卷一九四下，第 5186 頁。

沿基地，也是唐朝試圖羈縻的要地。

　　早在貞觀十六年，西突厥乙毗咄陸可汗就曾派遣處月、處密等部襲擾西州。[1]直到貞觀十九年，唐朝才派出左屯衛將軍阿史那忠與屯衛將軍蘇農泥孰赴處月、處密進行撫慰，《阿史那忠碑》和《阿史那忠墓志》也記載了其安撫處月之事。[2]阿史那忠爲東突厥小可汗蘇尼失之子，歸降唐朝後尚宗室女爲妻，唐史比之於金日磾。[3]至於蘇農泥孰，從姓名上判斷有可能出身東突厥的蘇農部。可見唐朝派出安撫處月的阿史那忠和蘇農泥孰兼具唐朝官員和東突厥舊部兩種身份，體現出唐朝希望以草原風格來解決處月問題的意願。又，《文館詞林》卷六六四載有《貞觀年中撫慰處月處蜜（密）詔》中有："屯衛將軍蘇農泥孰仍兼吐屯，檢校處月、處蜜（密）部落。"[4]詔書明確説蘇農泥孰是作爲吐屯來檢校處月、處密，吐屯是突厥官職，西突厥曾向西域諸國派遣吐屯以"監統之"[5]。唐朝無疑借鑒了西突厥的這一策略，對處月、處密進行羈縻。

　　貞觀二十三年二月，唐朝設立瑶池都督府，并任命葉護阿史那賀魯爲瑶池都督。這是唐朝首次在西突厥故地設立羈縻府州，史載賀魯"統五啜、五俟斤二十餘部"[6]，則賀魯是以瑶池都督的身份統領了西突厥諸部。不過很快賀魯就在永徽二年（651）西逃，瑶池都督府也在永徽四年罷廢。《新唐書·沙陀傳》載：

　　　　賀魯來降，詔拜瑶池都督，徙其部庭州之莫賀城。處月朱邪闕俟斤阿厥亦請內屬。永徽初，賀魯反，……廢瑶池都督府，即處月地置金滿、沙陀二州，皆領都督。[7]

可見瑶池都督府與處月部有著密切的關係。而據《太白陰經》所載，瑶池都督府就設在處密部。[8]在天山東部的統治中心可汗浮圖城—庭州被唐朝統轄後，位於北天山中部的處月、處密二部就成了安置瑶池都督府的核心地區。瑶池都督府的設立，也表明唐朝開始試圖以羈縻府州的形式對西突厥諸部進行統治。

---

〔1〕《舊唐書》卷一九四下，第 5185 頁。

〔2〕《阿史那忠墓志》録文見周紹良主編《唐代墓志彙編》，上海：上海古籍出版社，1992 年，第 602 頁。《阿史那忠碑》碑文見張沛編著《昭陵碑石》，西安：三秦出版社，1993 年，第 190 頁。

〔3〕《新唐書》卷一一〇《阿史那忠傳》，第 4116 頁。

〔4〕許敬宗編，羅國威整理：《日藏弘仁本文館詞林校證》，北京：中華書局，2001 年，第 250 頁。

〔5〕《舊唐書》卷一四四下《突厥傳下》，第 5181 頁。

〔6〕《新唐書》卷一九五《回紇傳》，第 5197 頁。

〔7〕《新唐書》卷二一八，第 6153—6154 頁。

〔8〕李筌：《神機制敵太白陰經》卷三《關塞四夷篇》，北京：中華書局，1985 年，第 72 頁。

永徽四年唐朝廢瑶池都督府後，於永徽五年在處月部設置金滿州。[1] 據前引《新唐書·沙陀傳》，唐朝還一并設立了沙陀州。金滿、沙陀二州雖然仍然是羈縻州，但它們的設立表明唐朝放棄了以瑶池都督府一府來統領西突厥的策略，開始在各個部落分別設置羈縻府州。尤其是顯慶五年（660）前宰相來濟出任庭州刺史後，一度在庭州廣置羈縻府州。《元和郡縣圖志》卷四〇"庭州"載：

> 後爲賊所攻掠，蕭條荒廢，顯慶中重修置，以來濟爲刺史，理完葺焉。請州所管諸蕃，奉敕皆爲置州府，以其大首領爲都督、刺史、司馬，又置參將一人知表疏等事。[2]

根據《新唐書·地理志》的記載，西突厥東部的五咄陸部落以及三葛邏祿部落都分別設立了府州。這實際上細化了唐朝對諸部的統治，分而治之，因地適宜。

位於處月部的金滿州還經歷了從羈縻州到羈縻都督府的升級，《新唐書·地理志·羈縻州》記載的北庭都護府所轄羈縻府州中有：

> 輪臺州都督府
> 金滿州都督府（永徽五年，以處月部落置爲州，隷輪臺。龍朔二年爲府。）[3]

可知在龍朔二年（662），金滿州已升爲都督府。值得注意的是，這裏提到了金滿州"隷輪臺"，也印證了處月、金滿州與唐朝輪臺縣在地理上的對應關係。吐魯番巴達木 107 號墓出土有龍朔三年《粟特語唐金滿州都督府致西州都督府書》，便鈐有"金滿州都督府之印"，是難得一見的涉及金滿州都督府的重要出土文獻。整理者刊布的漢文譯文爲：

> 此處皆無〔……〕。其地遥遠，吾等不得使〔之？〕離去。哥邏禄〔百姓……〕吾等已遣〔……〕往西州。其後〔當？……〕……其人衆上來（至此），吾等若得消息，將與〔汝？〕相知。〔於時〕龍朔□三〔年〕〔……〕[4]

---

〔1〕《資治通鑑》卷一九九，北京：中華書局，1956 年，第 6285 頁。
〔2〕《元和郡縣圖志》卷四〇，第 1033 頁。
〔3〕《新唐書》卷四三下，第 1131 頁。
〔4〕 榮新江、李肖、孟憲實主編：《新獲吐魯番出土文獻》，北京：中華書局，2008 年，第 59 頁。

内容主要是金滿州都督府與西州都督府探討如何處置哥邏禄百姓的問題。吐魯番出土《唐龍朔二、三年西州都督府案卷爲安稽哥邏禄部落事》[1]文書對此事有較爲詳細的記録，大致是原隸屬於大漠都督府的哥邏禄步失達官部落一千帳自金山南下，寄住在金滿州一帶。金滿州刺史沙陀某希望將其發遣回大漠都督府，於是朝廷命西州都督府與漠北的燕然都護府共同處理此事。這一方面體現出金滿州都督府在唐朝處理天山北麓的事務中占據著重要的地位，也具有一定的職能；另一方面作爲羈縻府州的金滿州都督府，還是要在作爲正式州府的西州都督府的協調下處理相關事務，也體現出以正州控禦周邊羈縻府州的意味。

　　關於前引《新唐書·地理志》中提到的輪臺州都督府，這顯然也是一個"都督刺史皆得世襲，雖貢賦版籍多不上户部"的羈縻府州。雖然與作爲正式屬縣的輪臺縣在地理位置上可能相同，但從行政建制上來説是性質完全不同的兩種機構。林必成提出在庭州升級爲大都護府之後，輪臺縣也升級爲輪臺州都督府。[2]這顯然是混淆了正式州縣與羈縻府州之間的區别。可惜《新唐書》祇列舉了輪臺州都督府的名目而無具體信息。薛宗正推測輪臺州都督府似是設置於處密部。[3]不過從名稱看，輪臺州都督府應當還是在輪臺縣附近。前引《新唐書·沙陀傳》載廢瑶池都督府後，處月之地設有金滿、沙陀二州，既然金滿州升級爲金滿州都督府，或許輪臺州都督府便是由沙陀州升級而來。這樣，金滿州都督府與輪臺州都督府還都是在處月部設置的羈縻府州，皆在輪臺一帶。

三、輪臺縣與輪臺守捉的建立與發展

　　關於輪臺縣設立的時間，《通典·州郡典》載北庭都護府其所領金滿、蒲類、輪臺三縣"并貞觀中平高昌後同置"[4]。《舊唐書·地理志》亦載北庭三縣"貞觀十四年與庭州同置"[5]。《元和郡縣圖志》則載輪臺縣爲"長安二年置"[6]。前文提到，根據《括地志》所載，庭州在貞觀十四年初置時祇領有一縣，應當是附郭的金滿縣，而輪臺縣當時并未設立，故而《通典》《舊唐書》的記載有誤。此外，前引《新唐書·地理志》中有提到金滿州都督府"永徽五年，以處月部落置爲州，隸輪臺"。松田壽男、孟凡人等先生據此認爲輪臺縣的設置應當

〔1〕　榮新江、李肖、孟憲實主編：《新獲吐魯番出土文獻》，第308—325頁。另參見榮新江《新出吐魯番文書所見唐龍朔年間哥邏禄部落破散問題》，《西域歷史語言研究所集刊》第1輯，北京：科學出版社，2007年，第14—19頁。

〔2〕　林必成：《唐代"輪臺"初探》，第42頁。

〔3〕　薛宗正：《突厥史》，北京：中國社會科學出版社，1992年，第600頁。

〔4〕　《通典》卷一七四，第4559頁。

〔5〕　《舊唐書》卷四〇，第1646頁。

〔6〕　《元和郡縣圖志》卷四〇，第1034頁。

在永徽年間。[1]不過根據前文提到的《唐龍朔二、三年西州都督府案卷爲安稽哥邏禄部落事》文書，在龍朔年間未見輪臺縣參與處置金滿州附近的事務，似可説明當時輪臺縣尚未設置。綜合這些信息來看，輪臺縣的設置時間應如《元和郡縣圖志》所載，是在長安二年（702），即與北庭都護府設立的時間相同。也可以説，輪臺縣是隨著北庭都護府的建立而設置的。

　　北庭都護府的設立標志著唐朝開始著力加强天山北麓的軍政力量，北庭也逐步成爲唐朝在西域的一個重要的軍政中心，與西州隔天山相對，統轄著西域東部地區。如前文所述，輪臺正處在通北庭的碎葉道與通西州的白水澗道的交會處，是連接北庭和西州的重要節點。隨著北庭的崛起，輪臺自然也會處於一個日趨重要的位置。因爲其地理位置的便利，輪臺也成爲絲路交通的一個重要的轉運中心。吐魯番出土《唐景龍三年（709）後西州勾所勾糧帳》有：

　　79　　二石六斗小麦，論台運欠，徵杜□。[2]

可見早至景龍三年，輪臺就在西州、北庭的轉運事務中發揮著作用。更值得注意的是，在吐魯番阿斯塔那506號墓出土的一組天寶時期馬料帳中，有多件文書鈐蓋有“輪臺縣之印”。其中，《唐天寶十三載長行坊申勘十至閏十一月支牛驢馬料帳歷》文書在正面接縫處鈐蓋有“輪臺縣之印”11處，《唐天寶十三載交河郡長行坊具一至九月㸑料破用帳請處分牒》《唐天寶十四載交河郡長行坊申上載在槽減料斛斗數請處分牒》《唐天寶十四載雜事司申勘會上載郡坊在槽馬減料數牒》等文書，也都在正面接縫上鈐蓋有“輪臺縣之印”。[3]長行坊是西域各府、州、縣的交通運輸機構，上述幾件文書中或許祇有第一件與輪臺縣長行坊有關。其他幾件實際上都是交河郡長行坊的相關文書，爲何會鈐蓋“輪臺縣之印”尚未可知。至少可以肯定的是，由於有白水澗道的通行，輪臺與西州之間的交通運輸有著異常密切的關係。

　　輪臺縣同時也是唐朝在絲綢之路上的商税徵收點。《新唐書·焉耆傳》載：

　　開元七年，龍㜈突死，焉吐拂延立。於是十姓可汗請居碎葉，安西節度使湯嘉惠表以焉耆備四鎮。詔焉耆、龜茲、疏勒、于闐征西域賈，各食其征，由北道者輪臺征之。[4]

---

〔1〕〔日〕松田壽男：《古代天山歷史地理學研究》，第366—368頁；孟凡人：《北庭史地研究》，第68頁。

〔2〕榮新江、李肖、孟憲實主編：《新獲吐魯番出土文獻》，第47頁。

〔3〕唐長孺主編：《吐魯番出土文書》（圖文本）肆，第467—497頁。

〔4〕《新唐書》卷二二一上，第6230頁。

《新唐書・西域傳贊》亦載：

> 開元盛時，稅西域商胡以供四鎮，出北道者納賦輪臺。地廣則費倍，此盛王之
> 鑒也。[1]

大致同樣是因爲西域邊軍耗費太大，唐朝自開元七年（719）開始，在安西和北庭徵收商稅，以此供軍。由於輪臺正處在北天山的十字路口，可以同時兼顧自西向東通往北庭和西州的道路，北庭的徵稅點就設在了輪臺縣。

出土文獻中也屢見官員、百姓往來輪臺的記載。吐魯番出土《唐家書》中有：

（前缺）
1　　　⬚唯定吉所買口及衣物，并在後同使人處留，未來昭悉
2　　　⬚今許論臺已來計會，宗兄使去西州，自拜尊等，自從
（後缺）[2]

由於文書殘缺，不能完全通達文意，大致家書中提到的"論臺已來計會"與定吉所買的人口和衣物有關，輪臺可能是其貿易的中轉之地。又俄藏敦煌文書Дх. 11413v《唐安十三欠小麥價錢憑》中有：

1　　宇文天約妻安十三負王敬全小麥價錢二千
2　　二百文，待發輪臺車到日
3　　　　　檢案，宴示。
4　　　　　　　十五日[3]

文書中提到安十三欠了王敬全小麥錢 2200 文，所謂"待發輪臺車到日"應是指等發輪臺車回來之後再償還。可以推測此處的發輪臺車也與商貿有關。更爲有趣的是吐魯番出土《唐開元二十一年（733）唐益謙、薛光泚、康大之請給過所案卷》中：

---

〔1〕《新唐書》卷二二一下，第 6265 頁。

〔2〕沙知、吳芳思編：《斯坦因第三次中亞考古所獲漢文文獻（非佛經部分）》，上海：上海辭書出版社，2005年，第 86 頁。

〔3〕《俄藏敦煌文獻》15，上海：上海古籍出版社，2000 年，第 212 頁。

59　　　　申康大之□□□□

60　　　　往輪臺徵債，　□□□

　　（中略）

83　　　牒康大之爲往輪臺事。[1]

由姓名推測，康大之有可能是在絲綢之路上往來貿易的粟特商人，他在西州申請過所是爲了去往輪臺“徵債”。這表明輪臺可能也成了粟特商人的商貿據點之一。從這些事例看，唐代的輪臺縣因其地理位置的優勢，已經成爲西域的一個比較重要的交通和商業中心。

　　除了輪臺縣以外，唐朝還設有輪臺守捉。日本京都藤井有鄰館藏 2 號文書《唐輪臺守捉典傅師表致三郎書》有：

1　　　孟冬已寒，伏惟

2　　　　三郎尊體動止萬福。師表驅役丁，

3　　　未由拜奉，伏增戰灼，無任下情，謹因

4　　　兒吕該使往，謹奉狀不宣，謹狀。

5　　　　　　　十月五日　輪臺守捉典傅師表[2]

據此可知，如同北庭以西“碎葉路”上的其他重要城鎮，輪臺同樣設置有守捉，其位置應該就在輪臺縣。可惜上引文書并沒有出現年份，根據英藏敦煌 S. 11459 瀚海軍文書來看，最晚在開元十五年就已有了輪臺守捉。[3]

　　目前所見關於輪臺駐軍的最早的材料是吐魯番出土《唐神龍元年（705）六月後西州前庭府牒上州勾所爲當府官馬破除、見在事》，其中有：

7　　　三疋，長安四年六月給論臺聲援兵隨北庭討擊軍不回。[4]

這裏的“論臺”即輪臺。文書中提到西州前庭府爲“論臺聲援兵”提供了馬匹，而這些輪臺

〔1〕唐長孺主編：《吐魯番出土文書》（圖文本）肆，第 272—274 頁。

〔2〕錄文見［日］菊池英夫《唐代邊防機關としての守捉・城・鎮等の成立過程について》，第 46 頁。

〔3〕孫繼民：《唐代瀚海軍文書研究》，第 9—28 頁。

〔4〕榮新江、李肖、孟憲實主編：《新獲吐魯番出土文獻》，第 32—33 頁。

兵馬是跟隨北庭討擊軍，這或許與當時碎葉附近的戰事有關。而長安四年這個時間正是在長安二年設立北庭都護府和瀚海軍之後不久，可以推測在北庭設瀚海軍的同時，輪臺也有相當數量的駐軍。此時輪臺駐軍的出現，也正好作爲輪臺縣立足的軍事保證。

輪臺守捉在整個北庭的軍事體系中，應當也是具有比較重要的地位。敦煌吐魯番文書中出現的瀚海軍屬下守捉共有沙鉢守捉、耶勒守捉、俱六守捉、輪臺守捉、東道守捉、神山守捉、憑洛守捉、西北道守捉、張（石？）堡守捉。[1] 其中大部分都可以與《新唐書·地理志》中記載的守捉對應。然而值得注意的是，出土文書中還見有北庭瀚海軍的 3 個行營。敦煌 S. 11459C《唐開元十五年瀚海軍勘印歷》中有：

8　　　牒北庭府爲年支十六年牛馬料事。一牒爲輪臺行營牛□□□□□

（中略）

16　　　牒解默、牒神山守捉、牒輪臺守捉、牒俱六守捉、

17　　　牒俱六行營、牒耶勒守捉、牒沙鉢守捉、牒西北道守□□□□

18　　　牒東道守捉行營、牒蕃館、牒作坊、牒瓦窰、牒□□□□□[2]

可見，瀚海軍屬下又有 3 處以輪臺、俱六、東道爲名的行營。"行營" 一詞可能最早就是指行動的軍營，有時可以與行軍混用。[3] 當然這裏的行營與史料中常見的中晚唐時期的藩鎮行營并不完全相同，[4] 但如果藉之參照的話，可以大致推測有可能是瀚海軍自輪臺、俱六、東道三守捉抽調兵力組成行營，以進行某種軍事任務，類似前文提到的 "論台聲援兵隨北庭討擊" 云云。根據日本藤井有鄰館藏 40 號文書，俱六守捉至少有押隊官 11 人。[5] 按每隊 50 人算，俱六守捉的兵馬大致有 550 人以上，實力較强。由此來看，同樣能够組成行營的輪臺守捉的兵力應該也是不少的。大曆六年（771）九月，唐朝又在輪臺設立静塞軍，[6] 輪臺的軍事地位又進一步提升了。

───────────

〔1〕　孫繼民：《唐代瀚海軍文書研究》，第 127 頁。

〔2〕　《英藏敦煌文獻（漢文佛經以外部分）》13，成都：四川人民出版社，1995 年，第 292 頁。

〔3〕　胡耀飛：《行營之始：安西、北庭行營的分期、建置及其意義》，《新疆大學學報》2019 年第 1 期，第 86—87 頁。

〔4〕　關於藩鎮行營，可參見張國剛《唐代藩鎮行營制度》，氏著《唐代政治制度研究論集》，臺北：文津出版社，1994 年，第 175—188 頁。

〔5〕　《墨美》第 60 號《長行馬文書》，京都：墨美社，1956 年，第 10 頁。

〔6〕　《舊唐書》卷一一《代宗本紀》，第 298 頁。

四、從羈縻統治到州縣與守捉：唐代西域經營的一個側影

總體來看，唐代輪臺的建制發展過程大致可以分爲兩個階段：自貞觀十四年建立庭州至長安二年北庭都護府設立之前是第一個階段，唐朝主要通過設立羈縻府州來統御輪臺附近的處月等部落；長安二年北庭都護府設立以後是第二個階段，唐朝主要通過設立輪臺縣、輪臺守捉、静塞軍等方式逐步加强對該地的直接管理。這一發展過程實際上也可以體現出唐代經營西域的一些特點。

唐朝對西域的經略是步步爲營、逐步擴大統轄範圍的。尤其是相對於對天山以南緑洲政權的積極經營，唐朝對天山北麓的游牧部落還是采取了相對謹慎的態度。唐朝最初的策略便是希望利用西突厥内部争鬥，扶植親唐的可汗派系以實現羈縻。[1]而隨著西突厥汗國的逐步瓦解，唐朝也有序地構建起羈縻統治秩序，瑶池都督府與金滿州都督府的先後設立就是這一策略的組成部分。關於唐朝的羈縻思路，《李衛公問對》載：

> 太宗曰："朕置瑶池都督，以隸安西都護。蕃漢之兵，如何處置？"靖曰："……陛下置此都護，臣請收漢戍卒，處之内地，減省糧饋，兵家所謂治力之法也。但擇漢吏有熟蕃情者，散守堡障，此足以經久。或遇有警，則漢卒出焉。"[2]

李靖道出了唐朝設置羈縻府州的"治力之法"。"治力之法"一語來源於《孫子兵法》所謂"以近待遠，以佚待勞"，即是説收漢卒於内地，以減省糧饋，同時恩信撫慰蕃兵，使之成爲藩屏，當有事之時再出動内地兵馬。即便"散守堡障"，也不會構成完整的軍事體系。唐朝對瑶池都督府的策略基本也是遵循了這一原則，祇有西州、庭州保留了有限的兵力，賀魯反叛之時便是自内地發動行軍征討，這也是唐代羈縻之法的核心。

隨著邊疆形勢的變化，唐朝的邊疆經營策略也發生轉變，此前具有臨時征行性質的行軍開始鎮軍化。[3]及至唐太宗開元年間，已經在邊疆形成了相對完備的軍鎮、守捉的軍事體系，力量有了大幅的提升。[4]長安二年北庭瀚海軍設立之後，唐朝在天山一帶的軍事防禦顯著加强。輪臺縣的設立大致也在此時。[5]雖然羈縻府州的設置依然延續了下來，但唐

---

〔1〕 吳玉貴：《突厥汗國與隋唐關係史研究》，北京：中國社會科學出版社，2017年，第237—347頁。

〔2〕 吳如嵩、王顯臣校注：《李衛公問對校注》，北京：中華書局，2016年，第44頁。

〔3〕 ［日］菊池英夫：《節度使制確立以前における"軍"制度の展開》，《東洋學報》第44卷第2期，1961年，第54—88頁；［日］菊池英夫：《節度使制確立以前における"軍"制度の展開（續編）》，《東洋學報》第45卷第1期，1962年，第33—68頁。

〔4〕 孟憲實：《唐前期軍鎮研究》，北京大學博士學位論文，2001年，第97—103頁。

〔5〕 劉子凡：《瀚海天山——唐代伊、西、庭三州軍政體制研究》，第68—69頁。

朝在天山北麓設置的一系列守捉成爲其統轄這一地域的新手段。唐朝在輪臺駐軍以及在天山北麓建立完備的軍事防禦體系，無疑可以更好地統轄這一地區，并隨時應對軍事衝突。例如在開元二年前後東突厥大舉進犯北庭時，輪臺就發揮了重要的軍事作用。《舊唐書·張守珪傳》載：

> 開元初，突厥又寇北庭，虔瓘令守珪間道入京奏事，守珪因上書陳利害，請引兵自蒲昌、輪臺翼而擊之。[1]

在北庭遭受圍困的情況下，張守珪就是建議從西州的蒲昌和北庭的輪臺兩個方向夾擊來犯之敵。這一戰略實施的前提自然是唐朝能夠有力地管理輪臺。吐魯番所出開元四年《李慈藝告身》中有“前後總叙陸陣，比類府城及論臺等功人叙勛”[2]云云。可見在開元二年的戰事中，唐朝確實是從輪臺方向展開了攻勢。唐朝也實現了通過設立守捉來直接掌控輪臺等地軍事的轉變。

總之，在北庭設立瀚海軍以後的軍鎮化時代，唐朝采取了直接通過設立縣、守捉、軍鎮來更好地治理輪臺的策略。雖然金滿州都督府等羈縻府州一直被保留下來，但其軍事意義在很大程度上被輪臺守捉替代了，輪臺縣也能夠更好地幫助唐朝管理天山的交通路綫和稅收。唐代輪臺建制的發展變遷，可反映出唐代軍事制度變革以及西域經營策略的轉變。

第三節　北庭西海縣的設立

北庭都護府扼守東天山北麓，是絲綢之路的重要節點，同時也與安西都護府一起成爲唐朝治理西域的軍政中心，在唐代西域經營史上具有十分重要的地位。然而關於北庭屬縣的設置情況，目前學界尚未形成統一而清晰的認識。尤其是肅宗上元二年（761）前後出現的西海縣，雖有史料和文書中出現的吉光片羽，但關於其實際地點與性質仍是十分模糊，松田壽男、吴震等先生都曾討論北庭新置西海縣的地理位置，但都無法得出確切的結論，致使西海縣成爲唐代西域史上的一大謎題。[3]本節擬提出一種新的想法：北庭都護府之西

---

〔1〕《舊唐書》卷一〇三，第3193頁。

〔2〕陳國燦：《唐李慈藝告身及其補闕》，《西域研究》2003年第2期，第41—42頁。

〔3〕相關研究，參見［日］松田壽男《古代天山の歷史地理學的研究（增補版）》，東京：早稻田大學出版部，1974年，第309—311頁；吴震《唐庭州西海縣之建制及相關問題》，第95—104頁；戴良佐《唐庭州西海縣方位初考》，《新疆文物》1995年第2期，第52—53頁；王旭送《唐庭州西海縣考》，《昌吉學院院報》2013年第6期，第8—12頁。

海縣原即蒲類縣，衹是肅宗時改易了縣名。以此説反觀各種史料，其中的扞格之處便可迎刃而解。同時由此出發，寶應元年（762）西州、北庭等地的縣名改易情況及其背景也成爲一個值得關注的問題。

一、關於西海縣的史料及種種舊説

關於北庭的屬縣，《通典·州郡典》《元和郡縣圖志》《舊唐書·地理志》這三種史書都記載北庭管轄有金滿、蒲類、輪臺三縣，唯有《新唐書·地理志》載：

> 縣四。……金滿，（下。）輪臺，（下。有静塞軍，大曆六年置。）後庭，（下。本蒲類，隸西州，後來屬，寶應元年更名。有蒲類、郝遮、鹹泉三鎮，特羅堡。）西海。（下。寶應元年置。）[1]

在《新唐書》中，北庭三縣變成了北庭四縣，這也是史書中唯一一處出現北庭西海縣的地方。當然，《新唐書》的這段記載有嚴重的錯訛，首先是將由金滿縣改名而來的後庭縣單獨列出，其次是錯記蒲類縣曾隸屬西州。清代以來的西北史地學者就已經注意到了史書中金滿、蒲類、蒲昌的混淆。[2]值得注意的是，《新唐書》中有所謂西海縣"寶應元年置"，致使學者普遍認爲北庭在金滿、蒲類、輪臺三縣外，又曾於寶應元年新置西海縣，於是推定西海縣的位置就成了一個重要話題。目前所見，大致有如下幾種説法：一是今里海或鹹海説。清乾隆年間編修的《西域圖志》推測西海縣之西海爲雷翥海，即今里海或鹹海。[3]二是今瑪納斯流域説。清末陶保廉提出西海縣可能在阿雅爾淖爾，即今瑪納斯湖。[4]松田壽男先生進一步認爲，西海縣是由唐代清海軍升格而來，城址在今瑪納斯河附近的陽巴樂噶遜舊城。[5]王旭送先生也認爲西海縣在瑪納斯河流域，瑪納斯湖即唐代"清海"。[6]這大致也是目前學者們普遍接受的觀點。[7]三是烏魯木齊東南鹽湖説。吳震先生認爲寶應元年前後，

〔1〕《新唐書》卷四〇，第 1047 頁。

〔2〕參見陶保廉《辛卯侍行記》，蘭州：甘肅人民出版社，2000 年，第 397—398 頁；[日]松田壽男《古代天山の歷史地理學的研究（增補版）》，第 311—314 頁。

〔3〕鍾興麒等：《西域圖志校注》，烏魯木齊：新疆人民出版社，2002 年，第 193 頁。

〔4〕陶保廉：《辛卯侍行記》，第 428 頁。

〔5〕[日]松田壽男：《古代天山の歷史地理學的研究（增補版）》，第 310—311 頁。

〔6〕王旭送：《唐庭州西海縣考》，第 8—12 頁。

〔7〕例如新疆昌吉回族自治州文物局編《絲綢之路天山廊道——新疆昌吉古代遺址與館藏文物精品》（北京：文物出版社，2014 年）一書在"附表二　昌吉地區古今地名沿革一覽表"中，就在瑪納斯縣下注明北朝隋唐時期爲"西海縣、青海軍"。

北庭被吐蕃占領，北庭節度使遷至西州，故析輪臺東南之地置西海縣，具體位置在烏魯木齊東南柴窩鋪至達阪城之間的鹽湖一帶。[1]四是額敏河流域説。戴良佐先生也認爲西海縣與清海軍有關，但將其位置考證在今額敏河北岸的古城遺址。[2]或許正是由於西海縣尚存在爭議，譚其驤先生主編的《中國歷史地圖集》第五册《隋・唐・五代時期》在隴右道庭州範圍内祇畫出了金滿、輪臺、蒲類三縣，并没有在地圖上標出西海縣的位置。[3]

縱觀上述諸説，里海、鹹海、額敏河流域都遠離北庭在天山東部的統治重心，置縣的可能性很小。瑪納斯河流域以及鹽湖都靠近唐代的輪臺縣（今烏魯木齊附近）。不過這裏有一個關鍵的問題，安史之亂爆發後安西、北庭先後有兩批援軍入關勤王，肅宗初年，整個西域地區的留守唐軍不足半數。[4]在這種情況下，寶應元年前後的北庭顯然没有力量通過新設縣來拓展其統轄區域。尤其是這一時期對唐朝威脅最大的吐蕃、回紇等勢力，其威脅方向都是在北庭的東面，此時北庭没有必要加强西面輪臺縣附近的軍政力量。故而松田壽男、戴良佐、王旭送等先生提到的西海縣由北庭以西的清海軍升格而來，恐怕不能成立。

吐魯番文書也驗證了西海縣的存在，《唐寶應元年五月節度使牓西州文》有：

```
1      使衙              牓西州

2        諸寺觀應割附近百姓等

3          右件人等久在寺觀驅馳，矜其勤勞日久，遂与僧道

4          商度，并放從良，充此百姓。割隸之日，一房盡來，不能有媿

5          於僧徒。更乃無厭至甚，近日假託，妄有追呼。若信此流，

6          擾亂頗甚。今日以後，更[有]此色者，當使決然。仍仰所由

7          分明曉喻，無所躕前，牓西州及西海縣。

8      以前件狀如前

9              建午月四日

10   [使御史]中丞楊志烈[5]
```

又，《唐庭州西海縣橫管狀爲七德寺僧妄理人事》文書有：

〔1〕　吴震：《唐庭州西海縣之建制及相關問題》，第 95—104 頁。

〔2〕　戴良佐：《唐庭州西海縣方位初考》，第 52—53 頁。

〔3〕　譚其驤主編：《中國歷史地圖集》第 5 册，第 63—64 頁。

〔4〕　吴玉貴：《杜甫"觀兵"詩新解——唐乾元二年西域援軍再次入關史實鈎沉》，朱玉麒主編《西域文史》第 12輯，北京：科學出版社，2018 年，第 35—43 頁。

〔5〕　唐長孺：《吐魯番出土文書》（圖文本）肆，第 328 頁。

```
1      西海縣橫管           狀上
2         本縣百 姓故竹伯 良妻竹慈心   妄理人西州七德寺僧惠寬、法允 ⁽¹⁾
```

前件文書中的御史中丞楊志烈無疑是節制伊、西、庭三州的北庭節度使，這裏的"使衙"即是北庭節度使的使衙。結合兩件文書的内容看，大致是節度使與西州寺觀商量放寺觀的家人奴婢從良，充當百姓。後件文書中的竹伯良等就是放良後被安置在了西海縣，由此推測牓文中的"充此百姓"很可能就是指充西海縣百姓。之後又發生了西州僧人惠寬等將放良奴婢托詞"追呼"回去之事，於是節度使衙就向西州、西海縣兩地下發牓文，張貼於寺觀，要求不再發生此類事件。⁽²⁾ 這件牓文的時間是"建午月四日"，按肅宗上元二年廢去年號，但稱"元年"，以建子月（十一月）爲歲首，月皆以所建爲數。⁽³⁾ 次年建巳月甲子（四月十五日），改元寶應，恢復舊月數。⁽⁴⁾ 則此文書中的建午月當是指肅宗無年號的二年五月，此時北庭應當還未接到改元寶應的詔書。由此可知《新唐書·地理志》關於寶應元年置西海縣的説法并不準確，西海縣的出現實際上是在北庭得知改元寶應之前。同時可以看到，就在當年，北庭節度使是割附了相當數量的西州寺觀依附人口給西海縣，以加強西海縣的軍政力量。

吳震正是據此牓文認爲寶應元年前後北庭節度使的使衙在西州，從而落實了《舊唐書·地理志》關於北庭上元元年陷於吐蕃的記載，進而推測西海縣是在這一背景下析輪臺縣而設置。⁽⁵⁾ 然而現在我們可以很明確地説北庭的陷落是在唐德宗貞元時期，而且吐魯番出土《高耀墓志》也并未提及北庭曾有肅宗上元元年陷落之事。⁽⁶⁾ 前引牓文祇是由使衙下發給西州，并不能看出使衙本身就在西州。故而吳震關於西海縣的推論也不能成立。

總體來看，雖然有《新唐書·地理志》與吐魯番出土文書的相互印證，但此前學者對於西海縣的種種推測都無法令人信服。尤其是無法圓滿解釋安史之亂後北庭在兵力空虛的情況下新設西海縣的意圖。這樣就需要考慮另外一種可能性，北庭的西海縣可能并非寶應元年新置，而是由北庭此前的屬縣改名而來。

---

〔1〕　唐長孺：《吐魯番出土文書》（圖文本）肆，第 344 頁。

〔2〕　雷聞：《牓文與唐代政令傳布》，榮新江主編《唐研究》第 19 卷，北京：北京大學出版社，2013 年，第 68—70 頁。

〔3〕　《資治通鑑》卷二二二，第 7116 頁。

〔4〕　《資治通鑑》卷二二二，第 7132 頁。

〔5〕　吳震：《唐庭州西海縣之建制及相關問題》，第 95—104 頁。

〔6〕　參見柳洪亮《唐北庭副都護高耀墓發掘簡報》，《新疆社會科學》1985 年第 4 期，第 65 頁；王小甫《安史之亂後西域形勢及唐軍的堅守》，《敦煌研究》1990 年第 4 期，第 59 頁。

二、西海縣即蒲類縣改名而來

(一)《新唐書・地理志》中有西海縣而無蒲類縣

要解決西海縣的問題，首先要考察唯一一處記載了西海縣縣名的《新唐書・地理志》。然而如前文所述，傳世史書中對於蒲類、蒲昌與金滿三地地名的記載產生了極大的混淆，《新唐書・地理志》錯亂尤甚。此前學者已注意到這一問題，但爲了理清北庭屬縣，這裏需要再梳理一下史書錯亂的來龍去脉。

《通典》和《舊唐書・地理志》祇是將西州蒲昌縣東南的蒲昌海錯寫爲蒲類海。而在比《通典》稍晚成書的《元和郡縣圖志》中，混淆情況比較明顯：

> 西州……
>
> 蒲昌縣，(中下。西南至州一百八十里。)貞觀十四年置。本名金蒲城，車師後王庭也。
>
> ……
>
> 庭州……
>
> 後庭縣，(〔下。〕郭下。)貞觀十四年於州南置蒲昌縣，長安二年改爲金蒲縣，寶應元年改爲後庭縣。
>
> 蒲類縣，(下。南至州一十八里。)貞觀十四年置，因蒲類海爲名。先天二年爲默啜所陷，開元十四年復置。
>
> 輪臺縣，(下。東至州四十二里。)長安二年置。[1]

這裏就首次將西州的蒲昌縣與北庭的金滿縣(後庭縣)混淆了。我們知道漢代車師後國王庭即是後來的可汗浮圖城，亦即唐代庭州以及後來的北庭都護府的治所金滿縣，寶應元年改名爲後庭縣。《後漢書》所記"後王部金蒲城"[2]亦是唐代金滿縣之地。則《元和郡縣圖志》是先把西州蒲昌縣錯認爲漢代"金蒲城"，在此基礎上繼而認爲庭州的金滿(蒲)縣(後庭縣)原名蒲昌縣，將蒲昌與金蒲混淆起來。這樣就造成了蒲昌縣與後庭縣似是一縣但分屬兩州的矛盾現象。

《新唐書・地理志》更是在《元和郡縣圖志》的基礎上又進一步，試圖解釋其中的矛盾，但却亂上加亂。我們再引用《新唐書》相關段落如下：

---

[1]《元和郡縣圖志》卷四〇，第 1032—1034 頁。

[2]《後漢書》卷一九，北京：中華書局，1965 年，第 720 頁。

西州……蒲昌。(中。本隸庭州,後來屬。)……

北庭大都護府,本庭州,貞觀十四年平高昌,以西突厥泥伏沙鉢羅葉護阿史那賀魯部落置,并置蒲昌縣……金滿,(下。)輪臺,(下。有静塞軍,大曆六年置。)後庭,(下。本蒲類,隸西州,後來屬,寶應元年更名。有蒲類、郝遮、鹹泉三鎮,特羅堡。)西海。(下。寶應元年置。)[1]

這些看似隨意的改寫,實際上都可以找到受《元和郡縣圖志》影響的蹤迹。首先是引文中所謂貞觀十四年(640)庭州“并置蒲昌縣”,按《通典》《唐會要》《册府元龜》皆在記載貞觀十四年平高昌時提到“以其地(可汗浮圖城)爲庭州,并置蒲類縣”[2],意即除庭州附郭縣金滿縣外,另於庭州設立蒲類縣。唯有《新唐書》將“并置蒲類縣”改成了“并置蒲昌縣”,這應當就是出自《元和郡縣圖志》在“庭州·後庭縣”下所載“貞觀十四年於州南置蒲昌縣……改爲後庭縣”。顯然也正是參考了《元和郡縣圖志》的這一條記載以及所謂蒲昌縣“本名金蒲城,車師後王庭也”,《新唐書》將西州蒲昌縣記爲“本隸庭州,後來屬”。至於《新唐書》所謂後庭縣“隸西州,後來屬”,看似無理,實際還是源自《元和郡縣圖志》將後庭縣等同於蒲昌縣,又將蒲昌縣列在了西州。這樣西州蒲昌縣“本隸庭州”、庭州後庭縣“本隸西州”,來了個乾坤大挪移。[3]可見《新唐書》此處是參考《元和郡縣圖志》進行了一些編排。

值得注意的是,如果完全參照《元和郡縣圖志》蒲昌縣＝金蒲縣＝後庭縣的體系,《新唐書·地理志》在後庭縣下應標注“本蒲昌”才對,實際上卻寫成“本蒲類”。這或許是來自《通典》所載“後王國理務塗谷(即今〔金〕蒲城,今北庭府蒲類縣也。)”[4]。但這明顯又與《元和郡縣圖志》將後庭縣與蒲類縣并列不合。出現這種情況很可能是因爲《新唐書》要勉强自圓其説,而不能打破北庭原有的州縣結構。從《通典》《元和郡縣圖志》到《舊唐書》《太平寰宇記》,無論州縣之下的注釋如何錯亂,州縣的大致框架是一致的,即庭州(後改爲北庭都護府)的屬縣爲金滿縣(後庭縣)、輪臺縣、蒲類縣。《元和郡縣圖志》便是注釋亂却不亂州縣結構,才會自相矛盾。《新唐書》同樣面臨困境,在蒲昌縣＝金蒲縣＝後庭縣的體系中沒有金滿縣和蒲類縣,這就需要合理安排它們的位置。關鍵是與金蒲類似的金滿縣被單列爲一縣,而與蒲昌類似的蒲類則并到了後庭縣之下。

---

〔1〕《新唐書》卷四〇,第1047頁。

〔2〕《通典》卷一九一,北京:中華書局,1988年,第5206頁;《册府元龜》卷四二九,南京:鳳凰出版社,2006年,第4867頁。

〔3〕馮承鈞:《高昌城鎮與唐代蒲昌》,《中央亞細亞》1942年第1期。

〔4〕《通典》卷一九一,第5202頁。

　　如果我們把《新唐書·地理志》中的金滿縣與後庭縣合并的話，實際上就是又回到三縣：金滿（後庭）、輪臺、西海。憑空出現的西海縣剛好取代了蒲類縣的位置。聯繫到前文在"并置蒲昌縣"處特意抹去蒲類縣，可以考慮西海縣的出現與蒲類縣的消失有所關聯。至少根據上文討論可以知道，《新唐書·地理志》爲自圓其說而進行過細緻却混亂的編排，北庭屬縣之間的關係有重新考量的空間。

　　（二）蒲類海在唐代可稱爲西海

　　很難找尋西海縣的一個重要原因就是比定"西海"。此前學者認爲"新設立"的西海縣縣名必然與某一可稱爲"西海"的水域有關，於是就有了將雷翥海、瑪納斯湖、鹽湖等比定爲西海。實際上在漢晉時期，西海并不是一個非常固定的稱謂，居延海和青海都曾被稱作西海，漢代亦曾在青海湖東北側設有西海郡。[1]而在唐代，西海的範疇也十分寬泛，中原以西的大型湖泊似乎都可被稱作廣義上的西海。《初學記》卷六《地理中·海第二》載：

　　　　按西海大海之東，小水名海者，則有蒲昌海、蒲類海、青海、鹿渾海、潭彌海、陽池海。[2]

又，《白孔六帖事類集》卷二《海》載：

　　　　西海（類海、潮海、蒲昌海。《西域傳》蒲昌海一名壇〔鹽〕澤。）[3]

這大概就是唐人眼中比較著名的西海。其中的"類海"應即蒲類海，在今巴里坤湖；蒲昌海即今羅布泊；鹿渾海在今鄂爾渾河與土拉河流域；潭彌海與陽池海據《廣志》所載是在"羌中之西"。[4]從地理來看，顯然祇有蒲類海更接近北庭。《唐大詔令集》卷一一六《喻安西北庭諸將制》中有"蹂流沙，跨西海，□蒲類，破白山"[5]云云，"西海"與"蒲類"并舉，此處雖然祇是文學修辭，但還是可以大致看出當時人是將蒲類海看作西海的代表性意象。

　　蒲類海即今巴里坤湖，因其所處地理位置極爲重要，自漢代以來就在史書中頻繁出

---

〔1〕　參見王迹《西海、西海郡考索》，《青海社會科學》1983 年第 2 期，第 107—111 頁；王子今《秦漢人世界意識中的"北海"和"西海"》，《史學月刊》2015 年第 3 期，第 26—30 頁。

〔2〕　徐堅：《初學記》卷六，北京：中華書局，2004 年，第 115 頁。

〔3〕　白居易：《白孔六帖事類集》卷二，北京：文物出版社，1987 年影印版，第 40 頁 b—41 頁 a。

〔4〕　徐堅：《初學記》卷六，第 115 頁。

〔5〕　宋敏求：《唐大詔令集》，北京：中華書局，2008 年，第 606 頁。

現。《漢書》中即載有蒲類國和蒲類後國，王治皆在天山山谷中。[1]《後漢書》亦載奉車都尉竇固曾經"擊破白山虜於蒲類海上"[2]。唐代伊州伊吾軍就駐扎在蒲類海附近。至於庭州蒲類縣，更是直接以蒲類海命名。《文苑英華》卷四一五所載李嶠《授高昌首領子蒲類縣主簿制》中就有"宜受芝泥之命，往參蒲海之邑"[3]。所謂"蒲海之邑"就點出了蒲類縣縣名與海的關係。所以漢唐時期天山北麓最著名的湖泊就是蒲類海，如果要從西海入手找尋西海縣的話，不必捨近求遠，蒲類海就可以説是唐人眼中的西海。將蒲類縣比定爲西海縣，至少從名稱上是合適的。

(三) 西海縣在北庭以東更符合當時的軍事形勢

如前所述，天寶十四載 (755) 安史之亂爆發後，數量衆多的安西、北庭將士赴中原靖難，直到代宗廣德元年 (763) 才徹底平定。而唐代的西北邊疆祇留下了部分兵力駐防，吐蕃趁河西、隴右防禦空虛，自西向東大舉攻掠州縣。大致自肅宗上元二年開始，吐蕃就已經占領了隴右的一些州縣，直到廣德二年攻占涼州，唐朝的河西、北庭、安西就與中原阻隔開來，交通十分困難。對於唐朝朝廷威脅更大的是，吐蕃在廣德元年甚至曾經攻入過長安。而此時雄踞北方草原的回紇雖然曾出兵幫助唐朝收復兩京，但對唐朝來説却也并不可靠。回紇不僅在安史之亂平叛過程中攫取了大量金帛，而且在廣德二年曾聯合吐蕃大舉入寇，致使長安震駭。所以在安史之亂平定前後，唐朝不僅要處理與叛軍以及與新興藩鎮之間的複雜關係，而且要面對吐蕃與回紇的威脅，可謂風雨飄搖。

西海縣出現的寶應元年前後，正值安史之亂徹底平息前的關鍵時刻，朝廷肯定無暇顧及邊疆的軍政建設。北庭戍邊將士被大量徵發趕赴中原後，就再也沒有返回，此時的北庭繼續向西拓展軍事實力恐怕也是力有不逮。尤其是自唐玄宗天寶時代以降，北庭以西的突騎施等西突厥諸部并未對北庭造成過實質性威脅，當務之急還是要加強東綫：一是吐蕃采取先攻掠河隴的戰略，威脅來自北庭的東面；二是唐朝平定安史之亂依賴於回紇，無論是聯絡還是防範，北庭都要重視與回紇的關係。從後來的情況看，北庭也確實很快就成了吐蕃與回紇角力的戰場。

而蒲類縣與蒲類海正是從北方草原進入天山北麓地區的軍事要衝，《元和郡縣圖志》即載：

郝遮鎮（在蒲類東北四十里。當回鶻路。）

―――――――――――――

〔1〕《漢書》卷九六下，北京：中華書局，1962 年，第 3919 頁。

〔2〕《後漢書》卷二，第 122 頁。

〔3〕李昉等：《文苑英華》卷四一五，北京：中華書局，1966 年，第 2103 頁。

鹽泉鎮(在蒲類縣東北二百里。當回鶻路。)

特羅堡子(在蒲類縣東北二百餘里。四面有磧,置堡子處周回約二十里,有好水草,即往回鶻之東路。)[1]

所謂的"回鶻路"就是指自漠北的回紇牙帳出發,翻越金山南下,抵達天山北麓的交通路綫。而蒲類縣附近的三個重要鎮戍,都處在"回鶻路"這條交通要道上,突顯出蒲類在北庭東面防禦體系中的重要地位。從今天的地理形勢看,自今阿爾泰山南下到達天山北麓,要經過廣袤的沙漠戈壁地帶,而到達奇台縣一帶所經過的沙漠戈壁地帶最少。故而位於今奇台縣一帶的唐代蒲類縣,就是北庭抵禦或聯繫草原勢力的東部前綫。前引《唐寶應元年五月節度使牒牓西州文》中,北庭節度使楊志烈與西州寺觀商量將依附人口放良,使其在西海縣入籍爲百姓,無疑含有加强西海縣力量的意味。若是聯繫到當時的軍事形勢,西海縣在北庭東面的蒲類顯然更加合理。

(四)肅宗改制與寶應元年前後的西北邊疆縣名改易

寶應元年西海縣出現的同時,西州與北庭的兩個附郭縣高昌縣與金滿縣,也分別改名爲前庭縣與後庭縣,顯然是用了漢代車師前王庭、車師後王庭的典故。值得注意的是,現存敦煌博物館《大唐都督楊公紀德頌》刻於寶應元年之前不久,碑文首行載:

冥安縣丞□□□□支度判官楊□撰。[2]

唐代史書并未見有名爲"冥安"之縣,然而唐代的瓜州晉昌縣即是漢代冥安縣之地。[3]大致晉昌縣在寶應元年曾改名爲冥安縣,同樣用了漢代古地名。可見寶應元年前後,西北邊疆有多個縣改了縣名,説明這并不是一個偶發現象。

其中有一個值得關注的綫索,前引《大唐都督楊公紀德頌》中的楊公應當是曾任瓜州都督的楊預,他轉任北庭節度使後,瓜州當地爲其立此碑。[4]根據碑文所載,楊預在安史之亂的危機時刻赴行在面見肅宗,奉命完成了"宣慰四道"、徵兵西北的使命,即所謂"西

〔1〕《元和郡縣圖志》卷四〇,第 1034 頁。

〔2〕 吳景山、張洪:《〈大唐都督楊公紀德頌〉碑校讀》,《西域研究》2013 年第 1 期,第 16—18 頁。

〔3〕《元和郡縣圖志》卷四〇"隴右道·瓜州·晉昌縣"載:"晉昌縣,本漢冥安縣,屬敦煌郡,因縣界冥水爲名也。晉元康中改屬晉昌郡,周武帝省入涼興郡。隋開皇四年改爲常樂縣,屬瓜州,武德七年爲晉昌縣。"(第 1028 頁)

〔4〕 劉子凡:《楊志烈之死——安史之亂後的河西失陷與北庭隔絶》,朱玉麒主編《西域文史》第 10 輯,北京:科學出版社,2015 年。

聚鐵關之兵，北稅堅昆之馬"。之後又被肅宗招至長安任命爲北庭節度使，應是深受肅宗信任。而寶應元年正在北庭節度使任上的楊志烈與楊預有著十分密切的關係，薛宗正甚至懷疑楊志烈就是楊預，祇不過是因爲避代宗的諱而改名。[1] 楊志烈本人也對朝廷忠心耿耿，廣德二年僕固懷恩叛亂時，時任河西節度使的楊志烈派出勁卒五千襲擊僕固懷恩後方，以解長安之困，後因赴北庭徵兵而遇害。[2] 無論楊預和楊志烈是否爲同一人，他們與朝廷的關係都是十分密切的。而前文提到的晉昌縣改冥安縣、高昌縣改前庭縣、金滿縣改後庭縣以及可能的蒲類縣改西海縣，都是在他們的任上完成的。

　　寶應元年前後西北邊疆出現的縣名改易情況，很可能與肅宗末年的改制有關。《唐大詔令集》卷四唐肅宗《去上元年號赦》有：

> 三代受命，正朔皆殊，宗周之王，實得天統……自今已後，朕號唯稱皇帝，其年但號元年，去上元之號。其以今年十一月爲天正歲首，使建丑建寅每月以所建爲數……唐虞之代，肇有九州，王者所都，文無異制。其京兆府、河南府、太原府"三京"之號宜停，其鳳翔先爲西京，亦宜准此。[3]

此詔的時間是上元二年九月，肅宗實行了去尊號、去年號、改正朔等一系列措施。直到寶應元年四月代宗即位後廢止這些措施爲止，唐朝實際上有不到一年的時間沒有年號，前引吐魯番出土文書中出現的"建午月"就是肅宗改制的產物。孫英剛先生指出，肅宗這些較爲極端的措施并無謙遜之意，反而含有"復舊維新"的"革命"意味，是確立其地位的政治手段。[4] 當時唐玄宗尚且在世，要想在平定叛亂後重新建立起穩固的統治，肅宗顯然首先要完全走出玄宗的陰影，確立他自己的威信。

　　根據上引赦文，肅宗的改制實際上也涉及地理區劃的變革，即廢除"三京"之號，很快在寶應元年建卯月又設立"五都"。張達志先生指出，從"三京"到"五都"的變化，原因還是肅宗要鞏固權力并壓制玄宗與永王璘的勢力，而在這一變化過程中，鳳翔府與江陵府的屬縣自然也發生了調整。[5] 與此類似，《舊唐書·禮儀志》載：

---

[1] 薛宗正：《安西與北庭——唐代西陲邊政研究》，哈爾濱：黑龍江教育出版社，1998年，第285頁。

[2] 《資治通鑑》卷二二三，第7168頁。

[3] 《唐大詔令集》卷四，第23頁。

[4] 孫英剛：《無年號與改正朔：安史之亂中肅宗重塑正統的努力——兼論曆法與中古政治之關係》，《人文雜志》2013年第2期，第74—75頁。

[5] 張達志：《唐肅宗改立"五都"與"三府"州縣置廢探微》，《學術月刊》2015年第1期，第153—159頁。

及上元二年，聖躬不康，術士請改吳山爲華山，華山爲泰山，華州爲泰州，華陽縣爲太陰縣。寶應元年，復舊。[1]

華陽縣改爲太陰縣也是在肅宗的上元二年，嚴格説來，這雖然祇是與肅宗個人健康狀況相關，并不能完全算作肅宗改制的一部分，但我們還是可以藉此看出肅宗末年内地縣名改易的普遍狀況。

考慮到楊預、楊志烈與肅宗的親密關係，西北邊疆的一系列縣名改易有可能就是對肅宗改制的回應，以體現對肅宗樹立權威的支持。從縣名改易的具體情況看，還是能契合肅宗"復舊維新"的意圖的。如瓜州晉昌縣改名爲冥安縣，就是用了漢代古名。西州高昌縣中的"高昌"來自漢代的高昌壁，改名爲前庭縣則是來自漢朝進入西域之前就在此地的車師前王庭，"前庭"比"高昌"似乎更古一些。至於庭州金滿縣，雖然金滿城就是車師後王庭所在之城，但或許是爲了與西州前庭縣對應，也改爲了更能體現古意的後庭縣。至於改蒲類縣爲西海縣，作爲泛稱的"西海"很早就出現在了典籍中，《山海經·大荒西經》中就有："西海之南，流沙之濱，赤水之後，黑水之前，有大山，名曰昆侖之丘。"[2] 而《竹書紀年》中載周穆王"王西征，至昆侖丘，見西王母"[3]，又《穆天子傳》載："觴西王母於瑶池之上。"[4] 西海、昆侖、瑶池就成了上古傳説中的重要地理組合。值得注意的是，唐朝貞觀年間曾在天山北麓設立瑶池都督府，而寶應年間的西海縣或許也是使用了類似的古意。

綜上所述，可以認爲《新唐書·地理志》以及出土文書中所見的西海縣，就是由北庭蒲類縣在寶應元年前後改名而來。不過大概是與代宗即位後廢止肅宗去年號等復古措施有關，西海縣的縣名可能行用不久就廢棄了，以至於我們在文獻中很少能見到它的身影。如果這一推論成立的話，可以看出寶應元年前後西北邊疆出現的幾個縣名改易情況，實際上都與唐朝中央的政治制度變化密切相關，體現出統一國家内部中原與邊疆的聯動。

---

〔1〕《舊唐書》卷二四，第935頁。
〔2〕郝懿行：《山海經箋疏》，濟南：齊魯書社，2010年，第5000頁。
〔3〕郝懿行：《竹書紀年校證》，濟南：齊魯書社，2010年，第3891頁。
〔4〕郭璞注：《穆天子傳》，北京：中華書局，1985年，第15頁。

第二章　北庭文書所見西域經營

第一節　安史之亂前夕的安西與北庭
——《唐天寶十三、十四載交河郡長行坊支貯馬料文卷》考釋

　　1973 年，吐魯番阿斯塔那古墓群 506 號墓（即張無價墓）出土了一具形制特殊的紙棺，以細木杆爲骨架，糊以外表塗紅的故紙。考古工作者拆解紙棺後，發現其所用紙張大都是天寶年間交河郡館驛的馬料收支帳，并發現了節度使封常清及著名邊塞詩人岑參的乘驛記録。[1] 吐魯番出土文書整理組將這組文書定名爲《唐天寶十三、十四載（754—755）交河郡長行坊支貯馬料文卷》（以下簡稱 "《交河郡馬料文卷》"），共整理出 22 件牒狀，殘存文字近 1700 行，是目前所見敦煌吐魯番文書中内容最長的官文書案卷之一。[2]《交河郡馬料文卷》現保存於新疆維吾爾自治區博物館，曾作爲吐魯番出土文書中的代表性文物，2019 年在中國國家博物館 "萬里同風——新疆文物精品展" 中展出。展示的部分爲《交河郡馬料文卷》中編號（一九）的文書《唐天寶十四載交河郡長行坊申十三載郡坊帖馬侵食交河等館九至十二月馬料帳》，明顯可以看到文書塗有朱紅色，應爲紙棺裝飾痕迹（圖 1）。[3]

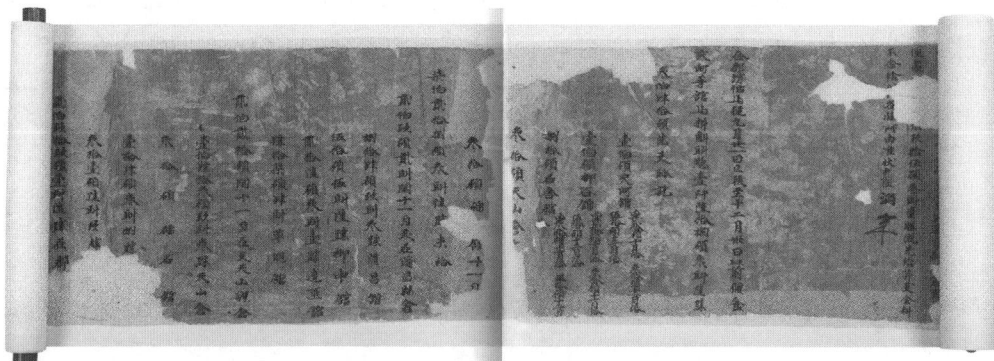

圖 1　《交河郡馬料文卷》局部

〔1〕　新疆維吾爾自治區博物館、西北大學歷史系考古專業：《1973 年吐魯番阿斯塔那古墓群發掘簡報》，《文物》1975 年第 7 期，第 12—13 頁。

〔2〕　唐長孺主編：《吐魯番出土文書》（圖文本）肆，北京：文物出版社，1996 年，第 421—548 頁。

〔3〕　王春法主編：《萬里同風——新疆文物精品》，北京：北京時代華文書局，2020 年，第 84—85 頁。

這組文書涉及的重要人物及西域史事，又剛好與岑參第二次赴西域所作之邊塞詩對應，故而歷來受到學者的關注。王素先生最早進行研究，考證了岑參自長安出發到達北庭的時間、文書中出現的岑參同僚以及封常清西征與破播仙的時間等問題。[1] 朱雷先生則考察了封常清在安西與北庭治所之間的行程。[2] 此後也有不少相關成果，推動了以出土文獻進行文史互證的研究。[3] 不過以往研究多是圍繞封常清與岑參的個人行迹展開，尤其關注考察岑參邊塞詩所載人物及史事。實際上這組文書中記載的安西、北庭官吏有 50 餘人，目前考證出來的祇有少數幾人，尚有大量人員沒有理清身份。此外，這組文書也是研究唐朝在西域設立的安西、北庭兩節度使的重要材料。天寶十四載末，安禄山自范陽起兵，持續近十載的安史之亂使唐朝國勢由盛轉衰。歷代史家多將安史之亂的爆發歸因於唐朝的"内輕外重"，亦即邊疆節度使集中了過多的軍事和財政力量。這組文書所記的天寶十三載史事，剛好發生在安史之亂前夕，也正是唐代經營西域的鼎盛時期。本節即擬在前人研究基礎上，對《交河郡馬料文卷》所見安西與北庭的交通、官吏、軍政等進行新的考證，同時藉此考察安史之亂前夕的節度使制度及唐朝經營西域的格局。

一、文書概況及其所見安西與北庭的交通

《交河郡馬料文卷》由多件牒狀組成，其中涉及封常清及其僚佐往來的主要是編號（一）（四）（五）（一五）（一六）（一七）這幾件，均鈐蓋有"交河郡都督府之印"。（四）（五）在題首有"礌石館狀上"，可知是礌石館文書。王玉平先生根據文書內容所反映的各館關係，判定（一）爲柳谷館、（十五）爲石舍館、（十六）爲銀山館、（十七）爲礌石館，頗有理據。[4] 文書中還提到了天山縣、酸棗館等，石舍館、柳谷館、酸棗館、天山縣、礌石館、銀山館分布在交河郡（今新疆維吾爾自治區吐魯番市）西部的一條交通幹道上，這條道路呈南北向，自柳谷、石舍向北可以連通北庭節度使的駐地北庭（治所在今吉木薩爾縣北庭故城遺址），自礌石、銀山向西南可以到達焉耆，進而通往安西節度使的駐所龜茲（治所在今庫車縣皮朗

〔1〕 王素：《吐魯番文書中有關岑參的一些資料》，《文史》第 36 輯，北京：中華書局，1992 年；此據《漢唐歷史與出土文獻》，北京：故宮出版社，2011 年，第 296—311 頁。

〔2〕 朱雷：《吐魯番出土天寶年間馬料文卷中所見封常清之北庭行》，《魏晉南北朝隋唐史資料》第 15 輯，武漢：武漢大學出版社，1997 年，第 100—108 頁。

〔3〕 廖立：《吐魯番出土文書與岑參》，《新疆大學學報》1996 年第 1 期，第 88—92 頁；熊飛：《〈交河郡長行坊支貯馬料文卷〉與岑參行年小考》，《敦煌研究》1993 年第 3 期，第 43—48 頁；殷弘承：《封常清在西域——從出土文書看其後期的重要活動》，《新疆地方志》2004 年第 3 期，第 44—47 頁；謝建忠：《吐魯番出土文書中交河郡騰過人馬與岑參詩關係考論》，《蘭州學刊》2015 年第 2 期，第 124—130 頁；王玉平：《天寶十三載封常清在交河郡的行程》，《中國歷史地理論叢》2021 年第 1 期，第 98—108 頁。

〔4〕 王玉平：《天寶十三載封常清在交河郡的行程》，第 98—108 頁。

古城）。這確實是一條聯絡北庭與安西兩節度使的重要路綫。

《交河郡馬料文卷》（一）（四）（五）（一五）（一六）（一七）所載即是諸館向交河郡彙報支出馬料的情況。按，館爲唐代的官辦交通機構，主要負責承擔客使及隨行牲畜食宿的任務。[1] 此文卷中所載支出的馬料，主要就是客使往來的消耗，故而其中可以看到大量安西、北庭官吏往來於交河郡的信息。這組文書內容較長，爲了文章討論方便，僅以表格的形式列舉文書中所載封常清及其僚佐的行迹如下。

表 2 《交河郡馬料文卷》所見人員行程表

	石舍館	柳谷館	礌石館	銀山館
正月		程中丞		
二月廿八日		元判官		
三月十日	元判官			
十九日	元判官			
四月十一日		宣慰苻判官		
十三日		苻判官	黎大夫	
十四日			苻判官	
？			封大夫娘子	
廿五日			目中郎	
廿六日			郎德金、程有孚等、王選等、趙都護	
廿八日	大夫	大夫	羅中郎	
廿九日		米長史、姚司馬、□判官	封大夫、田榮	
卅日		趙都護	封大夫、王思道	
五月一日			旌節使	
二日？			封大夫	
三日			田判官	
四日			王判	
五日			陳將軍	

〔1〕 孫曉林：《關於唐前期西州設“館”的考察》，《魏晉南北朝隋唐史資料》第 11 期，武漢：武漢大學出版社，1991 年，第 259—260 頁。

續表

	石舍館	柳谷館	礓石館	銀山館
六日			梁將軍下傔	
七日			陳判官	
八日			王義珍、劉判官等	
九日			郭子幹	
十日			吳侈、劉判官等、楊大夫	
十一日			高判官、董子等	
十二日			楊大夫	
六月四日			趙烈	
十九日			韋大夫	
廿日			孫判官	
廿四日			李錢	
廿九日後			元判官、趙光烈家口	
七月三日			牛判官等、劉大夫下行官、談判官、劉大夫	趙都護家口
四日				李大夫、談判官
五日			劉大夫	劉常侍、囗大夫
七日			武判官	米俊
八日			趙都護家口、韋芬等首領	
九日			馬都督、北庭計會使樊光	馬太守
十二日	元判官			
十四日			史將軍	
十九日				王將軍
?				封大夫旌節
廿一日			趙光烈	
廿三日	趙都護			
廿四日			崔夐	
廿六日			王判官	
廿九日			掌書記王伯倫	崔判官
八月六日	趙都護			
八日			趙光烈、劉判官	趙都護

續表

	石舍館	柳谷館	磧石館	銀山館
九日			段判官、史方	劉判官、段判官
十日			張自詮	張大使、段判官
十一日			韋大夫	
十二日			陳重暉等	陳將軍
十六日			封大夫女婿楊郎	
十七日			米昇幹判官王進朝	
廿一日				黎大夫
廿二日			黎大夫	
廿三日			楊大夫	
廿四日		岑判官		楊大夫
廿七日			張自詮	
廿八日			張自詮、送旌節使	
廿九日			李中郎	
卅日			封大夫、内使王進朝	
九月一日		送旌節		
二日			談判官、李大夫	
三日		送大夫		
六日			武判官	
十五日		楊常侍		
十七日			梁將軍	
十八日				梁將軍
十月四日		梁太守		
十三日		藥太守		
十八日		李大夫		
廿五日	大使娘子	焦大夫		
？	岑判官			
十一月五日後	楊大夫、楊常侍、李大夫			
十六日				封大郎子
十七日		封大夫	大夫	旌節、鍾俊

續表

	石舍館	柳谷館	礌石館	銀山館
？		太守		
十八日				封大夫
十九日				孫判官
？				王輸判官、焦大夫
廿三日				李判官
廿九日				趙都護、史將軍
閏十一月一日				孫大夫第一般
二日			孫常侍	
四日				孫大夫第二般
七日				周特進
八日				周特進
九日				周特進
十一日				第五般
十二日				黎大夫第一般
十三日				第二般骨祿子
十六日				王大夫、田判官
十八日				黎大夫
廿七日	太守			
廿八日	李判官			
廿九日		李判官		
十二月十九日	旌節			
廿三日	大夫	大夫		

　　封常清在北庭與安西間往返的具體行程尚有爭議。王素認爲封常清天寶十三載四月從長安趕到交河郡，由此直接去安西，八月自安西赴北庭，十一月自北庭南下出征播仙，十二月班師返回北庭。[1]朱雷則認爲，封常清四月末由長安到達交河郡後迅即赴北庭，八月末自北庭赴安西，十一月初自安西至北庭，至十一月十八日返回安西，十二月又去北庭

---

〔1〕　王素：《吐魯番文書中有關岑參的一些資料》，第185—198頁。

任所。[1] 兩位先生總結的行路方向剛好相反。近來王玉平在確定各館位置的基礎上，重新梳理了封常清的行程，認爲應是自長安直接到北庭，四月底自北庭赴安西，八月底自安西赴北庭，十一月下旬自北庭南下出征，十二月末又返回北庭。[2] 這一説法與王素觀點略同，祇是認爲封常清是先到北庭再赴交河，而非從長安直接到交河。表 2 所見"封大夫"及單稱"大夫"者皆是指封常清，從表中情況看，封常清之行程應以王玉平之説較爲合理。不過根據表中所示，七月下旬封大夫的旌節一度送到了交河郡，表明封常清可能確實到過交河郡，不過這條記録僅見於銀山館，祇能暫且存疑。

　　除了引人關注的封常清與岑參外，還有大量安西、北庭地區的官員通過館驛系統往來。從時間上看，自封常清初經交河的四月至當年年底，幾乎每個月都有大量的人員往來。這些人員有些明顯是跟隨封常清移鎮或配合其行動，但同時也有在其他時間段内活動的官吏，應是承擔了出使等工作。可以説，《交河郡馬料文卷》較爲完整地反映了天寶十三載四月至十二月間，北庭至安西交通綫上的官吏頻繁往來的情況。

二、安西、北庭的往來官吏

　　《交河郡馬料文卷》記録了大量節度使府僚佐及府郡官員，絶大部分都是使用姓加官職的稱謂，不過唐代官員的職衘通常包括散官、職事官、勳、爵，又會有使職、檢校官等，記録中的官稱顯然祇是取其中之一。文書中所見官員的稱謂呈現出較爲複雜的情況，大致包括如下幾類。(1) 大夫、中丞：指御史大夫與御史中丞，爲御史臺的長官與副官，分別是從三品和正五品上。唐玄宗時期邊疆節度使或副使常常兼有此職，不過祇是兼官而非實際職務。(2) 特進：爲文散官正二品。(3) 常侍：通常是指門下省左散騎常侍或中書省右散騎常侍，爲從三品，節度使等使職也常見檢校常侍。(4) 將軍、中郎：應是指諸衛將軍、中郎將，爲十六衛系統的武官，也是邊疆節度使及其屬下軍將常被授予的官職。《資治通鑑》即載天寶十三載范陽節度使安禄山曾請爲所部將士超資加賞，"於是除將軍者五百餘人，中郎將者二千餘人"[3]。(5) 判官、掌書記：爲節度使府僚佐，判官分判倉、兵、騎、冑四曹事，掌書記則負責表奏書檄。[4] (6) 都護、太守、長史、司馬：爲地方府郡的長官及通判官。雖然上述官職祇有判官和掌書記屬於節度使系統，但實際上大夫、中丞、特進、常侍、將軍、中郎等都可以是節度使及其僚佐的兼官或散官。甚至都護府的都護、副都護一般也是

---

〔1〕 朱雷：《吐魯番出土天寶年間馬料文卷中所見封常清之北庭行》，第 100—108 頁。

〔2〕 王玉平：《天寶十三載封常清在交河郡的行程》，第 107 頁表 1。

〔3〕 《資治通鑑》卷二一七，北京：中華書局，1956 年，第 6924 頁。

〔4〕 《通典》卷三二《州郡上·都督》，北京：中華書局，1988 年，第 895 頁。

由節度使或副使兼任，如文書中出現的"趙都護"，在岑參詩中稱爲"趙節度"。[1]

　　根據表2的對應關係，除了前人已經注意到的趙都護即趙光烈，[2]還可以進一步理清人員情況。七月五日礮石館記有"劉大夫"，銀山館記有"劉常侍"，則劉大夫即劉常侍。七月九日礮石館記有"馬都督"，銀山館記有"馬太守"，按都督爲天寶時代以前西州長官的稱呼，此處或是礮石館的誤記，馬都督即馬太守。八月十日礮石館記有"張自詮"，銀山館記有"張大使"，則張大使名爲張自詮。八月十二日礮石館記有"陳重暉"，銀山館記有"陳將軍"，則陳將軍名爲陳重暉。閏十一月二日礮石館記有"迎孫常侍"，閏十一月一日、三日銀山館記有"送孫大夫第一般""送孫大夫第二般"，則孫大夫即孫常侍。此外，從九月十七日至十月四日柳谷、礮石、銀山三館的記載看，"梁太守"或即"梁將軍"，但時間相隔較長，祇能暫且存疑。

　　值得注意的是，《交河郡馬料文卷》中共出現了9位大夫、15位判官，規模超過了一般對節度使府僚佐規模的認知。其中，"封大夫"無疑爲時任安西兼北庭節度使的封常清，唐人也確實習慣將兼有御史大夫的節度使直接稱爲某大夫。然而其他8位大夫顯然不可能都是與封常清同級別的節度使。廖立先生提出，封常清出行一般是乘馬四五十匹，而其他幾位大夫則是在20匹以內，地位相對低一些，由此推測這8位都不是御史大夫，而是文散官頭銜。[3]此說有一定道理，因爲文散官自金紫光祿大夫至朝散大夫，五品以上確實皆稱某某大夫。然而史籍及出土文獻中所見以散官稱呼某人，似大多是"開府""特進"，如表2中的"周特進"，很難找到以散官"大夫"稱呼某人的情況，"大夫"基本都是指代御史大夫。或許也可以推測這8人是作爲副使、行軍司馬、鎮守軍使等節度使屬下的高級別官員，兼有御史大夫職銜。因爲在中晚唐時期，御史大夫已經作爲賞功的酬勞而普遍授予軍將或節度使僚佐。李德裕《請准兵部依開元二年（714）軍功格置跳蕩及第一第二功狀》載：

　　　　開元中酬跳蕩功，止於武官及勳，比今日流例，即事校簿。其立跳蕩功與格文相當者，不問軍將、官健、白身，便望授監察御史。如已是御史者，超兩資授憲官；如

〔1〕岑參《送郭司馬赴伊吾郡請示李明府》注有："郭子是趙節度同好。"見岑參撰、廖立箋注《岑嘉州詩箋注》卷三，北京：中華書局，2004年，第573頁。參見工素《吐魯番文書中有關岑參的一些資料》，第304—305頁。

〔2〕也有學者指出此趙光烈或爲趙崇玭（趙玭），參見艾尚連《北庭節度使趙玭及其任職期限》，《西域研究》2001年第1期；薛宗正《北庭都護趙崇玭考》，《新疆社會科學》2008年第5期。

〔3〕廖立：《吐魯番出土文書與岑參》，第92頁。

官已至常侍、大夫者，臨時別望優與處分。[1]

可見當時"常侍""大夫"職銜在軍中已較爲普遍。又崔致遠《請節度判官李琯大夫充副使》中載有"今已假小秩宗兼大司憲，不遷職位，何稱官榮"[2]云云。所謂"大司憲"即御史大夫，晚唐時甚至連地位較低的節度判官都可以兼御史大夫了。由此來看，天寶時期節度副使等可能也會有資格兼御史大夫。無論如何，除封大夫外，其餘 8 位大夫應爲安西、北庭節度使屬下的高級別軍將或官員。

至於判官，熊飛先生提出《舊唐書·百官志》衹記載節度使有判官 2 人，從而推測文書中的"判官"可能是指安西大都護府諸曹參軍及節度使府參謀、隨軍等。[3]然而《新唐書·百官志》載有更清晰的節度使僚佐系統：

> 節度使、副大使知節度事、行軍司馬、副使、判官、支使、掌書記、推官、巡官、衙推各一人，同節度副使十人，館驛巡官四人，府院法直官、要籍、逐要親事各一人，隨軍四人。節度使封郡王，則有奏記一人；兼觀察使，又有判官、支使、推官、巡官、衙推各一人；又兼安撫使，則有副使、判官各一人；兼支度、營田、招討、經略使，則有副使、判官各一人；支度使復有遣運判官、巡官各一人。[4]

可見節度使屬下有多種名目的僚佐，雖然自副大使至衙推皆衹有一人，但實際上節度使通常會兼有采訪、支度、營田、經略等不同職責的使職，每多兼任一個使職就會增加一位副使、判官或其他僚佐來處理對應事務。這樣，節度使就擁有一衆較爲龐大的僚佐群體。[5]《舊唐書·高仙芝傳》載："十一載，正見死，乃以常清爲安西副大都護，攝御史中丞，持節充安西四鎮節度、經略、支度、營田副大使，知節度事。"可知封常清至少兼有經略、支度、營田等使職，兼任北庭節度使後屬下判官人數又會翻倍，數量較多也是可以理解的。當然也有可能包括節度使自己徵辟的判官。[6]

關於《交河郡馬料文卷》所見官員的具體身份，目前已部分考證清楚。如前所述最先辨

〔1〕 李德裕撰，傅璇琮、周建國箋校：《李德裕文集箋校》，北京：中華書局，2018 年，第 366 頁。
〔2〕 崔致遠撰，党銀平校注：《桂苑筆耕集校注》卷一三，北京：中華書局，2007 年，第 409 頁。
〔3〕 熊飛：《〈交河郡長行坊支貯馬料文卷〉與岑參行年小考》，第 45—46 頁。
〔4〕 《新唐書》卷四九下，北京：中華書局，1975 年，第 1309 頁。
〔5〕 嚴耕望先生利用石刻史料詳細梳理了唐代節度使僚佐的演變及執掌，見《唐代藩鎮使府僚佐考》，氏著《唐史研究叢稿》，香港：新亞研究所，1969 年，第 177—236 頁。
〔6〕 胡可先：《岑參與武威》，《古典文學知識》2019 年第 6 期，第 116 頁。

認出的是，“封大夫”爲時任安西兼北庭節度使的封常清，“岑判官”爲岑參。王素、廖立等先生也指出了“李判官”（即李栖筠）、“武判官”、“劉判官”（即劉單）、“趙都護”（即趙光烈）、“張都尉”（即張子奇）、“掌書記王伯倫”與岑參詩中人物的對應關係。[7] 可稍作補充的是，“程中丞”即程千里。其在天寶十三載正月經過交河郡，所乘爲北庭瀚海軍軍馬及交河郡帖馬。《舊唐書·程千里傳》載：“官至安西副都護。天寶十一載，授御史中丞。十二載，兼北庭都護，充安西、北庭節度使。”[8] 可知“程中丞”爲程千里無疑。天寶十三載三月，程千里被任命爲金吾大將軍，調離北庭，封常清由此得以兼任北庭節度使。

此外，因爲《交河郡馬料文卷》所記就發生在安史之亂爆發的前一年，或可以藉助史書中關於安史之亂史事的記載，來推測文書中的人物。《資治通鑑》“肅宗至德元載（756）”載：

> 上命河西節度副使李嗣業將兵五千赴行在，嗣業與節度使梁宰謀，且緩師以觀變。綏德府折衝段秀實讓嗣業曰：“豈有君父告急而臣子晏然不赴者乎！特進常自謂大丈夫，今日視之，乃兒女子耳！”嗣業大慚，即白宰如數發兵，以秀實自副，將之詣行在。[9]

這裏記載的顯然是安西節度使事，而非河西。[10] 安禄山起兵時，封常清正在長安，後奉命赴洛陽抵禦叛軍，因戰事不利而被玄宗斬於潼關。大約同時，梁宰接任了安西節度使，而李嗣業爲節度副使。又楊炎《四鎮節度副使右金吾大將軍楊公神道碑》載：

> 公名和，字惟恭……元帥封常清署公行軍司馬都虞侯……自武衛將軍、四鎮經略副使，加雲麾將軍，兼于闐軍大使……又遷金吾大將軍、四鎮節度副使……以十四載五月，薨於鎮西之官舍。[11]

則楊和天寶十四載之前曾任封常清麾下的節度副使。以上所見梁宰、李嗣業、楊和，皆是安史之亂前後安西節度使或副使級別的人物，或許就是文書中所見的“梁將軍”“李大夫”“楊大夫”，此處暫列存疑（表3）。

〔7〕 王素：《吐魯番文書中有關岑參的一些資料》，第300—307頁；廖立：《吐魯番出土文書與岑參》，第90—91頁。

〔8〕《舊唐書》卷一八七下，北京：中華書局，1975年，第4903頁。

〔9〕《資治通鑑》卷二一八，第6987頁。

〔10〕 吳玉貴：《杜甫“觀兵”詩新解——唐乾元二年西域援軍再次入關史實鈎沉》，朱玉麒主編《西域文史》第12輯，北京：科學出版社，2018年，第35—36頁。

〔11〕《文苑英華》卷九一七，北京：中華書局，1966年，第4829—4830頁。

表 3　《交河郡馬料文卷》所見官員表

官職	姓　　名
節度使	程中丞（程千里）、封大夫（封常清）
大夫、常侍、大使	李大夫（李嗣業？）、焦大夫、劉大夫（劉常侍）、韋大夫、黎大夫、楊大夫（楊常侍、楊和？）、孫大夫（孫常侍）、王大夫、張大使（張自詮）
判官、掌書記	岑判官（岑參）、元判官、符判官、李判官（李栖筠）、談判官、武判官、劉判官（劉單）、段判官（段秀實？）、崔判官（崔復）、孫判官、王輪判官、田判官、高判官、牛判官
將軍、中郎	史將軍（史方？）、梁將軍（梁太守、梁宰？）、王將軍、陳將軍、李中郎、目中郎、羅中郎
府郡官員	趙都護（趙光烈、趙崇玼？）、梁太守、藥太守、馬太守、米長史、姚司馬
内使	米昇幹、王進朝

三、天寶末年安西與北庭的軍政整合

　　節度使制度在唐玄宗時期逐步發展完備，通常是由節度使統領數州的軍鎮。在唐朝統轄的西域地區，即陽關及玉門關以西、蔥嶺以東的地域，自開元初年便設有安西四鎮節度使與伊西北庭節度使，可以分別略稱安西節度使、北庭節度使。安西節度使統管塔里木盆地内的龜兹、焉耆、于闐、疏勒四大鎮守軍，北庭節度使則統領天山東部的瀚海、天山、伊吾三軍。他們也分別發揮著不同的作用，《舊唐書·地理志》載："安西節度使，撫寧西域……北庭節度使，防制突騎施、堅昆、斬啜。"[1] 兩大節度使在開元年間經歷了多次分合，最終在開元末年固定爲兩個節度使。直到天寶十三載封常清以安西節度使的身份兼領北庭節度使，安西與北庭才又統歸一個節度使。天寶年間也確實多見有此類兼領數道的節度使，安祿山反叛時兼任平盧、范陽、河東三道節度使，王忠嗣更是曾兼任河西、隴右、朔方、河東四道節度使。《交河郡馬料文卷》剛好能體現安西、北庭合一後的一些軍政特點，反映出這一時期節度使整合後的運作實態。

　　（一）節度使的駐地及其往來

　　同一節度使統領兼任二至三道藩鎮的情況下，其統攝的軍區大大擴展，如何順利實現指揮就成爲一個值得關注的問題。從《交河郡馬料文卷》來看，封常清自長安返回西域的

---

〔1〕《舊唐書》卷三八，第 1385 頁。

當年并没有常駐安西或北庭，而是在兩者之間頻繁往來。如前所述，在天寶十三載四月至十二月間，封常清至少有 4 次出行，代表其權力的旌節也隨之遷移。其中，封常清九月初到達北庭後曾帥師西征，事見岑參《輪臺歌奉送封大夫出師西征》《走馬川行奉送出師西征》等詩；而其十一月返回安西主要是進行播仙鎮方面的征行，見岑參《獻封大夫破播仙凱歌六章》。[1] 可見在涉及北庭或安西的戰事時，封常清都是要親自趕赴該地，以指揮軍事行動。如果按照古代交通路綫，在地圖上測量的話，從北庭治所金滿縣到達安西治所龜茲城，大約有 700 公里的路程。即便是如此遥遠的距離，封常清依然可以依靠唐朝完備的館驛系統完成駐地的及時轉換，《交河郡馬料文卷》載封常清十一月穿越他地道至銀山道約 150 公里的路程，僅用了 3 天時間。

從岑參的詩文來看，他於天寶十三載再次來到西域後一直駐扎在北庭。王素先生也提出，封常清没有把辦事機構設在正官所在的安西，而是設在權職所在的北庭，這樣調換是因爲北庭離内地更近，生活條件較安西稍好。[2] 不過從《交河郡馬料文卷》看，封常清可能并没有將辦事機構固定在北庭的明顯傾向，文書（一七）礌石館馬料帳中載有：

10　　　　　　　　天夫娘子到，便騰向銀山，食粟麦一石三斗。付馬子陳陽。

13　　廿三日，郡坊馬十匹，送封大夫娘子銀山回，食麦粟一石。付馬子陳陽、趙璀。[3]

大致在四月十五至二十三日間，封常清的夫人到達礌石館，没有停留直接去往銀山館，顯然是去往安西方向。封常清隨後在四月底五月初也去往安西，此後再未見其夫人的動向，可以認爲封常清的家口應是常住安西。雖然文書中也見有"封大郎子"及"封大夫女婿楊郎"經過交河郡的記録，但應是跟在封常清身邊歷練。此外，根據前述封常清在安西、北庭間的往返來看，天寶十三載封常清大致有 5 個月的時間在安西。至於其駐扎北庭的時間，據《資治通鑑》所載，封常清被任命權知北庭節度是在當年三月甲子，即二十九日，[4] 最快在四月中旬才能趕到北庭；而根據文書，他四月底便趕赴安西。加上九月初至十一月中旬的時間，封常清當年滿打滿算祇在北庭駐留約 3 個月。故而僅就天寶十三載的情况來説，封常清在安西的時間更長。

綜合其家口所在地及駐留時間看，封常清的治所可能更偏重安西。岑參確實一直留守

---

〔1〕　關於封常清兩次出征的時間，學界尚有爭議，此處采用王素先生觀點，見土素《吐魯番义書中有關岑參的一些資料》，第 307—310 頁。

〔2〕　王素：《吐魯番文書中有關岑參的一些資料》，第 299 頁。

〔3〕　唐長孺主編：《吐魯番出土文書》（圖文本）肆，第 527 頁。

〔4〕　《資治通鑑》卷二一七，第 6926 頁。

北庭，不過他未必一直跟隨在封常清身邊。雖然岑參被封常清徵辟時爲安西判官，但此後工作或許已轉向北庭，其《優鉢羅花歌序》中便載："天寶景申歲（756），參忝大理評事，攝監察御史，領伊西北庭度支副使。"[1] 不能由此肯定封常清也會將治所常設在北庭。總體來看，封常清還是以其本官所在之安西爲主，同時在安西、北庭之間往返兼顧。

（二）重要軍將或官員的調整

天寶十三載封常清兼任兩節度後，西域的一些重要職位也有所調整。其中最明顯的就是《交河郡馬料文卷》中的趙都護，即趙光烈。根據表2所示，四月底幾乎與封常清自北庭赴安西同時，趙光烈自安西方向經交河郡去往北庭。隨後在六月底、七月初，趙光烈的家口也出現在交河郡，據文書（一七）所記，其家口是自銀山館到礛石館，方向也應是去往北庭。則趙光烈原爲安西都護，在封常清兼任北庭節度使後移駐北庭擔任重要官職。

更值得關注的是，有大量的高級軍將或官員隨封常清一起在安西、北庭間往返。如表2所示，八月底、九月初，封常清經交河郡赴北庭的前後十餘日內，有黎大夫、楊大夫、張大使（張自詮）、李大夫、談判官、武判官等經過交河郡，應是隨封常清去往北庭。如前所述，根據岑參《輪臺歌奉送封大夫出師西征》等詩，封常清此次到北庭後曾出師西征，此次眾多的大夫、大使隨其至北庭，很可能主要就是參與此次征行。又十一月中旬，封常清自北庭南下返回安西，此次是播仙鎮方向的征行。在其前後共有岑判官、楊大夫、楊常侍、李大夫、孫判官、王輪判官、焦大夫、李判官、趙都護、史將軍、孫大夫、周特進、黎大夫、王大夫、田判官等相繼經過交河郡，其中很多官員是分批行進，如孫大夫有兩般（班），周特進有五般，黎大夫也至少有兩般。此次出征，不僅此前封常清自安西帶至北庭的黎大夫、楊大夫、李大夫等悉數隨其返回，還增加了此前未見的史將軍、孫大夫、周特進、王大夫等。可以大致推測，黎、楊、李等爲安西方面的軍將或官員，而史、孫、周、王等爲北庭方面的軍將或官員。無論如何，封常清的兩次出征無疑集中了安西、北庭兩地的重要軍將或官員，體現出了協調兩節度力量的優勢，從岑參詩詞看，這兩次征行也確實都取得了勝利。

（三）征馬和長行馬的調配

《交河郡馬料文卷》另一個值得注意之處是安西、北庭間軍馬與長行馬的調配。文書（一）柳谷館馬料帳載有：

140　　焉耆軍新市馬壹伯疋，准節度轉牒，食全料。十一月十五日給

141　　青麦壹拾碩。付押官无敬希，總管張子奇。

---

〔1〕 岑參撰，廖立箋注：《岑嘉州詩箋注》卷二，第409頁。

142　　北庭送　封大夫征馬貳拾疋，送至柳谷回。十一月十八日，食青麦貳碩。

143　　　　付健兒高珎。

144　　同日，北庭長行馬壹拾貳疋，准前至柳谷回。食麦壹碩貳斗。

145　　　　付馬子楊崇光。

146　　天山軍征馬壹伯貳拾疋，十一月七日食青麦柒碩貳斗。付

147　　　　押官高如珪。

148　　郡坊官驢陸頭，全娑嶺馱帳幕。從十一月八日至十二日，日食麦壹

149　　　　斗捌勝，計捌日。付虞候朱詮。

150　　天山軍倉曹康慎微乘馬壹疋、驢伍頭，准長行牒：乘私，官

151　　　　供斗。驢馬給貳斗伍勝麦。

152　　□耆軍長行馬壹伯疋，九月廿二日過，准節度轉牒，供半料。給青麦伍
　　　　碩。付

153　　　　總管折衝張子奇。前狀漏申。[1]

九月二十二日有一批焉耆軍的長行馬100匹經過柳谷到達交河郡，這些馬匹應是在北庭購買後運往安西的焉耆軍，作爲承擔交通運輸任務的長行馬。而在十一月五日有"焉耆軍新市馬"100匹到達交河郡，應當也是在北庭購買的馬匹。文書中特別提到這些馬匹"准節度轉牒，食全料"，而之前的焉耆軍長行馬祗是"食半料"，可見這批焉耆軍新市馬的重要性。按，焉耆軍應在今博斯騰湖西岸的焉耆縣一帶，是經交河郡進入安西的第一站，自焉耆向南經過蒲昌海一帶，即今羅布泊，亦即漢樓蘭國之所在，應當有路可以通達播仙鎮，即今塔里木盆地南緣的且末縣附近。岑參《獻封大夫破播仙凱歌》中所謂"官軍西出過樓蘭""蒲海曉霜凝馬尾"即是言此。焉耆軍新市馬應是要立即投入播仙鎮的征行，故而需要沿途飽食以保持體力。而在十一月中旬封常清自北庭赴安西時，又有天山軍征馬120匹經柳谷館，應當是交河郡派出的跟隨節度使征行的馬匹。這2個月間，無論是購買還是支援，北庭及交河就爲焉耆方面提供了至少320匹馬。《交河郡馬料文卷》還記載北庭與安西間互相轉運的一些新市馬或長行馬，通常是十幾二十匹，或可反映日常的馬匹調配情況，遠遠沒有達到一次上百匹的規模。封常清此次自北庭及交河帶至焉耆的馬匹，應是戰時的臨時調配。

　　馬是占代重要的軍事資源，軍馬的數量通常可以直觀地反映軍事實力的強弱。《舊唐書·地理志》載，安西節度使"管戍兵二萬四千人，馬二千七百疋"，北庭節度使"管兵二

---

[1]　唐長孺主編：《吐魯番出土文書》（圖文本）肆，第430—431頁。

萬人，馬五千疋"。[1] 雖然安西與北庭兵力相當，安西甚至兵員數量略多，但安西的馬匹却祇有北庭的一半。這大致是由於北庭位於天山北麓，接近突騎施、葛邏禄等游牧部族，更容易購買到大量馬匹。而封常清兼任北庭節度使後，也注意調配兩地之間的馬匹資源，以支援安西的戰鬥力。實際上，王忠嗣在兼領四節度時也做過同樣的工作，《資治通鑑》載："及徙隴右、河西，復請分朔方、河東馬九千匹以實之，其軍亦壯。"[2] 王忠嗣主導了一次更大規模的軍馬調配，數量達到 9000 匹之多。封常清在安西、北庭間的軍馬調配，應同樣是調整軍事力量的措施。

總之，《交河郡馬料文卷》反映了安史之亂前夕安西與北庭的交通、人員及軍政狀況，是吐魯番出土文書中極爲重要的一組。特別是《交河郡馬料文卷》所記封常清及其僚佐在天寶十三載的往來，對於我們理解同一節度使如何兼領數個藩鎮提供了重要的案例。節度使封常清頻繁往返於安西、北庭之間，調配兩地的人力、物力，親自介入了兩地的軍政事務并逐步推進整合。由此來看，天寶年間兼領數個節度使的王忠嗣、安禄山、哥舒翰等人，很可能也同樣經常親自往返於幾個節度治所之間，以加強對各個地區的掌控。《資治通鑑》載王忠嗣"既兼兩道節制，自朔方至雲中，邊陲數千里，要害之地，悉列置城堡，斥地各數百里"[3] 此或即王忠嗣親自巡視邊塞之功績。同樣，安禄山大致也是因爲可以同時深入掌控諸道軍務，才得以裹挾河東、范陽、平盧三鎮起兵反唐。安史之亂爆發後，《交河郡馬料文卷》中所見兩位節度使程千里、封常清都身死中原，岑參、段秀實、李栖筠、李嗣業等人先後入關勤王，或成一代名臣，或零落爲歷史塵埃，唐代的西域經營也逐漸落下了帷幕。

第二節　邊疆官員的關係網絡——藤井有鄰館藏 4 件北庭書狀考釋

日本京都藤井有鄰館收藏有數十件敦煌吐魯番文獻，其中有一批與北庭相關的政治經濟文書，包括著名的北庭長行馬文書，以及内容涉及輪臺縣、金滿縣、瀚海軍、輪臺守捉、俱六守捉等北庭軍政機構的相關資料，藤枝晃先生將這批文書稱爲"北庭文書"，[4] 是研究唐代北庭的重要文獻。除此之外，有鄰館藏文書中還見有幾件書狀，可能也與北庭有關。1954 年，饒宗頤先生曾在有鄰館飽覽文書，并刊布了較爲詳細的目録。在這份目録

---

〔1〕《舊唐書》卷三八，第 1385 頁。
〔2〕《資治通鑑》卷二一五，第 6871 頁。
〔3〕《資治通鑑》卷二一五，第 6864 頁。
〔4〕［日］藤枝晃：《長行馬》，《墨美》第 60 號《長行馬文書》，京都：墨美社，1956 年，第 2—3 頁。

中，饒先生在"書札類"中一共記載了 5 件：

  （一）起"凝寒十三郎"數字，共六行，行書，極遒麗。

  （二）起"孟冬已寒"句，正楷，共五行，末有"十月五日輪臺守捉典傅師表"字樣。

  （三）沙州旌節官帖，四行。

  （四）與四海平懷帖，十六行，背書日曆。

  （五）起"季秋漸冷惟都督公"句，七行。[1]

20 世紀 90 年代初，施萍婷、陳國燦等先生先後訪問了有鄰館，并分別根據館藏編號刊布了各自經眼的文書目錄。[2]此後，陳國燦、劉安志先生在整理《吐魯番文書總目（日本收藏卷）》（以下簡稱"《總目》"）時，專門作爲附錄加入了"京都藤井有鄰館藏文書"，并作了詳細的解題。[3]結合幾種目錄可知，饒目中的"書札類"（一）爲有鄰館 1 號文書，（二）爲 2 號文書，（三）爲 60 號文書，（四）爲 8 號文書，（五）爲 9 號文書。其中，饒目（三）因爲内容較短，此後幾種目錄都抄録有釋文："旌節文德元年（888）十月十 / 五日午時入沙州，押節大夫 / 宋光庭，口使朔方押牙 / 康元誠上下二十人 / 十月十九中館 / 設口，二十一送。"這顯然是歸義軍時期的文書，從内容上看，似是沙州迎接使節宋光庭的記録，而非私人往來的書札。陳目將其定名爲"雜寫"，可能更得其宜。至於饒目（四），陳目、施目都定名爲"書儀"，恐怕亦非實際行用的書狀。此外，陳目、施目中還載有一件饒目未收的書札，爲有鄰館 3 號文書。這樣，有鄰館藏書狀如果不算書儀的話，實際上一共是 4 件。

  上述各位先生在整理有鄰館藏文書目録時，各有詳略不等的解題説明。然而關於 4 件書狀的具體内容似未見有較爲詳細的考述，個別書狀更未見完整釋文。本節藉助整理北庭文書之機，利用《西域出土文書（勸善文·長行馬文書）》展覽圖録等相關圖版，[4]對 4 件書狀進行了釋文和整理，謹略作考釋如下。

---

〔1〕 饒宗頤：《京都藤井氏有鄰館藏敦煌殘卷紀略》，《金匱論古綜合刊》第 1 期；此據氏著《選堂集林·敦煌學卷》，濟南：山東畫報出版社，2019 年，第 5 頁。

〔2〕 陳國燦：《東訪吐魯番文書紀要（一）》，《魏晉南北朝隋唐史資料》第 12 期，武漢：武漢大學出版社，1993 年，第 40 45 頁；施萍婷：《日本公私收藏敦煌遺書叙録（二）》，《敦煌研究》1994 年第 3 期，第 90—100 頁。

〔3〕 陳國燦、劉安志主編：《吐魯番文書總目（日本收藏卷）》，武漢：武漢大學出版社，2005 年，第 595—602 頁。

〔4〕 1992 年日本書藝院展特別展觀有鄰館名品展紀念品《西域出土文書（勸善文·長行馬文書その他）》，東京：日本書藝院，1992 年。

一、藤井有鄰館藏唐代書狀概況

（一）《唐日新致十三郎書》（藤井有鄰館 1 號文書）

文書存 6 行。第 1 行下有朱印 3 方，爲"合肥孔氏珍藏""何彦昇家藏唐人秘笈""德化李氏凡將閣珍藏"。饒目、陳目、施目、《總目》均有著録。圖版見於《西域出土文書》第 30 頁。録文如下：

```
1  ┌──────┐凝寒，惟
2         十三郎所履安泰，日新卑守有
3         限，未即言展，但增馳積。爲家
4         中有疢患，非分病頓，孤鎮無醫
5         人治療。今自發交河，違隔漸遠，
6         深眷望，人便次時賜音耗，因花
```

（後缺）

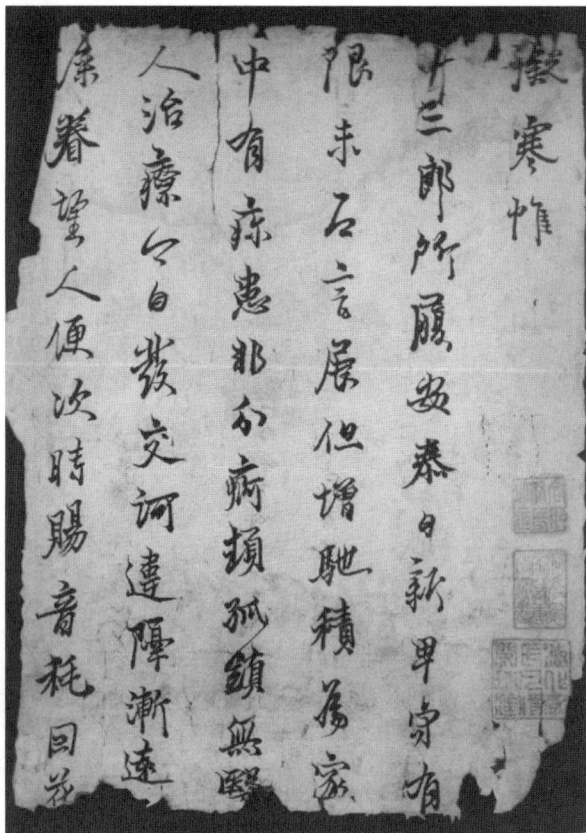

圖 2 《唐日新致十三郎書》

此件施目定名"書信"，陳目及《總目》擬名爲"唐某人致十三郎書"。從内容看，收信人爲
"十三郎"無疑；至於寄信人，文書中也已提及，第 2 行"所履安泰"應爲書札中常見的問
候語，"日新"則很可能就是書寫人的自稱。此人應是剛剛自西州交河縣離開，故而寫信致
十三郎以通報音訊，則此文書可重新擬題爲"唐日新致十三郎書"。

按，《書儀鏡》所載《四海書題》中記録有官員往還書狀的"重書"和"次重書"，内容
如下：

> 重書
>
> 相國、左右丞相、御史大夫、中丞、侍御、六尚書、三公九卿、節度使、太守同。
>
> 孟春猶寒，伏惟官位公尊體動止萬福，即此蒙恩（如有事意，即於蒙恩之下論），
> 所守有限，拜奉未由，無任下情，伏增馳戀，謹遣使次（即謹因）厶官厶乙（使次即云
> 使次）奉狀起居不宣，謹狀。官位公（閣下月日行官姓名狀上）。
>
> 次重
>
> 仲春漸暄，伏惟公尊體動止萬福，即此蒙恩，卑守有限，拜伏未由，無任下情，
> 伏增馳戀，謹因厶使奉狀不宣，謹狀。題如前重書。[1]

可見，這件書狀的内容基本套用了《四海書題》中類似的書儀格式，從書狀中直接稱"十三
郎"而非"某某公"來看，大致相當於次重書的等級。也就是説，日新的官品大致低於十三
郎，因而采用了較爲謙卑的語氣，但十三郎可能并非節度使、太守一級的高官，或者兩人
關係較爲親密。

（二）《唐輪臺守捉典傅師表致三郎書》（藤井有鄰館 2 號文書）

書狀存 5 行。第 1 行下有孔氏、何氏、李氏收藏印。饒目、陳目、施目、《總目》均有
著録，施目還録有釋文。録文如下：

> 1　　孟冬已寒，伏惟
> 2　　　三郎尊體動止萬福。師表驅役丁，
> 3　　　未由拜奉，伏增戰灼，無任下情，謹因
> 　　　兒呂該使往，謹奉狀不宣，謹狀。
> 5　　　　　　　十月五日　輪臺守捉典傅師表

---

[1]　杜友晉：《書儀鏡》，參敦煌 S. 329、S. 361 拼合，此處録文據周紹良主編《全唐文新編》卷七二四，長春：
　　　吉林文史出版社，2000 年，第 8347 頁。

這件書狀是輪臺守捉的典傅師表因其子吕該出使，向三郎奉書致意。唐代輪臺縣治在今新疆維吾爾自治區烏魯木齊市附近，其設立時間應當在長安二年（702）之後，因地理位置極爲重要而很快成爲唐代經營西域的一個軍事和經濟重鎮。這件書狀中提到了輪臺守捉，證明唐代曾在輪臺縣設立守捉這一級軍事機構，孫繼民等先生都曾有相關研究。[1] 從形式上看，這件書狀也使用了類似《四海書題》"次重書"的格式，發信人傅師表衹是輪臺守捉的典，職級較爲低微，收信人的地位應該更高。

（三）《殘書狀》（藤井有鄰館 3 號文書）

存 4 行。第 2、3 行間有孔氏收藏印。此件不見於饒目，陳目、施目、《總目》則均有著録。該書狀此前未見釋文，現據日本東洋文庫所存藤井有鄰館圖片影本，録文如下：

（前缺）

1　　闊覿累旬，馳仰弥積，時候共繫，未審知□□□□

2　　願納貞吉，想起公事，甚以艱辛，更屬

3　　使臨，深當疲倦，□私趨職，參謁莫□

4　　盡暮之闊，□□無盡，任爲身事，恒□

（後缺）

這件書狀首尾殘缺，無法判斷具體的發信、收信人。從内容格式上看，不似前兩件書狀那樣拘於書儀形式，可能是平級或者關係較近之人的往來書狀。

（四）《唐某人致都督公書稿》（藤井有鄰館 9 號文書）

存 7 行。有孔氏、李氏、何氏收藏印。饒目、陳目、施目、《總目》均有著録。該書狀此前未見釋文，現據《西域出土文書》展覽圖録第 31 頁，録文如下：

1　　季秋漸冷，惟

2　　都督公動止珍勝，某邊務粗推，

3　　各以主事，禮謁未由，但懷翹係。

4　　郎君等并展驍雄，俱立功效，

5　　今且賞緋魚袋，以答勛勞。所

6　　　狀希不爲慮，中因陀充使，先謹

7　　奉狀不宣，謹狀。

---

〔1〕　孫繼民：《唐代瀚海軍文書研究》，蘭州：甘肅文化出版社，2002 年，第 129 頁；劉子凡：《唐代輪臺建置考》，《西域研究》2021 年第 1 期。

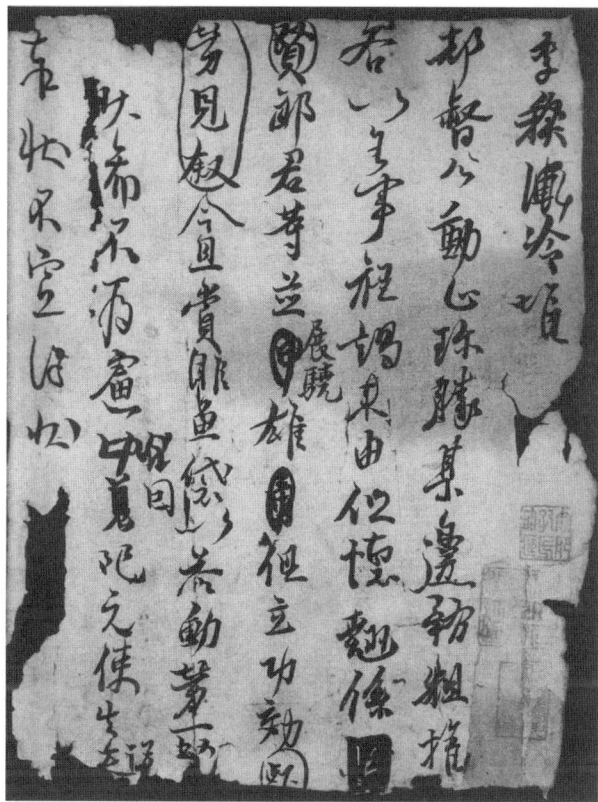

圖3　《唐某人致都督公書稿》

這件書狀有多處塗抹痕迹，明顯祇是草稿而非真正寄出的書信。其在格式上并未直接套用類似《四海書儀》的"重書"或"次重書"，但從稱"都督公"的語氣看，還是體現了對收信人的尊重。不過後文又緊接著提到"某邊務粗推，各以主事，禮謁未由"云云，似乎説明發信人與都督公一樣也是某一邊州的主事，兩者實際地位可能大致相仿。而書狀的主要內容，是叙述此都督公之子是在發信人的麾下效力，而都督公似乎有所請托，即第5—6行"所狀"云云，故而在其郎君立功受賞後，發信人就將這一消息通報都督公。至於此處出現的都督究竟是哪一州的都督，發信人又是何身份，後文擬略作推測。

二、書狀的來源與性質

　　藤井有鄰館藏文書，是國外機構收藏的敦煌吐魯番文獻中較爲特殊的一批，其中大部分文書都并不是直接反映唐代沙州或西州的事務，而是與北庭密切相關。因此池田温先生曾推測這批文書可能并不全是來自敦煌。[1] 陳國燦先生也指出："從以上列目及其內容考察，

---

[1] ［日］池田温：《敦煌漢文文獻》，東京：大東出版社，1992年，第725頁。

有鄰館的何氏藏文書中屬敦煌所出者，祇在二十件左右，餘下約四十件則是唐北庭發往西州或西州發往北庭的牒狀，它們的出土地點雖已難一一具體考定，然出自新疆吐魯番一帶是可以肯定的。”[1] 這裏主要説的是有鄰館藏長行馬文書。而陳目在有鄰館 1 號文書下的解題中寫有“5 行有‘今日發交河，違隔漸遠’語，知爲吐魯番所出”，則大致也是將其推斷爲吐魯番出土。然而榮新江先生指出，有鄰館藏長行馬文書從字體、內容和署名上判斷，與英、俄所藏斯坦因和奥登堡自敦煌藏經洞所獲經帙上揭出的文書是同組文書，可以推測也是來自敦煌石室。同時他提出了一條關鍵的證據，參照英藏文書的例證，裱糊經帙的文書大多會按照經帙大小進行切割，文書上下往往會被切割掉一行或半行文字，有鄰館藏長行馬文書也具有這樣的特徵。[2] 由此來看，這批文書應該還是出自敦煌。

至於本節討論的 4 件書狀，從紙張上看也有著非常明顯的裁剪的痕迹。尤其是從《西域出土文書》展覽圖錄刊載的有鄰館 1、9 號文書高清彩圖來看，文書的天頭和地脚都明顯是剪裁過的，出現了很多半個字的現象。特別是 1 號文書第 1 行“凝寒”兩字，根據唐代書儀，其上必定有“暮冬”兩字，但或許是因爲頂格書寫而被裁剪掉了。另外值得注意的是，在圖版上可以清楚地看到 9 號文書右下角附著有帶筆畫的殘片，應當就是未揭取乾净的經塊。而且這些書狀與長行馬等北庭相關文書，大致一直是作爲一組文書流傳、收藏。饒宗頤先生即根據藏書印和館藏目錄指出，這批文書應是何彦昇舊藏，經李盛鐸之手，轉而入藏藤井有鄰館，而何彦昇正是敦煌劫餘文書自敦煌運抵京師時，上下其手偷竊經卷的重要人物之一。[3] 從這幾件文書的藏書印看，也可以勾勒出何彦昇—孔憲廷—李盛鐸的流傳順序。陳國燦先生曾提出，這批文書或許是何彦昇在任新疆布政使時所得。然而，何彦昇雖然已被任命爲新疆布政使，但在 1910 年 8 月赴任途中便已病故，是否有機緣獲得吐魯番文書亦未可知。綜合這些信息來看，有鄰館藏的 4 件書狀應該跟長行馬文書一樣是出自敦煌藏經洞，而非吐魯番。

當然以上祇是説 4 件書狀的出土地點，至於其行用時的收發地址未必與敦煌有關，可能與著名的長行馬文書一樣，也是被在外任職的官員携帶回敦煌的。書狀中直接出現的地點有兩處——1 號文書中的西州交河與 2 號文書中的北庭輪臺守捉，都是發信的位址，收信位址可能也在與交河、輪臺相關的地域範圍內。鑒於有鄰館這一組文書大多與北庭有關，我們或許也可以推測這 4 件書狀也來自北庭，其中 1、2、3 號文書是發往北庭，而 9 號文書則是擬自北庭發出的書信的稿件。如果是這樣的話，前述 9 號文書中與都督公“各

---

〔1〕 陳國燦：《東訪吐魯番文書紀要（一）》，第 45 頁。

〔2〕 榮新江：《海外敦煌吐魯番文獻知見録》，南昌：江西人民出版社，1999 年，第 197 頁。

〔3〕 饒宗頤：《京都藤井氏有鄰館藏敦煌殘卷紀略》，第 2—4 頁。

以主事"的寄件者，很有可能就是北庭的長官或者重要人物。P. 2625《敦煌名族志》載有：
"次子嗣監……唐見任正議大夫、北庭副大都護、瀚海軍使、兼營田支度等使、上柱國。"
英藏的一組開元十五年、十六年（727、728）前後的北庭瀚海軍文書中，就多次出現了"陰
副使""陰都護"，榮新江先生認爲即陰嗣監。[1] 9 號文書中主事北庭的發信人，或許也與陰
家有關。如果進一步猜測的話，都督公也有一定可能是開元十六年在任的西州都督張楚
珪，而張楚珪也出身敦煌的大族。這或許是 9 號文書中主事北庭的某人關照都督公郎君的
機緣，也可以解釋這件文書爲何會出現在敦煌。

　　以上簡略介紹了藤井有鄰館藏 4 件書狀的大致情況，并推測其與長行馬文書等都是出
土於敦煌，屬於所謂"北庭文書"。值得注意的是，相對於晚唐五代敦煌文書中所見的大量
書狀，這些唐前期官員之間私人往還的書狀實物，在此前所知敦煌吐魯番文獻中似并不算
多，尤其是有可能涉及資料較少的北庭，更顯珍貴。這大致可以爲研究唐前期書儀以及邊
疆官吏的關係網絡提供一些新的認識。

第三節　唐代的軍令——國圖 BD9330 文書與國博 38 號文書綴合研究

　　《唐律疏議》載："閫外之事，見可即爲。軍中號令，理貴機速。"[2] 唐人將此類在軍中
發布的號令稱爲軍令或主帥之教令。史書所見唐代軍令，除了戰役中臨時下達的作戰指令
外，還包括軍中的行爲準則和相應的懲戒措施。實際上形成了律令之外的另一套祇適用
於軍中的法規體系，具有很強的獨立性和靈活性。[3] 這種適應臨時行軍的權宜之策，在鎮
軍化的時代卻以軍令或軍法的形式成爲長期施行的規則。[4] 可以説，軍令是唐代制度史的
一個重要側面，而敦煌吐魯番文書又爲我們提供了重要的實物證據。中國國家圖書館藏
BD9330（周字 51）文書因爲具有類似法律文書的格式而備受關注。[5] 近來，榮新江先生在
整理《吐魯番出土文獻散錄》時，將國圖 BD9330 文書與中國國家博物館藏 38 號文書綴合

〔1〕 榮新江：《英國圖書館藏敦煌漢文非佛教文獻殘卷目録（S. 6981—13624）》，臺北：新文豐出版公司，1994
　　年，第 210 頁。孫繼民先生懷疑也有可能是陰嗣瓌，見《唐代瀚海軍文書研究》，第 171—172 頁。
〔2〕 劉俊文：《唐律疏義箋解》，北京：中華書局，1996 年，第 188 頁。
〔3〕 周健先生即將唐代軍事法分爲三類：1. 國家綜合性法律，2. 皇帝制敕，3. 軍隊統帥和將領的命令。見周健
　　《中國軍事法的傳統與近代轉型》，中國政法大學博士學位論文，2002 年，第 94 頁。
〔4〕 廖祖威：《唐代軍法與案例探討》，臺灣中正大學碩士學位論文，2004 年；仝佛光：《唐代軍隊紀律及其相
　　關問題研究》，陝西師範大學碩士學位論文，2012 年，第 22—24 頁。
〔5〕 劉俊文：《敦煌吐魯番唐代法制文書考釋》，北京：中華書局，1989 年，第 295—300 頁；榮新江：《唐寫本
　　〈唐禮〉〈唐律〉及其他》，《文獻》2009 年第 4 期，第 9—10 頁。

并進行了整理。[1]從内容上看,綴合後的文書應即與軍令相關的官文書文稿。本節擬就綴合後的文書進行初步研究,并希望藉此考察唐代軍令撰擬與下達的實態。

一、國圖BD9330文書與國博38號文書的綴合與研究

國圖BD9330文書尺寸爲27.5厘米×18.5厘米,存7行,末行首缺2字。國博38號文書尺寸爲28.3厘米×19.6厘米,存8行,首行僅存開頭2字。2件文書紙幅相似,筆迹相同,文意相通,又剛好可以首尾綴合,裂縫處的"搦""務""令"等字也都可以完好地拼合(見圖4)。國家圖書館藏敦煌文書絕大多數都是1910年直接從敦煌調撥的劫餘之物,1949年後雖然有少量調撥和零星購入,但大多有詳細記録,從編號就可以看出BD9330文書應當是在清末調撥的那一批中。[2]國博38號文書則見於羅振玉《貞松堂藏西陲秘笈叢殘》,可知是羅振玉舊藏。[3]孫繼民先生指出另一件羅振玉舊藏的國博172號文書與國圖BD9337文書屬於同一組文書,[4]由此也可見羅振玉舊藏與國圖藏文書之間確實有關聯性。本節探討的國圖BD9330文書與國博38號文書大概也是通過同樣的途徑分藏於兩地,其割裂的時間可能是在清末調撥敦煌遺書時或者更早之前,但具體情況或已不可考證。

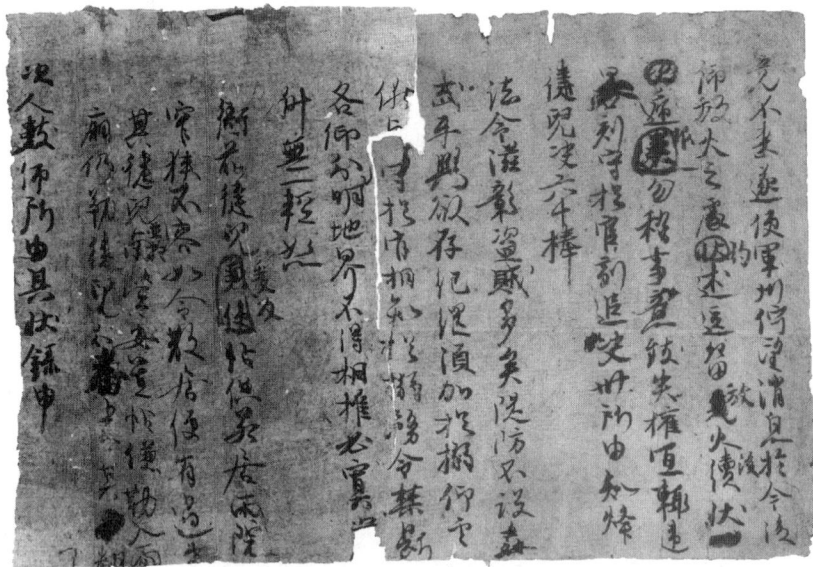

圖4　國圖BD9330文書(右)與國博38號文書(左)的綴合圖

〔1〕 榮新江、史睿主編:《吐魯番出土文獻散録》,北京:中華書局,2021年,第548—549頁。

〔2〕 劉波:《國家圖書館與敦煌學》,北京:國家圖書館出版社,2018年,第11—38頁。

〔3〕 羅振玉:《羅雪堂先生全集》第3編第9册,臺北:文華出版公司,1970年。

〔4〕 孫繼民:《唐代瀚海軍文書研究》,第52—54頁。

　　這件文書有多處修改、塗抹，行文至末尾的筆法也有些潦草，顯然祇是一件草稿。綴合後的録文如下：

（前缺）

1　　　　竟不來，遂使軍州佇望消息。於今後

2　　　　仰放火之處，約述（束）逗留，放火後續狀

3　　　　遞報，勿稽事意，致失權宜。輒違

4　　　　晷刻，守捉官副追決卅；所由知烽

5　　　　健兒決六十棒。

6　　□一□　法令滋彰，盜賊多矣。堤防不設，奸

7　　　　忒厥興。欲存紀綱，須加捉搦。仰虞

8　　　　候□与□守捉官相知捉搦，務令禁斷。

9　　　　各仰明分地界，不得相推，必置□嚴□

10　　　科，無一輕恕。

11　一　　衙前健兒，爰及帖傔，若居兩院，

12　　　　窄狹不容，如令散居，便有過生。

13　　　　其健兒并於南營安置，帖傔勒入兩

14　　　　廂，仍勒健兒分番上下，其翻

15　　次、人數，仰所由具狀録申。

（後缺）[1]

　　從內容上看，這件文書羅列了三項事宜：一是因爲出現了烽候放火後敵軍不來的情況，要求烽人在放火後要逗留觀察，繼續上報敵情，還規定了處罰措施。二是要求虞候和守捉官明確劃分各自負責的地界，捉搦盜賊，不能互相推諉。三是規定衙前健兒和帖傔的居所，將健兒安置在南營，帖傔則居住兩廂，同時要求所由申報健兒值役的番次和人數。值得注意的是，在第三件事宜的開頭，也就是文書第 11 行頂格書寫有“一”。而在第二件事宜的開頭，也就是第 6 行應該也有“一”，祇是已經殘去。這也是唐人羅列事項時的常見格式。關於文書的前半部分，也就是國圖 BD9330 文書，劉俊文先生在《敦煌吐魯番唐代法制文書考釋》中根據其符合“禁違止邪”的特點，將其擬定爲《職方格》。[2] 程喜霖先生則是將其

〔1〕　榮新江、史睿主編：《吐魯番出土文獻散録》，第 548—549 頁。
〔2〕　劉俊文：《唐律疏義箋解》，第 295—300 頁。

擬名爲《唐懲罰司烽火人烽健兒令》。[1] 此後劉俊文在《唐律疏議箋解》將其重新認定爲“軍令之斷片”。[2] 榮新江先生則指出，從文書塗抹和改正的外觀上看，不像是格文，可能是地方官府給所屬鎮戍守捉烽候下發的牒文。[3]

國圖 BD9330 文書與國博 38 號文書綴合後，就可以很清楚地看到這件文書確實并非格文。孫繼民在研究國博 38 號文書時就指出其爲官文書，其中的“衙前”專指節度使使衙，而敦煌 S. 11453 和 S. 11459 瀚海軍文書中都出現了“衙前”與“南營”，由此可將其推斷爲北庭瀚海軍文書，并擬名爲《唐開元中期瀚海軍牒爲明分地界、於南營安置健兒等事》。[4] 考慮到羅振玉舊藏中有國博 172 號北庭都護府文書以及與北庭相關的長行馬文書，本節討論的綴合文書確實極有可能就是北庭文書。可惜文書中并沒有出現明確的時間，僅能通過“衙前健兒”知道是在北庭節度使設立以後。目前所見的出自敦煌藏經洞的北庭文書，包括 S. 11453、S. 11459 瀚海軍文書以及有鄰館收藏的北庭相關文書，都是開元中期的。從這個角度看，這件文書的時代有可能也是開元中期。

可惜由於文書首尾殘缺，我們無法確知撰文主體。值得注意的是第三條關於衙前健兒與帖僮的處置。所謂衙前健兒應類似於此後史料中常見的節度使衙軍或牙兵，負責節度使衙的宿衛。[5] 瀚海軍的衙前健兒應當也與軍使的宿衛有關。又《唐六典》卷五“兵部郎中員外郎”載：“凡諸軍，鎮大使、副使已下皆有僮人、別奏以爲之使。”文書所見的帖僮，應當就是此類隨從瀚海軍使或副使的僮人。至於“帖”，或即軍人兼任之意。[6] 無論是衙前健兒還是帖僮，都涉及軍使的親從，他們的調動也關涉其安危。從 S. 11453 和 S. 11459 看，瀚海軍與衙前、陰副使衙、和副使衙都有牒狀往來，説明他們大概在文書運行上還是有所分別，恐怕不是直接以瀚海軍的名義來安置衙前健兒。這件文書應當是瀚海軍使本人或以軍使的名義來草擬的。

關於文書的性質，雖然末行有“仰所由具狀録申”等語，但是由於文書後文殘缺，此句并非整件文書的結語，似不能據此定性。史睿先生提示，文書第 15 行之所以頂格書寫，也存在一種可能，就是高出的“次”“人”兩字是後補的。這件文書的內容也與通常所見的

〔1〕程喜霖：《漢唐烽堠制度研究》，臺北：聯經出版公司，1991 年，第 405 頁。

〔2〕劉俊文：《唐律疏議箋解》，第 686 頁。

〔3〕榮新江：《唐寫本〈唐禮〉〈唐律〉及其他》，第 9—10 頁。

〔4〕孫繼民：《唐代瀚海軍文書研究》，第 51—57 頁。

〔5〕張國剛：《略論唐代藩鎮軍事制度的幾個問題》，段文傑、〔日〕茂木雅博主編《敦煌學與中國史研究論集：紀念孫修身先生逝世一周年》，蘭州：甘肅人民出版社，2001 年，第 246 頁。

〔6〕王永興：《唐天寶敦煌差科簿研究：兼論唐代役制和其他問題》，北京大學中古史研究中心編《敦煌吐魯番文獻研究論集》，北京：中華書局，1982 年，第 109—110 頁；丁俊：《李林甫研究》，南京：鳳凰出版社，2014 年，第 365—366 頁。

一事一議的牒文不同，文稿中至少羅列了三項事宜，需要不同的官員或機構來執行。而且前兩件與守捉相關的事宜同最後一件處置衙前健兒完全是兩種不同性質的事務。前者涉及周邊防務，需要虞候與各個地方的守捉、烽候共同協調完成；而後者則是軍隊核心位置的部署，涉及衙前與南營、左右厢的人員調動。從這個意義上説，這件文書草稿應該不是專門爲某事而牒某機構，而更像是列舉需要因事奉行的條例。同時無論是守捉、烽候的報告敵情，捉搦盗賊，還是衙前健兒的調度，都是瀚海軍管轄下的軍事事務。由此來看，文書中的内容更接近史書中記載的軍令，或可暫擬題爲《唐開元中期瀚海軍使軍令》（以下簡稱“《瀚海軍使軍令》”）。

二、軍令的樣式與傳遞手段

史書中見有兩種相對完整的唐代軍令，一是《通典》卷一四九《兵典·雜教令》中引用的《衛公李靖兵法》及他書的軍令，二是《太白陰經》卷三《雜儀類·軍令誓衆篇》中的軍令。

《通典·雜教令》共引用有五十餘條軍令，内容非常豐富，涉及旌旗戰陣、病兒療養、恃强凌弱、甲仗出入、兵士死亡、隨軍衣資、拾得遺物、賞功罰過、煽動兵士、營幕作食、樗蒲博戲以及驢馬管理等，都有明確的規定，遠遠超越了臨戰指揮的範疇，軍中的大小庶務都在軍令的管轄之内。具體來説，《通典·雜教令》所載軍令可以分爲三個部分，格式略有不同。清代汪宗沂《衛公兵法輯本》將前兩部分輯入，[1]第三部分則似《通典》録自他書。第一部分自開篇“大唐《衛公李靖兵法》曰”云云，至“諸應乘官馬”條。除了個別條目寫有決杖、處斬措施，大多祇有條例規定而無量刑規定，類似於唐代的令文。值得注意的是這些軍令都是以“諸”開頭，也與唐令的格式相仿。如：

> 諸應乘官馬，事非警急，不得輒奔走，致馬汗及打脊破。（以上并《衛公軍令》具所科罪。若臨敵則須重，平居則校輕，隨時裁定。）[2]

這是第一部分的最後一條，其後注釋中也提到李靖軍令的特點是科罪輕重“隨時裁定”，而非定制。這是唐代軍令的第一種類型。第二部分至“違總帥一時之令，斬之”，爲具體賞罰部分，簡潔地規定了受賞和“斬之”的條目，類似唐律“正刑定罪”的特點，是軍令的第二種類型。第三部分自“飲宴集聚音樂者，違律”至篇末，皆是講違律而不言責罰，也屬第一

---

[1] 李靖撰，汪宗沂輯：《衛公兵法輯本》，北京：中華書局，1985年，第12—14頁。
[2] 《通典》卷一四九，第3823頁。

種類型，但格式有異。《太白陰經》所載軍令，與《通典》軍令的第二部分懲處條目的内容基本相似。總體來看，《通典》與《太白陰經》的記載展示出唐代軍令十分複雜的面貌，内容上涉及面極廣，似乎也沒有統一的格式，比較靈活。

如果將《瀚海軍使軍令》文書與上述軍令比較的話，就會發現它們的相似之處。最值得注意的是《太白陰經》軍令的格式：

　　一　漏軍事者，斬。漏泄軍中陰謀及告事者，皆死。
　　一　背軍走者，斬。在道及營臨陣同。
　　一　不戰而降者，斬。背順歸逆同。[1]

也是以"一"開頭來分列條目，這就與《瀚海軍使軍令》文書的樣式非常相似了。除了形式上與《太白陰經》類似之外，文書中所涉及的條目也可以在《通典》軍令中找到對應的部分。如《通典》載：

　　無故驚軍，叫呼奔走，謬言煙塵，斬之。
　　凡言覘候，或更相推託，謬説事宜，兼復漏泄者，并斬之。[2]

其中的"謬言煙塵"，可與《瀚海軍使軍令》文書中的"竟不來，遂使軍州佇望消息"對應。而"凡言覘候，或更相推託"云云，則可對應於文書中的"明分地界，不得相推"。此外，《通典》卷一五七《兵典・下營斥候并防捍及分布陣》引《衛公李靖兵法》詳述下營時安置諸軍之法，[3]可知《瀚海軍使軍令》文書所載第三條對於軍中人員的安置也是唐代軍令一項重要内容。可見，《瀚海軍使軍令》中羅列的條文無論從形式上還是從内容上看都具有軍令的特點，應該屬於上述軍令的第二種類型，規定了具體的懲罰措施。不過由於唐代軍令沒有一定之規，《瀚海軍使軍令》文書中的條文在具體行文上又與史籍中所載不盡相同。無論如何，通過與李靖軍令、《太白陰經》軍令的類比，還是可以進一步確定《瀚海軍使軍令》中的條目具有軍令的性質。

關於軍令的發布與執行，《太白陰經・軍令誓衆篇》載有：

[1] 李筌：《神機制敵太白陰經》卷三，北京：中華書局，1985年，第68頁。
[2] 《通典》卷一四九，第3823頁。
[3] 《通典》卷一四九，第4025頁。

　　　先甲三日，懸令於軍門，付之軍正，使執本宣於六軍之衆。有犯命者，命軍正准令按理，而後行刑，使六軍知禁而不敢違也。[1]

大致此類軍令如同牓文，要張貼在軍門發布，[2] 同時要由軍正向六軍之衆當面宣讀，《太白陰經》還載有"誓衆文"的範文。或許正是因爲要當衆宣讀，《太白陰經》中所載的令文都簡潔明了，處置分明。誓衆的好處在於能够起到很好的宣傳效果，迅速樹立威信，適合於行軍出征。但如果是鎮軍的軍使或節度使想要將軍令下達到所屬的守捉烽候，顯然就不能完全依靠聚衆宣讀的形式。

　　出土文書的相關證據提示我們，軍令也可以通過官文書形式來下發。關於軍令在文書中的信息傳遞方式，可以參考日本寧樂美術館藏《唐西州都督府牒蒲昌府爲寇賊在近、鎮戍烽候督察嚴警事》文書：

　　1　　　都督府
　　2　　　一　諸府縣鎮戍界烽候覘探等，人各仰□□□□□
　　3　　　　　加常，督察嚴警，常知見賊，州司即□□□□□
　　4　　　　　三衛，分往巡探，點檢鞍馬器仗，并應□□□□□
　　5　　　　　事虧違，所由縣府、鎮戍、游弈、巡官及押領□□□
　　6　　　　　帥，且決陸拾，依法科罪。────────
　　7　　　蒲昌府：得兵曹參軍王寶等牒，稱寇賊在近，今又□□□
　　8　　　百姓并散在田野、莊塢，都督昨日親領縣府促□□□
　　9　　　戍押防援軍粮，差充討擊。賊比必空□□□□□　[3]

寧樂美術館所藏的這一組文書大多與開元二年（714）西州蒲昌府有關。在此前後，突厥曾圍攻北庭，西州也有戰事，文書中的"寇賊在近"即是此事。[4] 可以看到，在這件西州都督府下蒲昌府的牒中，先是以"一"開頭抄録了一段令文，再書寫對於蒲昌府的指示。令文中提到，要求各個府縣鎮戍地界内的烽候要比平日更加嚴密地警戒，同時州司要牽頭負責

─────────────

〔1〕　李筌：《神機制敵太白陰經》卷三，第68頁。
〔2〕　雷聞：《牓文與唐代政令的傳布》，榮新江主編《唐研究》第19卷，北京：北京大學出版社，2013年，第41—78頁。
〔3〕　陳國燦、劉永增：《日本寧樂美術館藏吐魯番文書》，北京：文物出版社，1997年，第35—36頁。
〔4〕　［日］日比野丈夫：《唐代蒲昌府文書の研究》，《東方學報》第33號，1963年，第267—314頁；唐長孺：《吐魯番文書中所見的西州府兵》，氏著《山居存稿三編》，北京：中華書局，2011年，第285—287頁。

巡探和點檢鞍馬器仗。大致正是根據這條令文，西州都督才親自督察縣府的軍糧情況。這條令文的内容非常具體，是臨時加强警備的規定，還明確了決杖的懲處措施。看起來不像是律令和制敕，反而與《瀚海軍使軍令》文書中出現的條文在格式和内容上都十分相似，可以説也是一條軍令。從令文中"諸府縣""州司"的語氣看，這可能是來自更上一級的軍令。日本寧樂美術館藏《唐開元二年閏二月西州都督府牒蒲昌府爲李思縮欠練事》文書中見有"被四鎮節度使牒令"[1]云云，可以推測在開元二年的戰事中，西州都督府或是受四鎮節度使節制，[2]則前引文書中的軍令可能也是來自節度使。而西州都督府顯然是摘抄了與蒲昌府有關的一條，牒下蒲昌府以交代事宜。

相似的例子還有中國國家博物館藏 8086 號文書：

（前缺）

1　　　捍調度有闕者，速即狀上，仍便令烽人收貯

2　　　使足，於後差州官點檢。有不充格數者，游

3　　　弈鎮戍府縣巡官并當界後差旅帥，各決

4　　　杖陸拾，仍依科罪者。寇賊在近，百計須防，諸

5　　　府主帥豈得安然，當界賊路要切捉搦者。

6　　　番之次配，令當界游弈踏伏，件注番第，具

7　　　[如]注脚。各牒所由，依此發遣。[3]

第 2、3 行間鈐有"西州都督府之印"，可知是西州都督府的文書。其中前 4 行至"仍依科罪者"處，應當也是抄録了一段命令。大致是要求各個烽候如果出現"調度有闕"的情況要盡快上報并補足物資，同時規定了點檢不足情況下的責罰措施。這顯然也是一條與前件文書類似的軍令。而自第 4 行"寇賊在近，百計須防"之後，才是西州都督府的具體處置措施，要求當界游弈詳細注明執勤的番次。可見還是西州都督府收到相關命令後，再抄録轉發給"所由"。

又，日本寧樂美術館藏《唐西州都督府牒爲巡邏覘探賊蹤事一》文書有：

---

〔1〕　陳國燦、劉永增：《日本寧樂美術館藏吐魯番文書》，第 37 頁。

〔2〕　劉安志：《伊西與北庭：唐先天、開元年間西域邊防體制考論》，氏著《新資料與中古文史論稿》，上海：上海古籍出版社，2014 年，第 162—163 頁。

〔3〕　榮新江、史睿主編：《吐魯番出土文獻散録》，第 428—429 頁。

1　　都督府

2　　鎮副楊逸

3　　右從葰蓉□□西至挎谷，逐要督察巡邏。東磧

4　　鎮戍并□□□諸路，先配人馬覘探，仰谷口高

5　　山着人去□□。此等探巡，并當賊路，賊在達

6　　匪、懸泉□□，探者據高，谷下人馬百方牢固，

7　　兩頭計□，□覺賊徒。賊内有漢語之人，弥須

8　　警策，□□督察，見騎賊即點緋幡，見步

9　　賊即□□幡。馬於谷底餧，着人看守，与高

10　　山望□□□，記號的見。賊從東來，向東點

11　　幡。從□□，□西點，從北來，向北點。壹人點壹下，

12　　兩人來□兩下，若拾人已上、百人已下，急多點。

13　　谷底□□人見山頭點幡，的知賊來，即走馬逐

14　　便告□，□都知界内兵馬，烽火通明，處月劫

15　　掠□□□恒日交橫，覘探勿招深累。

16　　　　　　　叄拾里内烽，依前縣府官巡邏，朝

（後缺）[1]

這是西州都督下給某鎮鎮副楊逸的牒文，要求加強葰蓉戍至挎谷的巡邏以及東磧鎮戍附近道路的覘探。其中非常詳細地規定了巡邏預警的操作方法，因爲是臨時派遣的巡邏人員，沒有烽火而代以幡旗，不同顏色的幡旗代表敵軍的步、騎，點幡的次數則代表敵軍數量。前引《唐西州都督府牒蒲昌府爲寇賊在近、鎮戍烽候督察嚴警事》中西州都督府引用的軍令，就有要求加強覘探的内容，這件文書有可能也是根據此軍令作出的針對性部署。值得注意的是，日本寧樂美術館藏蒲昌府文書中還有兩件殘片的内容基本一致，其中寧樂二六（3）、一六（3）號文書，祇是開頭處改爲“東從小嶺西”云云，應當是發給另一鎮戍，此後規定的内容完全相同。另一件寧樂一〇（2）號文書祇殘存中間規定的部分，也是完全一致。可見西州都督府是將關於覘探方法的具體命令，以同樣的格式抄寫下發給了各個鎮戍。西州都督是一州的軍事長官，我們同樣可以將此視作西州都督下發的軍令，是對節度使軍令的細化，而後西州都督府再將細則分抄傳達全鎮戍。

---

〔1〕　陳國燦、劉永增：《日本寧樂美術館藏吐魯番文書》，第 80—81 頁。

從這幾件西州都督府文書可以看出，類似《瀚海軍使軍令》文書中所載的這種軍令，大致是通過牒文的形式層層傳抄下達的。不過抄錄的應當祗是與收文機構相關的部分，州府可能還會有進一步細化的具體措施。正是通過這樣一種途徑，軍令得以有效傳遞到各個府縣鎮戍守捉，乃至各個烽候。

三、軍令與國法

從《瀚海軍使軍令》文書以及前引李靖軍令、《太白陰經》軍令來看，唐代軍令具有很強的因事制宜的特點，而作爲國法的律令格式顯然無法顧及軍旅的各方面細節，這必然會導致軍令溢出律令格式的既有範圍。例如《瀚海軍使軍令》所載要求知烽健兒"逗留約束""續狀遞報"之事，劉俊文已指出《唐律》中并無相關的責罰內容，是補律文之所未備。[1]《武經總要》引唐代《烽式》有：

> 凡告賊烽起處，即須傳告隨近州、縣、鎮、城、堡、村、坊等人，令當處警固，不得浪行遞牒。[2]

即規定了烽候放火之後，要傳告附近州縣，以加強防備。不過這裏説的祗是發現敵人之後要盡快通知州縣，而《瀚海軍使軍令》是要烽人留在烽候繼續觀察敵人，然後報告敵軍的進一步動向。這對於烽人來説，實際上是有很大風險的。《通典》卷一五七引《衛公李靖兵法》有：

> 前鋒（烽）應記，即赴軍，若慮走不到軍，即且投山谷，逐空方可赴軍。[3]

這是在行軍時臨時設立烽候的規定，明確説，在獲得下一烽候的回應後便可撤退了。此類前敵偵查人員確實可能會被敵軍的游弈部隊捉拿。《烽式》中就提到，如果放火之後下一烽候不回應的話，就要派人探知是否"失堠"或"被敵掩捉"。寧樂美術館藏二三（2）號文書中就見有維磨戍的長探曹順"落賊"的情況。[4]究竟要不要繼續逗留觀察，這在律令中沒有明確規定，各個軍中主帥則是根據不同的局勢和個人意願而有不同的命令。

---

〔1〕 劉俊文：《敦煌吐魯番唐代法制文書考釋》，第299頁。

〔2〕《武經總要（前集）》，清文淵閣《四庫全書》本。

〔3〕《通典》卷一四九，第4030頁。

〔4〕 陳國燦、劉永增：《日本寧樂美術館藏吐魯番文書》，第77頁。

軍令涉及律令格式相關的内容時，大概還是以之爲基礎來擬定。例如前引國博 8086 號文書，其中就提到州官點檢烽候，如果發現"有不充格數者"，相關負責人就要決杖六十。這裏的"格數"，顯然就是指作爲國家法令中的格文所具體規定的烽候儲備物資數額，可見這條軍令對於點檢的要求還是依據格。不過這種情況似乎并不太多，軍令涉及的大多數内容都無法與律令格式一一對應。

唐代律令中實際上明確規定了行軍主帥有執行軍令的權力，《唐六典》卷五"兵部郎中員外郎"條有：

> 凡大將出征……臨軍對寇，士卒不用命，并得專行其罰。[1]

這條記載應是抄錄自唐令，《唐令拾遺》將其列爲《軍防令》的第 15 條。[2]《唐令拾遺補》又根據日本《養老令》補入一則内容：

> 軍不從令，大將專決。還日，具上其罪。[3]

也就是説，唐令授權大將可以在行軍出征過程中對軍中法令全權負責，即所謂"專行其罰"。這是樹立主將威信、嚴明軍紀的必然要求，也是征行取得勝利的基礎。漢代周亞夫治軍，有所謂"軍中聞將軍令，不聞天子之詔"[4]，即是此意。在唐代的《太白陰經》軍令中，也還保留著周亞夫軍中不得趨馳的舊令。[5]

律令賦予行軍主將的權力，除了可以"專行其罰"，也包括不行其罰。《唐律疏議》卷一六《擅興律》"征人稽留、征討稽期"條有：

> 即臨軍征討而稽期者流三千里，三日斬。……若用捨從權，不拘此律。
> 【疏】議曰：……用捨從權，務在成濟……謂或違於軍令，別求異功；或雖即愆期，擬收後效；或戮或捨，隨事處斷。如此之類，不拘此律。[6]

---

〔1〕 李林甫等撰，陳仲夫點校：《唐六典》，北京：中華書局，1992 年，第 159 頁。
〔2〕 ［日］仁井田陞：《唐令拾遺》，東京：東京大學出版會，1983 年，第 374—375 頁。
〔3〕 ［日］仁井田陞、［日］池田温：《唐令拾遺補》，東京：東京大學出版會，1997 年，第 612—613 頁。
〔4〕 《史記》卷五七，北京：中華書局，1982 年，第 2074 頁。
〔5〕 《神機制敵太白陰經》軍令第十五條："軍中奔走軍馬者，斬；將軍以下并步入營，乘騎者同。"（第 69 頁）
〔6〕 劉俊文：《唐律疏議箋解》，第 1188 頁。

按《唐律》此條，臨軍征討稽期要流三千里，超過三日則要處斬。但主將却又可以根據具體情況從權處理。"疏議"中就非常明確地提出了軍中號令的從權問題，如果主將認爲違律之人可以"別求異功""擬收後效"，就可以不按律處置。在唐代史書中，這種例子非常多，屬下部將殺與不殺，其實都在主將的一言之間。《舊唐書·王思禮傳》載：

> （天寶）十二載（753），（哥舒）翰征九曲，思禮後期，欲引斬之，續使命釋之。思禮徐言曰："斬則斬，却喚何物？"諸將皆壯之。[1]

王思禮就是典型的征討稽期，他與哥舒翰過從甚密，這裏故作豪言壯語，實際應是早知哥舒翰不會殺他。當然主帥也可以選擇不行使這樣的權力，開元二十四年，時任平盧將軍的安禄山違反軍令，節度使張守珪就奏報玄宗，請示是否處斬。[2]

不過律令中對於主將專行其罰的認可是有時效性的，僅限於行軍過程中。《唐律疏議》卷一六《擅興律》"主將臨陣先退"條有：

> 即違犯軍令，軍還以後，在律有條者依律斷，無條者勿論。[3]

根據此條律文，即便在行軍過程中違犯了軍令，當行軍征行結束之後，便要依據《唐律》來定罪。通過前文的討論我們知道，唐代的軍令大多是律令以外的細化規定，與律令格式完全重合的條目大概是非常少的。律文中所謂"無條者勿論"，也就意味著大多不論。實際上就是行軍結束以後，適用於這次行軍的軍令就被廢止了。

在唐前期以行軍爲主的時代，府兵之制是有事則命將出征，事解之後便"兵散於府，將歸於朝"[4]。臨時性的軍令自然適應於臨時性的征行。而在鎮軍化的時代，節度使手下的軍隊并不會因爲征行結束而兵將分離，會一直保持完整的軍事建置。隨著這種軍事制度的轉變，軍令的設置也必然有了普遍化和長期化的趨勢。尤其是在中晚唐藩鎮中，軍令似乎具有了更爲重要的地位。《資治通鑑》卷二四八"武宗會昌五年（845）"載：

> 以秘書監盧弘宣爲義武節度使。弘宣性寬厚而難犯，爲政簡易，其下便之。河北

---

[1]《舊唐書》卷一一〇，第3312頁。
[2] 姚汝能：《安禄山事迹》，北京：中華書局，2006年，第74頁。
[3] 劉俊文：《唐律疏議箋解》，第1194頁。
[4]《新唐書》卷五〇，第1328頁。

之法，軍中偶語者斬；弘宣至，除其法。[1]

可見"偶語者斬"的軍令，在河北藩鎮中已經成爲長期施行的慣例法，即便是與朝廷關係較爲密切的義武節度使也是如此，直到盧弘宣出任節度使才"移風易俗"般地改易其法。仝佛光先生提出，唐後期維護唐代軍隊紀律的核心，從成文法系的軍律逐漸轉變爲以軍隊内部慣例法爲核心的軍令。[2]不過他主要是從戰爭需求和法律本身來解釋，實際上這是深深植根於唐代軍事制度的轉變。

　　總之，軍令是唐代軍事體系中一個非常重要的組成部分，會因爲"臨事即可"的特點而具有多樣性和靈活性。不過對於在軍旅中普遍存在的軍令，唐代史書中的相關記載却并不豐富。本節探討的由國圖 BD9330 文書與國博 38 號文書綴合而成的《唐開元中期瀚海軍使軍令》則提供了重要實物參考，其中所載的應是瀚海軍使下發的軍令。結合日本寧樂美術館藏蒲昌府文書等出土文獻以及傳世史書中記載的李靖軍令、《太白陰經》軍令，也可以大致窺測唐代軍令的多變樣式以及通過文書層層下達的傳遞手段。藉此我們可以看到軍令在地方軍事運作中的真實面貌，吉光片羽之中也可以看到唐代軍事制度的活力與變化。

---

[1]《資治通鑑》卷二四八，第 8013—8014 頁。
[2] 仝佛光：《唐代軍隊紀律及其相關問題研究》，第 22—24 頁。

第三章　北庭與邊疆觀念

第一節　重塑"瀚海"——唐代瀚海軍的設立與古代"瀚海"内涵的轉變

　　"瀚海"是中國古代重要的邊疆地理概念。漢代以來的文獻中不斷提到"瀚海"，但關於其具體所指却有著戲劇化的差異，有湖泊、山脉、沙漠等多種截然不同的記述。近代以來對於"瀚海"的研究也是衆説紛紜、莫衷一是，有貝加爾湖、呼倫湖–貝爾湖、達來諾爾湖、天山北麓的湖泊沼澤、杭愛山、沙漠、渤海等説法。[1]可以説"瀚海"是中國古代邊疆地理概念中最爲撲朔迷離的一個。目前學者們大多認同"瀚海"概念曾有明顯的轉變，兩漢至南北朝時期，瀚海是指貝加爾湖或其他大型水體；至唐代，"瀚海"出現了指代的寬泛化傾向；明清時期，則是普遍將"瀚海"與荒漠等同起來。[2]關於"瀚海"内涵轉變的原因，尚未見有完滿的解釋。實際上，這一現象形成的背後有著很强的制度性因素，造成"瀚海"由水體向沙漠轉變的主要原因是，唐代以征行瀚海之意在北庭設立瀚海軍，在漢唐時期傳統的漠北"瀚海"概念之外，又重塑了一個專指瀚海軍的西域"瀚海"。後人不知其制度淵

〔1〕貝加爾湖説，見［日］内田吟風《〈史記·匈奴傳〉箋注》，［日］内田吟風等撰、余大鈞譯《北方民族史與蒙古史譯文集》，昆明：雲南人民出版社，2003年，第17頁；汪明遠《"瀚海"本是海》，《咬文嚼字》2007年第8期，第37頁；俞士玲《高適〈燕歌行〉"校尉羽書飛瀚海，單于獵火照狼山"考釋》，《古籍整理研究學刊》2000年第4期，第31—39頁。呼倫湖–貝爾湖説，見《辭源》，北京：商務印書館，1988年，第1901頁；《辭海》，上海：上海辭書出版社，2000年，第5643頁。達來諾爾湖説，見田久川《瀚海考辯》，邱洪章主編《地名學研究》第2集，瀋陽：遼寧人民出版社，1986年，第193—197頁。天山北麓的湖泊沼澤説，見李樹輝《瀚海新考——兼論〈辭源〉、〈辭海〉相關詞條的釋義》，《中國邊疆史地研究》2017年第4期，第46—58頁。杭愛山説，見岑仲勉《自漢至唐漠北幾個地名之考訂》，氏著《中外史地考證》，北京：中華書局，1962年，第67—72頁；柴劍虹《"瀚海"辨》，張忱石等編《學林漫録》二集，北京：中華書局，1981年，第211—216頁；胡和温都爾《瀚海是何之名》，《内蒙古社會科學》1990年第4期，第50—51頁。水草豐美的高原土地（蒙古語Khangai）説，見［日］海野一隆撰、辛德勇譯《釋漢代的瀚海》，《中國歷史地理論叢》1991年第1期，第161—166頁。沙漠説，見《大辭典》，臺北：臺灣三民書局，1985年，第180頁；趙永成《"瀚海"不是海》，《咬文嚼字》2002年第10期，第26頁。渤海説，見傅今純、紀思《"瀚海"、"狼山"應何在？》，《固原師專學報》1995年第1期，第28—39頁。王子今試圖融合諸説，提出"瀚海"是形容似大海四際無涯的草原荒漠地貌，見王子今《"瀚海"名實：草原絲綢之路的地理條件》，《甘肅社會科學》2021年第6期。

〔2〕具體考證，參見安介生《"瀚海"新論——歷史時期對蒙古荒漠地區認知進程研究》，安介生、邱仲麟主編《邊界、邊地與邊民：明清時期北方邊塞地區族羣分布與地理生態基礎研究》，濟南：齊魯書社，2009年，第3—64頁；應曉琴、黄珅《瀚海考》，《華東師範大學學報》2006年第5期，第101—104頁。

源而以西域大沙海比附，在明清時期形成普遍認同的"瀚海"指代荒漠的認知，完成了"瀚海"内涵的徹底轉變。本節即擬以北庭瀚海軍的設立和影響爲核心，闡釋"瀚海"的内涵從湖泊被重新塑造爲戈壁沙漠的歷史過程，以窺見行政建制命名等制度性因素對古代知識系統和世界認識的影響。

一、漠北"瀚海"：漢唐時期以"瀚海"爲湖泊的普遍認識

"瀚海"原作"翰海"，最早見於《史記》。漢武帝元狩四年（前119），大將軍衛青與驃騎將軍霍去病分兵出擊匈奴，大獲全勝。《史記·匈奴列傳》載：

> 驃騎封於狼居胥山，禪姑衍，臨翰海而還。[1]

《史記·衛將軍驃騎列傳》亦載：

> 封狼居胥山，禪於姑衍，登臨翰海。[2]

《漢書》的《霍去病傳》《匈奴傳》的記載與此大致相同。值得注意的是，在《漢書·叙傳》中有"飲馬翰海"[3]之語，可見班固認知中的"翰海"是大型水體。關於《史記》中的"翰海"，後代又多有注解。南朝宋裴駰《史記集解》有："如淳曰：'翰海，北海名。'"又載："張晏曰：'登海邊山以望海也。'"唐司馬貞《史記索隱》有："按：崔浩云'北海名，群鳥之所解羽，故云翰海'。《廣異志》云'在沙漠北'。"唐張守節《史記正義》曰："按：翰海自一大海名，群鳥解羽伏乳於此，因名也。"[4]雖然這三家注中所引如淳、張晏、崔浩等人觀點略有差別，但都將翰海視爲北方的湖海，《廣異志》更是直言其在漠北。此外，西晉張華《博物志》載："漢使驃騎將軍霍去病北伐單于，至瀚海而還，有北海明矣。"[5]唐代《初學記》亦是據《漢書》云："按北海，大海之别有瀚海。"[6]也都是將霍去病所達之翰海與北海聯繫起來，當然這裏的北海應是泛指位於北方域外的大型湖海，翰海是其中之一。

---

〔1〕《史記》卷一一○，北京：中華書局，1959年，第2911頁。

〔2〕《史記》卷一一一，第2936頁。

〔3〕《漢書》卷一○○下，北京：中華書局，1962年，第4254頁。

〔4〕以上《史記》三家注内容，見《史記》卷一一○，第2911頁；同書卷一一一，第2937—2938頁。

〔5〕張華撰，范寧校證：《博物志校證》，北京：中華書局，2014年，第10—11頁。

〔6〕徐堅：《初學記》，北京：中華書局，1962年，第115頁。

漢代以後的文獻中皆稱之爲"瀚海"。[1]北魏時期對於瀚海的位置有了更加具體的描述。《魏書·蠕蠕傳》載：

隨水草畜牧，其西則焉耆之地，東則朝鮮之地，北則渡沙漠，窮瀚海，南則臨大磧。[2]

則瀚海似是在大漠之北。然而，同書在記述神䴥二年(429)北魏太武帝拓跋燾北伐柔然的事迹時又提到：

分軍搜討，東至瀚海，西接張掖水，北渡燕然山，東西五千餘里，南北三千里。[3]

這裏的瀚海看起來應是在今蒙古高原的東部地區。内田吟風先生即指出兩處"瀚海"的記載可能是指不同的地理景觀，第一處是指今貝加爾湖，第二處是指今達來諾爾湖。[4]安介生也同意兩解之説，認爲分别是指貝加爾湖和呼倫湖－貝爾湖。[5]更加明確的記録是《太平寰宇記》所引《入塞圖》，其中記載了自晉陽分别經懷荒鎮和沃野鎮兩條路抵達瀚海的里程。岑仲勉先生認爲《入塞圖》形成於唐代。[6]不過從地名來看，其記載的内容應當反映了北魏以降對於北行路綫的一些認識。其中沃野鎮一路記載：

又直北三千里至燕然山，又北行千里至瀚海。[7]

既然瀚海在燕然山之北，從地理位置判斷，大概是指貝加爾湖。不過《魏書》中又有"于巳尼大水"，亦稱爲北海，其與瀚海的關係尚難辨明。至少可以肯定的是，北魏時期的瀚海還是指北方域外的大型湖泊。

---

〔1〕一般認爲，"翰海"在漢代以後通稱"瀚海"。和談、江韻等先生提出"瀚海"最早見於《三國志》，但應曉琴、黄珅先生則指出漢末已有"瀚海"一詞。見和談《"瀚海"本源辨正》，《蘭台世界》2012年第12期，第11—12頁；江韻《"翰海"、"瀚海"詞義考辨》，《文教資料》2013年第35期，第174—176頁；應曉琴、黄珅《瀚海考》，第101頁。

〔2〕《魏書》卷一〇三，北京：中華書局，1974年，第2291頁。

〔3〕《魏書》卷一〇三，第2293頁。

〔4〕[日]内田吟風：《蠕蠕、芮芮傳箋注》，第56—61頁。

〔5〕安介生：《"瀚海"新論——歷史時期對蒙古荒漠地區認知進程研究》，第14頁。

〔6〕岑仲勉：《評沈垚懷荒鎮故址説》，氏著《中外史地考證》，第201頁。

〔7〕樂史撰，王文楚等點校：《太平寰宇記》卷四九，北京：中華書局，2007年，第1036頁。

唐朝對於作爲地理景觀的"瀚海"的認識也是非常清晰的。貞觀年間，魏王李泰曾主持編修《括地志》，其書已佚，所幸唐慧琳《一切經音義》中引有《括地志》關於瀚海的記載：

> 瀚海，上寒幹反。案《括地志》云：小海名也，在流砂大磧西北，同羅、突屈西北數百里來，南去長安五千三百里。秦築長城，經此海南，東西長亘匈奴，中有數河水流入此海，獨邏河、悉陵河、金河等并流入焉。北庭有瀚海鎮，取此爲名也。[1]

其中提到的"瀚海"顯然是一處長亘在匈奴故地的巨大水體，又有多條河流匯入。關於其地理位置，《括地志》説是在"流砂大磧"和"同羅、突屈"西北。"突屈"即突厥，"同羅"則是漠北鐵勒部落之一。大致可以理解爲瀚海在突厥、同羅等漠北主要部落之北。由此來看，"流砂大磧"應當也是指北方的大漠，而非唐朝文獻中一般所指的莫賀延磧等西北地方沙磧，畢竟莫賀延磧距離同羅等部過於遙遠。而這裏出現的"悉陵河"應是唐代文獻中的娑陵水，即今色楞格河。"獨邏河"或稱獨樂河，應即今土拉河，該河即是經鄂爾渾河、色楞格河注入貝加爾湖。結合"東西長亘匈奴中"的描述，可以判斷唐初《括地志》中的"瀚海"明確是指今貝加爾湖。

此外，《舊唐書·天文志》中有：

> 又按貞觀中，史官所載鐵勒、回紇部在薛延陀之北，去京師六千九百里。又有骨利幹居回紇北方瀚海之北，草多百藥，地出名馬，駿者行數百里。北又距大海，晝長而夕短，既日没後，天色正曛，煮一羊胛纔熟，而東方已曙。[2]

這是唐代關於北方地理概念的一個有趣的描述，在漠北諸部中，鐵勒、回紇在薛延陀之北，而瀚海在回紇之北，骨利幹又在瀚海之北。在這一套地理認識中，瀚海之北實際上還有大海，而且唐人已經瞭解到接近北極附近的極晝現象。結合今日的地理知識來看，這裏的瀚海顯然也是指向貝加爾湖。《舊唐書·薛延陀傳》中載貞觀時期薛延陀一度"建庭於都尉揵山北，獨邏河之南"，"東至室韋，西至金山，南至突厥，北臨瀚海"。[3]其中關於瀚海與薛延陀、獨邏河的記述，與前引《括地志》《舊唐書·天文志》皆相符合。又唐後期李筌所著《太白陰經》中也有關於瀚海的記載：

---

〔1〕　徐時儀校注：《一切經音義三種校本合刊》，上海：上海古籍出版社，2008年，第839頁。

〔2〕　《舊唐書》卷三五，北京：中華書局，1975年，第1304頁。

〔3〕　《舊唐書》卷一九九下，第5344頁。

> 北庭都護……北抵播塞厥海、長海、關海、曲地，以突結骨部落置堅昆都督府，管拘勃都督府，爲獨龍州，北抵瀚海。[1]

北庭都護府位於天山北麓，治所在今新疆維吾爾自治區吉木薩爾縣北庭故城遺址，堅昆都督府則是在回紇部之西北，也在漠北一帶。根據這裏提到的自北庭北行的路綫，瀚海無疑也是在漠北了。

總得來看，自漢代至唐代，正史及地志中記載的作爲地理景觀的"瀚海"，大體上都是指漠北的大型湖泊，無論是其作爲水體的地理面貌，還是位於北方的大致方位，都是很清楚的。南北朝至唐初，文學作品中的瀚海，大致也都是水體的面貌。[2]這應該代表了這個時代對於地理景觀上的"瀚海"的普遍認識。

二、以海爲名：唐代瀚海軍的設立及其與漠北瀚海的關係

隨著貞觀年間不斷取得對外軍事勝利，唐朝在北方突厥、鐵勒等部廣設羈縻府州，并以瀚海等北方域外的地理景觀來命名。其中，貞觀二十一年（647）唐朝於回紇部設立的羈縻府州即名爲瀚海都督府，自然是取自漠北的瀚海。由於受到突厥侵襲，瀚海都督親屬及一些回紇部衆於武周長壽三年（694）遷徙到河西的甘州、凉州一帶，瀚海都督府也隨之僑置此地。[3]根據西安出土《回紇瓊墓志》，瀚海都督回紇瓊還曾參與平定安史之亂。[4]不過隨著留在漠北的回紇强勢崛起成爲草原新霸主，瀚海都督府的地位明顯衰落。此外，唐高宗時還在漠北設立過瀚海都護府，但不久即改名爲安北都護府。[5]無論是瀚海都督府還是瀚海都護府，最初設立之地都是在漠北，其名稱顯然也是來自漠北的瀚海。值得注意的是，瀚海都督府遷徙到河西，導致了"瀚海"作爲行政建制名稱第一次脫離了漠北。不過真正對"瀚海"內涵轉變産生主要影響的是北庭瀚海軍的設立與發展。

武周長安二年（702），改庭州爲北庭都護府，同時在此設立燭龍軍，以加强唐朝在天山北麓的軍事力量。長安三年，又改燭龍軍爲瀚海軍。然而一個設立於西域地區的重要軍

---

〔1〕 李筌：《神機制敵太白陰經》卷三《關塞四夷篇》，北京：中華書局，1985年，第73頁。

〔2〕 應曉琴、黃珅：《瀚海考》，第102頁。

〔3〕 王溥：《唐會要》卷九八《回紇》，上海：上海古籍出版社，2006年，第2067頁。

〔4〕 濮仲遠：《瀚海都督伏帝難考論——回紇瓊墓志再探》，《陰山學刊》2015年第5期，第71—73頁。

〔5〕 關於瀚海都護府及其與燕然都護府、單于都護府等的關係，學界尚有爭論，見譚其驤《唐北陲二都護府建置沿革與治所遷移——編繪〈中國歷史地圖集〉札記》，氏著《長水集》，北京：人民出版社，1987年，第263—277頁；樊文禮《唐代單于都護府考論》，《民族研究》1993年第3期，第35—40、55頁；艾冲《唐代安北都護府遷徙考論》，《陝西師範大學學報》2001年第4期，第105—112頁；李宗俊《唐代安北單于二都護府再考》，《中國史研究》2009年第2期，第61—76頁；等等。

鎮，爲何會以"翰海"爲名呢？先來看瀚海軍前身燭龍軍的命名。"燭龍"最早見於《山海經》，其中《大荒北經》載："西北海之外，赤水之北，有章尾山。有神……是燭九陰，是謂燭龍。"[1] 又《海外北經》載："鍾山之神，名曰燭陰。"[2] 則在《山海經》的地理系統中，"燭龍"應在西北。不過漢代《淮南子》中已稱："燭龍在雁門北。"[3]《水經注》中亦有"南徑鍾山，山即陰山"[4] 之語，由此看來"燭龍"又似在北方的雁門與陰山之間。[5] 在唐代"燭龍"被明確看作北方的代表，東都宮城乾元殿的北門即名爲燭龍門。更值得注意的是，貞觀二十二年唐朝一度從設於漠北回紇部的瀚海都督府中分出數州，其中在回紇東北俱羅勃部所置的羈縻州即名爲燭龍州。聯繫到回紇部的瀚海都督府，唐代北庭軍鎮名稱中的"燭龍"與"瀚海"，顯然都與漠北回紇及其周邊部落有關。

北庭的軍鎮取名於漠北，實際上是其經營北方草原戰略的體現。唐高宗龍朔元年（661），回紇聯合同羅、僕固等部犯邊，唐朝在次年才重新平定鐵勒諸部。這次戰亂影響甚廣，根據吐魯番出土《唐龍朔二、三年西州都督府案卷爲安稽哥邏祿部落事》[6] 文書，位於金山（今阿爾泰山）一帶的哥邏祿部就是受回紇等部影響而南遷到天山北麓的庭州附近；由於當時庭州力量薄弱，需要由西州都督府與漠北的燕然都護府來協商解決哥邏祿部落的安置問題。這已經顯示出天山北麓地區與漠北草原的局勢有著很強的關聯性。庭州一帶也是北方草原進入西域的重要通道，隨著突厥汗國的復興，庭州開始具有從西面鉗制突厥的重要戰略地位。[7] 垂拱元年（685），鐵勒再次出現動蕩，唐朝就曾命田揚名率金山道西突厥兵從西面進軍征討。可見，雖然地理上相隔遙遠，但從唐朝當時的政治軍事形勢來説，位於西域的天山北麓地區却是與漠北草原有著直接的聯繫。

作爲軍鎮的瀚海軍，其名字很可能就是直接來自此前針對北方草原的行軍。長壽三年三月，武后下詔大舉征討突厥。《新唐書·突厥傳》載：

> 武后以薛懷義爲朔方道行軍大總管……率朔方道總管契苾明、雁門道總管王孝傑、威化道總管李多祚、豐安道總管陳令英、瀚海道總管田揚名等凡十八將軍兵出塞。[8]

〔1〕 袁珂校注：《山海經校注》，成都：巴蜀書社，1993年，第499頁。

〔2〕 袁珂校注：《山海經校注》，第277頁。

〔3〕 何寧：《淮南子集釋》卷四《墜形訓》，北京：中華書局，1998年，第362頁。

〔4〕 酈道元著，陳橋驛校證：《水經注校證》卷三，北京：中華書局，2007年，第79頁。

〔5〕 參見周述春《釋"燭龍"》，《中國歷史地理論叢》1998年第3期，第171—175頁。

〔6〕 榮新江、李肖、孟憲實主編：《新獲吐魯番出土文獻》，北京：中華書局，2008年，第308—325頁。

〔7〕 詳見劉子凡《瀚海天山——唐代伊、西、庭三州軍政體制研究》，上海：中西書局，2016年，第213—231頁。

〔8〕 《新唐書》卷二一五上，北京：中華書局，1975年，第6045頁。

這次征討突厥的十八將軍中，就有瀚海道總管田揚名。我們無法確知田揚名當時的具體官職，但據《舊唐書》載，他曾任安西都護，[1] 聯繫到前述其率領金山道西突厥兵的事迹看，田揚名的瀚海道行軍是從西域出兵大致是没有問題的。根據《資治通鑑》所載，此次征行很快就因爲突厥撤兵而終止。然而在同年八月，朝廷"以王孝傑爲瀚海道行軍總管，仍受朔方道行軍大總管薛懷義節度"[2]。大致以瀚海道行軍爲名的戰略籌備至少延續了五個月。吐魯番出土《武周天山府下張父團帖爲新兵造幕事一》文書中有："被瀚海軍牒，准□□西州諸府兵幕回日却内（納）。"其書寫時間大致在載初元年（689）至久視元年（700）間。[3] 這裏出現的"瀚海軍"應當就是指田揚名、王孝傑先後率領的瀚海道行軍。[4]

　　唐代行軍皆稱爲"某某道行軍"，這種以行軍路綫命名的方式，有時是以出發地點爲名，但很多情況下也會以征行目的地爲名。例如，唐朝永徽二年（651）征討西突厥時有弓月（今新疆伊寧附近）道行軍，龍朔元年征伐高麗時有平壤道行軍，咸亨元年（670）薛仁貴出征吐蕃爲邏娑（今西藏拉薩）道行軍，等等。如上文所述，唐初是很明確地將"瀚海"看作漠北的地理景觀，那麼武周時期征討突厥的瀚海道行軍，實際上也是以征行的目的地來命名。可見，作爲瀚海道行軍籌備地點的庭州、西州等地，衹是因這樣一種特殊的行軍命名方式，才與瀚海實際所在的漠北聯繫起來。

　　另外，高宗、武后時期是唐代軍事制度發生轉變的關鍵時期。唐初以行軍爲主，戰爭結束後，臨時集結的兵士就散歸各處。而自高宗時代開始，唐朝面對吐蕃等政權，難以靠行軍取得決定性勝利，衹得轉而不斷加強邊疆長期駐防的兵力，從而逐漸形成以軍鎮爲主的形勢。[5] 一些最早出現的軍鎮很多都是由行軍長期駐扎而形成，如隴右最早的軍鎮河源軍就是來自河源道行軍，[6] 河西最大的軍鎮赤水軍可能也是源自赤水道行軍，[7] 而河東的天兵軍在武周時期也是行軍而非軍鎮。[8] 在此背景下，設立於北庭的軍鎮瀚海

[1]《舊唐書》卷一九八，第5304頁。
[2]《資治通鑑》卷二○五，北京：中華書局，1956年，第6495頁。
[3] 唐長孺主編：《吐魯番出土文書》（圖文本）肆，北京：文物出版社，1996年，第252頁。
[4] 劉子凡：《瀚海天山——唐代伊、西、庭三州軍政體制研究》，第226—229頁。也有學者認爲此處的"瀚海軍"就是指設立於北庭的軍鎮瀚海軍，見孟憲實《唐代前期軍鎮研究》，北京大學博士學位論文，2001年，第83—84頁；孫繼民《唐代瀚海軍文書研究》，蘭州：甘肅文化出版社，2002年，第85—86頁。
[5] 相關研究，見［日］浜口重國《府兵制より新兵制へ》，《史學雜誌》第41編第11、12號，1930年；［日］菊池英夫《節度使制確立以前における"軍"制度の展開》，《東洋學報》第44卷第2期，1961年；孫繼民《唐代行軍制度研究》，臺北：文津出版社，1995年。
[6] 孟憲實：《唐代前期軍鎮研究》，第71—72頁。
[7] ［日］菊池英夫：《節度使制確立以前における"軍"制度の展開》，第72—73頁。
[8] 唐長孺：《唐書兵志箋正》，北京：中華書局，2011年，第47—48頁。

軍，很可能也是取名於瀚海道行軍。從燭龍軍很快改名瀚海軍，或許也是朝廷考慮到了這種延續性。

瀚海軍設立之後成爲天山東部地區的軍事中心，北庭節度使設立後更是成爲其核心力量，在唐朝經營西域及北方草原的戰略中發揮了重要的作用。《通典》載北庭節度使"防制突騎施、堅昆、斬啜"[1]，其中的"堅昆"指置於漠北結骨部的堅昆都督府，而"斬啜"即指突厥可汗默啜，這也體現出北庭東向防禦突厥等草原部落的戰略地位。又前引《太白陰經》將通瀚海的道路記錄在北庭都護府條目下，也反映出以北庭經略漠北瀚海的意圖。由此來看，設立於北庭的軍鎮以瀚海爲名，還是保留了希望統御或威懾漠北的遙遠意向。但相比於瀚海道行軍，瀚海軍名稱中的"瀚海"又失去了行軍目的地那種直接聯繫。由此，唐代作爲軍鎮名稱的"瀚海"與作爲實際地理景觀的"瀚海"開始出現地理位置上的分離。

三、西域"瀚海"：因瀚海軍省稱而造就的另一個"瀚海"

玄宗時，唐朝在西域的統治達到全盛，北庭節度使和瀚海軍的影響力也與日俱增，儼然成爲唐朝經營西域的"地理坐標"之一。此時也開始出現把瀚海軍省稱爲"瀚海"的現象。張九齡草擬的《敕突厥可汗書》中提到：

> 兒若總兵西行，朕即出師相應，安西、瀚海，近已加兵，欲以滅之，復何難也？[2]

這裏是唐玄宗希望拉攏突厥聯兵對付突騎施。唐朝在西域設有安西、北庭二都護府，此敕中的"安西"無疑是指安西都護府，那麼與其并列的"瀚海"應當就是指北庭都護府的瀚海軍。中唐時人沈亞之《隴州刺史廳記》中有："昔制戎於安西、瀚海之時，而隴、汧去塞萬三千里。"[3] 這裏的"安西、瀚海"與上文所引張九齡草擬的敕書一樣，也是指安西都護府和北庭的瀚海軍。

需要順帶一提的是，岑參在天寶末年曾任北庭節度使判官，其詩詞中見有兩處"瀚海"。一是《陪封大夫宴瀚海亭納凉》，其中的封大夫即北庭節度使封常清，一般認爲這裏的"瀚海亭"可能就是因瀚海軍而得名。[4] 另一處是岑參《白雪歌送武判官歸京》詩中

---

〔1〕《通典》卷一七二《州郡典》，北京：中華書局，1988 年，第 4479 頁。

〔2〕 張九齡撰，熊飛校注：《張九齡集校注》卷一一，北京：中華書局，2008 年，第 634 頁。

〔3〕 李昉等：《文苑英華》卷八〇一，北京：中華書局，1966 年，第 4238 頁。

〔4〕 陳鐵民、侯忠義校注：《岑參集校注》，上海：上海古籍出版社，2004 年，第 190 頁；和談：《"瀚海闌干"新解》，《中國文化研究》2012 年冬之卷，第 109 頁。

的名句“瀚海闌干百丈冰，愁雲慘淡萬里凝”。關於這裏的“瀚海”，學者們衆説紛紜，有大沙漠、杭愛山、天山陰崖（險隘深谷）、天山天池等多種説法。[1] 本文以爲，岑參此處所言“瀚海”可能并非實指北庭附近的某處地理景觀。唐代詩人喜好“以漢代唐”，例如岑參詩中反復出現的“輪臺”，祇是用了漢代輪臺的意象，詩詞描述的場景都是在唐代的北庭城而非輪臺縣。[2] 又如其《輪臺歌奉送封大夫出師西征》詩中有“三軍大呼陰山動”，陰山在漠南草原，即北庭之東，封常清自北庭西征不會到達陰山，這裏也祇是借用漢代典故。由此來看，“瀚海闌干百丈冰”中的“瀚海”或許也祇是詩人運用的文學意象，而不必詳究。

　　敦煌所見晚唐五代歸義軍時期文獻中，也見有稱瀚海軍爲“瀚海”的現象。敦煌莫高窟《唐宗子隴西李氏再修功德記》碑文中有：“殄勁寇於河、蘭，馘獫戎于瀚海。”[3] 這裏是在贊頌歸義軍節度使從吐蕃手中收復河隴的功業，其中的“河、蘭”是指東面的隴右河州、蘭州，那麼與之對應的“瀚海”應當就是西面的瀚海軍。這一點在時代稍晚的《龍泉神劍歌》中體現得更加明顯，此歌見於敦煌藏經洞所出 P. 3633v 文書，作於唐末五代之際的西漢金山國時期，歌辭中有：

　　　　神劍新磨須使用，定疆廣宇未爲遲。東取河蘭廣武城，西取天山瀚海軍。北掃燕然□嶺鎮，南盡戎羌邏莎平。……北庭今載和□□，兼獲瀚海與西州。[4]

很明顯，這裏的“瀚海與西州”中的“瀚海”，就是所謂“西取天山瀚海軍”中的瀚海軍。

　　從上述例子可以看出，玄宗時期以後，唐人在很多情況下會將瀚海軍直接省稱“瀚海”。這樣，由於瀚海軍位於西域，當將其簡稱爲“瀚海”時，也必然會造成另一個有別於漠北“瀚海”的西域“瀚海”。不過，在唐人的意識中，此一西域“瀚海”的指向性是十分明確的，就是指作爲軍鎮的北庭瀚海軍，大致上沒有與作爲地理景觀的漠北瀚海混淆。

　　不過即便唐人能够清楚地區分瀚海軍與漠北的瀚海，西域“瀚海”概念的出現還是使得“瀚海”一詞開始具有了表徵西方的意義。如沈亞之《賢良方正直言極諫策》中有：

---

〔1〕陳鐵民、侯忠義校注：《岑參集校注》，第 196 頁；柴劍虹：《“瀚海”辨》，第 211—216 頁；劉維鈞：《唐代西域詩句釋地》，《新疆大學學報》1984 年第 4 期，第 73—75 頁；應曉琴、黃珅：《瀚海考》，第 102—103 頁。

〔2〕薛天緯：《岑參詩與唐輪臺》，《文學遺産》2005 年第 5 期，第 38—46 頁。

〔3〕錄文據陳尚君輯校《全唐文補編》卷一三八，北京：中華書局，2005 年，第 1687 頁。

〔4〕《法藏敦煌西域文獻》26，上海：上海古籍出版社，2002 年，第 159 頁。

自瀚海已東神烏、燉煌、張掖、酒泉，東至於金城、會寧，東南至於上邽、清
水，凡五十郡、六鎮、十五軍，皆唐人子孫。[1]

其中的"瀚海已東"之地皆是河西、隴右諸州，那麼這裏的"瀚海已東"應當還是指北庭
瀚海軍以東。這裏的"瀚海"就被作爲一個西部邊疆的地理標志。又如敦煌 P. 2555 "陷
蕃詩"寫卷中《秋中霖雨》一詩有："西瞻瀚海腸堪斷，東望咸秦思轉盈。"[2] 陳國燦先生
指出，此詩的作者爲 910 年奉命出使吐蕃的西漢金山國人，他被吐蕃拘禁於隴右的臨蕃
城。[3] 此詩大致就作於其出使羈旅之中，"瀚海"與表示關中的"咸秦"相對，也是代表了
一種西方的意向。總之，隨著唐代瀚海軍的崛起，"瀚海"一詞也逐步分化出了西域"瀚
海"的說法。

四、由海到沙：近古"瀚海"與沙海景觀的混同

漢唐時期的文獻中，似未見有非常明確的以瀚海指代沙漠的例證。及至宋代才見有以
"瀚海"或"旱海"來指代宋初靈州以南的沙磧。安介生認爲宋代"瀚海"與"旱海"可以相
互取代。[4] 然而葉凱通過詳細考證指出，宋代指代靈州沙磧的"瀚海"原本皆作"旱海"，宋
人對其的區分是較爲明確的，後世傳寫訛誤導致"旱海"誤作"瀚海"。[5] 葉凱的說法應該更
符合宋代的情況，如《宋史·樂志》所載"淳祐祭海神十六首"中就有"北海位奠玉幣，《瀚
安》：瀚海重潤，地紀亦歸"[6]。說明宋代還是有以瀚海爲北海的觀念，後代訛改"旱海"爲
"瀚海"可能是在普遍以"瀚海"泛稱沙漠的明清時期。

蒙元時期，"瀚海"重新成爲常見的地理概念。元人劉郁《西使記》云："今之所謂瀚海
者，即古金山也。"[7] 王惲《玉堂嘉話》更是明確指出："瀚海，今衍梅。"[8] 應是指杭愛山。

但是在耶律楚才《西游錄》中，"瀚海"又呈現出不同面貌。其文曰：

〔1〕 李昉等：《文苑英華》卷四九二，第 2517 頁。

〔2〕 《法藏敦煌西域文獻》15，上海：上海古籍出版社，2001 年，第 336 頁。

〔3〕 陳國燦：《敦煌五十九首佚名詩歷史背景新探》，《敦煌吐魯番研究》第 2 卷，北京：北京大學出版社，1997
年，第 87—100 頁。另可參考楊富學、蓋佳擇《敦煌寫卷"落蕃詩"創作年代再探》，《絲路文明》第 2 輯，上
海：上海古籍出版社，2017 年，第 147—172 頁。

〔4〕 安介生：《"瀚海"新論——歷史時期對蒙古荒漠地區認知進程研究》，第 27 頁。

〔5〕 葉凱：《北宋"瀚海"新考——兼論唐宋時期靈州地理環境的變遷》，《中國邊疆史地研究》2018 年第 1 期，
第 61—73 頁。

〔6〕 《宋史》卷一三六，北京：中華書局，1985 年，第 3202 頁。

〔7〕 劉郁：《西使記》，北京：中華書局，1985 年，第 4 頁。

〔8〕 王惲：《玉堂嘉話》，楊亮、鍾彥飛點校《王惲全集匯校》卷九五，北京：中華書局，2013 年，第 3850 頁。

金山之南隅有回鶻城，名曰別石把，有唐碑，所謂瀚海軍者也。瀚海去城西北數百里。海中有嶼，嶼上皆禽鳥所落羽毛也。[1]

別石把即唐代北庭。耶律楚才所謂禽鳥落羽之説，應是本自前引崔浩“群鳥之所解羽，故云翰海”的注文。但他叙述瀚海在北庭西北數百里，未知本自何處，或許是來自當地所聞。按元人對於瀚海軍有明確的認識，有時甚至直接以瀚海軍代稱北庭之地，如《元史·阿刺瓦而思》所載“從帝親征，既破瀚海軍，又攻輪臺”[2]云云。或許正是因爲受了瀚海軍置軍西域的誤導，耶律楚才認爲作爲地理景觀的瀚海應與瀚海軍同在西北。唐人遺留下來的兩個“瀚海”的問題已經開始造成地理景觀的混淆。

明朝永樂年間，陳誠等人出使西域諸國，陳誠記録的此行見聞，直接引發了將西域“瀚海”等同於沙海的轉變。陳誠《西域番國志》中載：

魯陳城，古之柳中縣地，在火州之東，去哈密約千餘里。其間經大川，砂磧茫然，無有水草，頭疋過此，死者居多。若遇大風，人馬相失。道傍多骸骨，且有鬼魅，行人曉夜失侶，必致迷亡，夷人謂之瀚海。[3]

魯陳城即唐代柳中縣，在今吐魯番地區的魯克沁，其東南即今庫魯克塔格沙漠。在維吾爾語中，“庫魯克塔格”意爲“乾燥的山”。陳誠却很明確地記載，明初當地夷人將這一片沙漠稱爲“瀚海”。而在此前，與當地相關的文獻中從未見有這種稱呼。吐魯番出土高昌國時期文獻中見有“守海”之説，如《建□某年兵曹下高昌横截田地三郡爲發騎守海事》[4]文書。一般認爲其所守之“海”爲沙海之意，即指庫魯克塔格沙漠，由此可向東南通到敦煌。[5]唐代稱之爲“大海道”，敦煌 P. 2009 唐代《西州圖經》中即載有“大海道。右道出柳中縣界，東南向沙州一千三百六十里，常流沙，人行迷誤”[6]云云。唐代《元和郡縣圖志》更是明確記載柳中縣東南有“大沙海”，這應是對這片沙漠的官方稱呼。[7]總之，無論是高昌國時期的

〔1〕 耶律楚才著，向達校注：《西游録》，北京：中華書局，2000年，第2頁。
〔2〕《元史》卷一二三，第3026頁。
〔3〕 陳誠著，周連寬校注：《西域番國志》，北京：中華書局，2000年，第110—111頁。
〔4〕 唐長孺主編：《吐魯番出土文書》（圖文本）壹，北京：文物出版社，1992年，第67頁。
〔5〕 新疆博物館考古隊：《吐魯番哈喇和卓古墓群發掘簡報》，《文物》1978年第6期，第4頁；唐長孺：《吐魯番出土文書所見唐代軍事制度》，氏著《山居存稿》，北京：中華書局，2011年，第339頁。
〔6〕《法藏敦煌西域文獻》1，上海：上海古籍出版社，1995年，第76頁。
〔7〕 李吉甫：《元和郡縣圖志》卷四〇，北京：中華書局，1983年，第1032頁。

"守海"，還是唐代"大海道""大沙海"，皆未見有稱"瀚海"者。宋代王延德出使西域，《宋史·高昌國傳》中記載了其經伊州至高昌的行程，也未提到此沙漠爲"瀚海"。[1] 由此看來，陳誠的這一見聞應是當地夷人的訛傳。

如前文所述，漢唐時期作爲地理景觀的瀚海一直是指漠北的大型湖泊，唐代才分出一特指瀚海軍的西域"瀚海"。然而後代人可能并不理解瀚海軍軍名的寓意是征伐漠北瀚海，誤以爲西域必定有"瀚海"地理景觀才會以"瀚海"命名軍鎮。前引耶律楚才《西游録》中關於西北湖泊"瀚海"的説法，應該就是這種情況的反映。陳誠所謂夷人將大沙海稱爲"瀚海"，大致也是如此。按唐代大沙海在西州，剛好屬於北庭節度使的軍事管轄範圍。由此來看，將大沙海比附爲"瀚海"，就與瀚海軍有關。一種可能是，當地人不知瀚海軍原意，用大沙海來比附"瀚海"；另一種可能是，當地人表達的是類似"旱海"的意思，而陳誠誤以瀚海軍之"瀚海"來比附。無論如何，是明代對於西域"瀚海"概念的延伸才最終導致其與西域的地理景觀相混淆。

陳誠記述的影響極爲深遠，明代官修的《大明一統志》中就直接沿用了這一説法，云："瀚海，在柳陳城東地，皆沙磧，若大風則行者人馬相失，夷人呼爲'瀚海'。"以"瀚海"爲大沙海就成了明代的官方説法。按照這樣一種認知，"瀚海"應當特指今吐魯番東南庫魯克塔格沙漠這一片較小的區域。但若是不明瞭漠北、西域兩"瀚海"之别，認爲祇存在一個瀚海，就很容易産生疑問。如明代學者周祁就質疑晉代張華《博物志》以"瀚海"爲北方海水，而不知"瀚海"爲火州柳城之沙磧。[2] 可見，在"瀚海"沙漠説流行的情況下，漢唐時期普遍認知中的北方湖泊説開始受到質疑。清代學者更是由此推廣延伸，將蒙古戈壁也稱爲"瀚海"，并將其作爲内、外蒙古的界限。[3] 這實際上是將西域"瀚海"演化出的訛誤與漠北"瀚海"的地理方位嫁接，混合成了一種全新的認識。乾隆時官修的《御批歷代通鑒輯覽》中對"登臨瀚海"作注曰："在蘇尼特之北，喀爾喀之南，其西接伊犁界。"[4] 這一"瀚海"區域即内、外蒙古間廣闊的荒漠地區，亦即漢唐時期區隔漠南、漠北的大漠。此書爲乾隆皇帝御批，在當時影響極大，"瀚海"指蒙古戈壁沙漠遂成爲清代官方定論。在清代各種官修文獻和史地學者的研究著作中，大都將蒙古荒漠稱爲"瀚海"。至此，"瀚海"的内涵也完成了從指代湖泊到指代戈壁沙漠的轉變。

---

〔1〕《宋史》卷四九〇，第 14111 頁。

〔2〕 周祁：《名義考》卷四，民國《湖北先正遺書》本。

〔3〕 安介生：《"瀚海"新論——歷史時期對蒙古荒漠地區認知進程研究》，第 39—45 頁。

〔4〕 傅恒等：《御批歷代通鑒輯覽》卷一五，清文淵閣《四庫全書》本。

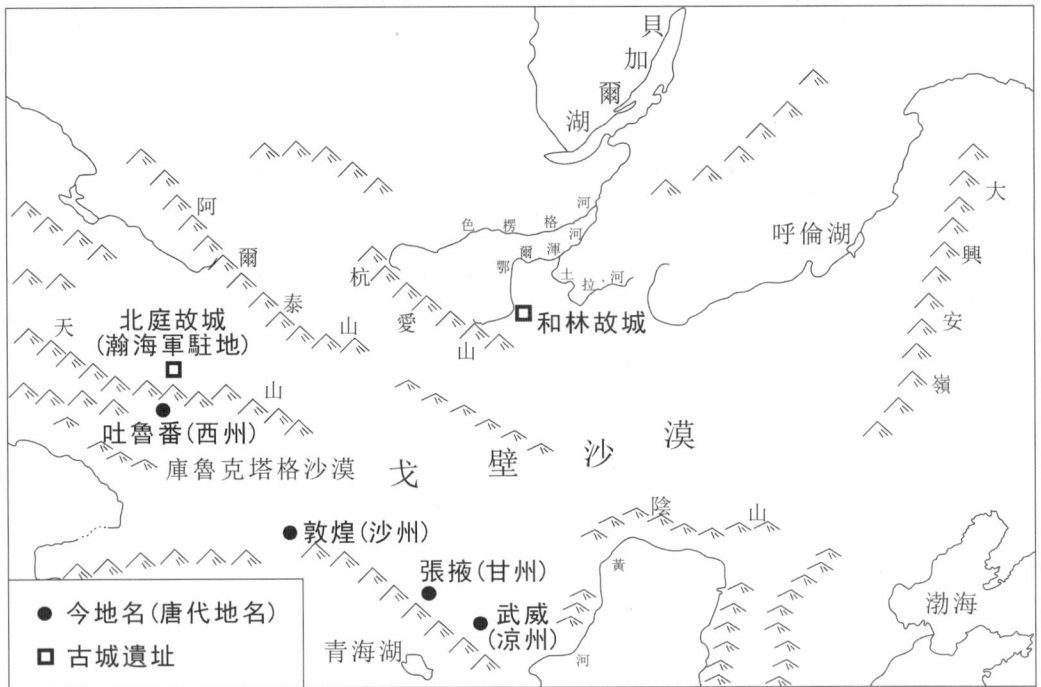

圖 5　"瀚海"相關地理概念示意圖

五、結論

　　"瀚海"作爲一個自漢代一直沿用到清代的邊疆地理概念，在兩千多年的歷史長河中，其內涵發生了明顯的重塑現象。在漢唐時期，文獻中所見作爲地理景觀的"瀚海"都是指漠北的大型湖泊，而且很多情況下明確指向貝加爾湖。唐初在漠北回紇部置瀚海都督府也是這一認識的延續。武周時期曾以征伐瀚海爲名籌備瀚海道行軍，此後在北庭設立的軍鎮因之而名爲瀚海軍。隨著瀚海軍影響力的擴大，出現了瀚海軍省稱"瀚海"的現象，於是又分化出了西域"瀚海"。明代將特指瀚海軍的西域"瀚海"與西域大沙海混同，清代又將"瀚海"定爲蒙古戈壁，最終形成了"瀚海"專指戈壁沙漠的內涵轉變。

　　縱觀重塑"瀚海"內涵的歷史過程，可以清楚地看到制度因素對於古代知識系統和世界認識所産生的影響。安介生將"瀚海"內涵的轉變歸結爲後代對蒙古荒漠地區認知的倒退與"迷失"。然而如果以陳誠記述夷人之説爲標志，直接導致"瀚海"內涵由湖泊變爲沙漠的觸發點是在西域，而非蒙古地區。誠然中國古代對於北方草原的經略確實存在階段性，但這并不足以造成邊疆知識的徹底斷裂和根本性扭轉。如上述漢代到北魏再到唐代，對北方的經營也是階段性的，但是對於"瀚海"地理景觀的認識并沒有太大變化。真正引發"瀚海"內涵轉變的是唐代北庭瀚海軍的設立，後代人在不理解唐代軍事制度的情況下，就很容易出現以西域地理景觀隨意比附的現象。這與其説是對地理認知的迷失，不如説是對前代制度認知的迷失。總之，通過對"瀚海"内涵的考察可以看到，制度因素可能比我們此前想象的更加深入地影響古人的認知世界，或者説，制度變遷也應當成爲我們觀察中國古代思想文化演進的重要載體。

第二節　唐代的"交河"與"西州"意象

唐朝人的西域印象是豐富多彩的，雖然正史、地志的記載以及出土文獻的證據已經清晰地勾勒出了唐朝西北邊疆的輪廓，但是在唐代詩文與碑銘的語境中，却有一個别樣的邊塞意象。唐代的"交河"與"西州"就是這樣一組交織著真實地名與文學意象的語彙。我們知道，西州與交河是位於唐朝疆域最西端的州縣。然而在唐代的詩文中，"交河"與"西州"作爲描述西部邊疆的語彙實際上具有遠遠超過固定地名的更爲寬泛的含義。蓋金偉先生詳細總結了唐詩中的"交河"語彙及其意義的變遷，很具有啓發性。[1]不過其中尚有可發覆之處，唐人對於"交河"意象的使用也遠遠溢出唐詩的範圍，需要進一步梳理考證。而"西州"的内涵在漢魏南北朝時代就經歷了複雜的演變，薛小林先生已有專述。[2]唐代正式出現西州州名之後，唐人詩文中的"西州"仍然大多泛指西土，而非特指地名西州。這種現象的出現給我們閲讀唐代文獻造成了一些障礙。例如，作爲北庭節度判官的岑參在詩中大量提到了"輪臺"，致使很多學者誤以爲他經常往返於北庭與輪臺縣。薛天緯先生指出，岑參詩中的"輪臺"就是指北庭都護府，這衹是一種"以漢代唐"的文學手法。[3]唐人常用的"交河"與"西州"也有同樣的問題，本節即擬對其進行梳理，辨明這一組唐代西域地名的虛實界限，以窺探唐朝人邊疆觀念的多樣性。

一、邊疆州縣：作爲正式地名的"交河"與"西州"

交河作爲地名，最初是指西域的交河城，位於今新疆維吾爾自治區吐魯番市以西約 10 公里處的交河故城遺址。漢文史籍中最早出現"交河"，就是漢代車師前國的國城交河城。《漢書·西域志》載：

> 車師前國，王治交河城。河水分流繞城下，故號交河。[4]

---

〔1〕 蓋金偉：《唐詩"交河"語彙考論》，《新疆師範大學學報》2008 年第 2 期，第 12—18 頁。
〔2〕 薛小林：《漢代地理觀念中的"西州"》，《西域研究》2012 年第 4 期，第 7—16 頁。
〔3〕 薛天緯：《岑參詩與唐輪臺》，第 38—46 頁。
〔4〕 《漢書》卷九六下，第 3921 頁。

今日的交河城遺址正是在一處河水圍繞的高聳臺地上，東北、西南兩面是河水冲刷出的陡峭崖壁，形成了天然的城墙，河水則是在故城東南方向合流。可知交河城本身就與河水密切相關，交河城也得名於此。或許是受此影響，唐詩中很多"交河"的意向，實際上是指交河城邊的河流，而非交河城本身，如李頎《古從軍行》中的"黄昏飲馬傍交河"云云。

車師前國是進入西域的咽喉，自然也成了漢朝與匈奴争奪的戰略要地。西漢宣帝地節三年（前67）漢朝攻占交河城後，甚至曾一度在車師屯田。[1]不過漢晉時期，中原王朝在吐魯番盆地的統治中心是高昌、柳中一帶，交河城一直是車師的國都。直到北凉承平八年（450）沮渠安周攻滅車師國，交河城就成了北凉地方政權的一個郡，即交河郡。[2]此後，高昌成爲一個獨立的王國。及至麹氏高昌國時期，地方建置已經從北凉時期的三郡八縣發展到五郡二十二縣，高昌爲國都，交河爲五郡之一。[3]據《周書·高昌傳》記載，高昌王世子擔任高昌令尹，另有二王子擔任交河公和田地公。[4]高昌、交河、田地（即漢代柳中）依然是高昌國的三個統治中心。

唐太宗貞觀十四年（640），唐朝滅高昌國，以其地置西昌州，旋即改名爲西州，州治在高昌城，其統治地域大致相當於今吐魯番盆地一帶。由此，"西州"也就成爲正式的州名。唐朝又將高昌國的郡縣相應地改爲縣、鄉、里等，原交河郡即改爲交河縣。與此同時，唐朝還設立了更高級別的安西都護府，統領西州、伊州、庭州三州諸軍事。而安西都護府最初的治所就在交河城，體現出交河在當時重要的戰略地位。[5]不過安西都護府不久之後即移治高昌。唐高宗顯慶三年（658），安西都護府又移治龜兹，西州則設置西州都督府。自此以降，西州都督府與交河縣之間就一直是州府與屬縣的行政關係。

唐玄宗天寶元年（742）改州爲郡，刺史爲太守。西州也相應地改名爲交河郡。這次州郡改稱，大多是將原來的單字州名改成雙字郡名，并多用古地名。交河既是沿襲自漢代的古地名，又是唐朝人印象中象徵西部邊陲的重要符號，西州改稱交河郡也就在情理之中了。交河郡的屬縣中，祇有州治高昌縣在天寶元年一并改名爲前庭縣，交河縣似并未改名。這樣，在天寶年間既有交河郡，又有交河縣。直到唐肅宗乾元元年（758）再次改郡爲

〔1〕《漢書》卷九六下，第3922—3923頁。相關考證，見王素《高昌史稿·統治編》，北京：文物出版社，1998年，第60—61頁。

〔2〕《魏書》卷三〇《車伊洛傳》，第724—725頁；王素：《高昌史稿·統治編》，第246—253頁。

〔3〕王素：《高昌史稿·交通編》，北京：文物出版社，2000年，第44—52頁。

〔4〕《周書》卷五〇，北京：中華書局，1971年，第914頁。

〔5〕《唐會要》卷七三《安西都護府》："貞觀十四年九月二十二日，侯君集平高昌國，於西州置安西都護府，治交河城。"（第1567頁）參見劉安志《唐初對西州的管理——以安西都護府與西州州府之關係爲中心》，《魏晉南北朝隋唐史資料》第24輯，武漢：武漢大學文科學報編輯部，2008年；收入氏著《敦煌吐魯番文書與唐代西域史研究》，北京：商務印書館，2011年，第14頁。

州，交河郡名稱恢復爲西州。[1]

可以清楚地看到，"交河"與"西州"是與今吐魯番盆地密切相關的一組古地名。"交河"作爲地名出現較早，無論是作爲車師國的國都交河城，還是作爲高昌國的交河郡、唐朝的交河縣，它都是指代以交河城爲中心的小範圍地域。西州則是唐代才正式設立的正州，大致承襲了高昌國的統治地域，即整個吐魯番盆地。祇有唐天寶年間一度出現西州改交河郡，"交河"所指範圍才有所擴大，但旋即改復。我們現在所知吐魯番出土唐代官府文書中，見有"西州""交河郡""交河縣""交河城"等，這些都是特指的地名或州縣機構。總之，作爲唐代州縣名的"交河"與"西州"是十分明確的。

二、西北遠塞：唐代詩文中的"交河"意象

唐人的詩文與碑銘中，"交河"與"西州"這一組語彙具有了更加豐富多彩的意象，遠遠超出一州一縣的範圍。唐代詩文卷帙浩繁，涉及"交河"者甚多，難以一一羅列，這裏僅舉出唐人常用之意象，以明其大義。

關於"交河"，蓋金偉認爲唐詩中的"交河"有四種意象：一是指向突厥汗國，體現隋末唐初征戰突厥的豪情壯志；二是指代邊塞功業，體現大唐興盛與士子追逐功名的心態；三是專指西域交河，體現盛唐之際西域境況及其與中原聯繫的加強；四是意指藩鎮之亂，體現唐中後期國家形勢的變遷和人民疾苦。他同時指出，這一流變歷程體現出唐代詩歌創作的現實性特徵，反映了西域與唐中央政權關係的變遷。[2]這一觀點清楚地揭示出涉及"交河"語彙的邊塞詩的内涵，不過如果單獨從"交河"這個詞出發的話，對其意象的理解就不能求之過實。詩作本身或許有時代特色，但"交河"本身還是指交河城或西北邊陲。如唐太宗《飲馬長城窟行》中的"塞外悲風切，交河冰已結。瀚海百重波，陰山千里雪"[3]。"交河"與"陰山"是魏晉詩詞中就已有的一組對仗語彙，《文選》所收南朝范雲《效古詩》中即有"風斷陰山樹，霧失交河城"[4]。這裏都是泛指塞外。也許唐太宗確有征伐突厥的意圖，但"交河"本身不必確指突厥。至於中晚唐詩作，如皎然《效古》詩"思君轉戰度交河，強弄胡琴不成曲"[5]，仍然是仿效古詩中的閨怨之情，交河祇代表遙遠的邊疆，而不能直接指代藩鎮。

如果從語彙本源而論，唐代詩文中的"交河"應當説都是指西域交河城或城下之河水，祇是其藴含的意象根據虛實程度有所區別，可以將其分爲兩個層次。

---

〔1〕 以上參見《舊唐書》卷四〇《地理志》，第 1644 頁。
〔2〕 蓋金偉：《唐詩"交河"語彙考論》，第 12—18 頁。
〔3〕 《全唐詩》卷一，北京：中華書局，1960 年，第 3 頁。
〔4〕 《文選》卷三一，北京：中華書局，1977 年，第 443 頁。
〔5〕 《全唐詩》卷八二〇，第 9247 頁。

　　第一個層次是實指交河城或是州縣名。詩文碑銘中出現的"交河郡""交河縣"，以及與官名相關的"交河令""交河尉"自然都是實指，不必贅言。除此之外，詩文中對於交河的寫實性描述實際上并不多見，比較典型的是岑參的邊塞詩，如其《武威送劉單判官赴安西行營便呈高開府》詩中有：

> 曾到交河城，風土斷人腸。
> 塞驛遠如點，邊烽互相望。
> 赤亭多飄風，鼓怒不可當。
> 有時無人行，沙石亂飄揚。
> 夜静天蕭條，鬼哭夾道旁。
> 地上多髑髏，皆是古戰場。[1]

　　此詩作於天寶十載，這是難得一見的描述自赤亭到交河城沿途風土的詩句。自河西武威郡（凉州）向西，一般要經過伊吾郡（伊州）、交河郡（西州）達到安西。而赤亭就是伊州、西州之間交通的必經之地。[2]敦煌 P. 2009《西州圖經》殘卷所載"赤亭道"即是"磧鹵雜沙"，而另一條"新開道"情況稍好，不過依然要依"泉井"而行。[3]與岑參詩中描述的蕭條情景相符。又岑參《使交河郡（郡在火山脚其地苦熱無雨雪獻封大夫）》：

> 奉使按胡俗，平明發輪臺。
> 暮投交河城，火山赤崔嵬。
> 九月尚流汗，炎風吹沙埃。
> 何事陰陽工，不遣雨雪來。[4]

　　前面提到，岑參詩中的"輪臺"都是指北庭，此段即是描寫其自北庭至交河途中路過火焰山的情景，與今日吐魯番火焰山附近的炎熱并無二致。可見岑參這些詩句中對於交河城附近風土的描寫都是十分寫實的，這裏的交河城自然都是實指。不過這種情況在唐詩中極爲少見，畢竟衹有親身到過交河城的文人才能寫出這樣的詩句。而在更多的唐代詩文中，"交

---

〔1〕 岑參撰，廖立箋注：《岑嘉州詩箋注》卷一，北京：中華書局，2004 年，第 23—24 頁。

〔2〕 陳國燦：《唐西州蒲昌府防區内的鎮戍與館驛》，《魏晉南北朝隋唐史資料》第 17 輯，武漢：武漢大學出版社，2000 年，第 85—90 頁。

〔3〕 唐耕耦、陸宏基編：《敦煌社會經濟文獻真迹釋録》第 1 輯，北京：書目文獻出版社，1986 年，第 54 頁。

〔4〕 岑參撰，廖立箋注：《岑嘉州詩箋注》卷一，第 23—24 頁。

河”更像是虛化的文學意象。

第二個層次就是以“交河”作爲西北邊塞的表徵，虛化其實際地理指向。在唐代詩文中，這一意象中的“交河”經常與其他標志性的地理概念一并出現，組成文學上的對仗。例如，“交河”對“天山”。陶翰《燕歌行》有“雪中凌天山，冰上渡交河”[1]。爲了與“天山”對應，這裏的“交河”是指河水，而非指交河城，山水相對體現出很强的文學色彩。交河與天山實際上也有密切的關聯，《舊唐書·地理志》即載“縣界有交河，水源出縣北天山”[2]云云。“交河”與“天山”一并成爲西北塞外的代表性景觀。其次是“交河”對“陰山”或“瀚海”。除前述唐太宗《飲馬長城窟行》外，還有駱賓王《從軍中行路難同辛常伯作》“陰山苦霧埋高壘，交河孤月照連營”[3]，王維《送平澹然判官》“瀚海經年到，交河出塞流”[4]。“陰山”與“瀚海”都是漠北草原的景象，“交河”與其對舉，其意象還是泛指北方邊塞。

“交河”的邊塞意象并不僅限於詩詞，唐貞觀初年令狐德棻等編撰的《周書·異域傳》文末“史臣曰”中即有：

> 昧谷、嵎夷、孤竹、北户，限以丹徼紫塞，隔以滄海交河，此之謂荒裔。[5]

“昧谷”“嵎夷”見於《尚書·堯典》，分別指代西方與東方邊地；“孤竹”“北户”見於《爾雅·釋地》，是四荒中的北方與南方。將這些荒裔與中原分隔開的，就是丹徼紫塞與滄海交河。晉崔豹《古今注》中對於“丹徼”“紫塞”有所解釋，南方土赤而稱丹徼，北方土紫而稱紫塞。[6]然則滄海在東，交河在西。這樣，“交河”就成爲分隔中原與西方荒裔的界綫。在這種語境下，“交河”甚至與爲人熟知的代表西極的“弱水”有了同樣重要的地位。因此，駱賓王《晚度天山有懷京邑》中才有“交河浮絶塞，弱水浸流沙”[7]的詩句，將“交河”與“弱水”并舉。相似的例證還可以在墓志中找到，《唐徐買墓志》中有：

> 帝城列金吾之騎，譽滿中臺；交河接鳴鏑之鄉，威傳上郡。[8]

---

〔1〕《全唐詩》卷一九，第 225—226 頁。

〔2〕《舊唐書》卷四〇，第 1645 頁。

〔3〕《全唐詩》卷二五，第 349 頁。

〔4〕 王維撰，陳鐵民校注：《王維集校注》卷四，北京：中華書局，1997 年，第 407 頁。

〔5〕《周書》卷四九，第 899 頁。

〔6〕 詳見崔豹《古今注》卷上《都邑》，《四部叢刊三編》景宋本。

〔7〕《全唐詩》卷七九，第 854 頁。

〔8〕 周紹良主編：《唐代墓志彙編》，上海：上海古籍出版社，1992 年，第 496—497 頁。

其中的"鳴鏑"是指代草原游牧部落，"交河"被看作與北方草原相接之邊郡的代表。同時"帝城"（即長安）與"交河"相對，更加可以體現出"交河"的邊塞屬性。白居易《縛戎人》詩中"忽逢江水憶交河，垂手齊聲嗚咽歌"，講到戎人憶交河而嗚咽，亦是以"交河"爲接戎狄之所在。[1] 可以看到，"交河"作爲西北邊界的意象既被寫入正史的"史臣曰"，又在墓志中出現，説明其在唐代是一種普遍的認識。

"交河"的邊塞意象并非唐人所創，在南北朝時期大致就已形成了這樣一種觀念。庾信《賀平鄴都表》中有：

> 上天降休，未之有也。政須東南一尉，立於比景之南；西北一候，置於交河之北。然後命東後，詔蒼冥，衢壇琬碑，銀繩瓊檢，告厥成功，差無慚德。[2]

建德六年（577）北周攻占鄴城，滅北齊，儼然有一統天下之勢。出身梁朝的一代文宗庾信，此時已在梁滅後入仕北周。其所上賀表，亦有勸周武帝告成之意。其中"東南一尉，西北一候"出自漢代揚雄《解嘲》："今大漢左東海，右渠搜，前番禺，後陶塗。東南一尉，西北一候。"[3] 這裏的"候"大致類似在敦煌等地設置的候官。北魏酈道元《水經注》亦云："秦并天下，略定揚、越，置東南一尉，西北一候。"[4] 皆是形容其疆域之廣闊。庾信自然是用了這一典故，他假想的尉、候設置之所即在比景之南與交河之北。所謂"比景"就是日南郡比景縣，在今越南境内，是極南之地；那麼交河之北自然也是當時人想象中國家疆域的西北之極了。

以庾信爲綫索，還可以繼續向前追溯。《藝文類聚》卷七四引梁元帝《職貢圖贊》曰：

> 北通玄菟，南漸朱鳶。交河悠遠，合浦回邅。[5]

梁元帝蕭繹所繪《職貢圖》描摹了四夷朝貢使臣的形象，現存南京博物院的《職貢圖》摹本或即梁元帝《職貢圖》。[6] 該圖因保存有部分使者人像與題記，歷來受到學者重視，可惜《圖

〔1〕　白居易撰，謝思煒校注：《白居易詩集校注》卷三，北京：中華書局，2006 年，第 351 頁。

〔2〕　庾信撰，倪璠注，許逸民點校：《庾子山集注》卷七，北京：中華書局，1980 年，第 507 頁。

〔3〕　《漢書》卷八七下《揚雄傳》，第 3568 頁。

〔4〕　酈道元著，陳橋驛校證：《水經注校證》卷三七，第 872—873 頁。

〔5〕　《藝文類聚》卷七四《巧藝部・畫》，上海：上海古籍出版社，1985 年，第 1270 頁。

〔6〕　金維諾：《"職貢圖"的時代與作者》，《文物》1960 年第 7 期，第 14—17 頁；王素：《梁元帝〈職貢圖〉新探——兼説滑及高昌國史的幾個問題》，《文物》1992 年第 2 期，第 72—80 頁。

贊》的部分今已殘去，所幸《石渠寶笈》所記原畫卷末題贊正與《藝文類聚》所引相符。《圖贊》中提到的“玄菟”爲漢玄菟郡，位於今朝鮮半島北部；“朱鳶”即朱鳶縣，漢代以來屬交趾郡，在今越南北部；“合浦”即合浦郡，在今廣西北海市。玄菟與朱鳶，交河與合浦，就構成了兩組南北呼應的地理概念。同時，玄菟在東北，交河在西北，也構成了中原與四裔交界的東西兩端。在當時南朝、北朝爭奪正朔的背景下，《職貢圖》有著很强的政治意味和重要性。這其中出現的“交河”對“合浦”，也可以視作南朝一種普遍的邊疆意象。《文館詞林》載梁元帝《郢州都督蕭子昭碑銘并序》中有“名馳合浦以南，譽滿交河之北”[1]，依然是“交河”與“合浦”對舉。又，庾信《送周尚書弘正》有：

交河望合浦，玄菟想朱鳶。
共此無期別，知應復幾年？[2]

當時周弘正奉使至北周，即將南返，而庾信仍然羈旅長安，故有此作。其中的交河、合浦與玄菟、朱鳶，無疑延續了《職貢圖贊》中的邊疆意象。

　　南北朝詩文中的這種“交河”意象直接影響了唐代的詩文。以“交河”對“合浦”爲例，唐代陸瓘《冰賦》中有“交河則戰士加守，合浦乃漁人迷望”[3]，而“交河”對“陰山”“瀚海”也都可以在南北朝詩作中找到例證，如南朝顧野王《隴頭水》中即有“瀚海波難息，交河冰未堅”[4]；而岑參“送君九月交河北”[5]句，似也有庾信置候交河之北的影子。影響更爲深遠的是，在南朝的閨怨詩與離別詩中，“交河”即已成爲一個重要地理標志，這是從其邊塞意象中進一步生發出的代表懸遠的意象。梁簡文帝蕭綱《倡婦怨情詩十二韻》中有：“飛狐驛使斷，交河川路長。蕩子無消息，朱唇徒自香。”[6] 又其《燕歌行》有：“黄龍戍北花如錦，玄菟城前月似蛾。如何此時別夫婿，金羈翠眊往交河。”[7] 交河因其地處西北邊塞而具有了遙遠的特性，自然非常適合表達這種離別之情。曾作爲蕭綱東宫學士的庾信，在其名作《哀江南賦》中有：“況復君在交河，妾在青波。石望夫而逾遠，山望子而逾多。”[8] 又其《夜

〔1〕《日藏弘仁本文館詞林校證》卷四五七，北京：中華書局，2001 年，第 186 頁。
〔2〕 庾信撰，倪璠注，許逸民點校：《庾子山集注》卷四，第 370 頁。
〔3〕《全唐文》卷七四一，北京：中華書局，1983 年，第 7664 頁。
〔4〕《樂府詩集》卷二一，北京：中華書局，1979 年，第 314 頁。
〔5〕 岑參撰，廖立箋注：《岑嘉州詩箋注》卷七，第 773 頁。
〔6〕 徐陵編，吳兆宜注，程琰刪補，穆克宏點校：《玉台新詠箋注》卷七，北京：中華書局，1985 年，第 288 頁。
〔7〕 徐陵編，吳兆宜注，程琰刪補，穆克宏點校：《玉台新詠箋注》卷九，第 456 頁。
〔8〕 庾信撰，倪璠注，許逸民點校：《庾子山集注》卷二，第 126 頁。

聽擣衣》有：“誰憐征戍客，今夜在交河。”[1]都是表達離別相思之苦。大量唐代詩文意象都是自此脫胎而來，如李白《擣衣篇》“玉手開緘長嘆息，征夫猶戍交河北”[2]，劉希夷《擣衣篇》“緘書遠寄交河曲，須及明年春草綠”[3]，便是用了庾信《夜聽擣衣》的“交河”意象。相關的詩句還有杜甫《前出塞曲》“戚戚去故里，悠悠赴交河”，《送長孫九侍御赴武威判官》“繡衣黃白郎，騎向交河道”，孟郊《折楊柳》“誰堪別離此，征戍在交河”，李元紘《相思怨》“交河一萬里，仍隔數重雲”，等等，[4]都是取交河懸遠之意。

　　值得注意的是，在西域出土文獻中也可以看到類似的情況。北庭故城出土的《武周果毅□□基等造像題記》中有：

　　　　今有果毅□□基等跋涉沙磧，效節邊垂。瀚海愁雲，積悲心於萬里；交河淚下，忽□思於百年。遂鳩集合營，敬造佛□□所并尊像等。

此碑清代即已出土，《八瓊室金石補正》《陶齋藏石録》等都有著録，近年原石還曾在西泠印社拍賣。此碑雖然出自北庭，但其中的“交河”顯然并不是指附近的交河城，這裏依然是與“瀚海”對舉的邊塞意象，代表著萬里悲心。

　　可以看到，“交河”作爲西北邊塞的代表，在南朝詩文中就已經具有了重要的地位，進而在唐代詩文中產生了廣泛而深遠的影響。尤其是在《職貢圖》以及《北史》這種具有官方色彩的文獻中出現，至少證明這種意象是當時社會的普遍認識。無論如何，“交河”的邊塞意象在唐朝一定已經深入人心，由此我們也可以理解天寶年間改州爲縣時，西州要改稱交河郡，而不稱高昌郡或柳中郡了。

三、西土想象：唐代詩文中的“西州”意象

　　唐代詩文與碑銘中常見有“西州”，然而其中很大一部分都與作爲正州的西州無關。這一點與“交河”不同，唐代“交河”的意象都是從交河城生發出來的。總體來説，“西州”就是指西土。隨著國家疆域的變遷，西土的地域自然也會改變。

　　關於兩漢時期的“西州”，薛小林指出，西漢時期專指益州，但是隨著西北邊疆的開拓，“西州”所指漸漸延及涼州、朔方；由於西北一隅對兩漢國勢的影響遠大於西南地區，

---

〔1〕庾信撰，倪璠注，許逸民點校：《庾子山集注》卷三，第 263 頁。

〔2〕《李太白全集》卷六，北京：中華書局，1977 年，第 355 頁。

〔3〕《全唐詩》卷八二，885 頁。

〔4〕以上見《全唐詩》，第 238、184、191、2272、1114 頁。

"西州"概念的重心漸次轉移到涼州、朔方地區。[1]西晉以後又有所謂西州城，唐徐堅《初學記》卷八"東府西州"條下注有：

> 山謙之《丹陽記》曰："東府城，地則晉簡文爲會稽王時第，東則丞相會稽王道子府。道子領揚州，故俗稱東府。"又曰："揚州廨，王敦所創，開東、南、西三門，俗謂之西州。"[2]

可知西州城爲西晉末年王敦所創置，是揚州刺史的治所。其地在今南京市附近。[3]大致是爲了與司馬道子領揚州刺史時的"東府"區分，王敦所創的揚州州府就被稱爲"西州"。西州城在東晉南朝具有極爲重要的政治和戰略地位，故而很多史書記載中的"西州"，都是指與揚州有關的西州城。不過唐代西州城屬潤州江寧縣，不復當年之盛景，唐人也就較少言及此西州了。溫庭筠《西州詞》"西州風色好，遥見武昌樓。……艇子搖兩槳，催過石頭城"似是與江寧石頭城有關，不過學者多認爲此處"西州"指武昌一帶，祇能暫且存疑。[4]順帶一提，元稹與白居易有關於"西州羅刹"的唱和詩，不過其中的"西州"是指杭州而非江寧。[5]

唐朝人常用的"西州"實際上主要是指代古涼州、益州之地，即唐代的河西隴右與劍南。首先是"西州"指代劍南。《舊唐書·崔戎》有：

> 尋爲劍南東、西兩川宣慰使。西州承蠻寇之後，戎既宣撫，兼再定徵稅，廢置得所，公私便之。[6]

崔戎宣慰劍南兩川，這裏的"西州"自然是指劍南。又元稹《西州院》詩中有"自入西州院，唯見東川城"，當時元稹以監察御史按東川獄，故而這裏的"西州院"仍然是與古益州之地稱"西州"有關。不過這種用法也并不多見，大概唐人日常不稱劍南爲"西州"，詩文中主要是使用漢代典故。這一點在墓志的書寫中非常明顯。唐代墓志常見有"石折西州"與"西州智滅"等語，即是出自《後漢書·任文公傳》：

---

〔1〕 薛小林：《漢代地理觀念中的"西州"》，第10—12頁。

〔2〕 徐堅：《初學記》卷八，北京：中華書局，2004年，第187頁。

〔3〕 賀雲翔.《六朝"西州城"史迹考》，《南京史志》1999年第3期，第26—28頁。

〔4〕 參見溫庭筠撰，劉學鍇校注：《溫庭筠全集校注》卷三，北京：中華書局，2007年，第190頁注1。

〔5〕 元稹《重夸州宅旦暮景色兼酬前篇末句》詩與白居易《微之重夸州居其落句有西州羅刹之謔因嘲兹石聊以寄懷》詩。

〔6〕《舊唐書》卷一六二，第4251頁。

　　公孫述時，蜀武擔石折。文公曰："噫！西州智士死，我乃當之。"自是常會聚子孫，設酒食。後三月果卒。故益部爲之語曰："任文公，智無雙。"[1]

這一典故無疑非常適合用在墓志中，能够充分表現出對智士逝去的惋惜之情。不過這裏的"西州"衹是用典，已經與唐代現實的地域無關。

　　其次是"西州"代指河西、隴右。這是唐朝人經常使用的地理概念。《舊唐書·褚遂良傳》有：

　　　　時薛延陀遣使請婚，太宗許以女妻之，納其財聘，既而不與。遂良上疏曰："……情既不通，方生嫌隙，一方所以相畏忌，邊境不得無風塵，西州、朔方，能無勞擾？"[2]

唐朝攻滅突厥後，薛延陀成爲漠北最爲强勁的勢力，唐太宗出於政治考慮，拒絕了薛延陀的和親請求。褚遂良擔心這會導致薛延陀侵擾邊塞，才有此上表。其中"西州"與"朔方"并舉，應當就是指河西、隴右了。此外，還可以看到一些"西州"直接與"河西"對應的例子，如張説《河西節度副大使安公碑銘并序》中有"及百戰之後，啓手歸全，西州士人，聞之激厲"[3]，高適《送竇侍御知河西和糴還京序》中有"天子務西州之實，歲糴億計，何始於貴取，而終以耗稱"[4]，都是十分明確地將河西稱爲"西州"。更爲常見的是在稱某人的郡望時以"西州"代指河西、隴右，如唐初姜謩爲秦州上邽人，《舊唐書》本傳稱其爲"西州之望"[5]；李抱玉爲安興貴後裔，代居河西，《舊唐書》本傳亦稱其"少長西州"[6]；名相牛僧孺爲隴西狄道人，李珏所撰《故丞相太子少師贈太尉牛公神道碑》便稱其"代爲西州豪族"[7]。

　　值得注意的是，敦煌所出 P. 3813《唐判集》中有：

　　　　奉判：宋里仁兄弟三人，隨日亂離，各在一所。里仁貫屬甘州，弟爲貫屬鄠縣，

---

〔1〕《後漢書》卷八二上，北京：中華書局，1965 年，第 2708 頁。

〔2〕《舊唐書》卷八〇，第 2733 頁。

〔3〕張説撰，熊飛校注：《張説集校注》，北京：中華書局，2013 年，第 788 頁。

〔4〕高適著，劉開揚箋注：《高適詩集編年箋注》，北京：中華書局，1981 年，第 390 頁。

〔5〕《舊唐書》卷五九，第 2332 頁。

〔6〕《舊唐書》卷一三二，第 3645 頁。

〔7〕《全唐文》卷七二〇，第 7405 頁。

> 美弟處智貫屬幽州，母姜元貫揚州不改……
>
> ……遂使兄居張掖，弟住薊門，子滯西州，母留南楚。[1]

根據判文，宋里仁母子在隋末離亂，天各一方，致使其在唐初籍貫不同。這裏的"子滯西州"顯然并不是指作爲唐代正式州府的西州，而是指代宋里仁本人貫屬的河西甘州。如果不加分辨，就很容易混淆其中的虛實。

隨著唐朝疆域的向西擴展，唐代的"西州"在承襲漢代以來的傳統意象以外，自然會有新的變化。尤其是唐代"西州"已經落實爲一個實際的州府名，也會有詩文直接指稱這一實際地名。如岑參《初過隴山途中呈宇文判官》詩中的"都護猶未到，來時在西州"[2]等。在一些情況下，"西州"的概念可以擴展到安西、北庭甚或更遠的西域。《唐大詔令集》卷一一六常衮《喻安西北庭諸將制》有：

> 每念戰守之士，十年不得解甲，白首戎陣，忠勞未報，心之惻怛，難忘終食。要當候大篩所指，窮荒蕩定，懸爵位以相待，傾府庫之所有，以答西州賢士大夫忘身報國之誠。[3]

廣德二年（764）吐蕃攻陷涼州後，安西、北庭節度使便與中原阻隔，祇能通過回紇與朝廷維繫時有時無的通信。根據制文内容推測，此制的時間大致是在大曆三、四年（768、769）間。[4]而根據《李元忠碑》的記載，此制很可能是於大曆五年九月隨使者送達北庭。[5]安西、北庭將士堅守多年，制書中亦充滿慰勞之情。既然是下給安西、北庭諸將的制書，其中所謂"西州賢士大夫"就不會僅僅指作爲州府的西州，而應是指整個安西、北庭。

又，李益《登夏州城觀送行人賦得六州胡兒歌》有：

> 胡兒起作和蕃歌，齊唱嗚嗚盡垂手。
> 心知舊國西州遠，西向胡天望鄉久。[6]

---

〔1〕 唐耕耦、陸宏基編：《敦煌社會經濟文獻真迹釋録》第 2 輯，北京：全國圖書館文獻縮微複製中心，1990年，第 607 頁。

〔2〕 岑參撰，廖立箋注：《岑嘉州詩箋注》卷一，第 239 頁。

〔3〕《唐大詔令集》卷一一六，北京：中華書局，2008 年，第 606 頁。

〔4〕 劉子凡：《瀚海天山——唐代伊、西、庭三州軍政體制研究》，第 342—343 頁。

〔5〕 劉子凡：《北庭的李元忠時代》，《文史》2017 年第 2 期，第 130 頁。

〔6〕《全唐詩》卷二八二，第 3211 頁。

唐代六胡州的胡人是來自中亞的粟特人，六胡州的粟特聚落對於唐代邊疆也有著深遠的影響。[1] 其"舊國西州"即是指更西方的中亞粟特地區。與此相似，洛陽出土《唐康磨伽墓志》中有：

> 君諱磨伽，其先發源於西海，因官從邑，遂家於周之河南……自昔文王作聖，啓迹於西州；夏禹稱賢，降靈於東國。[2]

康磨伽應當也是來自中亞康國的粟特人。衹不過其家族很早就已東來，其曾祖爲凉州刺史，祖父曾任安西都護府果毅。墓志中的"啓迹於西州"與"發源於西海"相呼應，還是指向西域。

總而言之，唐代的"交河"與"西州"既是真實存在的州縣名，又是具有特殊地域含義的文學意象。唐貞觀初年設立的西州都督府與交河縣，以及天寶年間所改稱的交河郡，都是非常確定的地名。但在唐人的詩文與碑銘中，"交河"更多代指西北邊塞，而虛化了具體地理指向。這是沿襲了南朝以來的文學傳統。"西州"則代表著西土，隨著漢代以降疆域的變遷，"西州"所指地域也發生著變化，唐代的"西州"除了傳統的河西意象外，甚至可以指代安西、北庭或更遠的西域。而這種更爲靈活的"交河"與"西州"意象，并不僅僅出現在文學作品裏，正史與墓志中也可以看到它們的身影，説明其已深刻地影響了當時人的邊疆觀念。虛實的交織，也折射出唐人對於西域的認知與想象。

---

〔1〕 張廣達：《唐代六胡州等地的昭武九姓》，《北京大學學報》1986 年第 2 期，第 72—77 頁。
〔2〕 周紹良主編：《唐代墓志彙編》，第 693—694 頁。

參考文獻

（一）史籍

《史記》，北京：中華書局，1982 年。

《漢書》，北京：中華書局，1962 年。

《後漢書》，北京：中華書局，1965 年。

《魏書》，北京：中華書局，1974 年。

《周書》，北京：中華書局，1971 年。

《舊唐書》，北京：中華書局，1975 年。

《新唐書》，北京：中華書局，1975 年。

《宋史》，北京：中華書局，1985 年。

《元史》，北京：中華書局，1976 年。

郝懿行：《竹書紀年校證》，濟南：齊魯書社，2010 年。

《資治通鑑》，北京：中華書局，1956 年。

李林甫等撰，陳仲夫點校：《唐六典》，北京：中華書局，1992 年。

杜佑撰，王文錦等點校：《通典》，北京：中華書局，1988 年。

王溥：《唐會要》，上海：上海古籍出版社，2006 年。

宋敏求：《唐大詔令集》，北京：中華書局，2008 年。

李泰等著，賀次君輯校：《括地志輯校》，北京：中華書局，1980 年。

酈道元著，陳橋驛校證：《水經注校證》，北京：中華書局，2007 年。

李吉甫：《元和郡縣圖志》，北京：中華書局，1983 年。

樂史撰，王文楚等點校：《太平寰宇記》，北京：中華書局，2007 年。

陳誠著，周連寬校注：《西域番國志》，北京：中華書局，2000 年。

鍾興麒等：《西域圖志校注》，烏魯木齊：新疆人民出版社，2002 年。

張華撰，范寧校證：《博物志校證》，北京：中華書局，2014 年。

徐堅：《初學記》，北京：中華書局，1962 年，第 115 頁。

姚汝能：《安禄山事迹》，北京：中華書局，2006 年。

白居易：《白孔六帖事類集》，北京：文物出版社，1987 年影印版。

崔豹：《古今注》，《四部叢刊三編》景宋本。

周祁：《名義考》卷四，民國《湖北先正遺書》本。

王惲：《玉堂嘉話》，楊亮、鍾彥飛點校：《王惲全集匯校》卷九五，北京：中華書局，2013 年。

郝懿行：《山海經箋疏》，濟南：齊魯書社，2010 年。

袁珂校注：《山海經校注》，成都：巴蜀書社，1993 年。

何寧撰：《淮南子集釋》，北京：中華書局，1998 年。

郭璞注：《穆天子傳》，北京：中華書局，1985 年。

李志常撰，王國維等校注：《長春真人西游記注》，臺北：廣文書局。

劉郁：《西使記》，北京：中華書局，1985 年。

耶律楚才著，向達校注：《西游録》，北京：中華書局，2000 年。

陶保廉：《辛卯侍行記》，蘭州：甘肅人民出版社，2000 年。

李靖撰，汪宗沂輯：《衛公兵法輯本》，北京：中華書局，1985 年。

吳如嵩、王顯臣校注：《李衛公問對校注》，北京：中華書局，2016 年。

《武經總要（前集）》，清文淵閣《四庫全書》本。

蕭統：《文選》，北京：中華書局，1977 年。

徐陵編，穆克宏點校：《玉台新詠箋注》，北京：中華書局，1985 年。

歐陽詢：《藝文類聚》，上海：上海古籍出版社，1985 年。

許敬宗編，羅國威整理：《日藏弘仁本文館詞林校證》，北京：中華書局，2001 年。

李昉等：《文苑英華》，北京：中華書局，1966 年。

郭茂倩：《樂府詩集》，北京：中華書局，1979 年。

董誥等：《全唐文》，北京：中華書局，1983 年。

彭定求等：《全唐詩》，北京：中華書局，1960 年。

周紹良主編：《全唐文新編》，長春：吉林文史出版社，2000 年。

陳尚君輯校：《全唐文補編》，北京：中華書局，2005 年。

庾信撰，倪璠注，許逸民點校：《庾子山集注》，北京：中華書局，1980 年。

張說著，熊飛校注：《張説集校注》，北京：中華書局，2013 年。

張九齡撰，熊飛校注：《張九齡集校注》，北京：中華書局，2008 年。

李白著，王琦注：《李太白全集》，北京：中華書局，1977 年。

王維撰，陳鐵民校注：《王維集校注》，北京：中華書局，1997 年。

岑參撰，廖立箋注：《岑嘉州詩箋注》，北京：中華書局，2004 年。

岑參撰，陳鐵民、侯忠義校注：《岑參集校注》，上海：上海古籍出版社，2004 年。

高適著，劉開揚箋注：《高適詩集編年箋注》，北京：中華書局，1981 年。

白居易撰，謝思煒校注：《白居易詩集校注》，北京：中華書局，2006 年。

溫庭筠撰，劉學鍇校注：《溫庭筠全集校注》，北京：中華書局，2007 年。

李德裕撰，傅璿琮、周建國箋校：《李德裕文集箋校》，北京：中華書局，2018 年。

崔致遠撰，党銀平校注：《桂苑筆耕集校注》，北京：中華書局，2007 年。

傅恒等：《御批歷代通鑒輯覽》，清文淵閣《四庫全書》本。

徐時儀校注：《一切經音義三種校本合刊》，上海：上海古籍出版社，2008 年。

（二）出土文獻

中國社會科學院歷史研究所、中國敦煌吐魯番學會敦煌古文獻編輯委員會、英國國家圖書館、倫敦大學亞非學院編：《英藏敦煌文獻（漢文佛經以外部分）》，成都：四川人民出版社，1990—1995 年。

俄羅斯科學院東方研究所聖彼得堡分所、俄羅斯科學出版社東方文學部、上海古籍出版社編：《俄藏敦煌文獻》，上海：上海古籍出版社，1992—2001 年。

上海古籍出版社、法國國家圖書館編：《法藏敦煌西域文獻》，上海：上海古籍出版社，1995—2005 年。

《墨美》第 60 號《長行馬文書》，1956 年。

唐耕耦、陸宏基編：《敦煌社會經濟文獻真迹釋錄》第 1 輯，北京：書目文獻出版社，1986 年；第 2—5 輯，北京：全國圖書館文獻縮微複製中心，1990 年。

92'日本書藝院展特別展觀有鄰館名品展紀念品《西域出土文書·勸善文·長行馬文書その他)》，東京：日本書藝院，1992 年。

唐長孺主編：《吐魯番出土文書》（圖文本），北京：文物出版社，1992—1996 年。

沙知、吳芳思編：《斯坦因第三次中亞考古所獲漢文文獻（非佛經部分）》，上海：上海辭書出版社，2005 年。

榮新江、李肖、孟憲實主編：《新獲吐魯番出土文獻》，北京：中華書局，2008 年。

榮新江、史睿主編：《吐魯番出土文獻散錄》，北京：中華書局，2021 年。

周紹良主編：《唐代墓志彙編》，上海：上海古籍出版社，1992 年。

張沛編著：《昭陵碑石》，西安：三秦出版社，1993 年。

王春法主編：《萬里同風——新疆文物精品》，北京：北京時代華文書局，2020 年。

（三）今人論著

《辭海》，上海：上海辭書出版社，2000 年。

《辭源》，北京：商務印書館，1988 年。

《大辭典》，臺北：臺灣三民書局，1985 年。

艾冲：《唐代安北都護府遷徙考論》，《陝西師範大學學報》2001 年第 4 期。

艾尚連：《北庭節度使趙玼及其任職期限》，《西域研究》2001 年第 1 期。

安介生：《"瀚海"新論——歷史時期對蒙古荒漠地區認知進程研究》，安介生、邱仲麟主編《邊界、邊地與邊民：明清時期北方邊塞地區部族分布與地理生態基礎研究》，濟南：齊魯書社，2009 年。

周述春：《釋"燭龍"》，《中國歷史地理論叢》1998 年第 3 期。

岑仲勉：《處月處密所在地考》，《西突厥史料補闕及考證》，北京：中華書局，1958 年。

岑仲勉：《自漢至唐漠北幾個地名之考訂》，氏著《中外史地考證》，北京：中華書局，1962 年。

岑仲勉：《評沈垚懷荒鎮故址説》，氏著《中外史地考證》，北京：中華書局，2004 年。

柴劍虹：《"瀚海"辨》，張忱石等編《學林漫録》二集，北京，中華書局，1981 年。

陳戈：《唐輪臺在哪裏》，《新疆大學學報》1981 年第 3 期。

陳戈：《新疆古代交通路綫綜述》，《新疆文物》1990 年第 3 期。

陳國燦：《東訪吐魯番文書紀要（一）》，《魏晉南北朝隋唐史資料》第 12 期，武漢：武漢大學出版社，1993 年。

陳國燦：《敦煌五十九首佚名詩歷史背景新探》，《敦煌吐魯番研究》第 2 卷，北京：北京大學出版社，1997 年。

陳國燦：《唐西州蒲昌府防區内的鎮戍與館驛》，《魏晉南北朝隋唐史資料》第 17 輯，武漢：武漢大學出版社，2000 年。

陳國燦：《唐李慈藝告身及其補闕》，《西域研究》2003 年第 2 期。

陳國燦、劉安志主編：《吐魯番文書總目（日本收藏卷）》，武漢：武漢大學出版社，2005 年。

陳國燦、劉永增：《日本寧樂美術館藏吐魯番文書》，北京：文物出版社，1997 年。

程喜霖：《漢唐烽堠制度研究》，臺北：聯經出版公司，1991 年。

戴良佐：《唐代庭州七守捉城略考》，《歷史在訴説——昌吉歷史遺址與文物》，烏魯木齊：新疆青少年出版社，1993 年。

戴良佐：《唐庭州西海縣方位初考》，《新疆文物》1995 年第 2 期。

丁俊：《李林甫研究》，南京：鳳凰出版社，2014 年。

敦煌文物研究所考古組：《莫高窟發現的唐代絲織物及其它》，《文物》1972 年第 12 期。

樊文禮：《唐代單于都護府考論》，《民族研究》1993 年第 3 期。

馮承鈞：《高昌城鎮與唐代蒲昌》，《中央亞細亞》1942 年第 1 期。

傅今純、紀思：《"瀚海"、"狼山"應何在？》，《固原師專學報》1995 年第 1 期。

蓋金偉：《唐詩"交河"語彙考論》，《新疆師範大學學報》2008 年第 2 期。

和談：《"瀚海"本源辨正》，《蘭台世界》2012 年第 12 期。

和談：《"瀚海闌干"新解》，《中國文化研究》2012 年冬之卷。

賀雲翱：《六朝"西州城"史迹考》，《南京史志》1999 年第 3 期。

胡和温都爾：《瀚海是何之名》，《内蒙古社會科學》1990 年第 4 期。

胡可先：《岑參與武威》，《古典文學知識》2019 年第 6 期。

胡耀飛：《行營之始：安西、北庭行營的分期、建置及其意義》，《新疆大學學報》2019 年第 1 期。

江韻：《"翰海"、"瀚海"詞義考辨》，《文教資料》2013 年第 35 期。

金維諾：《"職置圖"的時代與作者》，《文物》1960 年第 7 期。

雷聞：《牓文與唐代政令傳布》，榮新江主編《唐研究》第 19 卷，北京：北京大學出版社，2013 年。

李筌：《神機制敵太白陰經》卷三，北京：中華書局，1985 年。

李樹輝：《瀚海新考——兼論〈辭源〉、〈辭海〉相關詞條的釋義》，《中國邊疆史地研究》2017 年第 4 期。

李樹輝：《絲綢之路"新北道"中段路綫及唐輪臺城考論》，《中國邊疆史地研究》2019 年第 3 期。

李宗俊：《唐代安北單于二都護府再考》，《中國史研究》2009 年第 2 期。

廖立：《吐魯番出土文書與岑參》，《新疆大學學報》1996 年第 1 期。

林必成：《唐代"輪臺"初探》，《新疆大學學報》1979 年第 4 期。

劉安志：《唐代西州天山軍的成立》，朱玉麒主編《西域文史》第 2 輯，北京：科學出版社，2007 年。

劉安志：《唐初對西州的管理——以安西都護府與西州州府之關係爲中心》，《魏晉南北朝隋唐史資料》第 24 輯，武漢：武漢大學文科學報編輯部，2008 年；後收入氏著《敦煌吐魯番文書與唐代西域史研究》，北京：商務印書館，2011 年。

劉安志：《伊西與北庭：唐先天、開元年間西域邊防體制考論》，《新資料與中古文史論稿》，上海：上海古籍出版社，2014 年。

劉波：《國家圖書館與敦煌學》，北京：國家圖書館出版社，2018 年。

劉俊文：《敦煌吐魯番唐代法制文書考釋》，北京：中華書局，1989 年。

劉俊文：《唐律疏義箋解》，北京：中華書局，1996 年。

劉維鈞：《輪臺和烏魯木齊》，《新疆大學學報》1980 年第 4 期。

劉維鈞：《唐代西域詩句釋地》，《新疆大學學報》1984 年第 4 期。

劉子凡：《楊志烈之死——安史之亂後的河西失陷與北庭隔絶》，朱玉麒主編《西域文史》第 10 輯，北京：科學出版社，2015 年。

劉子凡：《瀚海天山——唐代伊、西、庭三州軍政體制研究》，上海：中西書局，2016 年。

劉子凡：《北庭的李元忠時代》，《文史》2017 年第 2 期。

劉子凡：《唐前期兵制中的隊》，王振芬、榮新江主編《絲綢之路與新疆出土文獻：旅順博物館百年紀念國際學術研討會論文集》，北京：中華書局，2019 年。

劉子凡：《唐代輪臺建置考》，《西域研究》2021 年第 1 期。

柳洪亮：《唐北庭副都護高耀墓發掘簡報》，《新疆社會科學》1985 年第 4 期。

羅振玉：《羅雪堂先生全集》第 3 編第 9 冊，臺北：文華出版公司，1970 年。

孟凡人：《北庭史地研究》，烏魯木齊：新疆人民出版社，1985 年。

濮仲遠：《瀚海都督伏帝難考論——回紇瓊墓志再探》，《陰山學刊》2015 年第 5 期。

錢伯泉：《輪臺的地理位置與烏魯木齊淵源考》，《新疆社會科學》1982 年第 1 期。

饒宗頤：《京都藤井氏有鄰館藏敦煌殘卷紀略》，《金匱論古綜合刊》第 1 期；此據氏著《選堂集林·敦煌學卷》，濟南：山東畫報出版社，2019 年。

榮新江：《英國圖書館藏敦煌漢文非佛教文獻殘卷目錄（S. 6981—13624）》，臺北：新文豐出版公司，1994 年。

榮新江：《海外敦煌吐魯番文獻知見錄》，南昌：江西人民出版社，1999 年。

榮新江：《唐寫本〈唐禮〉〈唐律〉及其他》，《文獻》2009 年第 4 期。

榮新江：《新出吐魯番文書所見唐龍朔年間哥邏禄部落破散問題》，《西域歷史語言研究所集刊》第 1 輯，北京：科學出版社，2007 年。

施萍婷：《日本公私收藏敦煌遺書敘錄（二）》，《敦煌研究》1994 年第 3 期。

蘇北海：《岑參〈輪臺歌〉的幾個考證》，《人文雜志》1984 年第 1 期。

孫繼民：《敦煌吐魯番所出唐代軍事文書初探》，北京：中國社會科學出版社，2000 年。

孫繼民：《唐代瀚海軍文書研究》，蘭州：甘肅文化出版社，2002 年。

孫繼民：《唐代行軍制度研究》，臺北：文津出版社，1995 年。

孫曉林：《關於唐前期西州設"館"的考察》，《魏晉南北朝隋唐史資料》第 11 期，武漢：武漢大學出版社，1991 年。

孫英剛：《無年號與改正朔：安史之亂中肅宗重塑正統的努力——兼論曆法與中古政治之關係》，《人文雜志》2013 年第 2 期。

譚其驤：《唐北陲二都護府建置沿革與治所遷移——編繪〈中國歷史地圖集〉札記》，氏著《長水集》，北京：人民出版社，1987 年。

譚其驤主編：《中國歷史地圖集》第 5 冊，北京：中國地圖出版社，1982 年。

唐長孺：《唐書兵志箋正》，北京：中華書局，2011 年。

唐長孺：《吐魯番出土文書所見唐代軍事制度》，氏著《山居存稿》，北京：中華書局，2011 年。

唐長孺：《吐魯番文書中所見的西州府兵》，氏著《山居存稿三編》，北京：中華書局，2011 年。

田久川：《瀚海考辯》，邱洪章主編《地名學研究》第 2 集，瀋陽：遼寧人民出版社，1986 年。

汪明遠：《"瀚海"本是海》，《咬文嚼字》2007 年第 8 期。

王炳華：《唐西州白水鎮初考》，《新疆社會科學》1988 年第 3 期。

王迹：《西海、西海郡考索》，《青海社會科學》1983 年第 2 期。

王素：《梁元帝〈職貢圖〉新探——兼説滑及高昌國史的幾個問題》，《文物》1992 年第 2 期。

王素：《吐魯番文書中有關岑參的一些資料》，《文史》第 36 輯，北京：中華書局，1992 年；此據《漢唐歷史與出土文獻》，北京：故宮出版社，2011 年。

王素：《高昌史稿·統治編》，北京：文物出版社，1998 年。

王素：《高昌史稿·交通編》，北京：文物出版社，2000 年。

王小甫：《安史之亂後西域形勢及唐軍的堅守》，《敦煌研究》1990 年第 4 期。

王旭送：《唐庭州西海縣考》，《昌吉學院院報》2013 年第 6 期。

王永興：《論唐代前期北庭節度》，氏著《唐代前期西北軍事研究》，北京：中國社會科學出版社，1994 年。

王永興：《唐天寶敦煌差科簿研究：兼論唐代役制和其他問題》，北京大學中古史研究中心編《敦煌吐魯番文獻研究論集》，北京：中華書局，1982 年。

王友德：《岑參詩中的輪臺及其它》，《文史哲》1978 年第 5 期。

王玉平：《天寶十三載封常清在交河郡的行程》，《中國歷史地理論叢》2021 年第 1 期。

王子今：《秦漢人世界意識中的"北海"和"西海"》，《史學月刊》2015 年第 3 期。

王子今：《"瀚海"名實：草原絲綢之路的地理條件》，《甘肅社會科學》2021 年第 6 期。

吳景山、張洪：《〈大唐都督楊公紀德頌〉碑校讀》，《西域研究》2013 年第 1 期。

吳玉貴：《突厥汗國與隋唐關係史研究》，北京：中國社會科學出版社，2017 年。

吳玉貴：《杜甫"觀兵"詩新解——唐乾元二年西域援軍再次入關史實鈎沉》，朱玉麒主編《西域文史》第 12 輯，北京：科學出版社，2018 年。

吳震：《唐庭州西海縣之建制及相關問題》，《新疆社會科學》1989 年第 2 期。

謝建忠：《吐魯番出土文書中交河郡騰過人馬與岑參詩關係考論》，《蘭州學刊》2015 年第 2 期。

新疆博物館考古隊：《吐魯番哈喇和卓古墓群發掘簡報》，《文物》1978 年第 6 期。

新疆昌吉回族自治州文物局編：《絲綢之路天山廊道——新疆昌吉古代遺址與館藏文物精品》，北京：文物出版社，2014 年。

新疆維吾爾自治區博物館、西北大學歷史系考古專業：《1973 年吐魯番阿斯塔那古墓群發掘簡報》，《文物》1975 年第 7 期。

新疆維吾爾自治區文物局編：《新疆維吾爾自治區第三次全國文物普查成果集成·新

疆古城遺址》（下册），北京：科學出版社，2011 年。

熊飛：《〈交河郡長行坊支貯馬料文卷〉與岑參行年小考》，《敦煌研究》1993 年第 3 期。

徐百成：《讀詩試考唐輪臺地望》，《新疆經濟報》1992 年 3 月 21 日副刊。

薛天緯：《岑參詩與唐輪臺》，《文學遺產》2005 年第 5 期。

薛小林：《漢代地理觀念中的“西州”》，《西域研究》2012 年第 4 期。

薛宗正：《唐輪臺名實核正》，《新疆社會科學》1983 年第 4 期。

薛宗正：《突厥史》，北京：中國社會科學出版社，1992 年。

薛宗正：《安西與北庭——唐代西陲邊政研究》，哈爾濱：黑龍江教育出版社，1998 年。

薛宗正：《北庭都護趙崇玭考》，《新疆社會科學》2008 年第 5 期。

薛宗正：《絲綢之路北庭研究》，烏魯木齊：新疆人民出版社，2010 年。

薛宗正：《唐輪臺縣故址即今昌吉古城再考》，《昌吉學院學報》2011 年第 4 期。

嚴耕望：《唐代藩鎮使府僚佐考》，氏著《唐史研究叢稿》，香港：新亞研究所，1969 年。

楊富學、蓋佳擇：《敦煌寫卷“落蕃詩”創作年代再探》，《絲路文明》第 2 輯，上海：上海古籍出版社，2017 年。

葉凱：《北宋“瀚海”新考——兼論唐宋時期靈州地理環境的變遷》，《中國邊疆史地研究》2018 年第 1 期。

殷弘承：《封常清在西域——從出土文書看其後期的重要活動》，《新疆地方志》2004 年第 3 期。

應曉琴、黄珅：《瀚海考》，《華東師範大學學報》2006 年第 5 期。

俞士玲：《高適〈燕歌行〉“校尉羽書飛翰海，單于獵火照狼山”考釋》，《古籍整理研究學刊》2000 年第 4 期。

張達志：《唐肅宗改立“五都”與“三府”州縣置廢探微》，《學術月刊》2015 年第 1 期。

張廣達：《唐代六胡州等地的昭武九姓》，《北京大學學報》1986 年第 2 期。

張國剛：《唐代藩鎮行營制度》，氏著《唐代政治制度研究論集》，臺北：文津出版社，1994 年。

張國剛：《略論唐代藩鎮軍事制度的幾個問題》，段文傑、[日]茂木雅博主編《敦煌學與中國史研究論集：紀念孫修身先生逝世一周年》，蘭州：甘肅人民出版社，2001 年。

趙永成：《“瀚海”不是海》，《咬文嚼字》2002 年第 10 期。

朱雷：《吐魯番出土天寶年間馬料文卷中所見封常清之北庭行》，《魏晉南北朝隋唐史資料》第 15 輯，武漢：武漢大學出版社，1997 年。

[日]浜口重國：《府兵制より新兵制へ》，《史學雜誌》第 41 編第 11、12 號，1930 年。

[日]池田温：《敦煌漢文文獻》，東京：大東出版社，1992 年。

[日]海野一隆撰，辛德勇譯：《釋漢代的翰海》，《中國歷史地理論叢》1991 年第 1 期。

［日］菊池英夫：《節度使制確立以前における"軍"制度の展開》，《東洋學報》第 44 卷第 2 號，1961 年。

［日］菊池英夫：《節度使制確立以前における"軍"制度の展開（續編）》，《東洋學報》第 45 卷第 1 號，1962 年。

［日］菊池英夫：《唐代邊防機關としての守捉・城・鎮等の成立過程について》，《東洋史學》第 27 號，1964 年。

［日］内田吟風：《〈史記・匈奴傳〉箋注》，［日］内田吟風等撰、余大鈞譯《北方民族史與蒙古史譯文集》，昆明：雲南人民出版社，2003 年。

［日］内田吟風：《蠕蠕、芮芮傳箋注》，［日］内田吟風等撰、余大鈞譯：《北方民族史與蒙古史譯文集》，昆明：雲南人民出版社，2003 年。

［日］仁井田陞：《唐令拾遺》，東京：東京大學出版會，1983 年。

［日］仁井田陞、［日］池田温：《唐令拾遺補》，東京：東京大學出版會，1997 年。

［日］日比野丈夫：《唐代蒲昌府文書の研究》，《東方學報》第 33 號，1963 年。

［日］松田壽男：《古代天山の歴史地理學的研究（增補版）》，東京：早稻田大學出版部，1974 年。

［日］松田壽男著，陳俊謀譯：《古代天山歷史地理學研究》，北京：中央民族學院出版社，1997 年。

［日］藤枝晃：《長行馬》，《墨美》第 60 號《長行馬文書》，京都：墨美社，1956 年。

（四）學位論文

孟憲實：《唐代前期軍鎮研究》，北京大學博士學位論文，2001 年。

周健：《中國軍事法的傳統與近代轉型》，中國政法大學博士學位論文，2002 年。

廖祖威：《唐代軍法與案例探討》，台灣中正大學碩士學位論文，2004 年。

仝佛光：《唐代軍隊紀律及其相關問題研究》，陝西師範大學碩士學位論文，2012 年。

附　録

圖版及出土地索引

序號	文書名稱	編號	圖片參考出處	出土地	頁碼（文/圖）
1	唐貞觀二十二年（648）庭州人米巡職辭爲書請給綠驗公事	73TAM221：5	《吐魯番文書》叄，306頁	吐魯番	003／413
2	唐開元二年（714）十月後三娘牒稿爲索還寄留爲嵩晉龍司馬處物不得事	有鄰館28	無	敦煌？	003／—
3	唐開元四年（716）李慈藝告身	日本德富蘇峰紀念館（照片）	小田義久2003，36頁	吐魯番	004／414
4	唐開元五年（717）後西州獻之牒稿爲被懸點入軍事	中國國家博物館37	《法書大觀》11，176—177頁	吐魯番	007／415
5	唐開元五年（717）後西州獻之書札（一）	中國國家博物館49	《法書大觀》11，193—194頁	吐魯番	008／416
6	唐開元五年（717）後西州獻之書札（二）	中國國家博物館50	《法書大觀》11，194頁	吐魯番	009／417
7	唐開元十五—十八年間（727—730）敕瀚海軍經略大使下馬單行客石抱玉牒	有鄰館12	中村裕一1991，441頁圖版31	敦煌？	009／—
8	唐開元十五—十八年間（727—730）牒	有鄰館12v	無	敦煌？	010／—

續表

序號	文書名稱	編號	圖片參考出處	出土地	頁碼（文/圖）
9	唐開元十五—十八年間（727—730）某人立功第壹等公驗抄件	有鄰館 32	中村裕一 1991，442 頁圖版 32	敦煌？	011 / —
10	唐開元年間瀚海軍狀為附表申王孝方等賞緋魚袋事	中國國家博物館 43 + BD9337（甲）	《法書大觀》11，183 頁；中國國家圖書館藏品，《國圖敦煌》105，275 頁	敦煌	011 / 418
11	唐開元年間牒為車坊闕官事	BD9337（乙、丙）	中國國家圖書館藏品，《國圖敦煌》105，276 頁	敦煌	013 / 419
12	唐開元十六年（728）五月仇庭牒（存目）	有鄰館 34	無	敦煌？	014 / —
13	唐開元十六年（728）九月主帥馬思恩牒為請郭門鑰匙事	有鄰館 23	無	敦煌？	014 / —
14	唐開元十六年（728）北庭節度使申尚書省年終勾徵帳稿一	中國國家博物館 36	《法書大觀》11，175 頁	敦煌？	015 / 420
15	唐開元十六年（728）北庭節度使申尚書省年終勾徵帳稿二	中國國家博物館 37	無	敦煌？	015 / —
16	唐開元十六年（728）北庭節度使申尚書省年終勾徵帳稿三	有鄰館 7	無	敦煌？	017 / —
17	唐北庭金滿縣上孔目司牒為開元十六年（728）稅錢事	有鄰館 15	中村裕一 1991，452 頁圖版 33	敦煌？	017 / —
18	唐開元中期瀚海軍使軍令	BD9330 + 中國國家博物館 38	中國國家圖書館藏品，《國圖敦煌》105，268 頁；《法書大觀》11，178 頁	敦煌	018 / 421

續表

序號	文書名稱	編號	圖片參考出處	出土地	頁碼（文／圖）
19	唐俱六守捉狀爲上當守捉押隊官名籍事	有鄰館 40	藤枝晃 1956，10 頁	敦煌？	019／—
20	唐某堡守捉狀爲上當守捉押隊官名籍事	有鄰館 13	無	敦煌？	020／—
21	唐都司陳陰副使簡爲別奏帝陳被解退事	有鄰館 39	無	敦煌？	021／—
22	唐日新致十三郎書	有鄰館 1	《西域出土文書》，30 頁	敦煌？	021／—
23	唐輪臺守捉典傅師表致三郎書	有鄰館 2	無	敦煌？	022／—
24	殘書信	有鄰館 3	無	敦煌？	023／—
25	唐某人致都督公書稿	有鄰館 9	《西域出土文書》，31 頁	敦煌？	023／—
26	唐思泰辭爲乞推問賜賜綿練被典吏隱沒事	有鄰館 5	無	敦煌？	024／—
27	唐寶應元年（762）五月節度使衙牒西州文防西州文	73TAM509: 8/26(a)	《吐魯番文書》肆，328 頁	吐魯番	024／422
28	唐庭州西海縣橫管狀爲七德寺僧妄理人事	73TAM510: 03	《吐魯番文書》肆，344 頁	吐魯番	025／423
29	唐上元元年（760）周思溫等納瀚海軍預放練布抄	Ot. 5801	《大谷》叁，199 頁，圖 41	吐魯番	026／424
30	唐寶應元年（762）周思恩納瀚海軍預放練布抄	Ot. 5832	《大谷》叁，205—206 頁，圖 33	吐魯番	026／425

續表

序號	文書名稱	編號	圖片參考出處	出土地	頁碼（文／圖）
31	唐寶應元年（762）周思恩納瀚海等軍預放緤布抄	Ot. 5833	《大谷》叁，206頁，圖33	吐魯番	027／425
32	唐開元七年（719）三月北庭長行坊案為長行群馬一匹患死事	有鄰館19-1、有鄰館43	藤枝晃1956，22頁；《西域出土文書》，25頁；（缺19-2圖）	敦煌？	028／—
33	唐開元七年（719）三月廿八日酸棗戍使劉善上北庭長行坊狀為馬一匹患死事	有鄰館42	藤枝晃1956，33頁	敦煌？	029／—
34	唐開元七年（719）四月北庭長行坊案馬兩匹患死帳次准式事	有鄰館16、有鄰館11	藤枝晃1956，28—29頁	敦煌？	030／—
35	唐開元七年（719）八月長行坊押官上南北長行使狀為馬料事	有鄰館41	藤枝晃1956，34頁	敦煌？	032／—
36	唐開元八年（720）三月北庭都護府案為西州長行馬一匹致死事	有鄰館18、有鄰館17、有鄰館20	藤枝晃1956圖，26頁；《西域出土文書》，21、32頁	敦煌？	033／—
37	唐開元八年（720）四月北庭長行坊典楊節牒為勘報嘉順馬事	有鄰館26	《西域出土文書》，22頁	敦煌？	035／—
38	唐開元八年（720）五月北庭史張奉牒為首領馬在北庭事	有鄰館21	《西域出土文書》，33頁	敦煌？	036／—
39	唐開元九年（721）（？）四月北庭長行坊殘判文	有鄰館10	藤枝晃1956，27頁	敦煌？	036／—
40	唐開元九年（721）六月北庭長行坊案為馬料事	SH. 128	《中村集成》中，279頁	敦煌	037／426

續表

序號	文書名稱	編號	圖片參考出處	出土地	頁碼（文/圖）
41	唐開元九年（721）專當官攝縣丞李仙悵	中國國家博物館 18	《法書大觀》11, 141—142 頁	敦煌	038 / 427
42	唐開元九年（721）北庭都護府牒附倉曹爲准武給長行坊函爲及長行馬秋季料事	中國國家博物館 21 + 中國國家博物館 19	《法書大觀》11, 143—144、147—148 頁	敦煌	039 / 428
43	唐開元九年（721）牒爲長行坊典楊節七月糧支給事	中國國家博物館 22 + 中國國家博物館 20	《法書大觀》11, 145—146、149 頁	敦煌	040 / 430
44	唐開元九年（721）七、八月北庭案爲長行坊減料到填還欠練事	S. 8877B、S. 8877D、S. 8877C、S. 8877E、S. 8877A	《英藏》12, 216 頁	敦煌	041 / 431
45	唐開元九年（721）十一月北庭案爲長行坊馬兩匹給料事	S. 11451、S. 11450B	《英藏》13, 274—275 頁	敦煌	044 / 436
46	唐開元九年（721）十一月九日北庭案爲牒交河縣給長行馬三匹糧草事	S. 11450A、S. 8515	《英藏》12, 144 頁；《英藏》13, 274—275 頁	敦煌	045 / 438
47	唐開元九年（721）十一月北庭都護府長行馬文書	S. 5714	《英藏》9, 95 頁	敦煌	047 / 440
48	唐開元九年（721）十一月北庭都護府兵曹案爲節度使馬事	Дx. 1253C-1、Дx. 1253B + Дx. 1253C-2 + Дx. 1253C-3	《俄藏》6, 249 頁	敦煌？	047 / 441
49	唐開元九年（721）十一月北庭兵曹案爲長行馬事	Дx. 1253Ev、Дx. 1253D	《俄藏》6, 250 頁	敦煌？	049 / 443
50	唐開元九年（721）北庭長行坊狀爲營田典孟業馬事	Дx. 1253E	《俄藏》6, 250 頁	敦煌？	050 / 445

續表

序號	文書名稱	編號	圖片參考出處	出土地	頁碼（文／圖）
51	唐開元九年（721）十二月北庭長行坊案爲西州馬患事	有鄰館 45、有鄰館 44－1	藤枝晃 1956, 30—31 頁	敦煌？	050 ／ —
52	唐開元十年（722）二、三月北庭長行坊案爲西州牧馬所長行鹽一頭患死事	有鄰館 24、有鄰館 27 ＋ 有鄰館 29、有鄰館 44－2、有鄰館 22、有鄰館 14	藤枝晃 1956, 16、18 頁；《西域出土文書》, 23、26 頁	敦煌？	051 ／ —
53	唐開元十年（722）三月北庭長行坊案爲西州長行馬患死官領錢及皮事	有鄰館 38、有鄰館 50	《西域出土文書》, 24、27 頁	敦煌？	054 ／ —
54	唐開元十年（722）三月北庭長行坊案爲出賣事	有鄰館 25	藤枝晃 1956, 15 頁	敦煌？	056 ／ —
55	唐開元十年（722）三月北庭長行坊案爲西州使馬停料及長行馬、函馬夏季料支給事	S. 11458A ＋ S. 11458F、S. 11458G ＋ S. 11458D ＋ S. 11458B	《英藏》13, 287—290 頁	敦煌	056 ／ 446
56	唐開元十年（722）三月末北庭長行坊案爲待減料物到支送及送使馬料事	S. 11458C ＋ S. 11458H、S. 11458E、S. 11458O ＋ S. 11458M	《英藏》13, 287—290 頁	敦煌	058 ／ 448
57	唐開元十年（722）伊吾軍上支度營田使留後司牒爲烽鋪營田不濟事	72TAM226: 53 ＋ 54	《吐魯番文書》肆, 90 頁	吐魯番	060 ／ 450
58	唐開元十年（722）殘狀	72TAM226: 74	《吐魯番文書》肆, 91 頁	吐魯番	061 ／ 451
59	唐開元十一年（723）狀上北庭都護所屬諸守捉所屬團田頃畝啟牒	72TAM226: 83/1 ＋ 83/2 ＋ 83/3	《吐魯番文書》肆, 92 頁	吐魯番	062 ／ 452

續表

序號	文書名稱	編號	圖片參考出處	出土地	頁碼（文／圖）
60	唐伊吾軍典張瓊牒為申報廝飼斗數事	72TAM226: 66(a)、67、68、71(a)	《吐魯番文書》肆，93頁	吐魯番	063 / 453
61	唐開元某年伊吾軍典王元琮牒為申報當當軍諸烽鋪廝飼歐田數事	72TAM226: 64(a) + 69(a)	《吐魯番文書》肆，94頁	吐魯番	064 / 454
62	唐檢勘伊吾軍廝飼田頃歐數文書	72TAM226: 57	《吐魯番文書》肆，95頁	吐魯番	065 / 455
63	唐北庭都護支度營田使文書	72TAM226: 58	《吐魯番文書》肆，96頁	吐魯番	066 / 456
64	唐典康元殘牒	72TAM226: 59	《吐魯番文書》肆，97頁	吐魯番	066 / 457
65	唐伊吾軍牒為申報諸烽鋪廝田所得飼斗數事	72TAM226: 84、86/1、86/2、86/3、86/4	《吐魯番文書》肆，97—98頁	吐魯番	067 / 458
66	唐伊吾軍上西庭支度使牒為申報應納北庭糧米事	72TAM226: 5(a)	《吐魯番文書》肆，98頁	吐魯番	068 / 459
67	唐伊吾軍諸烽鋪收貯糧食飼斗數文書一	72TAM226: 85/1 + 85/2 + 85/3	《吐魯番文書》肆，98頁	吐魯番	069 / 460
68	唐伊吾軍諸烽鋪收貯糧食飼斗數文書二	72TAM226: 56/1、56/2、56/3	《吐魯番文書》肆，99頁	吐魯番	069 / 461
69	唐納職守捉使種屯文書	72TAM226: 87/1 + 87/2	《吐魯番文書》肆，99頁	吐魯番	070 / 462
70	唐伊吾軍諸烽鋪營種豆床文書	72TAM226: 55	《吐魯番文書》肆，100頁	吐魯番	071 / 462
71	唐伊吾軍殘牒	72TAM226: 88	《吐魯番文書》肆，100頁	吐魯番	071 / 463
72	唐西州都督府上支度營田使牒為具報當州諸州鎮戍營田頃歐數事	72TAM226: 51	《吐魯番文書》肆，101頁	吐魯番	072 / 463

續表

序號	文書名稱	編號	圖片參考出處	出土地	頁碼（文／圖）
73	唐西州都督府所屬鎮戍營田頃畝欠文書	72TAM226: 52	《吐魯番文書》肆，102頁	吐魯番	073／464
74	唐北庭諸烽鋪斷田欠數文書	72TAM226: 65	《吐魯番文書》肆，102頁	吐魯番	073／465
75	唐支度營田使下管內軍州牒	72TAM226: 60	《吐魯番文書》肆，103頁	吐魯番	074／466
76	唐上支度營田使殘牒	72TAM226: 77/1 + 77/2	《吐魯番文書》肆，103頁	吐魯番	074／467
77	唐支度營田使殘文書	72TAM226: 89	《吐魯番文書》肆，103頁	吐魯番	074／468
78	唐殘牒	72TAM226: 76	《吐魯番文書》肆，104頁	吐魯番	075／469
79	唐典杜金殘牒	72TAM226: 48(a)	《吐魯番文書》肆，104頁	吐魯番	075／470
80	唐殘判	72TAM226: 49	《吐魯番文書》肆，105頁	吐魯番	076／470
81	唐斷田殘文書	72TAM226: 90	《吐魯番文書》肆，105頁	吐魯番	076／471
82	唐殘文書	72TAM226: 91/1 + 91/2	《吐魯番文書》肆，105頁	吐魯番	077／471
83	唐殘文書	72TAM226: 61	《吐魯番文書》肆，105頁	吐魯番	077／472
84	唐殘營田名籍	72TAM226: 78/1 + 78/2	《吐魯番文書》肆，106頁	吐魯番	077／473
85	唐開元年間伊州（伊吾軍屯田文書	黃文弼文書 H33、H34	榮新江、朱玉麒 2023，308—309頁	吐魯番	078／474
86	唐開元十五年（727）九月（？）瀚海軍勘印歷（甲）	S. 11453H、S. 11453I	《英藏》13，278—279頁	敦煌	079／475
87	唐開元十五年（727）十月（？）瀚海軍勘印歷（乙）	S. 11459C、S. 11459F	《英藏》13，292—294頁	敦煌	082／479

續表

序號	文書名稱	編號	圖片參考出處	出土地	頁碼（文／圖）
88	殘印歷	S. 11459H	《英藏》13，295頁	敦煌	084／482
89	唐開元十五年（727）十二月瀚海軍兵曹司印歷	S. 11459G、S. 11459E、S. 11459D	《英藏》13，293—295頁	敦煌	084／483
90	唐開元某年某月瀚海軍請印歷	S. 11453J、S. 11453L、S. 11453K	《英藏》13，280—281頁	敦煌	087／487
91	唐開元十八年（730）府某牒爲請付夏季糧利錢事	73TAM506: 4/1	《吐魯番文書》肆，396頁	吐魯番	091／490
92	唐開元十八年（730）高成等擇夏季糧取錢抄二件	73TAM506: 4/2	《吐魯番文書》肆，397頁	吐魯番	091／491
93	唐府史張舉舉夏季糧請回付張光抄	73TAM506: 4/3	《吐魯番文書》肆，397頁	吐魯番	092／492
94	唐樊詮、魏作神領料錢抄二件	73TAM506: 4/4	《吐魯番文書》肆，398頁	吐魯番	092／493
95	唐羊晉、李宗宗取領練抄二件	73TAM506: 4/5	《吐魯番文書》肆，398頁	吐魯番	093／494
96	唐開元十八年（730）某人冬季糧請付府史張光輔抄	73TAM506: 4/6	《吐魯番文書》肆，399頁	吐魯番	093／495
97	唐開元十九年（731）張嘉順領錢抄	73TAM506: 4/7	《吐魯番文書》肆，399頁	吐魯番	094／496
98	唐開元十九年（731）張順抄	73TAM506: 4/8	《吐魯番文書》肆，400頁	吐魯番	094／497
99	唐開元十九年（731）周積領練抄	73TAM506: 4/9	《吐魯番文書》肆，400頁	吐魯番	094／498
100	唐開元十九年（731）進馬坊爲取練預付供進馬數價事	73TAM506: 4/10	《吐魯番文書》肆，401頁	吐魯番	095／499

續表

序號	文書名稱	編號	圖片參考出處	出土地	頁碼（文／圖）
101	唐開元十九年（731）康福等領料抄	73TAM506: 4/11	《吐魯番文書》肆，402—408頁	吐魯番	095/500
102	唐蔣玄其等領錢練抄	73TAM506: 4/12	《吐魯番文書》肆，409—411頁	吐魯番	099/507
103	唐開元十九年（731）張唯領物抄	73TAM506: 4/13	《吐魯番文書》肆，411頁	吐魯番	100/510
104	唐開元十九年（731）□六鎮將康神慶抄	73TAM506: 4/14	《吐魯番文書》肆，412頁	吐魯番	101/511
105	唐丘忱等領充料錢物帳	73TAM506: 4/15	《吐魯番文書》肆，412頁	吐魯番	101/511
106	唐樊詮領陰闍璦十一月料錢抄	73TAM506: 4/16	《吐魯番文書》肆，413頁	吐魯番	102/512
107	唐呂義須玖、拾兩月客使停料抄	73TAM506: 4/17	《吐魯番文書》肆，413頁	吐魯番	102/513
108	唐付藥直等抄	73TAM506: 4/18	《吐魯番文書》肆，414頁	吐魯番	102/514
109	唐隴右節度受孔目官卜感請分付料錢狀	73TAM506: 4/19	《吐魯番文書》肆，415頁	吐魯番	103/515
110	唐開元二十年（732）李欽領練抄	73TAM506: 4/20	《吐魯番文書》肆，415頁	吐魯番	104/516
111	唐羅常住等領料抄	73TAM506: 4/21	《吐魯番文書》肆，416頁	吐魯番	104/517
112	唐樊詮領陰璦并儣正月料錢抄	73TAM506: 4/22	《吐魯番文書》肆，417頁	吐魯番	105/518
113	唐付王思順大練抄	73TAM506: 4/23	《吐魯番文書》肆，417頁	吐魯番	105/519
114	唐梁虛等領錢抄	73TAM506: 4/24	《吐魯番文書》肆，418頁	吐魯番	105/520
115	唐領付氾崇等正月料錢抄	73TAM506: 4/25	《吐魯番文書》肆，418頁	吐魯番	106/521

續表

序號	文書名稱	編號	圖片參考出處	出土地	頁碼（文/圖）
116	唐□楷等領付錢□物帳	73TAM506: 4/26	《吐魯番文書》肆, 419頁	吐魯番	106 / 522
117	唐□閻庭抄	73TAM506: 4/27	《吐魯番文書》肆, 419頁	吐魯番	107 / 523
118	唐□慶抄	73TAM506: 4/28	《吐魯番文書》肆, 420頁	吐魯番	107 / 524
119	唐曹護絹公廨錢抄	73TAM506: 4/29	《吐魯番文書》肆, 420頁	吐魯番	108 / 524
120	唐龍朔二、三年（662、663）西州都督府案卷為安糶哥邏祿部落事	2006TZJI: 114, 112, 113, 115, 104, 105, 106, 120＋121, 136＋117, 098, 094, 160＋122＋123＋099＋097, 147＋142, 095＋102, 124＋091＋103, 125, 093＋096, 092	《新獲》, 309—325頁	吐魯番	111 / 527
121	粟特語唐龍朔三年（663）金滿都督府致西州都督府牒書	2004TBM107: 3-2	《新獲》, 58頁	吐魯番	117 / 535
122	唐乾封二年至總章二年（667—669）傳馬坊牒案卷	P. 3714v	《法藏》27, 51, 58頁	敦煌	118 / 536
123	唐永隆元年（680）軍團牒為記注所屬衛士征討樣人及勛官讜符諸色事	73TAM191: 119(a)、120(a)、121(a)、122(a)、123(a)、124(a)、111(a)、110(a)、105(a)、108(a)、109(a)、101(a)、125(a)、17(a)	《吐魯番文書》叁, 279—284頁	吐魯番	119 / 537
124	唐尚書省牒為懷戈等西討大軍給果毅、謙人事	Or. 8212/0521 (Ma264) Ast. III. 4.093	沙知、吳芳思 2005上, 56頁, 彩圖1	吐魯番	125 / 545
125	唐開際見在應役名籍	64TAM35: 41-3(b)	《吐魯番文書》叁, 491頁	吐魯番	126 / 546

續表

序號	文書名稱	編號	圖片參考出處	出土地	頁碼（文／圖）
126	唐代田簿	67TAM376: 01(b)	《吐魯番文書》叁，293頁	吐魯番	127／547
127	唐垂拱二年（686）前西州高昌縣前庭府某團（？）諸色人等名籍	73TAM501: 109/7(a)	《吐魯番文書》叁，385頁	吐魯番	128／548
128	唐垂拱二年（686）西州前庭府某團諸色人等名籍	73TAM501: 109/6(a)	《吐魯番文書》叁，386—387頁	吐魯番	129／549
129	唐張義海等征鎮及諸色人等籍（七）	73TAM501: 109/8—7	《吐魯番文書》叁，389頁	吐魯番	130／550
130	唐垂拱元年（685）康尾義羅施等請過所案卷	64TAM29: 17(a)、95(a)、108(a)、107、24+25	《吐魯番文書》叁，346—350頁	吐魯番	130／551
131	武周牒爲安西大都護府牒問文相送醞棗成事	73TAM518: 3/3—18(a) + 3/3—19(a)	《吐魯番文書》叁，452頁	吐魯番	134／556
132	武周文相辯爲牒持喋向醞棗成事	73TAM518: 3/3—4(a) + 3/3—2(a) + 3/3—10(a) + 3/3—3(a)	《吐魯番文書》叁，453頁	吐魯番	134／557
133	武周天山府下張父團帖爲新兵造幕事一	73TAM509: 19/2	《吐魯番文書》肆，252頁	吐魯番	135／558
134	唐殘文書	72TAM157: 9/3、9/2	《吐魯番文書》叁，551頁	吐魯番	136／559
135	唐神龍元年（705）六月後西州前庭府牒上州勾所爲當府官馬破除、見在事	2006TAM607: 2—4	《新獲》，32—37頁	吐魯番	137／560
136	唐神龍元年（705）交河縣申西州兵曹爲行官馬長致死金姿事	Ast. III. 4. 095(1)/Ma301	沙知、吳芳思 2005 上，114頁	吐魯番	138／563

續表

序號	文書名稱	編號	圖片參考出處	出土地	頁碼（文／圖）
137	唐神龍元年（705）柳谷鎮狀上西州都督府爲西州長行馬壹匹致死事	Ast. III. 4. 094/Ma302	沙知、吳芳思 2005 上，117 頁	吐魯番	140／565
138	唐神龍元年（705）董德辯辭爲馬一匹致死事	Ast. III. 4. 088/Ma306	沙知、吳芳思 2005 上，125 頁	吐魯番	141／567
139	唐神龍元年（705）典魏及魏牒爲馬一匹致死事	Ast. III. 4. 086/ Ma305	沙知、吳芳思 2005 上，124 頁	吐魯番	142／568
140	唐西州諸曹發文目歷	73TAM518: 3/3–2(b)	《吐魯番文書》叁，459 頁	吐魯番	143／569
141	唐西州都督府牒爲便錢酬北庭軍事事	72TAM188: 85	《吐魯番文書》肆，41 頁	吐魯番	143／570
142	唐景龍三年（709）後西州勾所勾糧帳	2006TAM607: 2-5v + 2-4v + 2-3v + 2-2v + 4bv	《新獲》，38—51 頁	吐魯番	144／571
143	唐景龍三年（710）十二月至景龍四年（710）正月西州高昌縣處分田畝案卷	75TAM239: 9/2(a) + 9/3 + 9/4(a) + 9/18 + 9/5 + 9/6 + 9/7(a) + 9/8(a) + 9/9(a) + 9/10(a) + 9/11(a) + 9/12(a) + 9/13 + 9/14(a) + 9/16 + 9/17(a) + 9/19(a) + 9/15(b)	《吐魯番文書》叁，555—566 頁	吐魯番	149／578
144	唐天寶十載（751）後交河郡文書事目歷	73TAM193: 15(a)	《吐魯番文書》肆，241 頁	吐魯番	154／587
145	唐開元七年（719）洪奕家書	2004TAM396: 14 背面	《新獲》，16 頁	吐魯番	155／588
146	唐館驛文書事目	72TAM230: 95(b)	《吐魯番文書》肆，83 頁	吐魯番	156／589

續表

序號	文書名稱	編號	圖片參考出處	出土地	頁碼（文/圖）
147	唐開元十三年（725）西州等兵賜兵賜文書	Ot. 4938a、Ot. 4938b	《大谷》叁，第71頁，圖8	吐魯番	157/590
148	唐開元二十年（732）薛十五娘買婢市券	73TAM509: 8/4-3(a)	《吐魯番文書》肆，266—267頁	吐魯番	157/591
149	唐開元二十一年（733）西州都督府案卷為勘給過所事	73TAM509: 8/14(a)、8/21(a)、8/15(a)	《吐魯番文書》肆，288—296頁	吐魯番	158/593
150	唐開元二十三年（735）西州都督府案卷	LM20-1411-01r + LM20-1411-02r	《旅博文書》，116，122頁	吐魯番	164/601
151	唐開元二十九年（741）張懷欽等告身	P. 2547	《法藏》15，278頁	敦煌	164/602
152	唐開元戶部格	S. 1344	《英藏》2，269頁	敦煌	165/605
153	唐天寶二年（743）坊正康小奴牒某縣為訪得瀚海軍等處逃兵事	Ot. 2377	《大谷》壹，圖95	吐魯番	166/606
154	唐某狀為捉得逃兵欲赴北庭事	Ot. 3002	《大谷》貳，圖57	吐魯番	167/607
155	唐某狀為捉得逃兵欲赴北庭事	Ot. 3379	《大谷》貳，圖58	吐魯番	167/607
156	瀚海軍逃兵文書	Ot. 1410	《大谷》壹，圖95	吐魯番	168/608
157	唐天寶二年（743）交河郡市估案	Ot. 3072	《大谷》貳，圖14	吐魯番	169/608
158	唐天寶十載（751）交河郡客使文卷	2006TZJI: 051 + 029，039，032 + 057 + 061 + 020 + 050 + 060 + 043 + 047，004 + 066 + 018 + 038 + 030 + 064 + 072 + 012	《新獲》，331—340頁	吐魯番	169/609

續表

序號	文書名稱	編號	圖片參考出處	出土地	頁碼（文／圖）
159	唐天寶年間地志	敦煌市博物館 76	《甘藏》6，224 頁	敦煌	172／612
160	唐天寶年間敦煌郡典王隱應遣上使及諸郡文牒事目帳牒	S. 2703v	《英藏》4，202 頁	敦煌	173／613
161	唐西州天山縣申西州戶曹狀爲張无瑒請往北庭請兄祿事	73TAM509: 8/5(a)	《吐魯番文書》肆，334 頁	吐魯番	174／614
162	唐大曆三年（768）曹忠敏牒爲請免差兗子弟事	64TAM37: 23	《吐魯番文書》肆，347 頁	吐魯番	175／615
163	唐安十三天小麥賈錢抄	Дx. 11413v	《俄藏》15，212 頁	吐魯番？	175／616
164	唐西州官府殘帳	Ch. 1046v	無	吐魯番	176／—
165	唐西州領錢歷	Ch. 2404	無	吐魯番	177／—
166	某人致師兄書狀	Ot. 1046	《大谷》壹，圖 115	吐魯番	177／617
167	唐契約	Ot. 8060	《大谷》叁，圖 26	吐魯番	178／618
168	唐家書	Or. 8212/894(1) Ast. III. 4. 075a + Or. 8212/547 (Ma291) Ast. III. 4. 078a	沙知、吳芳思 2005 上，86 頁；沙知、吳芳思 2005 下，10 頁	吐魯番	179／619
169	唐天寶十四載（755）交河郡某館具上載帖馬食蹢歷上郡長行坊狀	73TAM506: 4/32−1	《吐魯番文書》肆，421−436 頁	吐魯番	180／620
170	唐天寶十三載（754）礧石館具馬食歷七至閏十一月帖馬食歷上郡長行坊狀	73TAM506: 4/32−4	《吐魯番文書》肆，447−458 頁	吐魯番	189／635

續表

序號	文書名稱	編號	圖片參考出處	出土地	頁碼（文／圖）
171	唐天寶十三載（754）碻石館具迎封大夫馬食帖上郡長行坊狀	73TAM506: 4/32－5	《吐魯番文書》肆，458－461頁	吐魯番	200／646
172	唐天寶十三載（754）長行坊申勘十至閏十一月支牛驢馬料帳歷	73TAM506: 4/32－9	《吐魯番文書》肆，467－479頁	吐魯番	202／648
173	唐天寶十三載（754）交河郡長行坊具一至九月蹭料破用帳請處分牒	73TAM506: 4/32－10	《吐魯番文書》肆，480－488頁	吐魯番	213／661
174	唐天寶十四載（755）交河郡長行坊申上載在槽料斛斗數請處分牒	73TAM506: 4/32－12	《吐魯番文書》肆，490－491頁	吐魯番	220／670
175	唐天寶十四載（755）郡倉申上載正月以後郡坊所請食料數牒	73TAM506: 4/32－13	《吐魯番文書》肆，492頁	吐魯番	221／672
176	唐天寶十四載（755）雜事司申勘會上載郡坊在槽馬減料數牒	73TAM506: 4/32－14	《吐魯番文書》肆，493－497頁	吐魯番	222／673
177	唐天寶十四載（755）某館申十三載三至十二月侵食當館馬料帳歷狀	73TAM506: 4/32－15	《吐魯番文書》肆，498－512頁	吐魯番	225／678
178	唐天寶十四載（755）某館申十三載七至十二月郡坊帖馬食蹭歷牒	73TAM506: 4/32－16	《吐魯番文書》肆，513－525頁	吐魯番	237／692
179	唐天寶十四載（755）某館申十三載四至六月郡坊帖馬食蹭歷狀	73TAM506: 4/32－17	《吐魯番文書》肆，526－533頁	吐魯番	246／705

續表

序號	文書名稱	編號	圖片參考出處	出土地	頁碼（文／圖）
180	唐天寶十四載（755）郡坊申十三載九至十二月諸館支貯馬料帳	73TAM506: 4/32−20	《吐魯番文書》肆，543−546 頁	吐魯番	252／712
181	唐天寶十四載（755）申神泉等館支供封大夫帖馬食踏歷處分牒	73TAM506: 4/32−21	《吐魯番文書》肆，547−548 頁	吐魯番	255／716
182	唐河西節度使（？）楊休明判集	P. 2942	《法藏》20，185 頁	敦煌	256／718
183	前北庭節度蓋嘉運判副使符言事	P. 3885	《法藏》29，89 頁	敦煌	259／720
184	西州都督府圖經	P. 2009	《法藏》1，76—77 頁	敦煌	260／721
185	敦煌名族志	P. 2625	《法藏》16，329 頁	敦煌	261／724
186	唐詩叢鈔·奉憶北庭楊侍御留後	P. 3812	《法藏》28，142 頁	敦煌	264／727
187	《金光明最勝王經》卷五題記	BD3339	中國國家圖書館藏品，《國圖敦煌》45，413 頁	敦煌	265／728
188	《金光明最勝王經》卷五題記	羽 583	《敦煌秘笈》7，474 頁	敦煌	266／731
189	《神會語錄》題記	日本石井光雄舊藏	無	敦煌	267／—

後 記

　　岑參詩曰："孤城天北畔，絶域海西頭。"北庭故城，給人的印象就是極爲壯闊。古城屹立於天山之下，默默承載著千年的歷史。我第一次到北庭是 2010 年，當時還在讀碩士，孟憲實師藉參會之機帶我去古城考察。孟老師講了唐朝宰相來濟被貶庭州、駐守孤城、以身殉國的故事，令人神情激荡。那是唐朝在西域草創秩序的往事。之後又多次去北庭城，印象最深的一次是北庭故城考古工作隊領隊郭物老師，帶著我們集體朗誦岑參的《白雪歌送武判官歸京》。岑參作詩的天寶時期，正是唐朝在西域統治的鼎盛時代。另一次是郭物老師在城門遺址下，給我們講最後一任北庭節度使楊襲古，就是從這個門出奔。那是唐朝在西域的最後歲月。可以說北庭城的歷史，就是一部唐朝的西域經營史。

　　岑參詩曰："小來思報國，不是愛封侯。"給我留下深刻印象的還有北庭的人。第一次去吉木薩爾時，只記得那裏是"大蒜之鄉"，但縣領導特別重視北庭。如今，縣裏的經濟已經有了跨越式發展，吉木薩爾縣北庭學研究院也於 2016 年成立。研究院每年都要舉辦一次成規模的研討會，這對於地方研究機構來說是個突出的成績。2016 年還有一件大事，就是中國社會科學院考古研究所在北庭故城設立考古工作隊，郭物研究員帶領隊伍正式開始北庭故城的考古發掘。他們久久爲功，堅持不懈，逐步揭示出這一千年古城的面貌。正是這些堅守在北庭的人們，使北庭故城焕發出光彩，北庭研究也有了活力。

　　說到這本書，還是緣起於博士論文的寫作。當時爲了做唐代伊、西、庭三州的題目，搜集了不少傳世史料和出土文獻，便覺北庭的資料尤爲零散，很不利於研究，就想把相關文獻聚攏起來。2016 年博士論文正式出版後，我便著手準備整理北庭相關的出土文書，并於 2017 年申請到了國家社會科學基金青年項目。當時，剛成立不久的北庭學研究院也開始設立研究項目，大家都躍躍欲試，想要爲北庭做點貢獻，我也申請要承擔一個文書項目，但因爲社科基金立項只能作罷。不過當時就有約定，希望最終成果能由北庭學研究院出版。2022 年 10 月，社科基金項目順利結項，北庭學研究院便開始聯絡出版事宜。直到 2023 年夏，藉在吐魯番參會之機，我和鄭莉院長、李碧妍等面議，最終敲定出版細節，於是就進入了緊鑼密鼓的編輯校對環節，最終順利付梓。博士論文的遺留問題也暫且有了交代。

　　這本書能够出版，首先要感謝北庭學研究院，特別是鄭莉院長，正是她的熱情、決心與毅力，促成了這一成果。感謝馬生岩、羅瑜等歷任研究院負責人以及胡濤老師，他們在不同階段給予我很多鼓勵和幫助。出於對北庭的情感，我也願意把這本書獻給北庭以及堅守在文物考古事業第一綫的各位！

　　感謝郭物老師時刻關注著本書的動態，也總是給我鼓勵和認可！希望這些文書資料對北庭的考古工作能有些許參考價值。

　　感謝孟憲實師爲本書賜序！我從碩士階段就跟隨孟老師習讀敦煌西域文書，各種教誨，感念於心。如今能够獨立完成一部文書整理成果，也算是交給老師的一份作業。

　　感謝榮新江、朱玉麒、史睿、游自勇等諸位老師以及各位同門師友，在參加各種文書讀書班過程中給予我無私的指導和幫助！

　　感謝新疆維吾爾自治區博物館于志勇館長、吐魯番市文物局張勇書記、中國國家圖書館古籍館劉波副館長及中國國家博物館王湛研究館員、意如館員等，爲本書收録圖片提供了重要支持和幫助！

　　感謝古代史研究所卜憲群所長、科研處劉中玉處長以及學術委員會的各位老師爲書稿出版給予的支持！

　　感謝本所魏晉南北朝隋唐史研究室（2019年前）、隋唐五代十國史研究室（2019年後）的吴麗娛、黄正建、樓勁、牛來穎、陳爽、孟彦弘、雷聞、劉琴麗、陳麗萍、陳志遠、王博、劉凱、趙洋、沈國光等各位同仁，在古代史所的八個寒暑中，給了我太多的關懷和幫助！

　　感謝中西書局副總編輯李碧妍全力促成本書的出版！感謝責任編輯伍珺涵的辛勤付出，改正了書稿的很多錯漏！

　　最後要感謝我的父母，感謝妻子任媛和女兒劉雨桐，你們是最可愛的人！

記於北京市安華里

2024 年 4 月

北庭学系列丛书

吉木萨尔县北庭学研究院

昌吉州文博院（博物馆、北庭研究院）

昌吉州文博院（博物馆、北庭研究院）

唐代北庭文書整理與研究

劉子凡 著

下 冊

中西書局

下册目録

圖　版　編

説　明 409

一、北庭文書 411

1　唐貞觀二十二年（648）庭州人米巡職辭爲請給公驗事 413

3　唐開元四年（716）李慈藝告身 414

4　唐開元五年（717）後西州獻之牒稿爲被懸點入軍事 415

5　唐開元五年（717）後西州獻之書札（一） 416

6　唐開元五年（717）後西州獻之書札（二） 417

10　唐開元年間瀚海軍狀爲附表申王孝方等賞緋魚袋事 418

11　唐開元年間牒爲車坊闕官事 419

14　唐開元十六年（728）北庭節度使申尚書省年終勾徵帳稿一 420

18　唐開元中期瀚海軍使軍令 421

27　唐寶應元年（762）五月節度使衙牓西州文 422

28　唐庭州西海縣橫管狀爲七德寺僧妄理人事 423

29　唐上元元年（760）周思温等納瀚海軍賒放緤布抄 424

30、31　唐寶應元年（762）周思恩納瀚海等軍預放緤布抄 425

40　唐開元九年（721）六月北庭長行坊案爲馬料事 426

41　唐開元九年（721）專當官攝縣丞李仙牒 427

42　唐開元九年（721）北庭都護府牒倉曹爲准式給長行坊函馬及長行馬秋

　　季料事 428

43　唐開元九年（721）牒爲長行坊典楊節七月糧支給事 430

44　唐開元九年（721）七、八月北庭案爲待長行坊減料到填還欠練事（一）.......... 431

44　唐開元九年（721）七、八月北庭案爲待長行坊減料到填還欠練事（二）.......... 432

44　唐開元九年（721）七、八月北庭案爲待長行坊減料到填還欠練事（三）.......... 433

44　唐開元九年（721）七、八月北庭案爲待長行坊減料到填還欠練事（四）...........434

44　唐開元九年（721）七、八月北庭案爲待長行坊減料到填還欠練事（五）...........435

45　唐開元九年（721）十一月北庭案爲長行坊馬兩匹給料事（一）.....................436

45　唐開元九年（721）十一月北庭案爲長行坊馬兩匹給料事（二）.....................437

46　唐開元九年（721）十一月九日北庭案爲牒交河縣給長行坊馬三匹
　　糧草事（一）..438

46　唐開元九年（721）十一月九日北庭案爲牒交河縣給長行坊馬三匹
　　糧草事（二）..439

47　唐開元九年（721）十一月北庭都護府長行馬文書 440

48　唐開元九年（721）十一月北庭都護府兵曹案爲節度使馬事（一）....................441

48　唐開元九年（721）十一月北庭都護府兵曹案爲節度使馬事（二）....................442

49　唐開元九年（721）十一月北庭兵曹案爲長行馬事（一）..............................443

49　唐開元九年（721）十一月北庭兵曹案爲長行馬事（二）..............................444

50　唐開元九年（721）北庭長行坊狀爲營田典孟業馬事 445

55　唐開元十年（722）三月北庭長行坊案爲西州使馬停料及長行馬、函馬
　　夏季料支給事（一）..446

55　唐開元十年（722）三月北庭長行坊案爲西州使馬停料及長行馬、函馬
　　夏季料支給事（二）..447

56　唐開元十年（722）三月末北庭長行坊案爲待減料物到支送及送使馬料
　　事（一）..448

56　唐開元十年（722）三月末北庭長行坊案爲待減料物到支送及送使馬料
　　事（二）..449

56　唐開元十年（722）三月末北庭長行坊案爲待減料物到支送及送使馬料
　　事（三）..449

57　唐開元十年（722）伊吾軍上支度營田使留後司牒爲烽鋪營田不濟事 450

58　唐開元十年（722）殘狀 451

59　唐開元十一年（723）狀上北庭都護所屬諸守捉斸田頃畝牒 452

60　唐伊吾軍典張瓊牒爲申報斸田斛斗數事（一）...453

60　唐伊吾軍典張瓊牒爲申報斸田斛斗數事（二）...453

60　唐伊吾軍典張瓊牒爲申報斸田斛斗數事（三）...453

60 唐伊吾軍典張瓊牒爲申報屬田斛斗數事（四）.......................453

61 唐開元某年伊吾軍典王元琮牒爲申報當軍諸烽鋪屬田畝數事..........454

62 唐檢勘伊吾軍屬田頃畝數文書..................................455

63 唐北庭都護支度營田使文書....................................456

64 唐典康元殘牒..457

65 唐伊吾軍牒爲申報諸烽鋪屬田所得斛斗數事......................458

66 唐伊吾軍上西庭支度使牒爲申報應納北庭糧米事..................459

67 唐伊吾軍諸烽鋪收貯糧食斛斗數文書一..........................460

68 唐伊吾軍諸烽鋪收貯糧食斛斗數文書二..........................461

69 唐納職守捉使屯種文書..462

70 唐伊吾軍諸烽鋪營種豆床文書..................................462

71 唐伊吾軍殘牒..463

72 唐西州都督府上支度營田使牒爲具報當州諸鎮戍營田頃畝數事......463

73 唐西州都督府所屬鎮戍營田頃畝文書............................464

74 唐北庭諸烽屬田畝數文書......................................465

75 唐支度營田使下管内軍州牒....................................466

76 唐上支度營田使殘牒..467

77 唐支度營田使殘文書..468

78 唐殘牒..469

79 唐典杜金殘牒..470

80 唐殘判..470

81 唐屬田殘文書..471

82 唐殘文書..471

83 唐殘文書..472

84 唐殘營田名籍..473

85 唐開元年間伊州伊吾軍屯田文書（一）..........................474

85 唐開元年間伊州伊吾軍屯田文書（二）..........................474

86 唐開元十五年（727）九月（？）瀚海軍勘印歷（甲）（一）（正）.....475

86 唐開元十五年（727）九月（？）瀚海軍勘印歷（甲）（一）（背）.....476

86 唐開元十五年（727）九月（？）瀚海軍勘印歷（甲）（二）（正）.....477

86　唐開元十五年（727）九月（？）瀚海軍勘印歷（甲）（二）（背） 478

87　唐開元十五年（727）十月（？）瀚海軍勘印歷（乙）（一）（正） 479

87　唐開元十五年（727）十月（？）瀚海軍勘印歷（乙）（一）（背） 480

87　唐開元十五年（727）十月（？）瀚海軍勘印歷（乙）（二） 481

88　殘印歷 482

89　唐開元十五年（727）十二月瀚海軍兵曹司印歷（一） 483

89　唐開元十五年（727）十二月瀚海軍兵曹司印歷（二） 484

89　唐開元十五年（727）十二月瀚海軍兵曹司印歷（三）（正） 485

89　唐開元十五年（727）十二月瀚海軍兵曹司印歷（三）（背） 486

90　唐開元某年某月瀚海軍請印歷（一） 487

90　唐開元某年某月瀚海軍請印歷（二） 488

90　唐開元某年某月瀚海軍請印歷（三） 489

91　唐開元十八年（730）府某牒爲請付夏季糧利錢事 490

92　唐開元十八年（730）高成等糶夏季糧取錢抄二件 491

93　唐府史張舉夏季糧請回付張光抄 492

94　唐樊詮、魏忤神領料錢抄二件 493

95　唐羊晉、李宗取領練抄二件 494

96　唐開元十八年（730）某人冬季糧請付府史張光輔抄 495

97　唐開元十九年（731）張嘉順領錢抄 496

98　唐開元十九年（731）張順抄 497

99　唐開元十九年（731）周積領練抄 498

100　唐開元十九年（731）進馬坊狀爲取練預付供進馬數價事 499

101　唐開元十九年（731）康福等領料抄 500

102　唐蔣玄其等領錢練抄 507

103　唐開元十九年（731）張唯領物抄 510

104　唐開元十九年（731）□六鎮將康神慶抄 511

105　唐丘忱等領充料錢物帳 511

106　唐樊詮領陰嗣瓌十一月料錢抄 512

107　唐呂義領玖、拾兩月客使停料抄 513

108　唐付藥直等抄 514

109 唐隴右節度孔目官卜感請分付料錢狀 515

110 唐開元二十年（732）李欽領練抄 516

111 唐羅常住等領料抄 517

112 唐樊詮領陰瓌并傔正月料錢抄 518

113 唐付王思順大練抄 519

114 唐梁虚等領錢抄 520

115 唐領付氾崇等正月料錢抄 521

116 唐□楷等領付錢物帳 522

117 唐閻庭抄 523

118 唐□慶抄 524

119 唐曹護替納公廨錢抄 524

二、北庭相關文書 525

120 唐龍朔二、三年（662、663）西州都督府案卷爲安稽哥邏禄部落事（一）....... 527

120 唐龍朔二、三年（662、663）西州都督府案卷爲安稽哥邏禄部落事（二）....... 529

120 唐龍朔二、三年（662、663）西州都督府案卷爲安稽哥邏禄部落事（三）....... 530

120 唐龍朔二、三年（662、663）西州都督府案卷爲安稽哥邏禄部落事（四）....... 533

120 唐龍朔二、三年（662、663）西州都督府案卷爲安稽哥邏禄部落事（五）....... 534

120 唐龍朔二、三年（662、663）西州都督府案卷爲安稽哥邏禄部落事（六）....... 535

121 粟特語唐龍朔三年（663）金滿都督府致西州都督府書 535

122 唐乾封二年至總章二年（667—669）傳馬坊牒案卷 536

123 唐永隆元年（680）軍團牒爲記注所屬衛士征鎮樣人及勛官識符諸
    色事（一） 537

123 唐永隆元年（680）軍團牒爲記注所屬衛士征鎮樣人及勛官識符諸
    色事（二） 538

123 唐永隆元年（680）軍團牒爲記注所屬衛士征鎮樣人及勛官識符諸
    色事（三） 538

123 唐永隆元年（680）軍團牒爲記注所屬衛士征鎮樣人及勛官識符諸
    色事（四） 539

123 唐永隆元年（680）軍團牒爲記注所屬衛士征鎮樣人及勛官識符諸

色事（五）.. 540

123 唐永隆元年（680）軍團牒爲記注所屬衛士征鎮樣人及勛官識符諸
色事（六）.. 540

123 唐永隆元年（680）軍團牒爲記注所屬衛士征鎮樣人及勛官識符諸
色事（七）.. 540

123 唐永隆元年（680）軍團牒爲記注所屬衛士征鎮樣人及勛官識符諸
色事（八）.. 541

123 唐永隆元年（680）軍團牒爲記注所屬衛士征鎮樣人及勛官識符諸
色事（九）.. 542

123 唐永隆元年（680）軍團牒爲記注所屬衛士征鎮樣人及勛官識符諸
色事（一〇）.. 543

123 唐永隆元年（680）軍團牒爲記注所屬衛士征鎮樣人及勛官識符諸
色事（一一）.. 543

123 唐永隆元年（680）軍團牒爲記注所屬衛士征鎮樣人及勛官識符諸
色事（一二）.. 543

123 唐永隆元年（680）軍團牒爲記注所屬衛士征鎮樣人及勛官識符諸
色事（一三）.. 544

124 唐尚書省牒爲懷岌等西討大軍給果毅、傔人事 545

125 唐開除見在應役名籍 546

126 唐欠田簿 547

127 唐垂拱二年（686）前西州高昌縣前庭府某團（？）諸色人等名籍 548

128 唐垂拱二年（686）西州前庭府某團諸色人等名籍 549

129 唐張義海等征鎮及諸色人等名籍（七）.. 550

130 唐垂拱元年（685）康尾義羅施等請過所案卷（一）........................ 551

130 唐垂拱元年（685）康尾義羅施等請過所案卷（二）........................ 552

130 唐垂拱元年（685）康尾義羅施等請過所案卷（三）........................ 553

130 唐垂拱元年（685）康尾義羅施等請過所案卷（四）........................ 554

131 武周牒爲安西大都護府牒問文悺送酸棗戍事 556

132 武周文悺辯辭爲持牒向酸棗戍事 557

133 武周天山府下張父團帖爲新兵造幕事一 558

134 唐殘文書 559

135 唐神龍元年（705）六月後西州前庭府牒上州勾所爲當府官馬破除、
見在事 560

136 唐神龍元年（705）交河縣申西州兵曹爲長行官馬致死金娑事 563

137 唐神龍元年（705）柳谷鎮狀上西州都督府爲西州長行回馬壹匹致死事 565

138 唐神龍元年（705）董德德辯辭爲馬一匹致死事 567

139 唐神龍元年（705）典魏及牒爲馬一匹致死事 568

140 唐西州諸曹發文事目歷 569

141 唐西州都督府牒爲便錢酬北庭軍事事 570

142 唐景龍三年（709）後西州勾所勾糧帳 571

143 唐景龍三年（710）十二月至景龍四年（710）正月西州高昌縣處分田畝
案卷 578

144 唐天寶十載（751）後交河郡文書事目歷 587

145 唐開元七年（719）洪奕家書 588

146 唐館驛文書事目 589

147 唐開元十三年（725）西州等兵賜文書（a） 590

147 唐開元十三年（725）西州等兵賜文書（b） 590

148 唐開元二十年（732）薛十五娘買婢市券 591

149 唐開元二十一年（733）西州都督府案卷爲勘給過所事（一） 593

149 唐開元二十一年（733）西州都督府案卷爲勘給過所事（二） 596

149 唐開元二十一年（733）西州都督府案卷爲勘給過所事（三） 599

150 唐開元二十三年（735）西州都督府案卷 601

151 唐開元二十九年（741）張懷欽等告身（一） 602

151 唐開元二十九年（741）張懷欽等告身（二） 603

151 唐開元二十九年（741）張懷欽等告身（三） 604

152 唐開元户部格 605

153 唐天寶二年（743）坊正康小奴牒某縣爲訪得瀚海軍等處逃兵事 606

154 唐某狀爲捉得逃兵欲赴北庭事 607

155 唐某狀爲捉得逃兵欲赴北庭事 607

156 瀚海軍逃兵文書 608

157 唐天寶二年（743）交河郡市估案 ………………………………………… 608

158 唐天寶十載（751）交河郡客使文卷（四） …………………………………… 609

158 唐天寶十載（751）交河郡客使文卷（五） …………………………………… 610

158 唐天寶十載（751）交河郡客使文卷（六） …………………………………… 611

159 唐天寶年間地志 ………………………………………………………… 612

160 唐天寶年間敦煌郡典王隱爲應遣上使及諸郡文牒事目事牒 …………… 613

161 唐西州天山縣申西州户曹狀爲張无瑒請往北庭請兄禄事 ……………… 614

162 唐大曆三年（768）曹忠敏牒爲請免差充子弟事 ………………………… 615

163 唐安十三欠小麥價錢抄 …………………………………………………… 616

166 某人致師兄書狀 …………………………………………………………… 617

167 唐契約 …………………………………………………………………… 618

168 唐家書（a） ……………………………………………………………… 619

168 唐家書（b） ……………………………………………………………… 619

169 唐天寶十四載（755）交河郡某館具上載帖馬食踔歷上郡長行坊狀 ……… 620

170 唐天寶十三載（754）礌石館具七至閏十一月帖馬食歷上郡長行坊狀 …… 635

171 唐天寶十三載（754）礌石館具迎封大夫馬食踔歷上郡長行坊狀 ………… 646

172 唐天寶十三載（754）長行坊申勘十至閏十一月支牛驢馬料帳歷 ………… 648

173 唐天寶十三載（754）交河郡長行坊具一至九月踔料破用帳請處分牒 …… 661

174 唐天寶十四載（755）交河郡長行坊申上載在槽減料斛斗數請處分牒 …… 670

175 唐天寶十四載（755）郡倉申上載正月以後郡坊所請食料數牒 …………… 672

176 唐天寶十四載（755）雜事司申勘會上載郡坊在槽馬減料數牒 …………… 673

177 唐天寶十四載（755）某館申十三載三至十二月侵食當館馬料帳歷狀 …… 678

178 唐天寶十四載（755）某館申十三載七至十二月郡坊帖馬食踔歷牒 ……… 692

179 唐天寶十四載（755）某館申十三載四至六月郡坊帖馬食踔歷狀 ………… 705

180 唐天寶十四載（755）郡坊申十三載九至十二月諸館支貯馬料帳 ………… 712

181 唐天寶十四載（755）申神泉等館支供封大夫帖馬食踔歷請處分牒 ……… 716

182 唐河西節度使（？）楊休明判集 …………………………………………… 718

183 前北庭節度蓋嘉運判副使符言事 ………………………………………… 720

184 西州都督府圖經 …………………………………………………………… 721

185 敦煌名族志 ………………………………………………………………… 724

186　唐詩叢鈔・奉憶北庭楊侍御留後 ……………………………………………… 727

187　《金光明最勝王經》卷五題記 …………………………………………………… 728

188　《金光明最勝王經》卷五題記 …………………………………………………… 731

圖版編

説　　明

一　　本編所收爲唐代北庭文書及北庭相關文書對應的圖版。因版權要求，僅
　　　收錄相關收藏機構或出版機構同意使用的圖版。具體出處參見本書《圖
　　　版及出土地索引》。

二　　本編所收圖版之序號爲索引號，與上册附錄"圖版及出土地索引"（以下
　　　簡稱"索引"）對應，以方便對照使用。

三　　本編單面編排兩張及以上圖版時，如相關圖版分屬不同的文書（即圖版
　　　序號不同）時，按常規的由左及右的方式編排；如相關圖版屬同一組文
　　　書（即圖版序號相同）時，則按文書行文習慣，由右及左編排。

四　　圖版中標"（一）""（二）""（三）"……者，表示相關圖版爲同一組文書的
　　　不同殘片（詳見文書編凡例第六條），與文書編中的錄文對應。

五　　圖版中標"-1""-2""-3"……者，表示相關圖版爲單件文書的局部，按
　　　文書行文順序排序。

圖 版 編

———

一

北庭文書

1　唐貞觀二十二年（648）庭州人米巡職辭爲請給公驗事

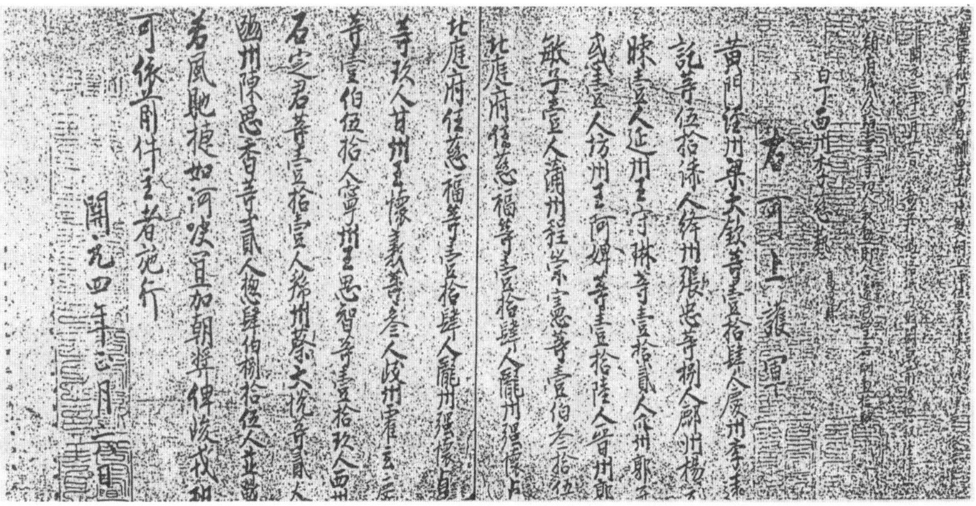

3　唐開元四年（716）李慈藝告身－1

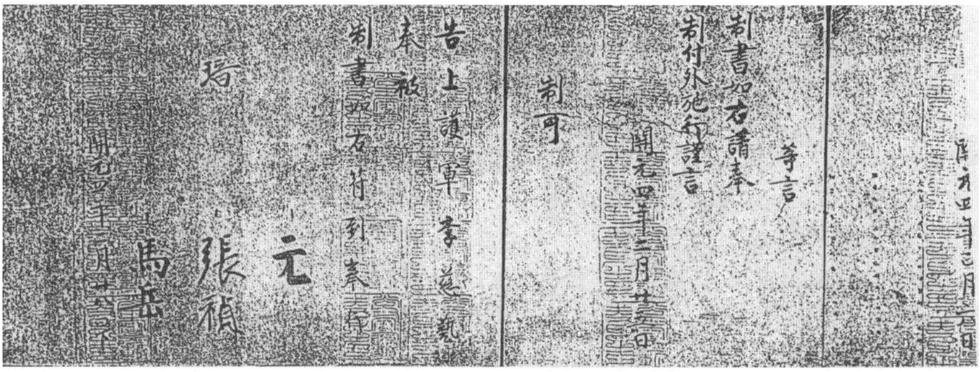

3　唐開元四年（716）李慈藝告身－2

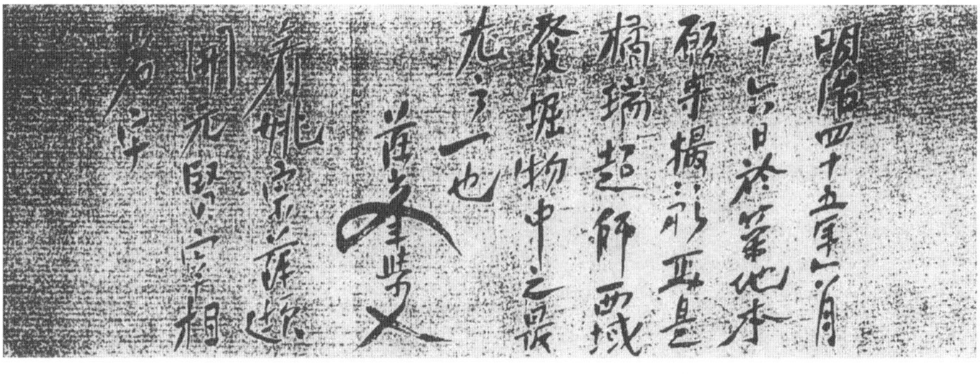

3　唐開元四年（716）李慈藝告身－3

4　唐開元五年（717）後西州獻之牒稿爲被懸點入軍事

5　唐開元五年（717）後西州獻之書札（一）

6　唐開元五年（717）後西州獻之書札（二）

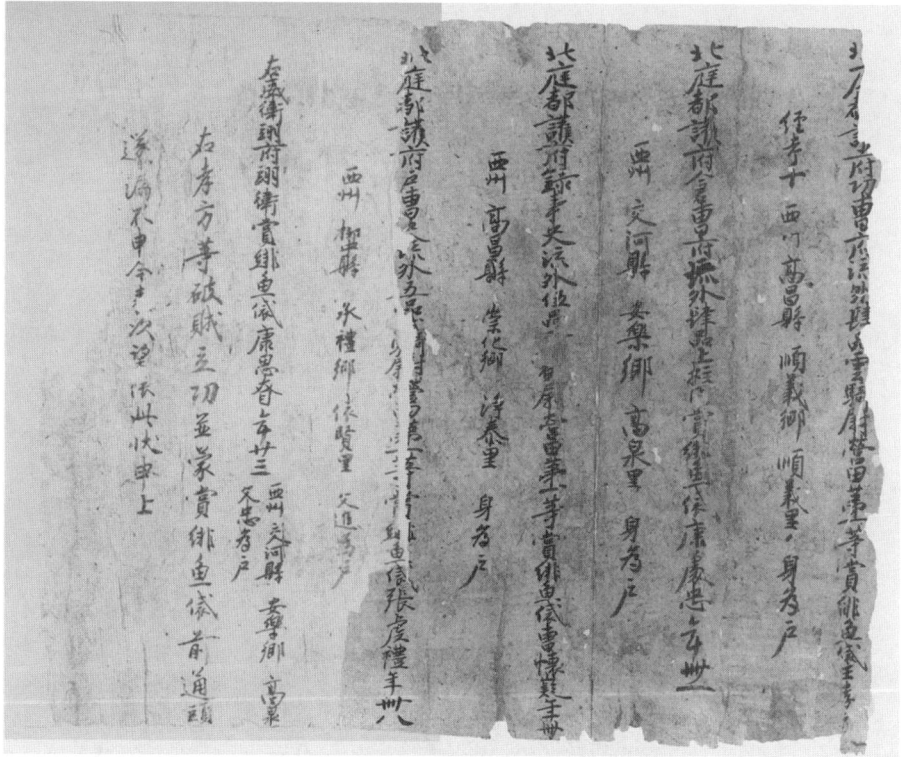

10　唐開元年間瀚海軍狀爲附表申王孝方等賞緋魚袋事

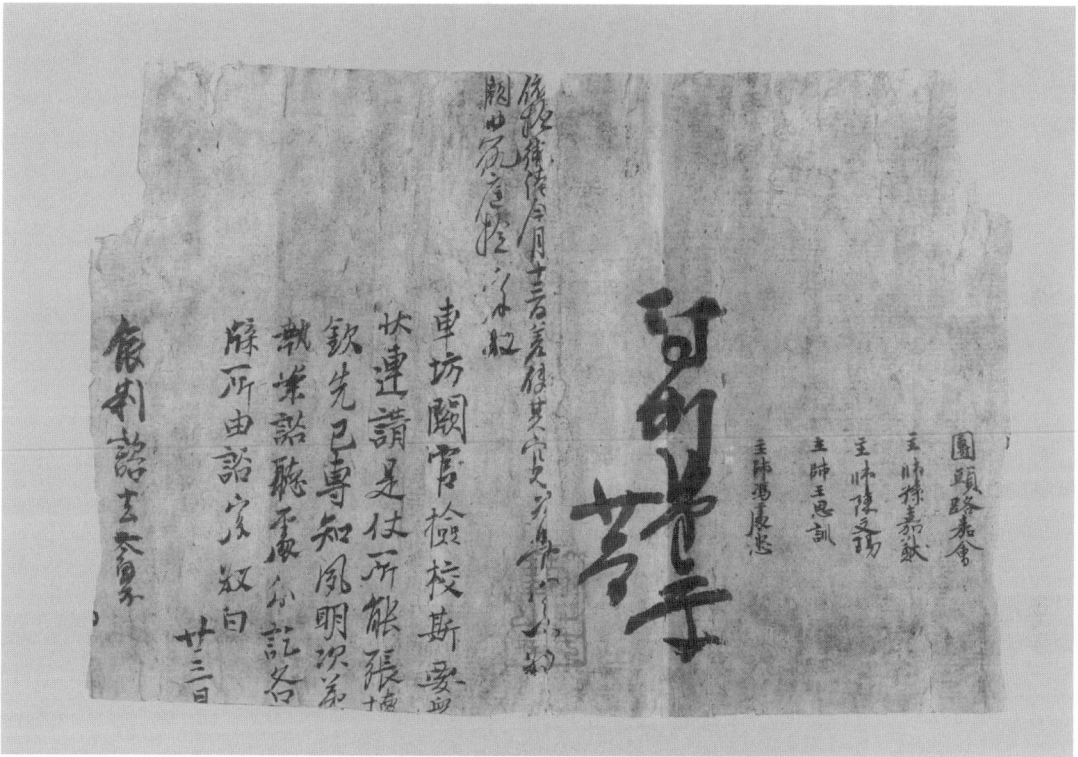

11　唐開元年間牒爲車坊闕官事

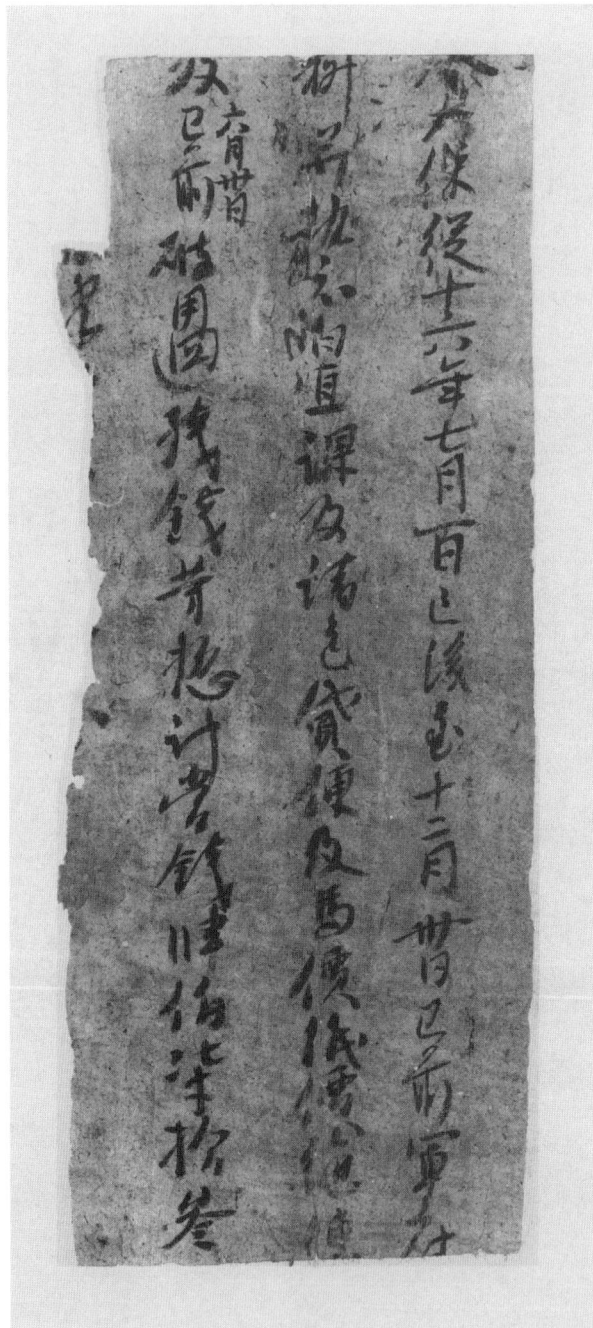

14 唐開元十六年（728）北庭節度使申尚書省年終勾徵帳稿一

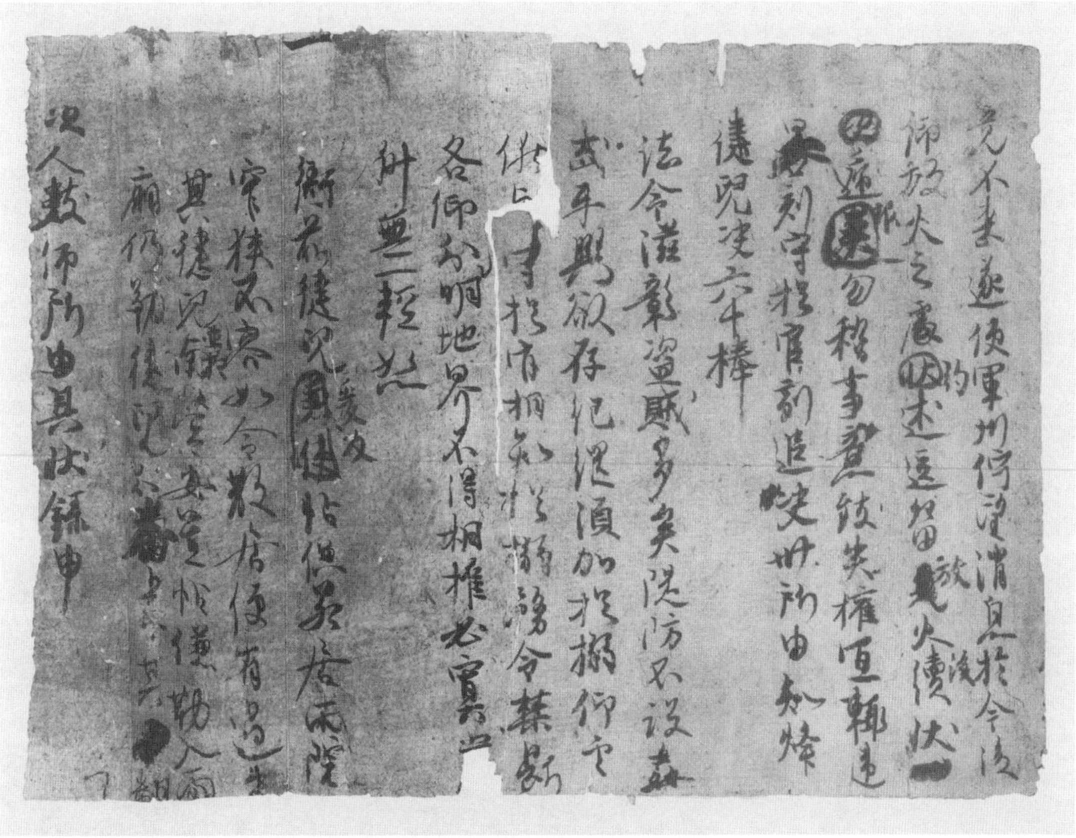

18　唐開元中期瀚海軍使軍令

27　唐寶應元年（762）五月節度使銜牓西州文

28　唐庭州西海縣橫管狀爲七德寺僧妄理人事

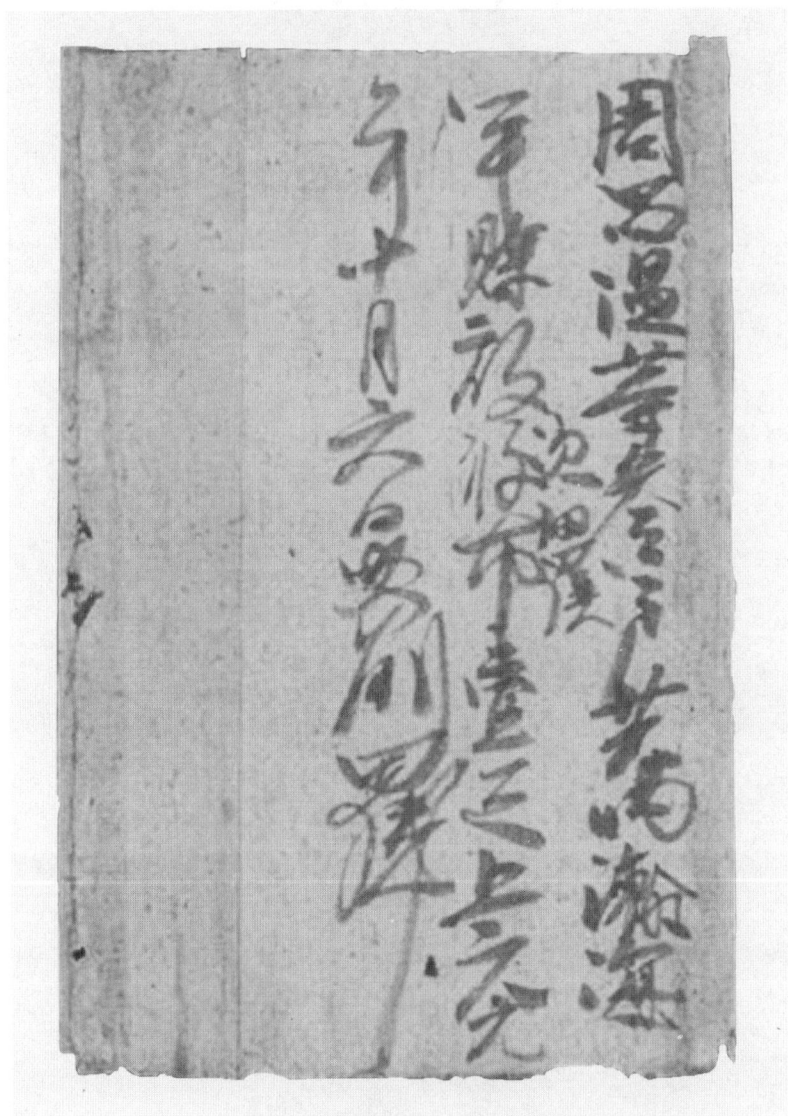

29　唐上元元年（760）周思温等納瀚海軍賒放緤布抄

30、31 唐寶應元年（762）周思恩納瀚海等軍預放緤布抄

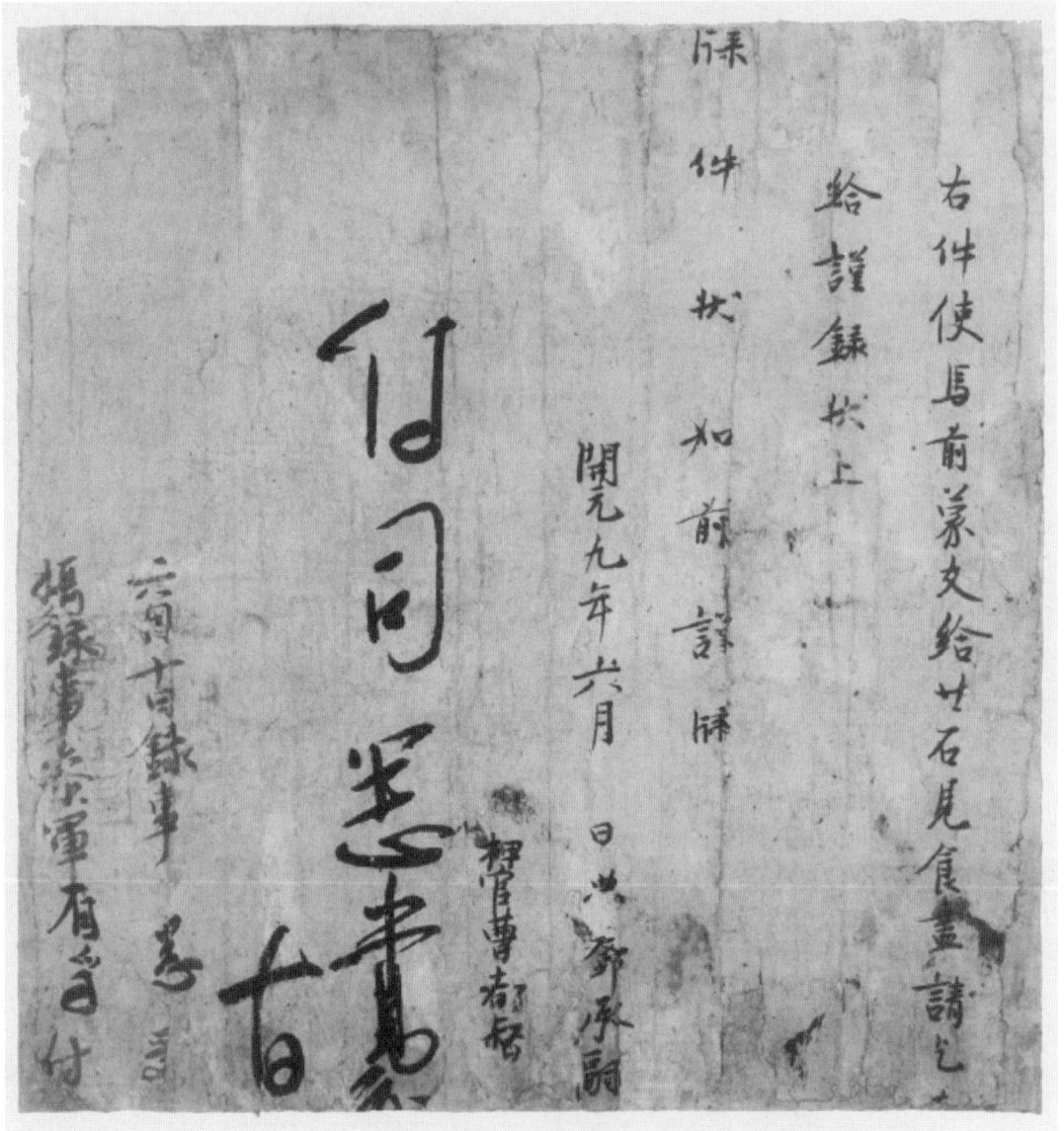

右件使馬前蒙支給廿石見食盡請乞

給謹錄狀上

錄

件

狀

如

前

謹

牒

開元九年六月　日典鄧承嗣

攝官曹都督

付司

錄事白

二尚十日錄事思

攝錄事參軍有　付

40　唐開元九年（721）六月北庭長行坊案爲馬料事

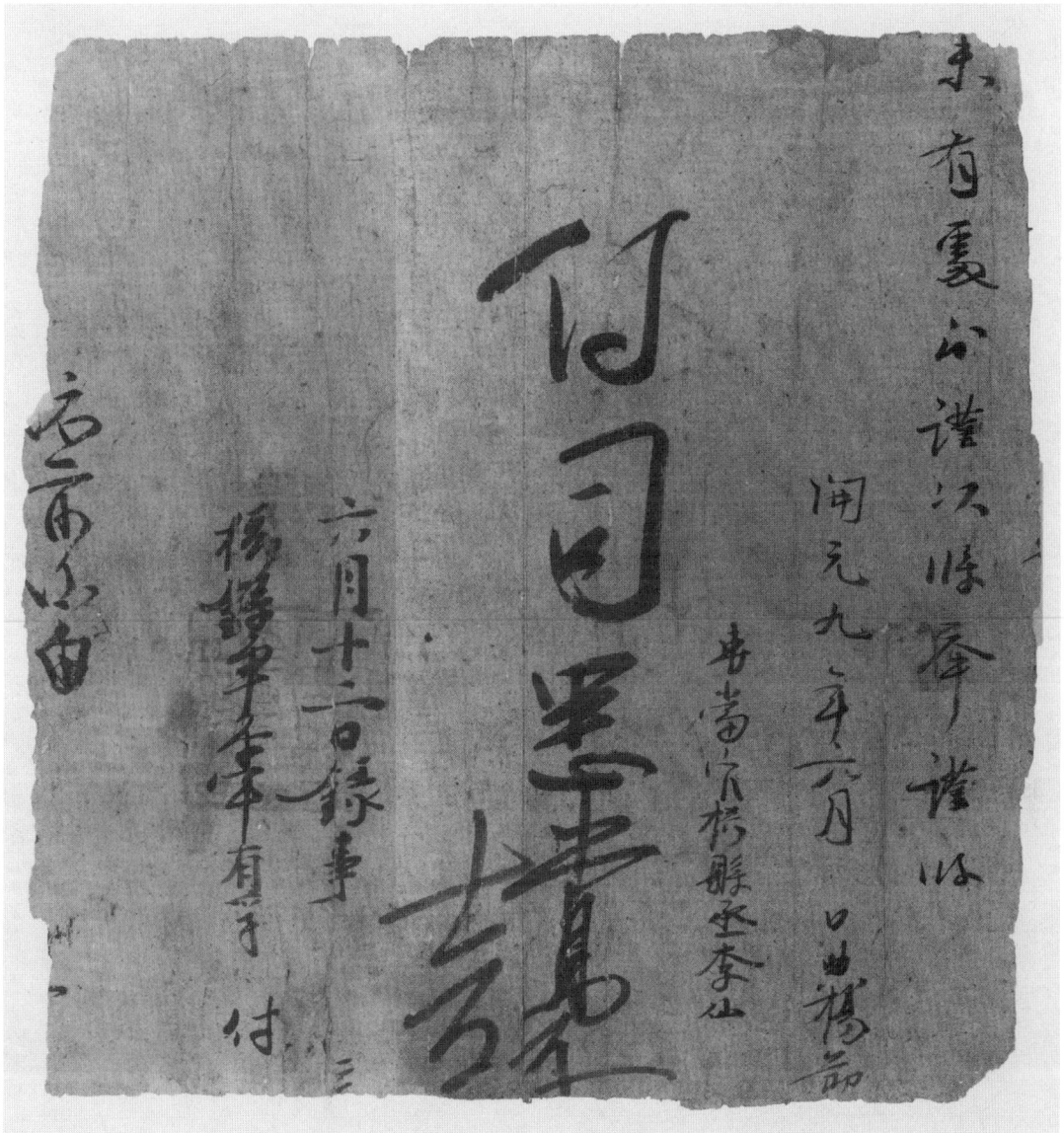

41　唐開元九年（721）專當官攝縣丞李仙牒

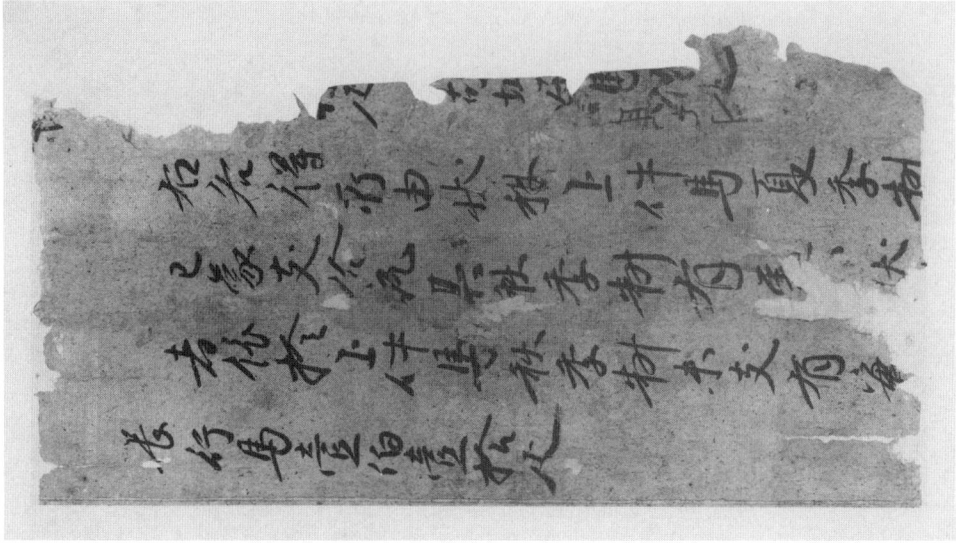

42　唐開元九年（721）北庭都護府牒倉曹爲准式
給長行坊函馬及長行馬秋季料事－1

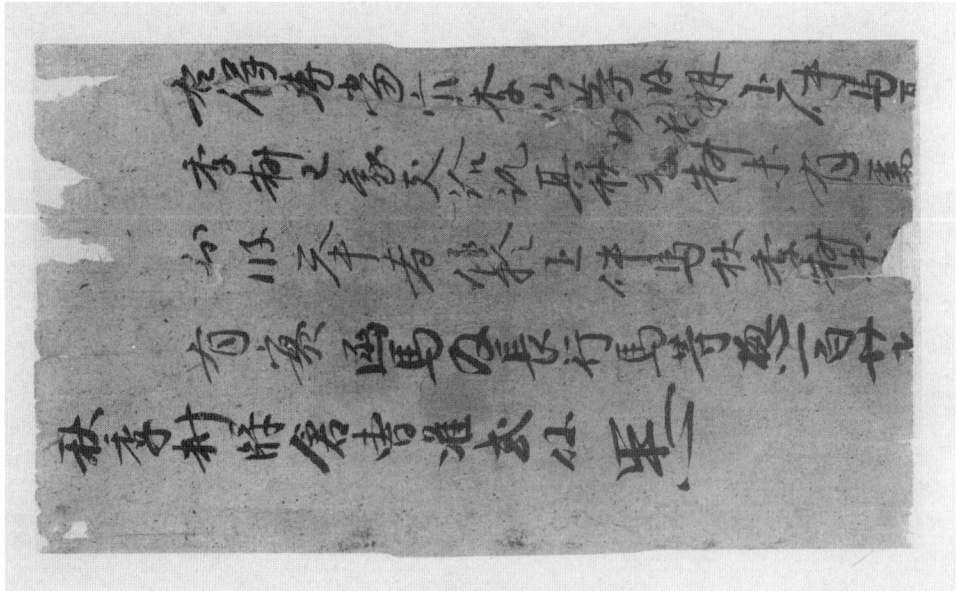

42　唐開元九年（721）北庭都護府牒倉曹爲准式
給長行坊函馬及長行馬秋季料事－2

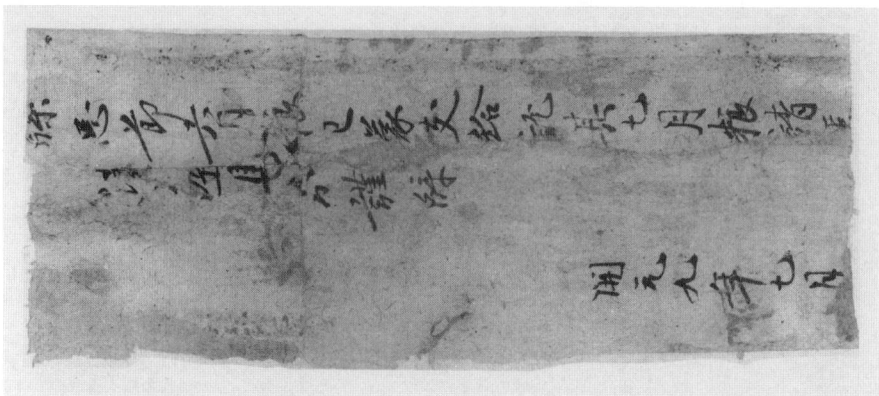

43　　唐開元九年（721）牒爲長行坊
典楊節七月糧支給事－1

43　　唐開元九年（721）牒爲長行坊
典楊節七月糧支給事－2

43　　唐開元九年（721）牒爲長行坊
典楊節七月糧支給事－3

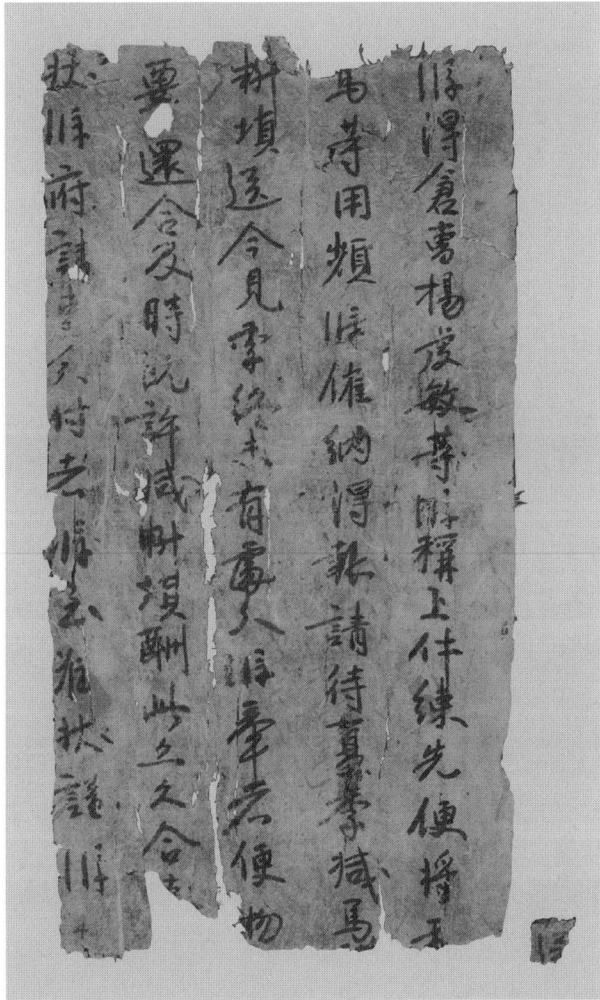

44　唐開元九年（721）七、八月北庭案爲待長行坊減料到塡還欠練事（一）

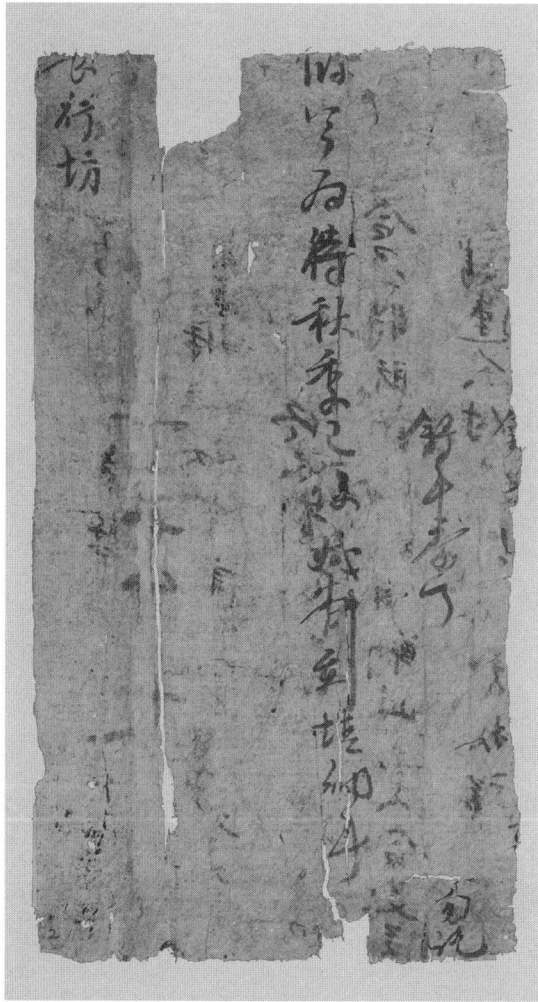

44　唐開元九年(721)七、八月北庭案爲待長行坊減料到填還欠練事(二)

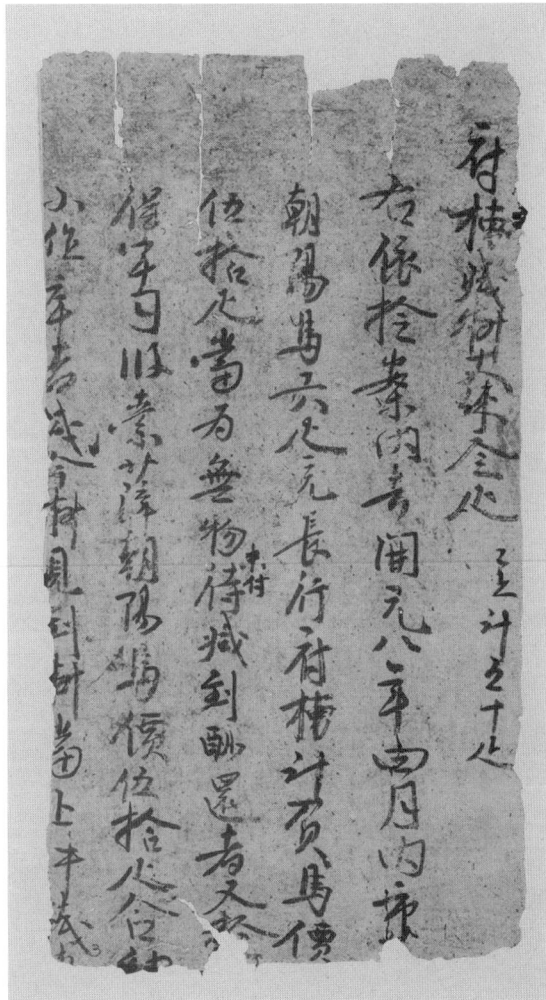

44　唐開元九年（721）七、八月北庭案爲待長行坊減料到塡還欠練事（三）

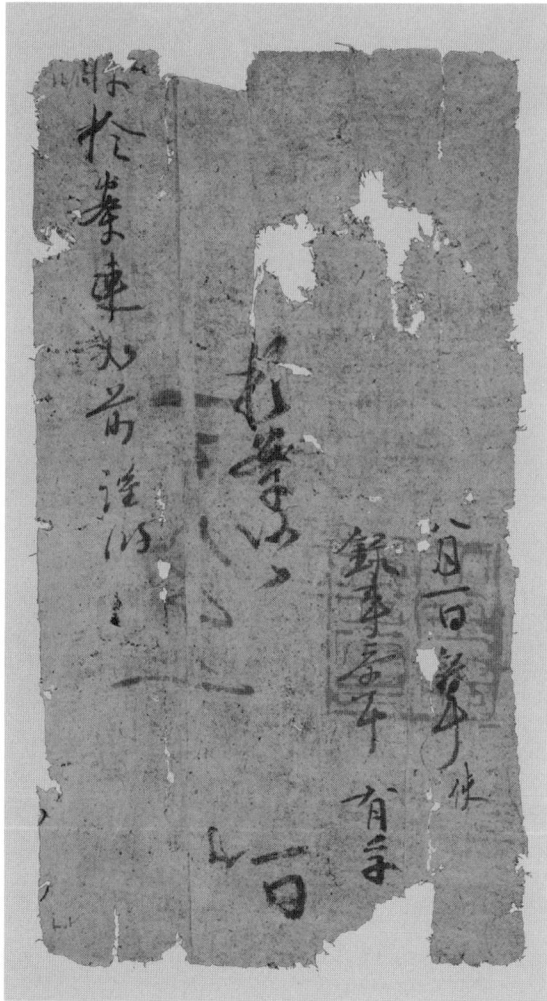

44　唐開元九年（721）七、八月北庭案爲待長行坊減料到填還欠練事（四）

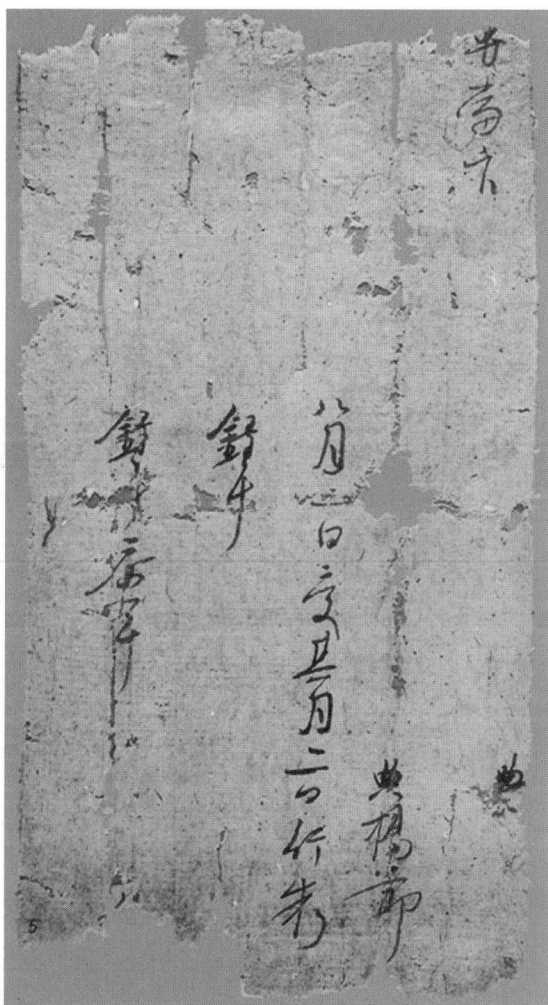

44　唐開元九年（721）七、八月北庭案爲待長行坊減料到填還欠練事（五）

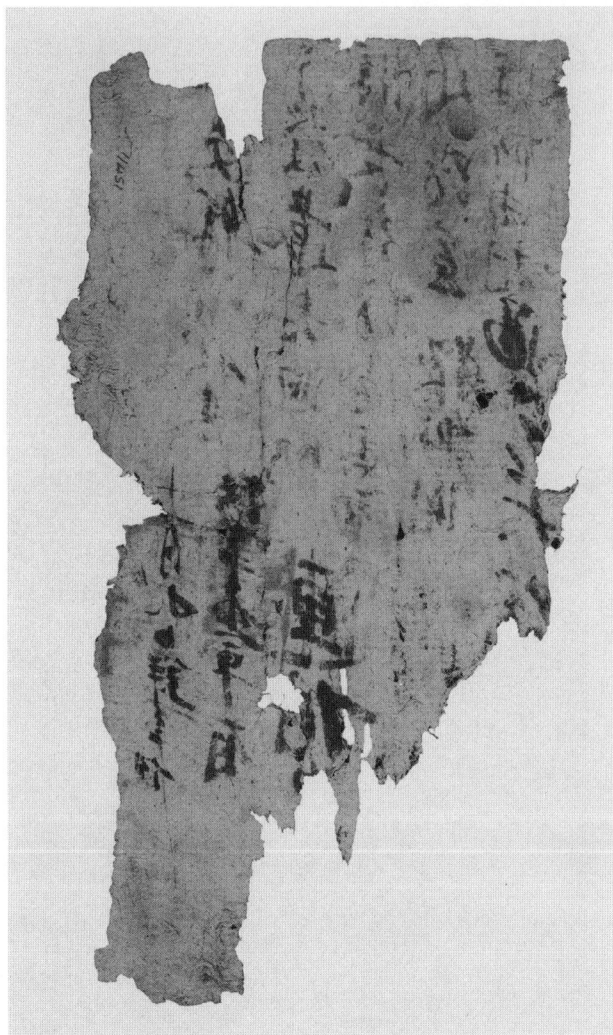

45　唐開元九年(721)十一月北庭案爲長行坊馬兩匹給料事(一)

45 唐開元九年（721）十一月北庭案爲長行坊
馬兩匹給料事（二）-1

45 唐開元九年（721）十一月北庭案爲長行坊
馬兩匹給料事（二）-2

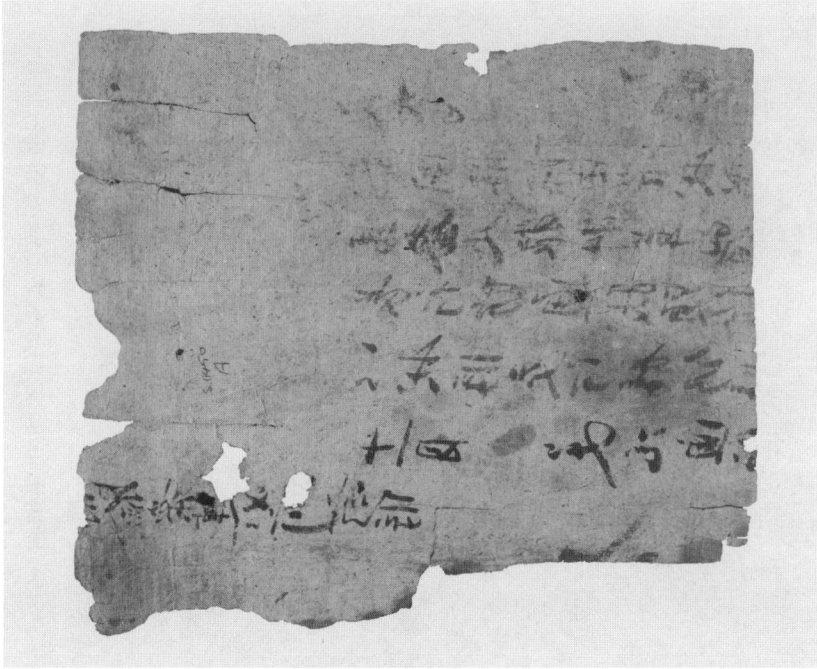

46　唐開元九年（721）十一月九日北庭案爲牒交河
縣給長行坊行馬三匹糧草事（一）-1

46　唐開元九年（721）十一月九日北庭案爲牒交河
縣給長行坊行馬三匹糧草事（一）-2

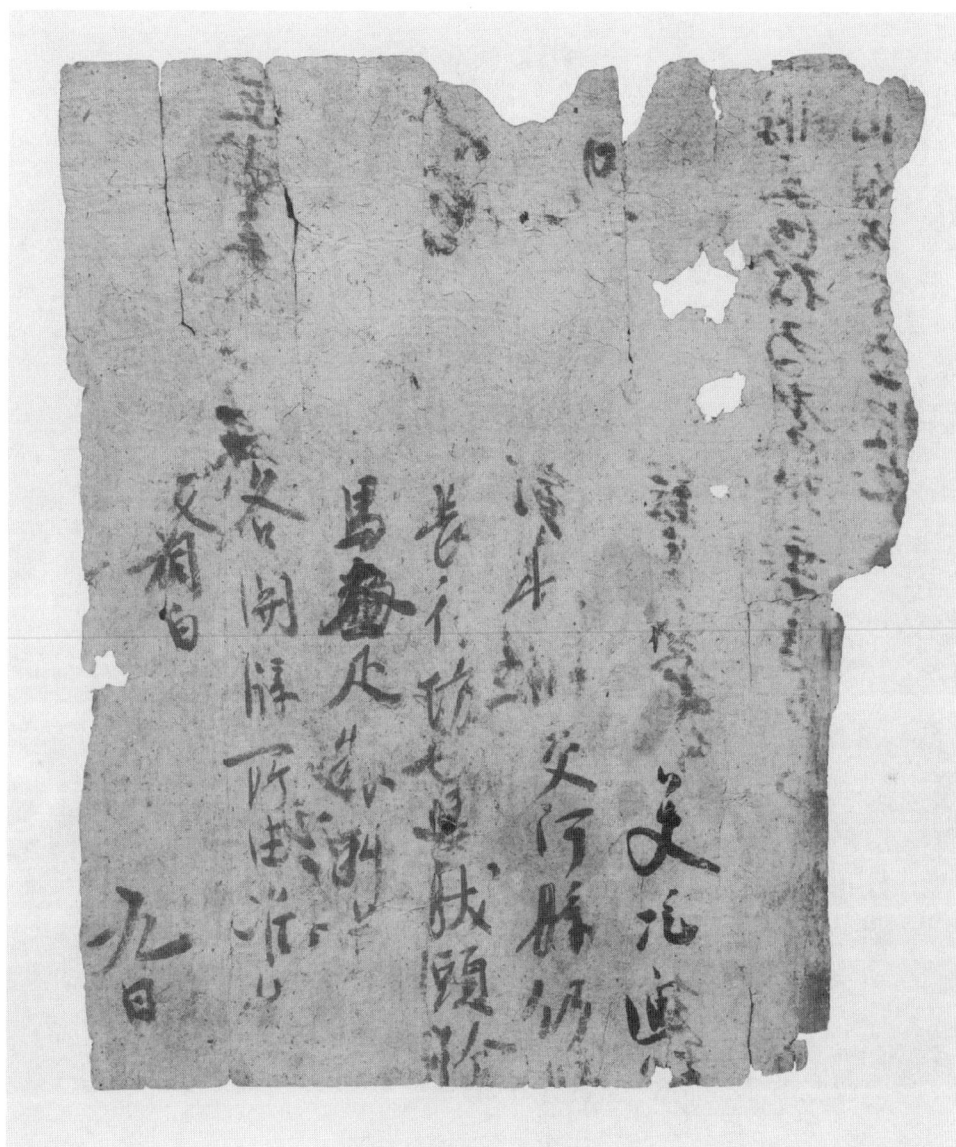

46　唐開元九年（721）十一月九日北庭案爲牒交河縣給長行坊馬三匹糧草事（二）

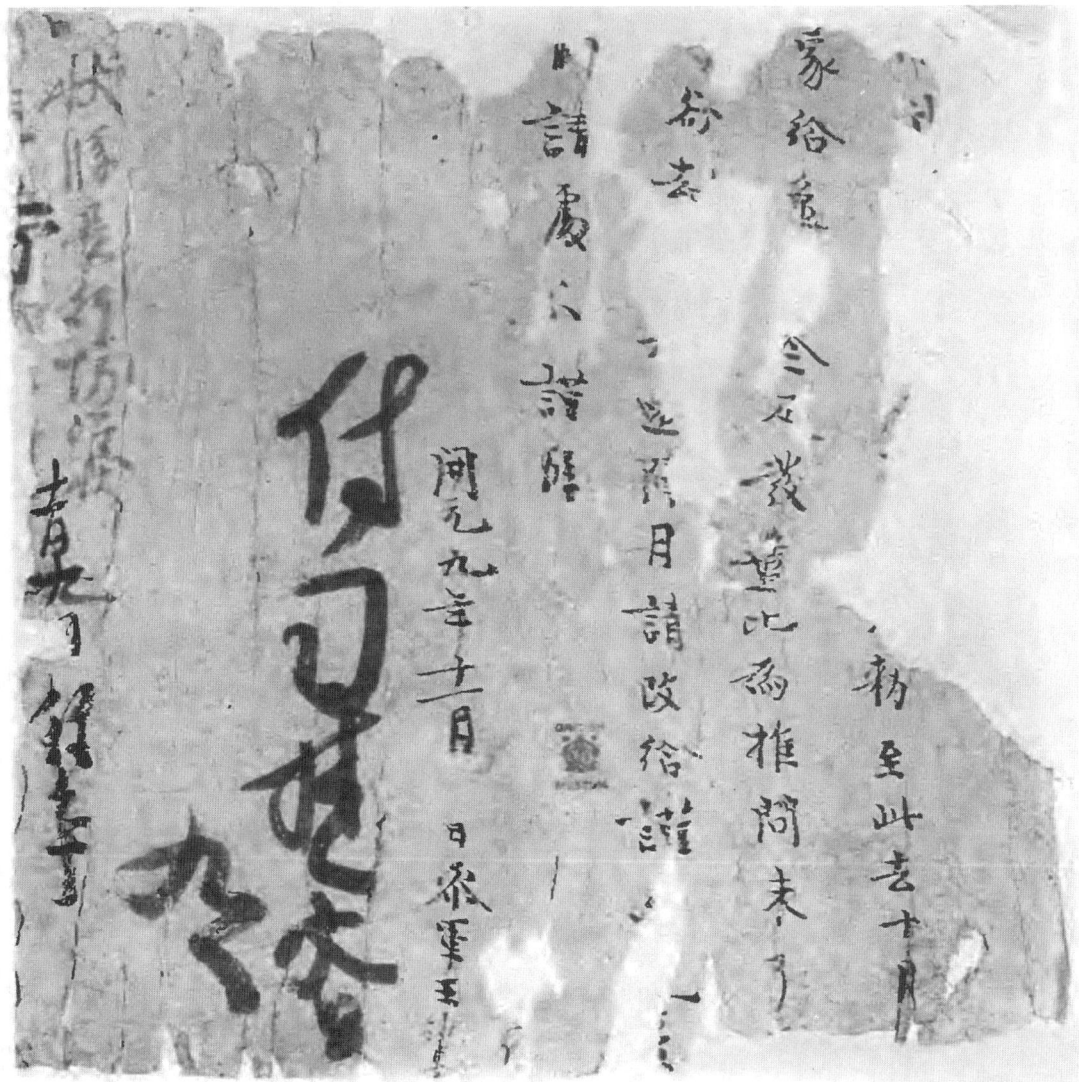

47　唐開元九年（721）十一月北庭都護府長行馬文書

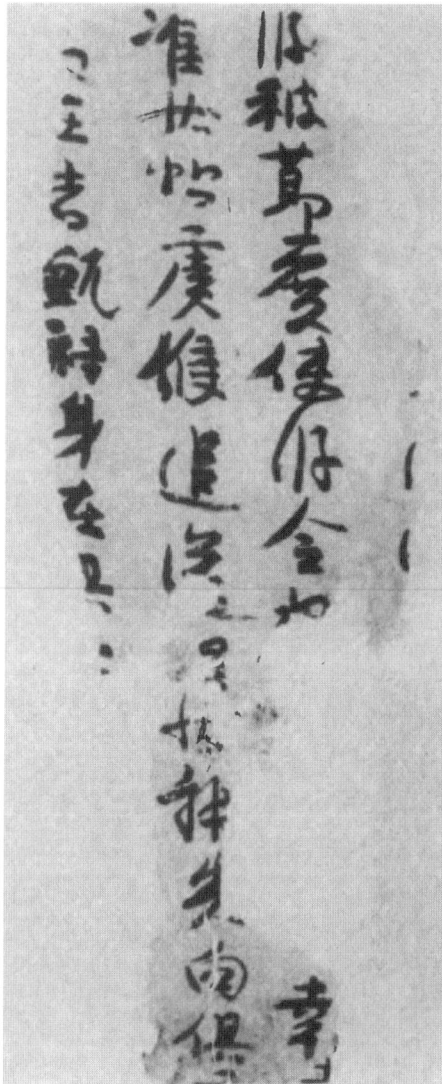

48　唐開元九年（721）十一月北庭都護府兵曹案爲節度使馬事（一）

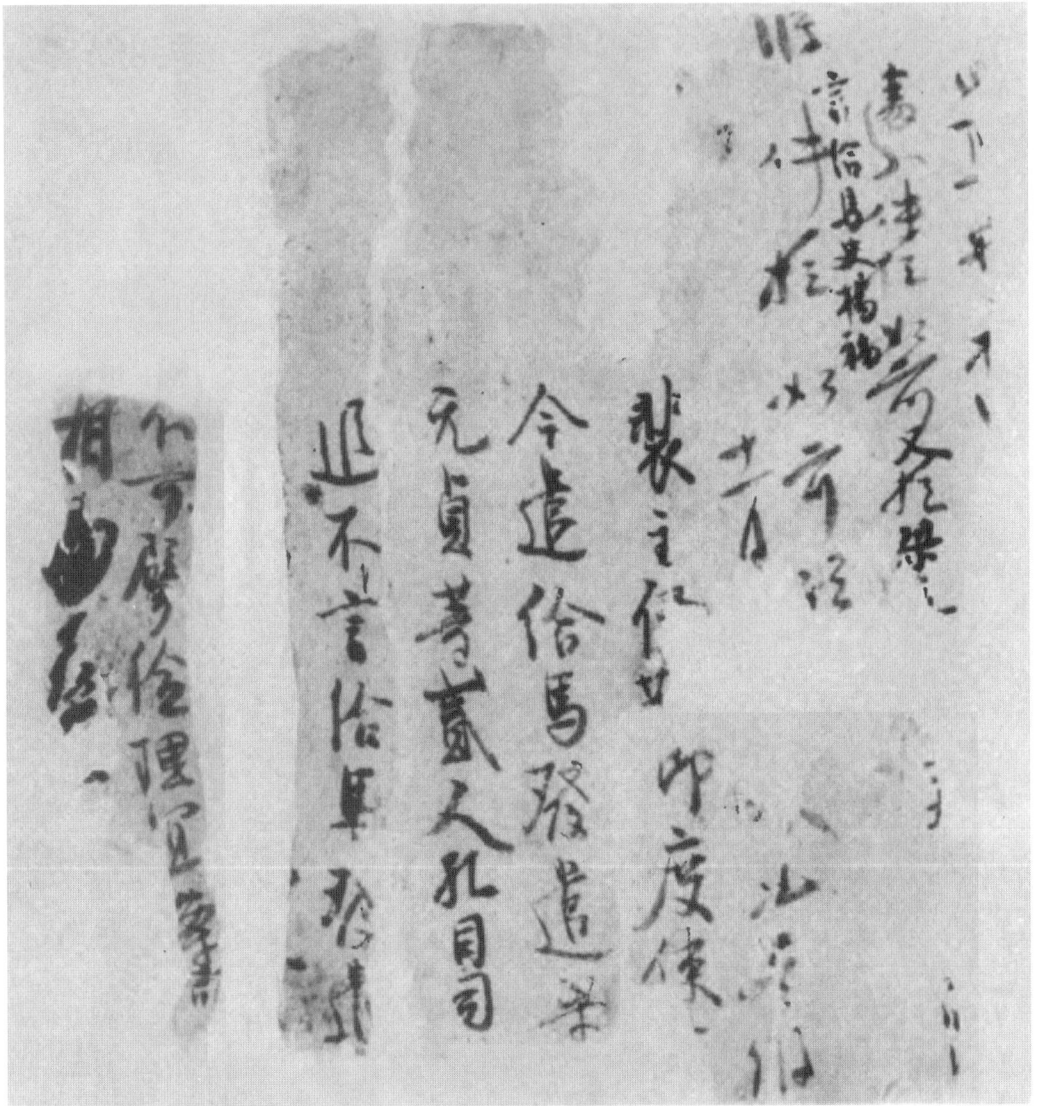

48　唐開元九年（721）十一月北庭都護府兵曹案爲節度使馬事（二）

49　唐開元九年（721）十一月北庭兵曹案爲長行馬事（一）

49　唐開元九年（721）十一月北庭兵曹案爲長行馬事（二）

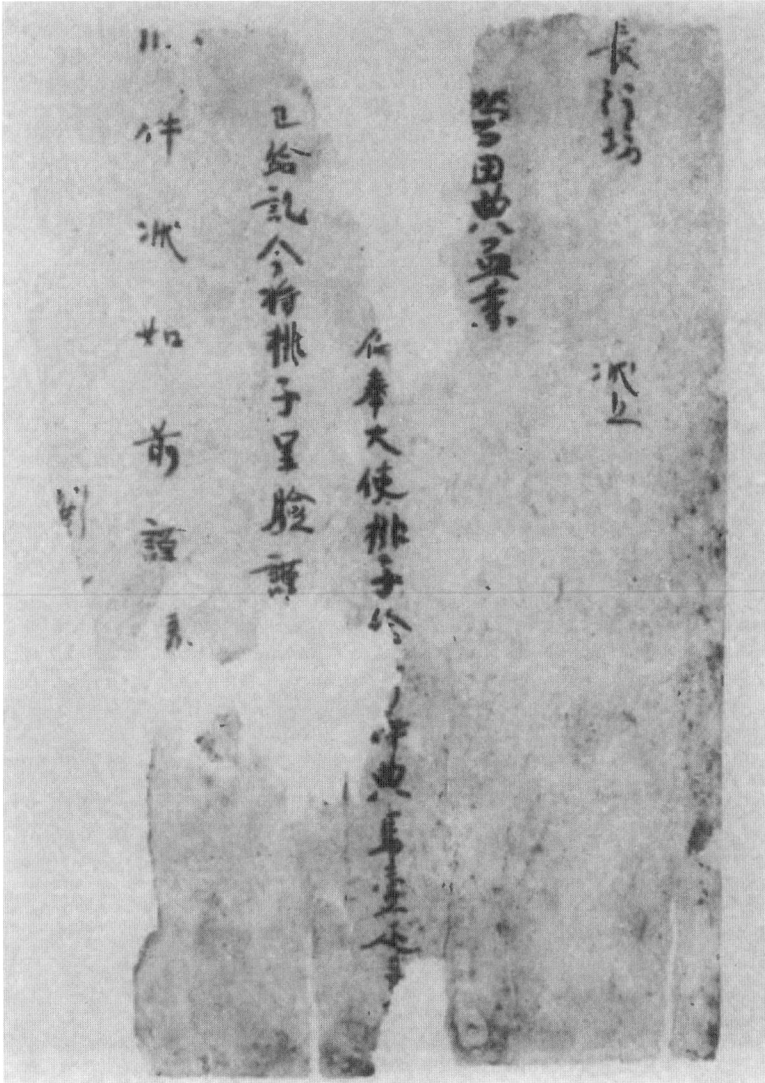

50　唐開元九年（721）北庭長行坊狀爲營田典孟業馬事

55　唐開元十年（722）三月北庭長行坊案爲西州使馬停料及長行馬、函馬夏季料支給事（一）

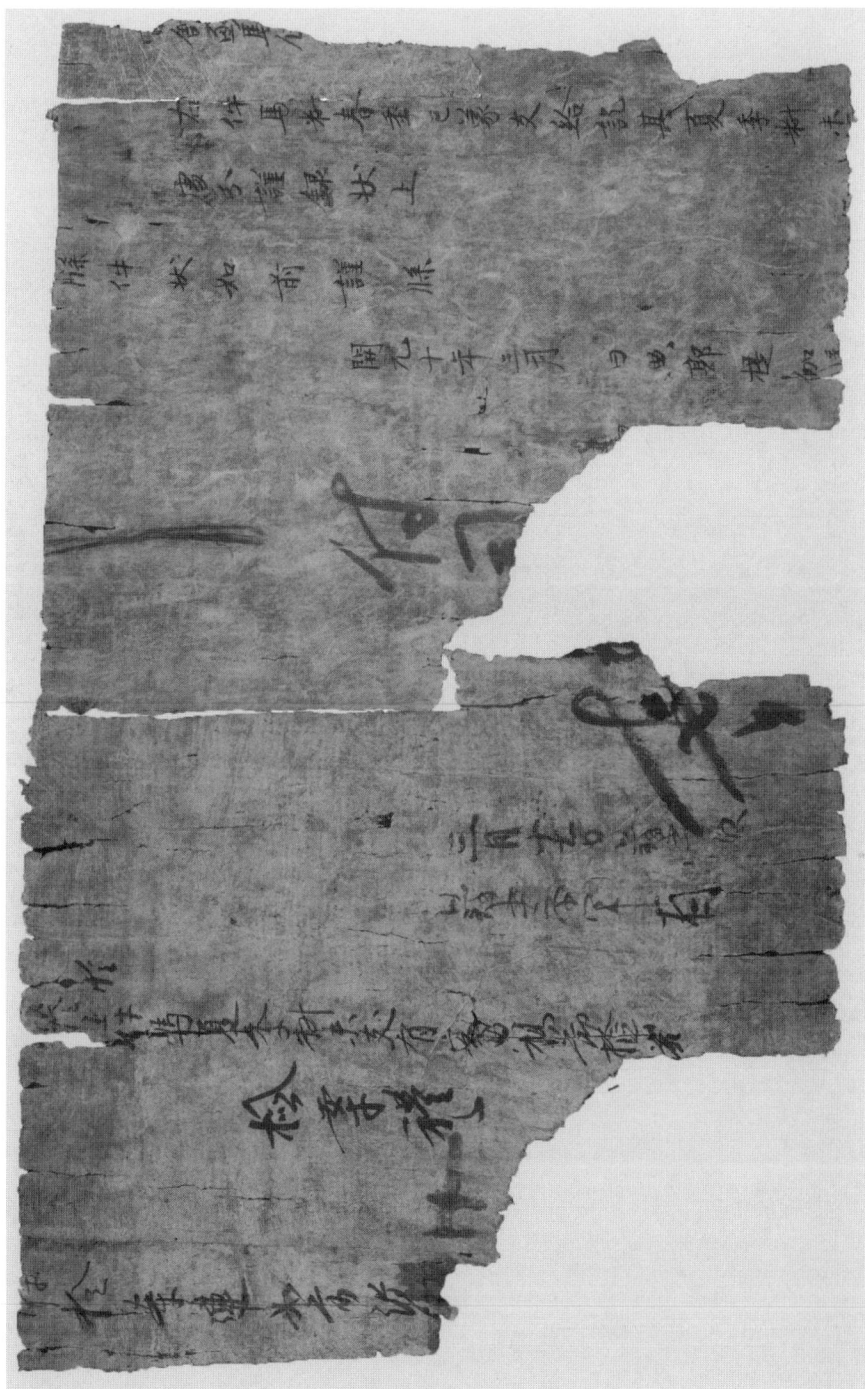

55　唐開元十年（722）三月北庭長行坊案為西州使馬停料及長行馬、函馬夏季料支給事（二）

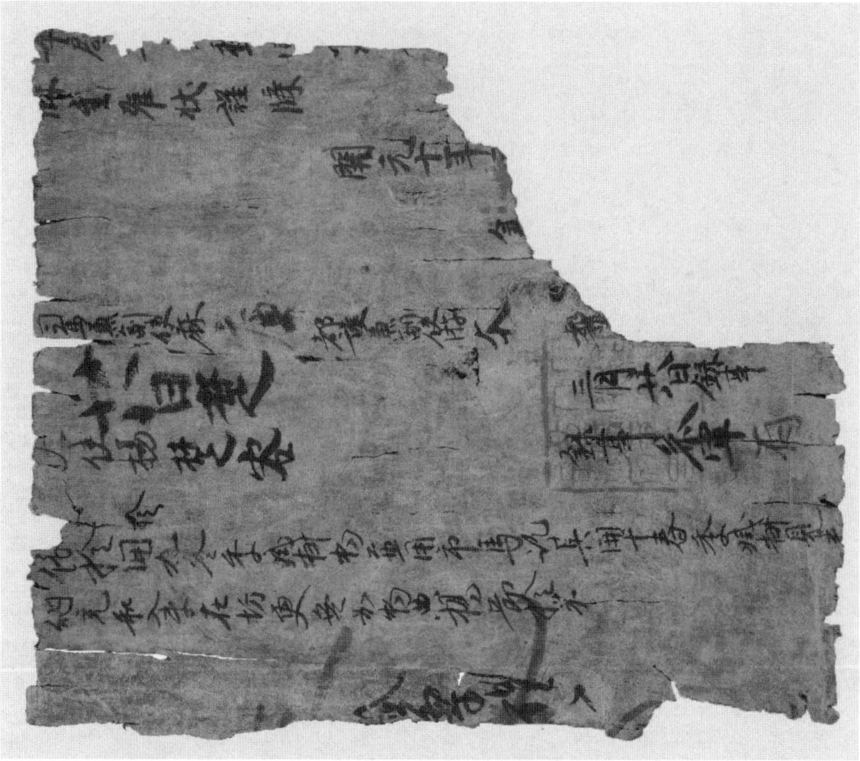

56 唐開元十年（722）三月末北庭長行坊案爲待減料物到支送及送使馬料事（一）

56　唐開元十年（722）三月末北庭長行坊案爲
　　待減料物到支送及送使馬料事（二）

56　唐開元十年（722）三月末北庭長行坊案爲
　　待減料物到支送及送使馬料事（三）

57　唐開元十年（722）伊吾軍上支度營田使留後司牒爲烽鋪營田不濟事

58　唐開元十年（722）殘狀

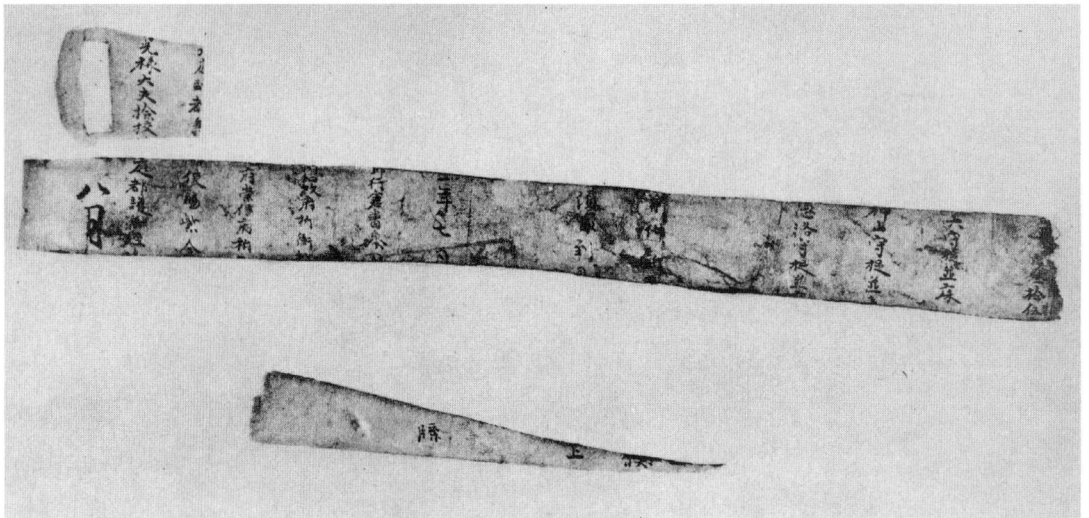

59　唐開元十一年（723）狀上北庭都護所屬諸守捉斸田頃畝牒

60　唐伊吾軍典張瓊牒爲申報
　　屬田斛斗數事（一）

60　唐伊吾軍典張瓊牒爲申報屬田
　　斛斗數事（二）

60　唐伊吾軍典張瓊牒爲申報
　　屬田斛斗數事（三）

60　唐伊吾軍典張瓊牒爲申報屬田
　　斛斗數事（四）

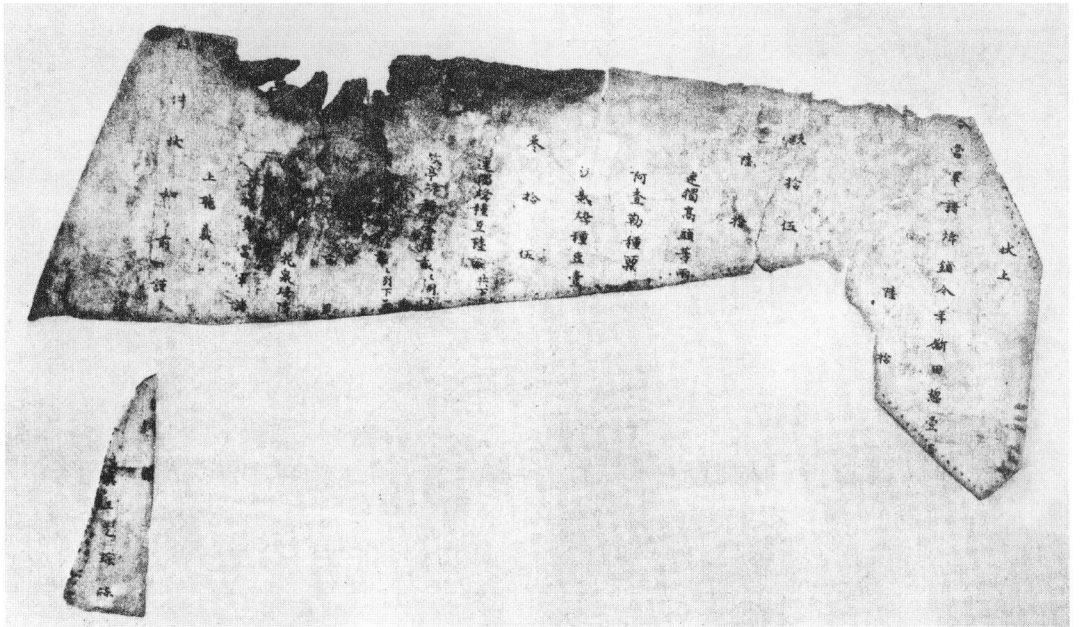

61　唐開元某年伊吾軍典王元琮牒爲申報當軍諸烽鋪屬田畝數事

62　唐檢勘伊吾軍屯田頃畝數文書

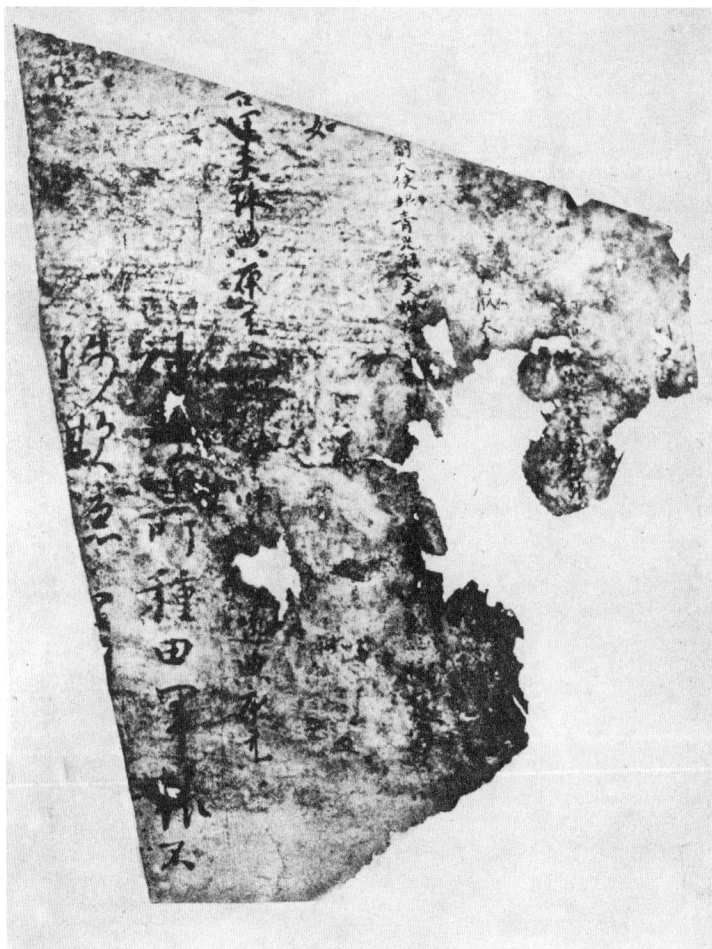

63　唐北庭都護支度營田使文書

64　唐典康元殘牒

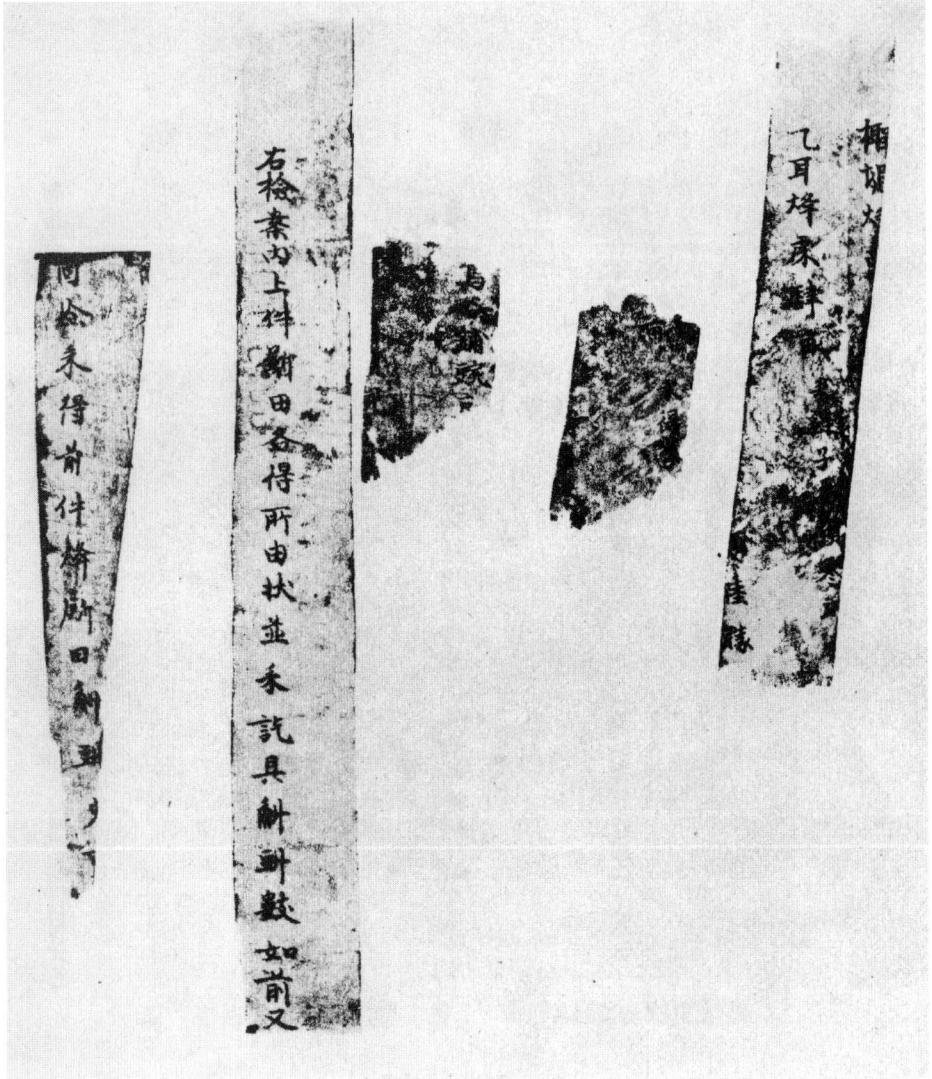

65　唐伊吾軍牒爲申報諸烽鋪隴田所得斛斗數事

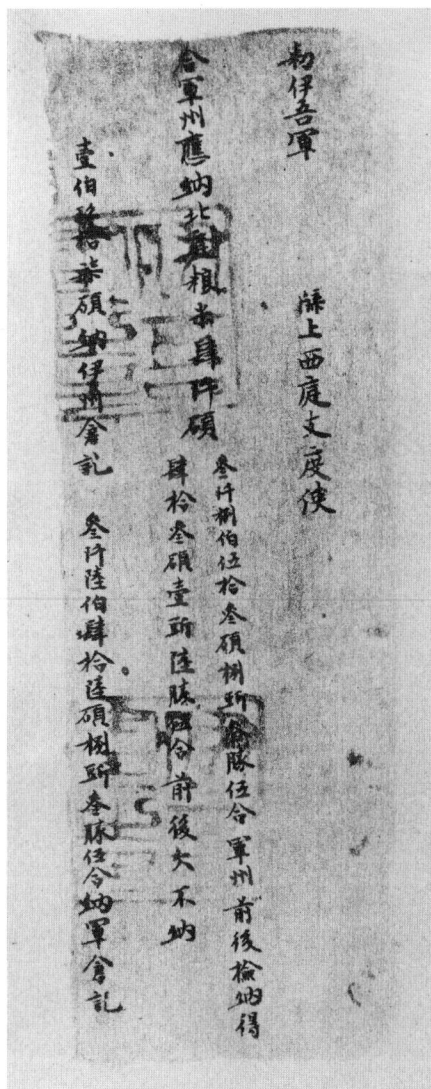

66　唐伊吾軍上西庭支度使牒爲申報應納北庭糧米事

67　唐伊吾軍諸烽鋪收貯糧食斛斗數文書一

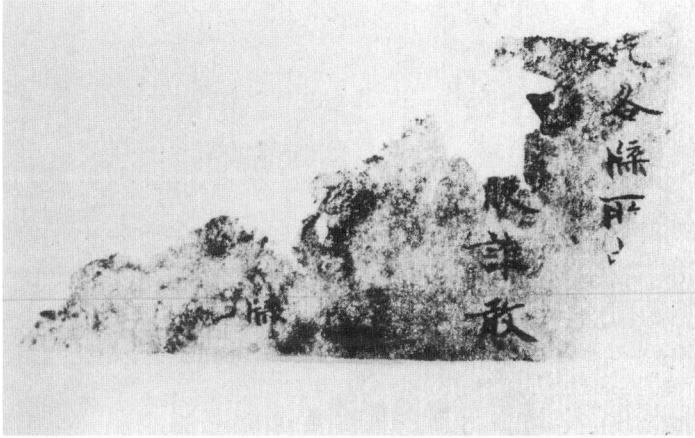

68 唐伊吾軍諸烽鋪收貯糧食斛斗數文書二

69　唐納職守捉使屯種文書

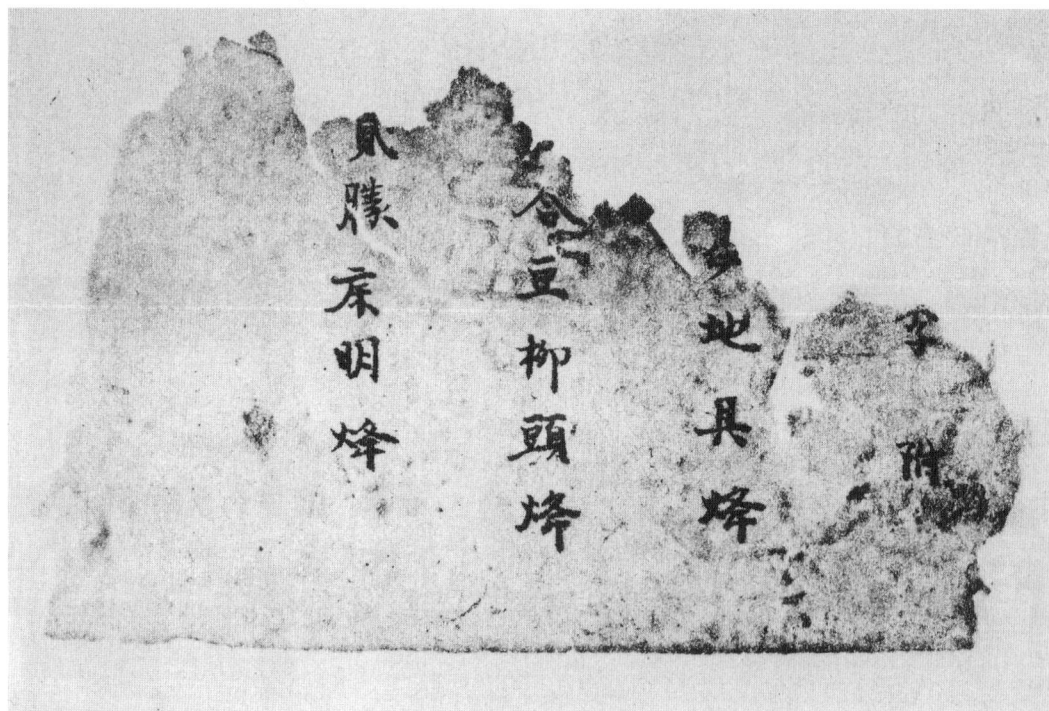

70　唐伊吾軍諸烽鋪營種豆床文書

71　唐伊吾軍殘牒

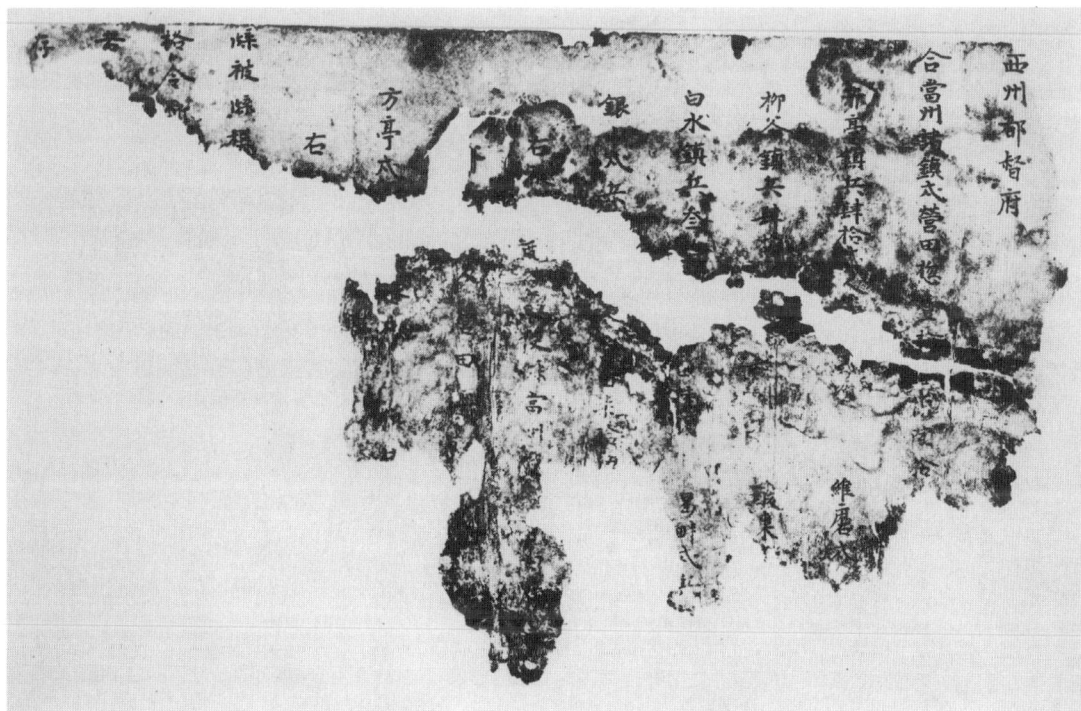

72　唐西州都督府上支度營田使牒爲具報當州諸鎮戍營田頃畝數事

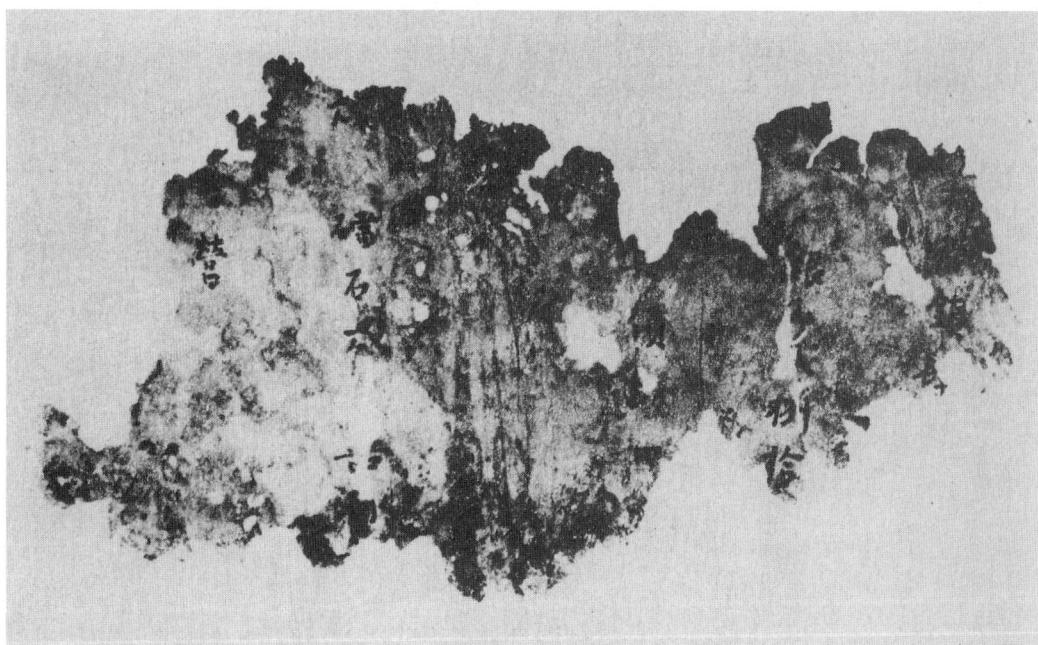

73　唐西州都督府所屬鎮戍營田頃畝文書

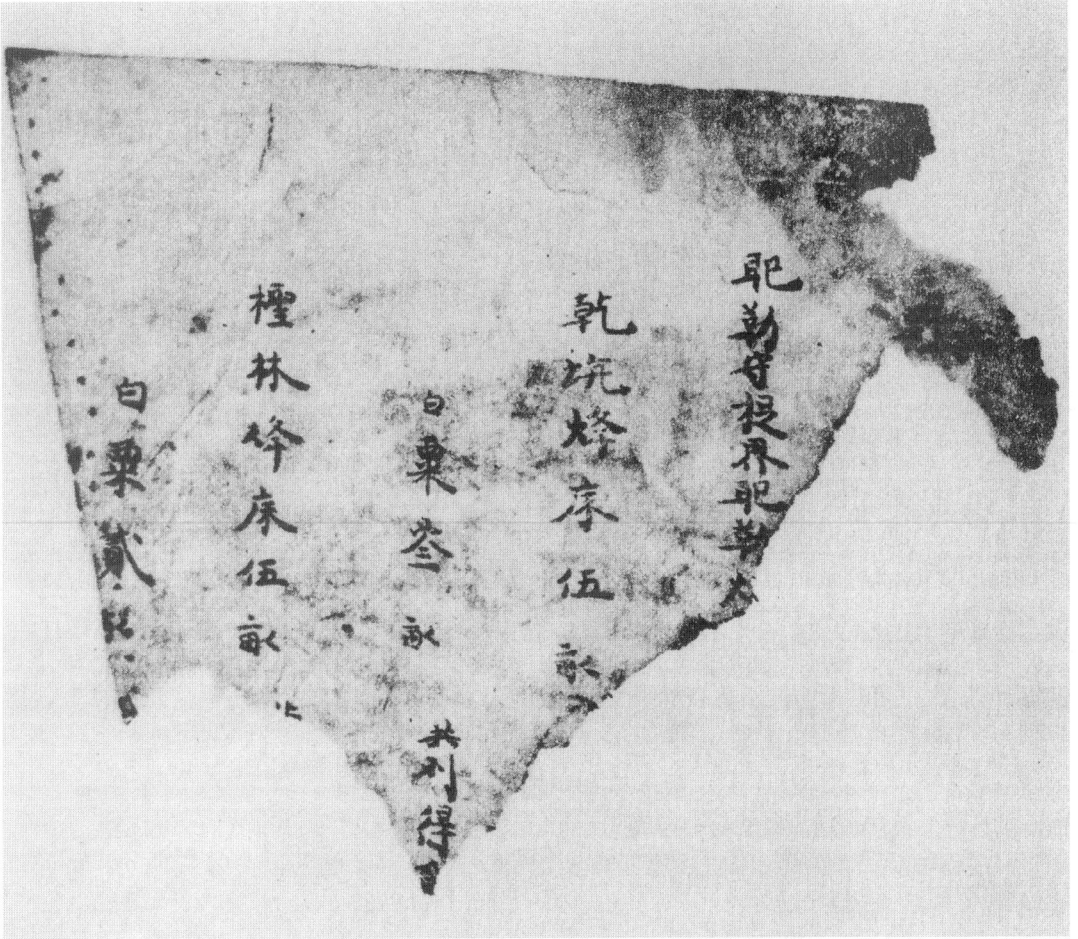

74　唐北庭諸烽嘅田畝數文書

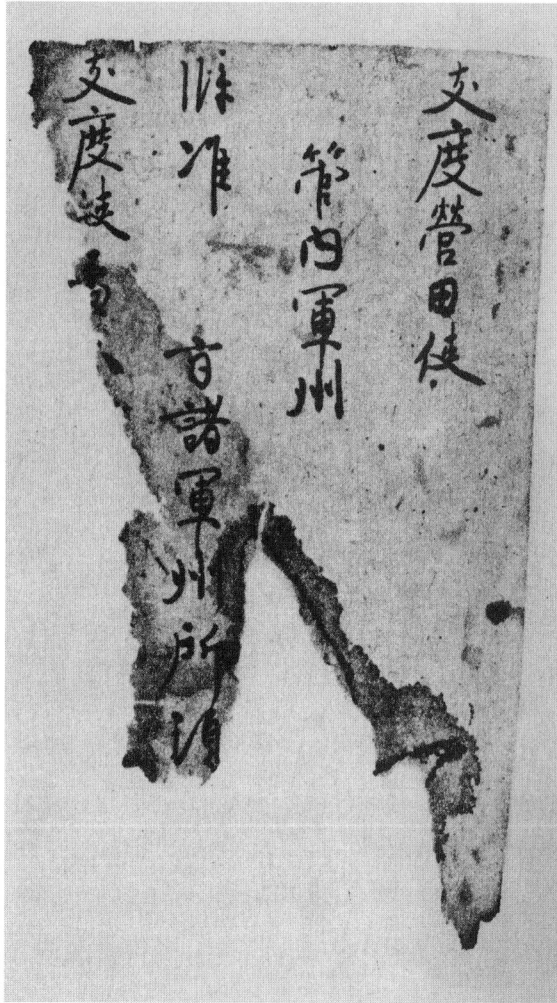

75　唐支度營田使下管內軍州牒

76　唐上支度營田使殘牒

77　唐支度營田使殘文書

78　唐殘牒

79　唐典杜金殘牒

80　唐殘判

81　唐剗田殘文書

82　唐殘文書

83　唐殘文書

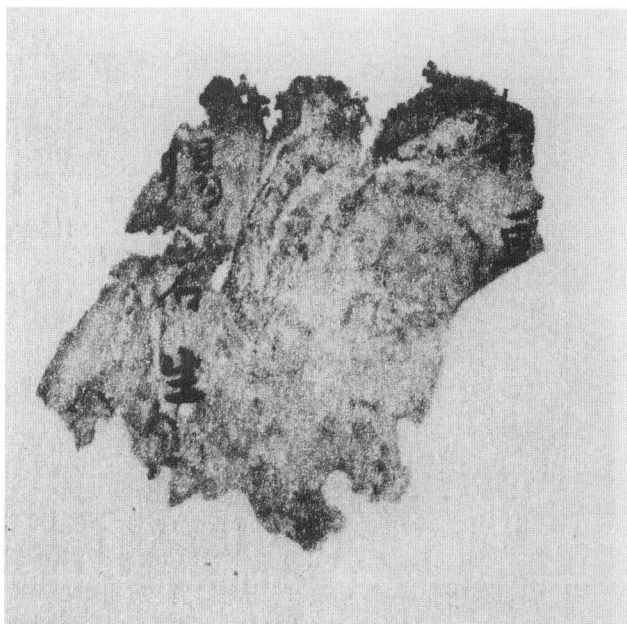

84　唐殘營田名籍

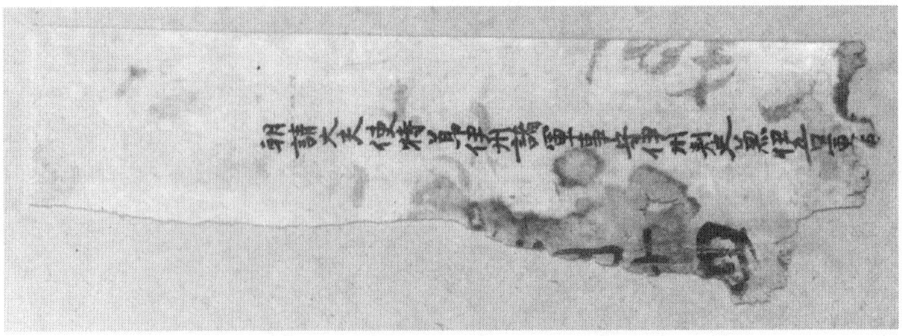

85 唐開元年間伊州伊吾軍屯田文書（二）

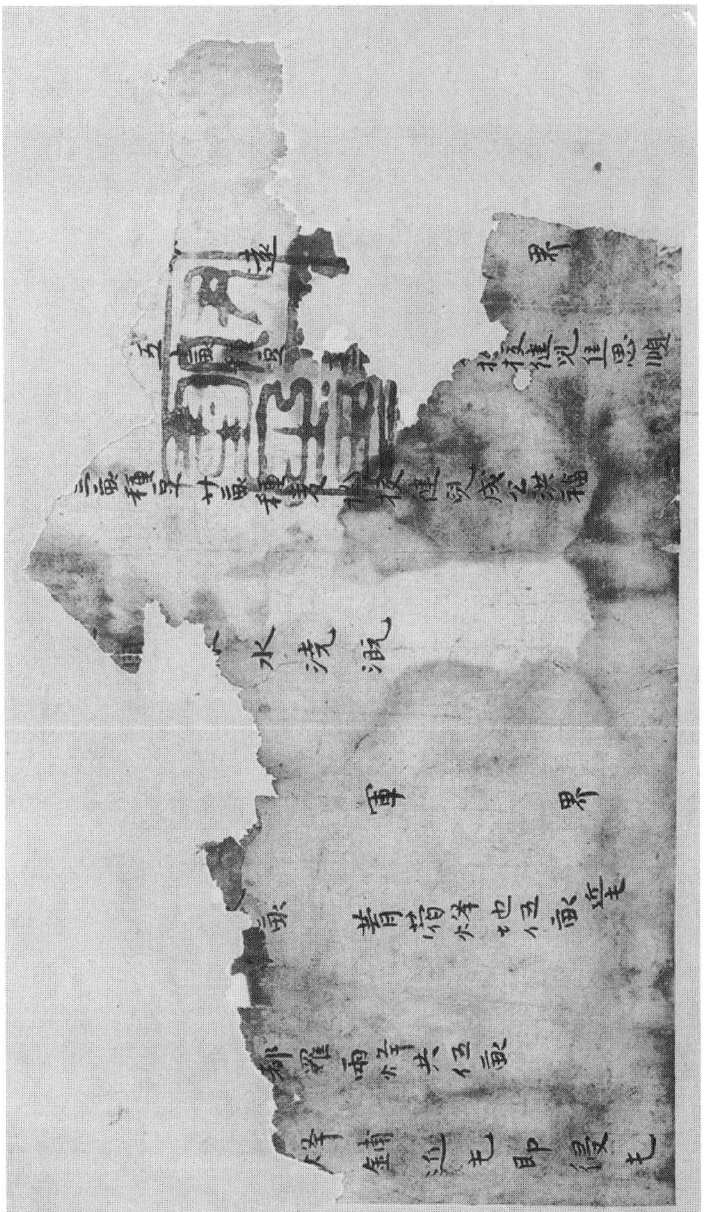

85 唐開元年間伊州伊吾軍屯田文書（一）

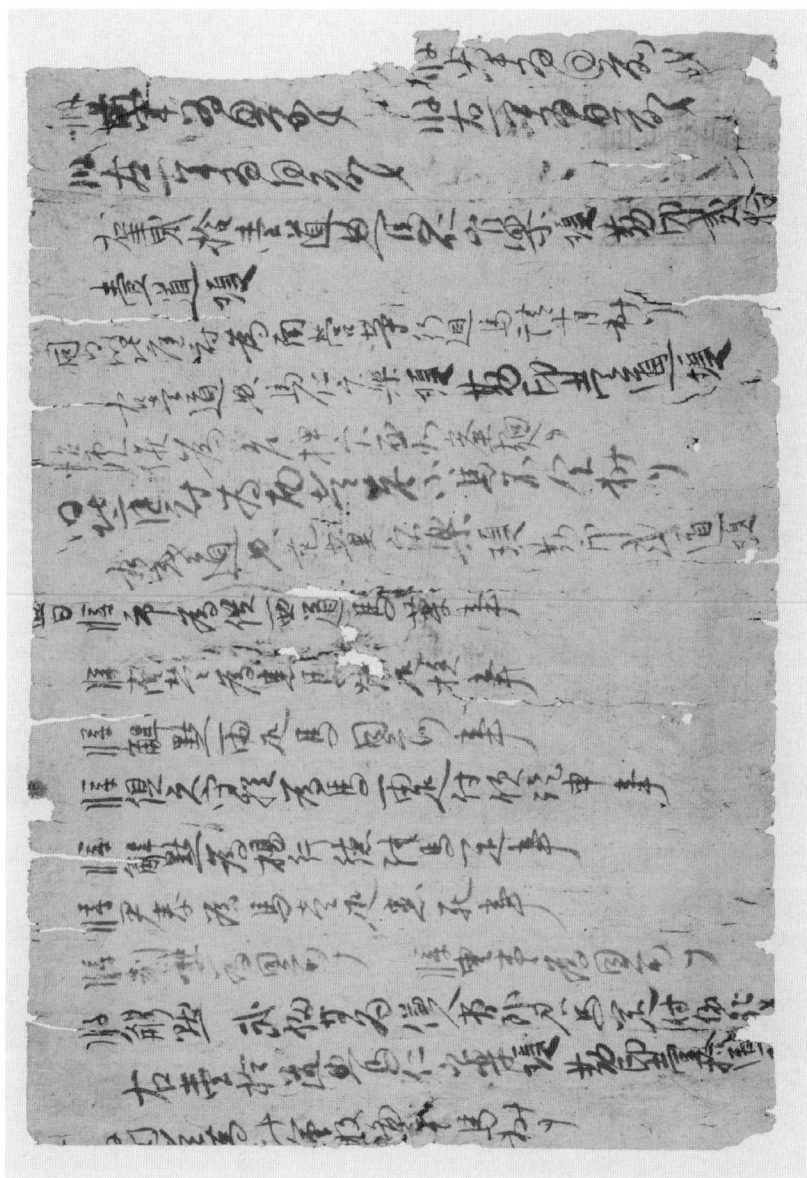

86　唐開元十五年（727）九月（？）瀚海軍勘印歷（甲）（一）（正）

86　唐開元十五年（727）九月（？）瀚海軍勘印歷（甲）（一）（背）

86　唐開元十五年（727）九月（？）瀚海軍勘印歷（甲）（二）（正）

87　唐開元十五年（727）十月（？）瀚海軍勘印歷（乙）（一）（正）

87　唐開元十五年（727）十月（？）瀚海軍勘印歷（乙）（二）

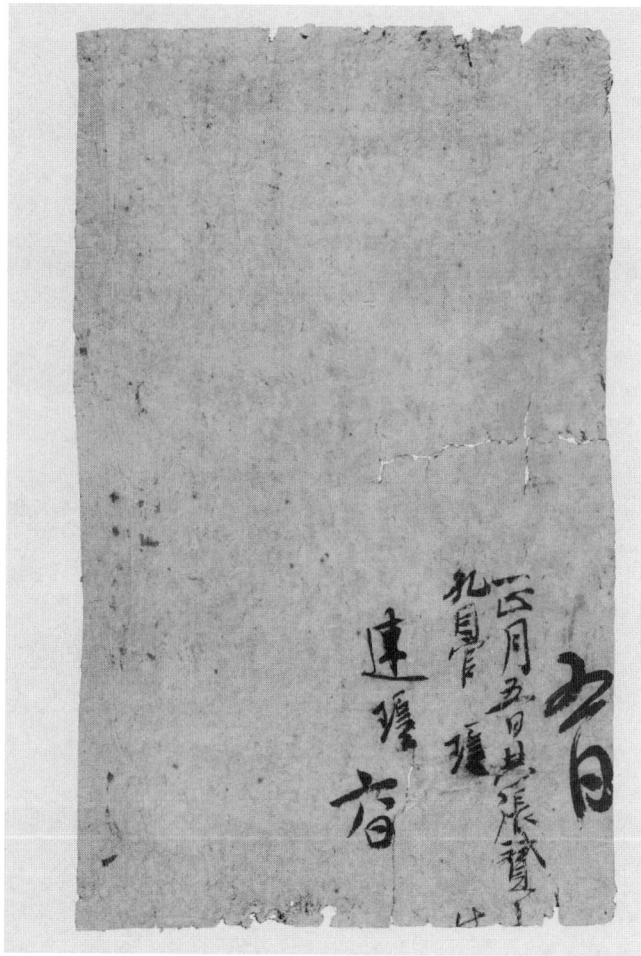

88　殘印曆

89　唐開元十五年（727）十二月瀚海軍兵曹司印歷（一）

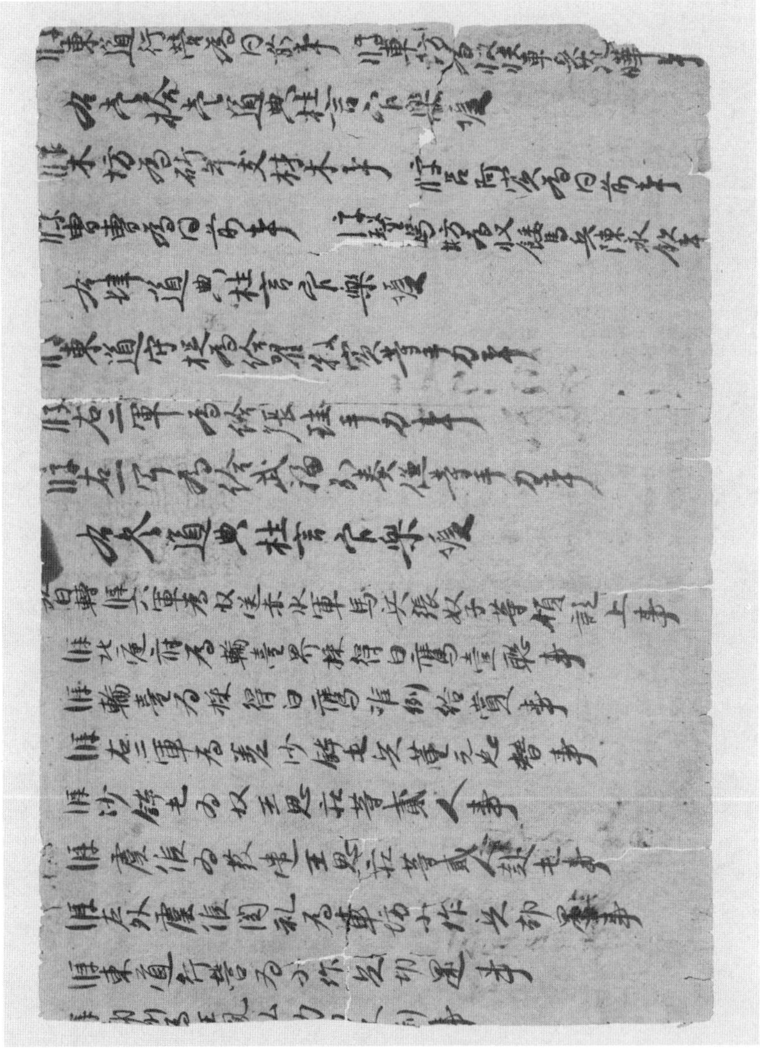

89 唐開元十五年（727）十二月瀚海軍兵曹司印歷（二）

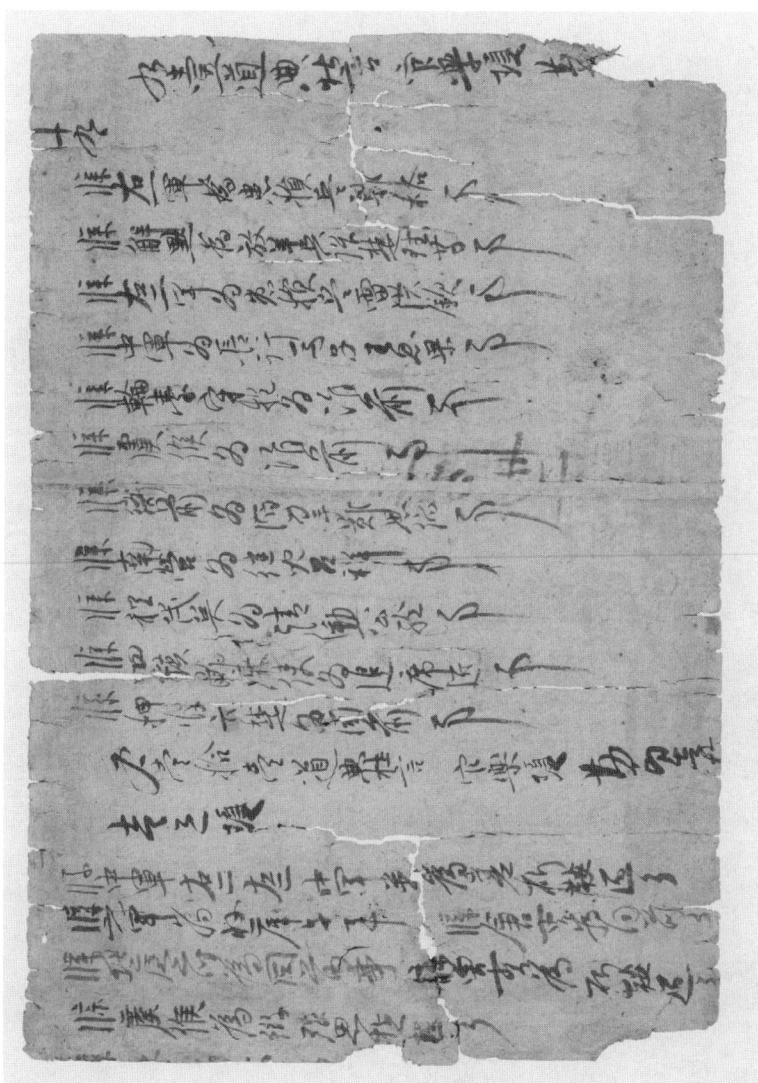

89　唐開元十五年（727）十二月瀚海軍兵曹司印歷（三）（正）

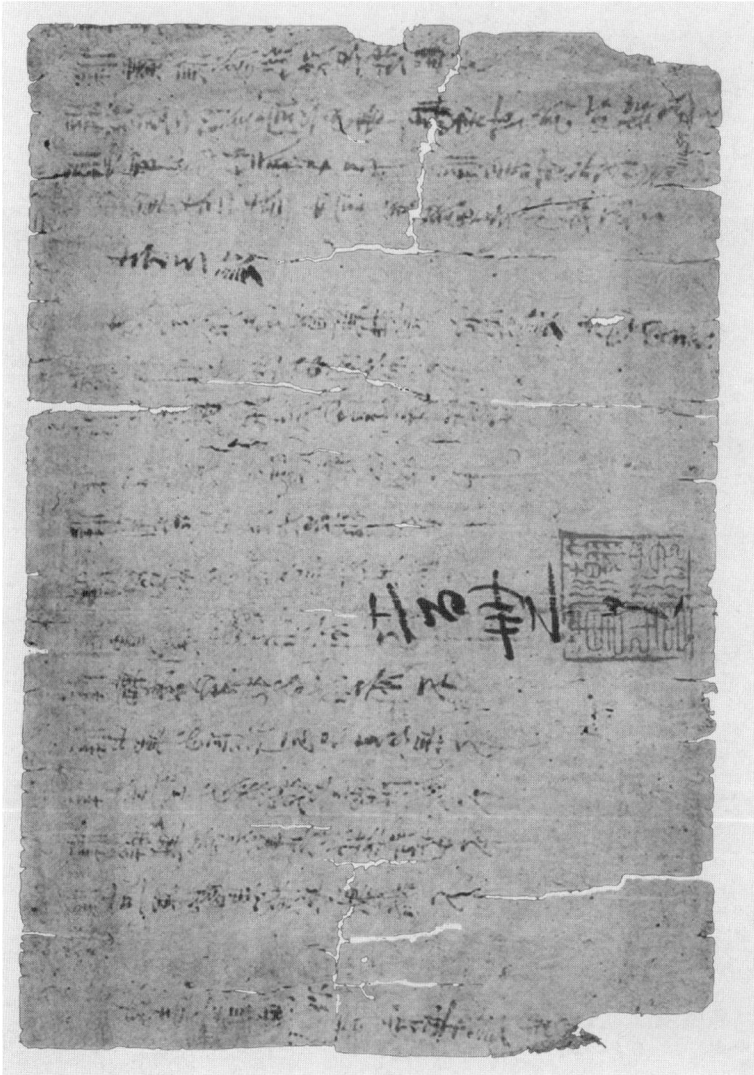

89　唐開元十五年（727）十二月瀚海軍兵曹司印歷（三）（背）

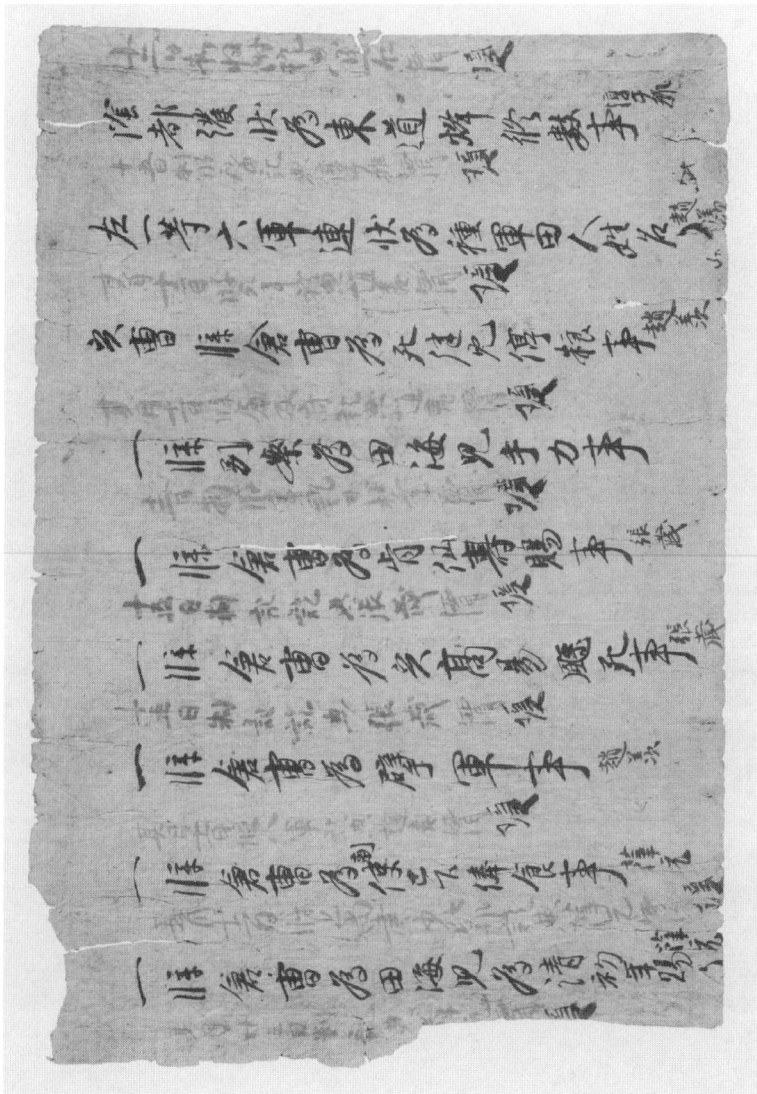

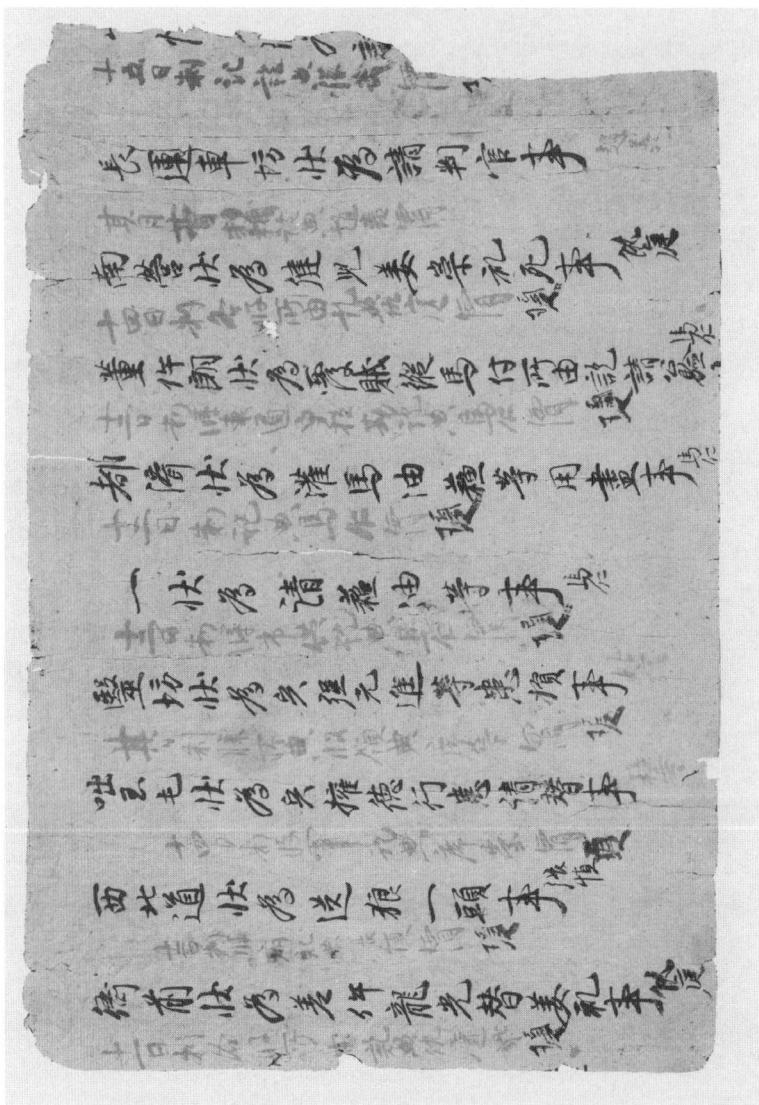

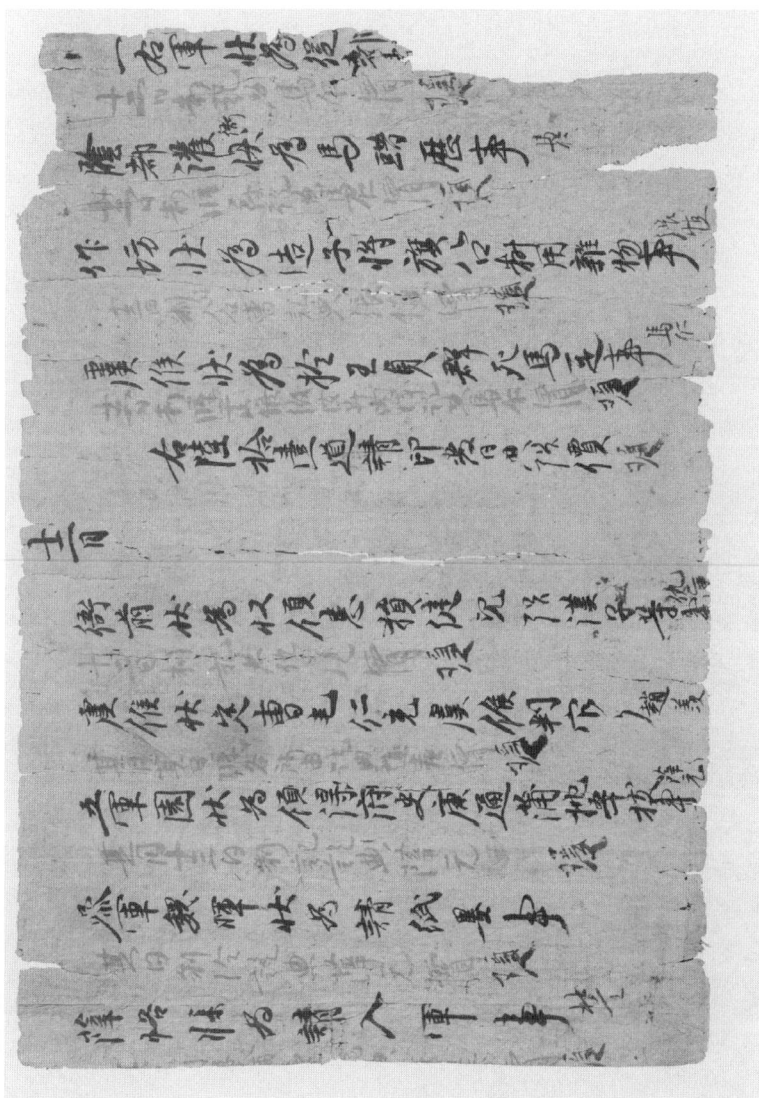

夏季糧九石

右十八年夏季未請奉牒見欠限先輸利錢其

糧季終日請便如

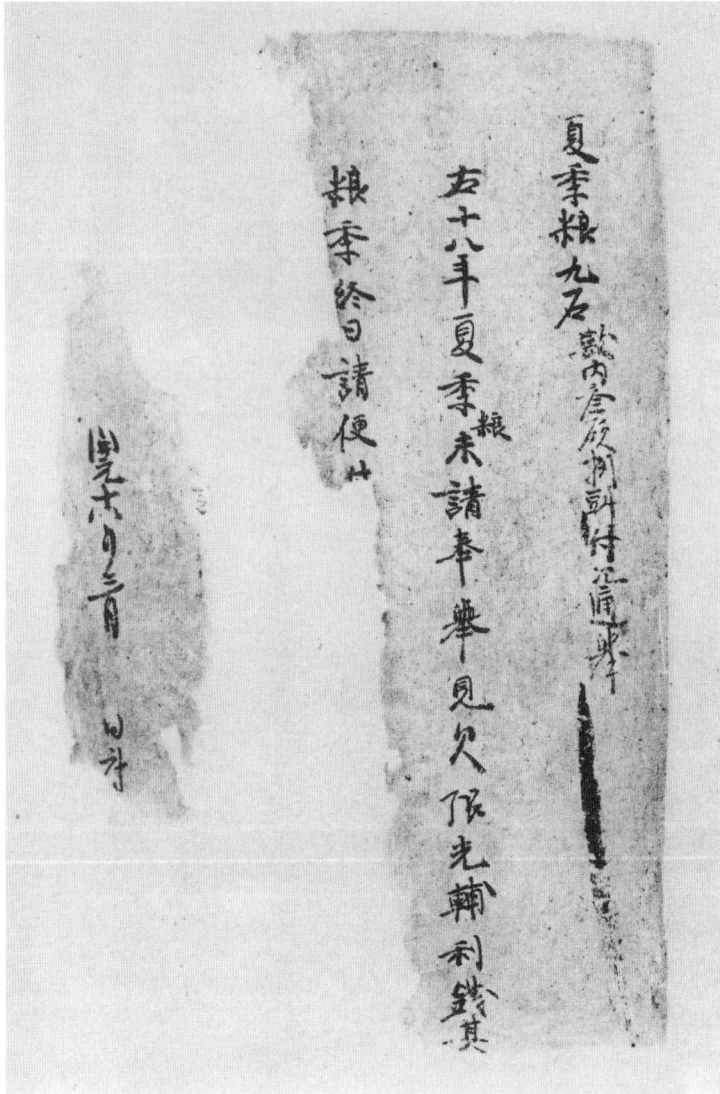

91 唐開元十八年（730）府某牒爲請付夏季糧利錢事

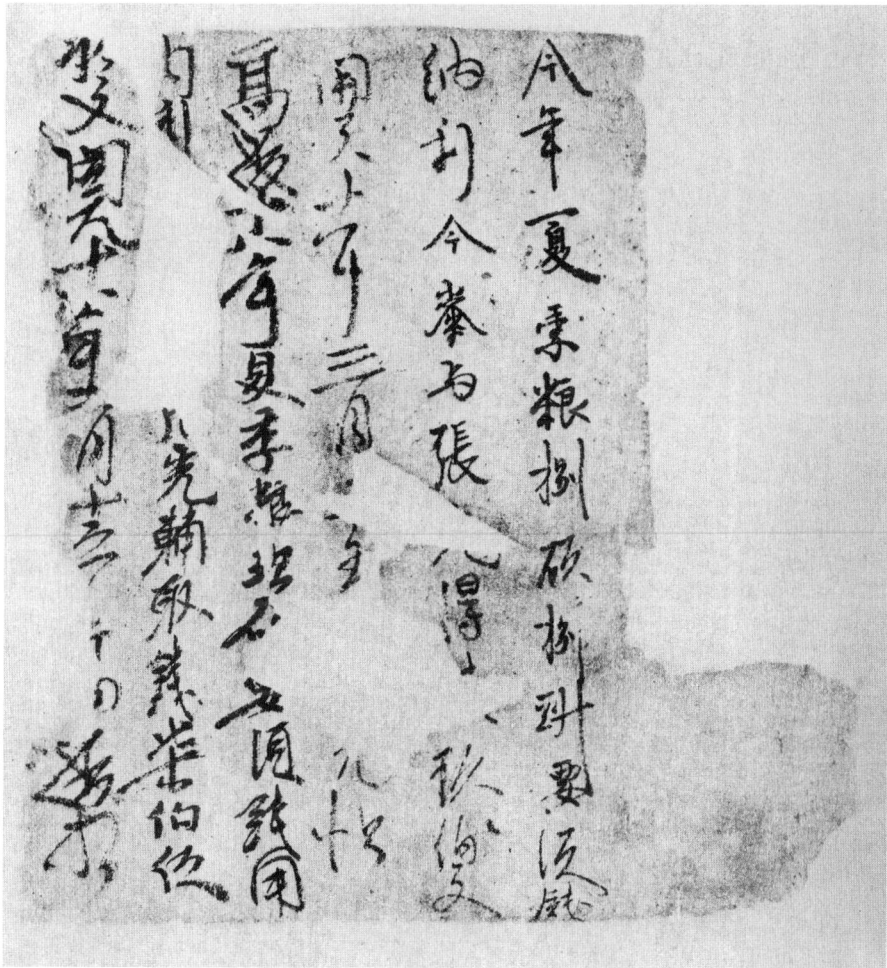

92　唐開元十八年（730）高成等糶夏季糧取錢抄二件

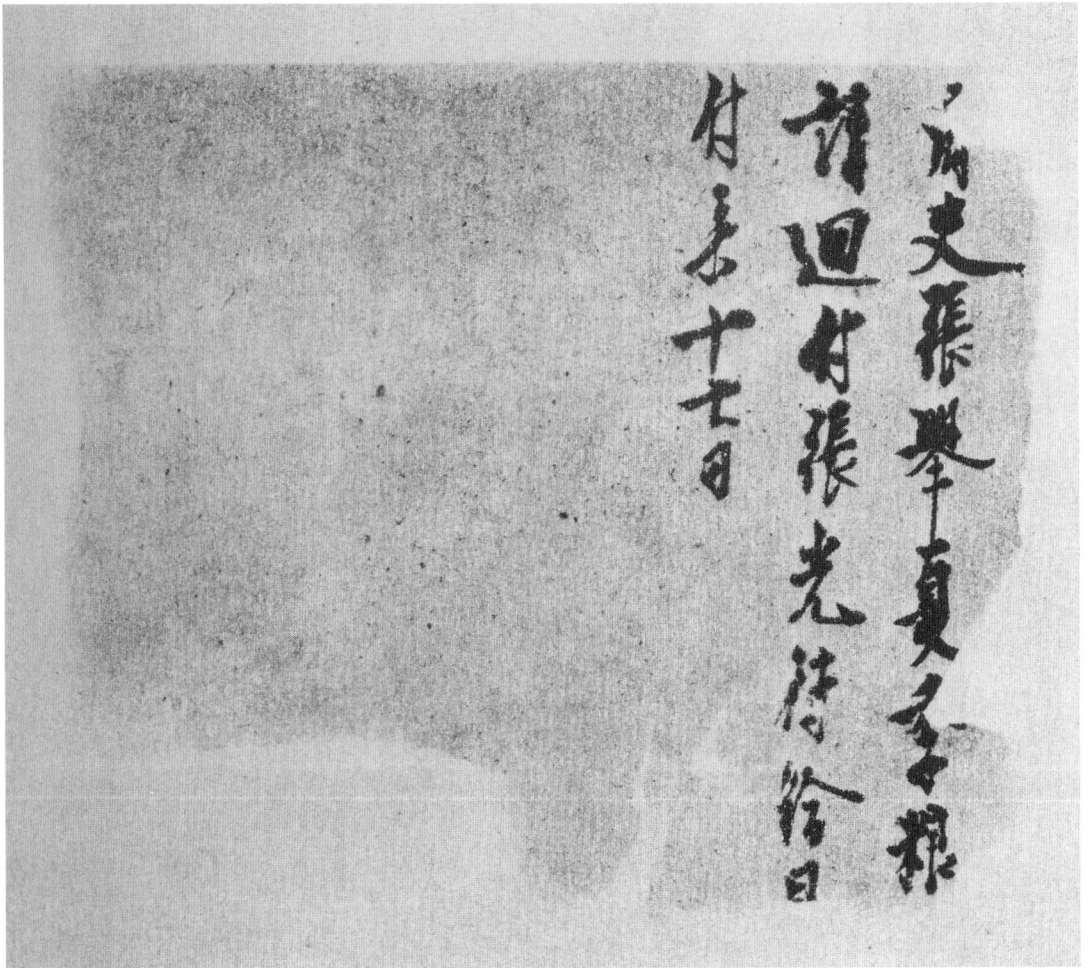

93　唐府史張舉夏季糧請回付張光抄

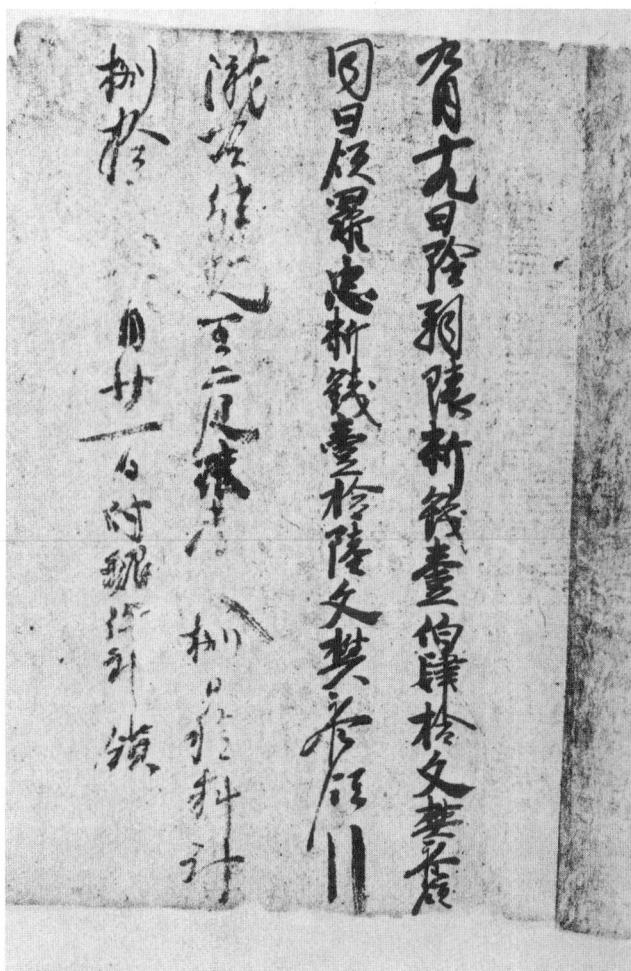

94　唐樊詮、魏仵神領料錢抄二件

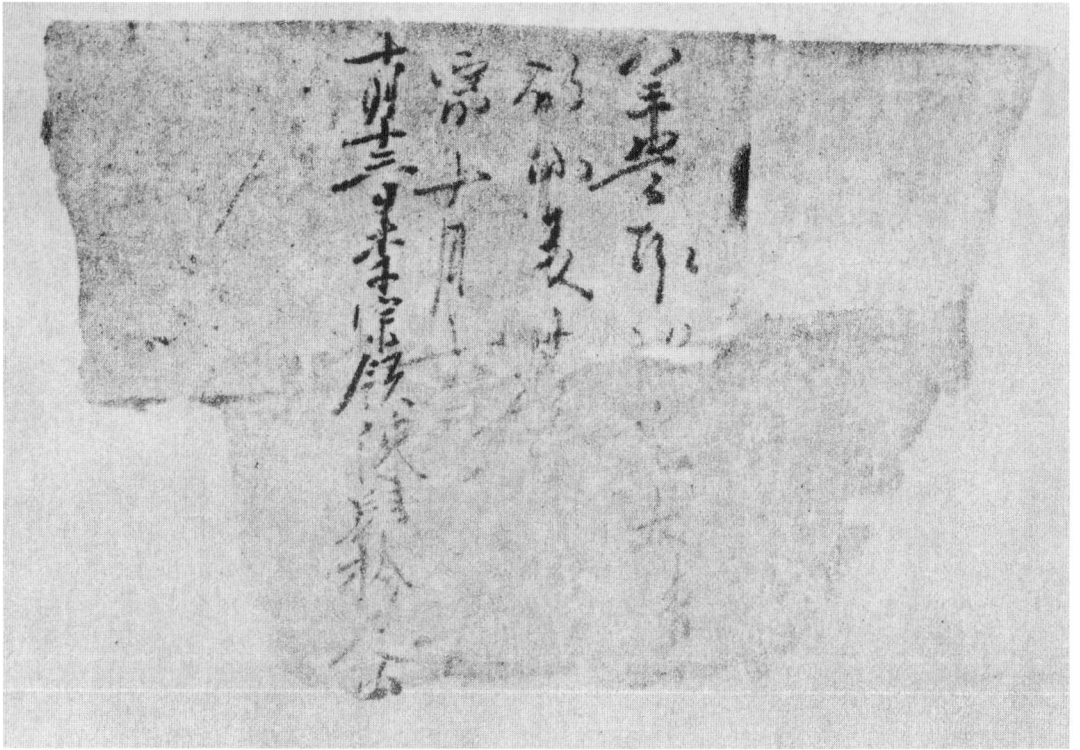

95　唐羊晉、李宗取領練抄二件

96　唐開元十八年（730）某人冬季糧請付府史張光輔抄

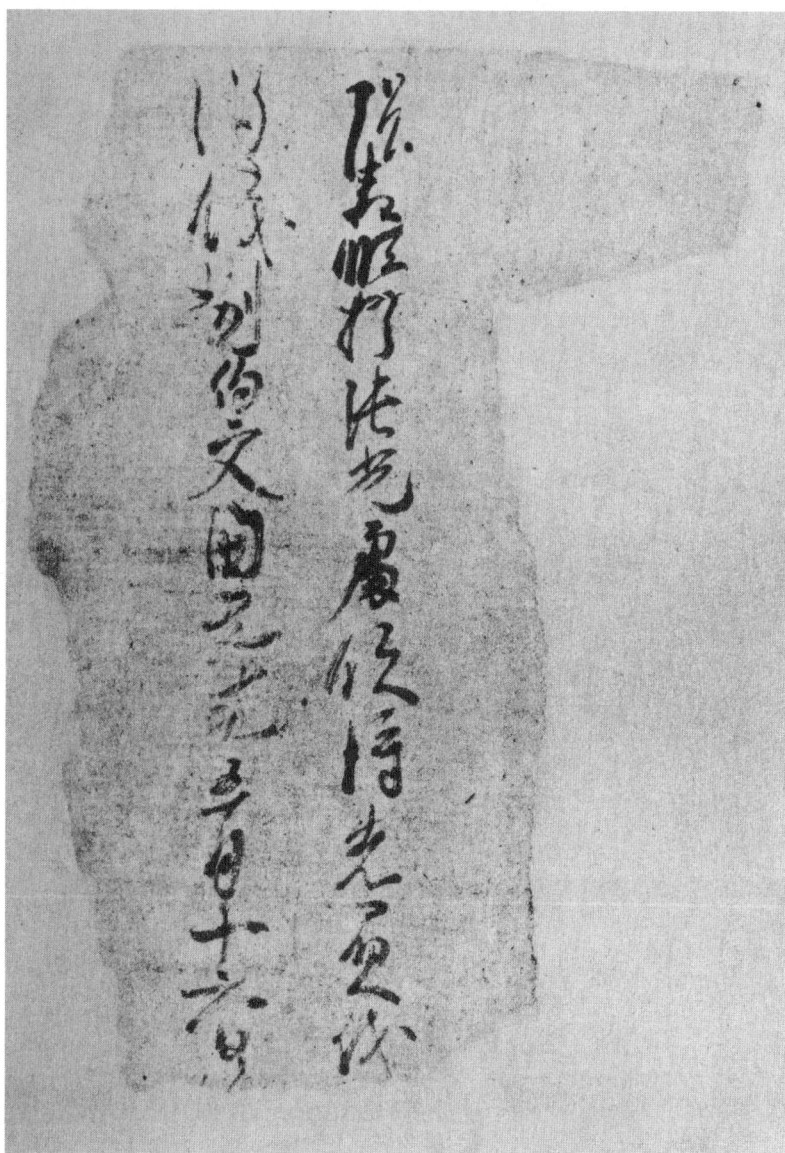

97　唐開元十九年（731）張嘉順領錢抄

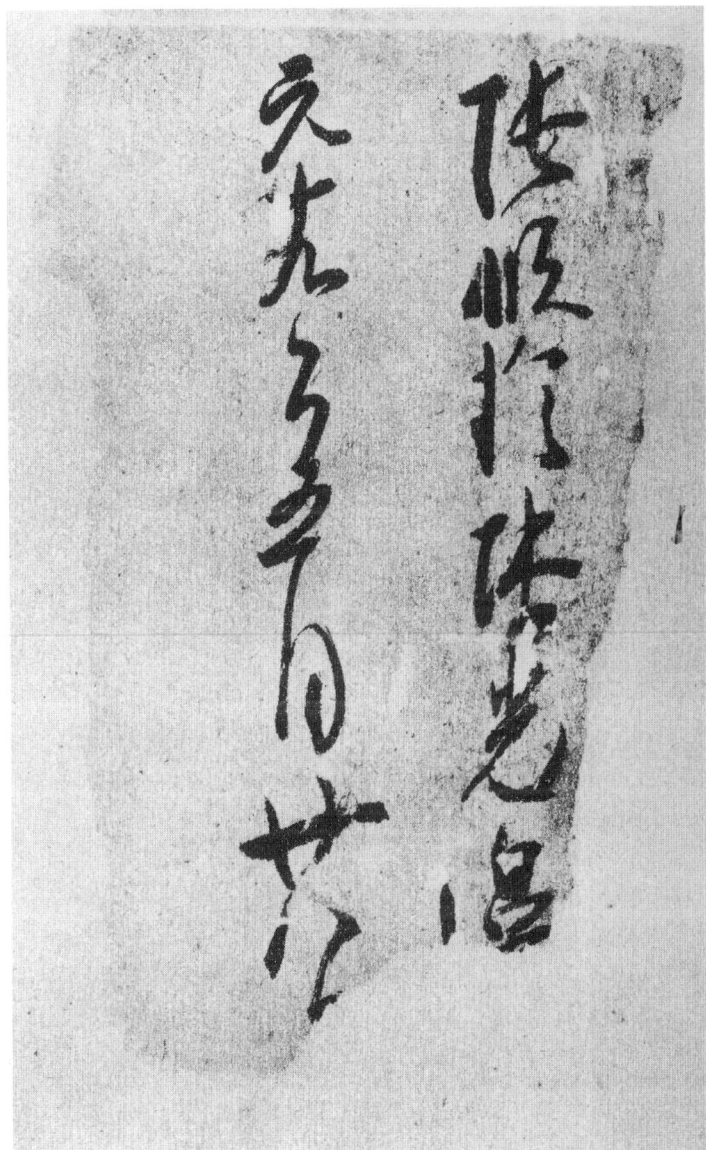

98　唐開元十九年（731）張順抄

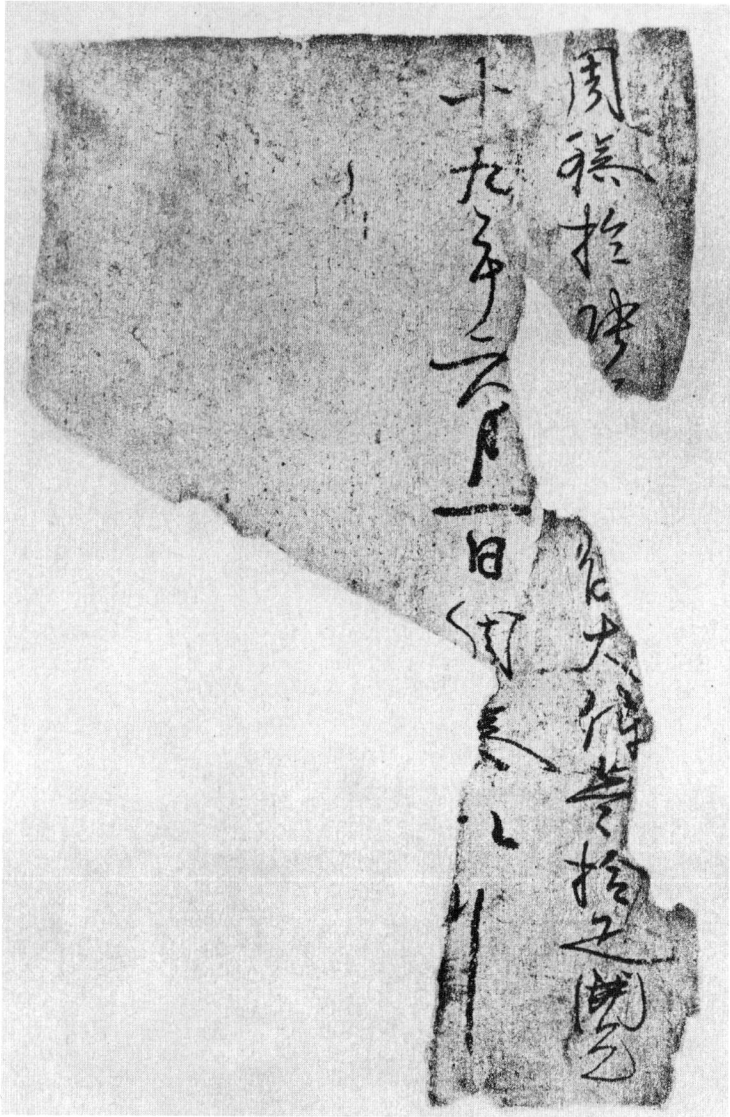

99　唐開元十九年（731）周積領練抄

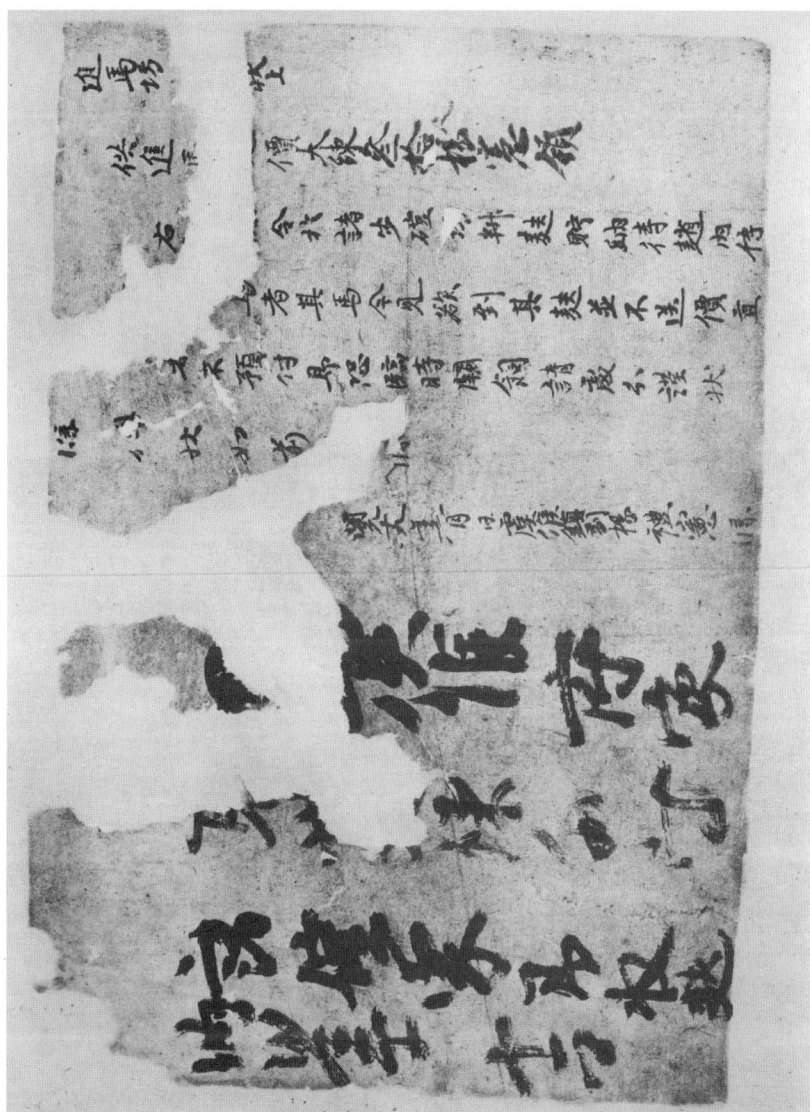

100　唐開元十九年（731）進馬坊狀爲取練預付供進馬鞍價事

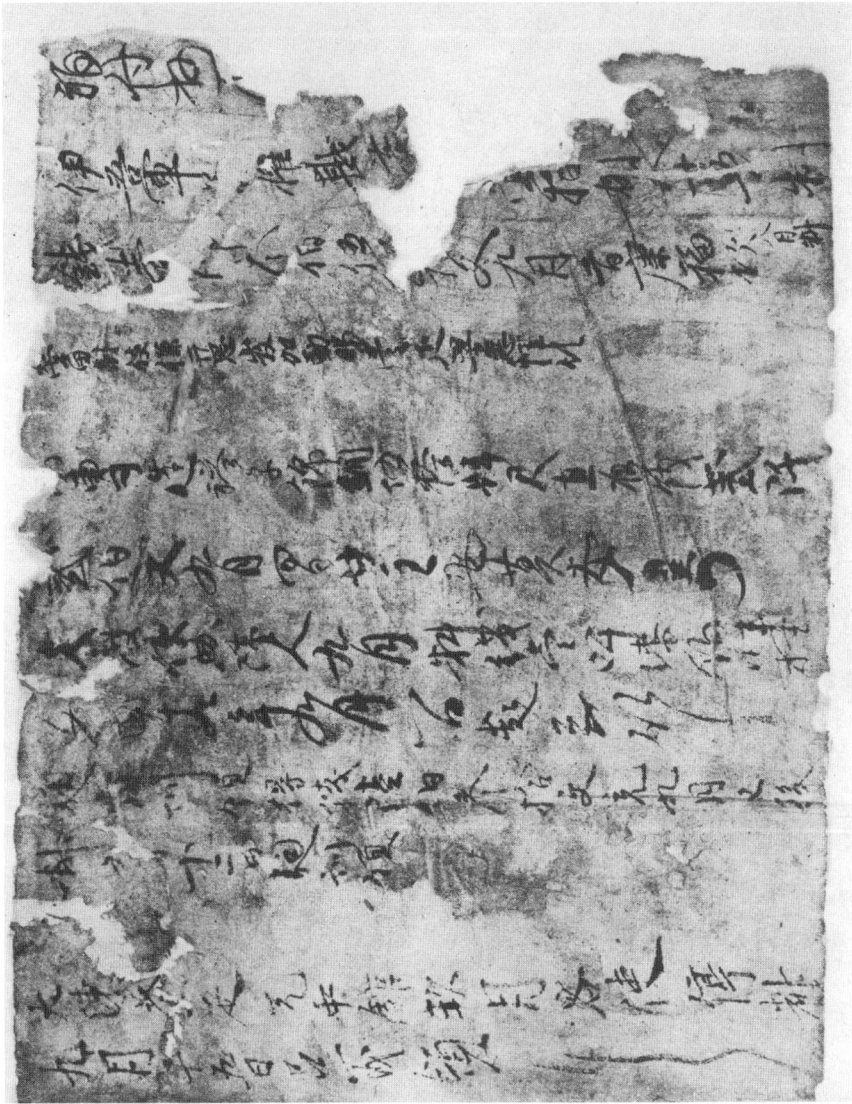

101　唐開元十九年（731）康福等領料抄－1

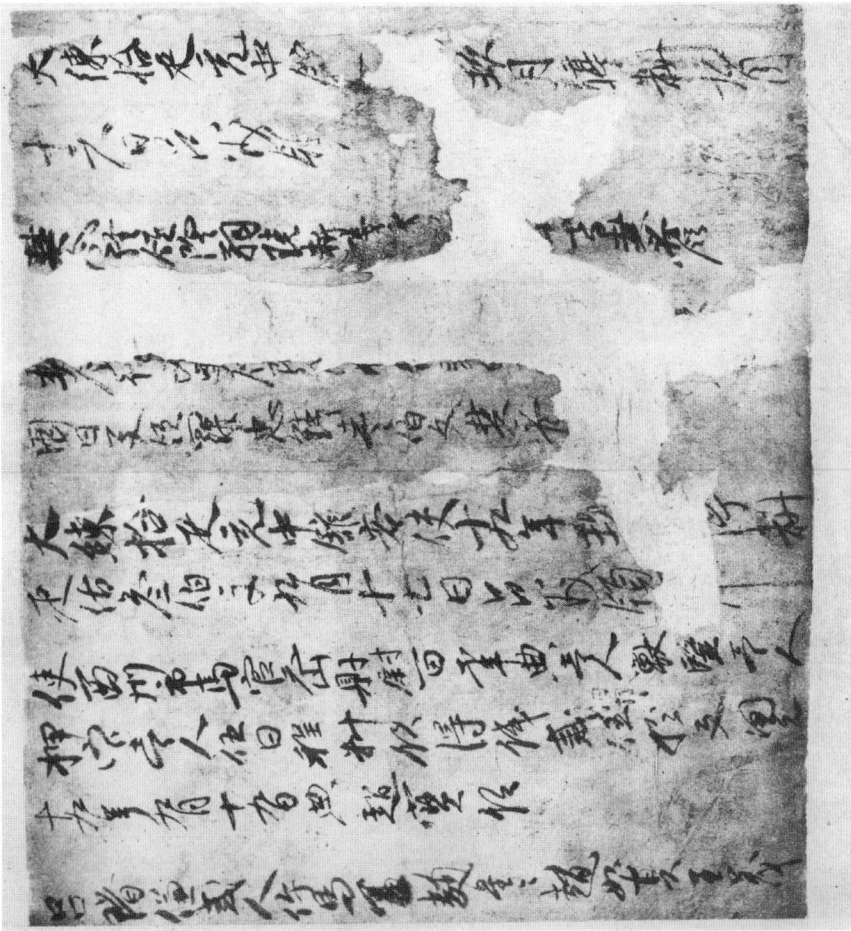

101　唐開元十九年（731）康福等領料抄－2

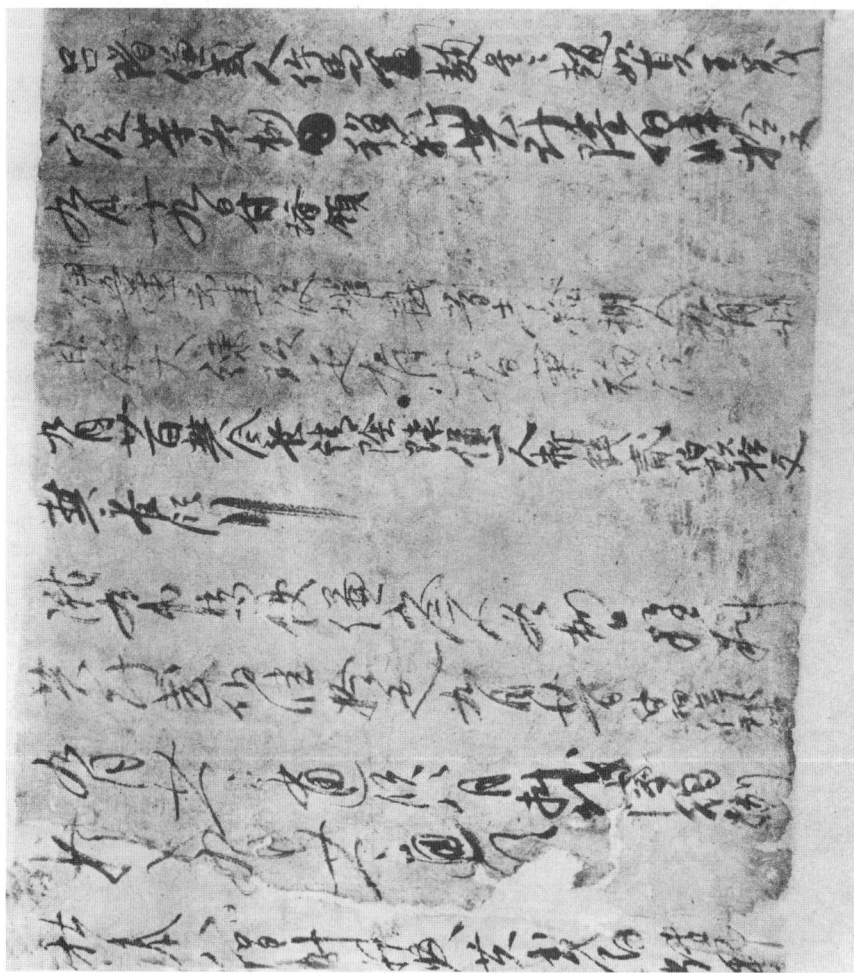

101　唐開元十九年（731）康福等領料抄－3

101　唐開元十九年（731）康福等領領料抄－4

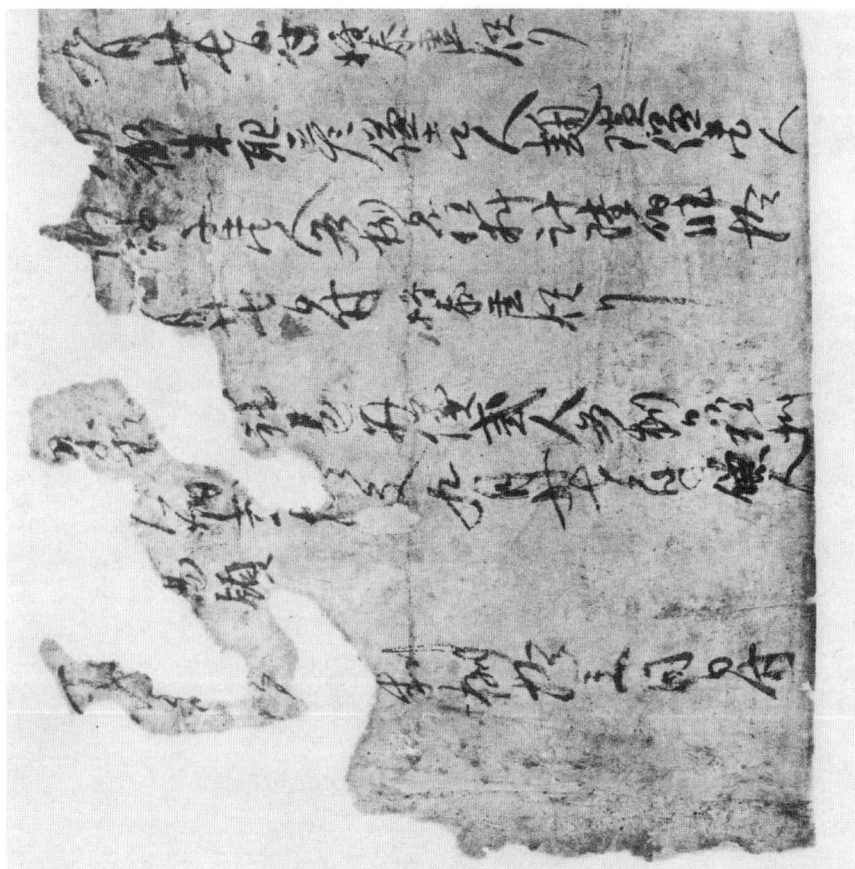

101　唐開元十九年（731）康福等領料抄－5

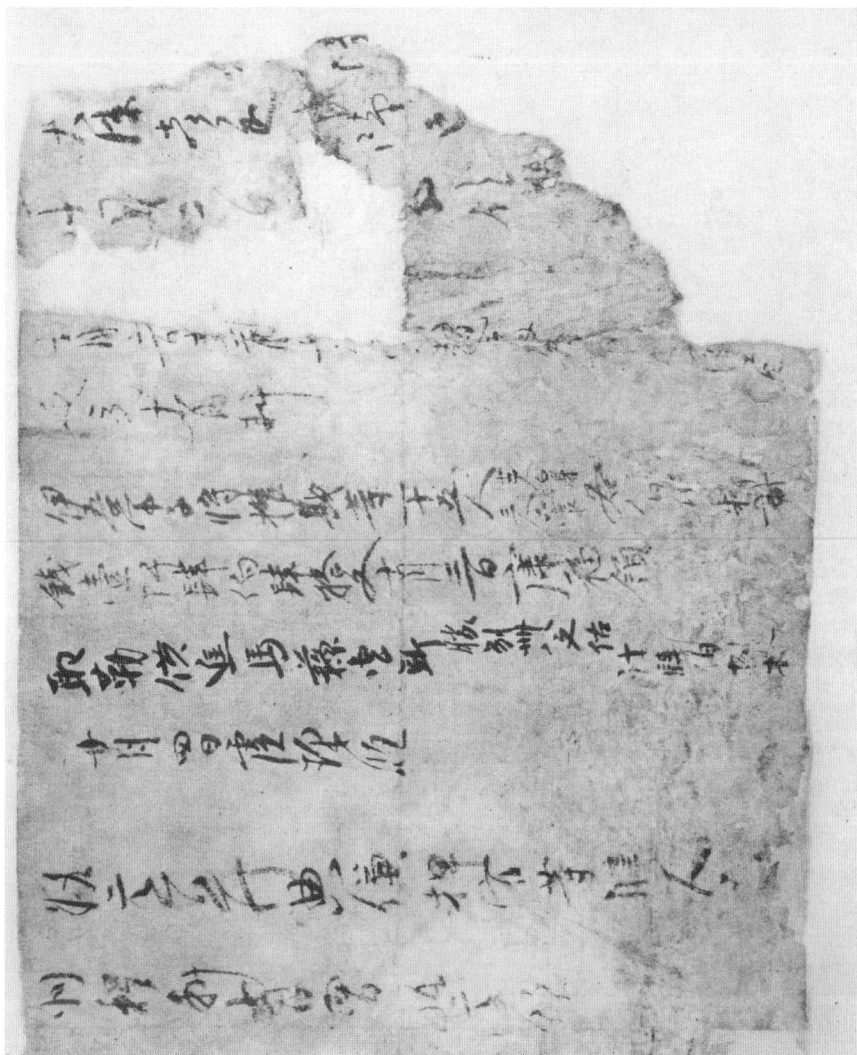

101　唐開元十九年（731）康福等領料抄 -6

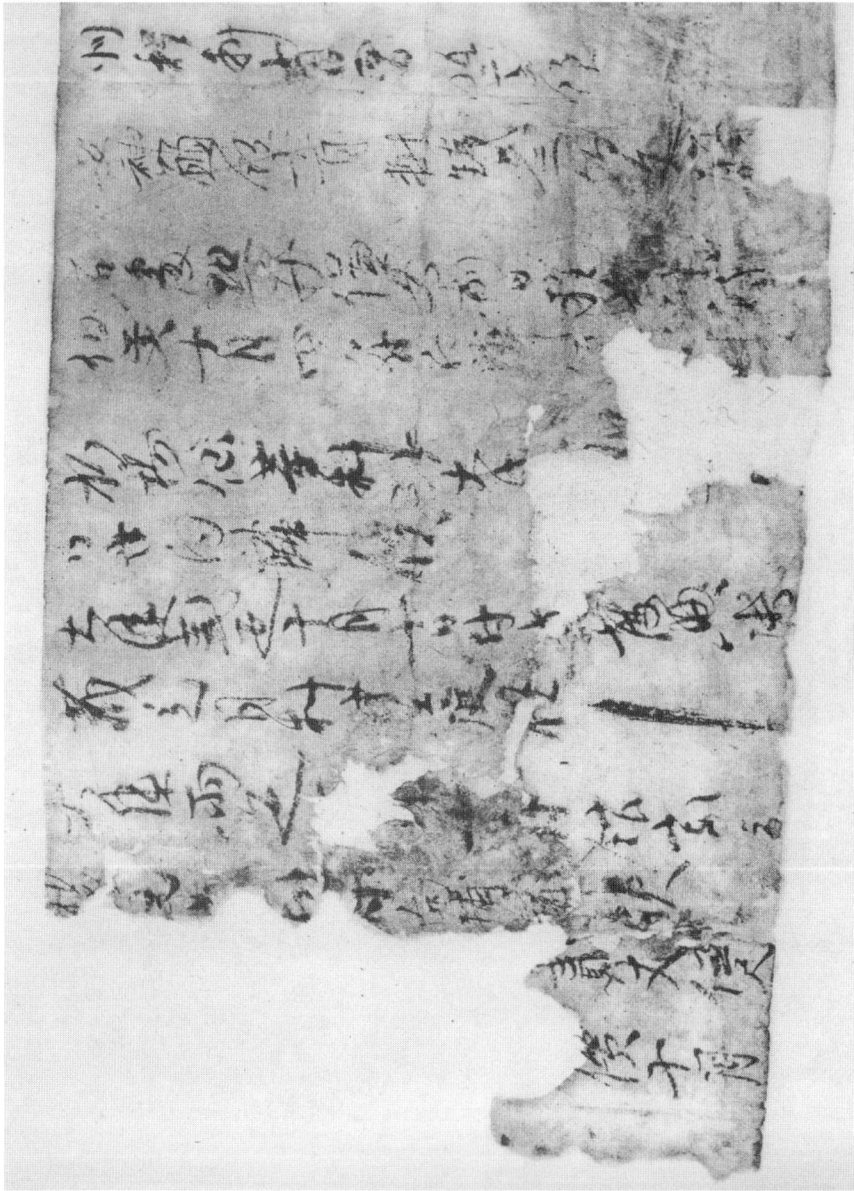

101 唐開元十九年（731）康福等領料抄－7

102　唐蔣玄其等領錢練練抄－1

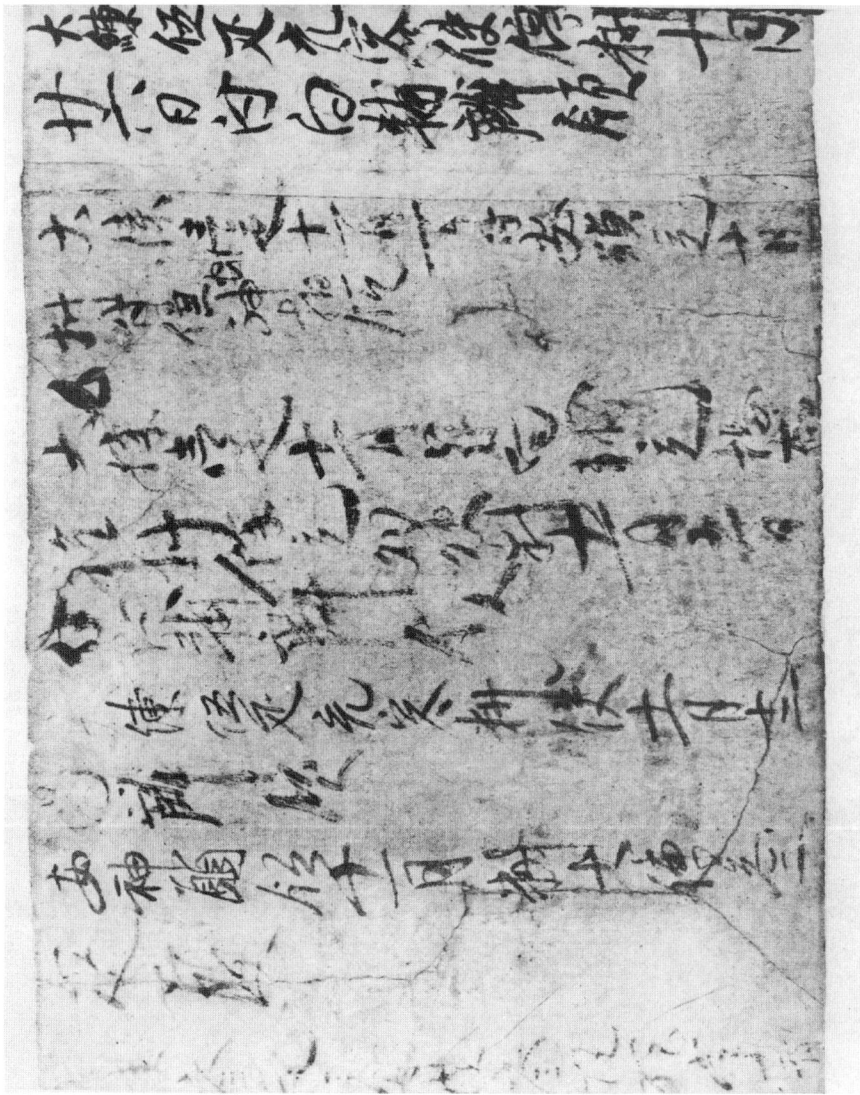

102　唐蒲玄其等領鎮錢練抄－2

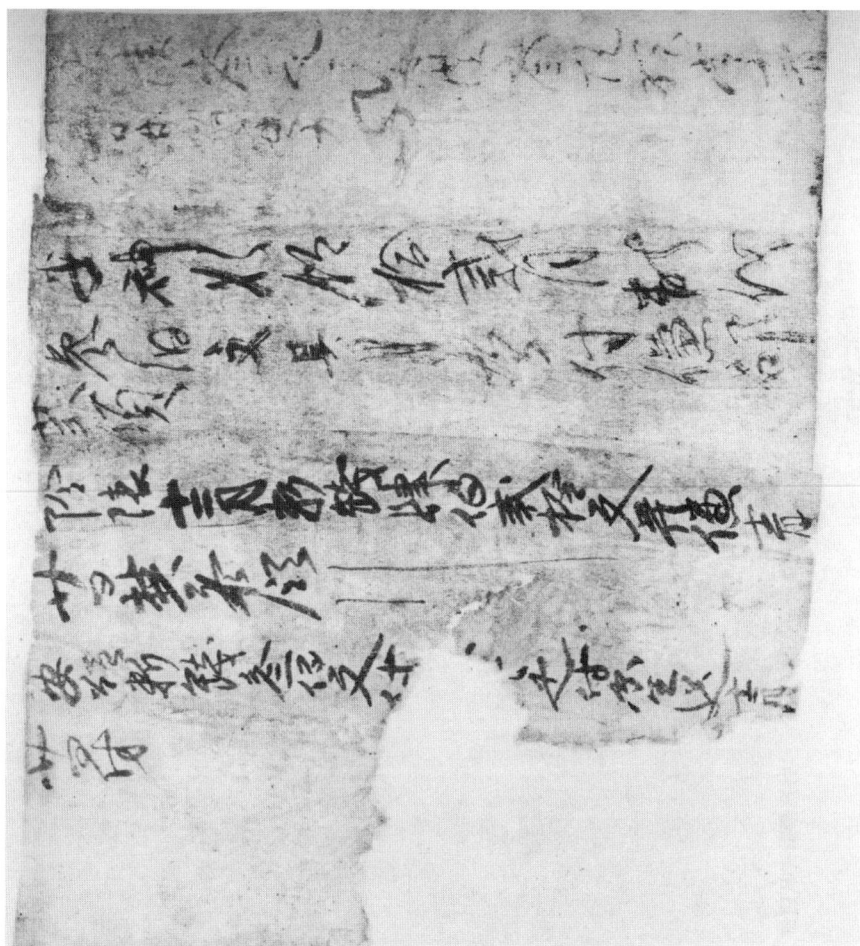

102　唐蔣玄其等領錢練抄－3

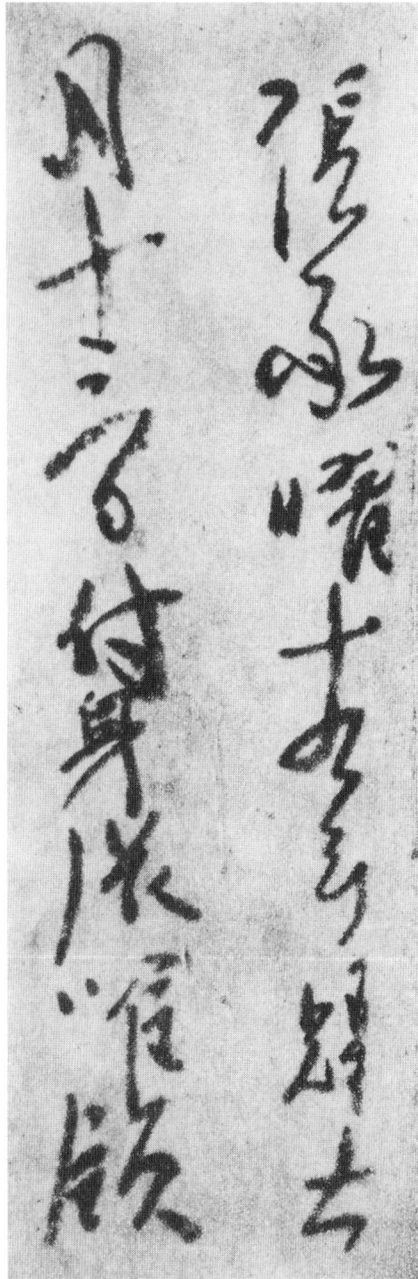

103　唐開元十九年（731）張唯領物抄

105　唐丘沈等領充料錢物帳

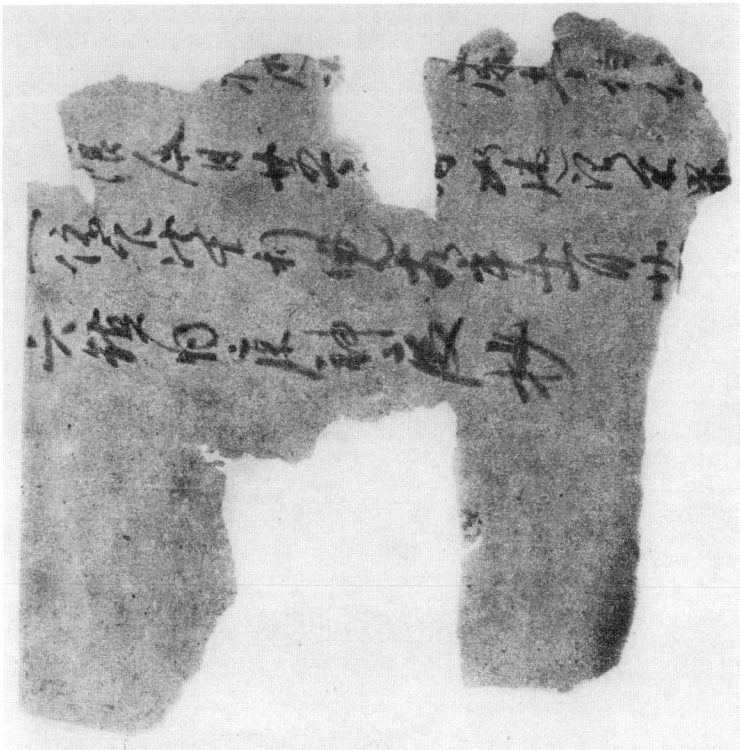

104　唐開元十九年（731）□六鎮將康神慶抄

106　唐樊詮領陰嗣瓌十一月料錢抄

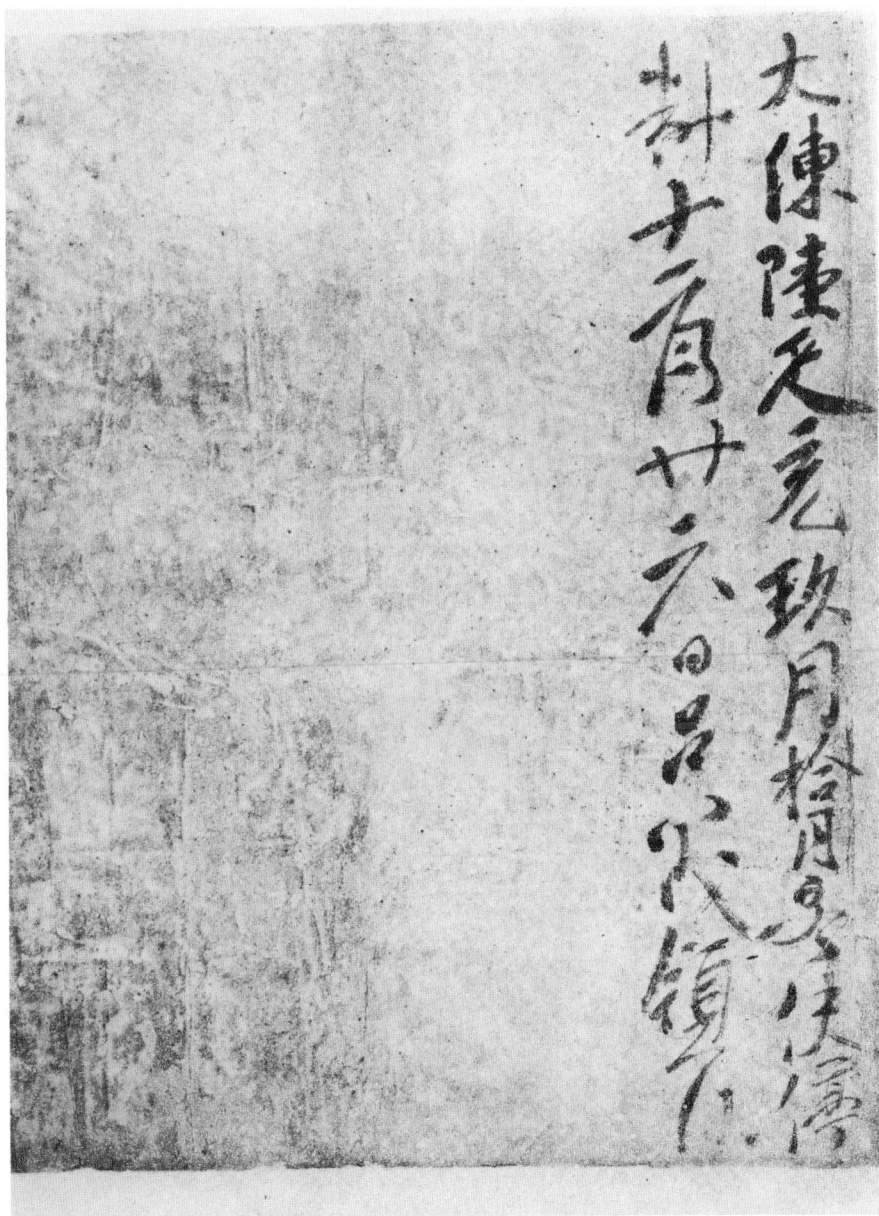

107　唐呂義領玖、拾兩月客使停料抄

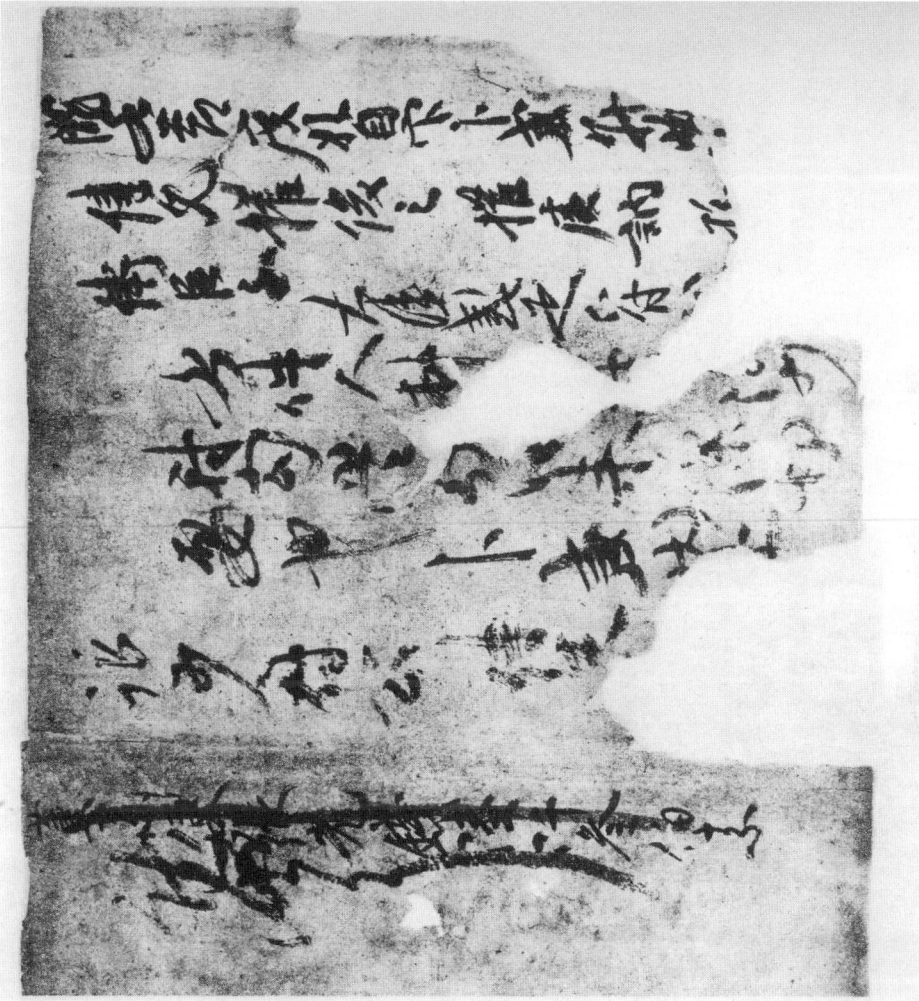

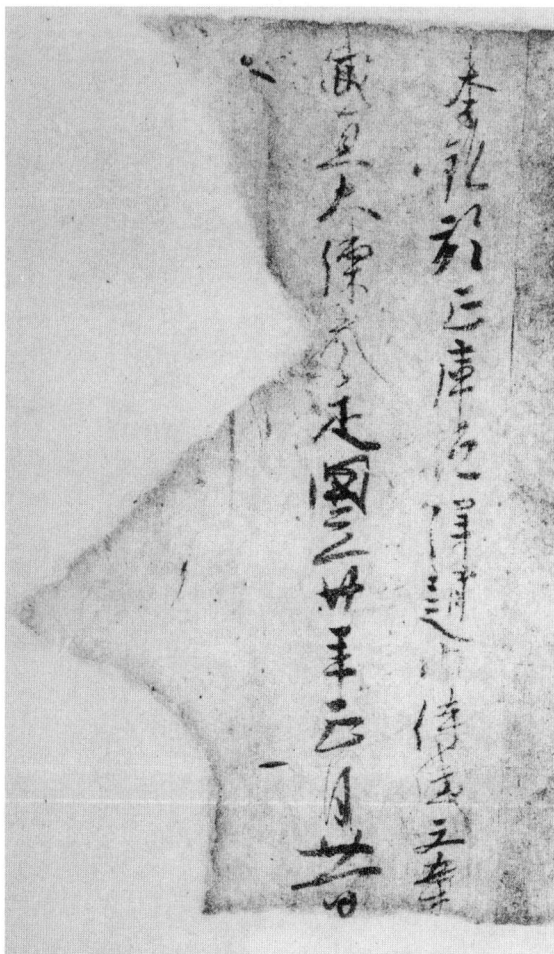

110　唐開元二十年（732）李欽領練抄

111　唐羅常住等領料抄

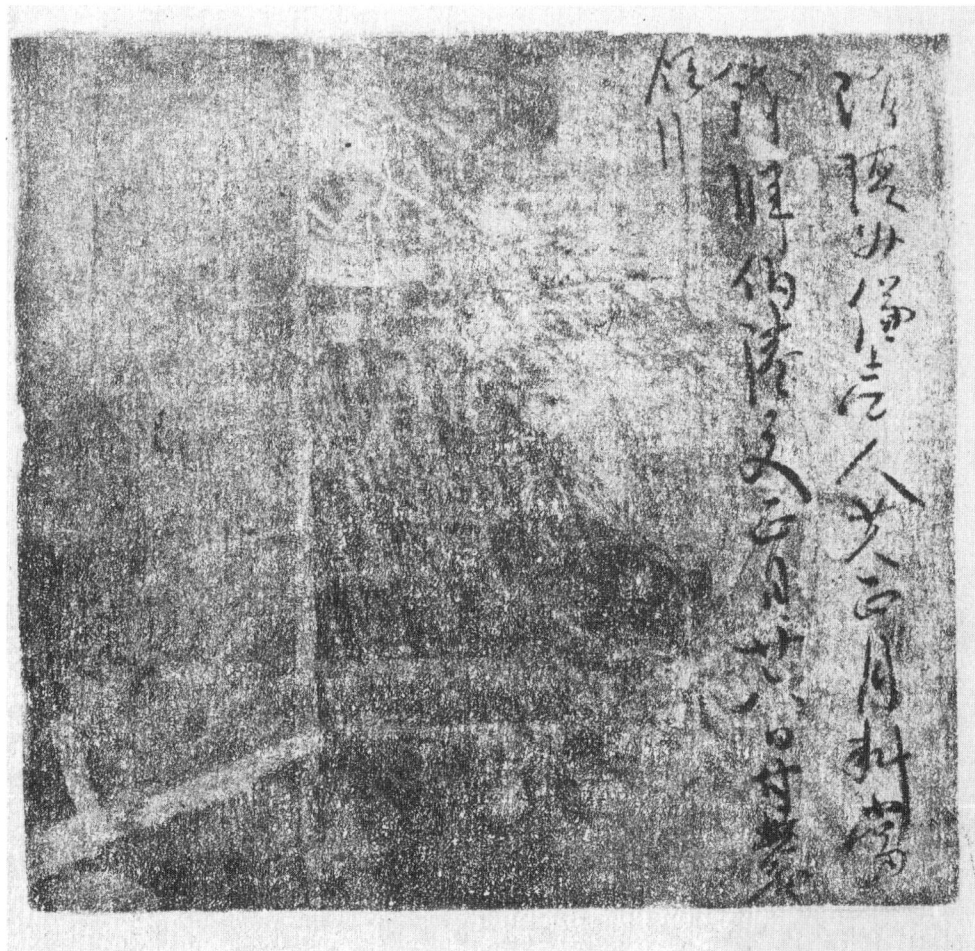

112　唐樊詮領陰瓌并傔正月料錢抄

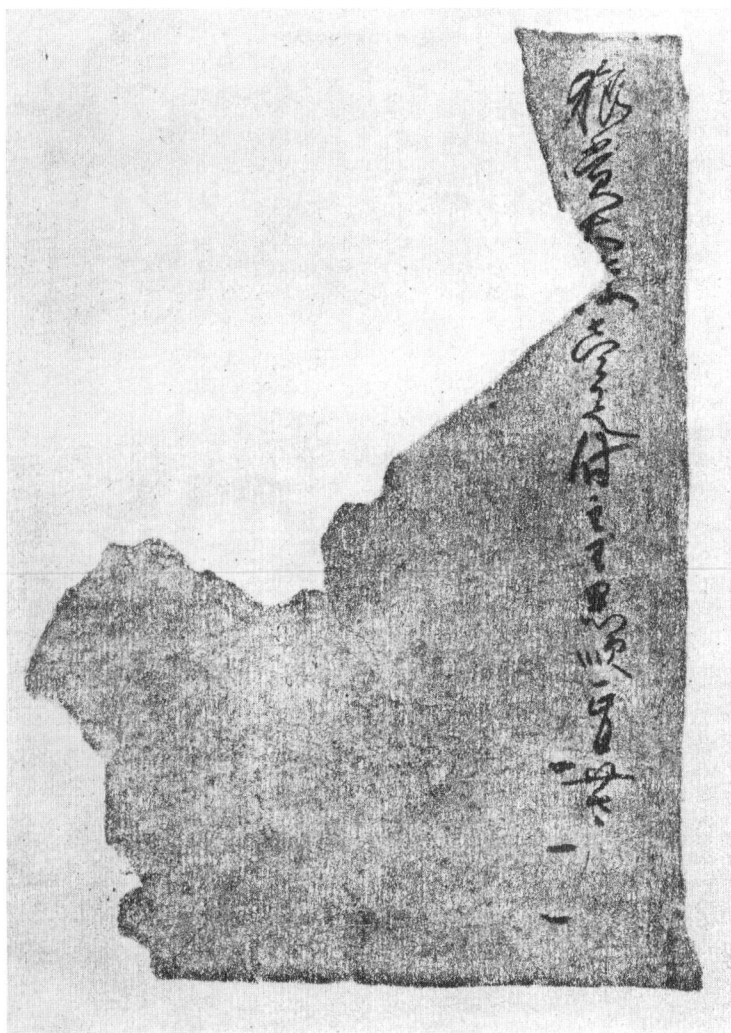

113　唐付王思順大練抄

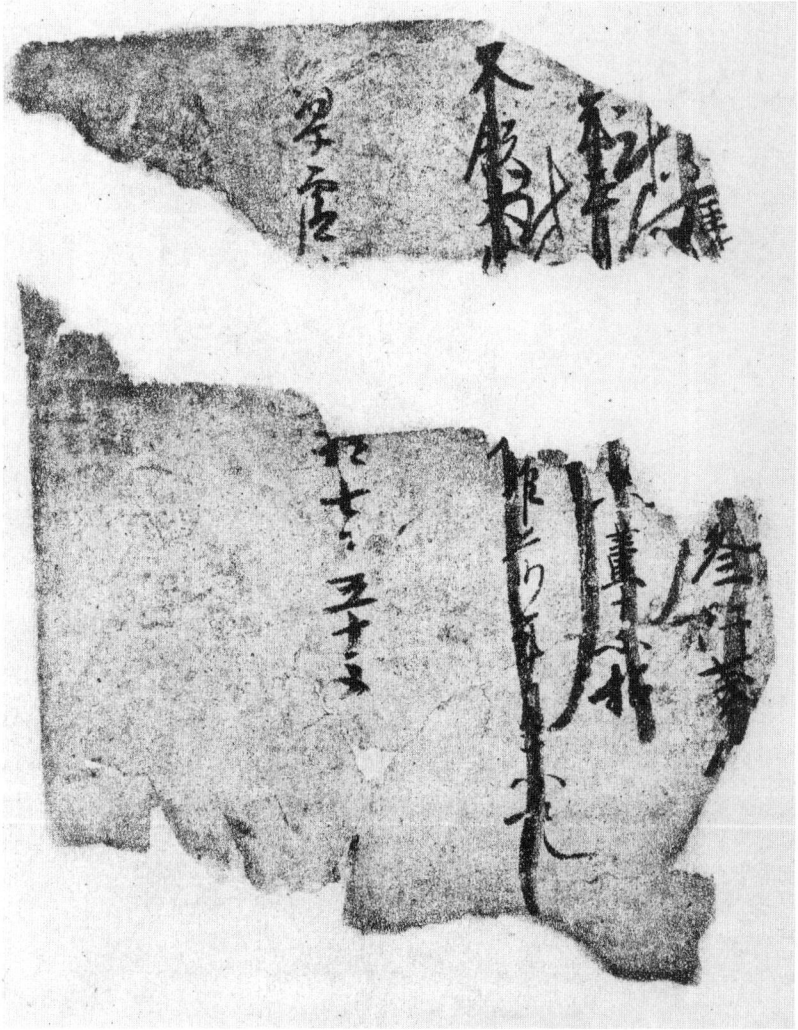

114　唐梁虛等領錢抄

115　唐領付氾崇等正月料錢抄

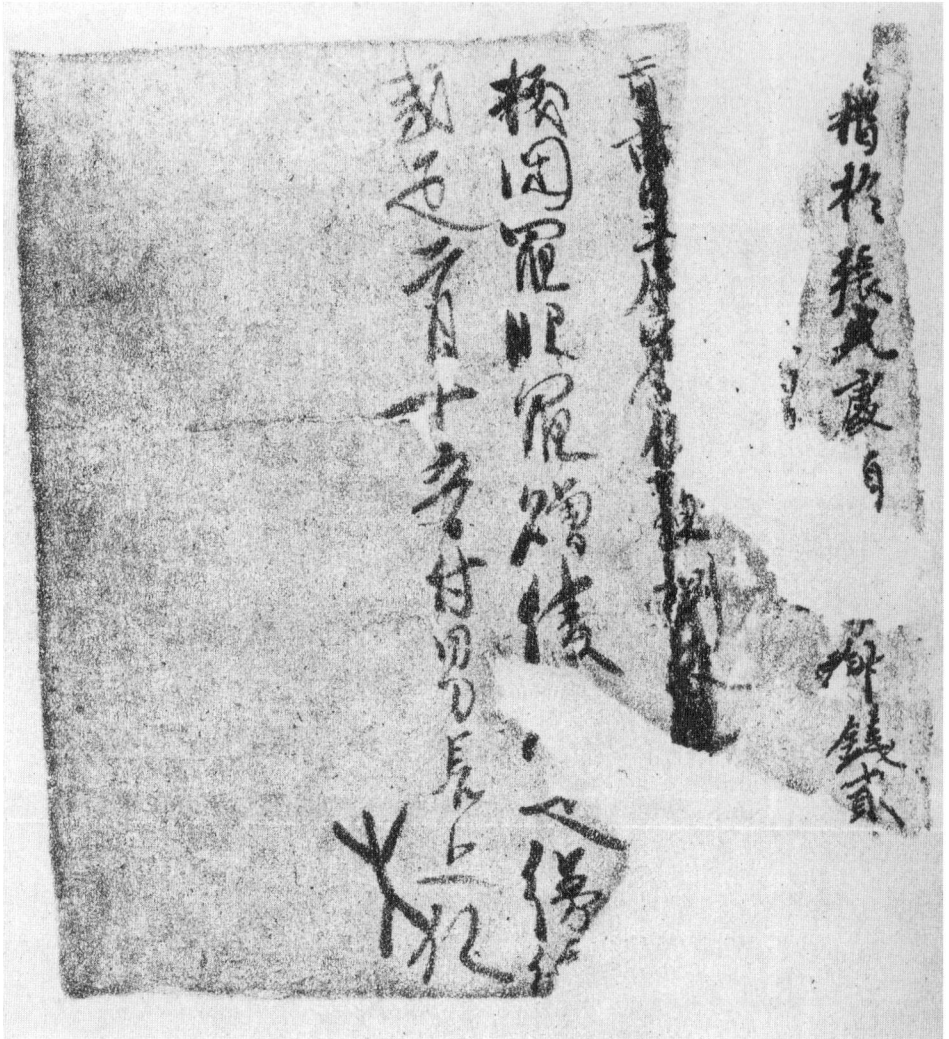

116　唐□楷等領付錢物帳

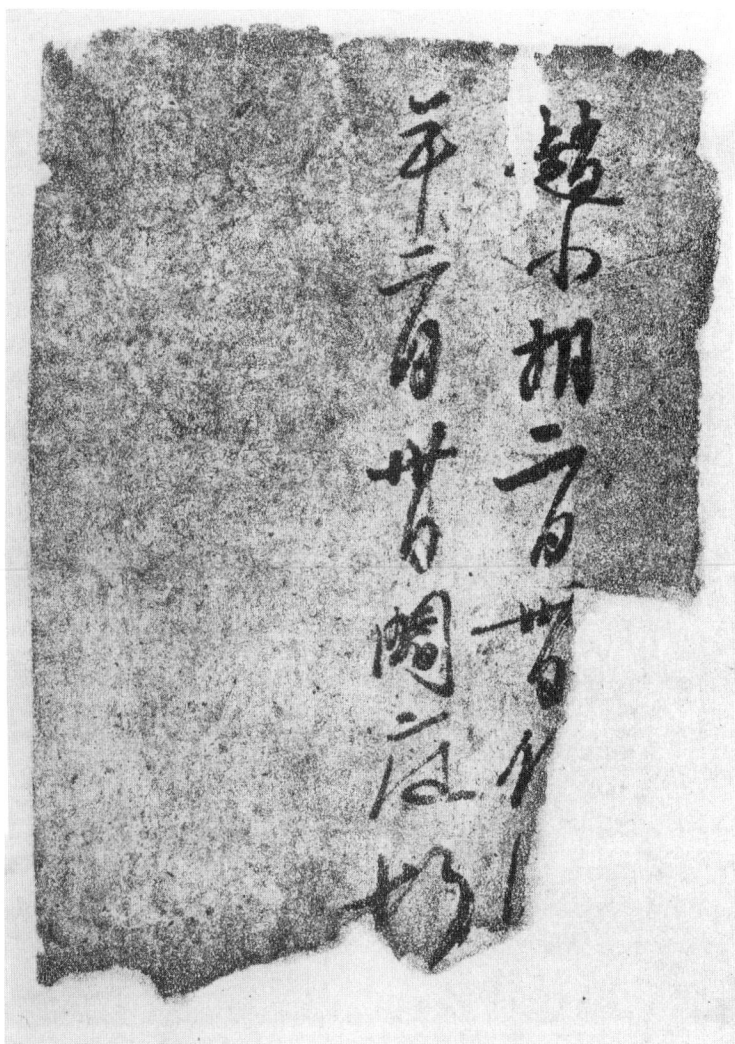

117　唐閻庭抄

118 唐□慶抄

119 唐曹護替納公廨錢抄

北庭相關文書

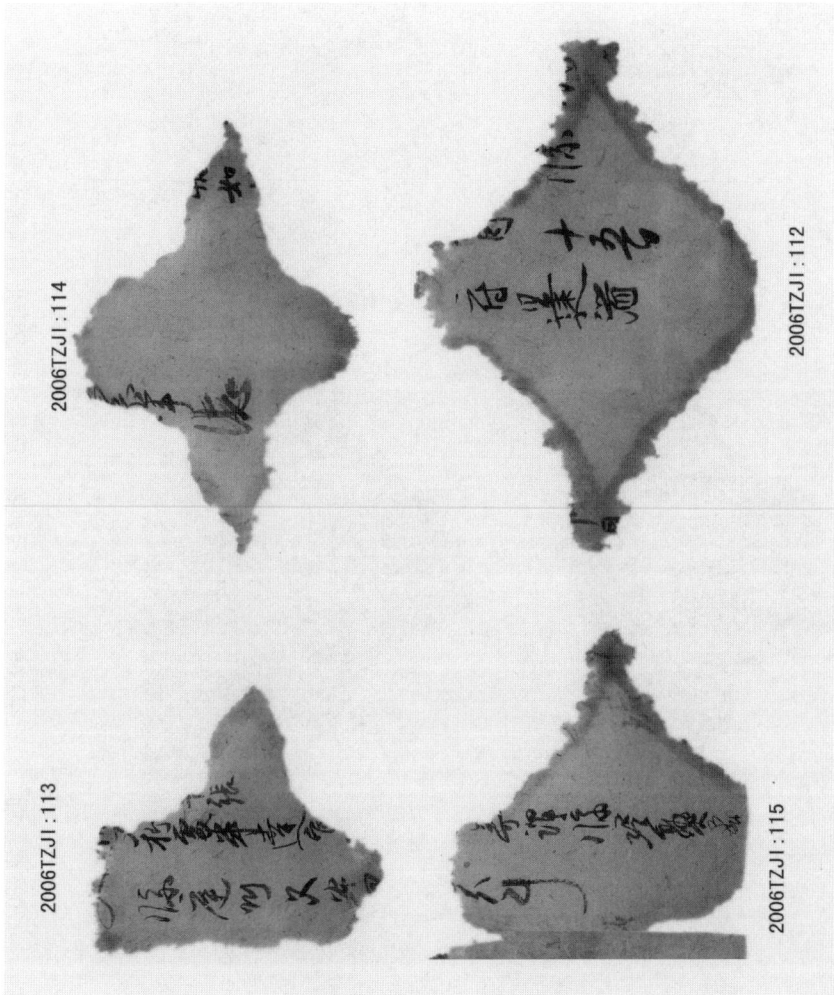

2006TZJI：114

2006TZJI：112

2006TZJI：113

2006TZJI：115

120　唐龍朔二、三年（662、663）西州都督府案卷之安穭胡遷胡禄部落事（一）-1

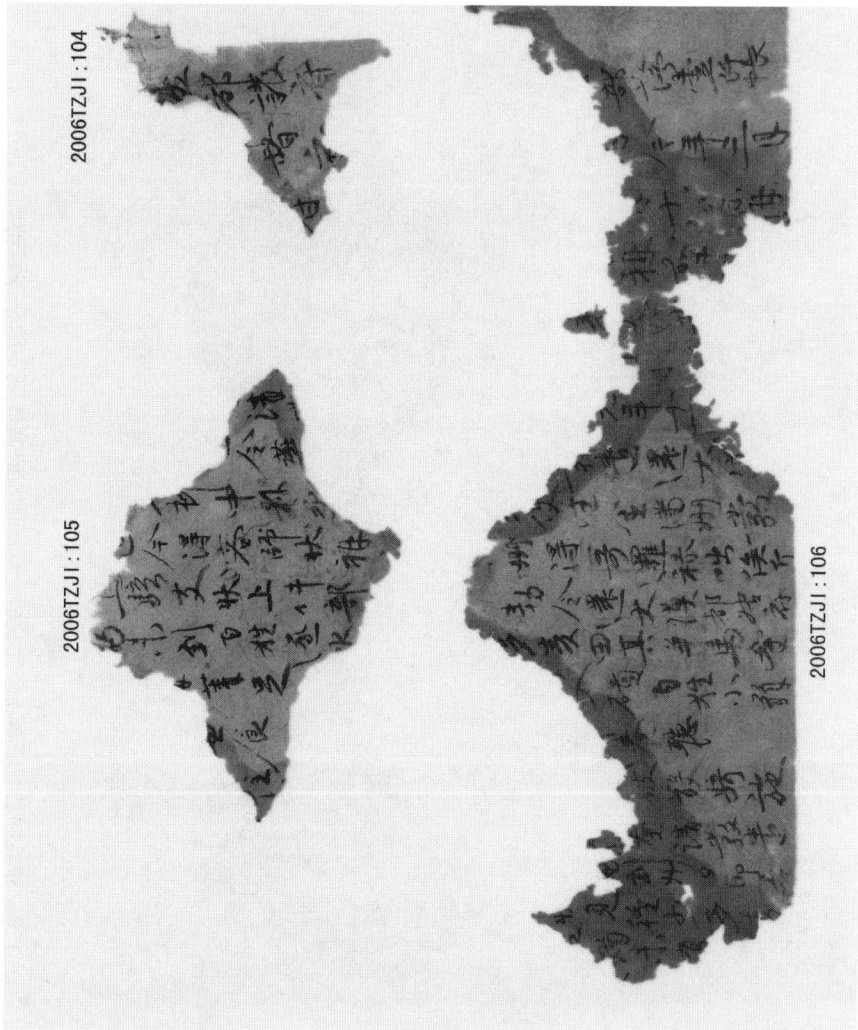

120 唐龍朔二、三年（662、663）西州都督府案卷爲安稽哥邏祿部落事（一）-2

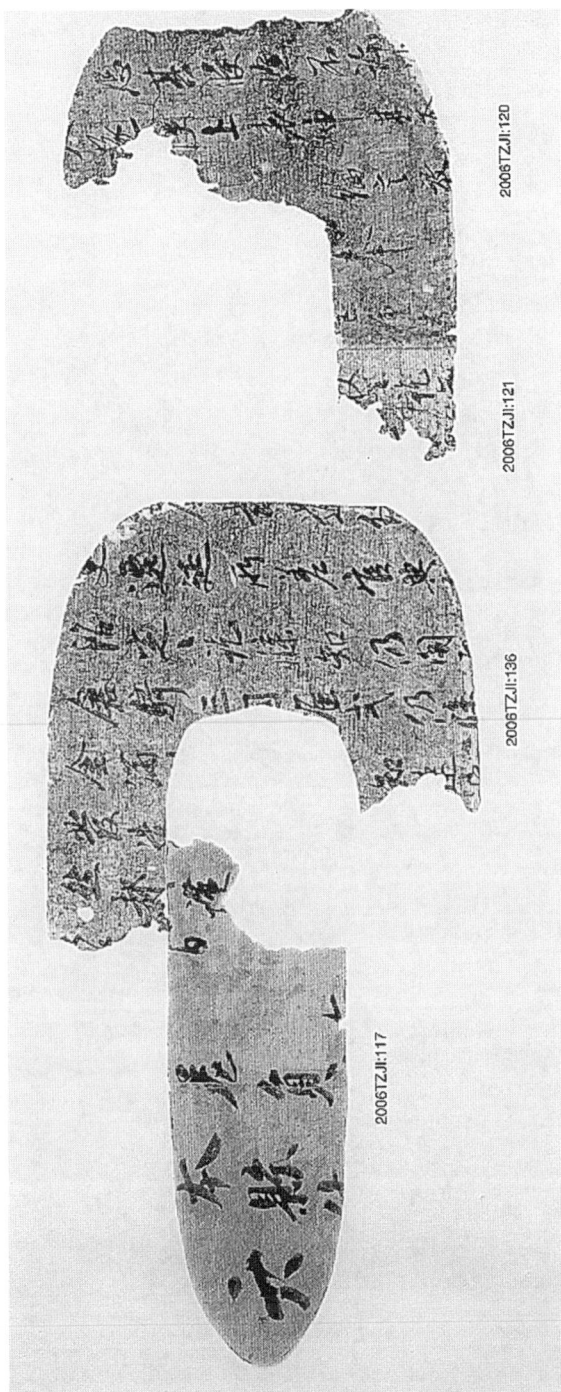

2006TZJI:120

2006TZJI:121

2006TZJI:136

2006TZJI:117

120　唐龍朔二、三年（662、663）西州都督府案卷爲安稽哥邏祿部落事（二）

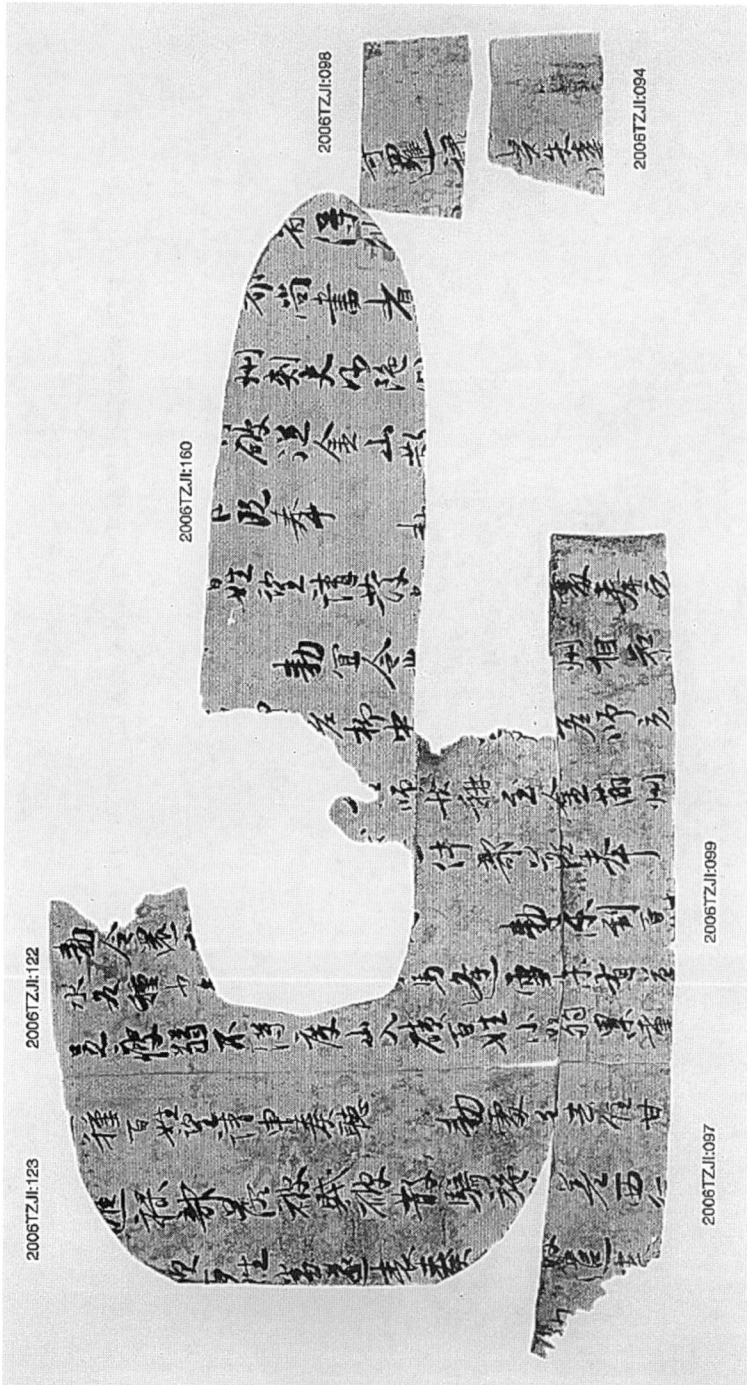

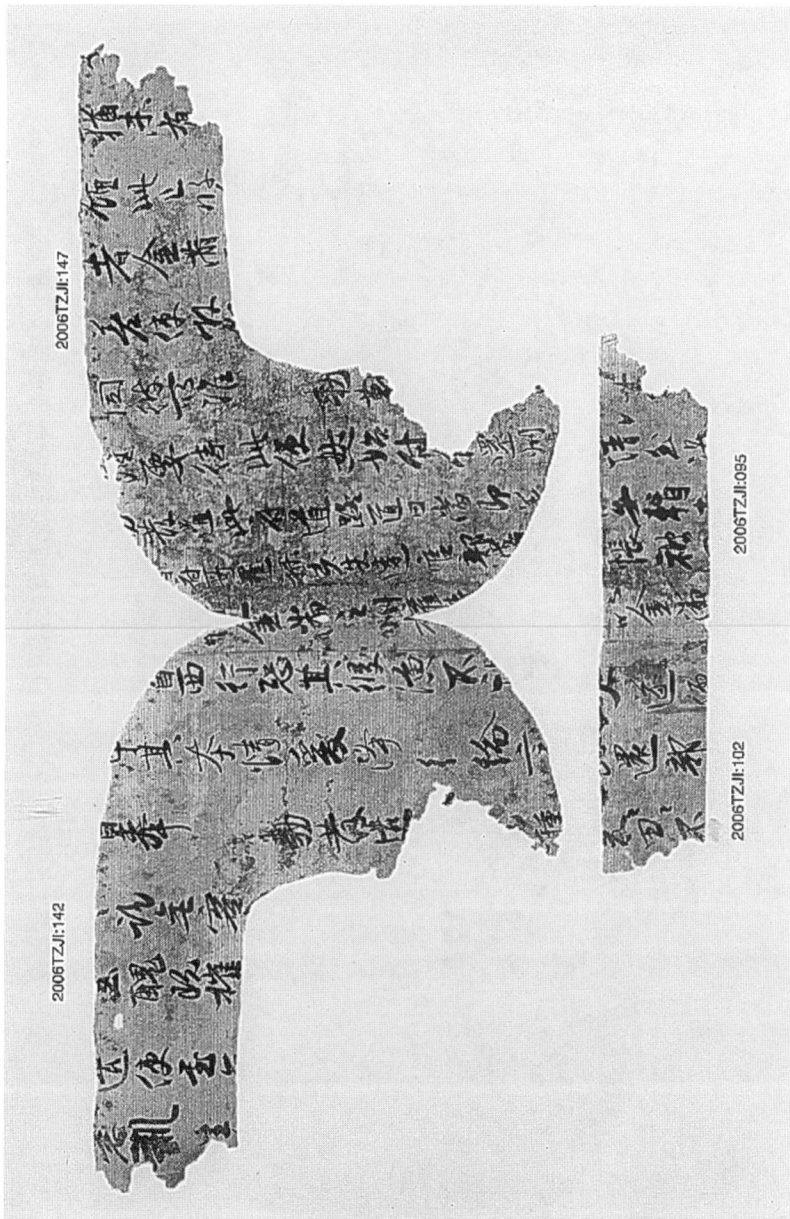

120　唐龍朔二、三年（662、663）西州都督府案卷爲安稽胡遷祿部落落事（三）-2

120　唐龍朔二、三年（662、663）西州都督府案卷卷爲安稽哥遷檫部落事（三）－3

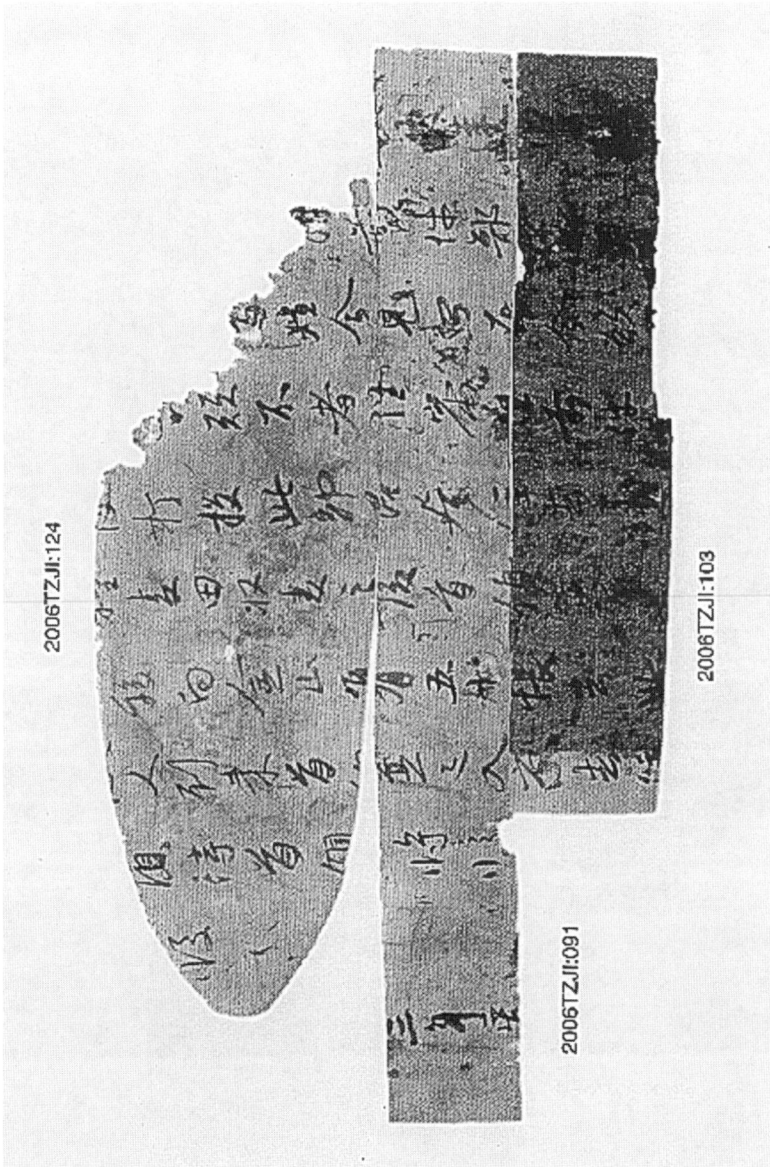

2006TZJI:124

2006TZJI:103

2006TZJI:091

120　唐龍朔二、三年（662、663）西州都督府案卷爲安稽哥邏哥祿爲部落等事（四）

2006TZJI:125

2006TZJI:093

2006TZJI:096

120　唐龍朔二、三年（662、663）西州都督府案卷為安穭耳遷穭部落事（五）

120　唐龍朔二、三年（662、663）西州都督
　　　府案卷爲安稽哥邏禄部落事（六）

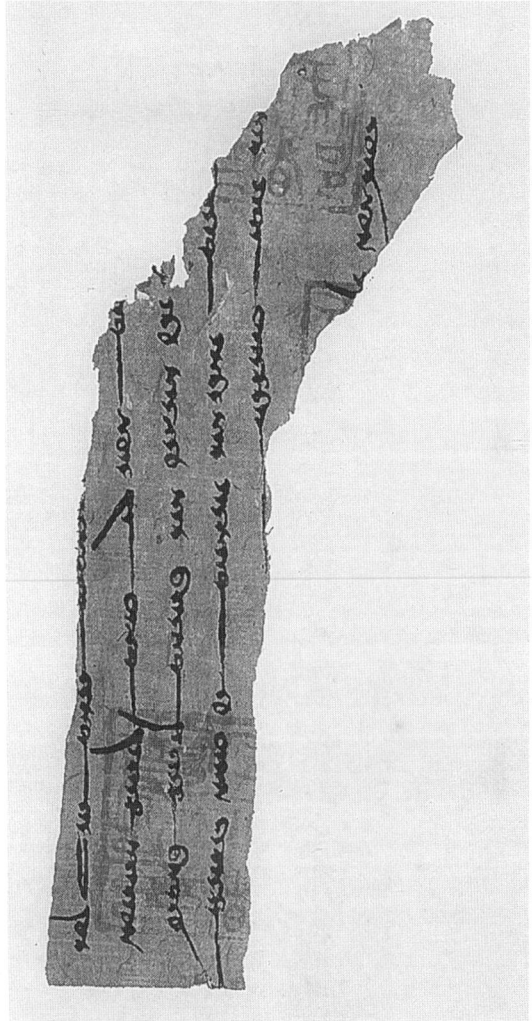

121　粟特語唐龍朔三年（663）金滿都督府致西
　　　州都督府書

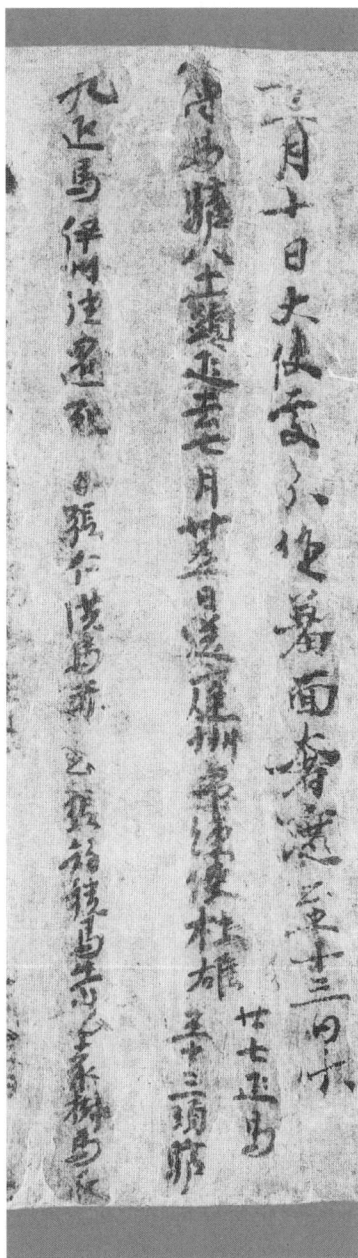

122　唐乾封二年至總章二年（667
—669）傳馬坊牒案卷－2

122　唐乾封二年至總章二年（667
—669）傳馬坊牒案卷－1

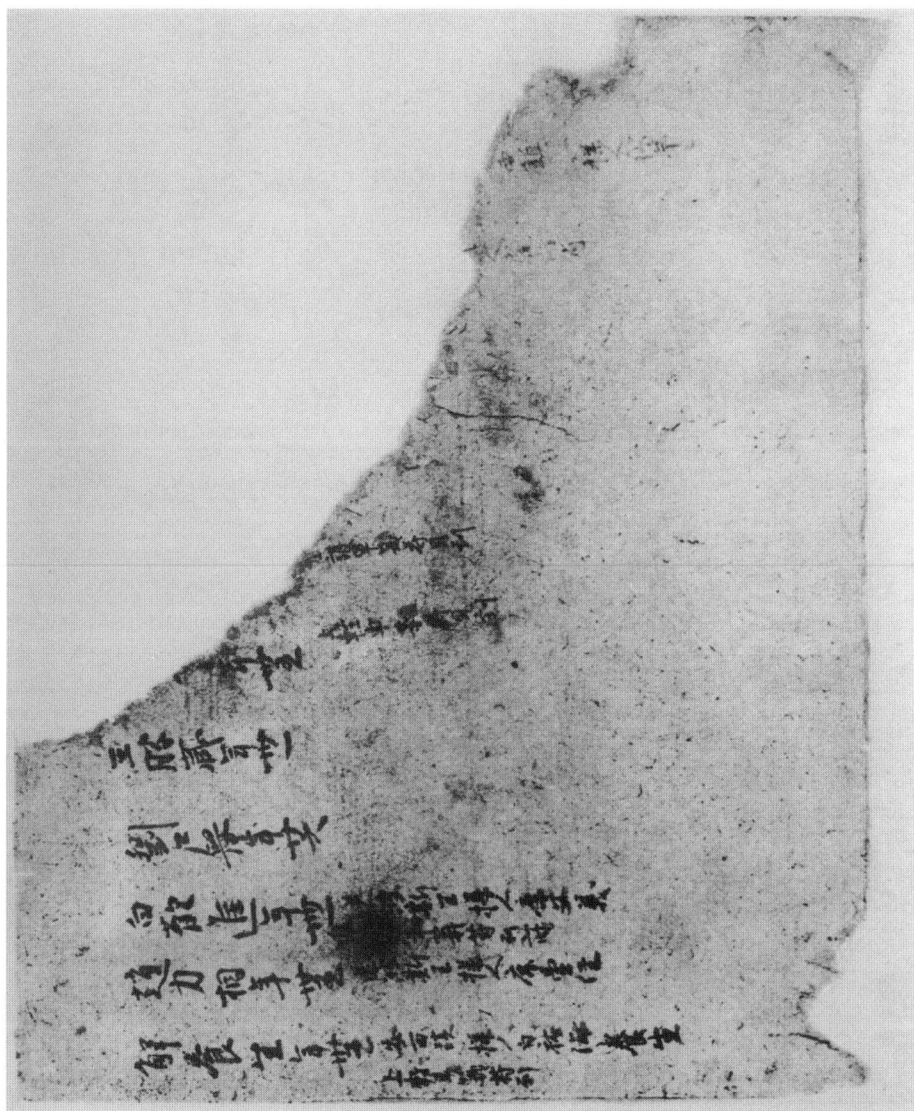

123　唐永隆元年（680）軍團牒爲記注所屬衛士征鎭樣人及勳官識符諸色事（一）

123　唐永隆元年（680）軍團牒爲記注所屬衛士
征鎮樣人及勳官讁符諸色事（二）

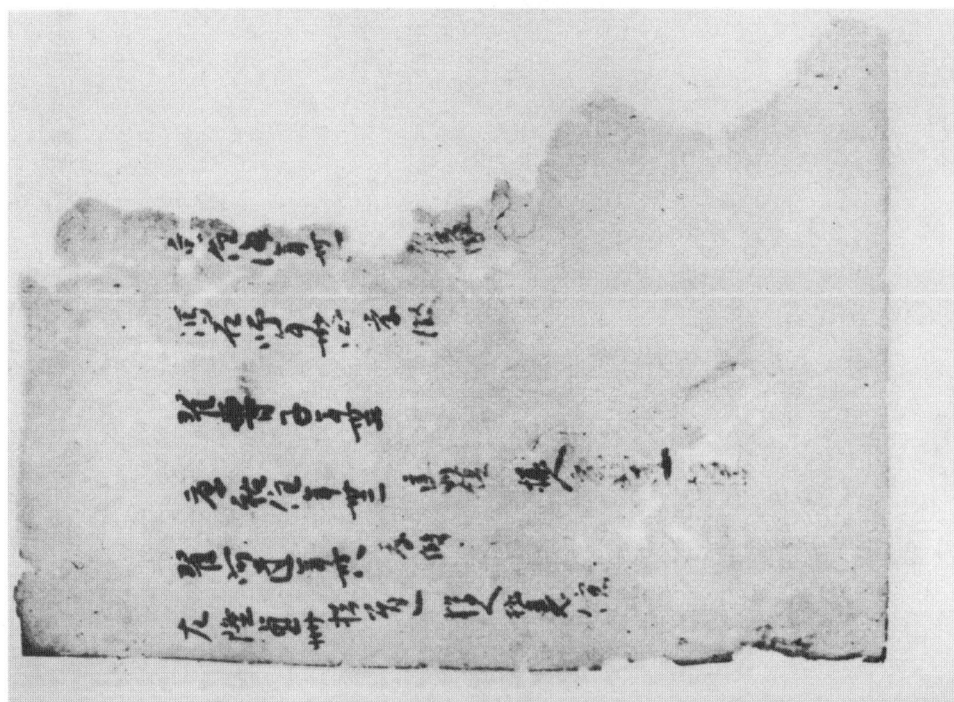

123　唐永隆元年（680）軍團牒爲記注所屬衛士征鎮樣人
及勳官讁符諸色事（三）

123　唐永隆元年（680）軍團牒記注所屬衛士征鎮樣人及勛官讖符諸色事（四）

123　唐永隆元年（680）軍團牒
爲記注所屬衛士征鎮樣人
及勘官讖符諸色事（五）

123　唐永隆元年（680）軍團牒
爲記注所屬衛士征鎮樣人
及勘官讖符諸色事（六）

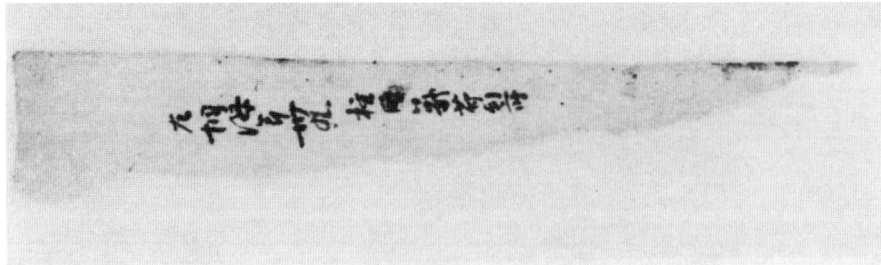

123　唐永隆元年（680）軍團牒
爲記注所屬衛士征鎮樣人
及勘官讖符諸色事（七）

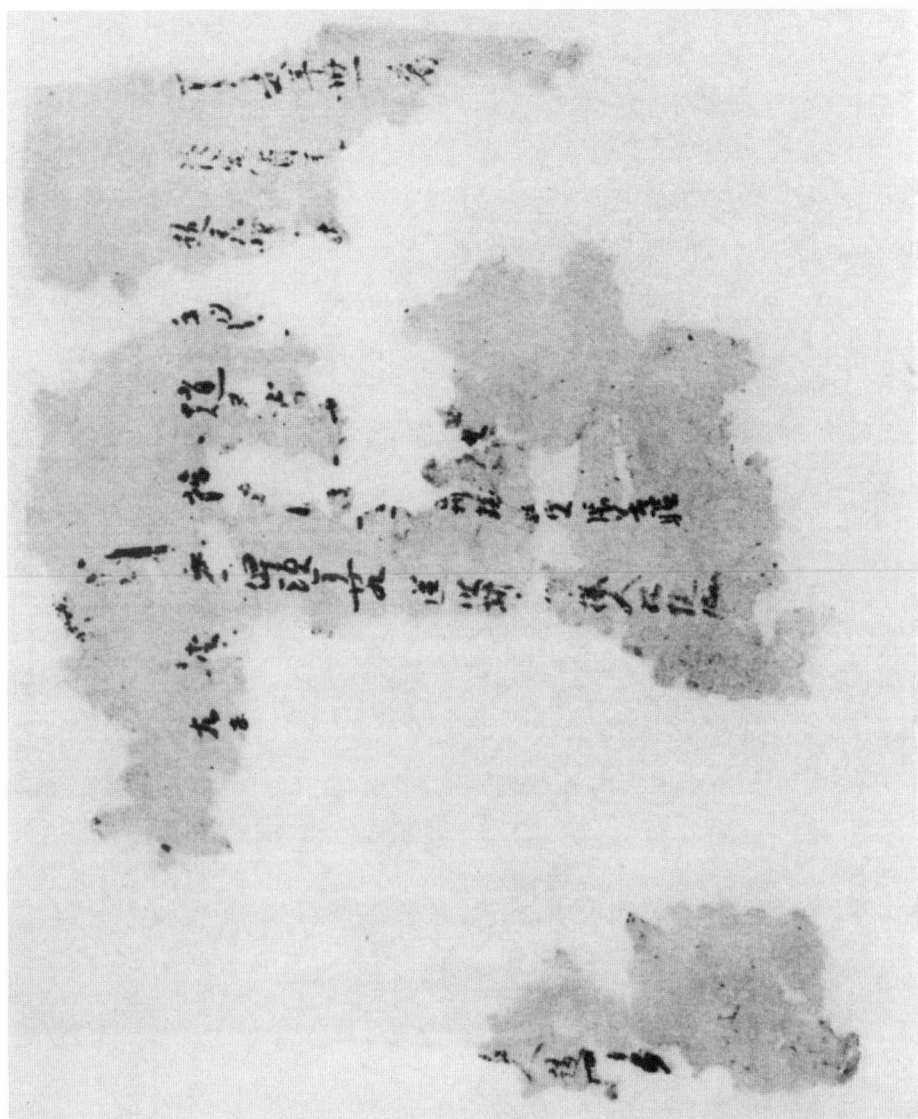

123　唐永隆元年（680）軍團牒爲記注所屬衛士征鎮襍人及勳官讌符諸色事（八）

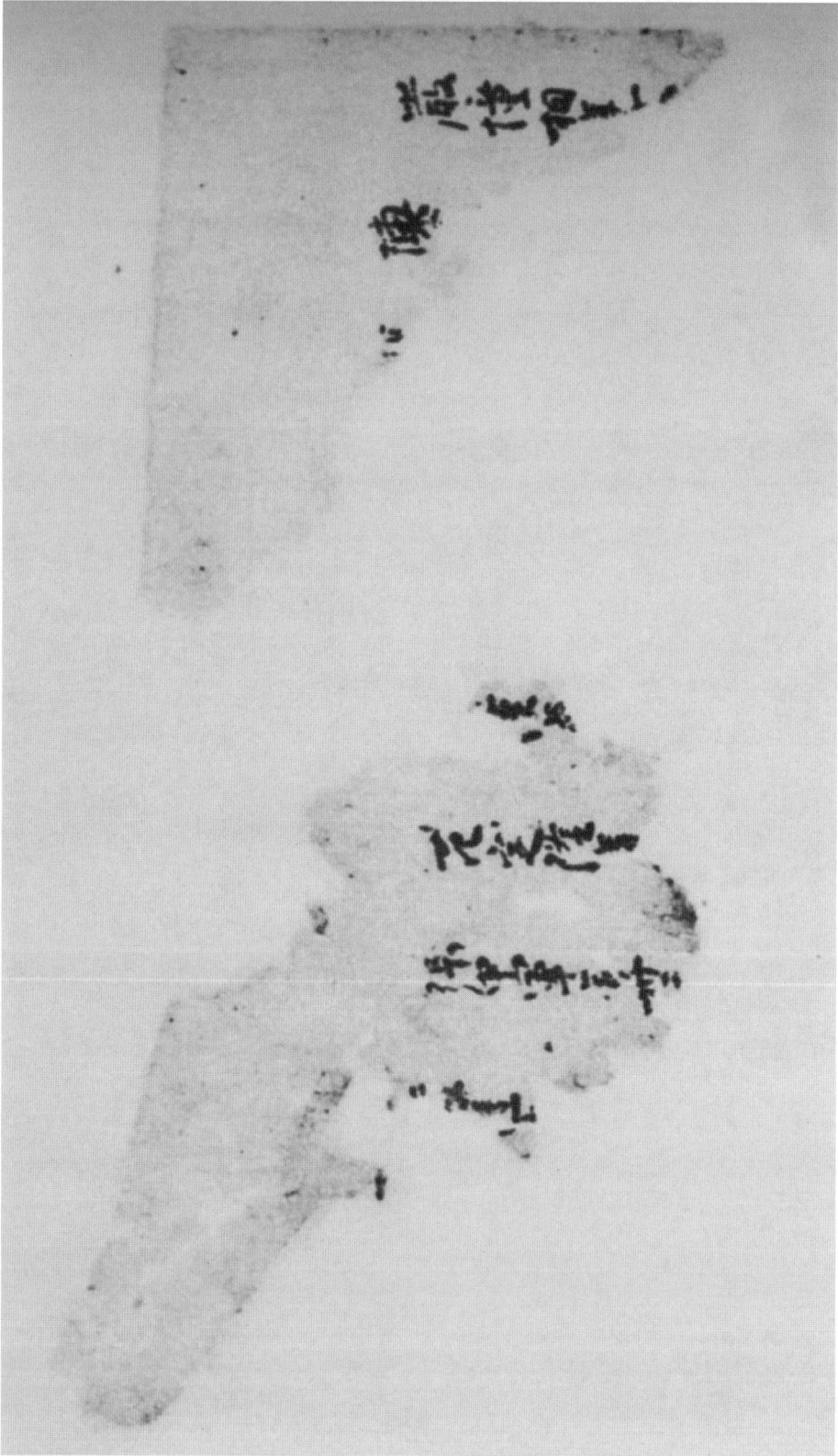

123　唐永隆元年（680）軍團牒爲記注所屬衛士征鎮樣人及助官議符諸色事（九）

123　唐永隆元年（680）軍團牒爲記注所
屬衛士征鎮樣人及勛官讖符諸色事
（一〇）

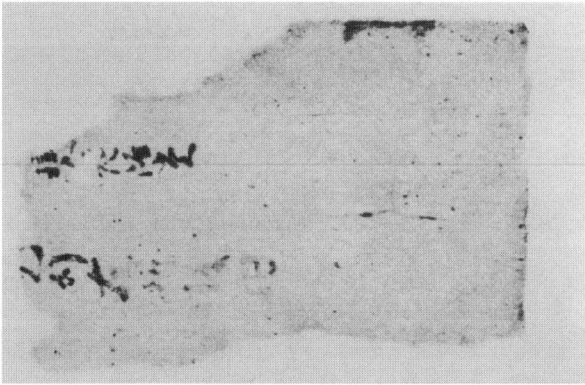

123　唐永隆元年（680）軍團牒爲記注所
屬衛士征鎮樣人及勛官讖符諸色事
（一一）

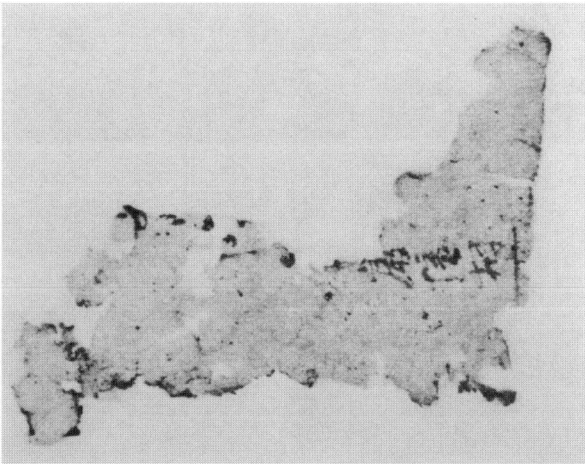

123　唐永隆元年（680）軍團牒爲記注所
屬衛士征鎮樣人及勛官讖符諸色事
（一二）

123 唐永隆元年（680）軍團隊爲記注所屬衛士征鎮樣人及勳官讖符諸色事（一三）

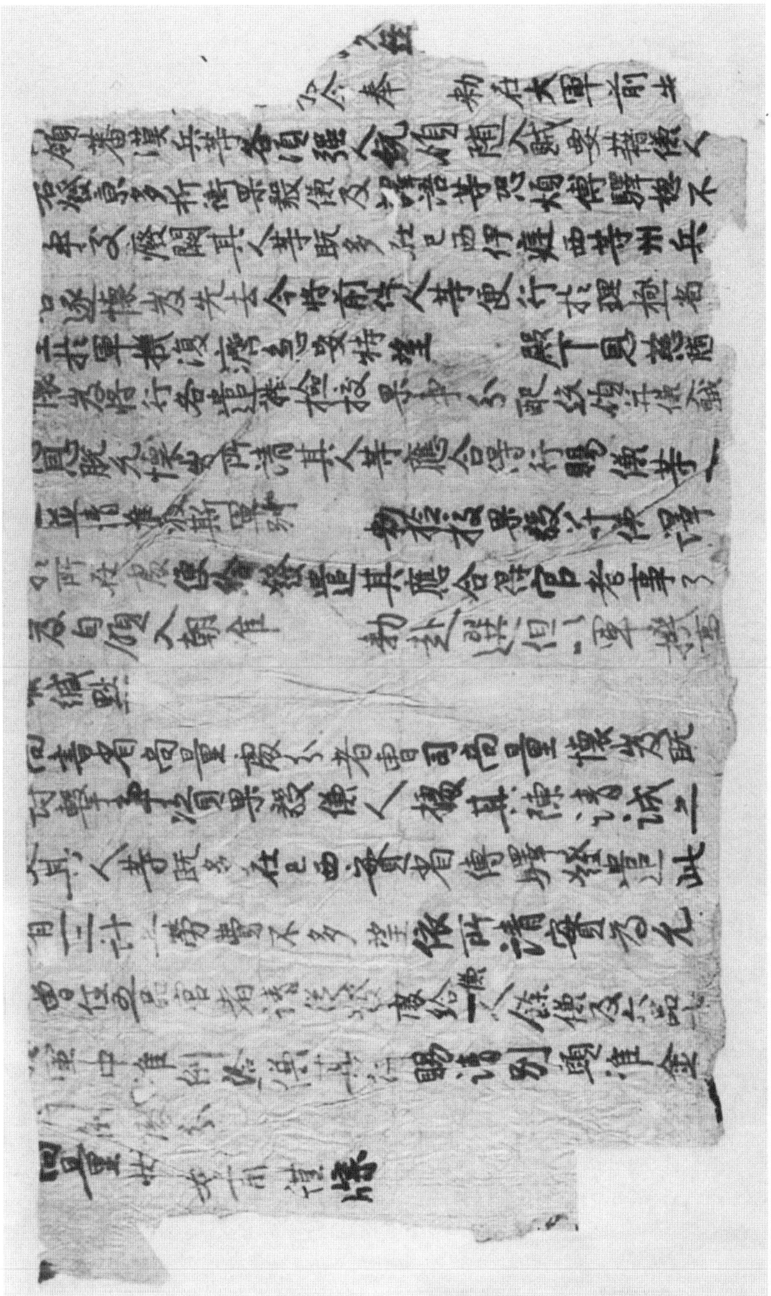

124　唐尚書省牒爲懷岌等西討大軍給果毅、傔人事

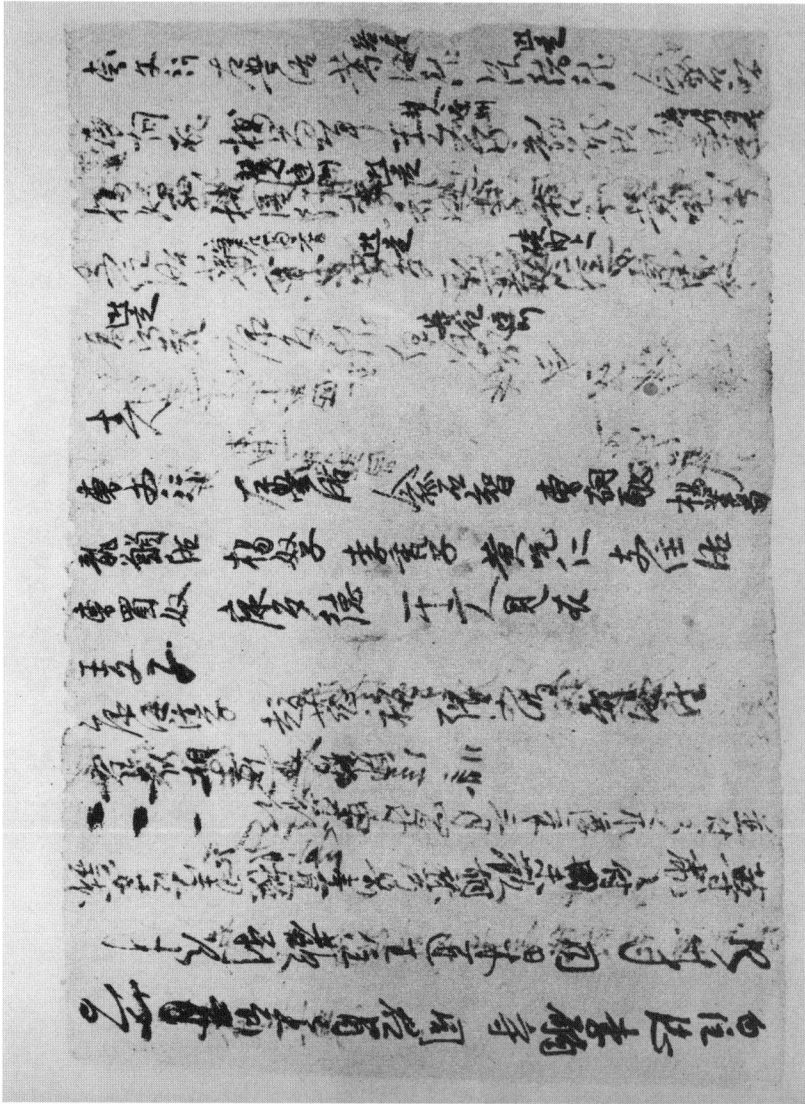

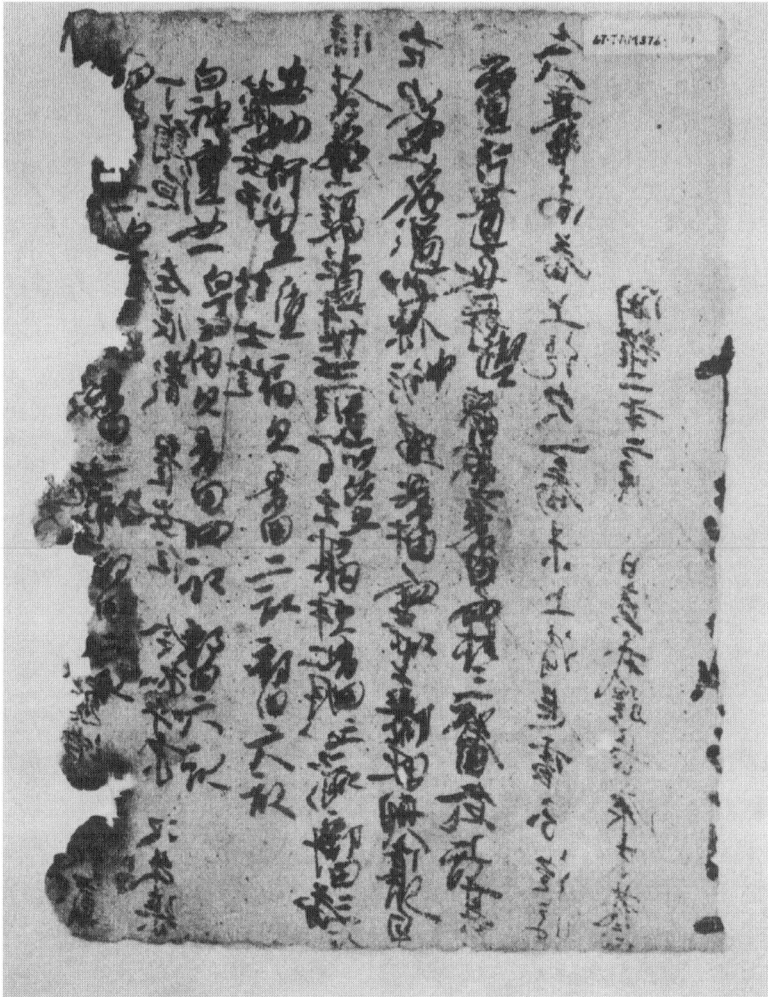

126　唐欠田簿

127　唐垂拱二年（686）前西州高昌縣前庭府某團（？）諸色人等名籍

128　唐垂拱二年（686）西州前庭府某團諸色人等名籍

129   唐張義海等征鎮及諸色人等名籍（七）

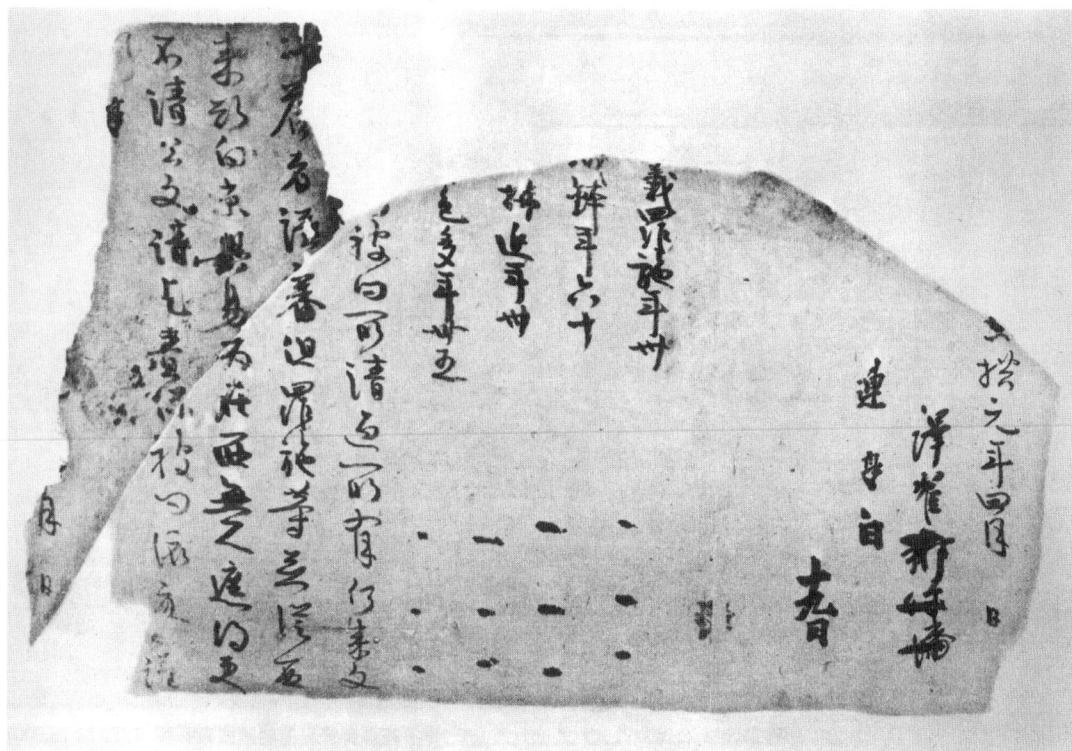

130　唐垂拱元年（685）康尾義羅施等請過所案卷（一）

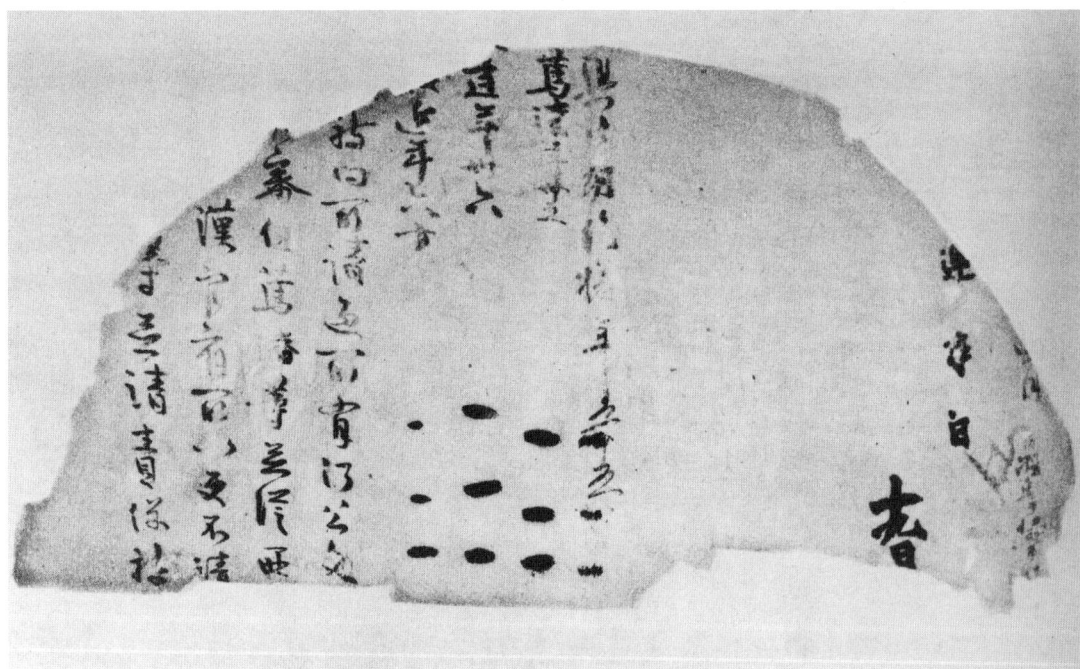

130　唐垂拱元年（685）康尾義羅施等請過所案卷（二）

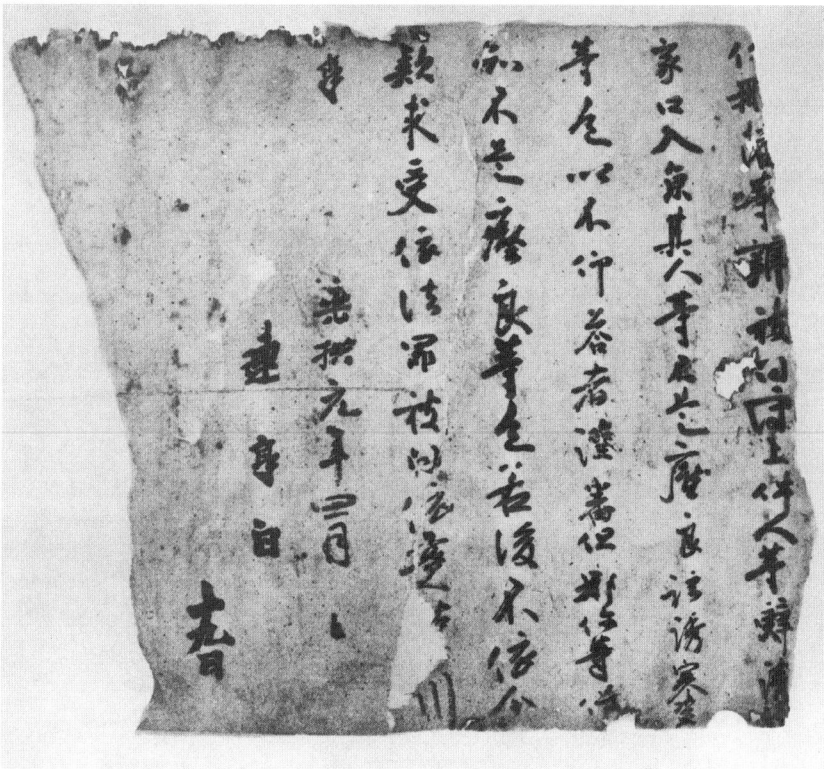

130　唐垂拱元年（685）康尾義羅施等請過所案卷（三）

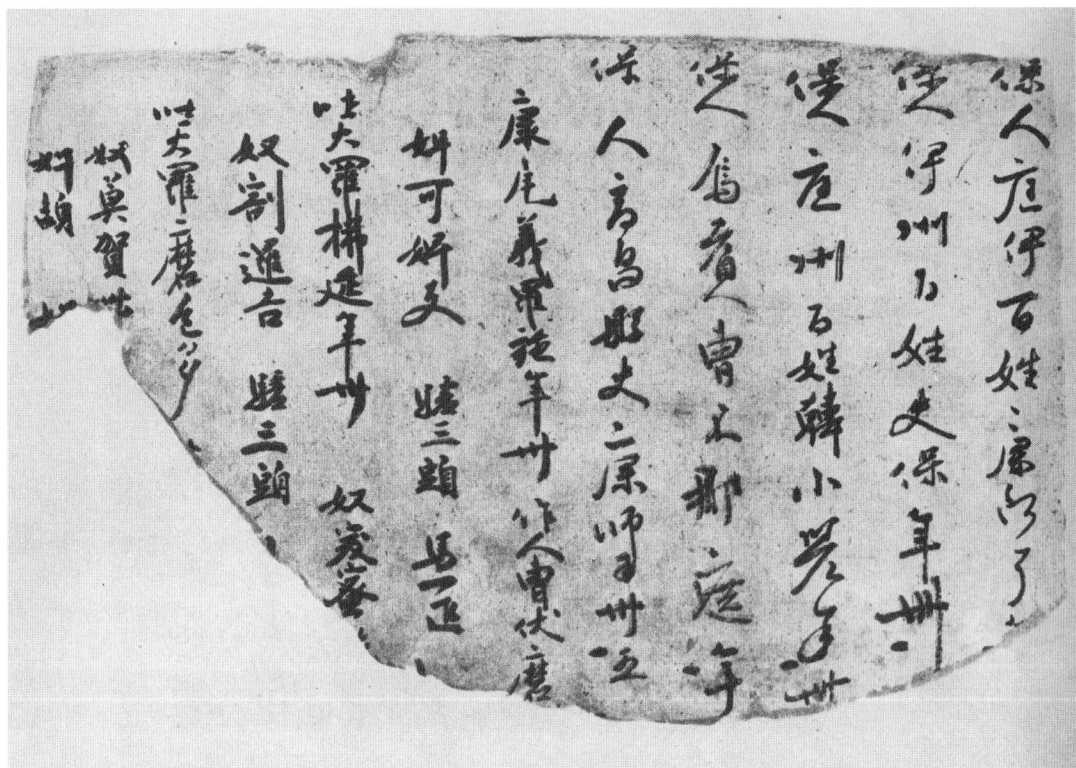

130　唐垂拱元年（685）康尾義羅施等請過所案卷（四）-1

130　唐垂拱元年（685）康尾義羅施等請過所案卷（四）-2

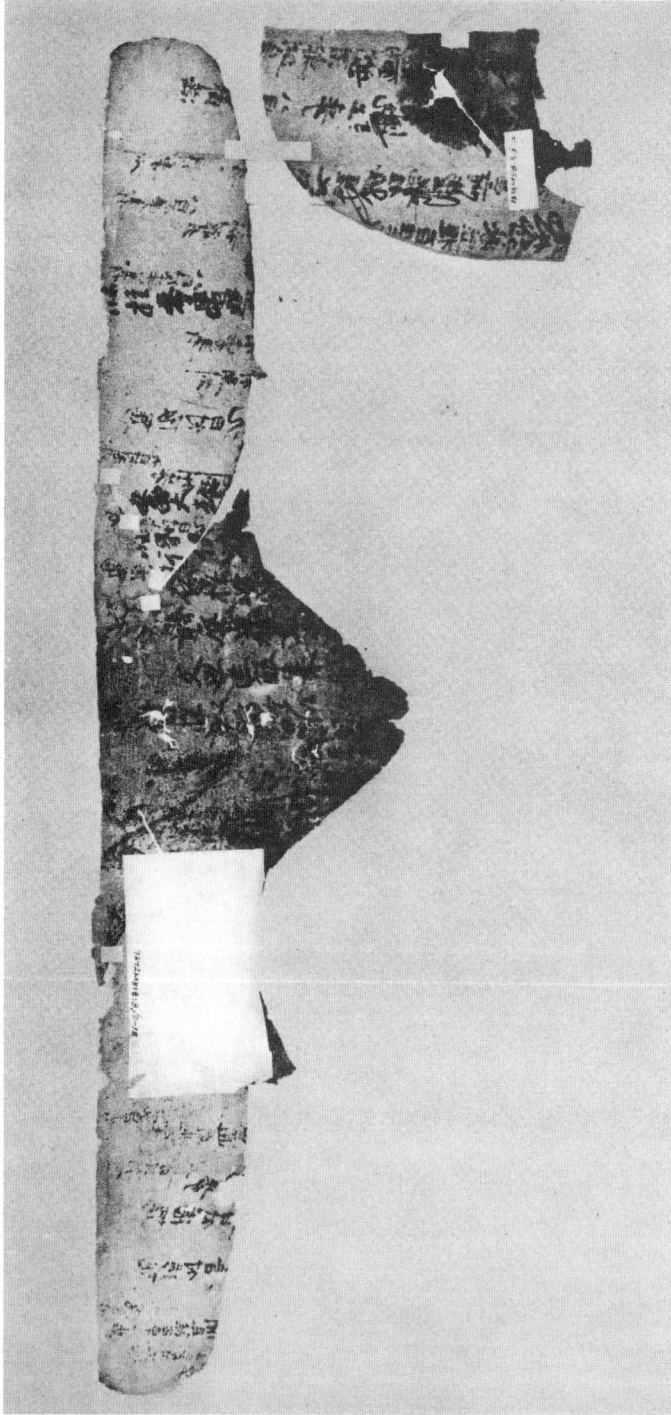

131　武周牒爲安西大都護府牒同文咟送酸棗戍事

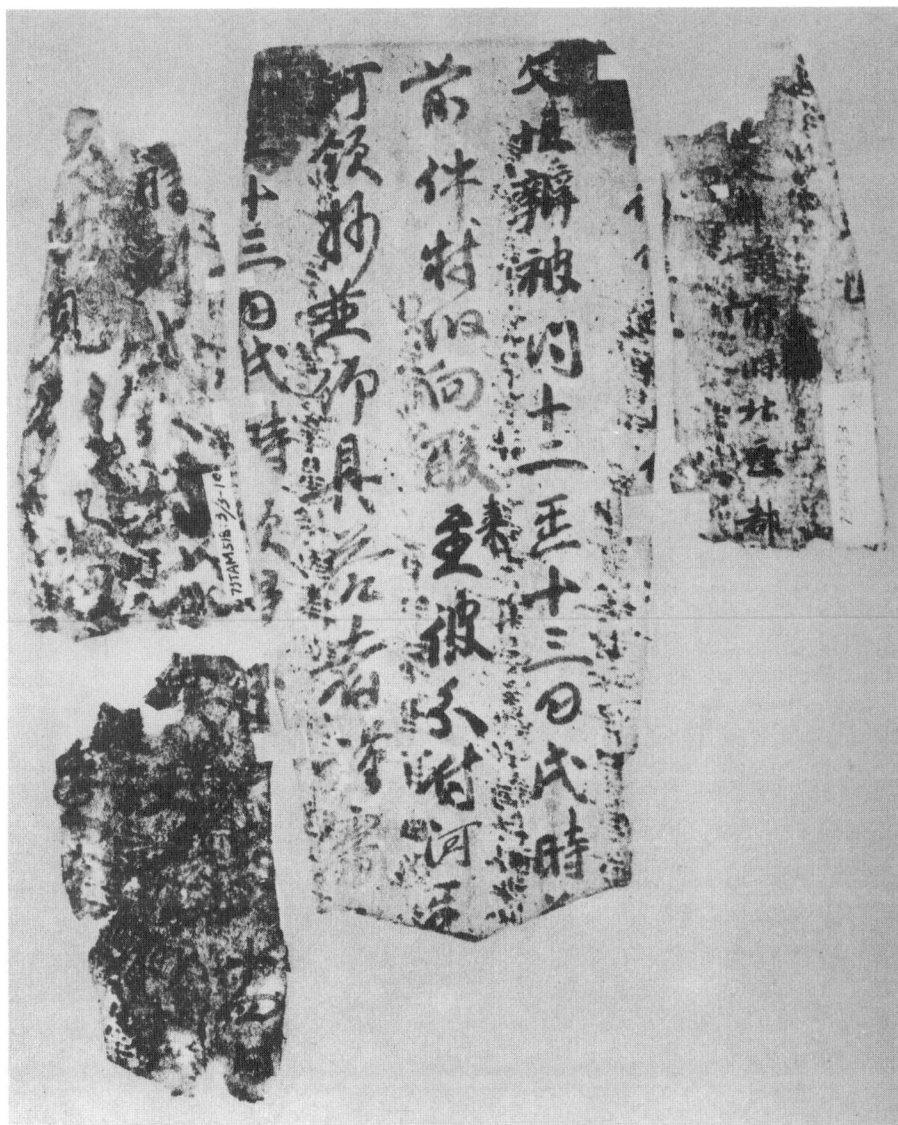

132　武周文怚辯辤爲持牒向酸棗戍事

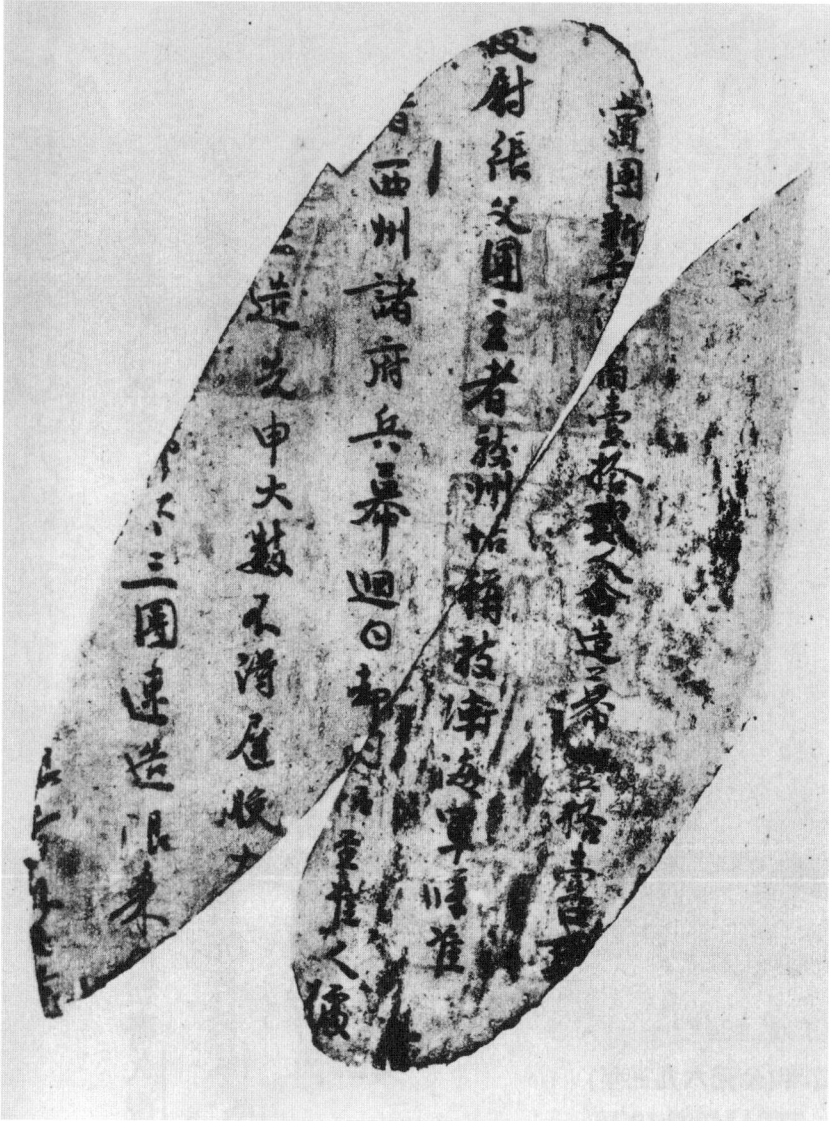

133　武周天山府下張父團帖爲新兵造幕事一

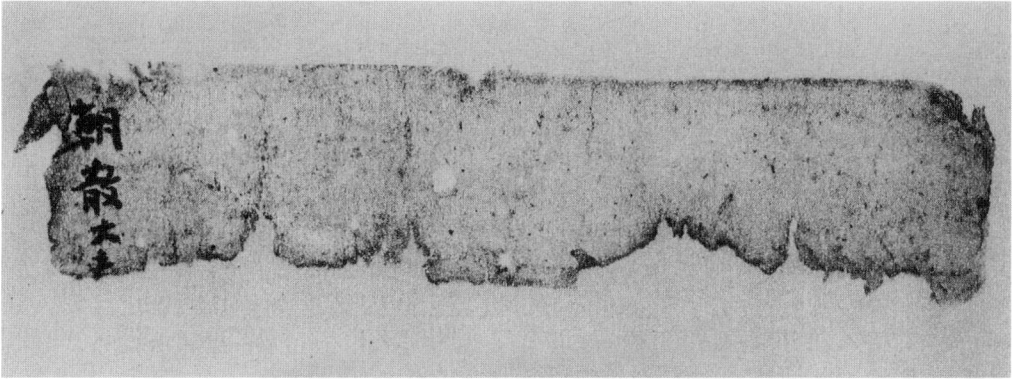

134　唐殘文書

135　唐神龍元年（705）六月後西州前庭府牒上州勾所當府官馬破除、見在事 −2

背面印文及押字

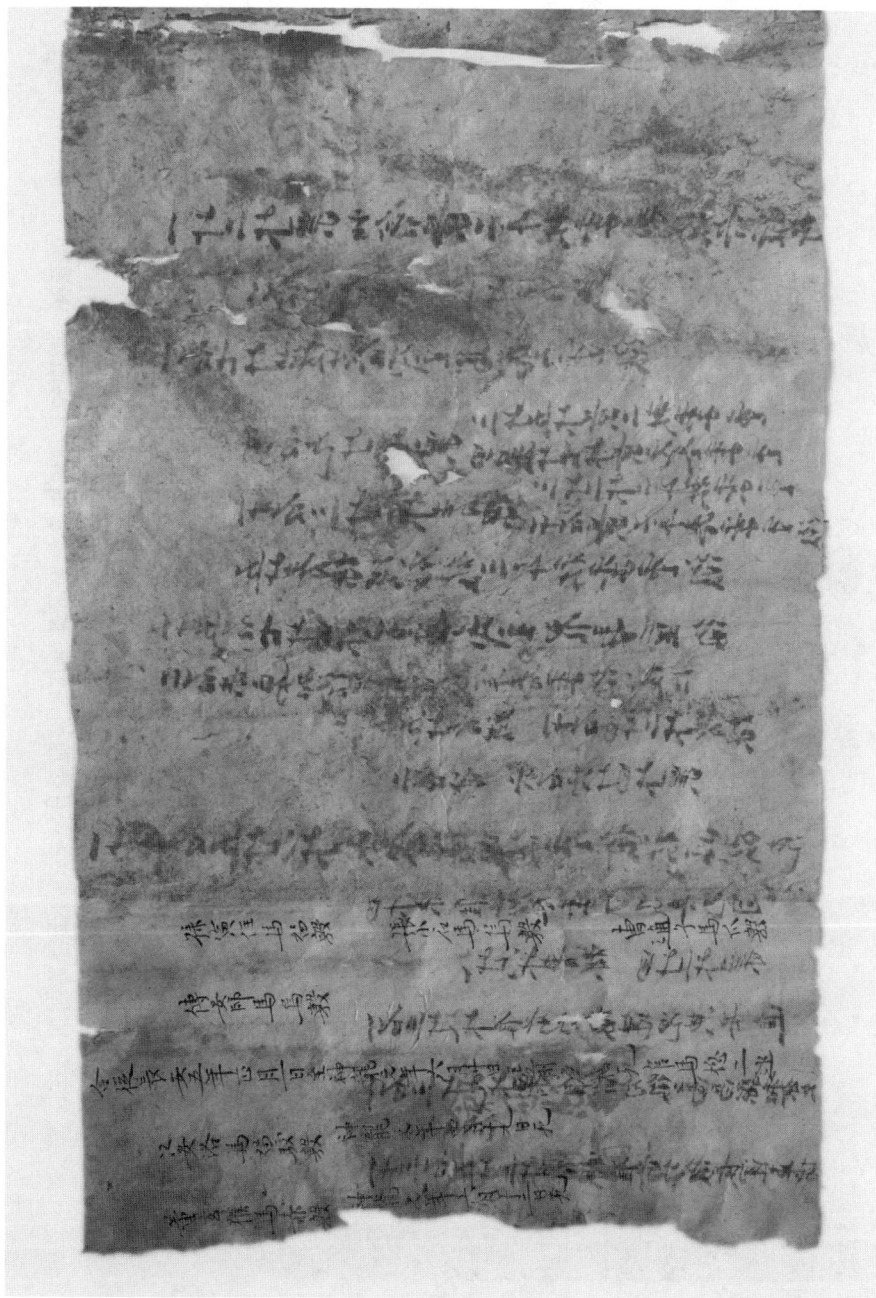

135 唐神龍元年（705）六月後西州前庭府牒上州勾所當爲當府官馬破除、見在事－3

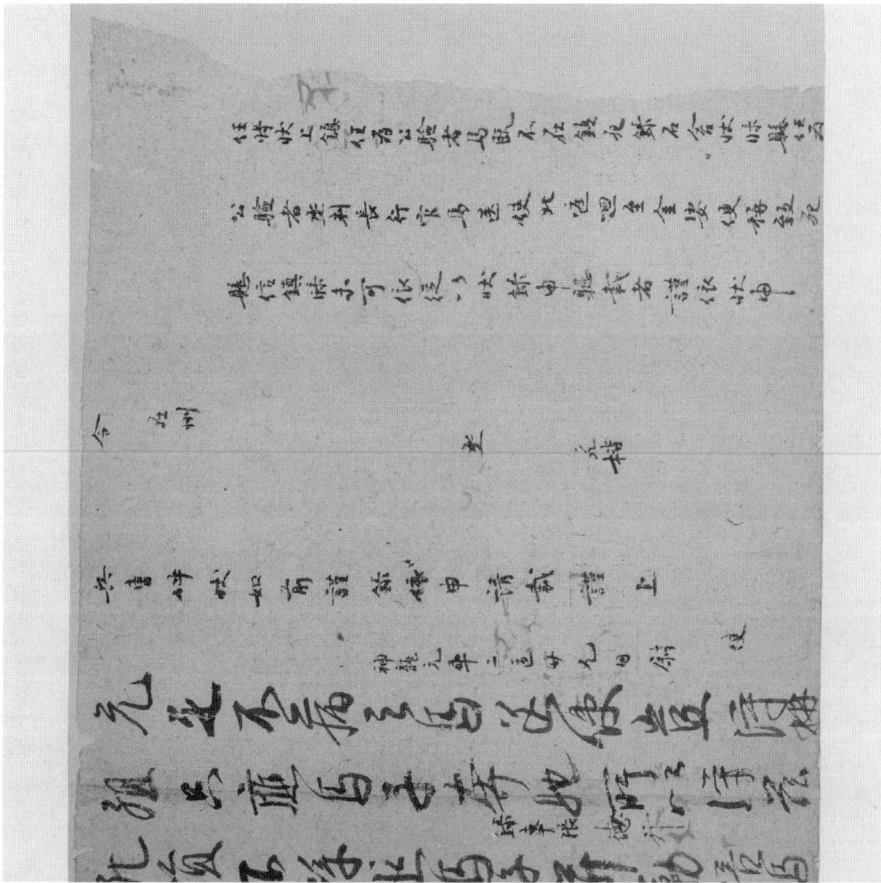

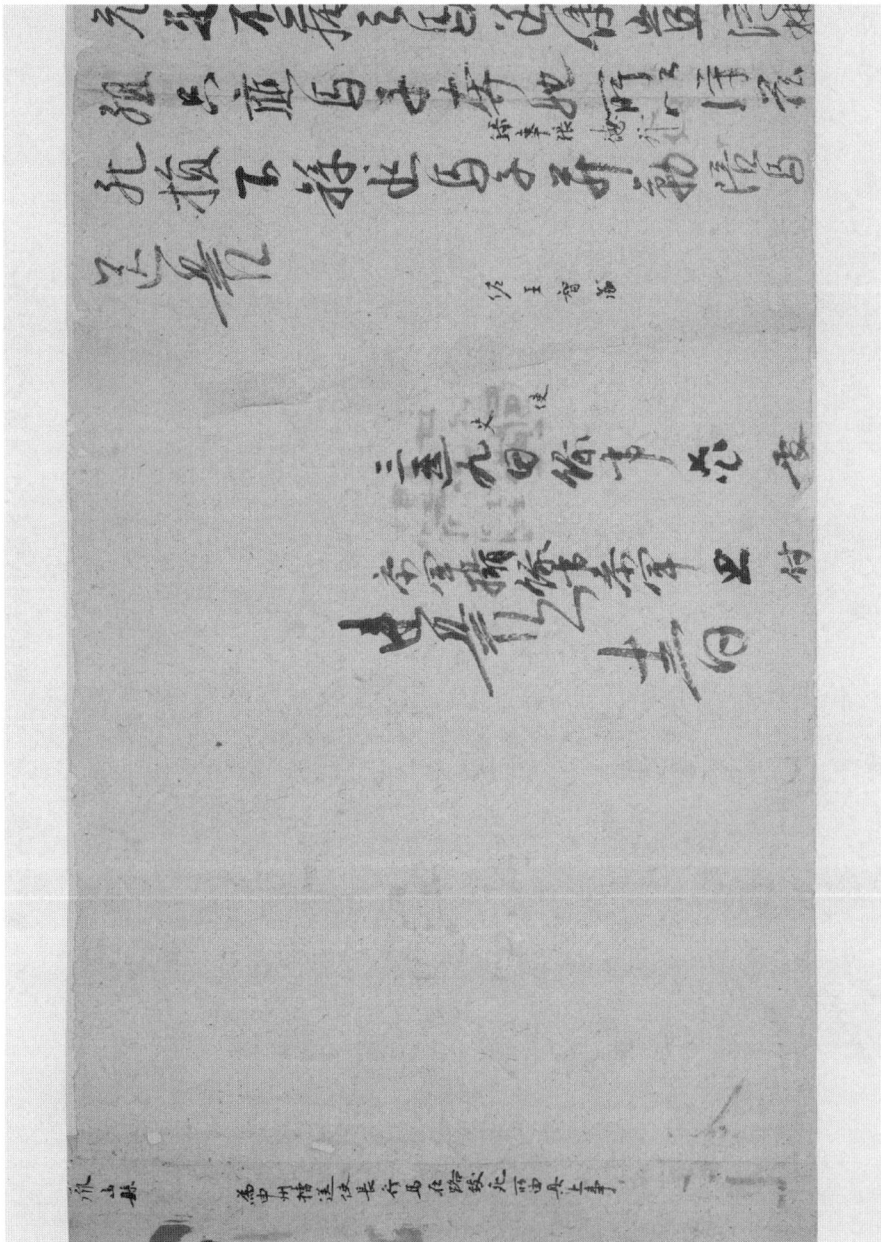

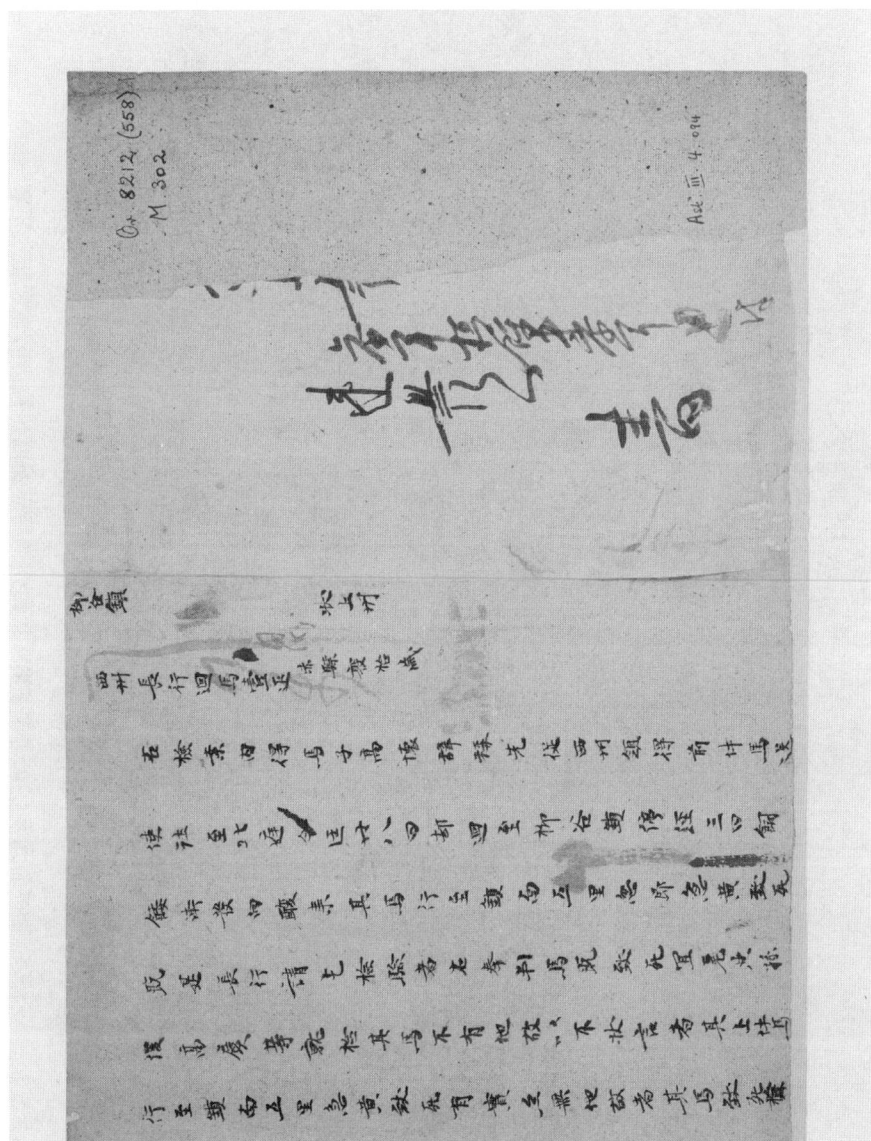

137　唐神龍元年（705）柳谷鎮狀上西州都督府爲西州長行迴馬臺匹致死事－1

137　唐神龍元年（705）柳谷鎮狀上西州都督府爲西州長行回馬臺匹致死事－2

138　唐神龍元年（705）董德德辯辭爲馬一匹致死事

139　唐神龍元年（705）典魏及隸爲馬一匹致死事

140　唐西州諸曹發文事目歷

141　唐西州都督府牒爲便錢酬北庭軍事事

142 唐景龍三年（709）後西州勾所勾糧帳－1

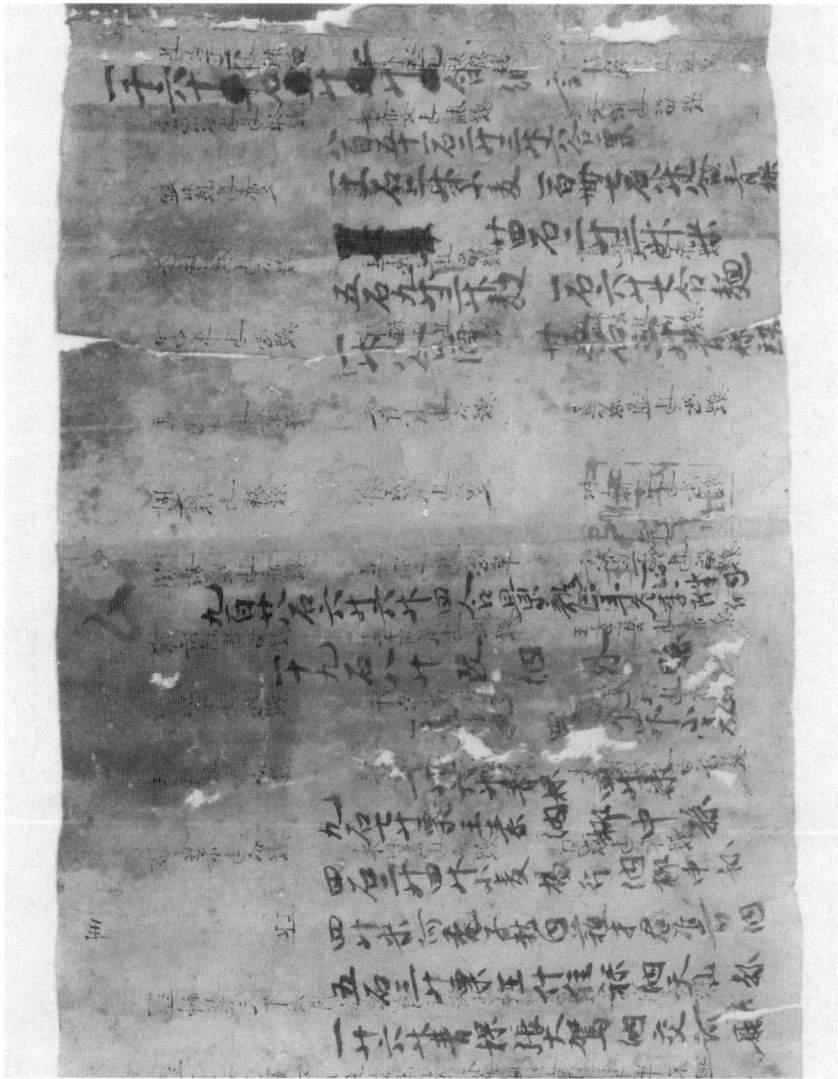

142　唐景龍三年（709）後西州勾所勾糧帳－2

142　唐景龍三年（709）後西州勾所勾糧帳－3

142　唐景龍三年（709）後西州勾所勾糧帳－4

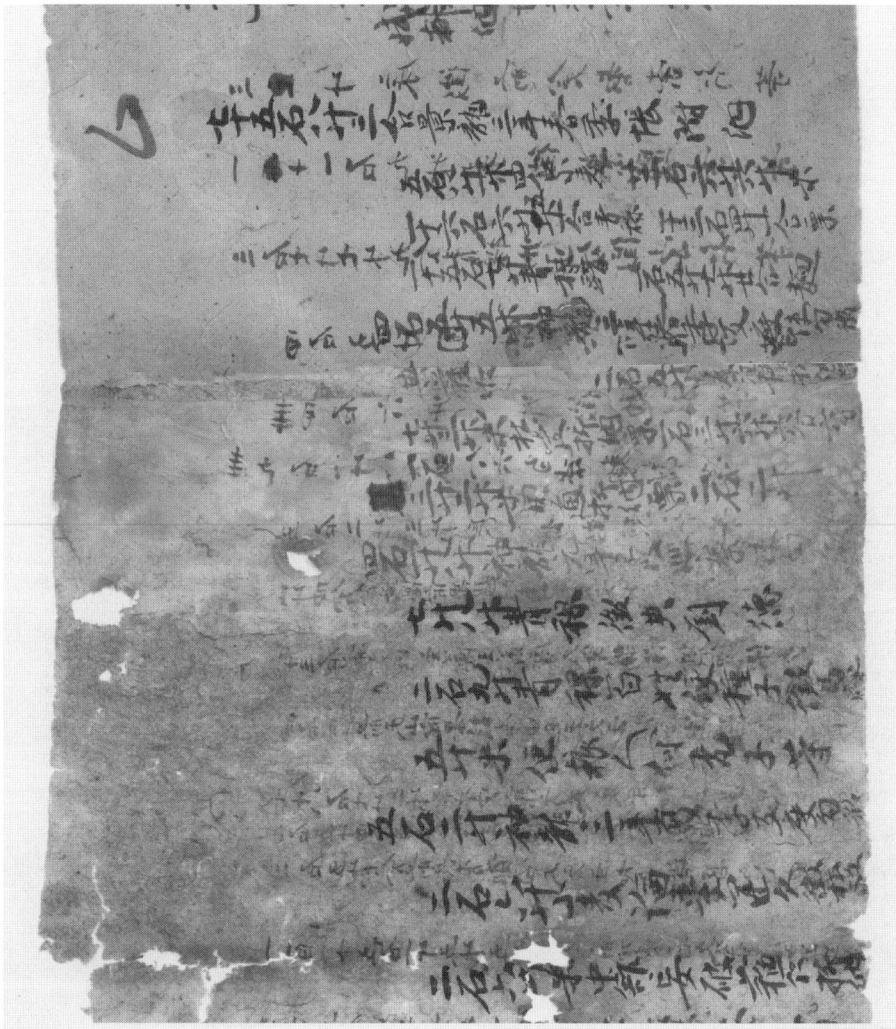

142　唐景龍三年（709）後西州勾所勾糧帳 −5

142　唐景龍三年（709）後西州勾所勾糧帳－6

142　唐景龍三年（709）後西州勾所勾糧帳－7

143　唐景龍三年（710）十二月至景龍四年（710）正月西州高昌縣處分田歟案卷－1

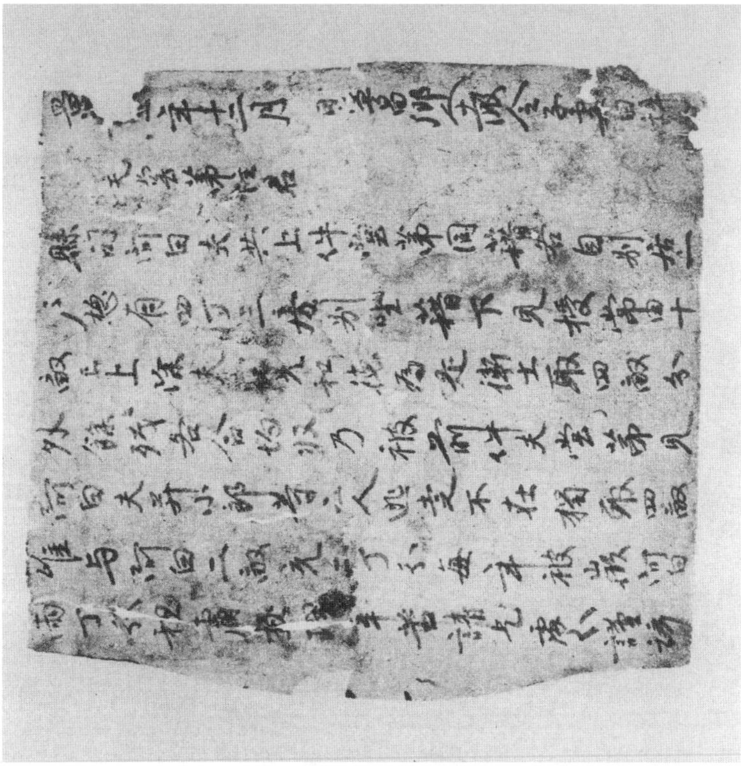

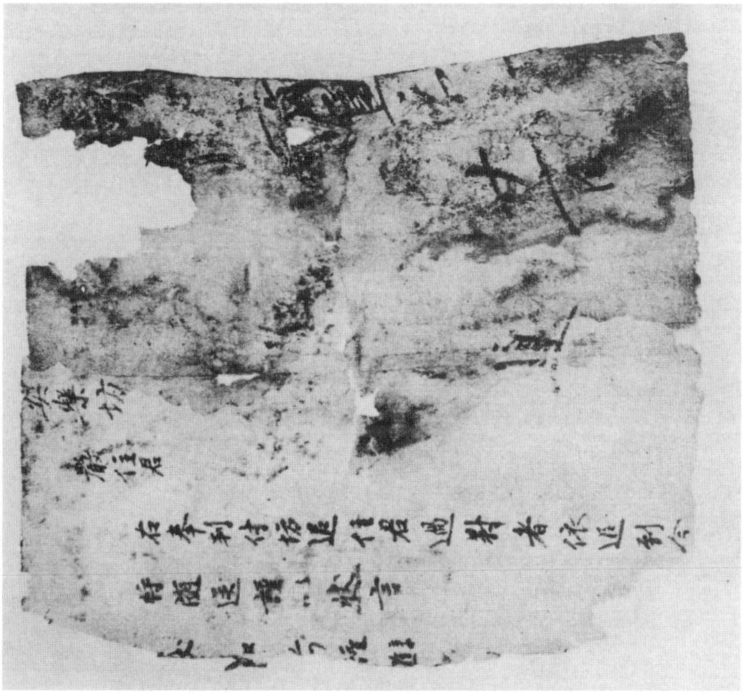

143　唐景龍三年（710）十二月至景龍四年（710）正月西州高昌縣處分田畝案卷－2

143　唐景龍三年（710）十二月至景龍四年（710）正月西州高昌縣處分田畝案卷 – 3

143　唐景龍三年（710）十二月至景龍四年（710）正月
西州高昌縣處分田畝案卷－4

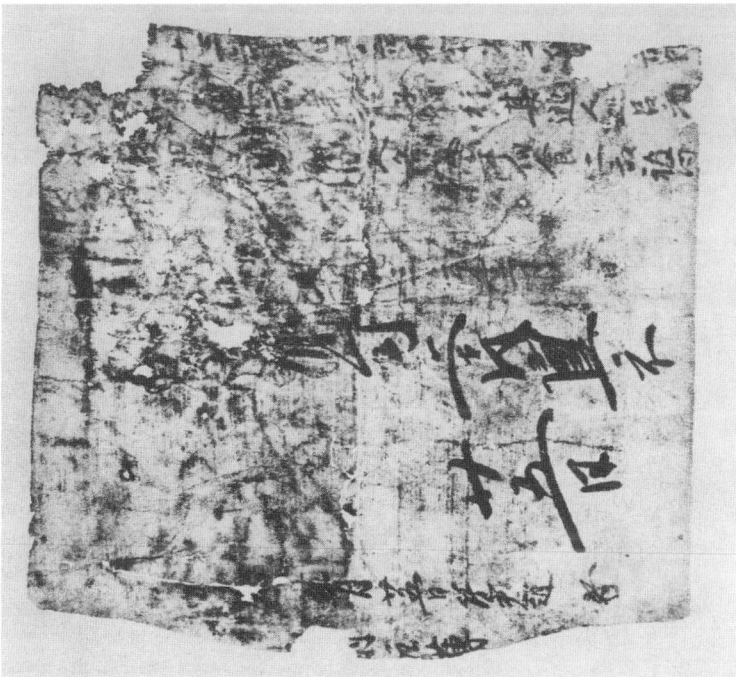

143　唐景龍三年（710）十二月至景龍四年（710）正月
西州高昌縣處分田畝案卷－5

143 唐景龍三年（710）十二月至景龍四年（710）正月
西州高昌縣處分田畝案卷－6

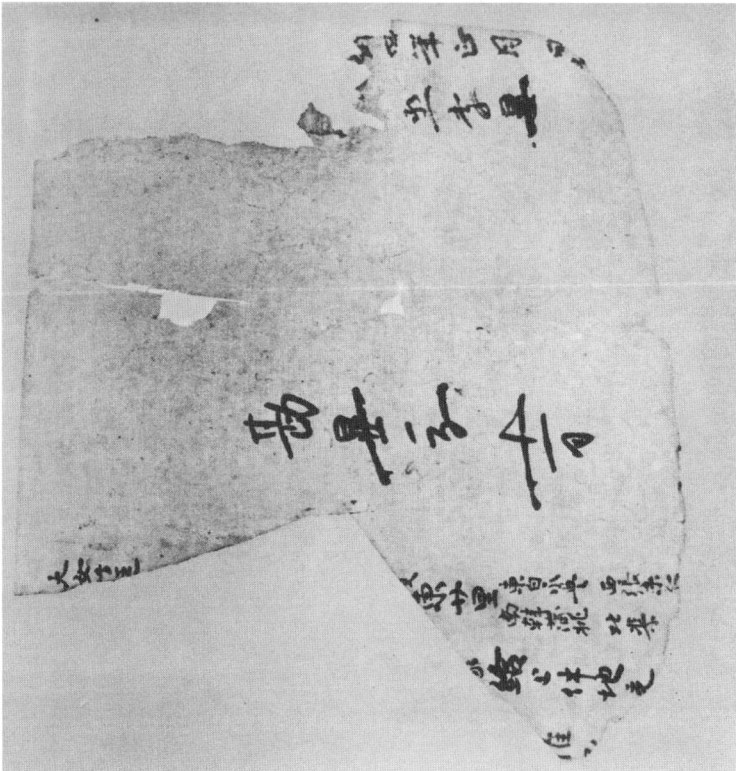

143 唐景龍三年（710）十二月至景龍四年（710）正月
西州高昌縣處分田畝案卷－7

143　唐景龍三年（710）十二月至景龍四年（710）正月西州高昌縣處分田畝案卷－8

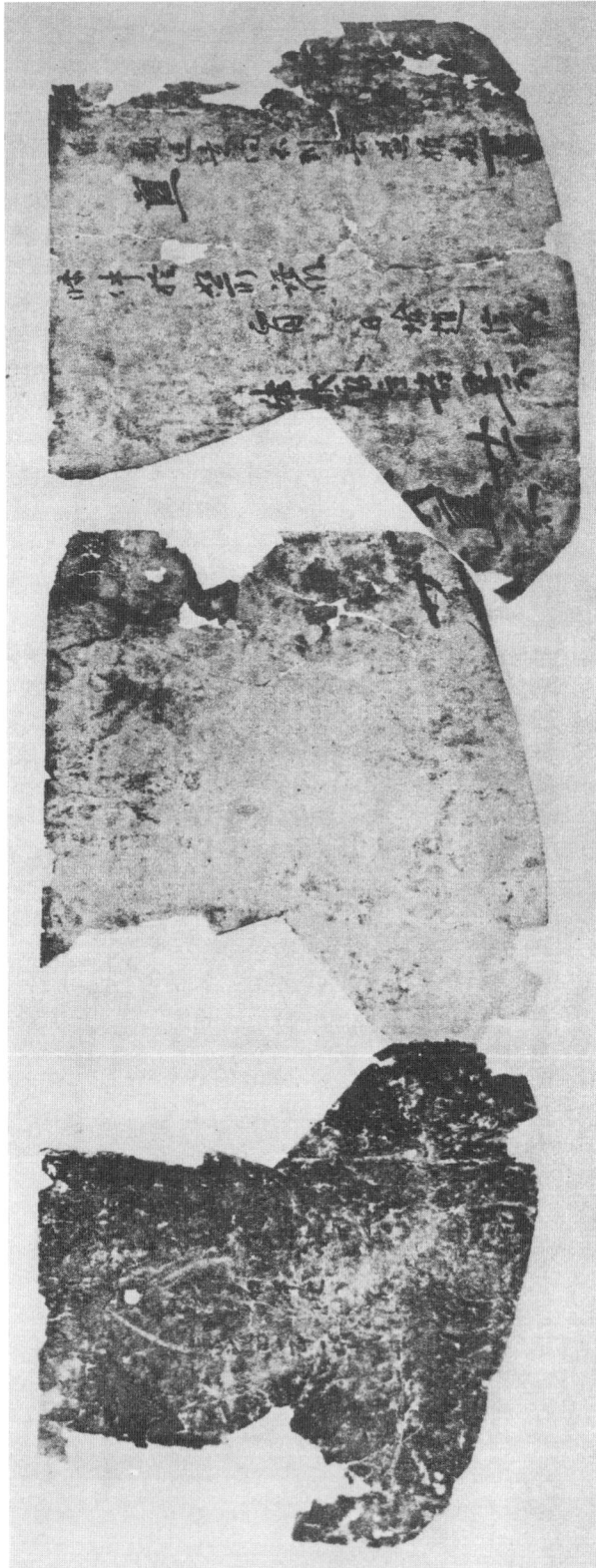

143　唐景龍三年（710）十二月至景龍四年（710）正月西州高昌縣處分田畝案卷 -9

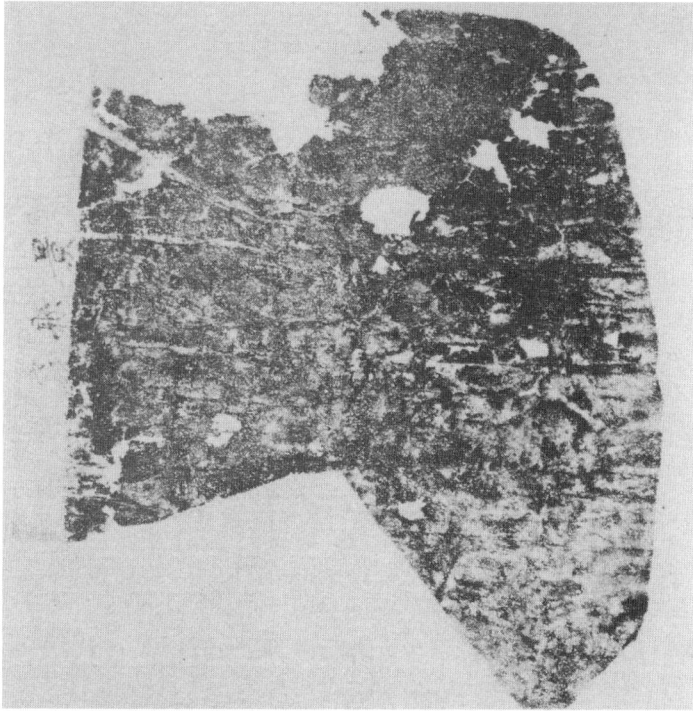

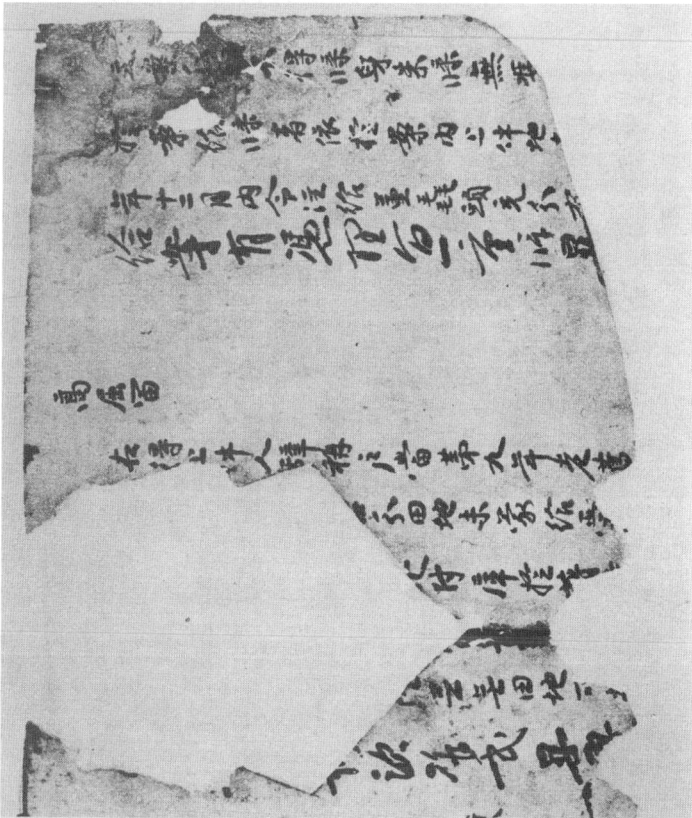

143　唐景龍三年（710）十二月至景龍四年（710）正月西州高昌縣處分田歐案卷－10

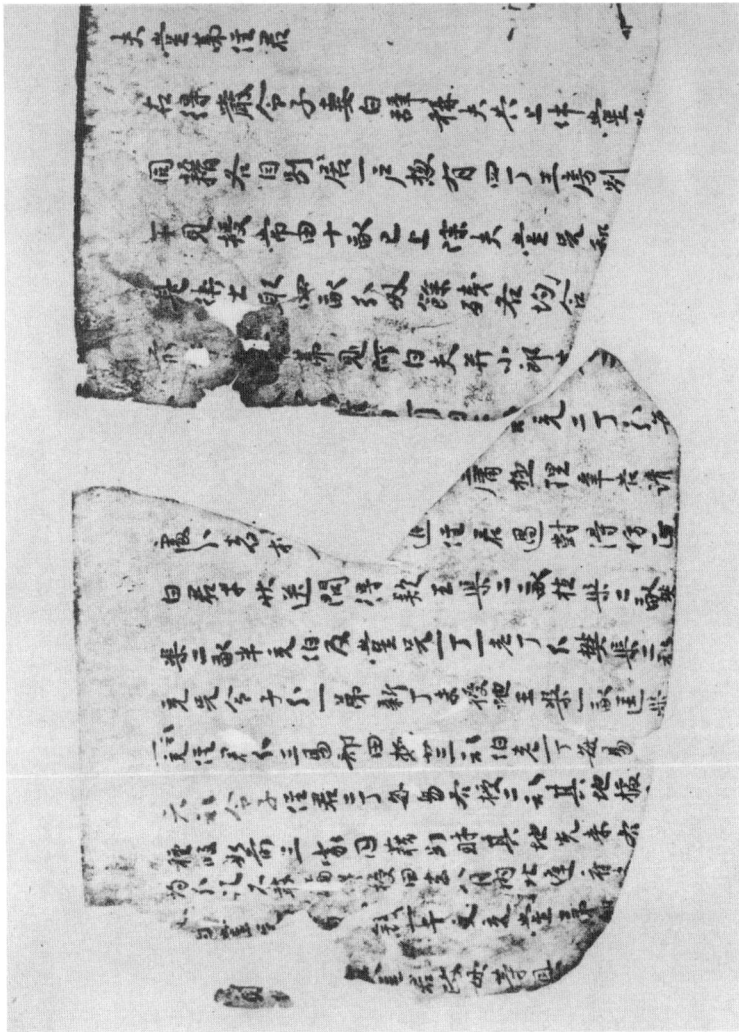

143　唐景龍三年（710）十二月至景龍四年（710）正月西州高昌縣處分田畝案卷 –11

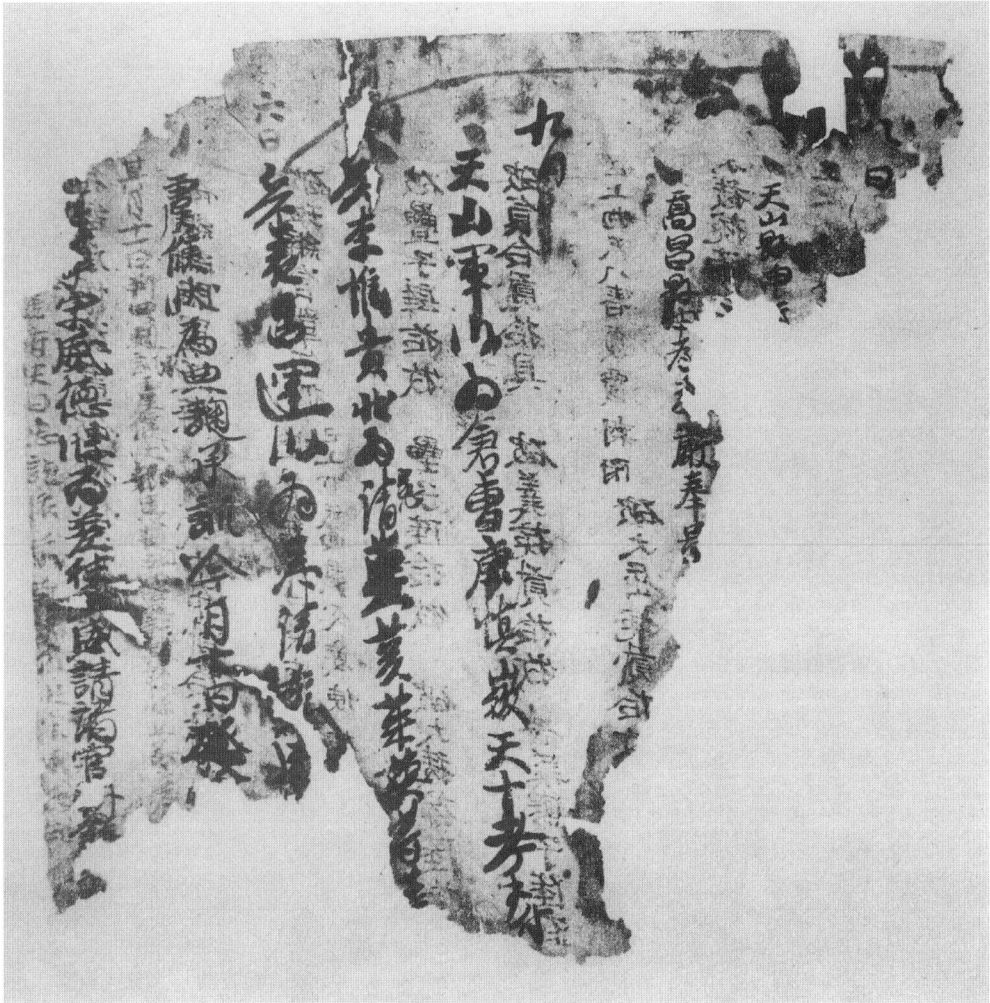

144　唐天寶十載（751）後交河郡文書事目歷

145　唐開元七年（719）洪奕家書

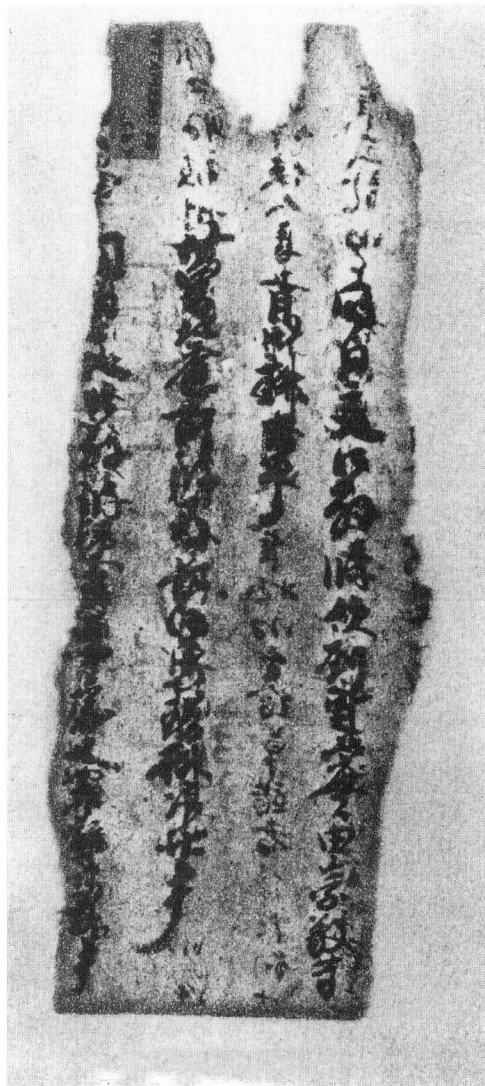

146　唐館驛文書事目

147　唐開元十三年（725）西州等兵賜
文書（a）

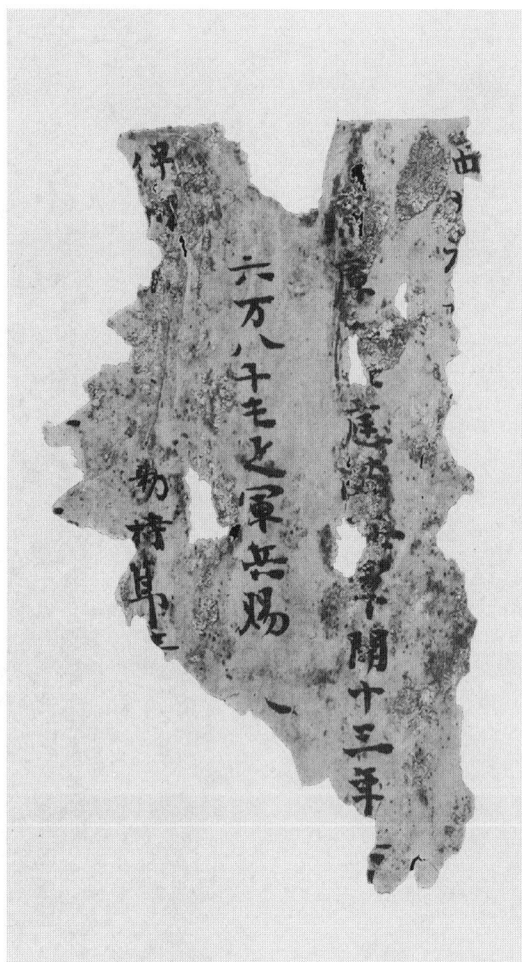

147　唐開元十三年（725）西州等兵賜
文書（b）

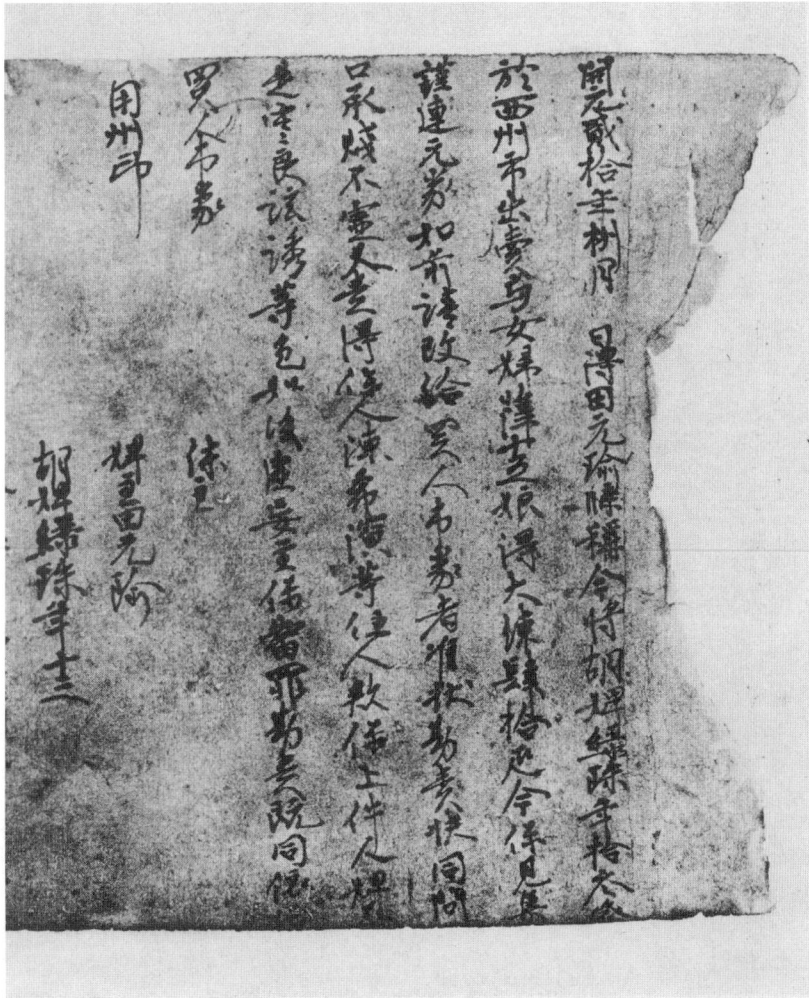

148　唐開元二十年（732）薛十五娘買婢市券－1

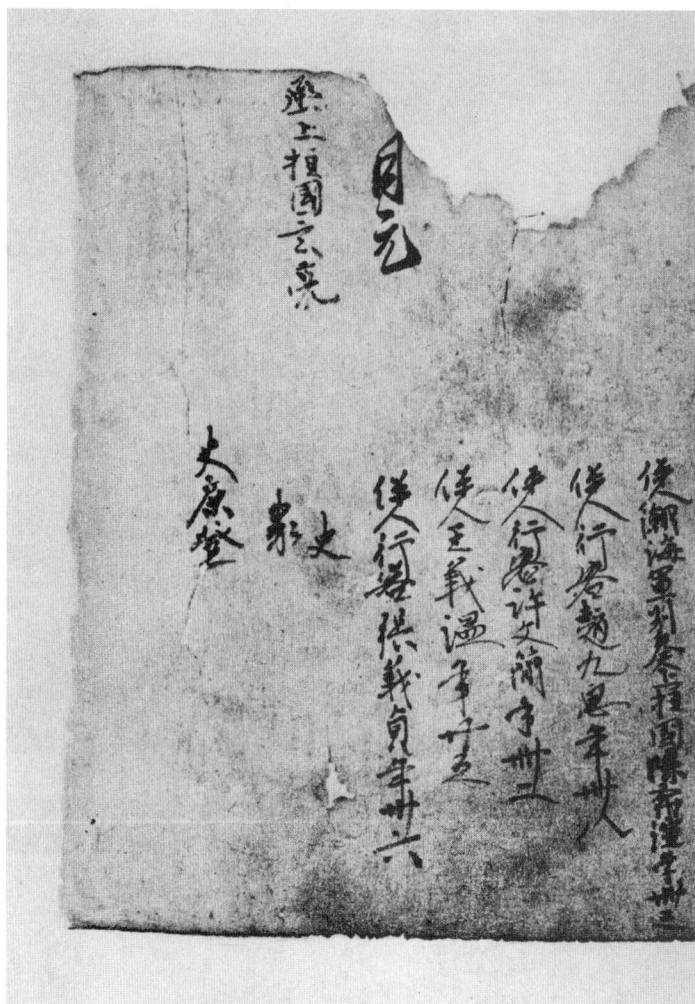

148　唐開元二十年（732）薛十五娘買婢市券-2

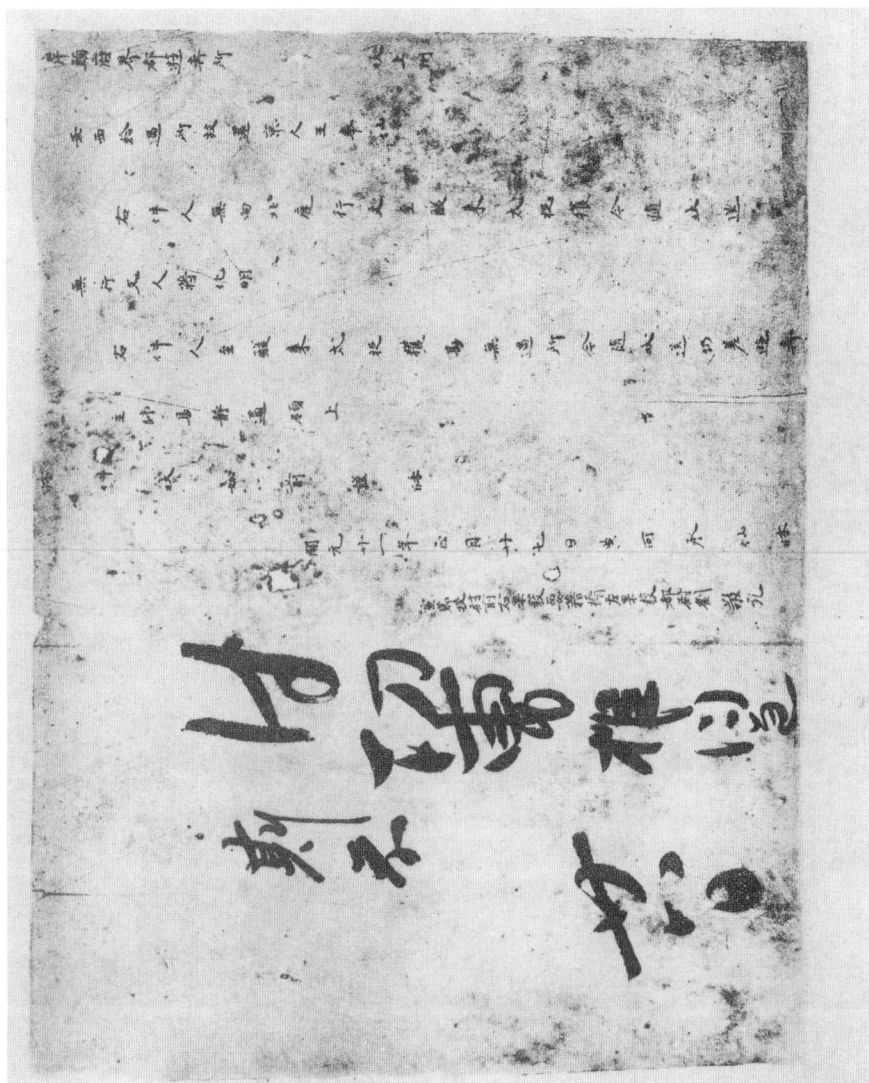

149　唐開元二十一年（733）西州都督府案卷爲勘給過所事（一）-1

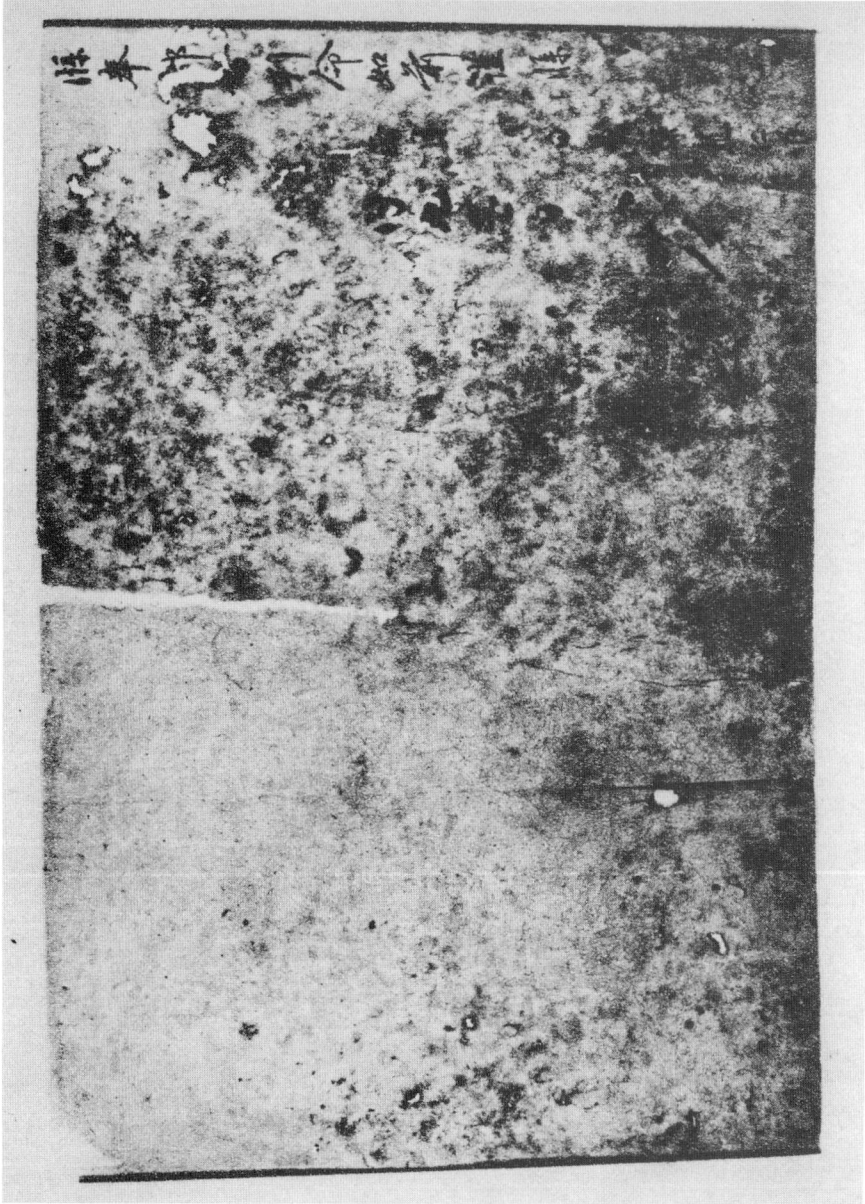

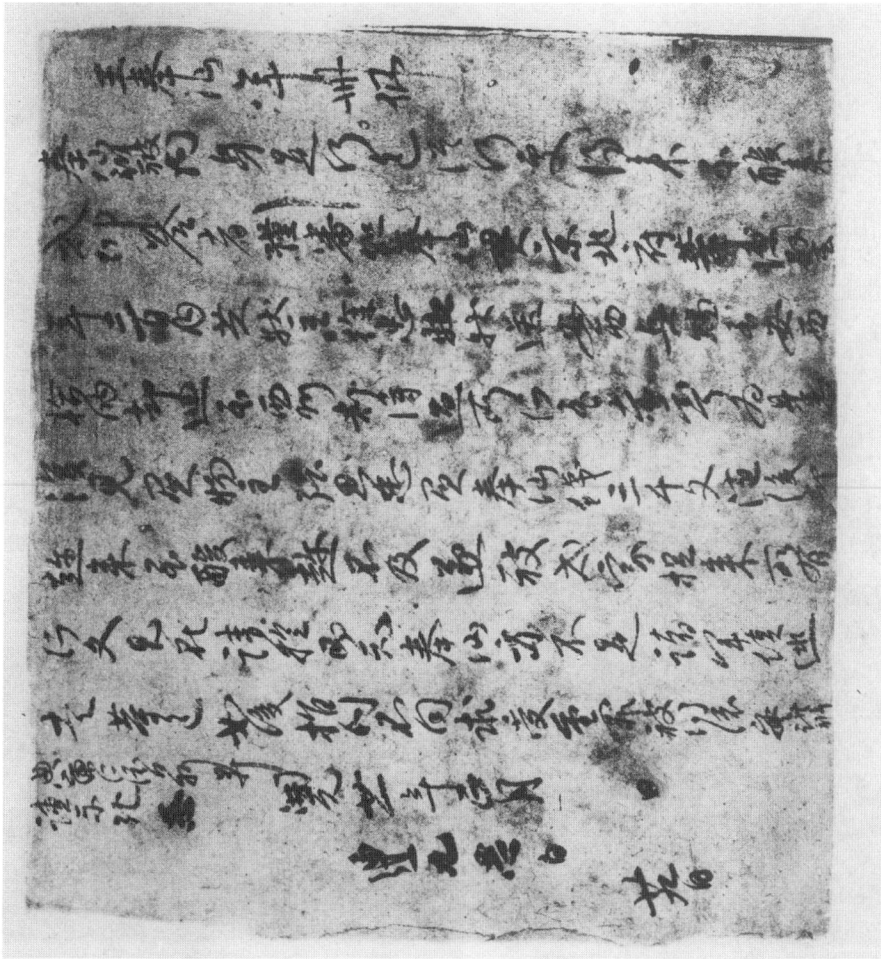

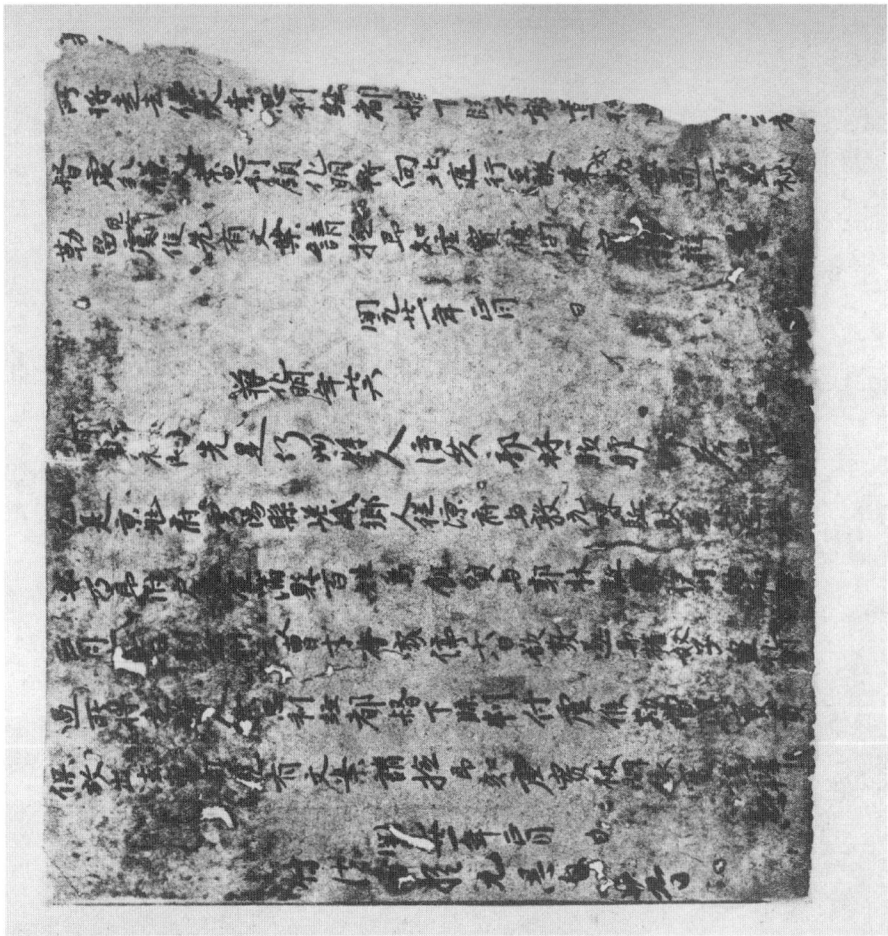

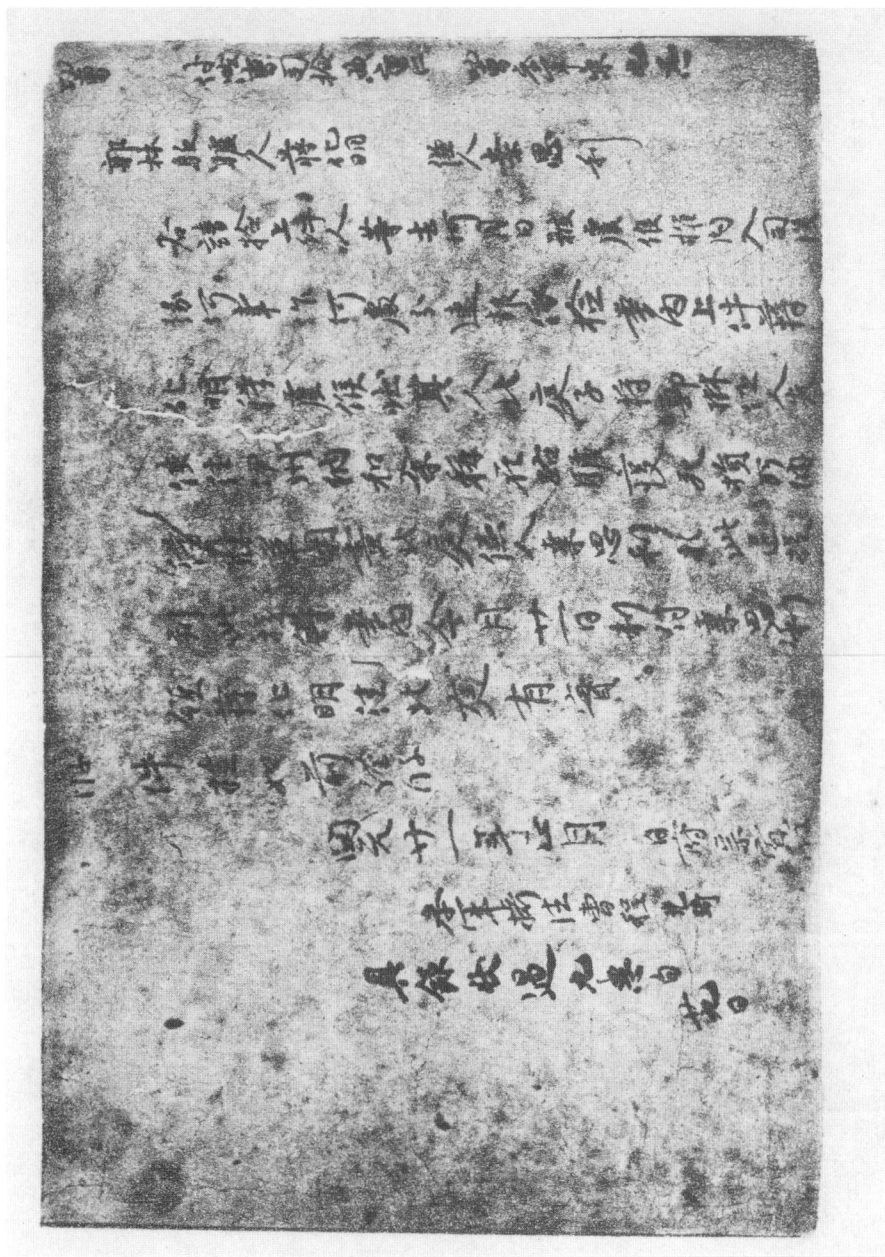

149　唐開元二十一年（733）西州都督府案卷為勘給過所事（二）－2

149　唐開元二十一年（733）西州都督府案卷爲勘給過所事（三）－1

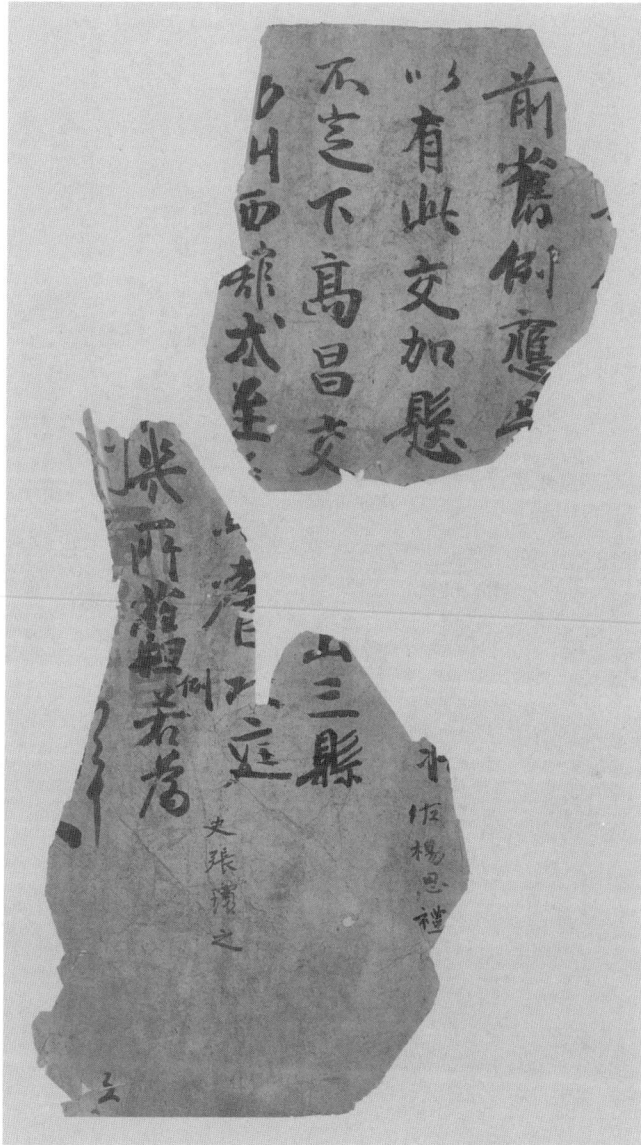

150　唐開元二十三年（735）西州都督府案卷

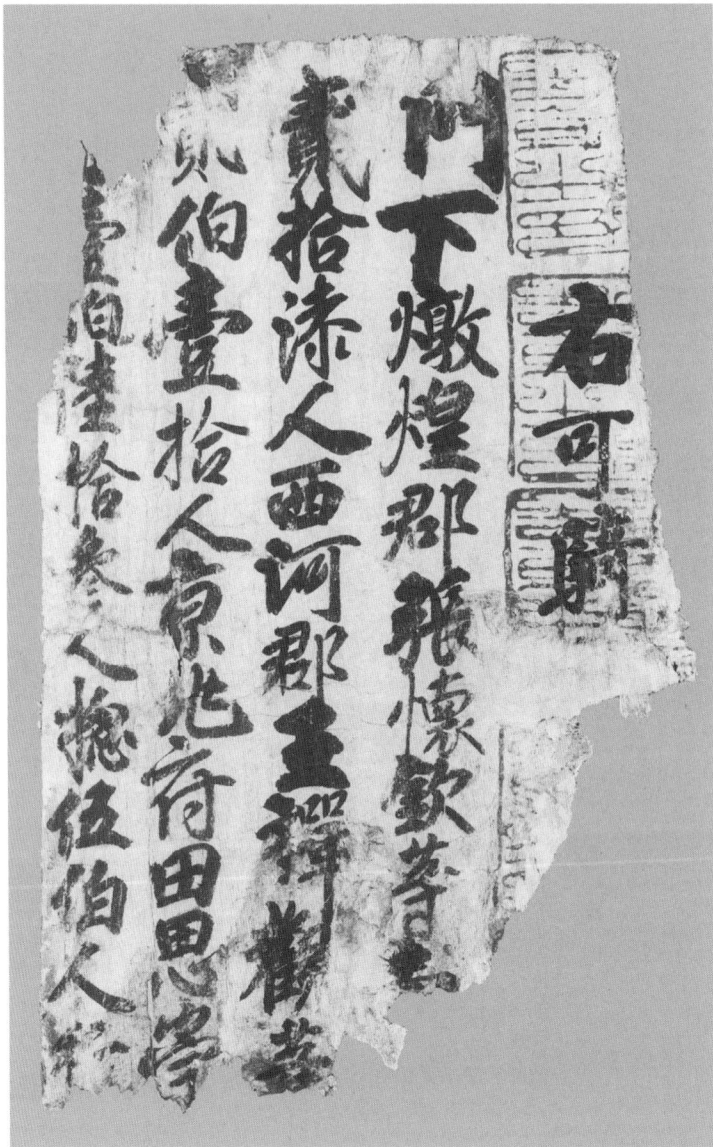

151　唐開元二十九年（741）張懷欽等告身（一）

151　唐開元二十九年（741）張懷欽等告身（二）

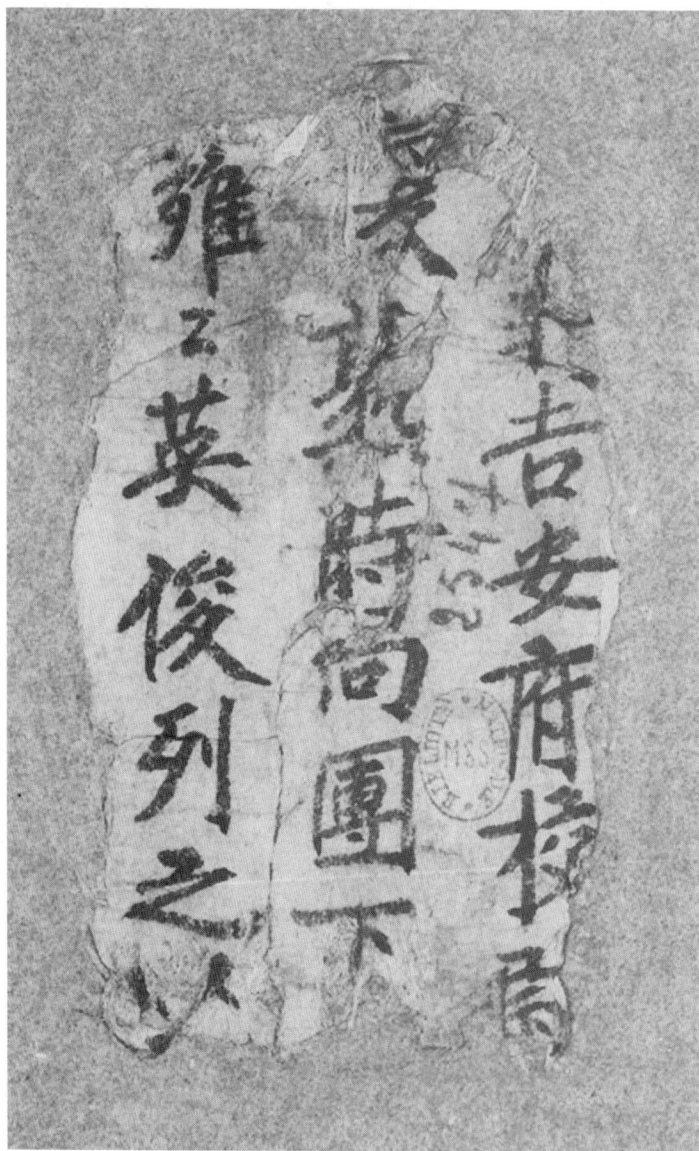

151　唐開元二十九年（741）張懷欽等告身（三）

152　唐開元戶部格

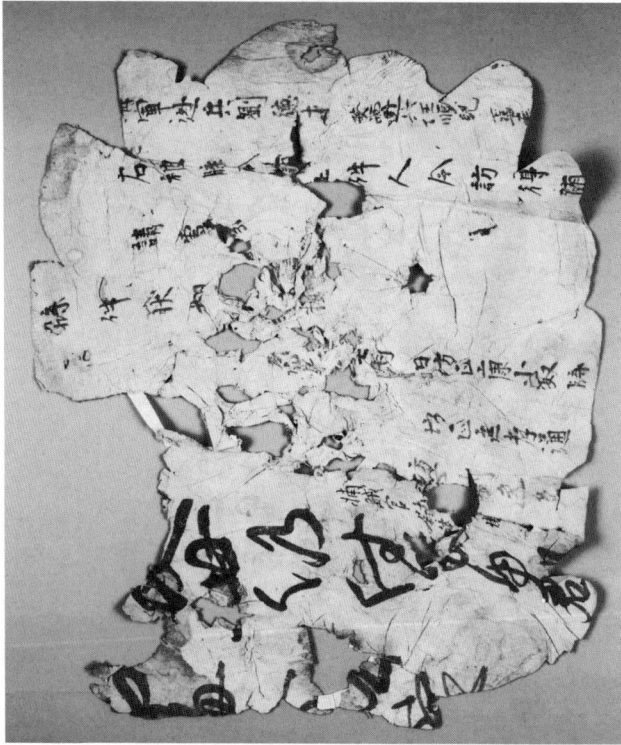

153　唐天寶二年（743）坊正康小奴牒某縣為訪得瀚海軍等處逃兵事

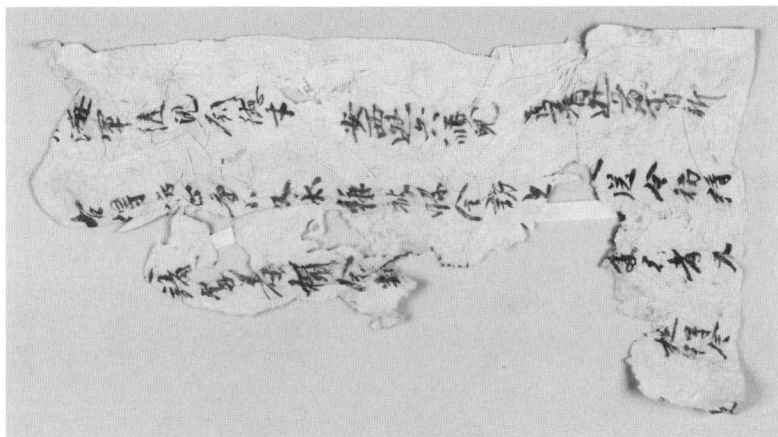

155　唐某狀為捉得逃兵欲赴北庭事

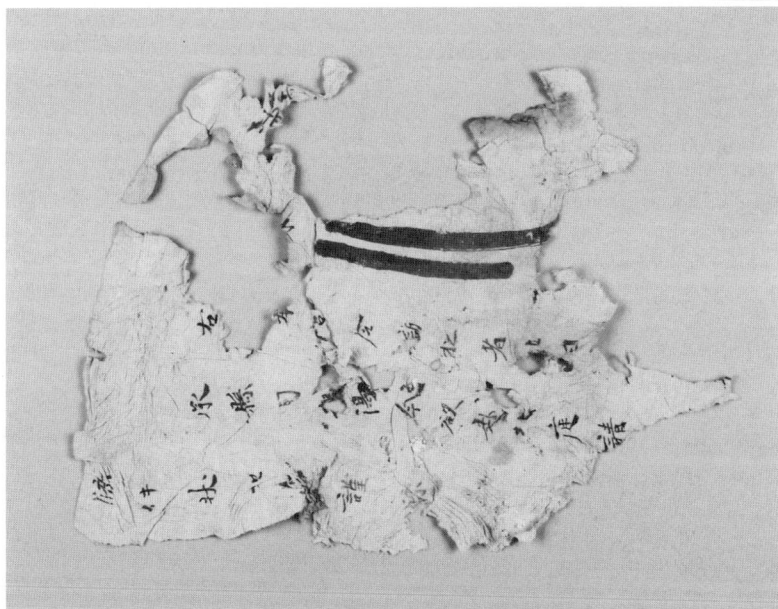

154　唐某狀為捉得逃兵欲赴北庭事

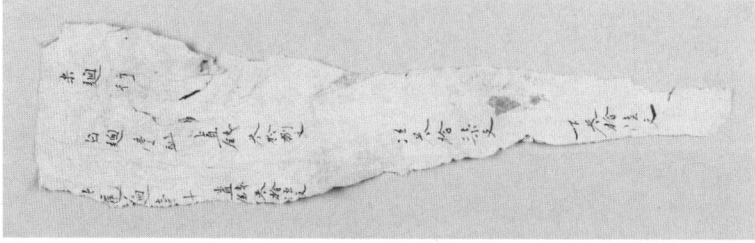

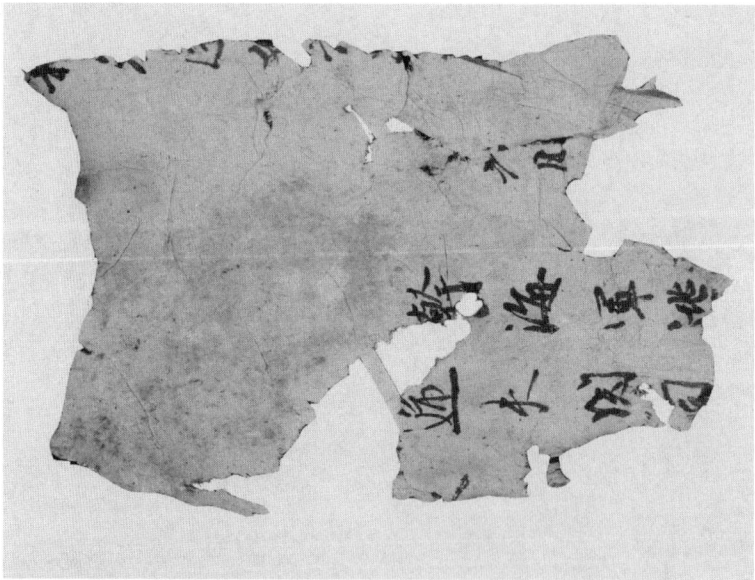

158　唐天寶十載（751）交河郡客使文卷（四）

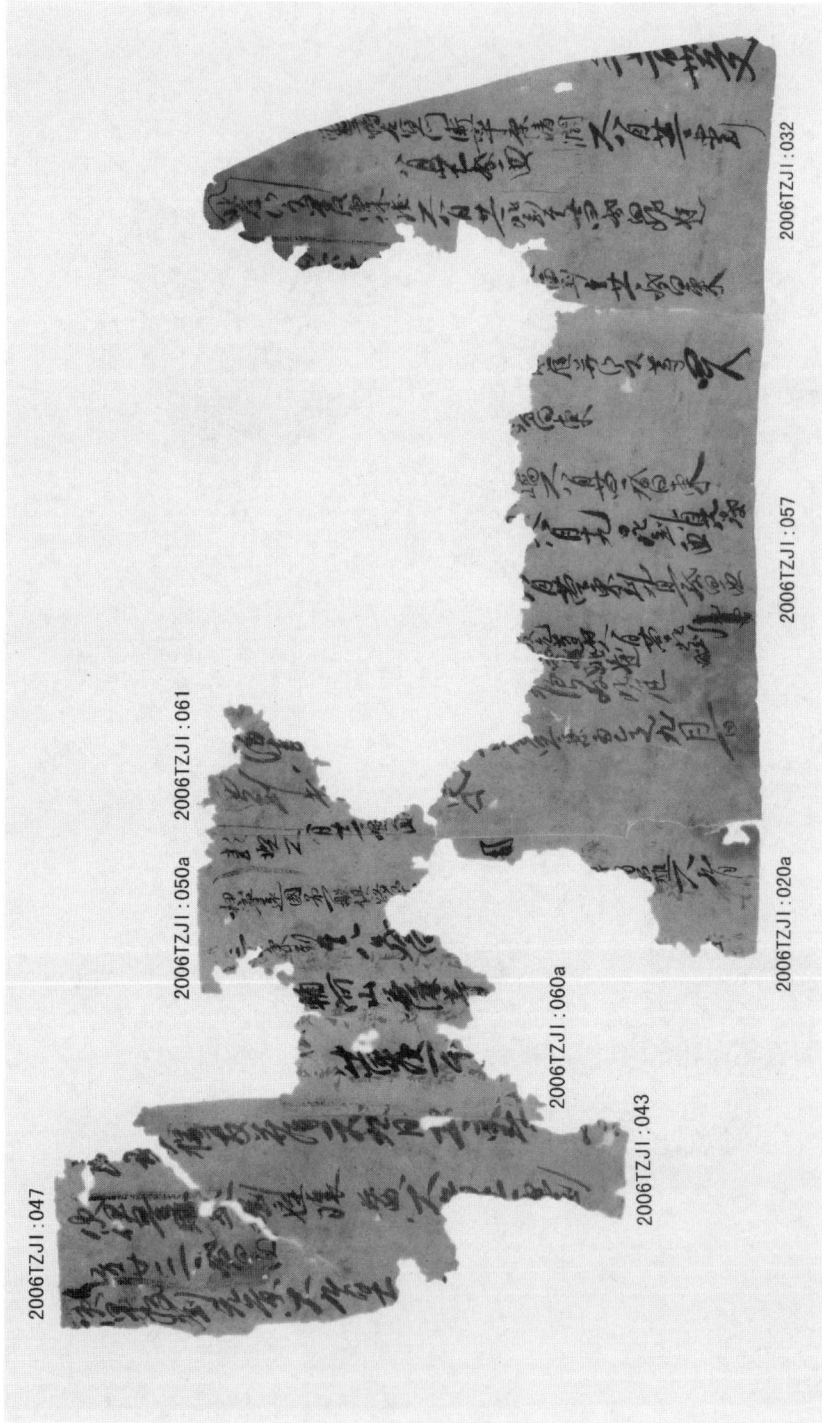

2006TZJI：032

2006TZJI：057

2006TZJI：061

2006TZJI：050a

2006TZJI：020a

2006TZJI：060a

2006TZJI：043

2006TZJI：047

158　唐天寶十載（751）交河郡都客使文卷（五）

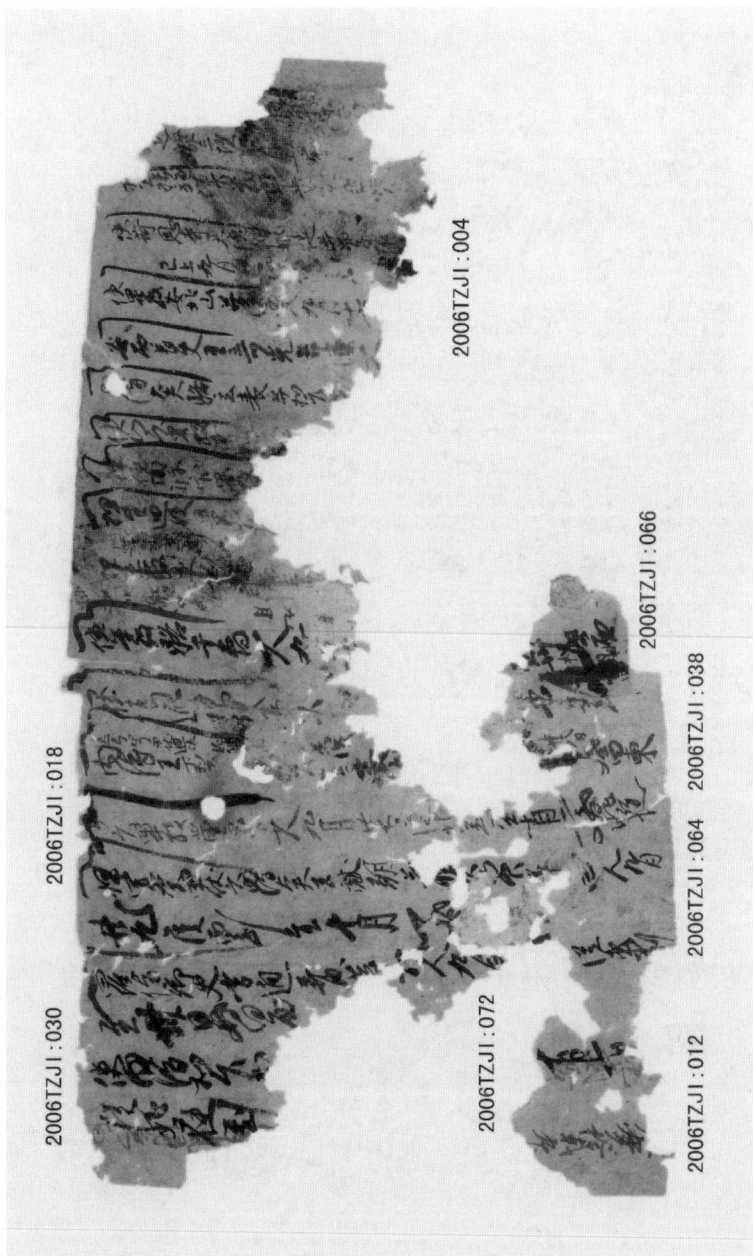

158　唐天寶十載（751）交河郡客使文卷（六）

2006TZJI：004

2006TZJI：066

2006TZJI：038

2006TZJI：064

2006TZJI：072

2006TZJI：012

2006TZJI：018

2006TZJI：030

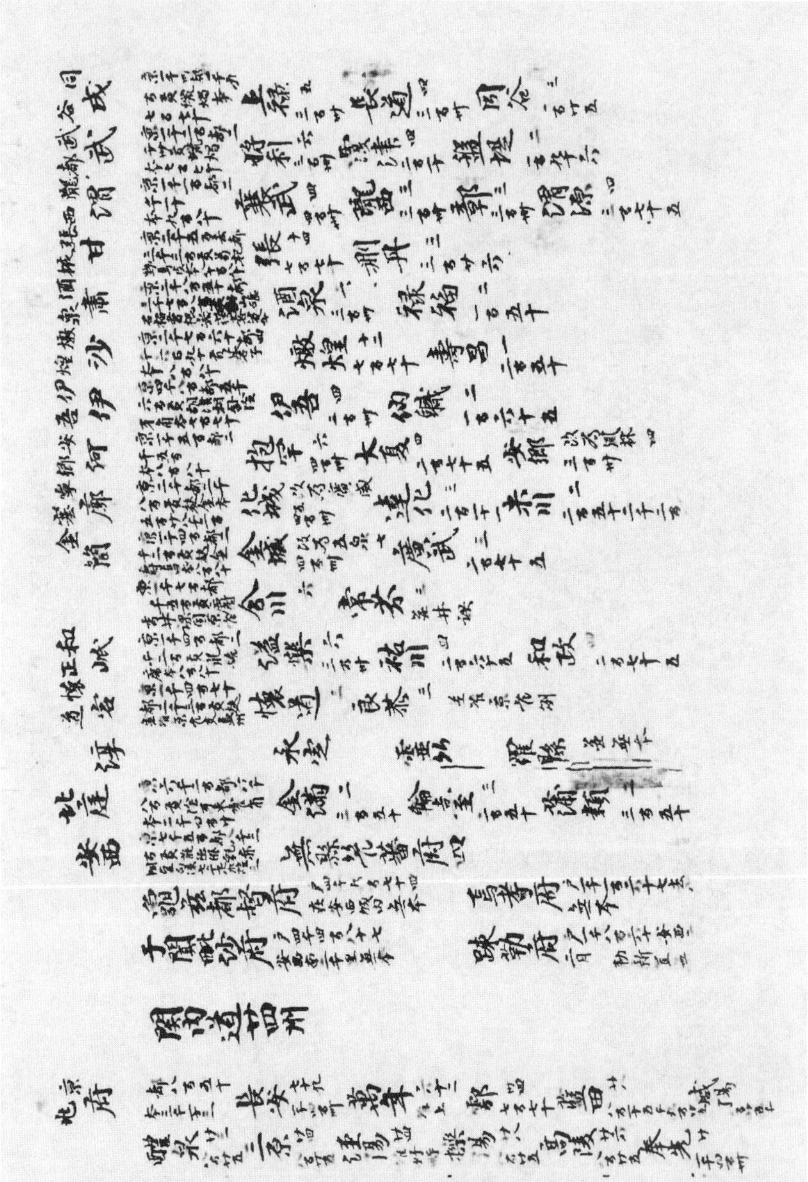

159 唐天寶年間地志

160　唐天寶年間敦煌郡典王隱爲應遣上使及諸郡文牒事目事牒

元山縣

爲申張无瑒請往北庭請兄禄具上事

前□西派外借无瑒　奴朋手年廿五　馬壹匹駁草珠歲　驢貳頭壹青黃父令陸歲

右得上件派外張无瑒誣稱稱无瑒價往北庭乾坤貳主被召□軍

奏无四鎮要籍駛使其禄及地子合於本任請授今四鎮對時到敬

擠前件人高往北庭請禄恐所在无祿行由請唐公者責問上者得

里正張仁兵保頭高義廬等狀稱前件人所將奴高盡是當家家生奴高兒

天是誑諮影他等色如後有人乩告稱悉誑諮孝邑義感連保合來

又云罪者具狀縣申州戶曹聽截者今以狀申

今傳移

必達

161　唐西州天山縣申西州戶曹狀爲張无瑒請往北庭請兄禄事

162　唐大曆三年（768）曹忠敏牒爲請免差充子弟事

163 唐安十三欠小麥價錢抄

166　某人致師兄書狀

167　唐契約

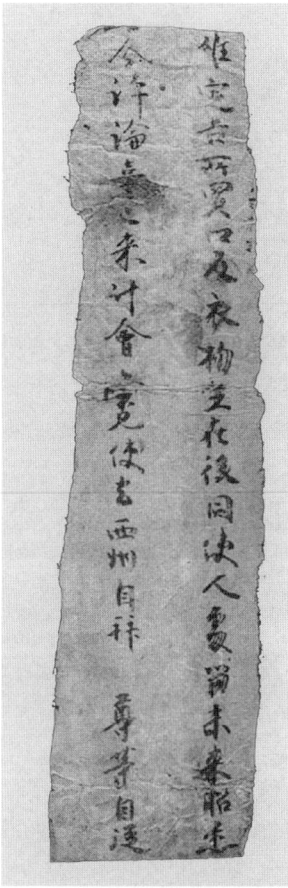

168　唐家書（b）

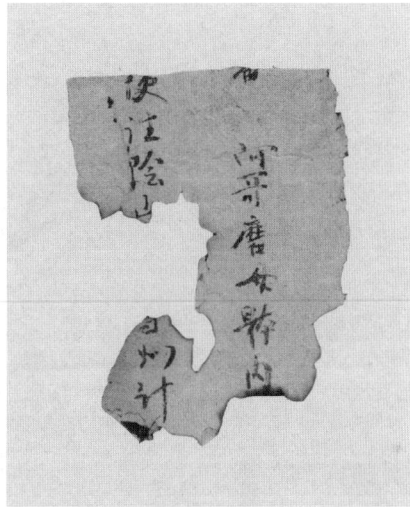

168　唐家書（a）

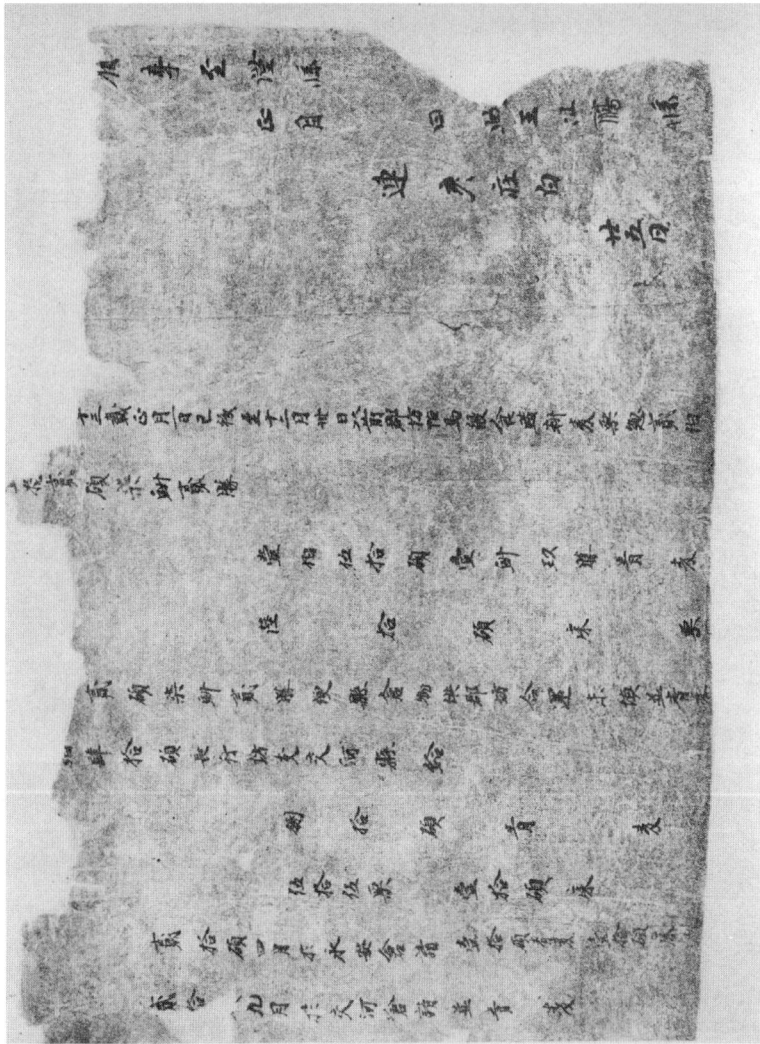

169　唐天寶十四載（755）交河郡某館具上載帖馬食貯歷上郡長行坊狀－1

169　唐天寶十四載（755）交河郡某館具上載帖馬食蓿歷上郡長郡行坊狀 −2

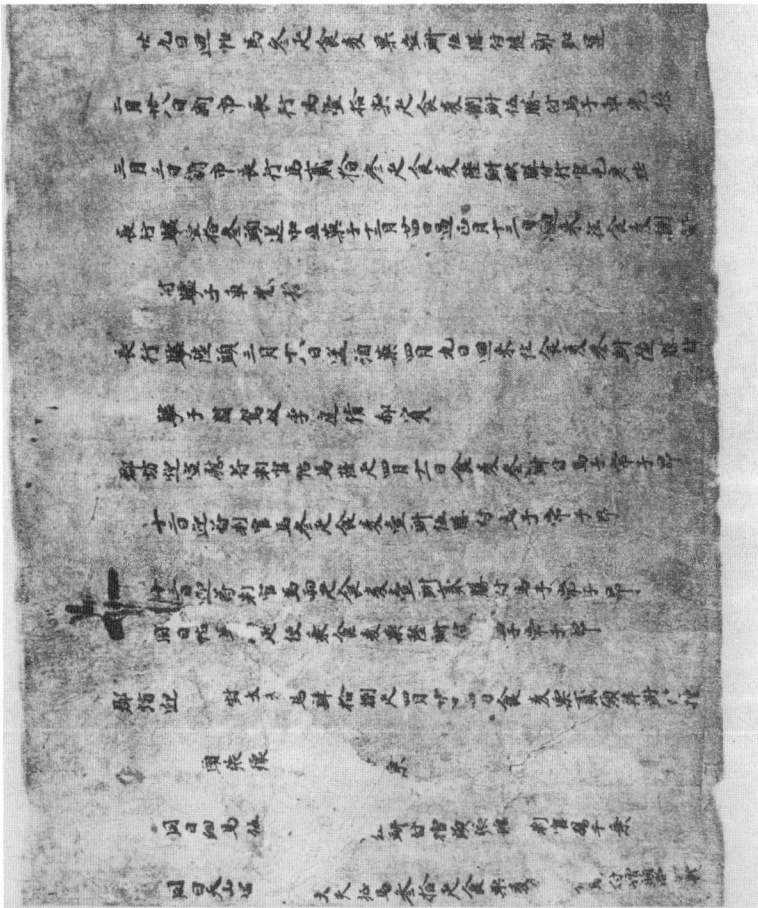

169　唐天寶十四載（755）交河郡郡某館具上載帖馬食贖歷上郡長行坊狀 –3

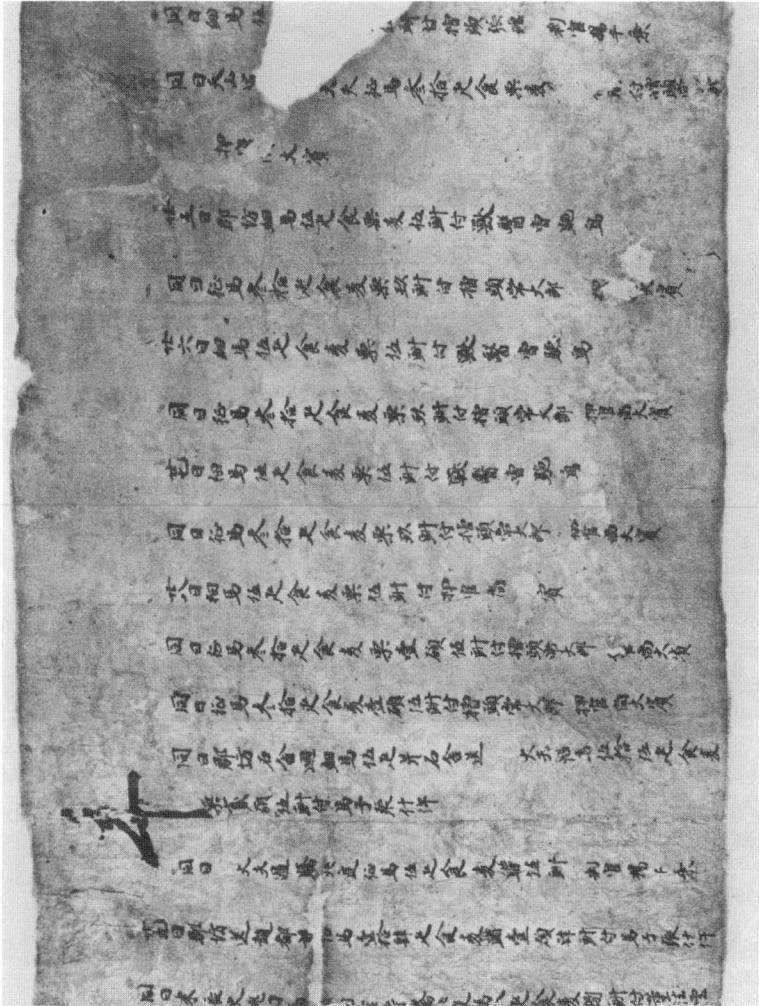

169　唐天寶十四載（755）交河郡某館具上載帖馬食蹄歷上郡長行坊狀 -4

169　唐天寶十四載（755）交河郡某館具上載帖馬食謄歷上郡長郡長行坊狀－5

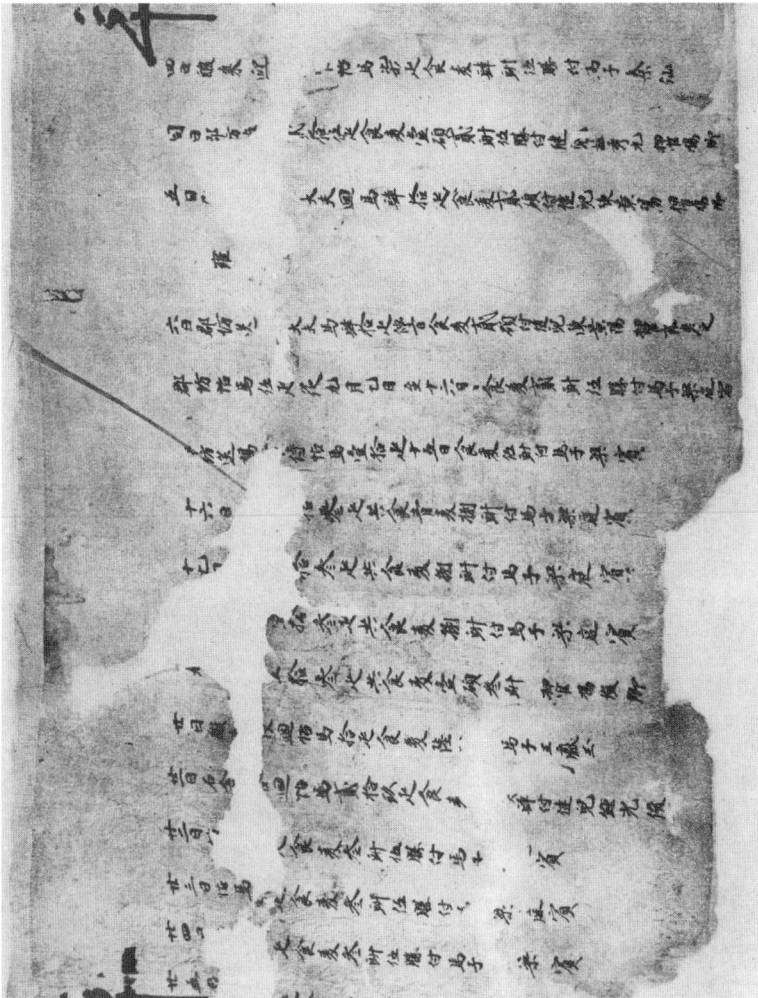

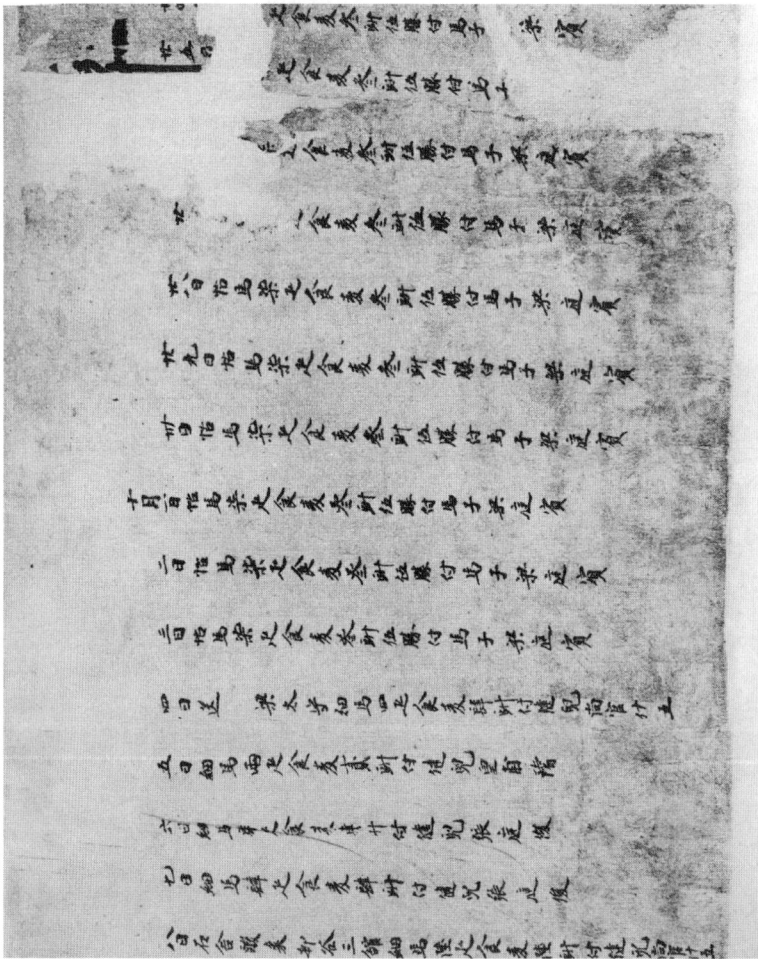

169　唐天寶十四載（755）交河郡某館具上載帖馬食曆上郡長行坊狀 -7

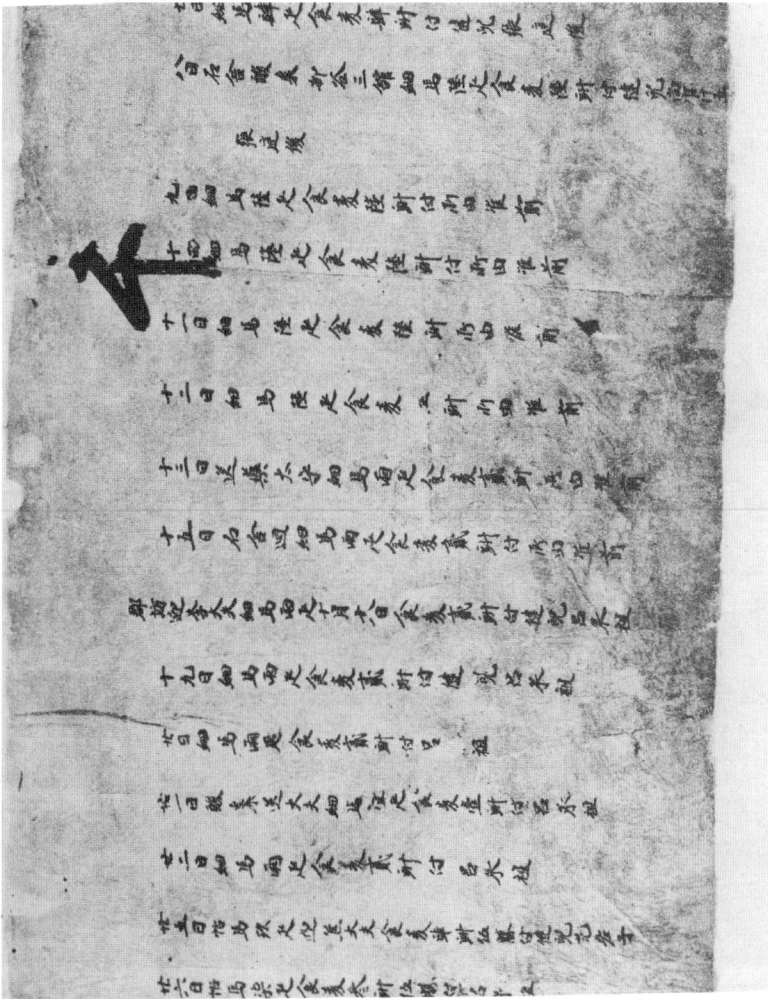

169　唐天寶十四載（755）交河郡某館具上載帖馬食贖歷上郡長行坊狀－8

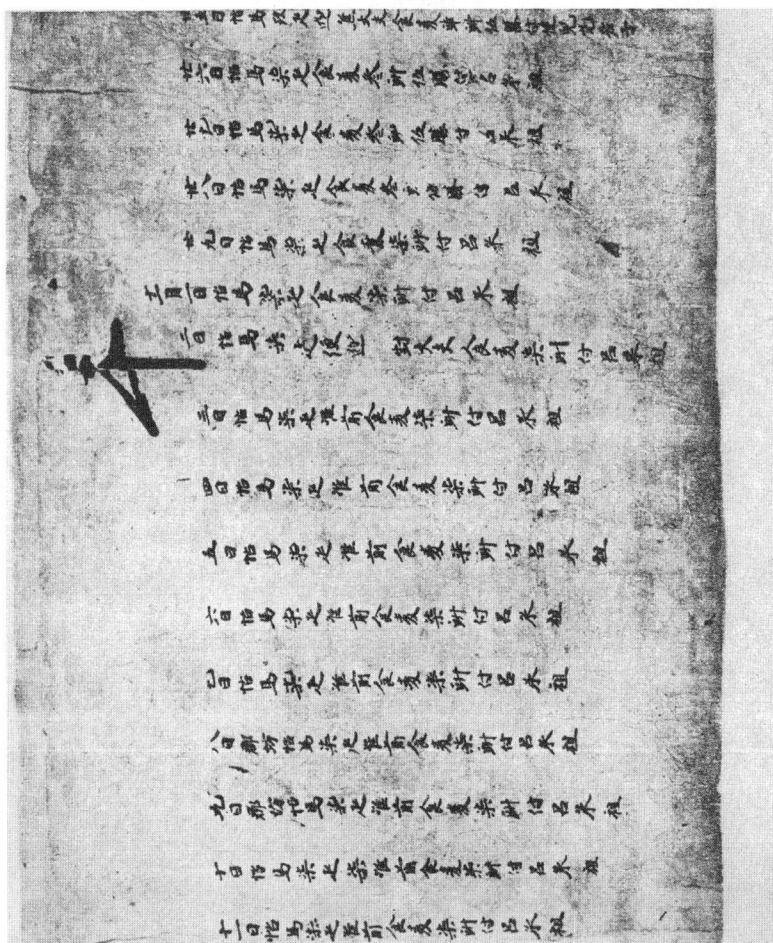

169 唐天寶十四載（755）交河郡某館具上載帖馬食歷上郡長行坊狀 -9

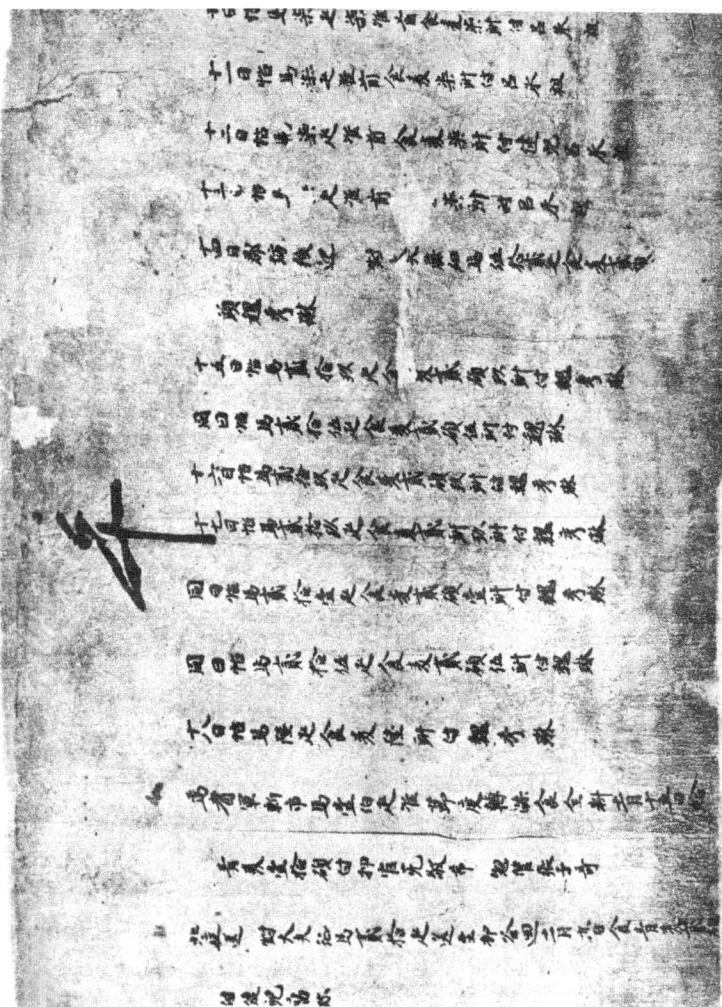

169　唐天寶十四載（755）交河郡某館具上載帖馬食曆歷上郡長行坊狀－10

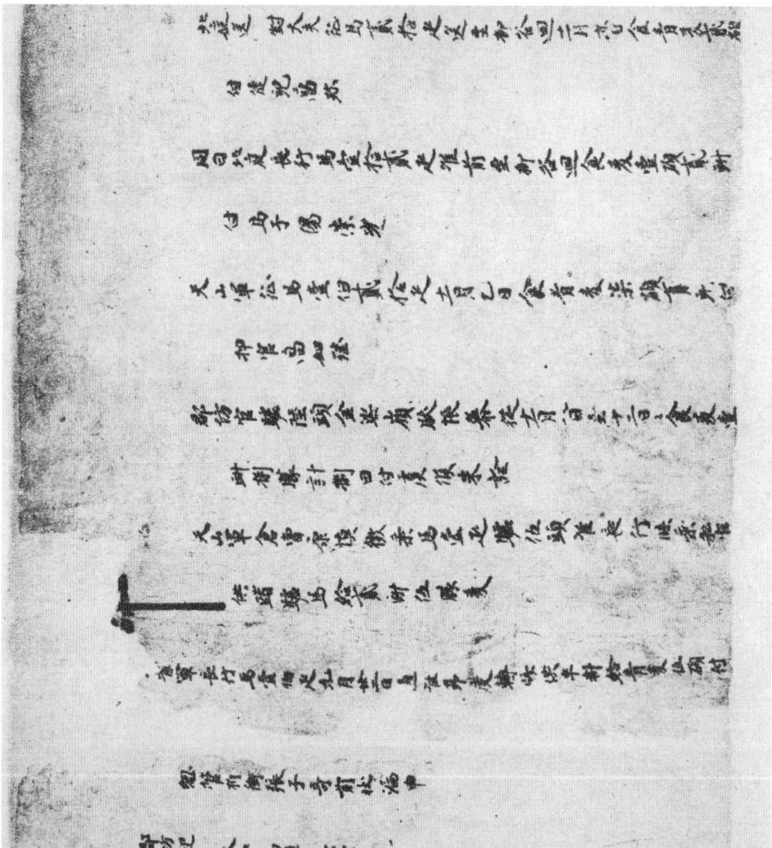

169　唐天寶十四載（755）交河郡某館具上載帖馬食踖歷上郡長行坊狀－11

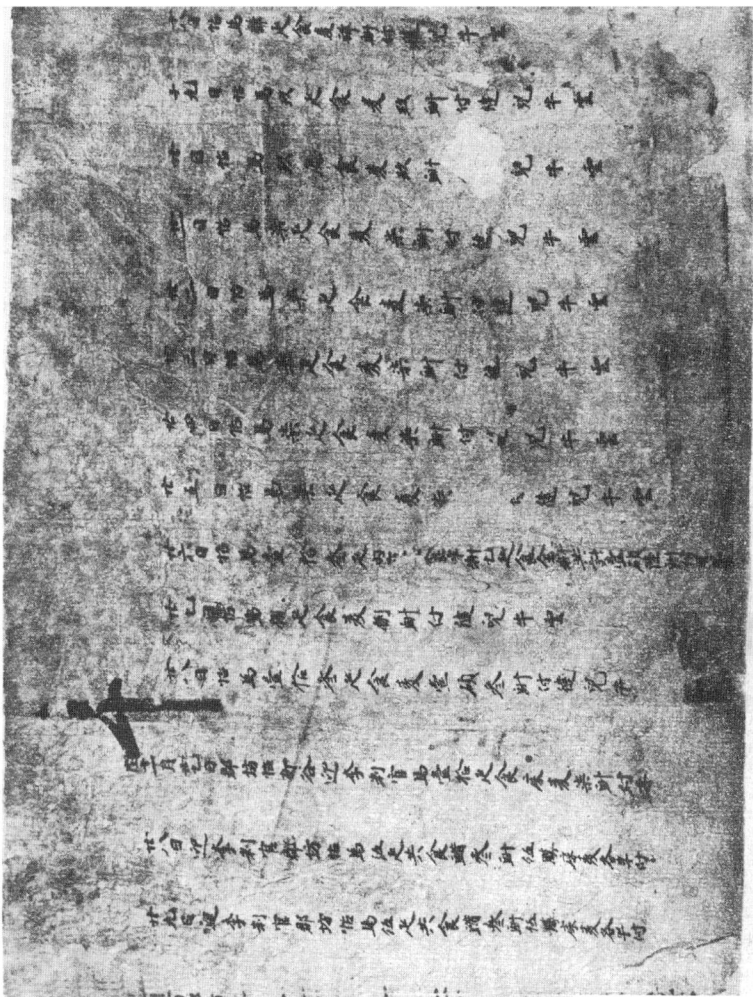

169　唐天寶十四載（755）交河郡某館具上載帖馬食曆歷上郡長行坊狀－12

169　唐天寶十四載（755）交河郡某館具上載帖馬食暗歷上郡長行坊狀－13

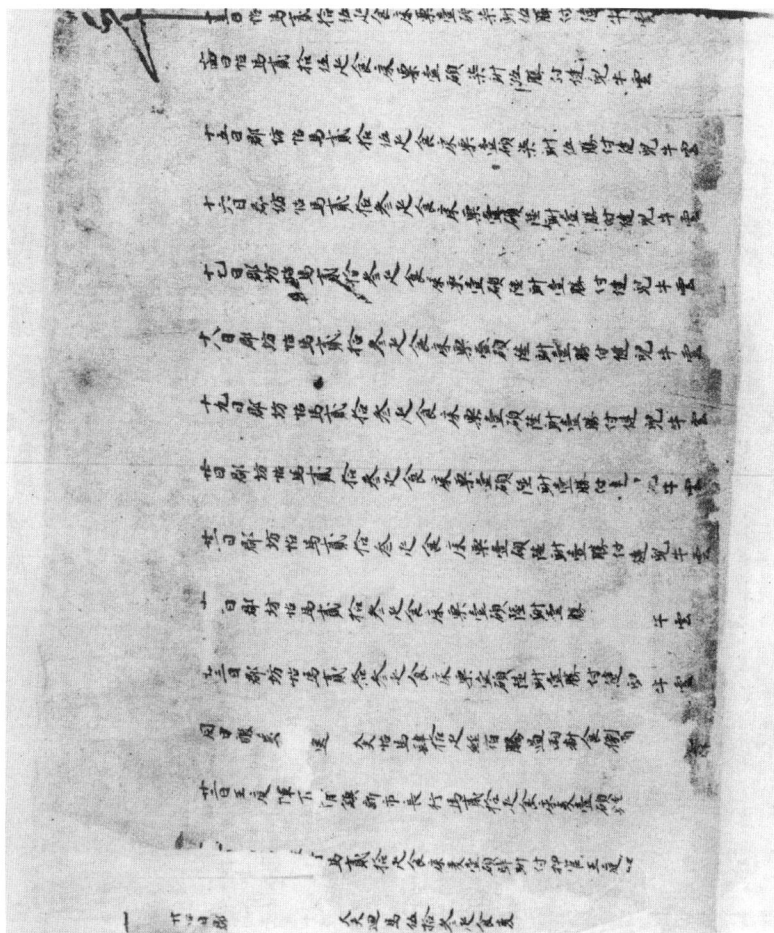

169　唐天寶十四載（755）交河郡某館具上載帖馬食踏歷上郡長行坊狀 -14

169　唐天寶十四載（755）交河郡某館具上載帖馬食蒨歷
　　　上都長行坊狀－15

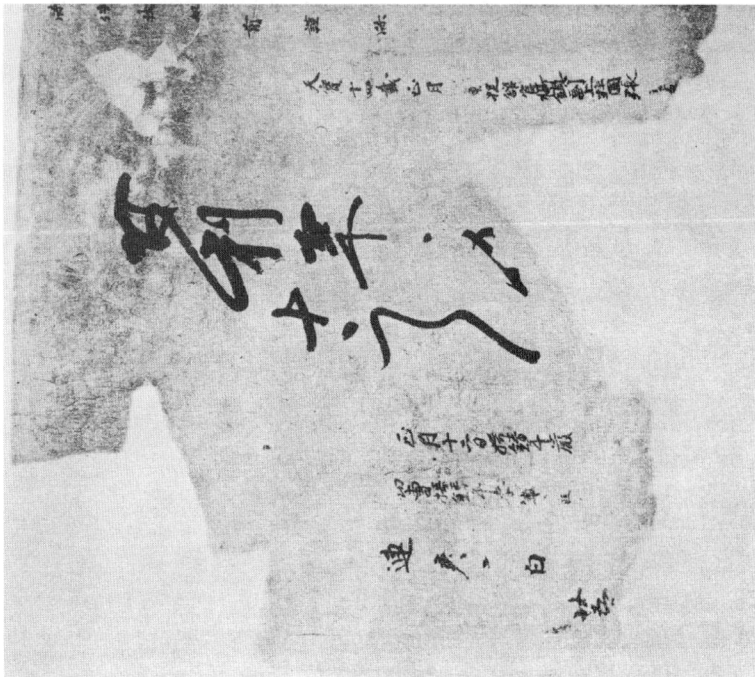

169　唐天寶十四載（755）交河郡某館具上載帖馬食蒨歷
　　　上都長行坊狀－16

170　唐天寶十三載（754）磧石館具七至閏十一月帖馬食歷上郡長行坊狀－1

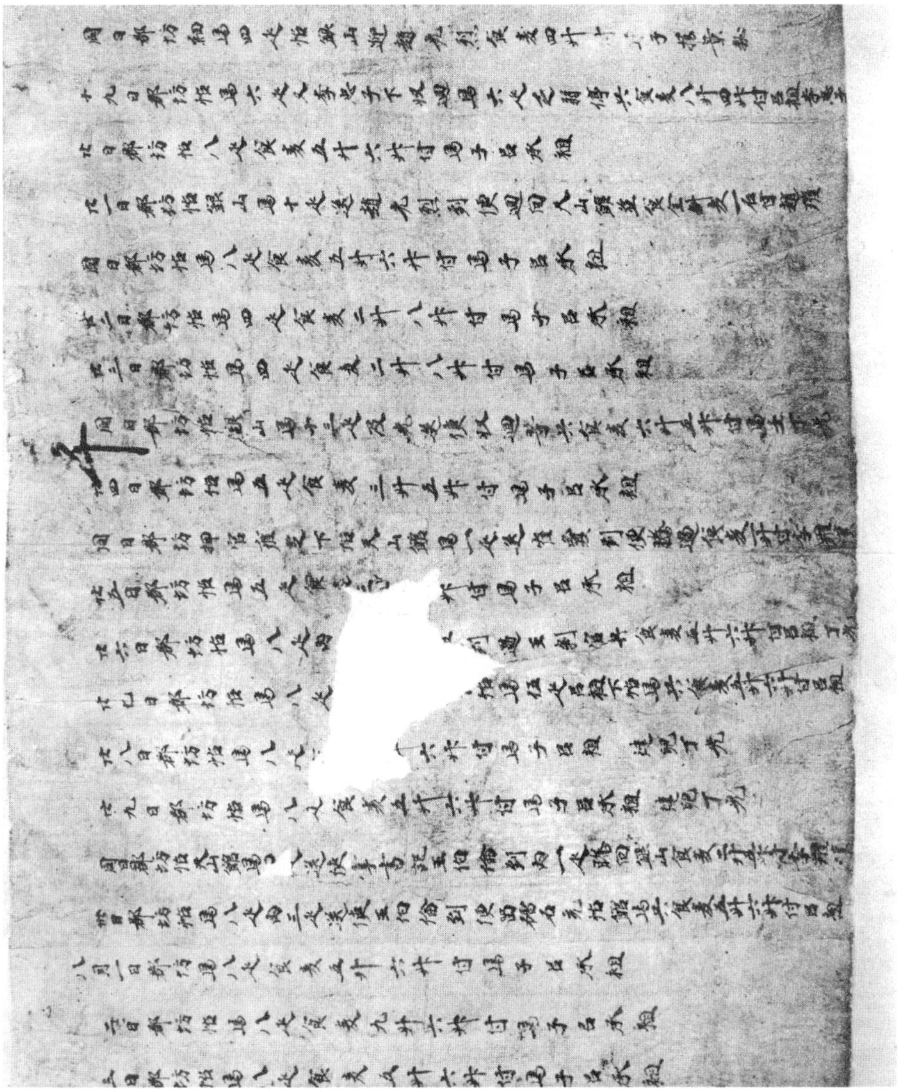

170　唐天寶十三載（754）礌石館具七至閏十一月帖馬食歷上郡長行坊狀－3

170　唐天寶十三載（754）碛石館具七至閏十一月帖馬食歷上郡長行坊狀 -5

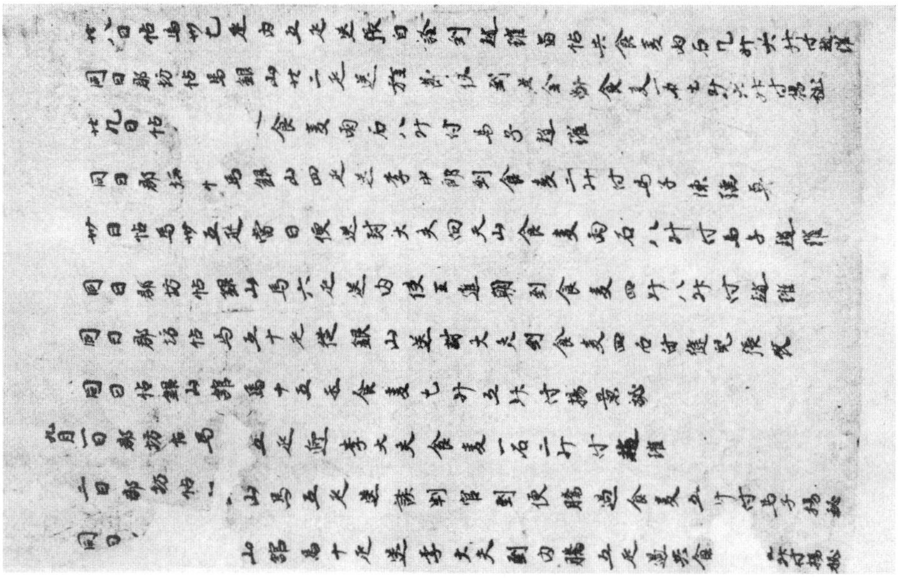

170　唐天寶十三載（754）礌石館具七至閏十一月帖馬食歷上郡長行坊狀－6

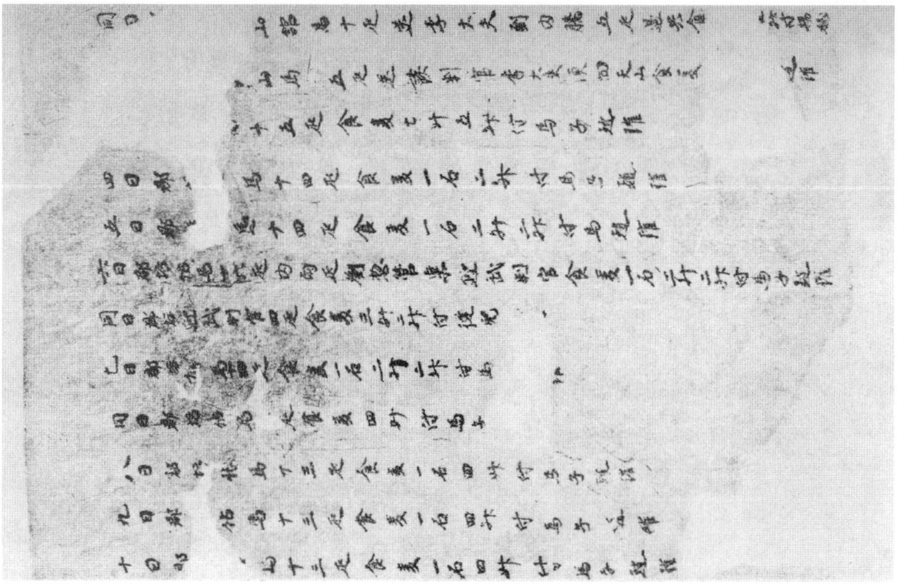

170　唐天寶十三載（754）礌石館具七至閏十一月帖馬食歷上郡長行坊狀－7

170　唐天寶十三載（754）疏勒石館具七至囯十一月帖馬食歷上郡長行坊狀 -9

170　唐天寶十三載（754）疏石館具七至閏十一月帖馬食歷上郡長行坊狀 −10

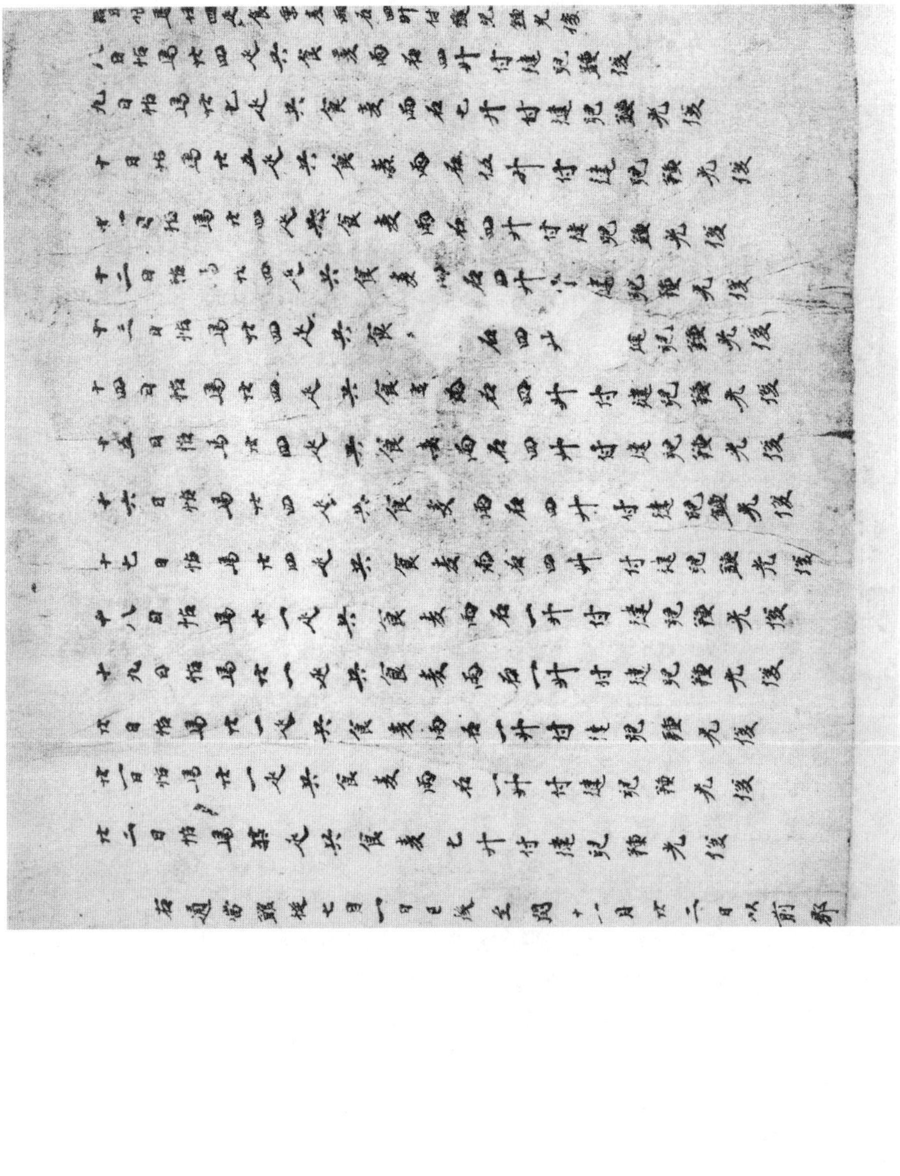

170 唐天寶十三載（754）礌石館具七至閏十一月帖馬食歷上郡長行坊狀－11

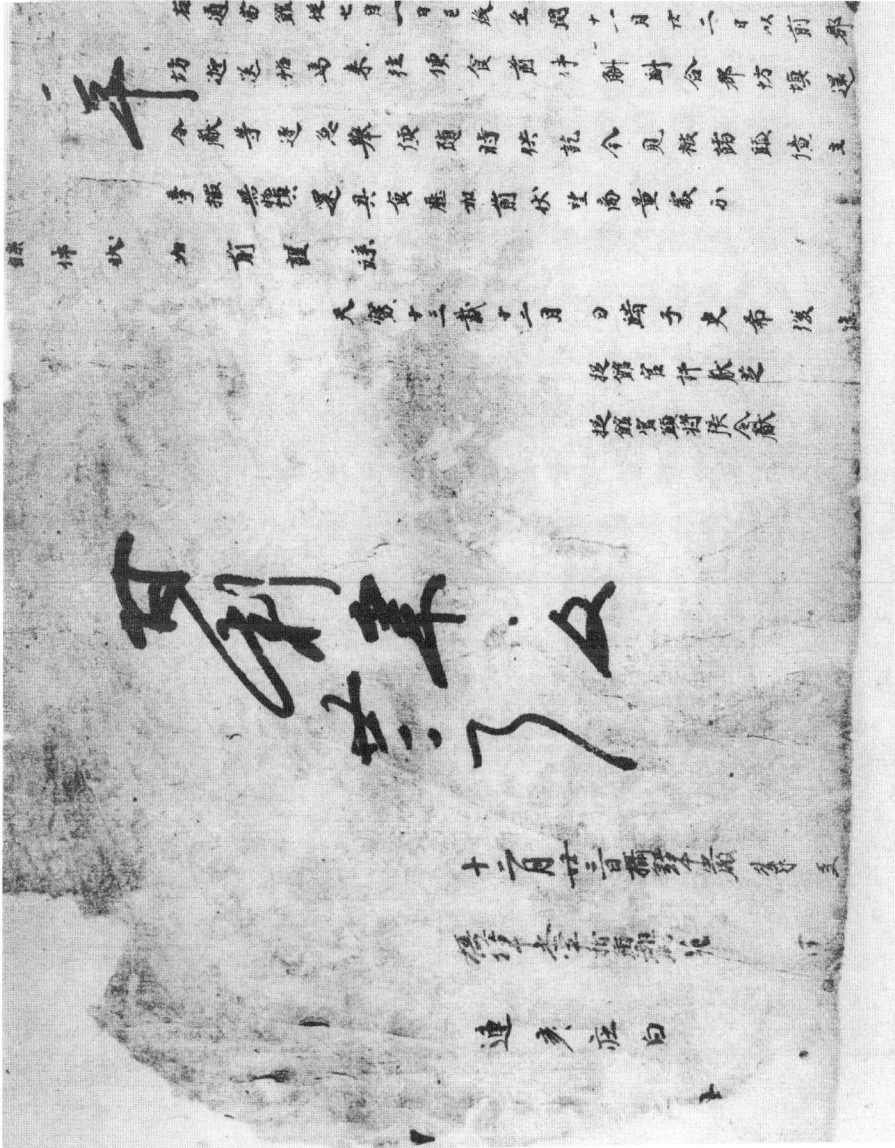

170　唐天寶十三載（754）傭石館具七至閏十一月帖馬食歷上郡長行坊狀 -12

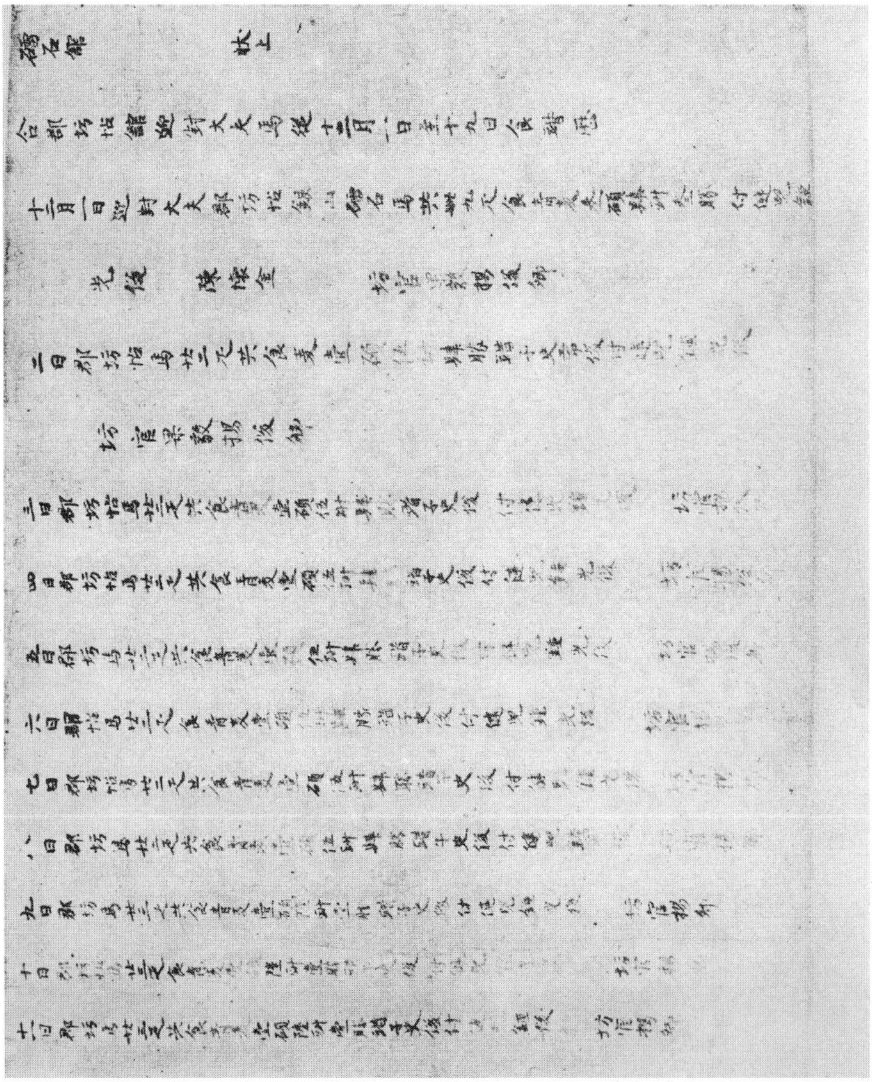

171 唐天寶十三載（754）礌石館具迎封大夫馬食醋歷上郡長行坊狀－1

171　唐天寶十三載（754）疏石館具迎封大夫馬食晴歷上都長行坊狀 -2

171　唐天寶十三載（754）疏石館具迎封大夫馬食晴歷上都長行坊狀 -3

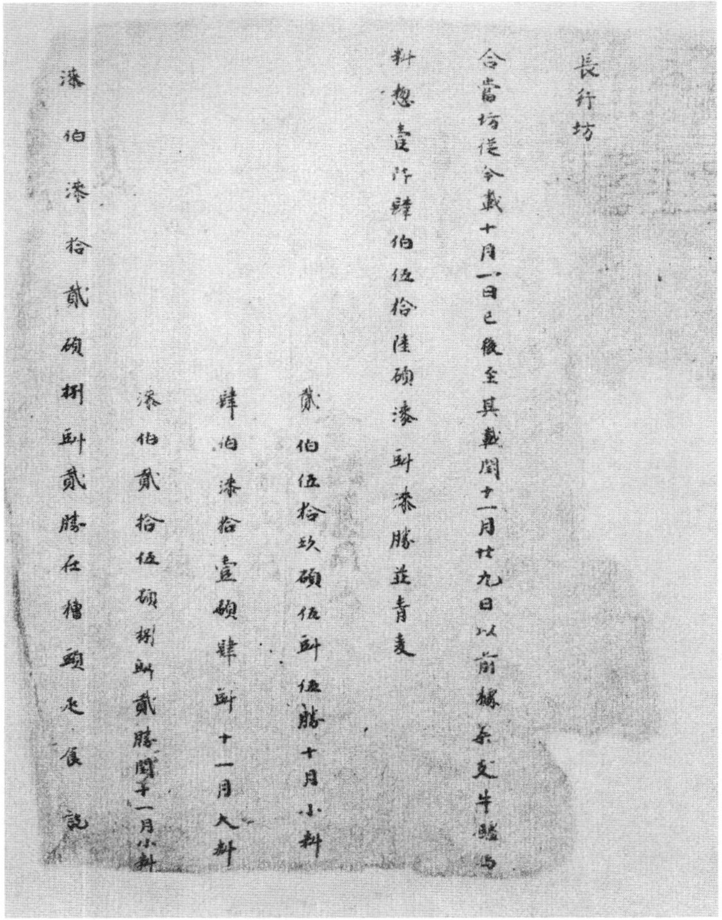
長行坊
合當坊從今載十月一日已後至其載閏十一月廿九日以前緣支牛驢馬
料總壹阡肆伯伍拾陸碩柒斗柒勝並青麥
貳伯伍拾玖碩伍斗伍勝十月小料
肆伯柒拾壹碩肆斗十一月大料
柒伯貳拾伍碩捌斗貳勝閏十一月小料
柒伯柒拾貳碩捌斗貳勝在槽頭見在 記

172　唐天寶十三載(754)長行坊申勘十至閏十一月支牛驢馬料帳歷－1

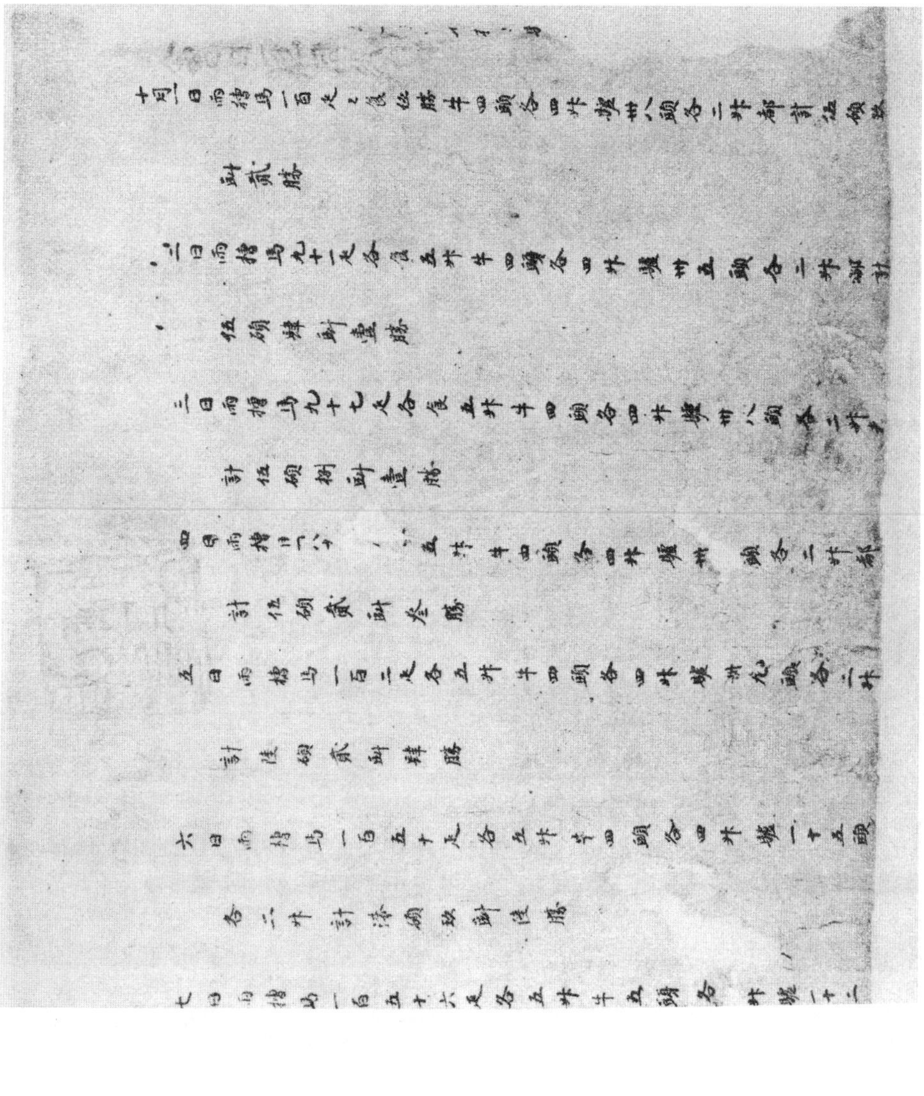

172　唐天寶十三載（754）長行坊申勘十至閏十一月支牛驢馬料帳歷－2

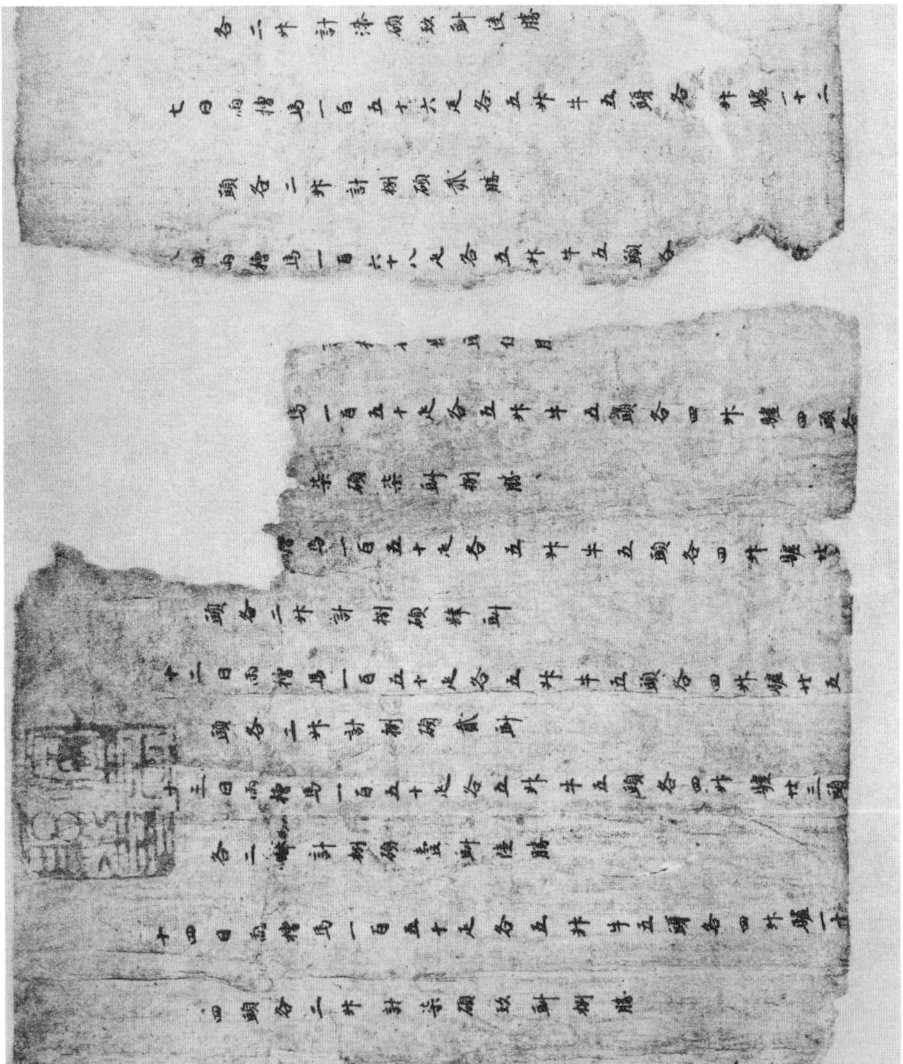

172　唐天寶十三載（754）長行坊申勘十至閏十一月支牛驢馬料帳歷－3

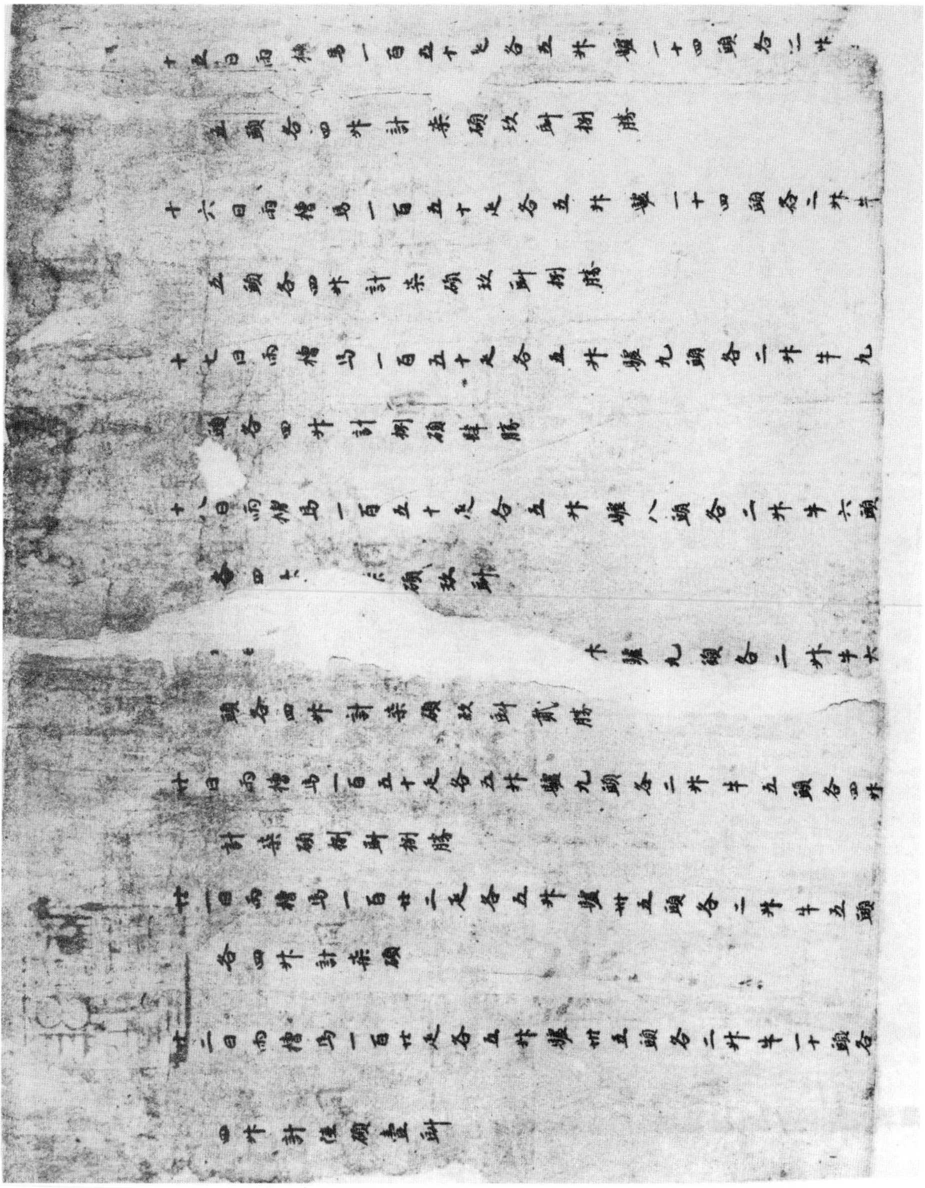

172　唐天寶十三載（754）長行坊申勘十至閏十一月支牛驢馬料帳歷－4

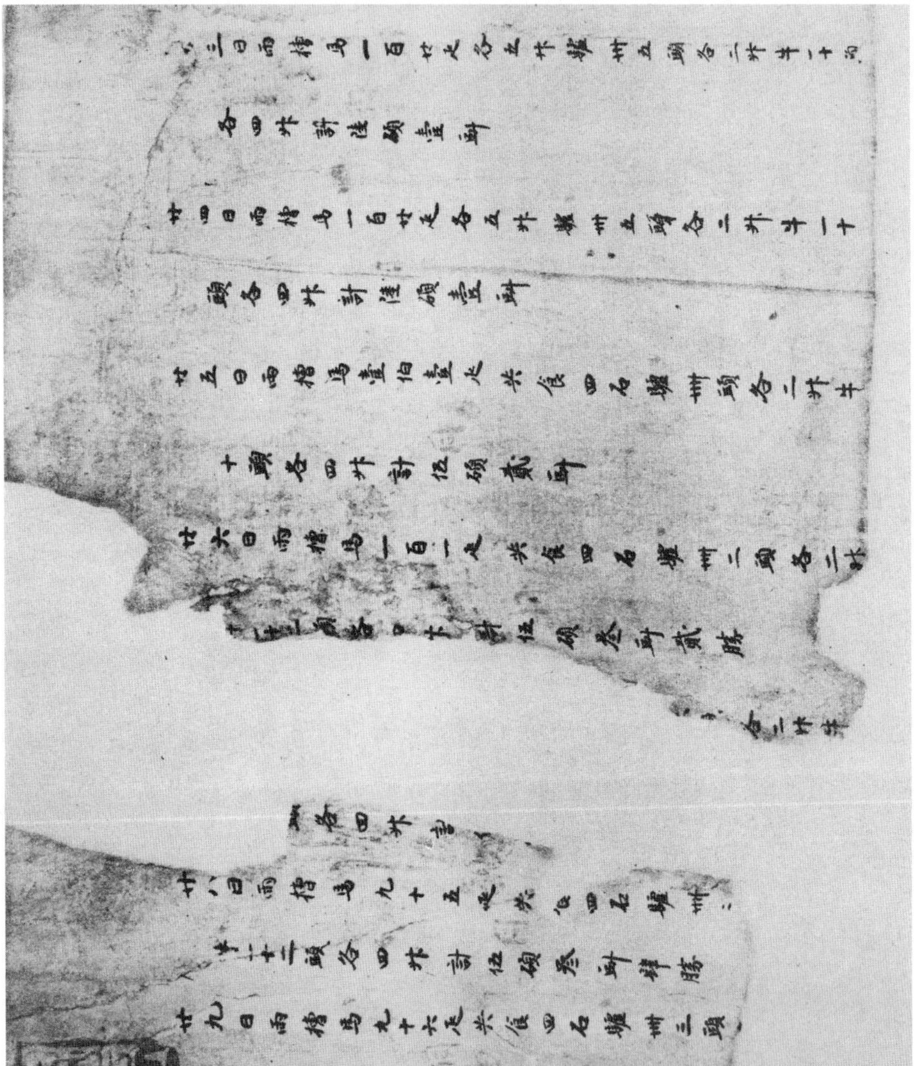

172 唐天寶十三載(754)長行坊申勘十至閏十一月支牛驢馬料帳歷－5

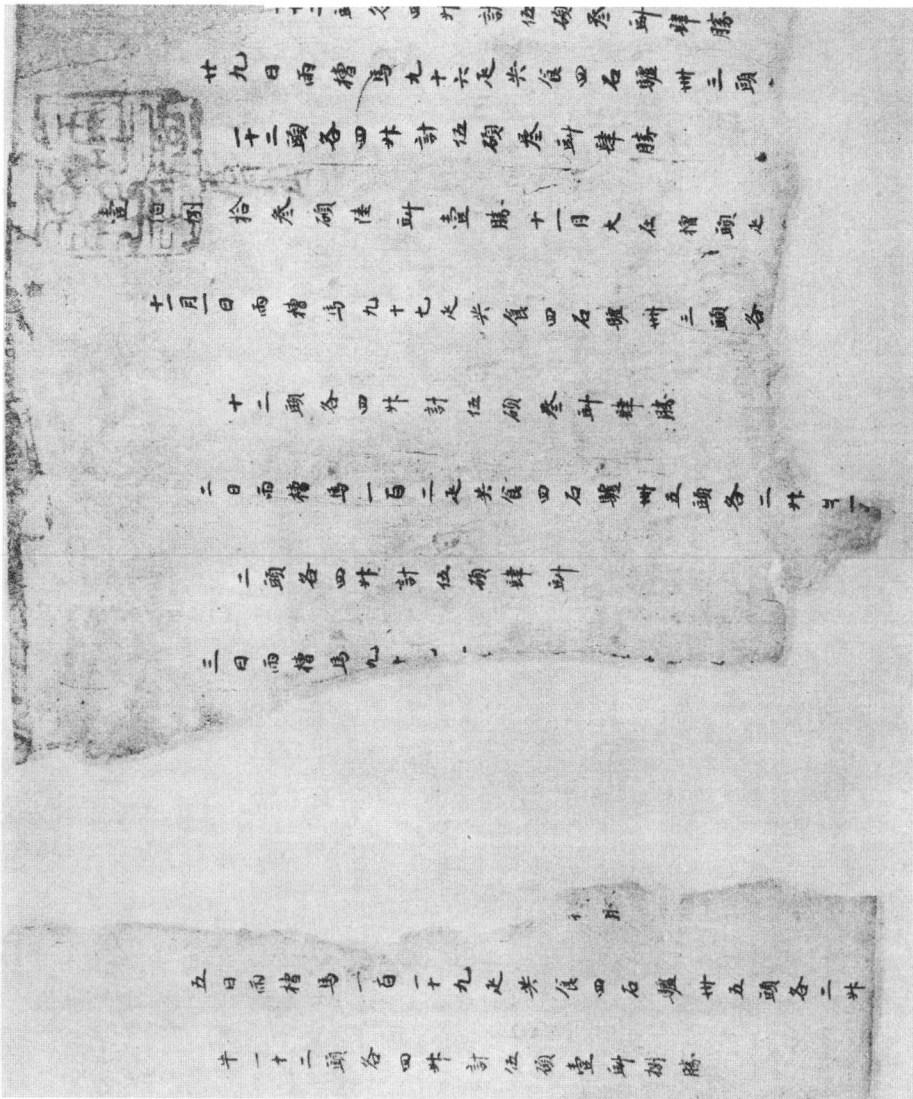

172　唐天寶十三載（754）長行坊申勘十至閏十一月牛驢馬料帳歷－6

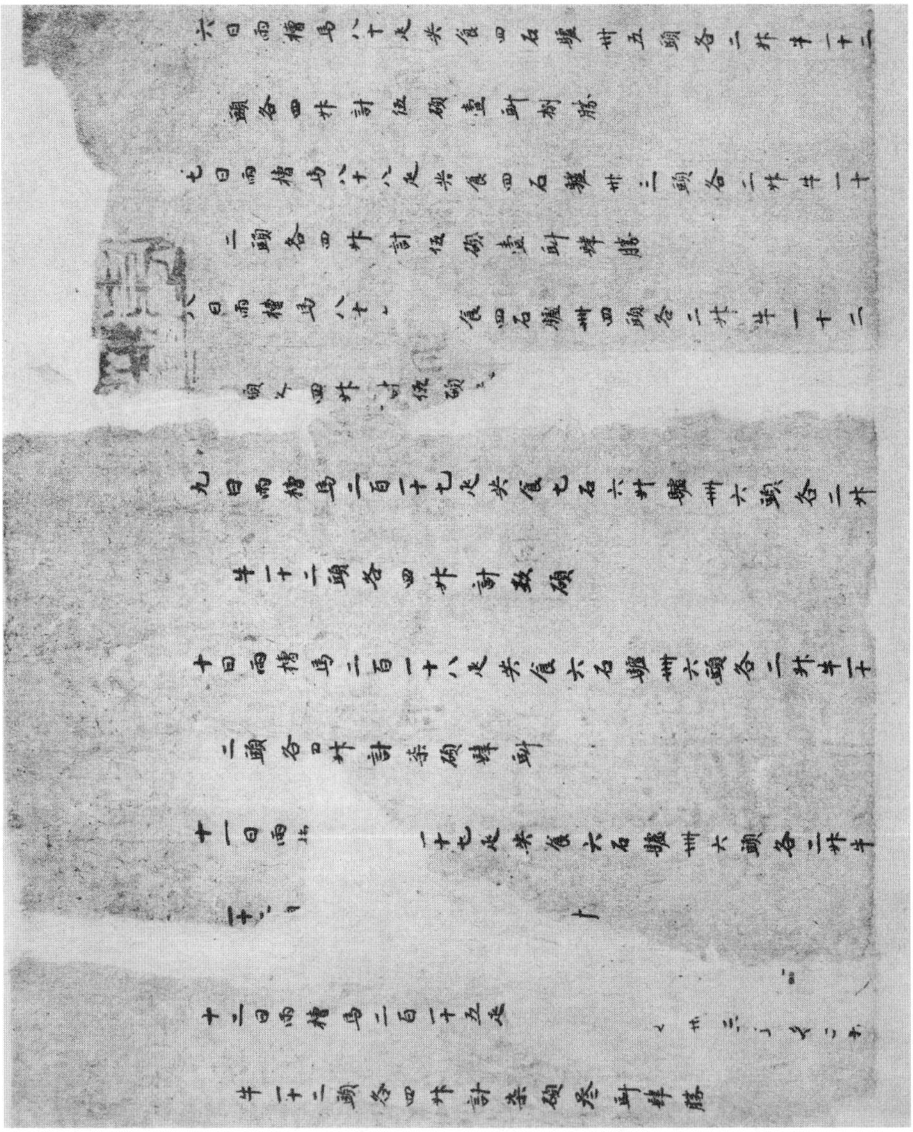

172　唐天寶十三載（754）長行坊申勘十至閏十一月支牛驢馬料帳歷－7

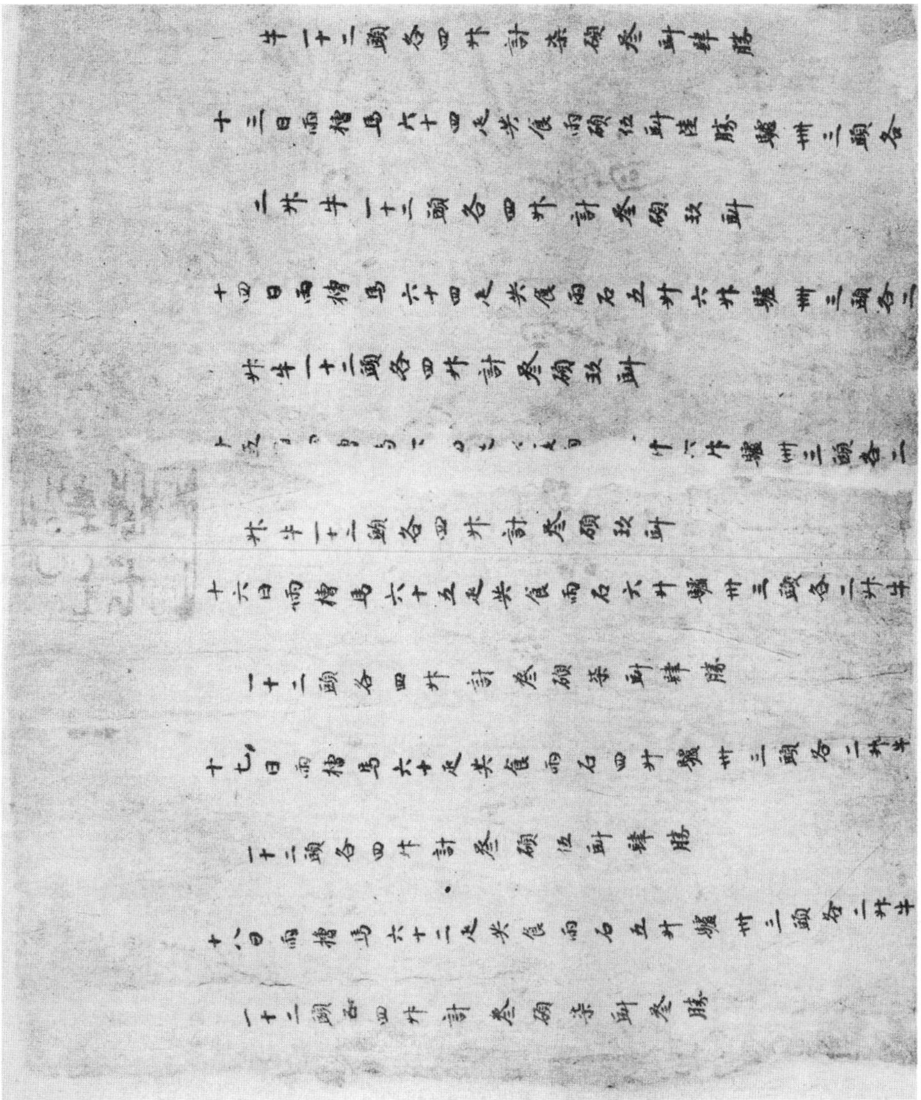

牛一十二頭各四升 計柒碩叁斗肆勝
十三日兩槽馬六十四疋共食兩碩伍斗陸勝 驢卅三頭各
二升 牛一十二頭各四升 計叁碩玖斗
十四日兩槽馬六十四疋共食兩石五斗六升 驢卅三頭各二
升 牛一十二頭各四升 計叁碩玖斗
十五[illegible] 廿六升 驢卅三頭各二
升 牛一十二頭各四升 計叁碩玖斗
十六日兩槽馬六十五疋共食兩石六斗 驢卅三頭各二升 牛
一十二頭各四升 計叁碩柒斗肆勝
十七日兩槽馬六十疋共食兩石四斗 驢卅三頭各二升 牛
一十二頭各四升 計叁碩伍斗肆勝
十八日兩槽馬六十二疋共食兩石五斗 驢卅三頭各二升 牛
一十二頭各四升 計叁碩柒斗叁勝

172　唐天寶十三載（754）長行坊申勘十至閏十一月支牛驢馬料帳歷－8

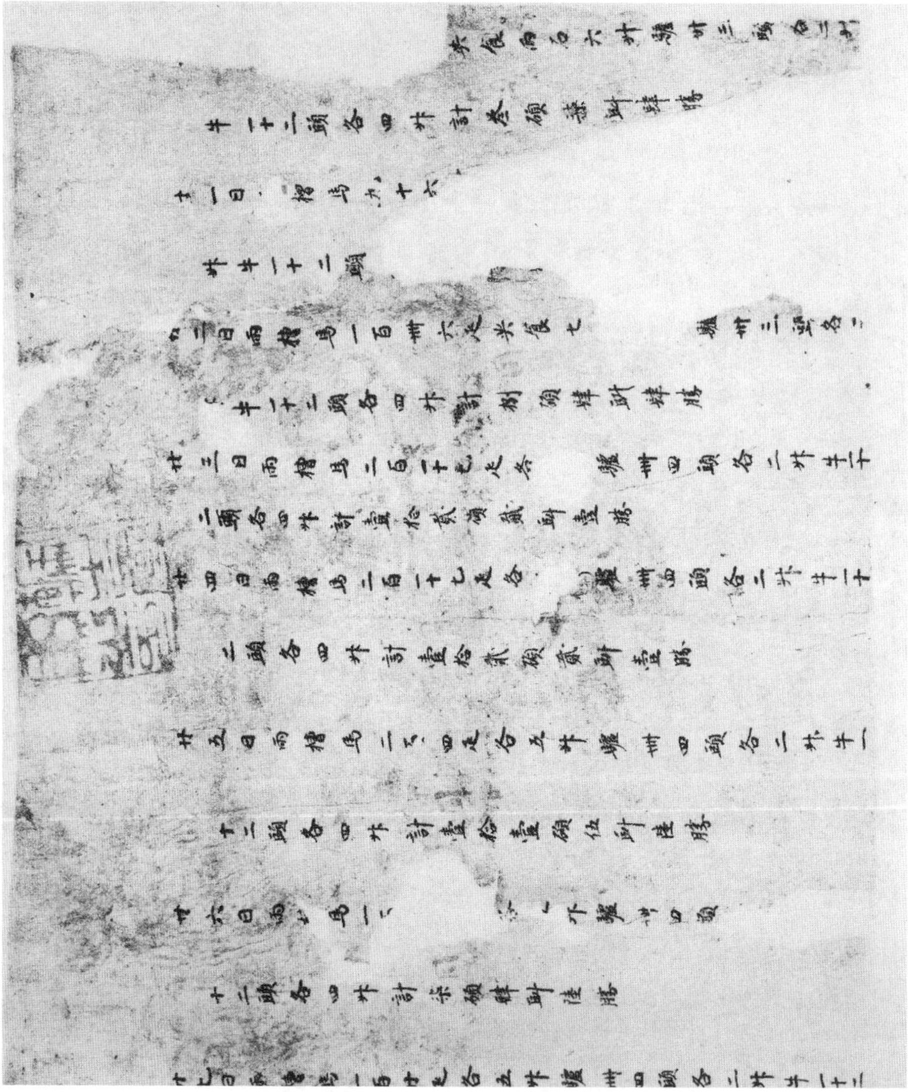

172 唐天寶十三載(754)長行坊申勘十至閏十一月支牛驢馬料帳歷－9

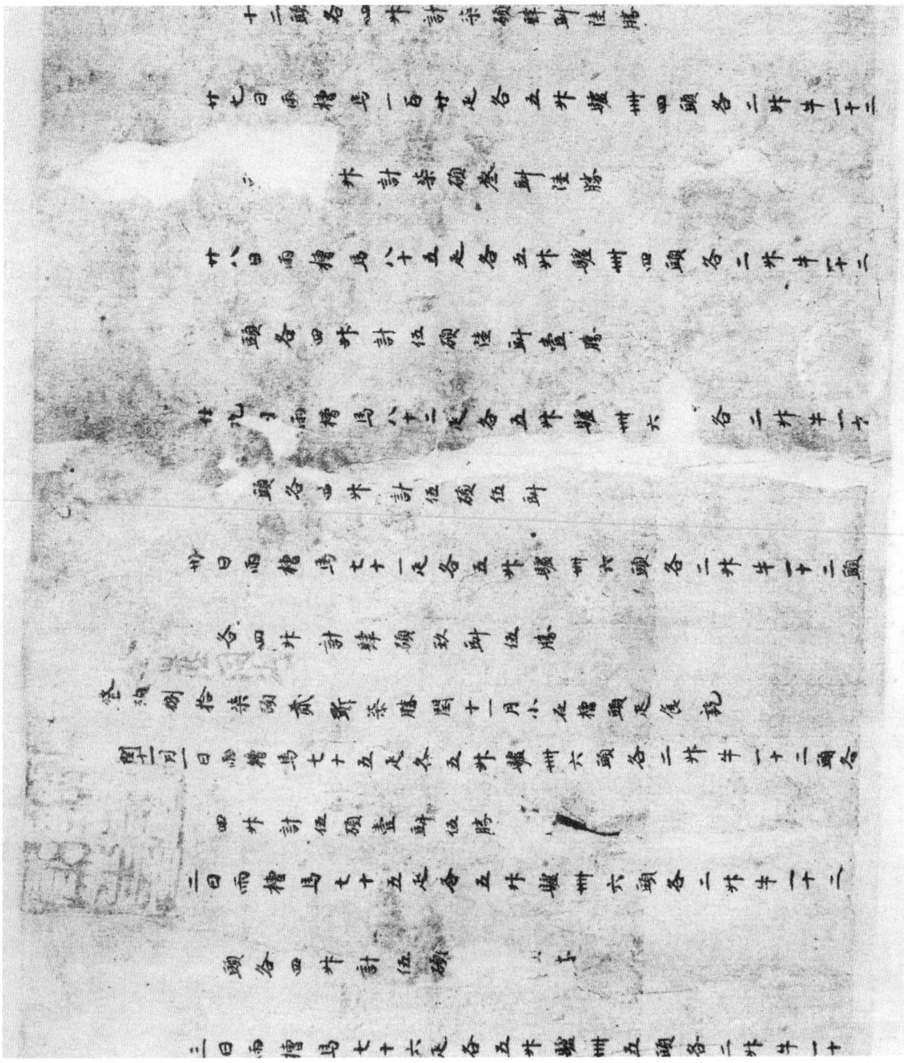

172 唐天寶十三載（754）長行坊申勘十至閏十一月支牛驢馬料帳歷－10

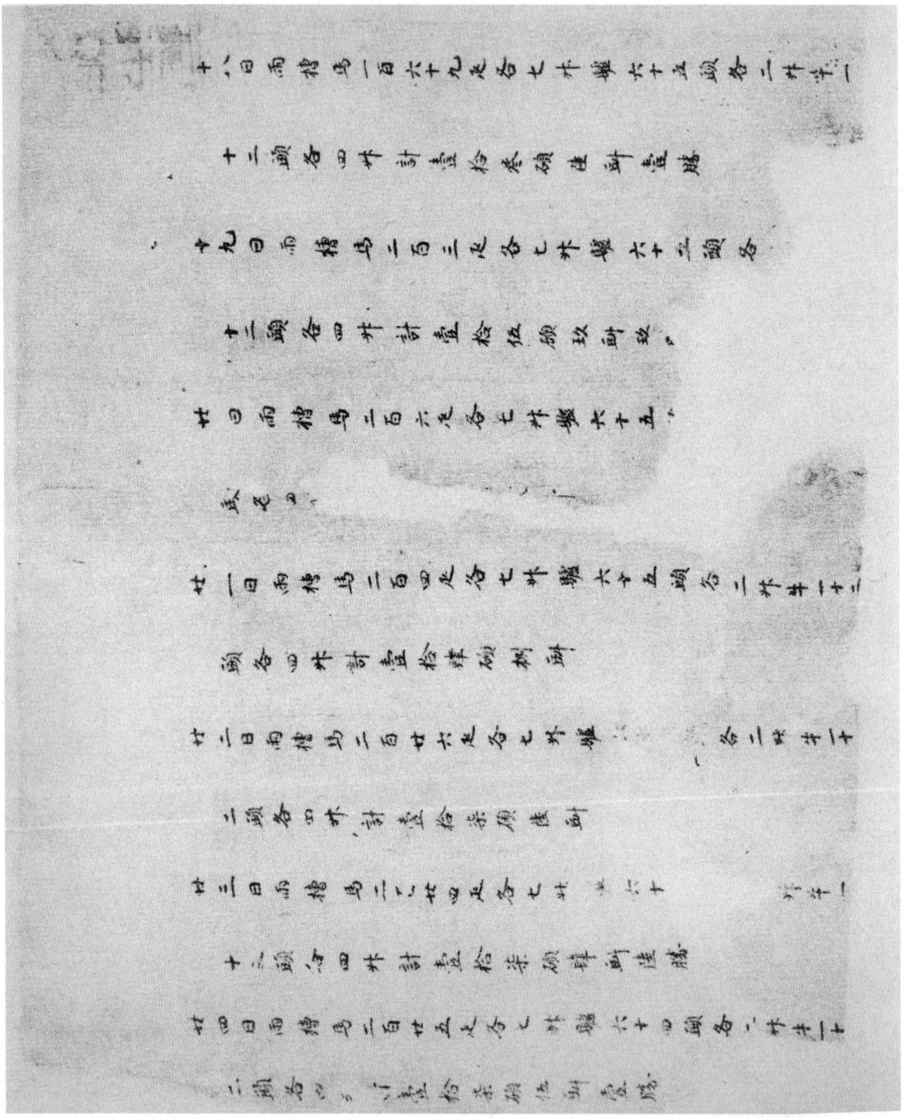

172 唐天寶十三載（754）長行坊申勘十至閏十一月支牛驢馬料帳歷－13

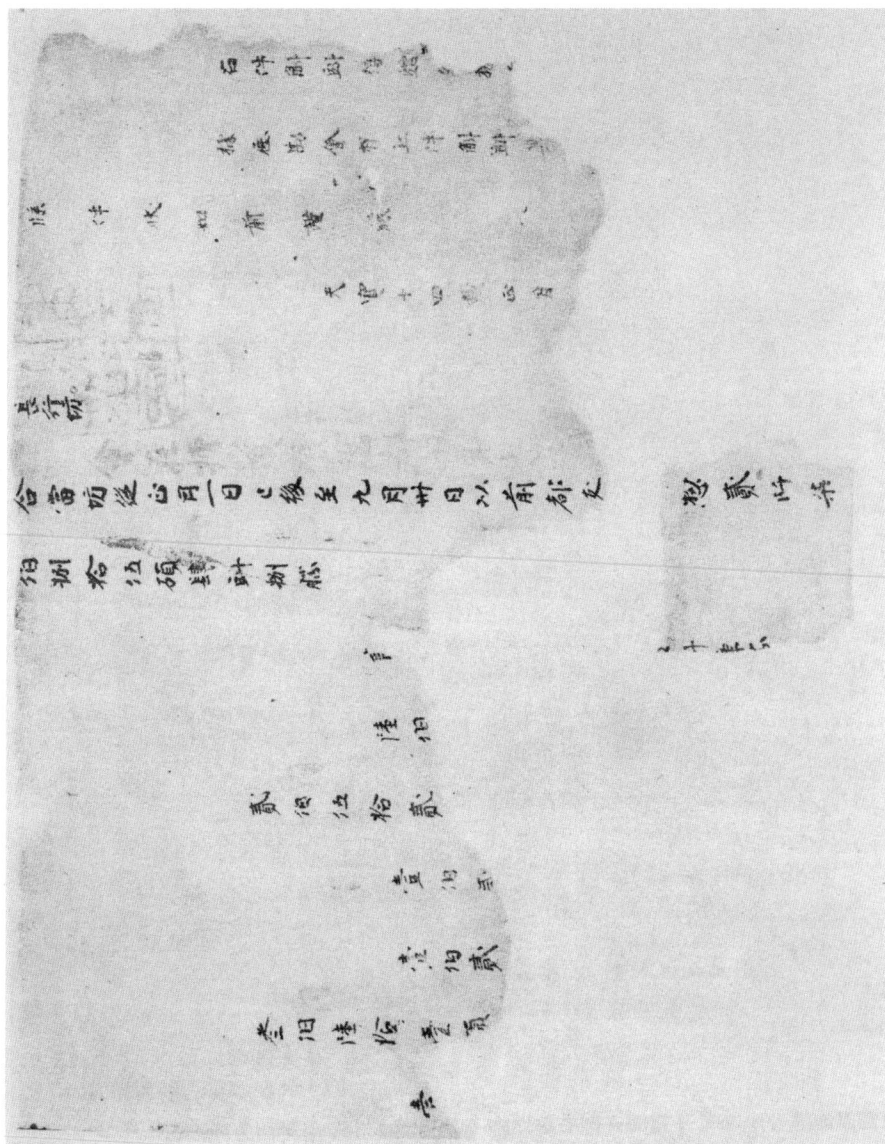

173　唐天寶十三載（754）交河郡長行坊具一至九月蒭料破用帳請處分牒－1

173　唐天寶十三載（754）交河郡都長行坊具一至九月蒭料破用帳請處分牒－2

173　唐天寶十三載（754）交河郡長行坊具一至九月蹢料破用帳請處分牒－3

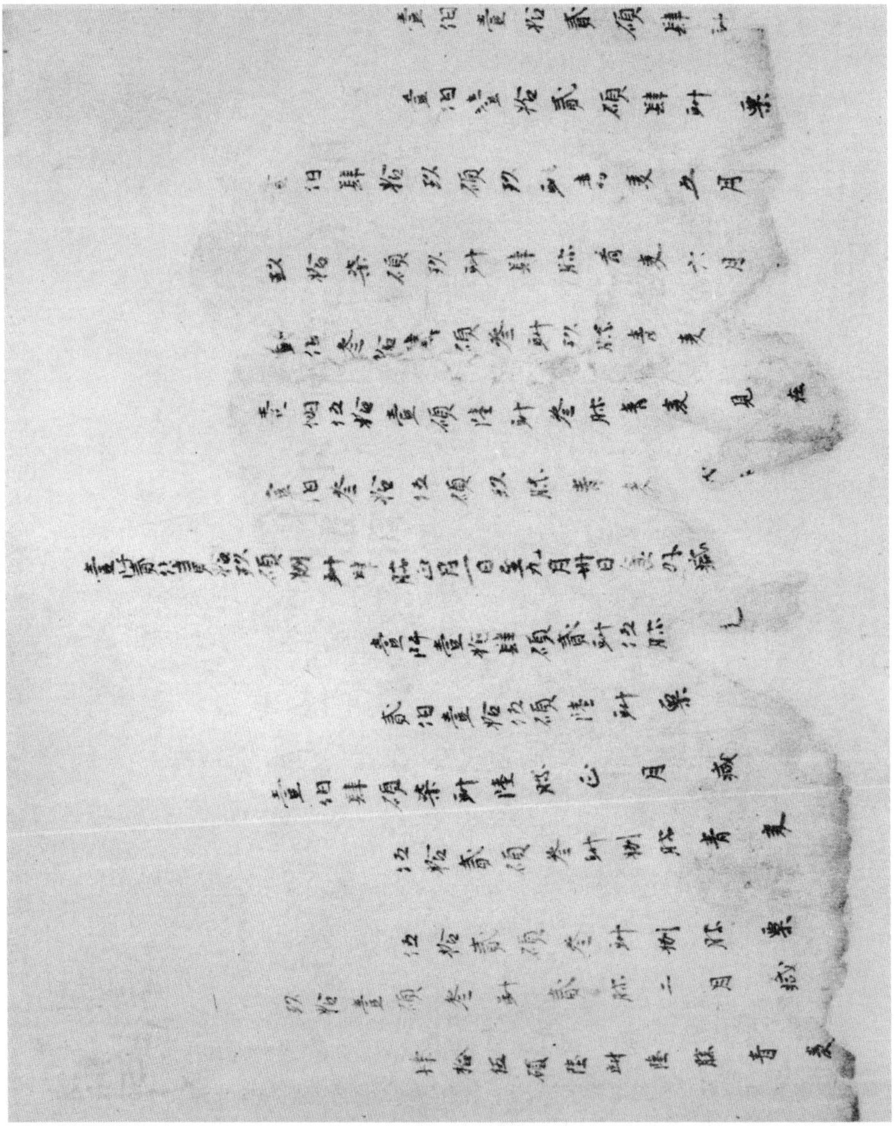

173 唐天寶十三載（754）交河郡長行坊具一至九月踖料破用帳請處分牒－4

173　唐天寶十三載（754）交河郡長行坊具一至九月蒨料破用帳請處分牒－5

173　唐天寶十三載（754）交河郡長行坊具一至九月蓿料破用帳請處分牒 –6

173　唐天寶十三載（754）交河郡長行坊行具一至九月蹭料破用帳請處分牒－7

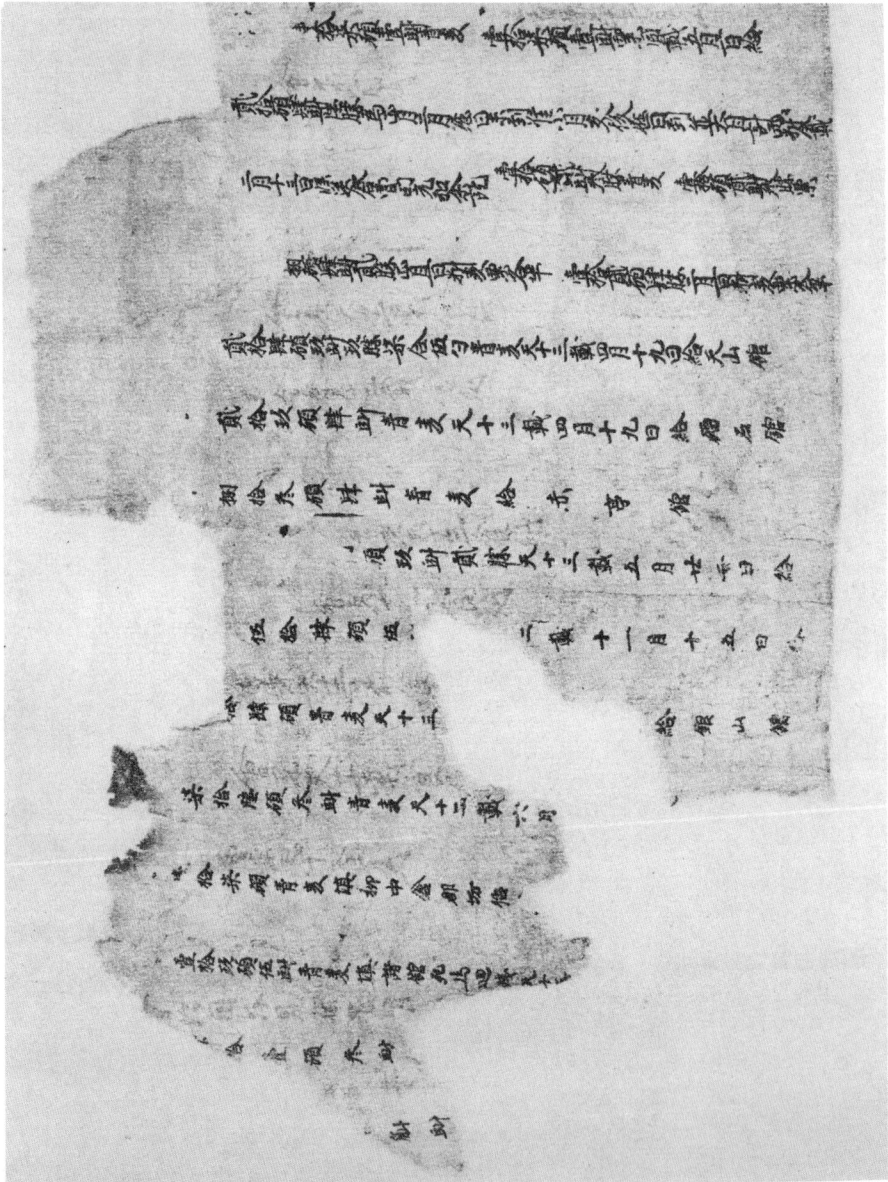

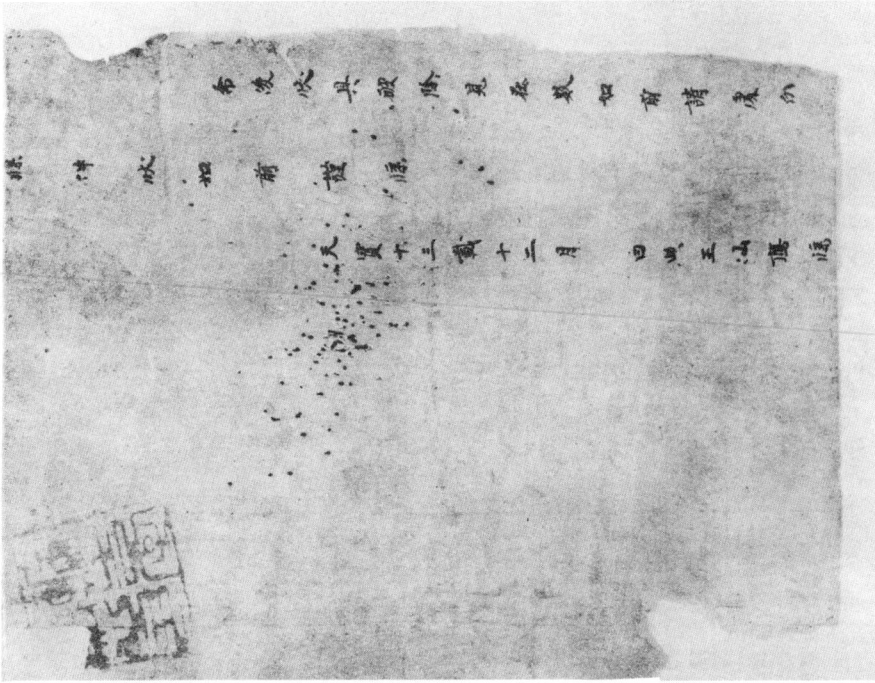

173　唐天寶十三載（754）交河郡長行坊具一至九月蒭料破用帳請處分牒－9

174 唐天寶十四載（755）交河郡長行坊申上載在槽料料斛斗數請處分牒－1

174　唐天寶十四載（755）交河郡長行坊申上載在槽減料斛料斗數請分牒－2

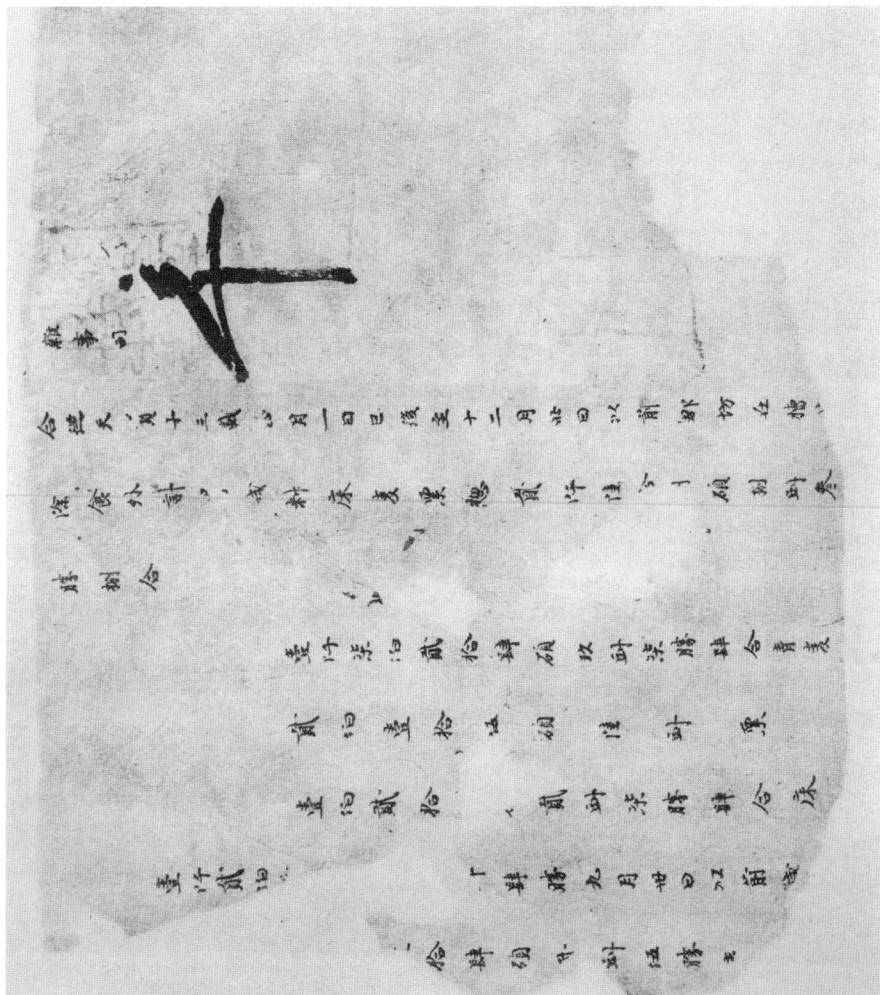

176　唐天寶十四載（755）雜事司申勘會上載郡郡坊在槽馬減料數牒－1

176 唐天寶十四載（755）雜事司申勘會上載郡坊在槽馬減料數牒 −2

176　唐天寶十四載（755）雜事司申勘會上載郡坊在槽馬減料數牒－3

176　唐天寶十四載（755）雜事司申勘上載那那坊在槽馬減料數牒－4

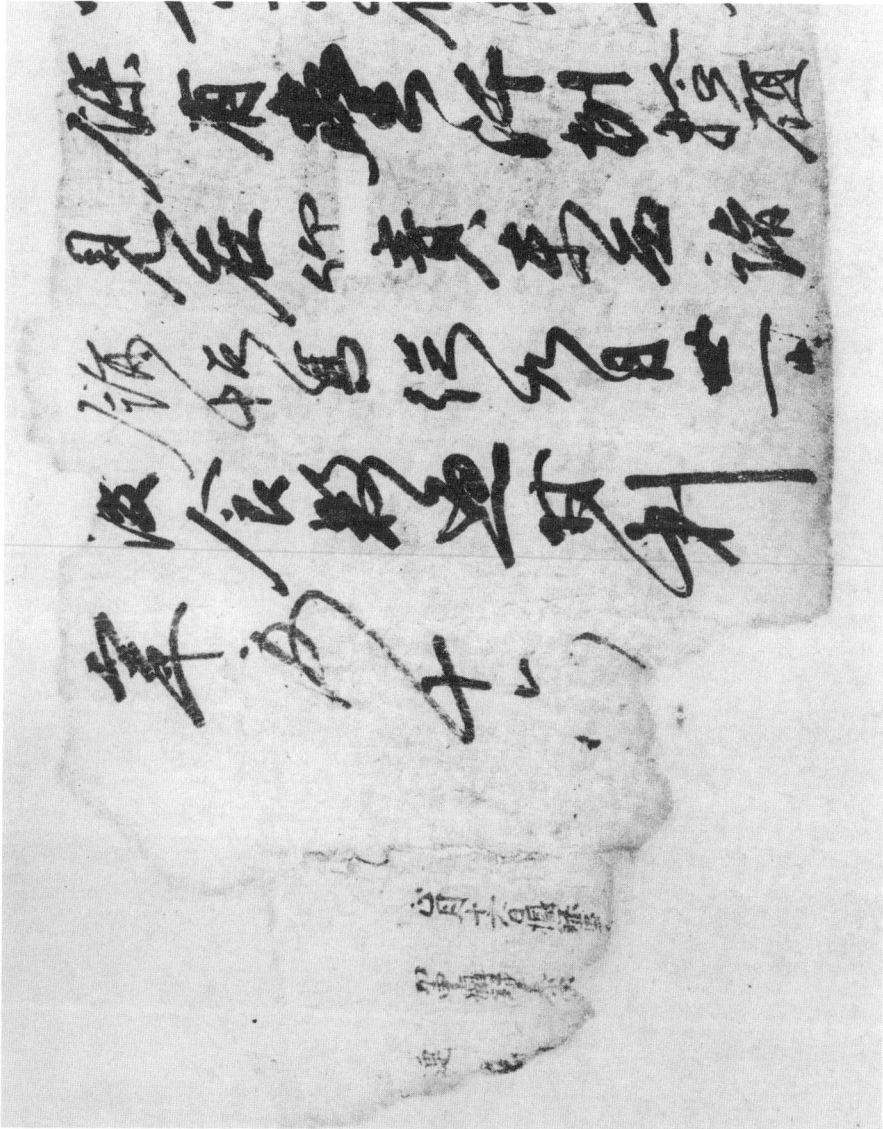

176　唐天寶十四載（755）雜事司申勘會上載郍都坊在槽馬減料數牒－5

177　唐天寶十四載（755）某館申十三載三至十二月侵食當館馬料帳歷狀－1

177　唐天寶十四載（755）某館申十三載三至十二月
　　侵食當館馬料帳歷狀 -2

177　唐天寶十四載（755）某館申十三載三至十二月
　　侵食當館馬料帳歷狀 -3

177 唐天寶十四載（755）某館申十三載三至十二月侵食當館馬料帳歷狀－4

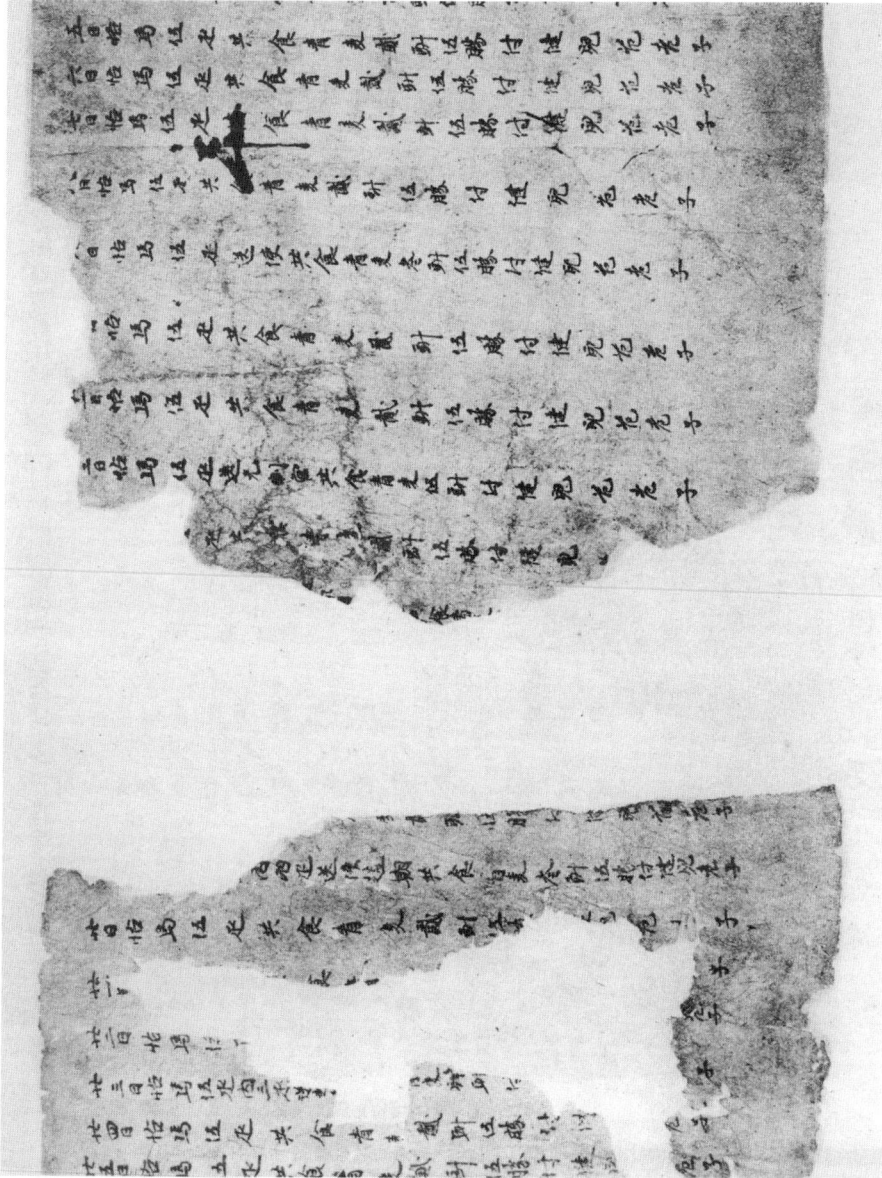

177　唐天寶十四載（755）某館申十三載三至十二月侵食當館馬料帳歷狀－5

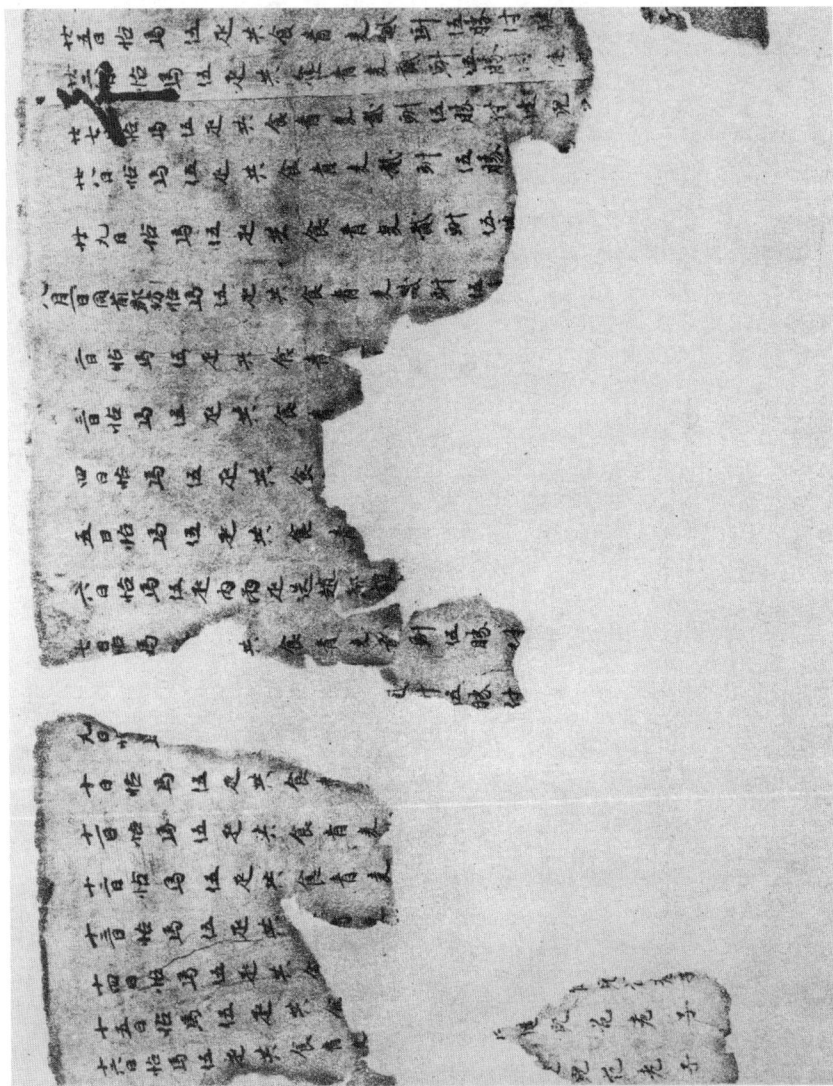

177　唐天寶十四載（755）某館申十三載三至十二月食食當館馬料帳歷狀－6

177　唐天寶十四載（755）某館申十三載三至十二月侵食當館馬料帳歷狀－7

177　唐天寶十四載（755）某館申十三載三至十二月侵食當館馬料帳歷狀－8

177　唐天寶十四載（755）某館申十三載三至十二月侵食當館馬料帳曆狀 -9

177　唐天寶十四載（755）某館申十三載三至十二月侵食當館馬料帳歷狀－10

177　唐天寶十四載（755）某館申十三載三至十二月侵食賞當館馬料帳歷狀－11

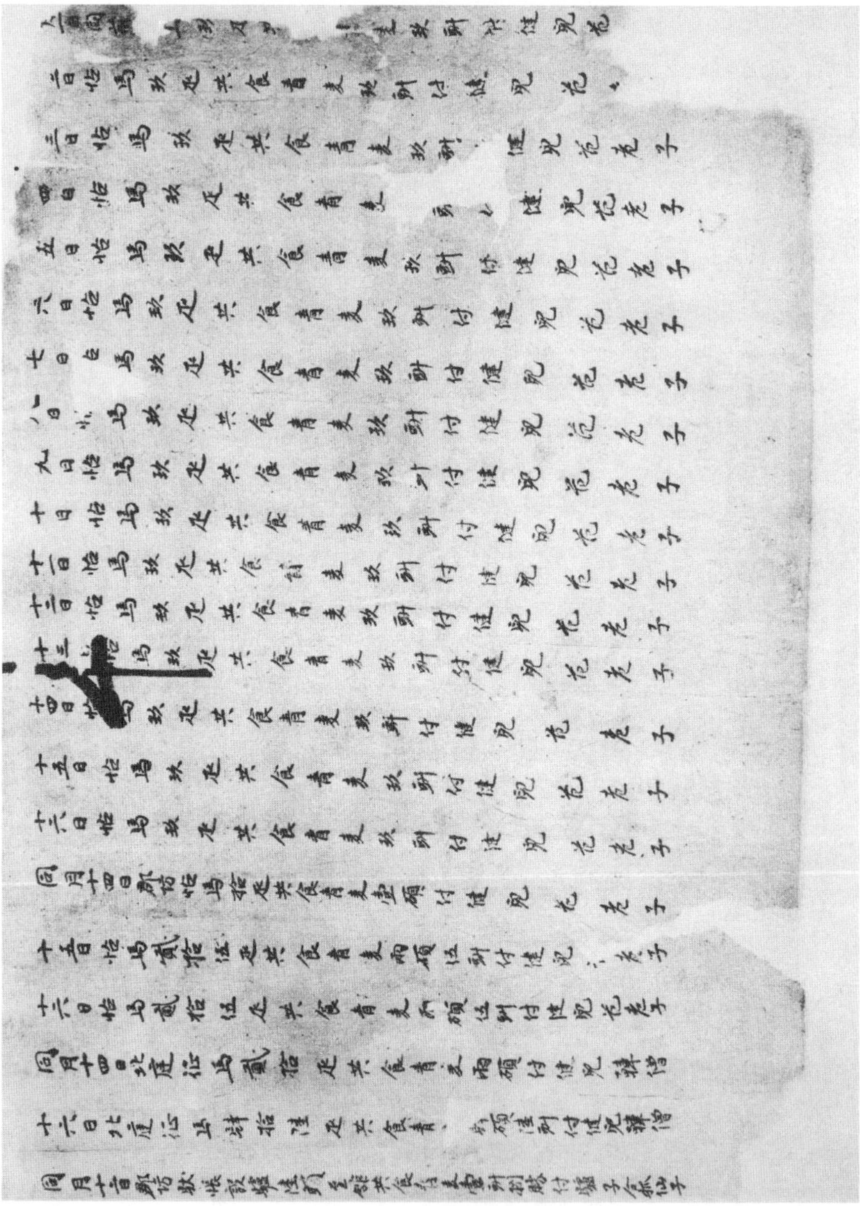

177 唐天寶十四載（755）某館申十三載三至十二月侵食當館馬料帳歷狀－12

177　唐天寶十四載（755）某館申十三載三至十二月侵食當館馬料帳歷狀　~13

177　唐天寶十四載（755）某館申十三載三至十二月侵食當館馬料帳歷狀－14

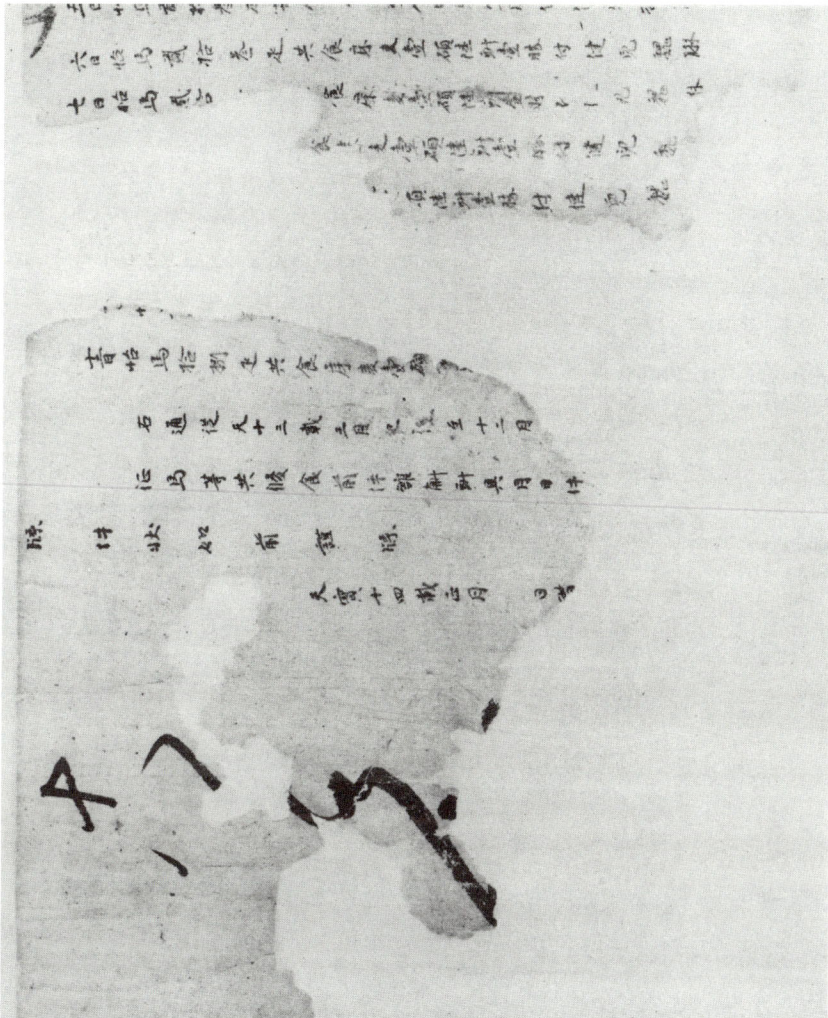

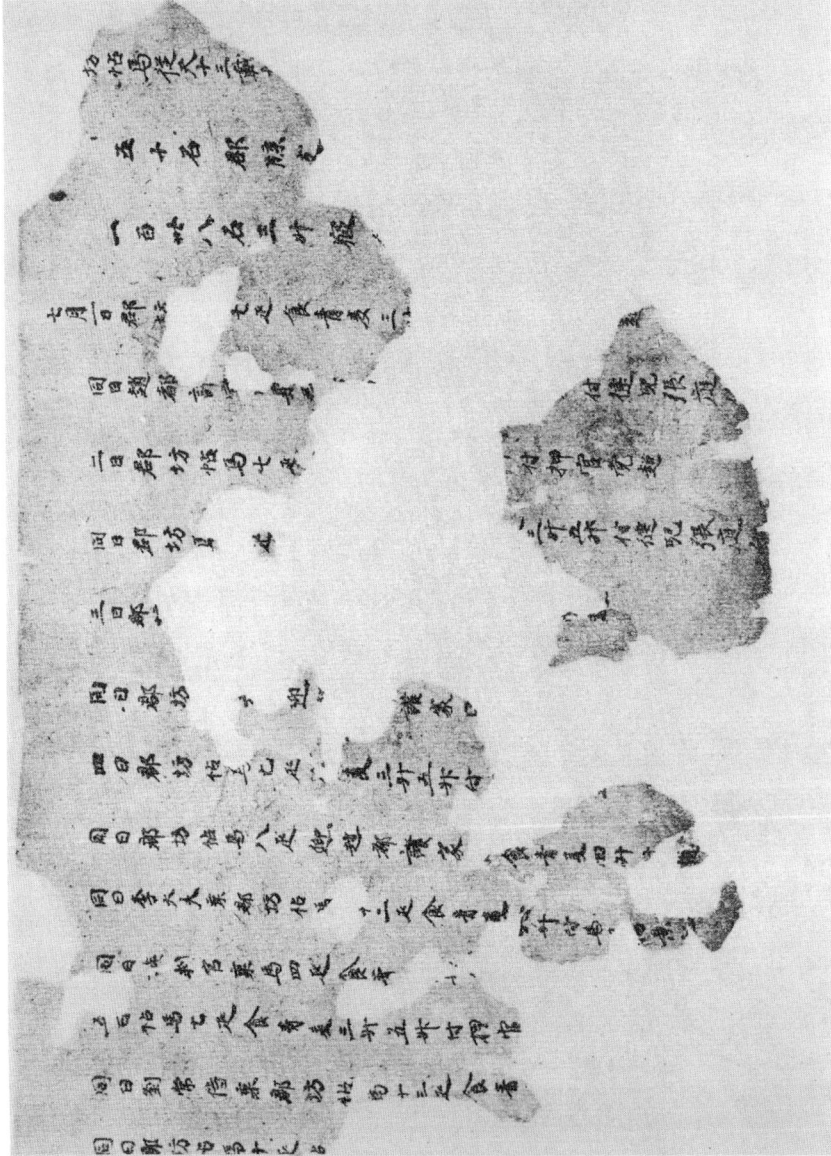

178　唐天寶十四載（755）某館申十三載七至十二月郡坊馬食蒭歷牒－1

178　唐天寶十四載（755）某館申十三載七至十二月郡坊帖馬食喟歷牒 −2

178　唐天寶十四載（755）某館申十三載七至十二月都坊帖馬食踏歷牒－3

178　唐天寶十四載（755）某館申十三載七至十二月郡坊帖馬食晴歷牒－4

178　唐天寶十四載（755）某館申十三載七至十二月郡坊帖馬食蹋歷牒－5

178　唐天寶十四載（755）某館申十三載七至十二月郡坊帖馬食晴歷牒－6

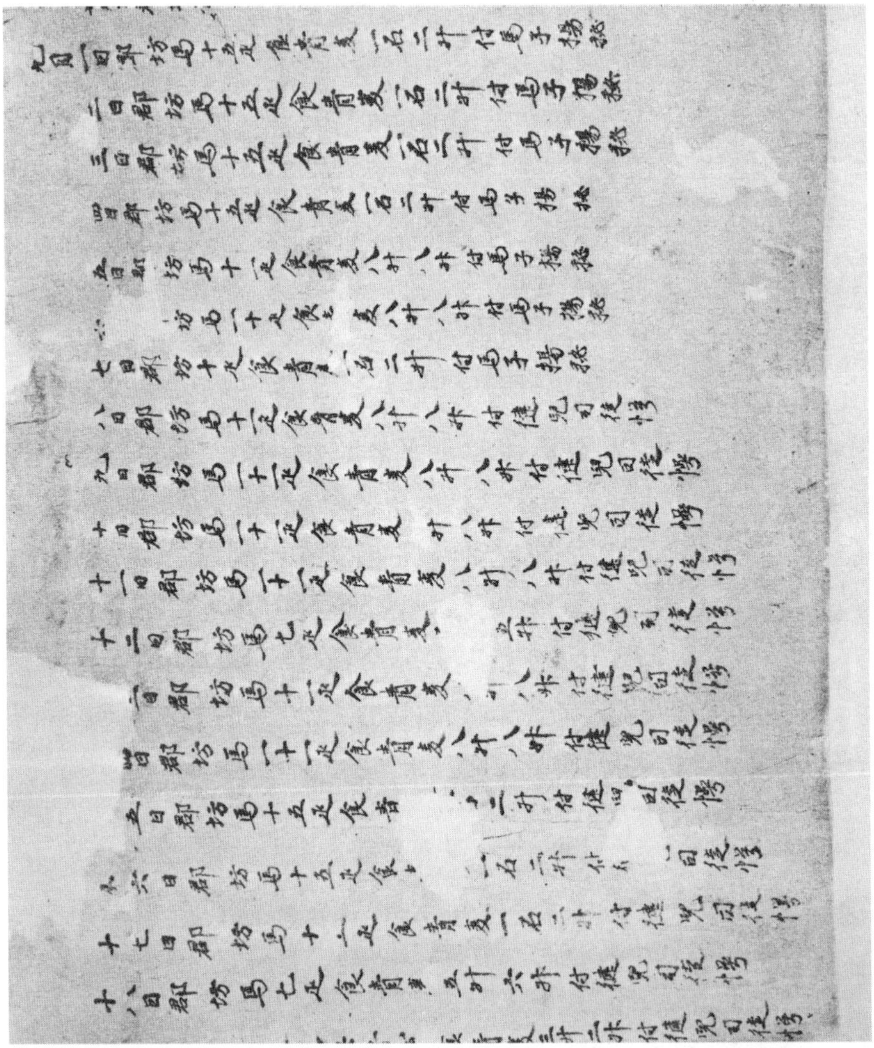

178　唐天寶十四載（755）某館申十三載七至十二月郡坊馬食譜歷牒－8

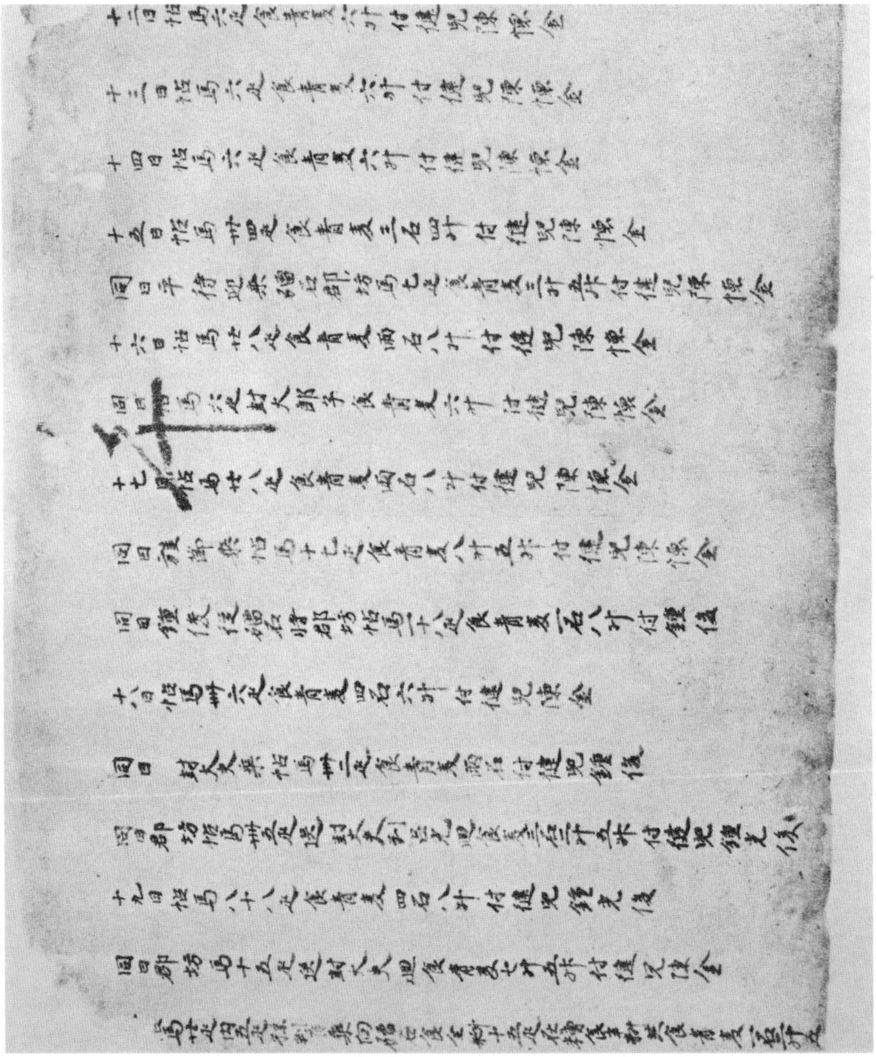

178 唐天寶十四載（755）某館申十三載七至十二月郡坊帖馬食踖歷牒－9

178　唐天寶十四載（755）某館申十三載七至十二月郡坊帖馬食晴歷牒 –10

178　唐天寶十四載（755）某館申十三載七至十二月郡坊帖馬食馬食穀歷牒－11

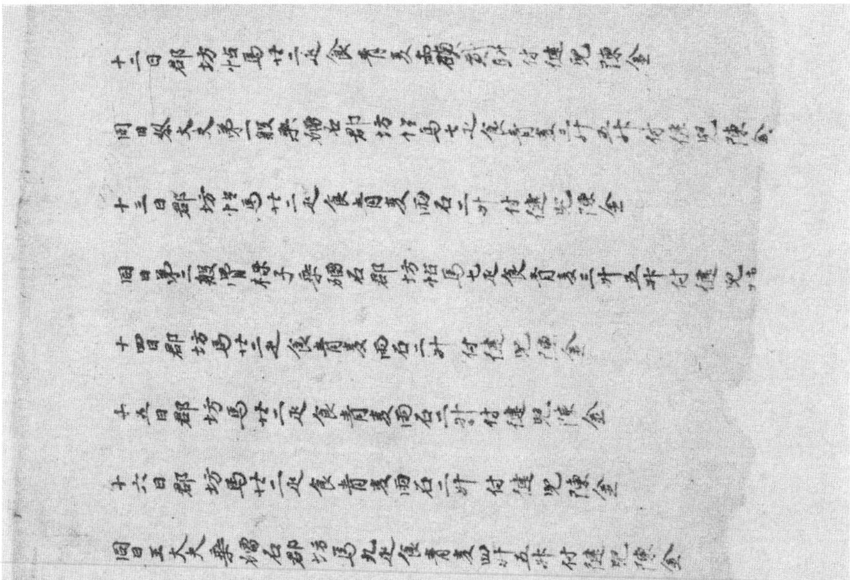

178　唐天寶十四載（755）某館申十三載七至十二月郡坊帖馬食醋歷牒－12

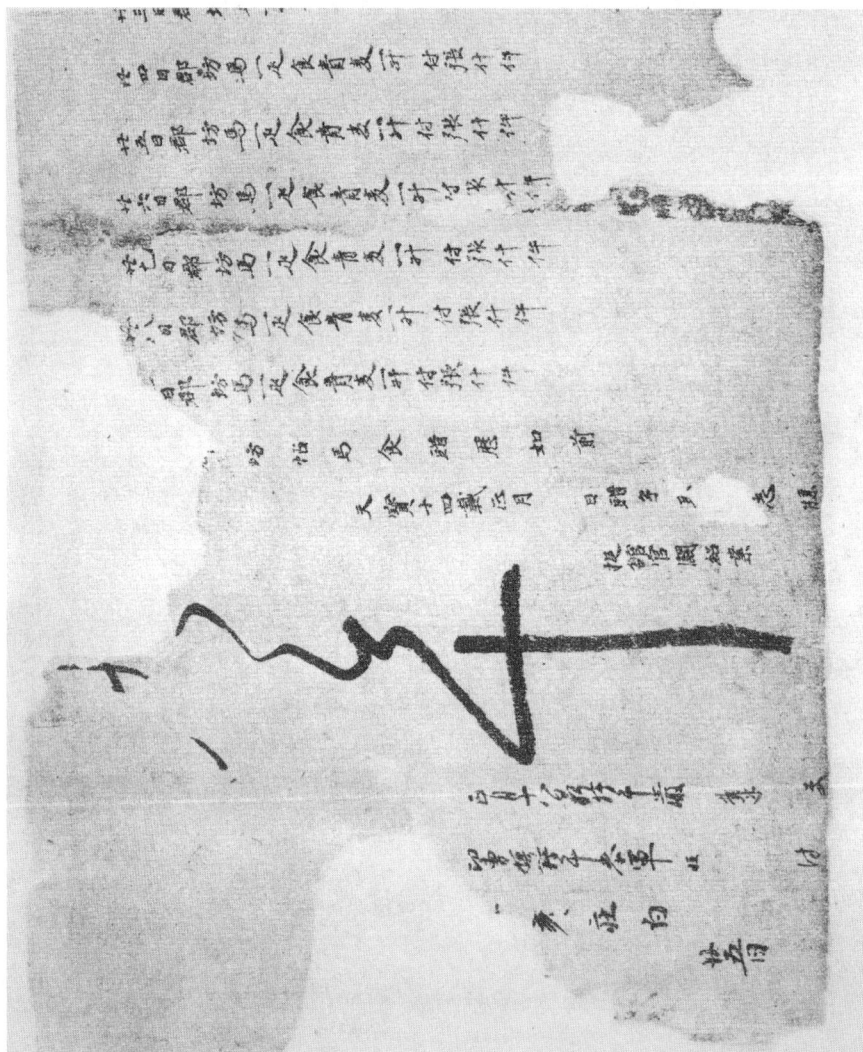

179　唐天寶十四載（755）某館申十三載四至
六月郡坊都帖馬食靑歷狀－1

179　唐天寶十四載（755）某館申十三載四至
六月郡坊都帖馬食靑歷狀－2

179　唐天寶十四載（755）某館申十三載四至六月郡坊帖馬食贊歷狀－3

179　唐天寶十四載（755）某館申十三載四至六月郡坊帖馬食踏歷狀 －4

179　唐天寶十四載（755）某館申十三載四至六月郡坊帖馬食蹢歷狀 -5

179　唐天寶十四載（755）某館申十三載四至六月郡坊帖馬食曆歷狀－6

179　唐天寶十四載（755）某館申十三載四至六月郡坊帖馬食青歷狀－7

179　唐天寶十四載（755）某館申十三載四至六月都坊帖馬食曆狀－8

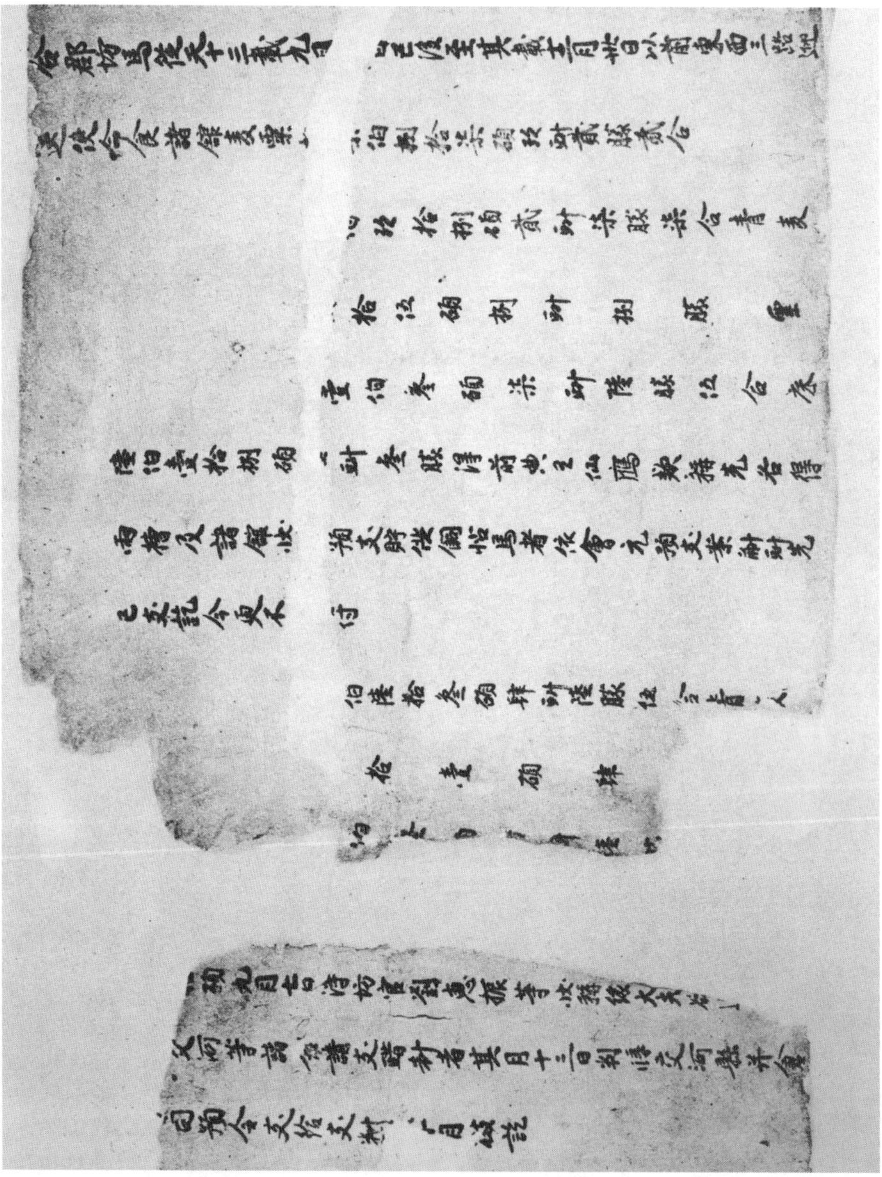

180　唐天寶十四載（755）郡坊申十三載九至十二月諸館支貯馬料帳－1

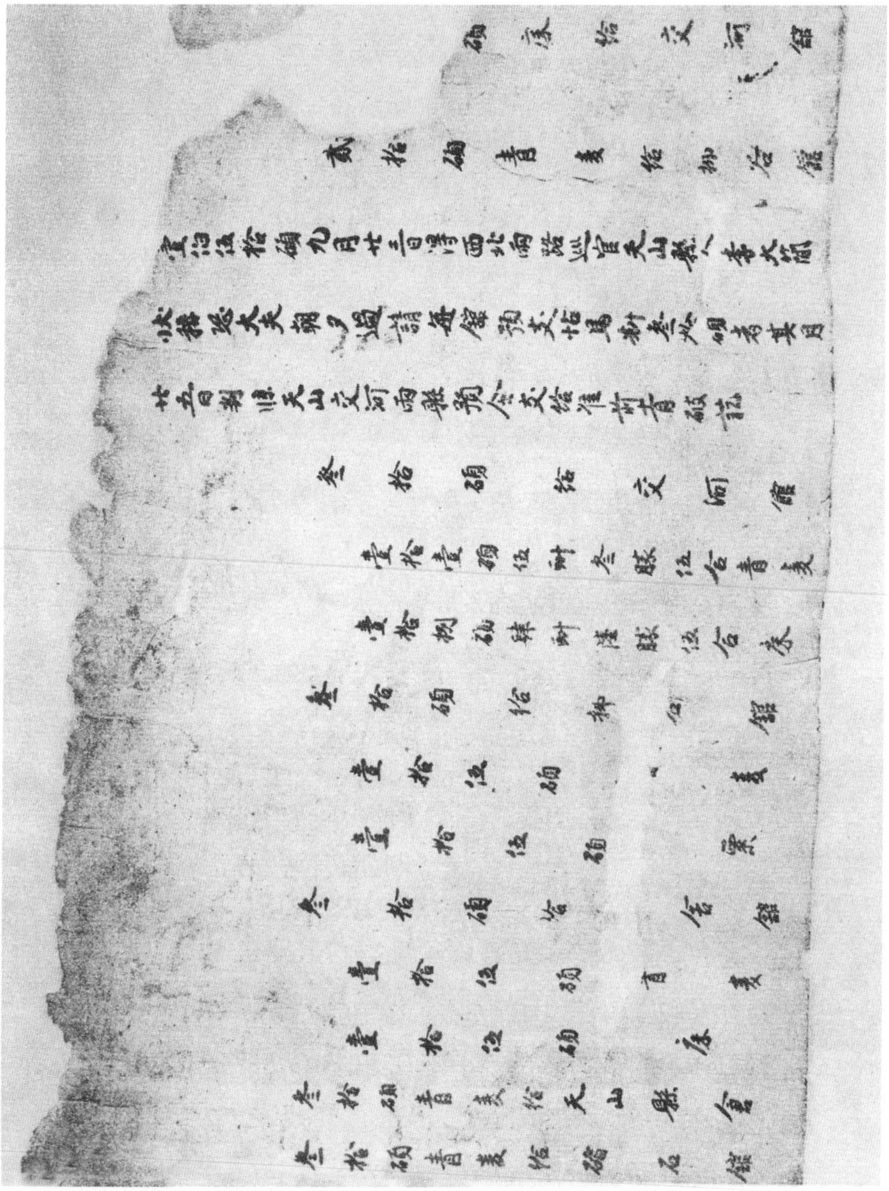

180　唐天寶十四載（755）郡坊申十三載九至十二月諸館支貯馬料帳－2

180　唐天寶十四載（755）那坊申十三載九至十二月諸館支貯馬料帳 -3

180　唐天寶十四載（755）鄭坊申十三載九至十二月諸館支貯馬料帳－4

181　唐天寶十四載（755）申神泉等館支供封大夫帖馬食暗歷歷請處分牒－1

181 唐天寶十四載（*755*）申神泉等館支供封大夫帖馬食睹歷請處分牒 –2

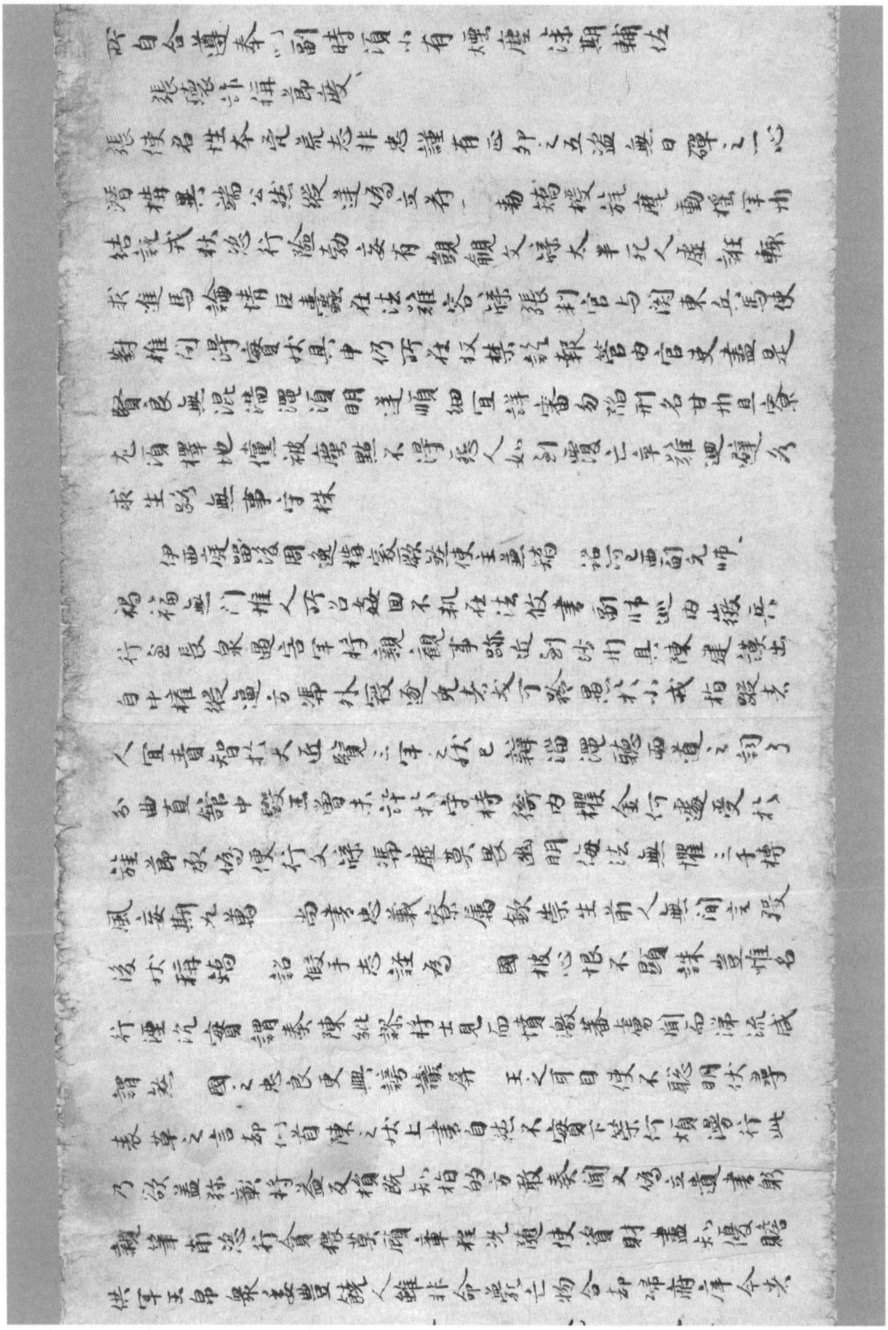

182 唐河西節度使（？）楊休明判集－1

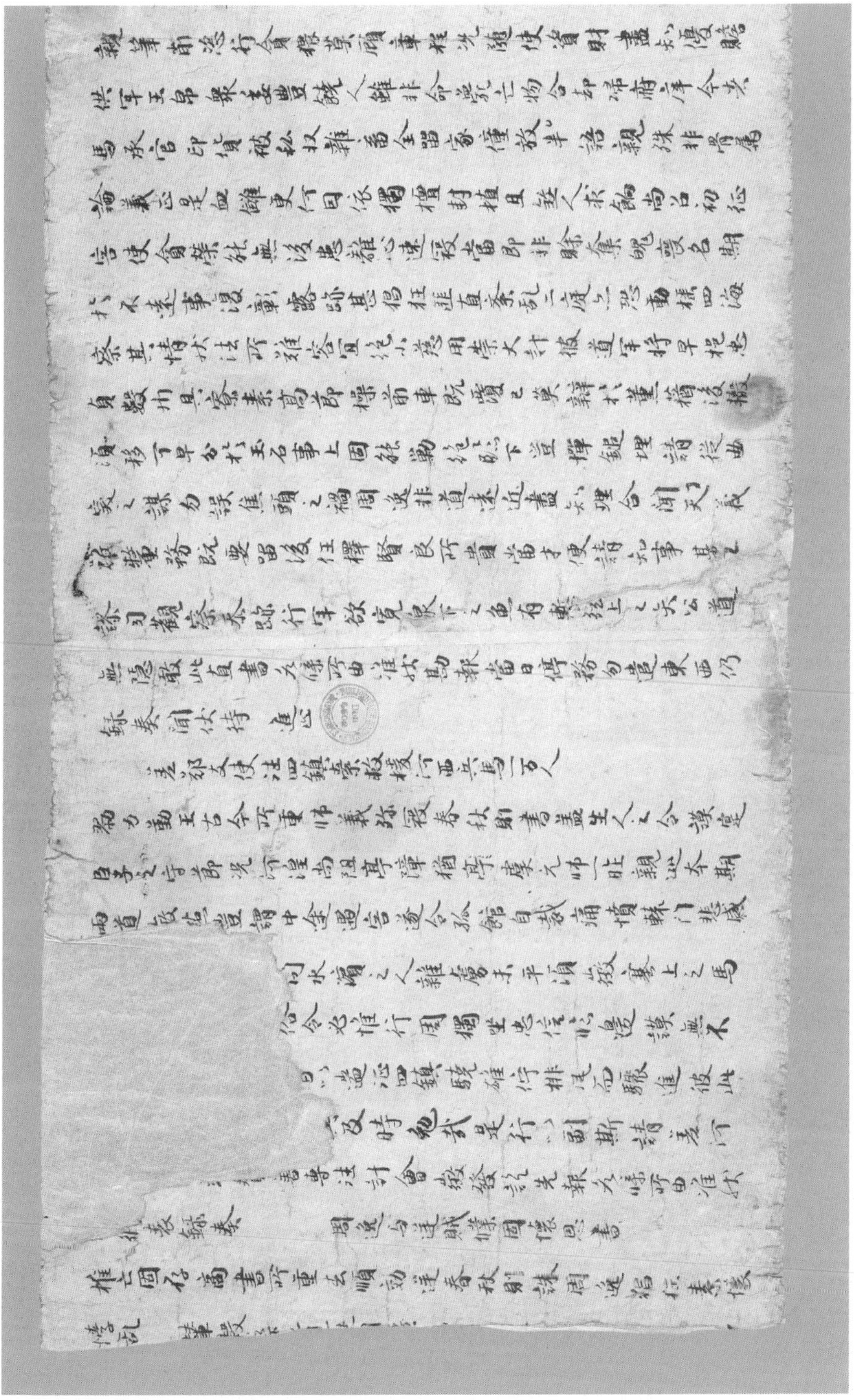

182　唐河西節度使（？）楊休明判集－2

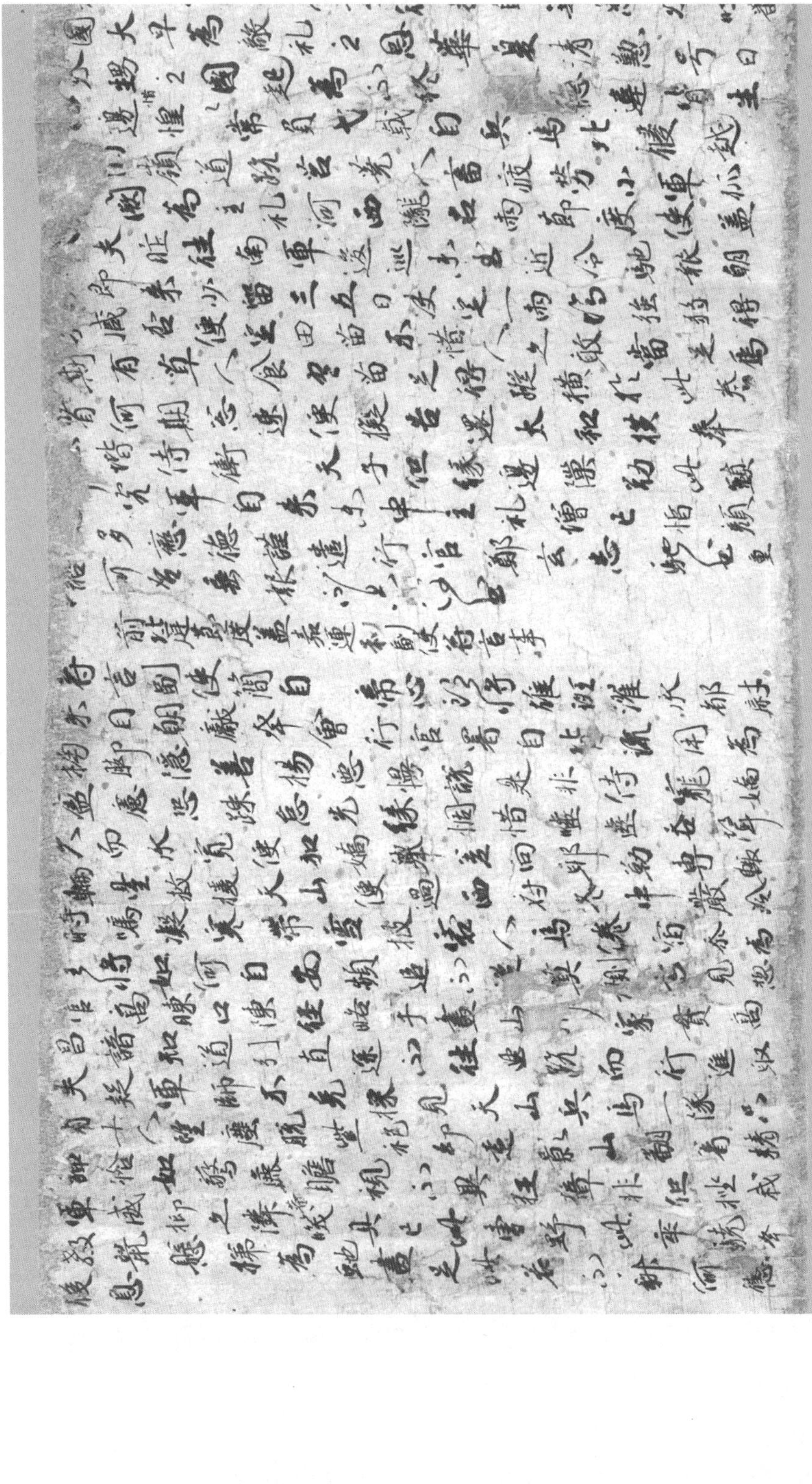

183 前北庭節度蓋嘉運判副使符言事

184　西州都督府圖經 – 1

之間□□陸路不通

花谷道

　右道出蒲昌縣界西合神向庭州七百卌里
　是水草通人馬

移摩道

　右道出蒲昌縣界移摩谷西北合神谷向庭
　州七百卌里是水草通人馬車牛

薩捍道

　右道出蒲昌縣界薩捍谷西北合神谷向庭
　州七百卌里是水草通人馬車牛

突波道

　右道出蒲昌縣界突波谷西北合神谷向庭州
　七百卌里是水草通人馬車牛

大海道

　右道出柳中縣界東南向沙州一千三百六十
　里常流沙行人鮮有水草井賦若無草行
　□□□水艱□□沙名佳來困弊

烏骨道

　右道出高昌縣界北烏骨山向庭州四百里
　是水草峻嶺□名雖通人往馬行多損蹄

他地道

　右道出交河縣界至西北向神谷通庭州四
　百五十里是水草峻通人馬

白水澗道

　右道出交河縣界西北向度月已西諸蕃
　是水草通車馬

右道出交河縣界西並向慶月已西諸蕃

是水草通車馬

銀山道

右道出天山縣界西南向焉耆國七百里多

沙磧澗唯運烽是水草通車馬行

丁谷窟

丁谷窟有寺一所并有禪院一所

右在柳中縣界至北山廿五里丁谷中西

去州廿里寺其依山傍嶮鑿窟疏階礱塔

飛閣逍煙崿峯月上則危峯延嶷地

眼眈輕溜激蘇渟泓珠室月居之勝

松蔭見有名碩僧稷屋正

寧戎

寧戎窟寺一所

右在前庭縣界北十二里寧戎谷中峭巖三

成臨危而結搆曾巒四迥疊嶂迴軒軒

匝之以危峰莹嚴飾赤銀之清瀾含

草木蒙蘢見有僧祇文書名碩

古塔五區

聖人塔二區

右在初子城外東北角古老傳云育王之

所造也按內典付法藏經迦葉阿難於

提達八万四千塔阿輸伽即阿育王也其塔

內有故碑已遵經崩拔此俗稱聖人塔

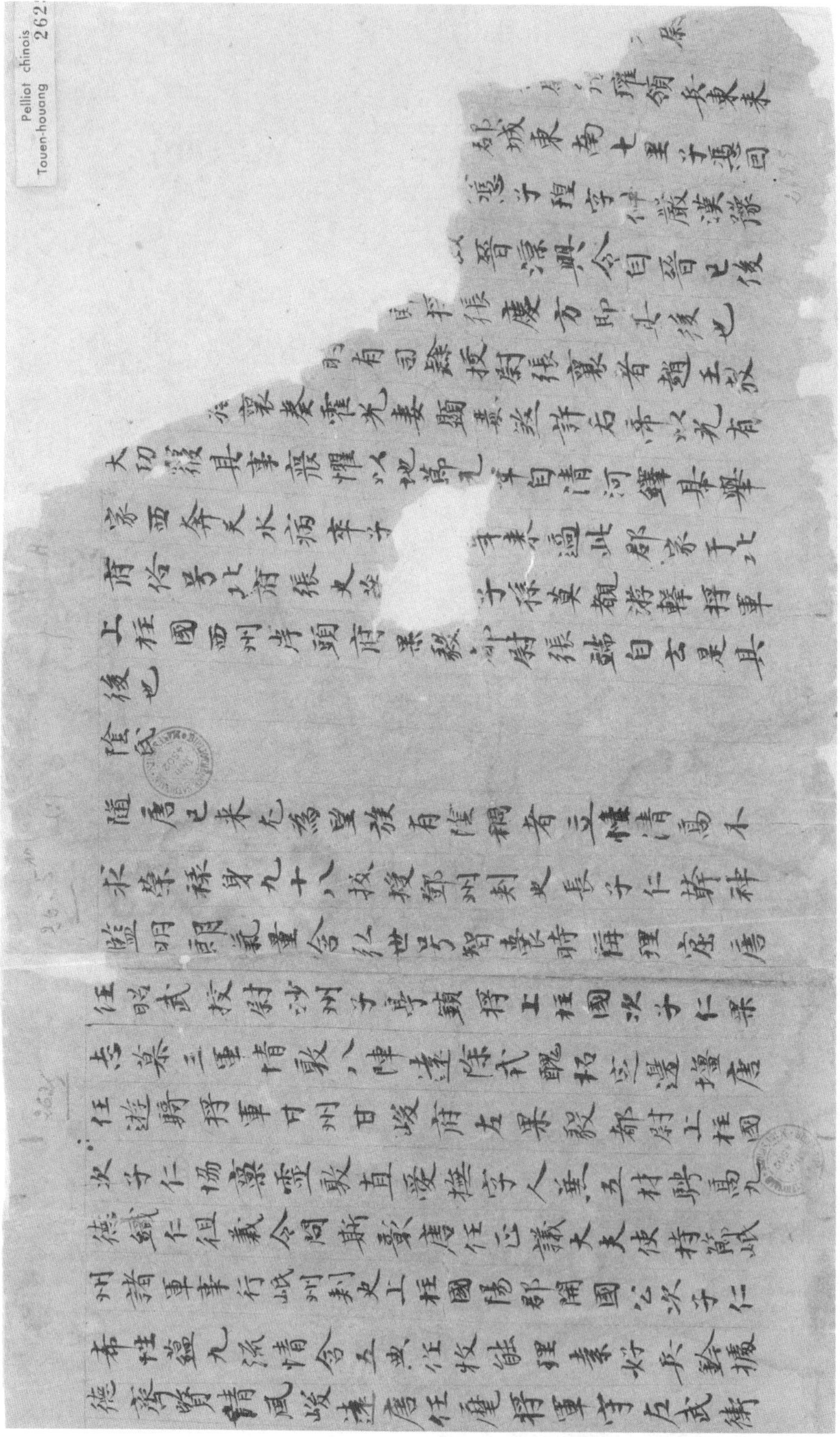

185 敦煌名族志－1

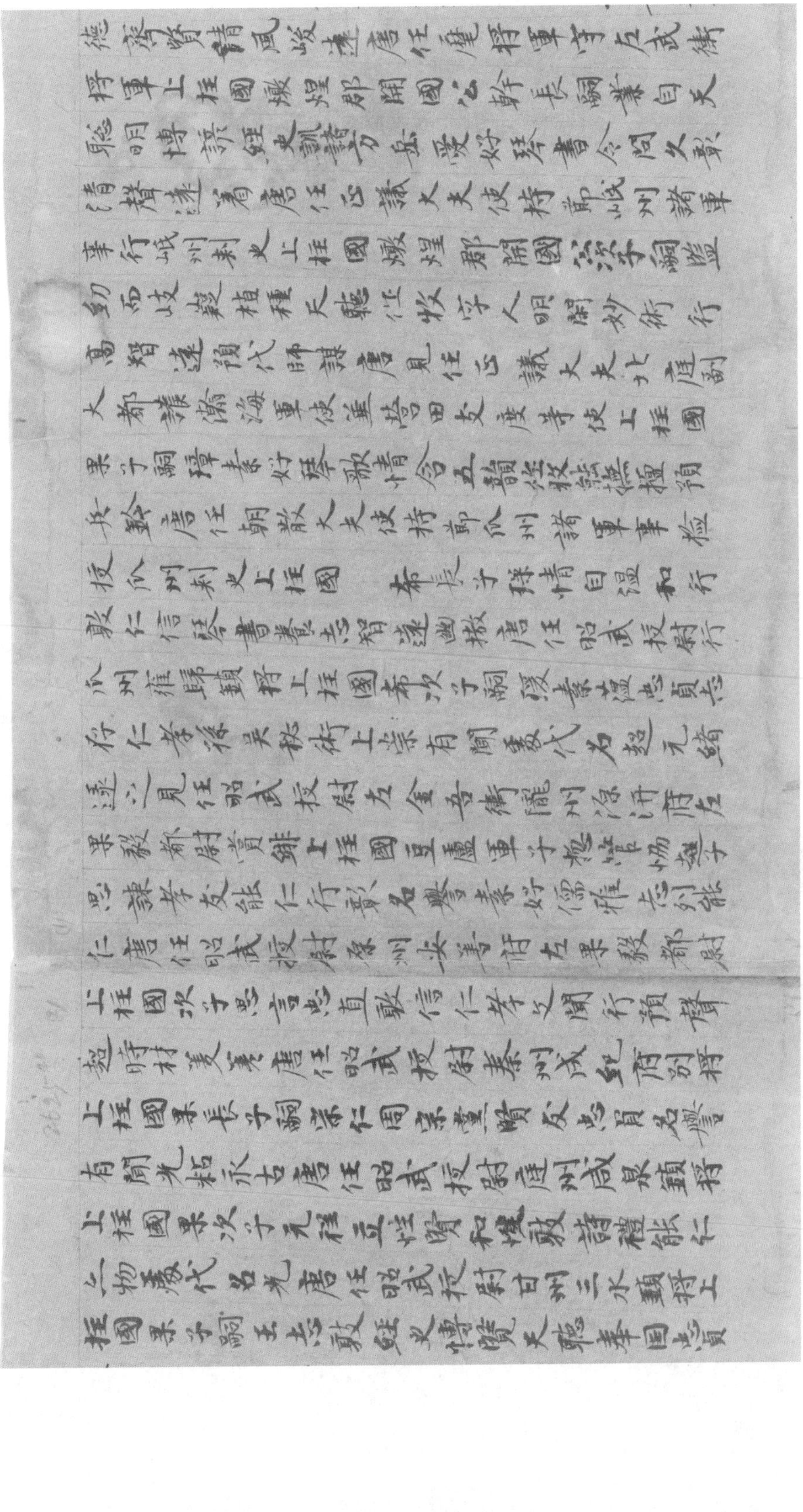

185 敦煌名族志－2

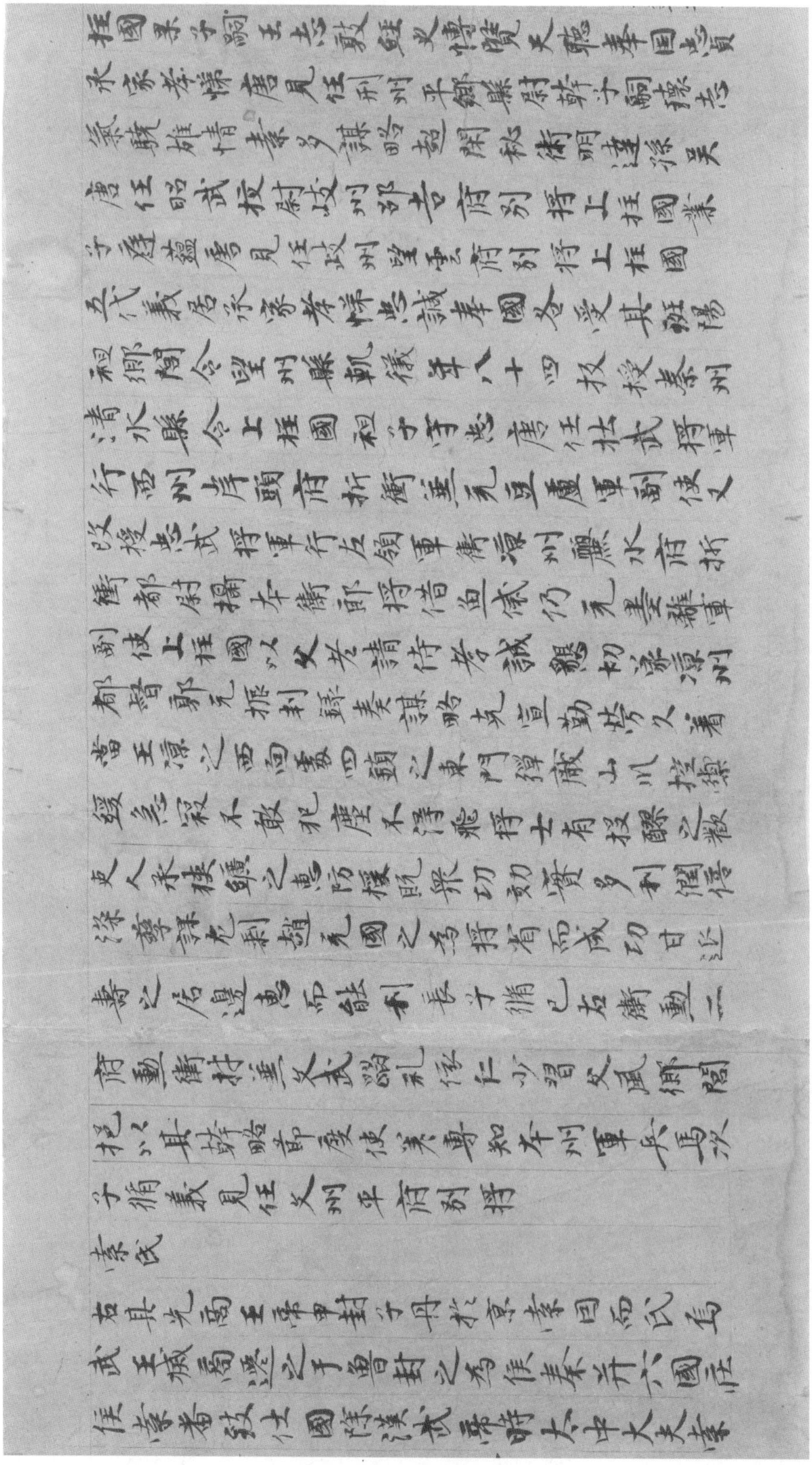

185 敦煌名族志－3

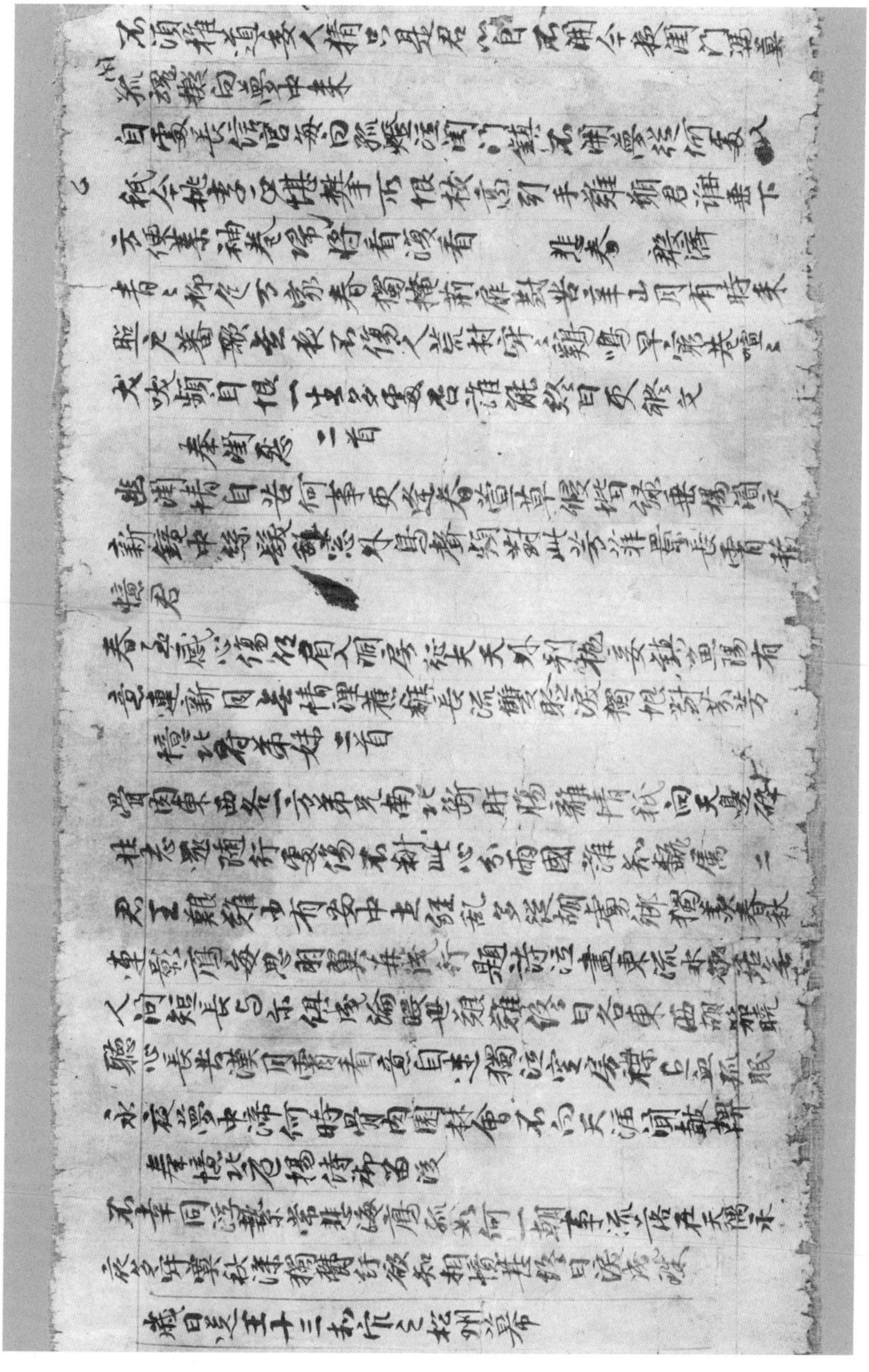

186　唐詩叢鈔·奉憶北庭楊侍御留後

尊若有苾芻苾芻尼鄔波索迦鄔波斯迦持
是經者時彼人王隨其所須供給供養令無
之少我等四王令彼國主及以國人悉皆安
隱遠離憂患世尊若有受持讀誦是經典者
人王於此供養恭敬尊重讚歎我等當令彼
王於諸王中恭敬尊重最為第一諸餘國王
共所稱歎大眾聞已歡喜受持

金光明最勝王經卷第五

奕盈戠室許丁
益勅救結稔任卷

大周長安三年歲次癸卯十月巳未朔四日戊戌藏法師義淨
奉制於長安西明寺新譯并綴大正字
翻經沙門婆羅門三藏寶思惟證梵義
翻經沙門婆羅門尸利末多讀梵文

187　《金光明最勝王經》卷五題記 -1

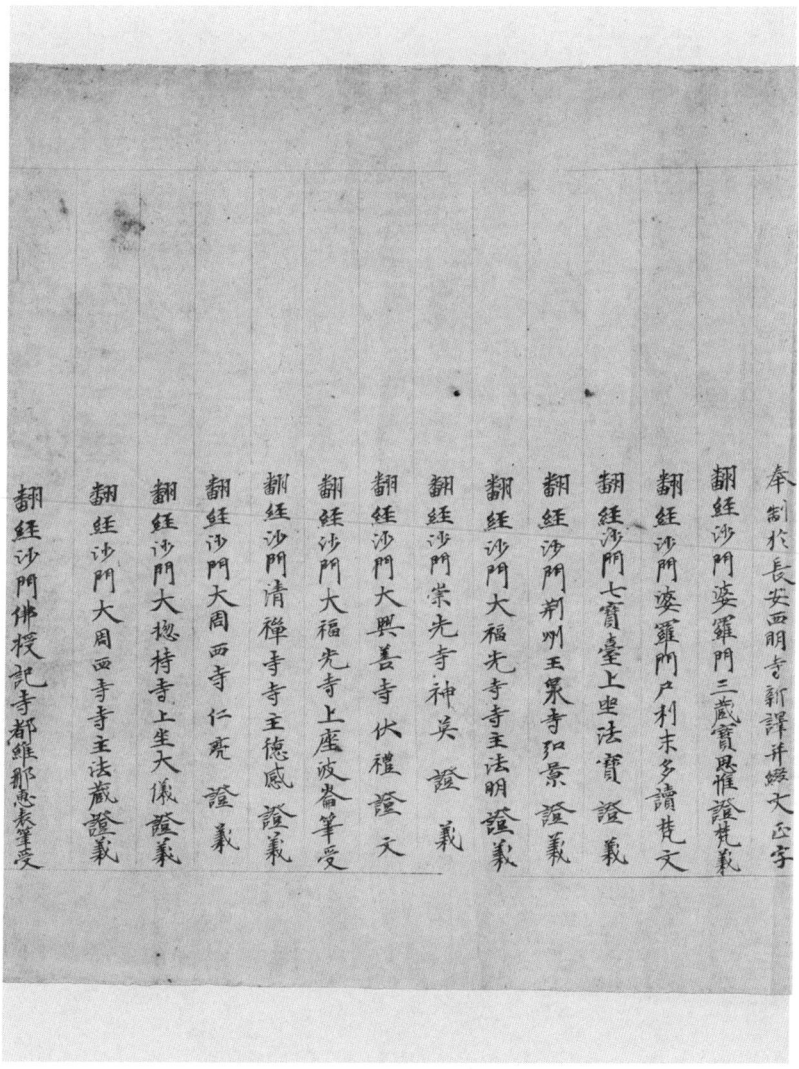

187　《金光明最勝王經》卷五題記-2

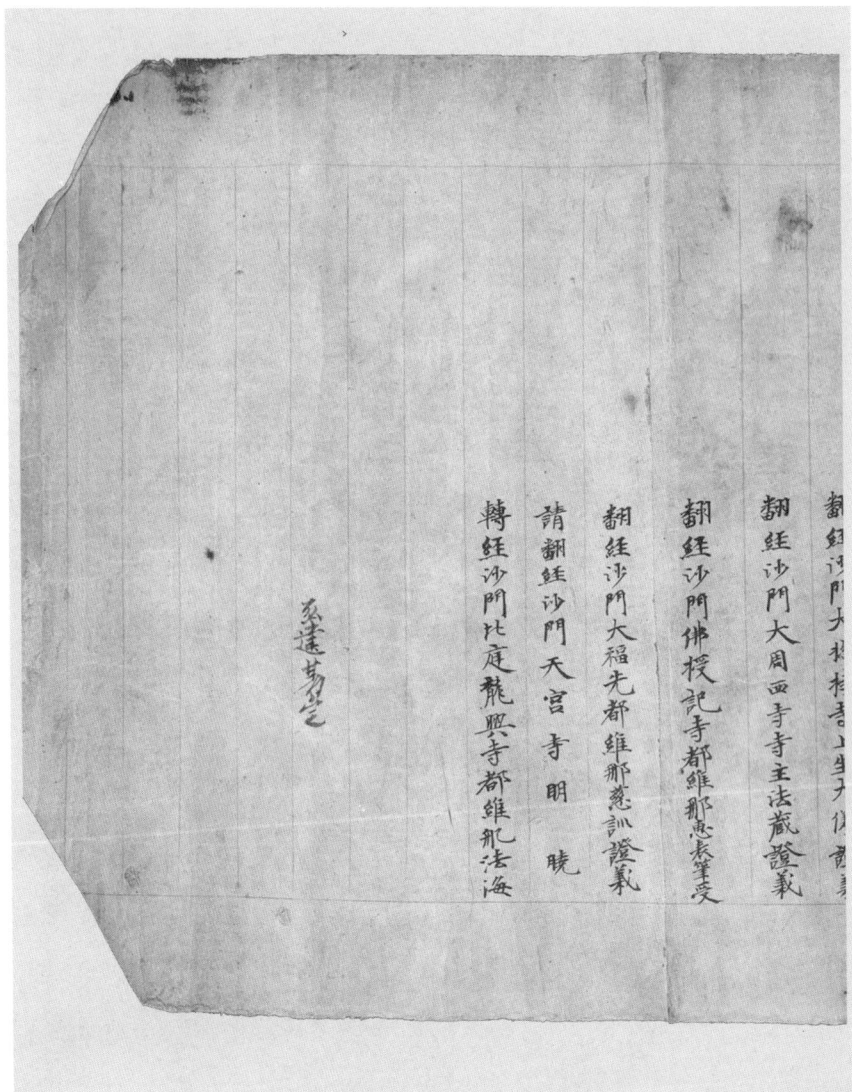

187 《金光明最勝王經》卷五題記－3

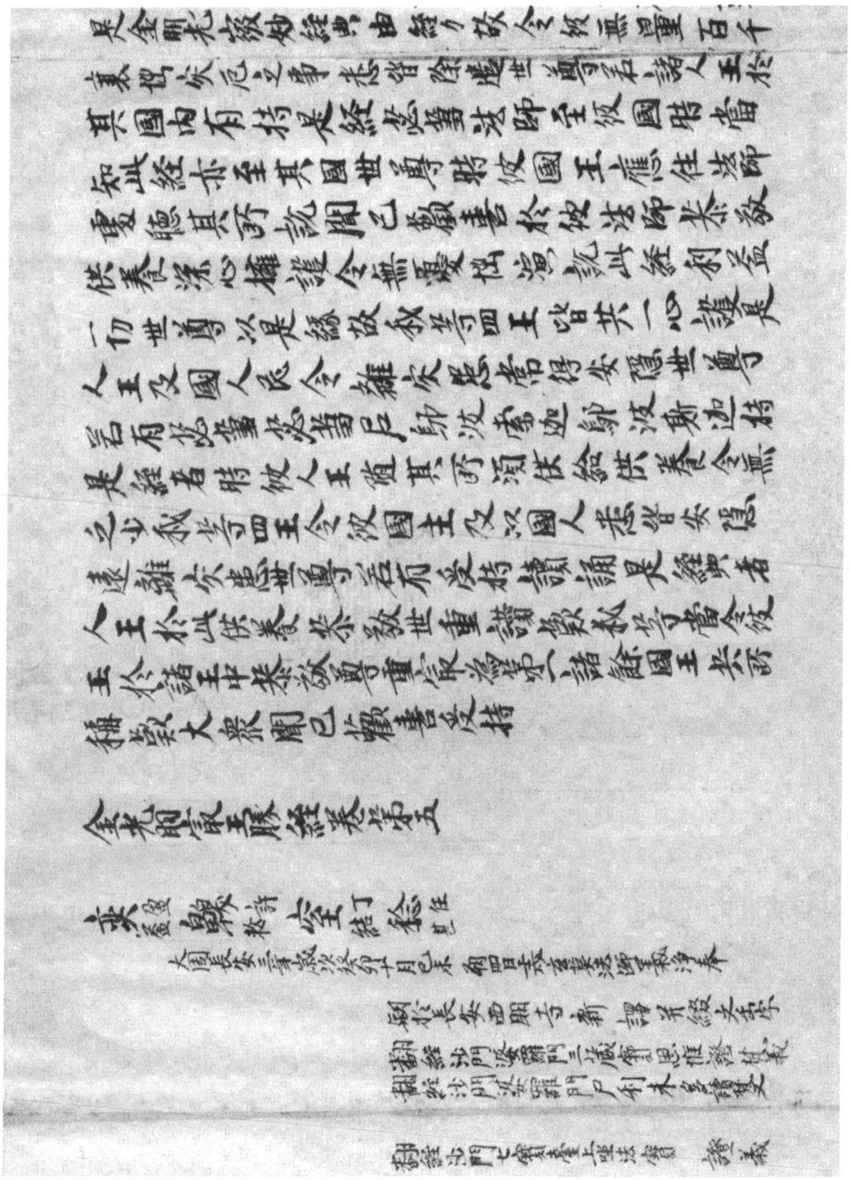

188 《金光明最勝王經》卷五題記－1

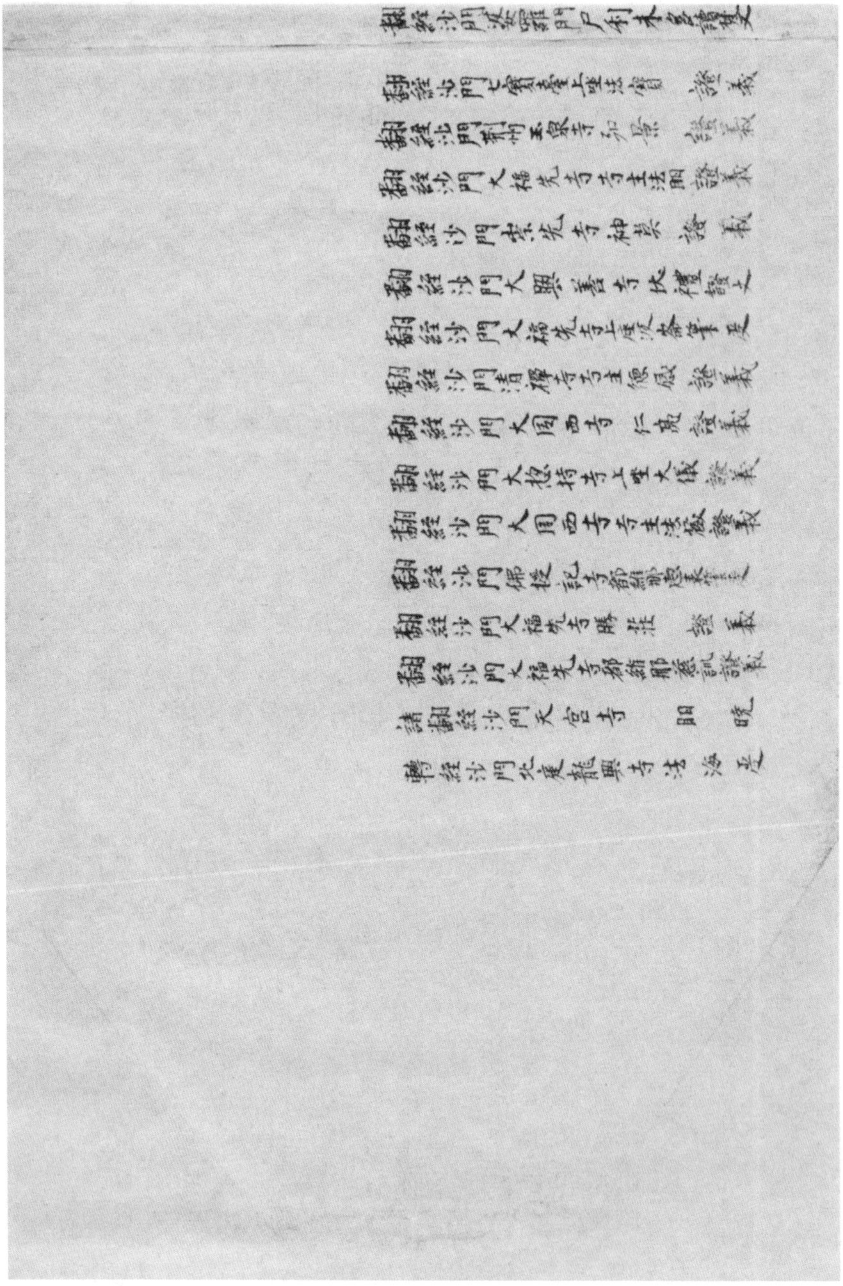
翻經沙門婆羅門尸利末多讀梵文
翻經沙門七寶臺上座法寶證義
翻經沙門荊州玉泉寺弘景證義
翻經沙門大福先寺寺主法明證義
翻經沙門崇先寺神英證義
翻經沙門大興善寺伏禮證義
翻經沙門大福先寺上座波崙筆受
翻經沙門清禪寺寺主德感證義
翻經沙門大周西寺仁亮證義
翻經沙門大總持寺上座大儀證義
翻經沙門大周西寺寺主法藏證義
翻經沙門佛授記寺都維那惠表筆受
翻經沙門大福先寺勝莊證義
翻經沙門大福先寺都維那慈訓證義
請翻經沙門天宮寺明曉
轉經沙門北庭龍興寺法海

188 《金光明最勝王經》卷五題記－2